MICHAEL LAITMAN

KABALA PRO ZAČÁTEČNÍKY

DÍL I.

Kabala pro začátečníky

Copyright © 2023 by Michael Laitman

Všechy práva vyhrazena
Vydalo Laitman Kabbalah Publishers

Contact Information
kabalacz@gmail.com
Možnosti dalšího studia a informací
https://kabacademy.eu/cz/
www.laitman.cz

1057 Steeles Avenue West, Suite 532, Toronto,
Ontario, M2R 3X1, Canada
Tel. 1-416-274-7287

No part of this book may be used or reproduced
in any manner without written permission of the publisher,
except in the case of brief quotations embodied
in critical articles or reviews.

ISBN: 978-1-77228-151-4

Translation: Československá skupina Bnei Baruch
Editing and Proofreading: Československá skupina Bnei Baruch
Cover Design: Inna Smirnova
Executive Editor: Československá skupina Bnei Baruch
Printing and Post Production: Uri Laitman

FIRST EDITION: Srpen 2023

Při vytváření této studijní pomůcky byl poprvé učiněn pokus systémového rozložení základních oblastí klasické kabaly pomocí současného vědeckého jazyka.

Předložený učební materiál se doporučuje využívat k samostatnému studiu i jako studijní pomůcku studentům Mezinárodní akademie kabaly. Otevírá možnost hlubšího zkoumání originálních děl velkých kabalistů, jako je například „Kniha Zohar", „Učení Deseti Sfirot" a dalších.

Obsah

Úvodní slovo autora 10
Předmluva 11
   Zdroje klasické kabaly 11
   Podstata kabaly 13
   Kabalistická metodika zkoumání světa 15
Několik předběžných poznámek 16
Tabulka kabalistických termínů 18

Metodika studia kabaly 20

Základy kabaly 20
   Přehled 20
   Úvod 20
   Cíl studia 22
   Základní oddíly kabalistické vědy 22
   Historický aspekt kabaly 24
   Kabala jako metodika dosažení podobnosti s Přírodou .. 26
   Podstata kabaly 28
   Předmět studia kabaly 28
   Cesty dosažení Vyššího cíle 29
   Dva systémy: sestup a vzestup 31
   Základní prvky vesmíru 32
   Na jakých podkladech je založená kabala 33
   Problém reality v kabale 33
   Abstraktní názvy 34
   Jazyk větví 35

Vzdělávací proces 37
   Přehled 37
   Úvod 37
   Vzájemná spolupráce učitele a studenta 38
   Role učitele v kabale 39
   Kabalistické knihy 40
   Stručný popis díla Ba'ala HaSulama 41
   Co znamená studium? 41
   Cíl studia kabaly 42
   Učební proces 43
   Lekce 44
   Působení Světla 45
   Správný přístup ke studiu kabalistických textů 46
   Domácí úkoly 47
   Možnosti studia 48

Oddíl I. Vnímaní reality 49

    Kapitola 1. Postihování reality 50
    Přehled..50
    1.1. Předmluva 50
    1.2. Tři složky reality 52
    1.3. Jak měníme svět 61
    1.4. Kabala jakožto věda o vnímání reality....................................67
    1.5. Co je to svět 69
    1.6. Zákon podobnosti vlastností 70
    1.7. Otázky a odpovědi...71
    Test 78
    Doplňující studijní látka 79
    Kapitola 2. Způsoby vnímání reality 81
    Přehled..81
    2.1. Přístupy k vnímání reality 81
    2.2. Kabalistická metoda vnímání reality 84
    2.3. Člověk určuje svůj svět 86
    2.4. Všechny světy se nacházejí uvnitř člověka.............................89
    2.5. Imaginární svět 91
    2.6. Otázky a odpovědi...96
    Závěr...97
    Test 98
    Doplňující studijní látka 99

Oddíl II. Kabalistická teorie rozvoje světa 101

Část 1. Darwinova evoluční teorie a teorie kreacionismu................. 102

    Kapitola 3. Srovnávací studie Darwinovy teorie a kreacionismu
   102
    Přehled..102
    3.1. Předmluva 102
    3.2. Darwinova teorie a kreacionismus (základní poznámky)........104
    3.3. Srovnávací analýza dvou teorií..105
    3.4. Závěry 106

Část 2. Kabalistický model Stvoření světa 108

    Kapitola 4. Správná interpretace kabalistických zdrojů...........108
    Přehled..108
    4.1. Kabala a tajný význam „Pentateuchu" 108
    4.2. „Pentateuch" – popis stupňů odhalení Stvořitele..................110
    4.3. Myšlenka Stvoření a jazyk kabaly 111
    4.4. Jazyk větví – prostředek pro vysvětlení pojmů Vyššího světa 113

Závěr 116
Test ke kapitolám 3 a 4 118
Kapitola 5. Vznik a vývoj stvoření 120
Přehled 120
5.1. *Acmuto* a Myšlenka Stvoření 120
5.2. Stvořitel a stvoření 121
5.3. Výchozí bod vzniku stvoření 123
5.4. Odhalení reality 126
5.5. Rozdělující bariéra 128
5.6. Přechodné stavy 132
5.7. Vznik našeho světa 133
5.8. Přechodná stádia a přirozený výběr 134
Závěr 136
Test 138
Doplňující studijní látka 139
Kapitola 6. Evoluce pokračuje 146
Přehled 146
6.1. Zákon kauzálního postupného rozvoje 146
6.2. Cílevědomost rozvoje po etapách 148
6.3. Podstata – neměnná část stvoření 151
6.4. Hledání v temnotě nebo záměrný rozvoj 153
6.5. Evoluce pokračuje 155
6.6. Tlak přírodních sil 156
6.7. Stav rovnováhy 158
6.8. Rozvoj úrovně „člověk" 159
6.9. Konečný cíl lidského rozvoje 159
Závěr 160
Test 161
Konečné závěry oddílu „Kabalistický model Stvoření světa" 162
Doplňující studijní látka 167

Oddíl III. Schéma vesmíru 179

Úvod 179
Kapitola 7. Myšlenka Stvoření 184
Přehled 184
7.1. Prvotní příčina (Stvořitel) 184
7.2. Působení Světla 186
7.3. Postihnutelná a nepostihnutelná realita 187
7.4. Vnímání světa 190
7.5. Svět Nekonečna, clona 193
7.6. 125 úrovní vnímání 194
Test 197
Kapitola 8. Rozvoj přání 198
Přehled 198

8.1. Stádia rozšiřování Přímého světla a rozvoj přání 198
8.2. Nulové stádium – *Keter* (*Bchinat Šoreš*) 198
8.3. První stádium – *Chochma* (*Bchina Alef*) 199
8.4. Základní stavy stvoření 200
8.5. Druhé stádium – *Bina* (*Bchina Bet*) 203
8.6. Třetí stádium – Ze'ir Anpin (*Tiferet*) – *Bchina Gimel* 205
8.7. Čtvrté stádium – *Malchut* (*Bchina Dalet*) 208
Test 212

Kapitola 9. Zárodek stvoření 214
Přehled 214
9.1. Svět Nekonečna (*Olam Ejnsof*) 214
9.2. Duchovní smyslové orgány 215
9.3. Stupně vnímání reality 216
9.4. Svět Zkrácení (*Cimcum*), *Malchut* – stvoření 219
9.5. Jak probíhá naplnění *Malchut* 224
Test 227

Kapitola 10. Vznik světů 229
Přehled 229
10.1. Stavba *Parcufu* 229
10.2. Pořádek sestupování Světla do *Kli* 232
10.3. Svět *Adam Kadmon* 236
10.4. Výjimečnost *Parcufu SAG* 242
Test 251

Kapitola 11. Opakování probraného materiálu (kap. 7. – 10.) ...253
Přehled 253
11.1. Stádia Stvoření a rozvoje *Kli* 253
11.2. Deset *Sfirot* 255
11.3. Kabalistické definice 256
11.4. Svět Zkrácení 256
11.5. Clona a Odražené světlo 259
11.6. *Roš – Toch – Sof – Parcuf* (duše) 260
11.7. Vznik světů 260
Test 264

Kapitola 12. Spojení vlastností Stvořitele a stvoření 266
Přehled 266
12.1. Úvod 266
12.2. Vlastnosti *Biny* a vlastnosti *Malchut* 268
12.3. Spojení vlastností *Biny* a *Malchut* 271
Test 275

Kapitola 13. Rozbíjení nádob 277
Přehled 277
13.1. Účel rozbíjení 277
13.2. Druhé zkrácení (*Cimcum Bet*) 278
13.3. Smíchání *Biny* a *Malchut* 280
Test 285

Kapitola 14. Svět nápravy 286
  Přehled 286
  14.1. Princip nápravy 286
  14.2. Svět *Acilut*, svět Nápravy 288
  14.3. Systém světů *BJA* 291
  14.4. Náprava *Malchut* 293
  Test 294
Kapitola 15. Opakování probraného materiálu (kap. 12. – 14.) .296
  Přehled 296
  15.1. *Adam* – zvláštní *Parcuf* 296
  15.2. Rozbíjení nádob 298
  15.3. Následky rozbití 299
  15.4. Postup nápravy 300
  15.5. Náprava *AChaP* 300
  15.6. Rozdělení *Adama* na duše 301
  15.7. Cesta člověka 303
  15.8. Náprava – podobností 303
  Závěr 306
  Test 307
Kapitola 16. Doplňující lekce – Struktura duše *Adama* 309
  Přehled 309
  16.1. *Adam HaRišon* – jediná duše 309
  16.2. *Adam HaRišon* vzhledem ke světům *ABJA* 310
  16.3. Konstrukce Parcufu Adam HaRišon 316

Oddíl IV. Studium vesmíru 321

  Kapitola 17. Čtyři druhy poznání 323
    Přehled 323
    17.1. Úvod 323
    17.2. Poznání v současné vědě 326
    17.3. Poznání materie v kabalistické vědě 329
    17.4. Otázky a odpovědi 336
    Test 340
    Doplňující studijní látka: Odhalení materie a její formy 341
  Kapitola 18. Oblast studia 355
    Přehled 355
    18.1. Úvod 355
    18.2. Základní objasnění 356
    18.3. Oblast studia 357
    18.4. Otázky a odpovědi 363
    Test 364
    Doplňující studijní látka 365
  Kapitola 19. Duchovní dosažení metodou podobnosti vlastností
    371

    Přehled 371
    19.1. Odhalení úmyslu – v dosažení Cíle 371
    19.2. Stupně dosažení duchovní reality 373
    19.3. Vzestup po stupních 373
    19.4. Dva aspekty síly, která působí na člověka 376
    19.5. Systém světů – systém vztahů člověka se Stvořitelem 377
    19.6. Ukrytí a odhalení Stvořitele 378
    19.7. Odhalení pocitů závisí na záměru 379
    19.8. Život v záměru 380
    19.9. Záměr – pocit nebo rozum? 383
    19.10. Práce se záměrem 384
    19.11. Kvalitativní a kvantitativní hodnocení v záměru 385
    19.12. Duchovní svět je světem záměrů 386
    19.13. Rozdíl mezi dvojnásobným a jednoduchým ukrytím 387
    19.14. Vytvoření záměru 388
    19.15. Otázky a odpovědi 391
    Test 393
    Doplňující studijní látka 395
    Kapitola 20. Stoupání po stupních světů **406**
    Přehled 406
    20.1. Čtyři stupně rozvoje přání 406
    20.2. Struktura přání 408
    20.3. Dosažení cíle 411
    20.4. Náprava člověka 413
    20.5. Vzestup člověka 415
    20.6. Otázky a odpovědi 418
    Závěr 419
    Test 420
    Doplňující studijní látka: Dosažení jednoty ve vesmíru 421

Přílohy **443**
    Přehled 443
    Slovníček pojmů 443
    Seznam zkratek 468
    Seznam bibliografie 469
    Odpovědi k testům 476
    Odkaz Ba'ala HaSulama 477
    Dr. Michael Laitman – zakladatel a ředitel Mezinárodní akademie
        kabaly 482
    Středověcí a současní vědci a myslitelé o kabale 486
    Další knihy Michaela Laitmana v češtině 500
    Připravujeme 502

Úvodní slovo autora

Milí přátelé!

Před Vámi je učební pomůcka „Kabala pro začátečníky". Zeptejte se sami: „Proč potřebujeme tuto vědu?"

Jedná se o to, že náš svět řídí ohromný systém sil, který nazýváme „Vyšší svět". Bez důkladného prostudování zákonů, na jejichž základě působí, do něho není možné zasahovat. Kabala nám poskytuje představu o uspořádání tohoto systému, o tom jak ovlivňuje náš svět a jakým způsobem se správně můžeme do tohoto procesu zapojit a spatřit, nakolik se mění náš život i život celého lidstva.

Upřímně Vám přeji mnoho úspěchů při studiu a ještě více úspěchů při uplatňování učení ve Vašem životě. Hodně štěstí!

M. Laitman

Předmluva

Nabízíme vám nový učební materiál, který vznikal pod vedením vědce – kabalisty a doktora (Ph.D.), vedoucího Mezinárodní akademie kabaly Michaela Laitmana, pokračovatele klasické kabalistické školy, která je starší více jak jedno tisíciletí. Zároveň vede Michael Laitman moderní výzkum v oblasti tohoto učení, který obdržel mezinárodní uznání, je členem Mezinárodní rady mudrců (World Wisdom Council) a mnoha dalších mezinárodních organizací.

Při vytváření této učebnice byl poprvé učiněn pokus systematicky vyložit základní oblasti klasické kabaly pomocí současného vědeckého jazyka. Učebnice je sestavena na základě materiálů, knih a lekcí Michaela Laitmana, jakožto předmětu daného učení v Mezinárodní akademii kabaly. Učebnice obsahuje náčrtky, základní informace, odkazy na audio a videomateriály lekcí i publikované klasické kabalistické zdroje.

Využívání zde obsažených studijních materiálů se doporučuje jak pro samostatné lekce, tak i jako učební materiál pro posluchače Mezinárodní akademie kabaly, otevírá také možnost pro hlubší studium originálních děl velkých kabalistů – Knihy Zohar, Učení deseti Sfirot (Talmud Eser Sfirot), a dalších.

Zdroje klasické kabaly

Kabala vznikla před více jak čtyřmi tisíci lety v sumersko-akkadském historickém období. Její vznik sahá do dob starověkého Babylonu. Během všech těchto tisíciletí však byla kabala před lidstvem prakticky skryta, což o ni podněcovalo neuhasínající zájem. Filozofové a vědci mnohých států, mezi které patřili takové kapacity jako Isaac Newton, Gottfried Wilhelm Leibniz, Pico della Mirandolla,[1] zkoumali toto učení a chápali, že je v něm založeno základní poznání o uspořádání vesmíru. Také v současnosti málokdo ví, co ve skutečnosti vlastně kabala je.

---

[1] Giovanni Pico della Mirandolla (1463 – 1494), italský renesanční myslitel.

Kabala zkoumá systém řízení našeho světa. Jejím hlavním úkolem je vyjasnění příčin a Cíle Stvoření. Samozřejmě se zde neberou v potaz mnohé komerční podvrhy, které se dnes šíří pod značkou kabaly a které se přiživují na její neuhasínající popularitě. Je to seriózní učení o systému vesmíru, které odkrývá základní znalosti, jež jsou obsaženy v základech všech klasických učení.

Známý německý humanista Johann Reuchlin[2] (1455 – 1522) ve své knize „Umění kabaly" („*De Arte Cabalistica*") píše:[3]

„*Můj učitel Pythagoras, otec filosofie, přijal své učení od kabalistů a jako první přeložil slovo kabala, které jeho současníci neznali, do řečtiny jako „filosofie". Kabala nám neponechává možnost prožít náš život v prachu, ale pozvedá náš rozum k Vyššímu poznání.*"

Kolem kabaly, která zůstávala během mnoha staletí skrytým učením, tajnou moudrostí, vzniklo takové množství legend a falsifikátů, že se současný člověk jen stěží dostane k opravdovým zdrojům. O tom napsal především známý filozof, matematik a fyzik Gottfried Wilhelm Leibniz (1646 – 1716) ve své knize „Dopisy o základech filosofie" („*Hauptschriften zur Grundlegung der Philosophie*"):[4]

„*Protože lidé neměli správný klíč k tajemství, zájem o poznání byl nakonec sveden k různým druhům nesmyslů a pověr, z čehož vznikla jistým způsobem „vulgární*

---

[2] **Johann Reuchlin** (1455 – 1522), německý humanista, filolog. Byl rádcem württemberského vévody, několikrát navštívil Itálii, sblížil se s osobnostmi platónské Akademie (Pico della Mirandolla, atd.); poslední roky života byl profesorem řečtiny a hebrejštiny na univerzitě v Ingolstadtu a Tübingenu. V Německu byl považován za nejlepšího znalce starodávných jazyků – latiny a hlavně starověké řečtiny a starověké hebrejštiny.

[3] „*Haec est Cabala quae nos humi degere non sinit, sed mentem nostram extollit ad altissimam comprehensionis metam,*" „*Pythagoras ille meus, philosophiae pater, tamen qui non a graecis eam doctrinae praestantiam (…) quin potius ab illis ipsis Iudaeis receperit. Itaque (…) Cabalista nominandus erat, (…) ipse nomen illud Cabalae suis incognitum primus in nomen philosophiae grecum mutaverit.*" Reuchlin: *De Arte Cabalistica*, 20a – 22b.

[4] „*Et Pythagoram credibile est, ut alia multa, ita hanc quoque opinionem ex Oriente attulisse in Graeciam. Sed cum vera arcani clavis ignoraretur, lapsi sunt curiosiores in futilia et superstitiosa, unde nata est Cabbala quaedam vulgaris, a vera longe remota, et ineptiae multiplices cujusdam falsi nominis Magiae, quibus pleni sunt libri,*" Leibniz: *Die philosophischen Schriften*, VII. P. 184.

kabala", která je daleko od té opravdové, a také různé fantazie pod lživým názvem magie, a tímto se plní knihy."

Filozofie šla po přijetí části kabaly svou cestou. Vyvinula se z ní současná učení o materiálním světě, jeho zákonech v rámci jevů, které mohou být postihnuty našimi pěti smyslovými orgány. Starověká učení, včetně kabaly, zůstala za hranicemi zájmu většiny badatelů. To, co nemohla postihnout věda, co zůstalo v oblasti, kterou neobsáhla, se stalo základem náboženství, jeho rituálů, obřadů a tajemství. Starověká moudrost byla postupně zapomenuta!

Lidstvo, které zkoumalo tento svět, jelikož se snažilo určit místo a možnosti člověka a pochopit cíl a smysl své existence, využívalo paralelně vědu a náboženství. Ovšem obě cesty ho odvedly od odhalení Vyšší řídící síly, od harmonie s Ní. Člověk nestudoval zákony životního prostředí proto, aby zjistil, co Příroda od něho vyžaduje, aby změnil sám sebe, ale kvůli tomu, aby Ji pokořil a využil ve prospěch svého egoismu.

Mimořádnou obtížnost pro pochopení vždy představuje zejména to, co není možné vidět, pocítit. V průběhu tisíciletí se lidem pod jménem kabala nabízelo téměř vše: mystika, věštění, magie, jen ne samotné učení. Během posledních čtyř tisíciletí kabala obrostla mnohonásobnými lživými interpretacemi a falešnými doktrýnami. Proto je zprvu nutné ji očistit od dosavadních spekulací a zkaženosti a vyjasnit, co doopravdy představuje taková věda jako kabala.

Podstata kabaly

Velký kabalista 20. století Jehuda Ašlag (**Ba'al HaSulam**[5]) píše:

„Kabala **je věda, která představuje kauzální posloupnost sestupování Vyšších sil, které se podřizují trvalým a absolutním zákonům, jež jsou propojeny mezi sebou a směřují k tomu, aby na tomto světě člověku odhalily Vyšší řídící sílu, kterou nazýváme Stvořitel."**

To znamená, že existuje stvoření, které se nachází ve stavu, jemuž říkáme „*tento svět*", a Stvořitel – něco neznámé, co člověk musí postihnout.

---

[5] **Ba'al HaSulam** (1885 – 1954), zakladatel současné vědy kabaly. Stěžejní dílo „Učení deseti *Sfirot*".

Pro splnění tohoto úkolu v něm jsou založeny určité základy, *kořeny*, které se musí postupně projevit a přivést ho k poznání Stvořitele. Každý člověk tudíž má vnitřní předpoklady pro realizaci svého formování. Sama cesta rozvoje má určitý pořádek, tj. představuje síť příčin a následků, a směřuje *od člověka ke Stvořiteli*. Tento pořádek je následkem předešlého procesu, tj. sestupu kořenů *od Stvořitele k člověku*. To znamená, že po uvolnění své energie tyto kořeny Stvořily člověka ve stavu, který nazýváme „*tento svět*", poté začíná vzestupný proces jejich postihování až do odhalení Stvořitele.

Dále Ba'al HaSulam pokračuje a vysvětluje, že v tomto procesu fungují dva zákony: „**obecný**" a „**osobní**".

„**Obecný**" **znamená, že celé lidstvo na konci svého rozvoje musí nevyhnutelně dospět k odhalení Stvořitele a po dokončení dlouhé cesty rozvoje dosáhnout toho, o čem psali mudrci: „I naplní se země znalostmi o Stvořiteli, jako vody moře pokrývají souš."**[6]

Takže, jak říká Ba'al HaSulam, celé lidstvo bez výjimky musí dospět do stavu, kdy v plném rozsahu pozná Stvořitele. Pro dosažení tohoto poznání má každý člověk dostatek rozumu a citu. Každý z nás má schopnosti pro absolutní a dokonalé odhalení Stvořitele, Vyšší síly. Není zde rozdíl mezi lidmi. Stane se to nevyhnutelně, jak zdůrazňuje Ba'al HaSulam, což znamená, že nemáme sebemenší možnost se tomu vyhnout, ani „**ukončit tuto dlouhou pouť rozvoje**". Musíme ji nejen projít posouváním se opačným směrem od tohoto světa ke Stvořiteli, ale též dosáhnout odhalení ještě během života na *tomto světě*. To je řečeno v definici kabaly jako vědy: „odhalení Božství Stvořitele Jeho stvořením *na tomto světě.*"

„**Osobní**" znamená, že ještě předtím, než lidstvo dosáhne dokonalosti, se v každé generaci budou objevovat vyvolené osobnosti, které toho dosáhnou jako první. Jedná se o ty, kdož si zaslouží poznání určitých stupňů v odhalení Stvořitele.

Nedosáhnou obecného konečného Cíle Stvoření, jelikož k tomu mohou dospět jen všichni lidé společně, ovšem zaslouží si, podle slov Ba'ala HaSulama: „**Poznání určitých stupňů v odhalení Stvořitele.**". Tak se to dělo během všech tisíciletí rozvoje lidstva, kdy se kabala nacházela ve stádiu ukrytí. Ovšem během našich dnů se pod vlivem přirozených sil v lidech začíná objevovat stimul zapojení se do procesu,

---

[6] Kniha Proroka Izajáše, 11, 9.

jenž vede k poznání Stvořitele, k pozvednutí se do *světa Nekonečna*, ke spojení se zákony Přírody.

Takže je přesně podle určitých etap stanovené období rozvoje každého člověka, které se nazývá osobní, a období posunu celého lidstva jako celku. Teď se blížíme ke stavu, kdy ve světě prošlo velké množství lidí stadiem vnitřní evoluce a stojí na prahu nové úrovně rozvoje. Chtějí poznat svůj kořen, smysl života, svou podstatu. Úkolem kabaly je jim v tom pomoci.

Kabalistická metodika zkoumání světa

Kabala je věda, která je určena celému lidstvu, všem národům na zemi. Je to znalost o tom, co je ukryto před našimi pěti smyslovými orgány a co se jimi nedá postihnout. Operuje pouze s duchovním poznáním a zkoumá jen to, co se děje nad *naším světem*.

Učení kabaly dovoluje určit místo člověka ve vesmíru, odpovědět na otázky o příčinách a cílech jeho existence, sledovat a vybrat nejoptimálnější z možných řešení pro to, aby změnil svůj stav k lepšímu.

Kabala je otevřena všem metodám zkoumání. Přivádí člověka k možnosti praktického poznání zákonů vesmíru. Lidstvo postupně začíná chápat svou plnou dezorientaci a bezmocnost v tomto světě. Ve stavu, kdy se nachází pod hrozbou sebezničení, proniká na povrch nutnost si vyjasnit opravdový cíl své existence. Díky tomu lidé začínají mít potřebu ovládnout kabalistické znalosti.

V kabale existuje vlastní matematický, metodologický a psychologický aparát. Kabala zkoumá celou mechaniku vnitřního světa člověka a ukazuje nám, jakým způsobem je možné v každé situaci vyjít za hranice osobních individuálních pocitů, které nám malují obraz světa, abychom pochopili opravdovou objektivní realitu. Hlavně o tomto píší kabalisté ve svých pracích.

Kabala má teoretickou a praktickou část. Má vlastní jazyk a pojmový aparát, grafy, náčrtky, vlastní nástroje zkoumání, nastavení experimentů a srovnávacích analýz. Po prostudování daného materiálu obdržíte plný rozsah informací, které byly připraveny přednášejícími Institutu studia kabaly jménem J. Ašlaga.

Několik předběžných poznámek

1. V mnoha vědách není zvykem překládat termíny: ty se používají jen v originále (například latinské názvy v medicíně, italské v hudbě). Také i v našem kurzu se ukázalo nemožné přeložit mnohé kabalistické termíny, jelikož kromě smyslu slova je mimořádně důležité číselné vyjádření, které představují jeho písmena (gematrie), jejich forma a elementy a také další faktory.

Samozřejmě, že by bylo ze všeho nejlepší ponechat napsání termínů hebrejským písmem, jelikož i ve formě jejich zápisů je hluboký smysl, ale od toho musíme upustit kvůli různým důvodům. V textu jsou používány české koncovky (např. „v *Sfíře*", „od *Masachu*"), ale v množném čísle pouze hebrejské koncovky (například v ženském rodě: *Sfira – Sfirot* nebo v mužském: *Parcuf – Parcufim*).

Duchovní světy nejsou ohraničeny hranicemi prostoru a času, neexistují v nich ani pozorovatelné formy objektů. Proto všechna grafická znázornění odrážejí jen spojení duchovních objektů.

2. Kabala využívá jazyk větví.[7] To znamená, že slova, která označují objekty našeho světa, znamenají jejich duchovní analogii. Je nutné toto mít **neustále** na paměti a učit se cítit, co je míněno pod názvem duchovních činností a objektů.

3. Jako v každé vědě i v kabale je poznání stupňovité, vrstevnaté: zpočátku si člověk musí osvojit vrchní, nejlehčí vrstvu, základní údaje, zjednodušená schémata, všeobecný obrázek. Pak nastupuje druhá etapa, tj. podrobná analýza každého detailu, a potom třetí, ve které se všechny detaily spojují do obecného obrazu, a nakonec následuje završení: analýza – syntéza.

Materiál je tímto způsobem krok za krokem čím dál lépe pociťován, rýsuje se obecný obraz systému, upřesňují se jeho detaily a procesy se začínají postihovat prostřednictvím citů a nikoliv rozumem. Specialistou

---

[7] **Jazyk větví** – jazyk příčin a následků, kdy následek v našem světě (určitý materiální objekt) dává jméno síle, která ho vytvořila a udržuje.

však můžeme nazývat pouze toho, kdo pociťuje materiál bez pomůcek a nákresů; jak se říká, šestým smyslem.

V kabale je třeba několikeré pochopení textu, dokud nevzniknou pocity, adekvátní studovanému materiálu. Podobně vnímá hudebník, který čte hudební partituru. Samotné čtení notového zápisu mu poskytuje plný zážitek z hudebního díla.

4. Takže při prvním čtení stačí pochopit jen posloupnost Stvoření *duchovních světů* a *našeho světa*. Během druhého příčiny jejich Stvoření a až pak pouť každého zdola, z *našeho světa* Vzhůru, k *duchovním světům* a přes ně ke Zdroji.

5. Není třeba si dělat starosti, jestli se po delším studování materiál stává méně srozumitelným. Je to normální a znamená to správné porozumění a posun kupředu. Pokračujte v lekcích a pochopení přijde!

6. Pokud vám některá místa v lekcích budou připadat absolutně nejasná, prosíme, přeskočte je. Obsah se vyjasní během další práce s textem a hlavně – se sebou samým. Podle míry duchovního růstu můžete ve dříve prostudovaném materiálu spatřit hlubší smysl. Protože je text víceúrovňový, je nové pochopení na vyšší úrovni ukázkou vašeho duchovního pokroku.

Tabulka kabalistických termínů

Sfira (č. mn. Sfirot)	Svět, Olam (č. mn. Olamot)	Světlo, Or (č. mn. Orot)	Parcuf (č. mn. Parcufim)	Části Parcufu, Kelim, části světů	Úrovně rozvoje, stádia Přímého světla
Keter	Svět Nekonečna, Olam Ejnsof	Světlo Jechida, Or Jechida	Galgalta	Galgalta ve-Ejnajim (GE)	Neživý, Domem
Chochma	Svět Zkrácení, Olam Cimcum	Světlo Chaja, Or Chaja	AB, SAG, MA, BON	Ozen, Chotem, Pe (AChaP)	Rostlinný, Comeach
Bina	Svět Adam Kadmon (AK), Olam AK	Světlo Nešama, Or Nešama	Atik	Parsa, Tabur, Sijum	Živočišný, Chaj
Chesed	Svět Nekudim, Olam Nekudim	Světlo Ruach, Or Ruach	Arich Anpin (AA)	Roš, Chaze, Toch, Sof	Lidský, Medubar
Gvura	Svět Acilut, Olam Acilut	Světlo Nefeš, Or Nefeš	Aba ve-Ima (AVI)	Masach	Stádium 0, Bchinat Šoreš
Tiferet/ Ze'ir Anpin (ZA)	Svět Bri'a, Olam Bri'a	NaRaNChaJ	JIŠSUT	Rešimo (č. mn. Rešimot)	Stádium 1, Bchina Alef
Necach	Svět Jecira, Olam Jecira	Světlo Nekonečna, Or Ejnsof	Parcuf Ze'ir Anpin (ZA)	Otijot	Stádium 2, Bchina Bet
Hod	Svět Asija, Olam Asija	Obklopující světlo, Or Makif (OM)	Parcuf Malchut	Ta'amim	Stádium 3, Bchina Gimel
Jesod	Svět ABJA, Olamot ABJA	Vnitřní světlo, Or Pnimi (OP)	ZON	Tagin	Stádium 4, Bchina Dalet
Malchut/	Náš svět, Olam HaZe	Vyšší světlo,		Nekudot	Přání přijímat,

Nukva		Or Eljon			Racon LeKabel
Ze'ir Anpin a Nukva společně: ZON	Adam HaRišon	Přímé světlo, Or Jašar (OJ)		Ovijut	Přání odevzdávat, Racon LeHašpa'a
Keter, Chochma, Bina (KaChaB)	Vyšší svět, Olam Eljon	Odražené světlo, Or Chozer (OCh)		Hitlabšut	Gmar Tikun, Konečná náprava
Chesed, Gvura, Tiferet (ChaGaT)	Nekudot de-SAG	Or Chochma		První zkrácení, Cimcum Alef (CA)	
Necach, Hod, Jesod (NeHI)	Acmuto	Or Chasadim		Druhé zkrácení, Cimcum Bet (CB)	
Da'at		GAR		Narážení, Bituš Pnim uMakif	
Chochma, Bina, Da'at (ChaBaD)		ZAT	Parcuf Nekudot de-SAG	Guf	

METODIKA STUDIA KABALY

Základy kabaly

Přehled

Úvod – Cíl studia – Základní oddíly kabalistické vědy
Historický aspekt kabaly – Kabala jako metodika dosažení
podobnosti s Přírodou – Podstata kabaly – Předmět studia kabaly
Cesty dosažení Vyššího cíle – Dva systémy: sestup a vzestup
Základní prvky vesmíru – Na jakých podkladech je založená kabala
Problém reality v kabale – Abstraktní názvy – Jazyk větví

Úvod

Člověk poznává svět prostřednictvím pěti smyslových orgánů. Podobá se černé skříňce,[8] která přijímá jen to, co obdrží zvenku. Informace, které dodávají naše senzory do uzavřeného systému, se registrují, zpracovávají, analyzují. To, co nezachytí smyslové orgány, nepocitujeme.

Okolní realita na nás neustále působí, ale jakým způsobem, to pro nás zůstává záhadou. Pocitujeme jen svoji reakci na ni, a proto je naše poznání zavřeno uvnitř nás a nedovoluje nám objektivně posuzovat vnější realitu. Zpracováváme přicházející informace pouze pomocí našich pocitů, pouze jimi.

Všechny existující technologické přístroje jen trochu rozšiřují rozsah našich možností, ale nedovolují zásadně přesáhnout jejich hranice. S pomocí přístrojů není možné vytvořit nový smyslový orgán. Dokonce

---

[8] „**Černá skříňka**" (kybernetika) – systém, ve kterém je zkoumajícímu dostupná jen vstupní a výstupní informace tohoto systému; vnitřní uspořádání může být neznámé.

si nemůžeme ani představit, jak bychom viděli okolní realitu, kdybychom měli jiné orgány vnímání.

Po odpovídajícím zpracování všech obdržených vjemů vzniká v naší představě vnitřní obrázek, který nazýváme „*náš svět*". Tento obrázek je silně subjektivní a my nemáme možnost jej srovnat s objektivní realitou.

Rozsah našeho poznání je tudíž vždy omezen hranicemi našich pocitů, které jsou založeny na možnostech pěti smyslů. Tento stav je společný pro všechny lidi, což nám dovoluje udržovat vztahy, vyměňovat si znalosti, dojmy a chápat se navzájem.

Naše smysly, konkrétně orgány, které sbírají informace, je extrahují a zpracovávají výhradně na základě vlastního prospěchu.

Každý organismus je uspořádán tak, že je jeho jediné přání přijímat potěšení. Přání přijímat maximální potěšení je základní zákon, jenž existuje na všech úrovních přírody, neživé, rostlinné, živočišné a lidské.

Může v sobě člověk rozvíjet další smyslový orgán, který by mu dovolil vnímat okolní realitu v celé její celistvosti?

Právě kabala je časem ověřená a vědecky podložená metodika, která dovoluje rozvíjet doplňující smyslový orgán. Umožňuje získat dodatečnou informaci o čemkoliv, co existuje ve vnějším vesmíru. Po osvojení metod si začínáme uvědomovat okolní svět absolutně jinak, nezávisle na našem subjektivním egoistickém vnímání.

Kabala je věda, která je člověku nejblíže. Objasňuje, proč člověk existuje, proč se rodí, proč žije, odkud přišel, kam odchází poté, co ukončí pozemskou pouť, a v čem je smysl jeho života.

Kabala je tudíž metodika odhalení *duchovních světů*[9] a *našeho světa* jako jejich následku. Kabala nám nejen poskytuje znalosti o *duchovních světech*, ale samotný učební proces v nás také rozvíjí doplňující smyslový orgán, s jehož pomocí můžeme vytvořit vzájemné spojení se systémem Vyššího řízení.

Kabala není teoretická nebo abstraktní věda; je neoddělitelná od praxe: člověk chápe na vlastním příkladu, kdo je, jaká je jeho přirozenost a co potřebuje, aby změnil sám sebe. Pro člověka ani nemůže být nic bližšího

---

[9] **Duchovní svět** – svět, který existuje na základě zákonů schopnosti dávat, ve kterém se nacházejí a fungují pouze síly a pocity bez materiálních pouze obalů.

než toto vědění, protože poznává sám sebe, svůj osud a svět objektivní reality.

Cíl studia

Tento výukový program je určen k samostatnému studiu kabaly. Jeho hlavním cílem je získání kabalistických znalostí na základě primárních zdrojů a zkoumaných materiálů.

Za účelem realizace tohoto cíle nás studijní materiál seznamuje s metodicky rozpracovanými principy studia kabaly, historií jejího vzniku, základními pojmy, termíny a ustanoveními v souvislosti s tradičním akademickým směrem.

Základní oddíly kabalistické vědy

Kabalisté jsou stejní lidé jako my všichni. Vybaveni odpovídající metodikou však uskutečnili se sebou samými takovou změnu, že začali pociťovat vnější objektivní svět. Právě to kabalisté ve svých pracích vysvětlují, když nás seznamují se systémem *duchovních světů*. Jako v každé vědě i v kabale existuje teoretická a praktická stránka. Tyto dvě stránky zahrnují vlastní jazyk, pojmový aparát, samostatné nástroje zkoumání, experimentální nastavení a srovnávací analýzy.

Celkově je *pět světů*, pět úrovní poznání. Všechny, jak popisuje „Kniha *Zohar*" – základní kabalistický zdroj, existují uvnitř člověka a jsou vytvořeny podle jednoho schématu. Každý ze *světů* je následkem předešlého. Vše, co existuje v *našem světě*, každý atom, buňka, organismus, má své kořeny, praobraz, v *duchovních světech*. Ve *Vyšších světech* neexistují materiální pojetí; existují tam jen síly, které vytvářejí objekty *našeho světa* a naše pocity.

Mezi silou *Vyššího světa* – příčinou (kořenem) a jejím následkem (větví) v *našem světě* existuje jasně určené spojení. Proto můžeme každý kořen nahoře zobrazit pomocí jeho větví v *našem světě*. Na tomto principu je založeno předávání informací, které se nazývá „jazyk větví". S jeho pomocí jsou vytvořena základní kabalistická díla („Kniha *Zohar*", „Strom života" atd.).

V kabale můžeme rozlišit tři základní oblasti, a v každé z nich se hovoří o poznání Všeobecného zákona vesmíru. Existuje oblast, která zkoumá postupný sestup[10] *světů*[11] a impulzů až do *našeho světa*. Zaobírá se zkoumáním výhradně *Vyšších světů*, jejich funkcemi, řízením, působením na nás, tím, jak svými činy působíme na *Vyšší světy* a jaká je jejich zpětná reakce.

Následující oblast kabaly se zaobírá metodikou rozvoje *duše*,[12] vnitřní částí člověka, jež patří *Vyššímu světu*. Tato část nemá nic společného s vitální neboli životní silou našeho organismu, která je stejná v lidském těle a v tělech živočichů.

Všechny procesy, které jsou spojeny se sestupováním *duše* do fyzického těla, odchodem z něho po biologické smrti a sestoupením do nového těla, se nazývají „*koloběhem duše*". Pro těla taková koncepce neexistuje.

Oblast kabaly, ve které je rozpracován matematický (pojmový) aparát pro popsání duchovních procesů, dovoluje kabalistovi zkoumat jejich působení na sobě samém, analyzovat, gradovat a porovnávat Vyšší signály s vlastními reakcemi na ně.

Matematický aparát kabaly se skládá z:
1. *gematrie* – číselného zápisu duchovních stavů *světů* a *duší*,
2. grafů stavu a závislosti vzájemného působení *duchovních světů* a *duší*,
3. tabulek, matric všemožných propojení vlastností *světů* a *duší*.

V důsledku odhalení *Vyšších duchovních světů* z úrovně *našeho světa* začíná člověk pociťovat jediný systém a jediný Cíl Stvoření. Ovšem ještě do doby, než pocítí přítomnost duchovního prostoru, teprve pouze přistupuje ke studiu kabaly. Poté člověk začíná chápat, že bez získání doplňujícího orgánu vnímání nemůže vystoupit za hranice svého *světa*.

Samozřejmě je cílem studia dané vědy obdržení nejvyššího potěšení, dosažení dokonalosti své existence a absolutního poznání. A jako následek toho i úplná rovnováha mezi systémem vnitřním (*duší* člověka) a vnějším, který je nazýván „Stvořitel".

V průběhu tisíciletí existence *našeho světa* se každá generace lidí lišila od předešlé egoističtějším charakterem *duší*. Jelikož odhalení Stvořitele nebo

---

[10] **Sestoupení** – vzdálení od výchozího stavu.
[11] **Světy** – míry, úrovně ukrytí Stvořitele.
[12] **Duše** – duchovní orgán, který se postupně rodí v člověku, jenž se nachází v našem světě. Zrození duše označuje postupný rozvoj pocitu působení duchovních sil, tj. vznik minimálního přijetí Stvořitele.

Vyššího zákona přírody probíhá v samotné *duši*, pokud ta se kvalitativně mění, zároveň se mění i metodika dosahování *duchovních světů*.

Historický aspekt kabaly

Prameny kabaly, jako i většiny starověkých učení, je třeba hledat v Mezopotámii, kolébce lidské kultury. Ne náhodou i dnes je toto místo centrem střetů nepřátelských zájmů. Kabala se zrodila před cca 4000 lety. Poté byly tyto znalosti skoro zapomenuty, ale dnes se před námi opět odhalují.

Celá historie lidstva je poznamenána rozvojem egoismu. Zejména tento faktor nás nutí zkoumat okolní prostředí s cílem realizovat vzrůstající egoistické přání. Na rozdíl od neživé, rostlinné a živočišné přírody *našeho světa* člověk neustále prochází změnami jak z pokolení na pokolení, tak i individuálně během svého nedlouhého života. Jeho egoismus se rozvíjí na základě pěti vzrůstajících stupňů.

V dávné době člověk ještě nebyl natolik egoistický, aby se postavil přírodě. Dokonce beze slov, skoro telepaticky, na určité duchovní úrovni cítil vše, co ho obklopovalo, a tato vzájemná jednotnost byla jazykem jeho komunikace s přírodou.

Jakmile se člověk ocitl na prvním stupni egoistického růstu, cítil přání si podmanit přírodu a nepodobat se jí. Alegoricky je to popsáno jako přání postavit Babylonskou věž až do nebes. Vzrůstající egoismus odtrhl člověka od přírody. Namísto toho, aby člověk odstranil neustále vzrůstající protiklad, usmyslel si, že dokáže egoisticky pochopit Cíl Stvoření. Avšak nikoliv cestou nápravy egoismu, nýbrž převzetím vlády nad okolním světem. Tímto krokem postavil své Já proti společenství a přírodě. V důsledku toho člověk přestal chápat přírodu, ztratil cit jednotnosti a blízkosti s lidmi, kteří ho obklopovali. Namísto lásky vznikla nenávist, odcizení, odloučení a společný starodávný lid se rozdělil na mnoho vzájemně odcizených národů.

Metaforickým jazykem je to vyjádřeno ve Starém zákoně[13] takto:

Na celé zemi byla jednotná řeč i nářečí. Když táhli z východu, nalezli v zemi Šineáru pláň a usadili se tam. Tu si řekli vespolek: „Nuže, nadělejme cihel a důkladně

---

[13] Genesis, 11, 1-9.

je vypalme." Cihly měli místo kamene a asfalt místo hlíny. Nato řekli: „Nuže, vybudujme si město a věž, jejíž vrchol bude v nebi. Tak si učiníme jméno a nebudeme rozptýleni po celé zemi.

I sestoupil Hospodin, aby zhlédl město i věž, které synové lidští budovali. I řekl Hospodin: „Hle, jsou jeden lid a všichni mají jednu řeč. A toto je teprve začátek jejich díla. Pak nebudou chtít ustoupit od ničeho, co si usmyslí provést. Nuže, sestoupíme a smísíme jim tam řeč, aby si navzájem nerozuměli." I rozehnal je Hospodin po celé zemi, takže upustili od budování města i věže."

Josephus Flavius ve své knize „O starobylosti Židů"[14] popisuje:

„K neposlušnosti vůči Stvořiteli vyzval národ Nimrod. Doporučil postavit věž, a to větší, než se může zvednout voda, kdyby Stvořitel opět seslal potopu, a tím se chtěli pomstít Stvořiteli za smrt předků. Dav souhlasil a začal si myslet, že povinnost vůči Stvořiteli je potupným otroctvím. S velkým přáním začali stavět věž. Když Stvořitel uviděl, že se lidé po potopě nenapravili, seslal na ně různojazyčnost. Přestali si navzájem rozumět a rozešli se. Místo, kde stavěli věž, nazvali „Babylon", protože tam došlo ke smíšení jazyků.*

Počátkem 20. století německý archeolog *Robert Koldeway* objevil v Babylonu ruiny věže s rozměry 90 x 90 x 90 metrů. Herodotos, který žil v 5. století př. n. l., také popsal věž jako sedmistupňovou pyramidu podobných rozměrů. Historické zdroje říkají, že v centru Babylonu bylo umístěno chrámové město Esagila a v jeho srdci Babylonská věž, chrám hlavního boha Marduka. Jmenoval se Etemenanki, což znamená základní kámen Nebes a Země.

Esagila byla religiózním centrem celého tehdejšího světa. Lidé v Esagile se ve své podstatě pokoušeli zaměnit poznání skutečného Boha za pravý opak – náboženství. Astrologie, zodikální horoskopy, věštění, magie čísel, spiritualismus, mystika, čarodějnictví, zlé oči, vyvolávání zlých duchů – to vše bylo rozpracováno v Esagile a dožilo až do našich dnů. V současné době probíhá opětovný rozmach těchto náboženských představ.

Od té doby člověk egoisticky stojí proti přírodě, to znamená proti vlastnosti absolutního altruismu.[15] Namísto toho, aby zaměnili sebelásku za nezištnost a napravili se, aby se připodobnili přírodě, vytvářejí proti ní

---

[14] **Josephus Flavius: O starobylosti Židů.**
[15] **Altruismus = altruistické přání**, tj. přání poskytovat potěšení se záměrem ve prospěch Stvořitele.

lidé umělé zábrany. Proto rozvíjejí vědu a technologii. Neochota lidí ke svojí nápravě a jejich snaha o vládu nad přírodou se nazývá „postavením Babylonské věže", které pokračuje do současnosti.

Kabala jako metodika dosažení podobnosti s Přírodou

Kabala jako věda vznikla v době, kdy se objevila nutnost sledovat příčiny růstu egoismu v člověku. Kabala potvrzuje, že principem všeho existujícího je egoistické přání přijímat potěšení. To však samozřejmě nejde realizovat, protože přicházející potěšení anuluje přání, a v důsledku toho přestává být potěšení pociťováno. Je to něco podobného, jako když polykané jídlo zmenšuje pocit hladu a s ním mizí i potěšení z jídla.

Bez potěšení však člověk existovat nemůže, a proto je pořád nucen v sobě rozvíjet nová přání, aby je naplnil a prožíval potěšení. Tento neustálý hon za potěšením, kterého nemůžeme dosáhnout, je způsob našeho života. Zklamání a prázdnota vyvolávají deprese, vedou k užívání drog.

Stará moudrost alegoricky praví, že lidstvo je Stvořeno jako jedna bytost a má tím na mysli, že všichni lidé byli zpočátku spojeni v jedno. Příroda se k nám právě takto – jako k jednomu člověku – i chová. Tento obraz se nazývá *Adam*, od slova „*Dome*", což aramejsky, ve starobabylonském hovorovém jazyce, znamená „podoben Stvořiteli". Jsme původně Stvořeni jako jeden člověk, ale v důsledku růstu egoismu jsme postupně ztratili pocit společenství, vzdálili se navzájem a dovedli naše odloučení k nenávisti.

Podle Plánu Přírody v nás egoismus musí růst do té doby, dokud si své smrtelné rozdělení neuvědomíme. Globalizace nám jasně demonstruje, že jsme z jedné strany spojeni a ze strany druhé nás vzrůstající egoismus rozděluje.

Proč však bylo potřeba nás zpočátku Stvořit jako jediné stvoření a pak rozdělit na egoistické, navzájem se vzdalující jedince? Důvod je ten, že jen takto můžeme spatřit svůj úplný protipól k základnímu zákonu Přírody, **zákonu absolutního dávání**, a pochopit krajní nicotnost, ohraničenost a zoufalství egoismu. Právě tímto způsobem docházíme k tomu, že začínáme nenávidět svou egoistickou povahu, jež nás odděluje. Sami si musíme přát se spojit, změnit svou podstatu na altruistickou, podobnou základnímu zákonu Přírody.

Jako egoistické buňky, které se spojují v jedno tělo, anulují svůj vlastní egoismus v zájmu celého organizmu a v důsledku toho pociťují úplnost svého života, musí i lidé dosáhnout jednoty. Jen tehdy pocítí nejen své pozemské bytí, ale i věčnou existenci přírody, do jejíž úrovně se musí pozvednout.

K tomu nás vyzývá starobylý princip: „Miluj bližního svého jako sebe samého." Toto pravidlo platilo do postavení Babylonské věže, a pak se stalo podstatou všech náboženství a všeobecné morálky, která vyrostla na základech staroBabylonské moudrosti. Pokud budeme následovat tyto principy, nikdo z nás už nezůstane samostatným egoistou, ale pocítí život společného organismu, „*Adama*", a v jeho podobě Stvořitele, to znamená dokonalou existenci Přírody.

Ve starobylé kabalistické „Knize *Zohar*" se říká, že ke konci 20. století lidstvo dosáhne stavu maximálního rozvoje egoismu a maximální frustrace z takového způsobu existence. Pak – říká „Kniha *Zohar*" – nastane čas odhalit před lidmi kabalu jako vědeckou metodiku dosažení podobnosti s Přírodou.

Role kabalistů jakéhokoliv období spočívá v tom, aby tuto vědu adaptovali a provedli korekci metodiky odhalení Stvořitele v souladu s charakterem *duší* dané generace.

Tvůrcem nové kabalistické metodiky byl velký kabalista RAŠBI (2. století n. l., celé jméno Rabi Šimon bar Jochaj). V té době začala být velice zapotřebí a on ji podrobně popsal ve své „Knize *Zohar*".

Dalším rozvojem a korekcí tato metodika prošla až v 16. století. Kabalista, který vytvořil novou metodu dosahování *Vyššího světa* pro svou generaci, byl ARI (celým jménem Jicchak Luria Aškenazi, 1534-1572).

Posledním učencem, který přizpůsobil kabalistické znalosti, aby byly vyhovující pro naši generaci, byl Jehuda Ašlag (1884-1954), známý pod jménem Ba'al HaSulam podle názvu svého komentáře „*Sulam*" (*Peruš HaSulam*) ke „Knize *Zohar*". Ba'al HaSulam je považován za zakladatele současného kabalistického učení a také je tvůrcem nového přístupu k pracím ARIho. Taktéž rozpracoval metodiku poznání vnějšího *duchovního světa* v souladu s typem *duší*, které sestupují do *našeho světa*.

Jelikož zkoumáme systém *duchovních světů*, odkud sestupují všechny následky do *našeho světa*, můžeme hovořit o využití duchovních znalostí, které nám osvětluje kabala, nejen v exaktních vědách, ale i v malbě, hudbě, literatuře a také v mnoha dalších projevech lidské činnosti.

Při studiu kabaly člověk začíná chápat všeobecné zákony vesmíru a jako jejich následek i zákony *našeho světa* – jakoby vidí zrození všech věd. Může udělat čáru mezi tím, co už je odkryto a co je ještě nedostupné zkoumání vědců. Ale pochopit, kde jsou vyčerpány možnosti poznání prostřednictvím pěti smyslů, přístrojů a logiky a kde začíná *vnější svět*, můžeme jen po vystoupení za hranice *našeho světa* pomocí změny našich vlastních vlastností.

Podstata kabaly

Pro základní určení definice kabaly uvedeme následující formulaci z článku velkého kabalisty 20. století Ba'ala HaSulama „Podstata vědy kabaly":

„Co vlastně představuje taková věda, jako je kabala? Tato otázka samozřejmě napadne každého rozumného člověka. Abych na ni dal uspokojivou odpověď, dám vám opravdovou, časem ověřenou definici: kabala není nic jiného, než úplná a dostatečná informace o posloupnosti příčin a následků sestoupení Vyšších sil v souladu s trvalými a absolutními zákony, které jsou spojeny mezi sebou a zaměřeny na dosažení jediného Nejvyššího cíle, cíle Vesmíru, jenž je definován jako „odhalení Stvořitele stvořením na tomto světě".

Kabala tudíž zkoumá posloupnost sestoupení *Vyšších sil* do *našeho světa* z nějakého zdroje s názvem „Stvořitel", který je jejich prvotní příčinou a kořenem, dále kauzálním rozvojem těchto Sil, jakým způsobem se transformují ve vztahu k člověku, jak na něho působí.

Sestupují v souladu s absolutními a přísnými zákony. Tyto Síly vytvářejí celý systém vesmíru a cíleně působí na člověka se záměrem mu postupně odhalit Stvořitele během jeho existence na *tomto světě*.

Kabala studuje vše, co je stvořeno Myšlenkou Stvořitele, jenž je vzhledem k člověku Absolutnem. A zejména: jakým způsobem se tato Myšlenka mění na Síly, jež vytvářejí materii – přání mít potěšení, ze kterého poté vzniká člověk, který se nachází na nejnižší úrovni, v našem světě. Dále jak člověk postupně pomocí těchto Sil dosahuje nejvyšší úrovně, spojení se Stvořitelem, a propojuje v sobě dva protikladné, hraniční body vesmíru. Jinými slovy, jak učení zkoumá formování celého procesu evoluce Stvoření v souladu s původní Myšlenkou jeho Stvoření.

Předmět studia kabaly

Kabala je věda o Vesmíru, jeho genezi, všeobecném mechanismu a pohybu, a to jako celku i každém jeho detailu.

Kabala zkoumá:
1. Stvoření vesmíru, včetně *duchovních světů*, náš vesmír, Sluneční soustavu, *neživou, rostlinnou, živočišnou* přírodu a *člověka*;
2. průběh a konečný cíl procesu rozvoje;
3. možnost působení člověka na tento proces (antropologický faktor);
4. spojení mezi dnešním stavem člověka a těmi stavy, ve kterých jsme byli do objevení se člověka a společnosti na Zemi;
5. smysl té části života, během které existujeme jako biologické tělo, a jak jeho prostřednictvím pociťujeme okolní svět;
6. stav, ve kterém existujeme do našeho narození, náš stav na *tomto světě* a stav, ve kterém se nacházíme po smrti;
7. koloběhy života – zda existují a jakým způsobem jsou navzájem propojeny;
8. možnost spojení během pozemského života s Vyšší formou, ve které se nacházíme do narození a po smrti;
9. zdroje věd, umění, kultury – tj. všeho, co je spojené s jazykem, chováním člověka, jejich kořeny a příčiny realizace právě takové formě.

Na všechny výše zmíněné otázky odpovídá kabala, protože popisuje Všeobecný zákon a poskytuje souhrnný vzorec charakteristiky celého vesmíru. Einstein snil o tom, že najde formuli, která by spojila celý vesmír se všemi jeho detaily, a chápal, že pokud je taková formule opravdová, musí být velice transparentní: součinnost mezi několika parametry cestou jednoduché funkční závislosti. Kabala nás k této transparentní formuli vede. K takovému závěru alespoň dospěli kabalisté v důsledku svých výzkumů a člověk, který studuje kabalu, se o tom může sám přesvědčit.

Cesty dosažení Vyššího cíle

Kabala zkoumá způsoby dosažení Vyššího cíle člověkem a jeho ztotožnění se s obecnou řídící Vyšší silou, kterou nazýváme „Stvořitel".

Abychom to vysvětlili, vezměme si například jakýkoliv drobný živý organismus, jehož role spočívá pouze v tom, aby nakrmil sám sebe a vydržel naživu určitou dobu, která je nutná pro reprodukci potomstva. Při zkoumání tohoto obyčejného mikroorganismu objevujeme, že představuje složité spojení různých vláken, jak zjistili biologové a fyziologové při zkoumání, ale zůstává spousta detailů, které současná věda ještě neodhalila. Ukazuje se, že je pro udržení dokonce i tak primitivní existence zapotřebí velké množství detailů, spojení a funkcí, o kterých rozhodně vše nevíme.

Podle analogie s tímto příkladem si můžeme představit to nevyčíslitelné množství různých spojení a kontaktů, které si musíme osvojit, abychom dosáhli Vyššího cíle. Jinými slovy, Vyšší cíl je dosažitelný jen v důsledku úplné realizace všeho, co je v člověku. Musíme sami na sobě smysluplně zkoumat všechna působení Stvořitele: své tělo, jeho Stvoření a řízení a také to, jakým způsobem se mění a je vedeno ke konečnému dokonalému stavu.

Takovým způsobem si osvojit Zákon znamená realizovat Jej na sobě, dokonale zkoumat příčiny, odkud sestupuje, proč právě v takové formě, jakým způsobem funguje, jaký je Jeho úkol a jak Jej využít k dosažení Vyššího cíle.

V daném případě neznamená odhalení zákonů, které řídí vesmír, jen pozorování jejich činností a změření souvisejících parametrů tak, jak experimentálně zkoumáme zákony *našeho světa*. Duchovní zákony je nutné si osvojit, brát v potaz výchozí bod jejich vzniku: proč jsou Stvořeny právě ony a právě v takové podobě, proč jsme my a ostatní objekty na *světě* stvořeny právě v takové podobě, až do pochopení toho, co se děje s každým atomem, každým tělem ve všech existujících stavech.

Když člověk chápe celý systém vesmíru jako celek na všech úrovních, teprve tehdy opravdu chápe Stvořitele a celý vesmír, stává se totožným se Stvořitelem a ospravedlňuje Ho. Takový stav nazýváme „spojením se Stvořitelem na základě podobnosti či ekvivalence vlastností (formy)".

Kabala nám poskytuje všechny poznatky o Přírodě, a pokud je neabsorbujeme, nepohltíme a nezrealizujeme, nedosáhneme Cíle. Před námi je ohromný a na první pohled neuvěřitelný úkol, aby se každý z nás stal fyzikem, chemikem, biologem atd. na všech úrovních vesmíru. Člověk musí v průběhu svého života obsáhnout absolutně všechny zákony, ale ne obvyklým, tradičním zkoumáním těch nebo jiných jevů. S pomocí kabaly pozná kořeny ještě před tím, než se realizují v neživé, rostlinné a živočišnéle přírodě *našeho světa*, kde důsledky jejich projevů mohou být zafixovány a jsou zkoumány technologickými prostředky akademických věd.

Dva systémy: sestup a vzestup

Kabala v sobě zahrnuje zkoumání dvou paralelních a úplně sobě rovných systémů a nabízí způsoby, jak je využívat pro dosažení Cíle Stvoření. První má název „pořádek sestoupení *světů*, *Parcufim*[16] a *Sfirot*[17]". Druhý se nazývá „dosažení" neboli „stupně odhalení Vyšší síly". Jediný rozdíl těchto absolutně identických systémů tkví v tom, že první je uspořádán Shora dolů, od Prvotní příčiny (Stvořitele) ve *světě Nekonečna*[18] až k jeho protipólu, spodnímu stupni *našeho světa*. Druhý začíná v *našem světě* a zvedá se Vzhůru po cestě k Prvotní příčině, přičemž přesně opakuje všechny stavy, spojení a kontakty, které vytvářejí strukturu prvního systému.

Jak člověk stoupá po stupních druhého systému, krok za krokem dosahuje všechny úrovně odhalení Vyšší řídící síly v souladu s těmi zákony a principy, podle kterých se vytvořily od Prvotní příčiny do stavu „*náš svět*". První systém je tudíž model, jehož existence spočívá v nutnosti dosáhnout Cíle vesmíru, tj. úplného odhalení Stvořitele celým lidstvem, což znamená zrealizování druhého systému.

Odhalení Stvořitele tudíž není okamžitý akt, ale potřebuje čas, který je nutný pro získání kvalit vnímání jevů a vlastností všech sestupujících stupňů, dokud člověk úplně nepochopí jejich různorodost.

Proces postupného rozšiřování Vyšších sil Shora dolů určil stejný etapový charakter jejich zkoumání zdola Nahoru, podobný vystupování po žebříku, a proto byly úrovně poznání nazvány „stupni".

Člověk, který se nachází na nejnižším stupni, si nedokáže představit, že si může přát přejít na ten další; vždyť ho necítí, tak jak je možné přát si neznámé? Vzestup se stává možným díky tomu, že následující stupeň nabízí pocit své přítomnosti. Vzniká rozdíl

---

[16] **Parcuf** (č. mn. *Parcufim*) = duchovní tělo – přání naplnit se Stvořitelem, obdařené clonou (to znamená schopné obdržet Světlo).

[17] **Sfira** (č. mn. *Sfirot*) – různé vlastnosti, které Stvořitel přijal ve vztahu ke stvořením. Je jich deset: *Keter, Chochma, Bina, Chesed, Gvura, Tiferet, Necach, Hod, Jesod, Malchut*.

[18] **Svět Nekonečna** (*Ejnsof*) – stav, kdy jsou všechna přání plně uspokojena bez omezení, to znamená, že stvoření (přání mít potěšení) není omezené šířením Světla (potěšením).

mezi úrovněmi a chápáním toho, co je nutné udělat, abychom se pozvedli.

Pořadí dosažení všech stupňů je určené: každý následující je výše než ten před ním. Rozdíl je v hloubce odhalení. I teď se nacházíme ve *světě Nekonečna*, pociťujeme ho, ale jen v minimálním projevu, známým jako „*náš svět*". Neexistuje nic než *svět Nekonečna* a my v něm. Všechno ostatní jsou filtry vytvořené našimi smyslovými orgány.

Náš svět je největší filtr, který v nás oslabuje pocit *světa Nekonečna*. Po odstranění tohoto filtru člověk postupuje na mnohem vyšší stupeň. Skrze *tento svět* vidí následující vrstvu *světa Nekonečna*, která se objevuje víc a více podle míry vzestupu. Tak vlastně člověk proniká do hloubi materie a pochopí Cíl Stvoření.

Takže možné učinit závěr o existenci dvou realit:

1. realita **materie** – posloupnost odhalení Vyššího světa směrem Shora dolů, od Příčinného zdroje, jenž určuje míru a kvalitu Světla a pochází z podstaty Stvořitele. Toto Světlo prochází stádii ukrytí, jedním za druhým, dokud z něho nevznikne materiální realita;

2. realita **Vyššího rozumu** – po odhalení sestupu Shora dolů se vytváří posloupnost zdola Vzhůru, která představuje stupně žebříku, v jehož souladu se lidstvo rozvíjí do té doby, než dosáhne Cíle Stvoření.

Základní prvky vesmíru

Díky svým výzkumům vědci-kabalisté objevili, že vše, co je vlastní vesmíru, nás přivádí k následujícím fenoménům: k *přání přijímat potěšení* a k absolutnímu přání potěšit (*dávat*), což tvoří jeho dva základní elementy. Přání přijímat potěšení (doslovný překlad termínu z hebrejského *Racon LeKibel*) jako forma existence předpokládá přítomnost prázdnoty, absenci naplnění, která na nejvyšších úrovních přírody existuje ve formě pocitu. Tento stav je sekundární a předchází mu stav naplnění.

Ze všeho výše řečeného byly učiněny dva důležité závěry:

1. samostatné existenci přání přijímat, kterou nazýváme materiálem vesmíru, předcházel symbiotický stav dvou základů, tj. prvotní naplnění neboli prvotní projev Prapříčiny, kterou je přání potěšit, a tento stav je nazvaný *světem Nekonečna* (*Ejnsof*);

2. existoval moment, kdy se fenomén přijímání oddělil od stavu prvotního naplnění; v důsledku toho se svého naplnění zbavil a začal tak existovat jako přání přijímat, které je materiálem vesmíru.

V důsledku aktu Stvoření byl přetržen kontakt s Vyšší dávající silou a vytvořil se prvotní materiál – stvoření, přání přijímat. To se stalo v důsledku opačných vlastností, tj. Stvořitele (Dávajícího) a stvoření (přijímajícího). Cílem Stvoření je samostatné, od vlivu Stvořitele osvobozené přání stát se podobným své Prvotní příčině. Stav celého vesmíru vědci-kabalisté popsali jako úrovně, stupně této podobnosti, které se nazývají „světy".

Na jakých podkladech je založená kabala

Kabala je založena jen na přesných základech, které jsou prověřeny zkušenostmi, a nebere v potaz žádné teorie nebo hypotézy. Všechny informace, na kterých je založena tato věda, jsou získané od lidí, kteří osobně dosáhli pocitu *Vyššího světa*, tudíž uvědomění, pochopení, které prověřili, změřili a popsali. Souhrn jejich zkoumání vytváří celý vědecký materiál kabaly.

Kabale, stejně jako jakékoli jiné vědě, je vlastní přesný aparát zkoumání: matematický a grafický (v podobě schémat a tabulek). Namísto pocitů, prožívání a vjemů získaných působením Vyšší řídící síly operují kabalisté s vektory, intenzitou gravitace a přemožením přání. Jejich vztahy se měří číselně a přání a jejich naplnění se určují mírami. S pomocí takových vědeckých prostředků kabalisté popisují Vyšší řízení tak, jak jej vnímají.

Problém reality v kabale

Z nejočividnějších příkladů vzájemného působení člověka s okolím nám začíná být jasné, že hloubka poznání je ohraničena rámcem potřebnosti poznávajícího. V *našem světě* existují různé druhy procesů a jevů jako elektromagnetické vlnění, silová pole, rádiové vlny, radioaktivní záření, chemické reakce atd., které lidé využívají v každodenním životě. Bez pochopení jejich podstaty úspěšně využívají vlastnosti a možnosti, které jim poskytují. Člověk jim dal související názvy, když se řídil svými vnitřními pocity, v závislosti na tom, jak na něho působily. Termíny se začaly používat a souhrn projevů daného jevu (dokonce ohraničeného) vytváří u všech, kteří se s ním setkávají, určité asociace. Zejména ty v člověku vytvářejí pocit předmětnosti jakéhokoliv procesu, jevu nebo objektu. To znamená, že se realita v tomto případě určuje společným množstvím působení na smysly pozorovatele. Je to stejné jako ve vztahu prvotní příčiny a jejího projevu a stejné jako ve vztahu jevů a objektů *našeho světa*, které působí na naše senzory. Poznání je takovým způsobem omezeno znalostí tohoto nebo jiného vlivu na pět lidských smyslů. Součet reakcí na takové působení v naší představě vytváří úplný a dostatečný obraz nebo pochopení, nehledě na absenci znalosti o vnitřní podstatě samotného předmětu pozorování.

Toto platí i ve vztahu k sebepoznání člověka. Vše, co o sobě ví, je vnější projev nějaké vnitřní podstaty, která mu není přesně známa.

V přístupu ke studiu jakékoliv vědy studenti během první etapy naplňují zvukový obal termínů představami, které dříve načerpali z učebnic, přičemž musí předpokládat, že jsou tyto názvy výsledkem působení jevů na pocity pozorovatelů nebo na přístroje. Během procesu studia „na základě výsledků experimentů" přechází realita speciálních termínů na vyšší úroveň.

Daný princip je platný i ve vztahu k vědcům-kabalistům, pro které je působení Prvotní příčiny s názvem *Světlo*, na každé úrovni Jeho projevu úplným a dostatečným základem pro pojmenování této úrovně.

Proto jedno z pravidel této vědy praví: „Vše, co se dá hodnotit a pochází z Prvotní příčiny, se projevuje na různých úrovních Přírody a úplně uspokojuje potřeby zkoumajícího."[19] Takže v člověku nikdy nevzniká potřeba po čemkoliv, co není založeno na přírodních zákonech vesmíru, které jsou celkovým projevem Prvotní příčiny.

Abstraktní názvy

Existuje chybný dojem, že všechny názvy a pojmy používané v kabale patří mezi abstraktní a jsou čistě dohodnuté. Tato nesprávná představa vznikla v důsledku toho, že kabala zkoumá *Vyšší svět*, který se nachází vně hranic času a prostoru. Můžeme jej dosáhnout jen prostřednictvím kabalistické metodiky. Protože si jen málo vědců osvojí toto učení a chápou *duchovní svět*, čili pozorují, pociťují a prakticky zkoumají Vyšší zákony a jejich projevy, převládá názor, že vše, co se vztahuje k *Vyšším světům*, je kategoricky abstraktní a absolutně odtrženo od reality.

---

[19] **J. Ašlag:** Podstata vědy kabaly // Darování Tóry. Jeruzalém, 1995.

Ve skutečnosti kabala nepopisuje nic, co se neodráží od reality, která je poznávána (dosahována) cestou praktické zkušenosti. Neměnný kabalistický zákon praví: „Popisuje se jen to, co je prakticky postihnutelné." Pro kabalistu neexistuje to, co nepostihl. Proto v kabale nemohou být abstraktní objekty, pojmy nebo definice, neboť jsou všechny důsledkem toho, co sami postihli.

To, co je v kabale dosaženo, představuje jasný pocit a uvědomění si Zdroje slasti, toho, co se zkoumá, se všemi jeho záměry a plány na té úrovni, na které jej vnímáme, poznáváme a chápeme. Uvědomění se zakládá na porozumění prvotním příčinám, které pocházejí z duchovní úrovně.

Jazyk větví

Zkoumání vědců-kabalistů ukázalo, že se struktura všech *duchovních světů* přesně opakuje a vzájemně se liší jen „materiálem", tudíž se stav elementů přijímání v každém z nich určuje vzdáleností od Prvotní příčiny.

Proto je každá následující vrstva projevem prvotní příčiny na dané úrovni. Takto je samotná vrstva systému prvotní příčinou pro nižší vrstvu, která vytváří nižší úroveň a plně určuje všechny její vlastnosti.

To vše poskytlo vědcům-kabalistům možnost použít zvláštní znakový systém pro předávání informací o úrovních vesmíru, které by jinak byly jednoduše nepopsatelné. Nazvali ho *jazykem větví*. V tomto systému se každé slovo, které se sémanticky vztahuje k objektu nebo jevu *našeho světa*, nazývá větví. Větev ukazuje na příčinu, která zrodila tento objekt, na *kořen* a na to, o jaký jev nebo objekt Vyšší úrovně se jedná.

Takový je charakter jazyka, který využívají vědci-kabalisté pro předávání informací a který je používán následujícími pokoleními v ústní a písemné formě. Tento jazyk odpovídá potřebám dostatečnosti, to znamená, že úplně uspokojuje potřebu těch, kdo si přejí studovat vesmír a účastnit se realizace jeho Cíle.

Systematickým přístupem k vytvoření kabalistické terminologie je tudíž princip jazyka větví, který se zakládá na charakteru struktury vesmíru jako předmětu zkoumání daného učení.

Nemůžeme zde ukázat množství dalších důležitých aspektů znakového systému kabaly, a to takových, jako je předávání informací prostřednictvím grafických náčrtků písmen nebo prostřednictvím jejich číselného významu (*gematrie*), ani hovořit o příčinách vzniku a rysech čtyř historických typů jazyka kabaly. Tento materiál je podrobně rozepsán v odpovídajících oddílech daného učení.

Vzdělávací proces

Přehled

Úvod – Vzájemná spolupráce učitele a studenta
Role učitele v kabale – Kabalistické knihy
Stručný popis díla Ba'ala HaSulama
Co znamená studium? – Cíl studia kabaly
Učební proces – Lekce – Působení Světla
Správný přístup ke studiu kabalistických textů
Domácí úkoly – Možnosti studia

Úvod

V jakékoliv moderní vědě bývá každý seriózní úspěch výsledkem práce velkého kolektivu vědců, v některých případech dokonce světového společenství. Vědec se ve svých výzkumech opírá o znalosti předcházejících generací a využívá veškerý vědecký kapitál, který byl nashromážděn jeho současníky.

Studium *Vyšších světů* je prakticky nemožné, pokud se badatel nenachází ve skupině kabalistů a zabývá se výzkumem bez její podpory. Následně potřebuje školu, vědecký kolektiv, který pracuje na všech aspektech zákonů *Vyššího světa*. Současně se veškeré znalosti navzájem sdílejí, obohacují a obnovují, a takovým způsobem tvoří kabalistickou vědu.

Výsledek zkoumání závisí na přání každého se spojit s ostatními členy skupiny a naladit se na dosažení Cíle.

To hlavní na jejich práci musí být snaha změnit egocentrické vnímání světa, které je egocentrismem ohraničeno a které tak omezuje proces postihnutí opravdového obrazu vesmíru. Takový obraz je jediným duchovním modelem celého lidstva. Nejsou jím tedy fyzická těla nebo obklopující materiální objekty neživé, rostlinné a živočišné přírody. Daný obraz existuje jen jako reakce na informaci obdrženou pomocí našich smyslových orgánů. Vnitřní část člověka, tj. jeho přání a myšlenky, představují obrovský systém vztahů, energetické pole, které je řízené Vyšší silou – Stvořitelem.

Člověk samostatně nikdy nemůže dosáhnout celého odhalení obrazu, jelikož je uzavřen v sobě samém a cítí jen svůj malý svět. To můžeme přirovnat k buňce živého organismu, jejíž celá existence je založena na primitivních procesech spotřeby a vylučování ve srovnání s pocitem života celého organismu. Proto je nutné dodržovat tyto nezbytné podmínky studia, bez jejichž plnění by se celé studium stáčelo k mechanickému zapamatování termínů a definic, tudíž nikoliv k pocitu a pochopení. K veškerému poznání dochází každý individuálně, ale pouze v míře, v jaké se člověk snaží zapojit se do kolektivu a žít jeho cílem.

Proto je třeba provádět v oblasti kabaly seriózní výzkumy jen v přítomnosti kolektivu, i když seznamovací etapu může student zdolat individuálně.

Vzájemná spolupráce učitele a studenta

V takové vědě, jako je kabala, je důležité si vážit učitele, zatímco v jiných stačí jen od něho přijímat informace. Je možné dokonce nenávidět zdroj předávání informací, nebo se učit dálkově bez znalosti učitele. V kabale je učitel nejen lektor, ale navíc i průvodce do *světa*, který je pro studenta neznámý. Učitel je ve srovnání se studentem na vyšším stupni, nikoliv ve znalostech, i když to je také důležité, ale hlavně v odhalení neznámého *světa*. Učitel a student jsou dvě formy Stvořené Stvořitelem v *tomto světě* právě proto, že student nemá možnost dosáhnout neznámého, tj. toho, co necítí, bez pomoci učitele. Učitel postupně bez přísných pravidel a prostřednictvím náznaků přivádí studenta k vlastním závěrům, jak se správně naladit na pocit *duchovního světa*.

Proto je potřeba od učitele přijmout jeho směr k Cíli, ke Stvořiteli. Je tedy třeba ho následovat, považovat ho za velkého a vše ostatní nemá opravdový význam.

V mnoha případech je zapotřebí srovnat vztah učitel – student se vztahem dospělý – dítě, jelikož je to analogie kořene a větví v *našem světě*.

Učitel ze sebe musí záměrně dělat obyčejného, neukazovat svá duchovní odhalení a síly (což rozhodně není vlastní pravému kabalistovi – je to zjevný příznak falešného učitele!), musí je před studenty skrývat, aby jim poskytl možnost svobodné volby.

Jestliže učitel odkazuje na Stvořitele, pak je to učitel, ale pokud odkazuje na sebe, pak je to samozvanec.

Učitel je považován za pravého, pokud:
1. obdržel své duchovní znalosti od uznávaného kabalisty;

2. učí své studenty z originálních zdrojů kabaly, nezaměňuje je svými texty (nemá se na mysli pomocná literatura, kterou napsal pro šíření a výuku začátečníků);
3. v žádném případě nepřitahuje pozornost studentů ke své osobnosti;
4. zaměřuje své studenty na Stvořitele, to znamená k napodobení Jeho vlastností.

Spojení učitele a studenta závisí na potřebách studenta. Je určeno schopnostmi studenta soustředěně od učitele vstřebávat vnitřní podstatu kabalistických zdrojů.

Je to ze strany studenta obrovská práce. Není v žádném případě třeba, aby svého učitele vychvaloval, jen si musí být jistý kvalitou jeho duchovního odhalení. Všechny ostatní kvality, schopnosti, charakterové rysy, vnější vzhled, atd., nemají žádný význam. Nejdůležitější je poslouchat rady učitele a snažit se je prakticky realizovat.

Role učitele v kabale

Učitel odpovídá na otázky studenta, ale v míře a (skryté) formě, která je pro studenta přijatelná, a tak nabízí znalosti zabalené jakoby v obalu. Odpověď může být skrytá, zamotaná a nejasná. „V přijatelné formě" znamená v takové, která studenta maximálně naladí na dosažení Cíle,[20] na zaměření se na Cíl.

V kabale je nejdůležitější směr myšlenek, záměrů, se kterými se konají činy.

Učitel musí studentu vysvětlit materiál tak obratně, aby v něm vyvstávaly ještě další otázky. To znamená, že obsah odpovědi musí naladit žáka na další vnitřní rozvoj a vyvolávat v žákovi otázky s cílem, aby odhalil následující úrovně přání a znalostí. Student není schopen pochopit pravdu najednou, proto učitel říká to, co si žák přeje slyšet, ale uvnitř této odpovědi je skrytá informace, která je důležitá pro trvalé zvyšování jeho úsilí směrem k Cíli.

---

[20] **Cíl Stvoření** – pochopení Obecného Zákona vesmíru a dosažení podobnosti vlastností (ekvivalence formy) se Stvořitelem.

Učitel musí studentovi předat určité konkrétní znalosti o stavbě *světů*, to znamená o těch potenciálních stavech, kterými bude muset projít. Zpočátku se tato informace může zdát obyčejná a nudná, ale pak, podle míry jeho rozvoje, se před studentem objevují jemu dříve skrytá spojení a vzájemné vztahy mezi všemi částmi Stvoření, včetně Stvořitelova Plánu. Materiály o schématech vesmíru a sestupování *světů* se musí studovat paralelně s články o historickém procesu vývoje společenství a individua a o vnitřní práci člověka.

Kabalistické knihy

Všechny kabalistické práce obsahují popis systému interakce Stvořitele s Jím vytvořeným stvořením.

Mnozí kabalisté, kteří odhalili Cíl Stvoření, popsali všechny stavy sestoupení od nejvyššího bodu spojení se Stvořitelem až k *našemu světu*, kde se stvoření nachází v úplném ukrytí. Tyto práce mají zvláštní vliv na studující, vždyť hovoří o všech stavech, kterými musí projít lidstvo a každý zvlášť, o stavech, které existují v potenciálu, ale jsou ještě skryty před těmi, kdož je neodhalili.

Jestliže člověk, který čte knihu, vnáší do každého slova své přání a snaží se rychleji překonat tuto cestu, pak je po vynaložení určitého množství úsilí hoden odhalit Stvořitele. To znamená, že pod působením přečteného začal získávat vlastnosti Stvořitele a podle zákona podobnosti vlastností (ekvivalence formy) byl hoden v sobě objevit Vyšší síly, to znamená následující stav, který je mnohem vyšší než jeho (původní) stav. Student jakoby uvádí své přání do takové formulace, kterou kabalista nabízí ve své knize.

Vypadá to jako matematický výraz. Sám o sobě je mrtvý, přičemž není známo, jaké stavy se jím popisují. Kabalistická formule jen odráží spojení mezi oddělenými částmi Stvoření. Student umisťuje sebe sama dovnitř této formule. Jelikož si v procesu studia materiálu přeje tyto stavy pocítit, svým samotným úsilím na sebe přivolává určité působení textu, které mění jeho pocity a uvádí ho do *duchovního světa*.

Ještě jednou by bylo žádoucí připomenout, že všechny duchovní stavy nebo *světy* (*svět* v překladu z hebrejštiny znamená „*ukrytí*") se pociťují uvnitř našich přání; ve větší či menší míře jsou podobné Vyšším zákonům Přírody nebo Stvořiteli (Příroda a Stvořitel jsou identické). V „Knize *Zohar*" je řečeno, že se všechny *světy* nacházejí uvnitř člověka. To je velice důležitý moment, který pomůže těm, kdo studují kabalu, se v dalším procesu studia vyhnout mnoha chybám a odklonům.

Stručný popis díla Ba'ala HaSulama

1. Články (*„Arevut* – Vzájemná záruka", „Mír ve světě" aj.) napsané pro začínající studenty, které je zaměřují na sebepoznání a na vnitřní studium své podstaty.

2. Dopisy nejsou zpravidla napsané pro všeobecné studium, ale využívají se ke studiu osobnímu. Studují se výběrově v závislosti na vnitřním stavu studenta.

3. Talmud Eser Sfirot (Učení Deseti *Sfirot*) – základní učebnice kabaly, která popisuje celou duchovní práci člověka, který prochází stupni nápravy a mění svou podstatu, a také pro ty, kdo ještě nevstoupili na stupně vnitřního poznání; je zdrojem působení a změny vnitřních kvalit s cílem se stát podobným vlastnostem Stvořitele. Učení Deseti *Sfirot* se začíná studovat po práci „Úvod do studia kabaly" (*Pticha*) v následujícím pořadí: 1., 4., 6., 8., 15. a 16. část a teprve ostatní části.

4. Kniha *Zohar* s komentáři Ba'ala HaSulama – je vysvětlení duchovní práce podle metodiky *tří linií*.[21] Knihu *Zohar* mohou postihnout jen ti, kteří postupují podle tří linií, tudíž lidé, kteří se už nacházejí na určité duchovní úrovni vnímání zákonů Přírody nebo Vyšší síly. Tuto Sílu nazýváme Vyšší, duchovní silou, jelikož nás vytvořila, je naší Příčinou a my jsme Jejím následkem. „Kniha *Zohar*" se studuje po článku Ba'ala HaSulama „Předmluva ke Knize *Zohar*" a článku „Úvod do vědy kabaly".

Co znamená studium?

V kabale existují tři faktory pokroku studenta. Je to studium podle (1.) opravdových kabalistických zdrojů, (2.) s učitelem a (3.) ve stejně smýšlejícím kolektivu. Učitel určuje směr a vysvětluje metody zkoumání.

---

[21] **Tři linie** – systém, který dovoluje dospět k podobnosti se Stvořitelem; levá linie je přání přijímat (vlastnost stvoření), pravá linie je přání dávat (vlastnost Stvořitele) a střední linii vytváří člověk samostatně vlastním úsilím o to, aby se stal podobným Stvořiteli.

Stejně smýšlející skupina je místem zkoumání, kde si každý jednotlivec snaží vyjasnit vlastní vztah ke svému okolí, změnit ho a připodobit ho zákonům Přírody, které se učí v kabalistických knihách.

Studovat znamená pracovat s knihou a očekávat, že v důsledku této činnosti a dříve vynaloženého úsilí pro objasnění a zkoumání své podstaty proběhne změna v jeho pocitech a člověk pocítí stav, jak jej popsali kabalisté.

Knihami musí být jen autentické a opravdové kabalistické zdroje, jako jsou „Kniha *Zohar*", práce ARIho, Ba'ala HaSulama a RABAŠe.[22]

Učitelem může být ten, kdo chápe cestu a osobně ji prošel, kdo slouží jako příklad pro rozvoj, dává nutné rady, koordinuje práci v kolektivu a řídí proces učení. Kolektiv jsou lidé, kteří se shromáždili kolem učitele a pravých knih se seriózním záměrem studovat a prakticky dosáhnout Cíle, kterým je odhalení Stvořitele stvořením na tomto světě, jak o tom píše Ba'al HaSulam ve svém článku „Podstata vědy kabaly".

Tyto tři faktory se stávají pracovním prostředím pro člověka, který si přeje se posouvat na duchovní cestě.

Cíl studia kabaly

Cílem studia kabaly je působení studijního materiálu vedoucího ke změně vnitřních kvalit s cílem napodobit vlastnosti Stvořitele. Proto je nutné mít přání se nacházet na úrovni toho, kdo tuto informaci pocítil a předal nám. Knihy velkého kabalisty 20. století Ba'ala HaSulama jsou nejvíce přizpůsobené pro naši generaci, a proto věnujeme základní část učebního procesu právě jim.

Opravdový cíl studia spočívá v určení vnitřního spojení se studovaným materiálem, a to hledáním všech studovaných objektů v sobě samém na základě svých schopností a činů, jelikož se v kabalistických knihách píše jen o tom, co se děje s člověkem, s jeho vnímáním *světa*.

---

[22] **RABAŠ** – rabi Baruch Ašlag (1906 – 1991), syn a žák Ba'ala HaSulama, autor množství článků o práci ve skupině; poprvé popsal všechny etapy duchovní práce člověka.

Učení nesmí být násilné, ale v takové podobě, která je příjemná pro jeho účastníky a která je v souladu s jeho otázkami a s úrovní vnitřního a mentálního rozvoje. To znamená, že se žák posouvá v učení a v jeho pochopení jen v míře svého přání. Jakékoliv osvojení kabaly předpokládá vnitřní snahu pozorovat na sobě samém působení Stvořitele a tady vše závisí na osobním přání.

„*Násilí v duchovnu neexistuje*" – to je zákon, který se nachází v základu našich přání.

Učební proces

Student, který začíná studovat kabalu, jen stěží chápe, že samo pochopení této vědy je prostředkem proto, aby se změnil, objevil a pocítil vyšší stav, to znamená stav nejbližší k Cíli Stvoření.

Žák musí dosáhnout takového přístupu k učení, kdy ho přijímá jako laboratoř a sebe sama jako objekt zkoumání, který napravuje a mění k dokonalosti. Je vždy nutné si pamatovat, proč se učíš, s jakým cílem otevíráš knihu a čeho si přeješ s její pomocí dosáhnout.

Z tohoto pohledu je třeba k procesu studia vyvinout maximálně pragmatický přístup, který bude naléhavý a cílený. Právě to bude znamenat vysokou kvalitu studijního úsilí, které bude vynaložené během učení a bez kterého člověk ani nemůže doufat, že dosáhne nějaké nápravy. Proto síla, která je obsažena ve všech kabalistických knihách, zejména v dílech Ba'ala HaSulama, působí na člověka takovou intenzitou, která závisí na tom, jak moc si to přeje.

V našem světě není jiná síla nápravy kromě duchovní, tj. té, kterou získáváme z opravdových kabalistických děl. Kniha je jediným prostředkem spojení s Vyšším zdrojem. Podle ní studujeme zákony Vyššího světa a tím na sebe sama přivoláváme jejich působení. Takto se stáváme příčinou, na jejímž základě se k nám zákon přibližuje a zkoumané procesy začínají měnit naše pocity, neboť všechny probíhají uvnitř nás. Když se je učíme z knih, více se před námi otevírají a efektivně na nás působí.

Člověk vůbec nemusí sedět a učit se materiály 24 hodin denně. Hlavní je získávat z učení sílu, přání a snahu měnit svůj pocit, touhu napravit své egocentrické vnímání světa, posouvat se ve správném směru a ten udržovat v průběhu celého dne, nezávisle na vnitřním stavu. Proto je velmi důležité začít lekci ráno, před prací, aspoň čtvrt hodiny. To se absolutně liší od našeho obyčejného přístupu k učení, ale ke kabalistickým dílům musíme přistupovat jen takto.

Kniha je zdrojem síly a získané znalosti jsou druhořadé.

Dnes jsou kabalistické knihy přeloženy do mnoha jazyků. Studovat je možné v jakémkoliv z nich, ale základní termíny, kterých je několik set, je nutné se naučit v originálním jazyce.

Cílem této knihy je seznámit studenta s kabalistickými znalostmi, ale další proces studia probíhá jen pomocí originálních zdrojů přeložených do rodného jazyka.

Lekce

Přípravná část lekce je určena pro vyjasnění cíle studenta přítomného na hodinách. To může vypadat divně, ale taková práce je důležitým faktorem pro další průběh hodiny: s jakým cílem začínám učební proces a jaké výsledky očekávám od svých zkoumání.

Přípravná část lekce musí trvat 10-15 minut. Po několika měsících studia se bude čas pro přípravu zvětšovat, protože se objevuje schopnost přesnějšího určení svého stavu, detailnějšího záměru, nejmenších nuancí myšlenek, záměrů, propočtů. Je nutné si přesně uvědomit, že celá informace, jež je v textu, na mě působí jen v míře **mého přání** se změnit.

Naladit se na lekci znamená pochopit, že se v knize, ze které se učím, mluví o mých osobních stavech, o mně osobně, a v žádném případě si nesmím představovat nějaké vnější materiální objekty, historické procesy, geometrické objekty, atd.

Hlavní část hodiny je věnována osobnímu zapojení do stavů, které se popisují v kabalistických knihách. První polovina hodiny (obvykle kolem jedné hodiny) obsahuje pokračování v přípravě a naladění se na vnitřní práci, ale už specifičtější, a to v závislosti na vybraném materiálu. Doporučují se číst články a dopisy Ba'ala HaSulama a RABAŠe o duchovní práci.

Druhá polovina hodiny se skládá z nezbytného studia Ba'ala HaSulamova „Učení Deseti *Sfirot*" nebo u začátečníků „Úvodu do vědy kabaly".

Působení Světla

Jak jsme říkali dříve, v knihách Ba'ala HaSulama jsou popsány všechny stavy Stvoření od Jeho Myšlenky až do sestoupení do *našeho světa*. Termínem „*náš svět*" se míní pocit absolutního odcizení od Prvotní příčiny a absolutní absence možnosti dokonce i jen minimálního kontaktu s Ní. Je však nutné si uvědomovat, že existuje, a přát si Její úplné odhalení. Proto při studiu těch nebo oněch stavů, které si student přeje pocítit, na sebe přivolává působení sil, které jsou obsaženy v textu. Pokusíme se podrobně tento proces rozebrat.

Celé lidstvo existuje v prostoru jediné síly, která se jmenuje „Stvořitel". V tomto prostoru můžeme měnit pole působnosti Stvořitele tak, aby bylo namířeno na nás. Můžeme mluvit o nějakém prostoru nebo poli jen pokud jde o toho, kdo se v něm nachází, protože právě on působí, vytváří překážky a provádí změny v tomto bodě prostoru. Vlastní působení místa na objekt odpovídá tomu, nakolik sám objekt působí na něj. Přitom se nikdy nemění možnosti, které nám poskytuje pět smyslů našeho biologického těla. Člověk pokračuje v životě a práci ve svém obvyklém světě, ale v dodatečně získaném přání cítí a uvědomuje si příčiny, cíle a vztahy všech částí vesmíru. To se děje v důsledku působení „*Obklopujícího světla*".

Obklopující světlo (*Or Makif*) je energie, která působí na potenciální přání studenta být podobný Stvořiteli, ale která zatím do jeho přání nemůže vejít, jelikož student nemá podobné vlastnosti, tj. chybí zde soulad (ekvivalence formy). V míře našeho přání stát se citlivými elementy k Obklopujícímu světlu se Světlo mění a stává se Vnitřním světlem (*Or Pnimi*), to znamená, že začínáme pociťovat dříve skryté působení Stvořitele.

Člověk, který se nachází blízko velkých kabalistů a pracuje podle kabalistických knih se správným záměrem, silou svého přání mění vztahy mezi sebou a polem Stvořitele. V podstatě je to žádoucí výsledek, který můžeme extrahovat z této síly za pomoci toho, kdo změnil svůj okolní prostor, díky rozdílu potenciálů mezi ním a tímto prostorem.

Tady opravdu můžeme vyvodit ty samé formule, které jsou například ve fyzice, jen s tím rozdílem, že v kabale máme co do činění se silami, myšlenkami a přáními, ale princip je analogický.

Nevíme, kdo je Stvořitel, jak si představit Jeho pole, ale svými přáními a snažením Ho odhalujeme, působíme na Něho a měníme Jeho působení na nás. Schopnost dávat pociťujeme jen v tom případě, jestliže měníme vlastní vlastnosti z *přijímajícího* na *odevzdávajícího*. V podstatě právě *přání dávat* říkáme *Stvořitel*, jelikož objevujeme, že existuje v našem kořenu a řídí Ho. *Přání přijímat* nazýváme *stvořením*. Proto musí všechny myšlenky během studia směřovat na působení „*Obklopujícího světla*", které nám pomáhá se přiblížit k našemu kořenu, Prvotní příčině, prostřednictvím podobnosti vlastností.

Poznámka: *hodinou se míní jakákoliv zmíněná forma studia (viz „Možnosti studia – Cíl studia kabaly").*

Správný přístup ke studiu kabalistických textů

Stejně jako v jakékoli akademické vědě je získávání kabalistických znalostí procesem postupným a vrstevnatým. Nejprve je osvojována vrchní, nejlehčí úroveň, vstupní data, zjednodušená schémata, obecný obraz. Pak nastává druhá etapa, podrobná analýza detailů, pak třetí, která představuje spojení všech detailů do celkového obrazu.

Tímto způsobem se krok za krokem rýsuje obecná myšlenka systému. Potom se upřesňují detaily, procesy se začínají chápat nikoliv spekulativně, ale pomocí smyslů. Specialistou se každopádně může nazývat jen ten, kdo chápe materiál bez pomoci a náčrtků, jak se říká, šestým smyslem.

V kabale je zapotřebí několikanásobné uvědomění textu, dokud se neobjeví vjem, který je adekvátní studovanému materiálu. Můžeme to srovnat s pocitem hudebníka, který čte partituru: notový zápis mu poskytuje úplný obraz hudebního díla.

Na konci „Předmluvy k Učení Deseti *Sfirot*" je část, která se jmenuje „Řád studia". Řád učení, jak píše Ba'al HaSulam, tkví v tom, že se žák musí naučit všechny definice nazpaměť. Proč? Proto, aby ho při čtení nenapadaly myšlenky na geometrické tvary, obrazy a různé materiální či všeobecné představy o objektech, o kterých se učí v kabalistických knihách. Po přečtení definice „*Přímé světlo*", „*Odražené světlo*", „*kruh*", „*zkrácení*", si student musí představit tyto termíny uvnitř sebe, ve svých pocitech, myšlenkách a přáních.

Tak například „*Přímé světlo*" (*Or Jašar*) označuje to, že jsem připraven přijmout naplnění mimo všechny hranice a omezení; „*zkrácení*" (*Cimcum*) označuje, že po něčem hodně toužím, ale přesto sám sebe omezuji.

Veškerá tato práce je nutná kvůli tomu, aby každé slovo uvnitř nás vyvolávalo nejen myšlenkovou, ale i odpovídající pocitovou reakci.

Přechod od myšlenkové představy geometrických tvarů a náčrtků k přání citově se účastnit popsaných procesů vyžaduje přesnou znalost definice každého termínu, používaného v této

knize. Pak můžeme automaticky uvnitř sebe sama ihned transformovat jakýkoliv termín. Ten bude vznikat, doprovázeje definici, kterou jsme si zapamatovali, jako náš pocitový stav, což je velice důležité.

Úkol studenta spočívá v tom, aby krok za krokem přibližoval tyto definice k sobě samému a neustále je upřesňoval. Pak bude jeho pochopení mnohem hlubší a bude přecházet ze spekulativní roviny do roviny pocitové, vnitřní.

Ba'al HaSulam píše ve 155ém bodě „Předmluvy k Učení Deseti *Sfirot*": „Nehledě na to, že se učí a neznají to, co se učí, ale přejí si toho dosáhnout, v takové míře na sebe přivolávají působení *Obklopujícího světla*." *Obklopující světlo* na nás nepůsobí v míře našeho přání pochopit prostudovaný materiál. Například, když chci pochopit, proč se tyto kruhy odchylují právě takovým způsobem a ne jinak, proč se *stvoření* skládá z pěti částí atd. To není správný přístup ke studiu kabalistických knih.

Obklopující světlo na nás působí v míře našeho přání do těch stavů vejít, být podobný jejich vlastnostem a stát se objektem pro jejich odhalení.

Domácí úkoly

Domácím úkolem je příprava na následující hodinu, která musí určitě proběhnout během čtyřiadvaceti hodin.

Nelze se neučit v průběhu 24 hodin; je nutné si přečíst aspoň několik řádků v knize. Odtržení od studia na více jak 24 hodin způsobí zaostávání o týdny nebo i měsíce. Nemůžete studovat materiál deset hodin v kuse a pak si udělat na týden pauzu. Mnohem efektivnější je studovat hodinu denně, ale každý den. Pokud máte opravdový zájem se ve studiu posunout, pak je tato podmínka nezbytná a tady nemohou být žádné kompromisy.

Velice důležitá je práce s kabalistickými materiály v průběhu dne.

Cílem takových cvičení je příprava na práci v hodině a také vybudování všeobecné informační základny, pamatování si termínů a definic.

Zde je několik příkladů práce s texty. Úkol se vyplňuje po prostudování celého tématu, oddílu nebo lekce.

1. Určit základní téma hodiny.

2. Napsat resumé a určit, jaký ze dvou níže zmíněných přístupů využil autor článku:

a) Když je hned dán konečný výsledek a až pak se vysvětluje, jak k němu dospět?

b) Když autor postupně, krok za krokem vede čtenáře ke konečnému výsledku?

3. Popsat kauzalitu spojení, s jejíž pomocí nás autor článku přivádí k řešení úlohy.

4. Zkusit dospět ke stejnému výsledku, ale pomocí jiných metod a příkladů z jiných věd.

Možnosti studia

Existuje několik způsobů studia kabaly:

1. Prostřednictvím internetového kabalistického webu www.kabbalah.info. Dnes tento web zabezpečuje uživatelům neomezený přístup k autentickým textům ve více než 20 jazycích bez nutnosti registrace nebo uvádění osobních údajů. Je to jeden z největších internetových webů, co se týče studijních a informačních kabalistických materiálů. Najdete tam překlady originálních článků Ba'ala HaSulama a jiných kabalistů.

2. Mezinárodní akademie kabaly pod vedením vědce-kabalisty dr. Michaela Laitmana provádí každodenní přímý video a audio přenos hodin a lekcí po celém světě se simultánním překladem do pěti jazyků, s demonstrací náčrtků, možností položit otázku a v reálném čase dostat odpověď. Všechny záznamy lekcí se umisťují do videoarchivu na webové stránce http://www.kabbalahmedia.info/.

3. Na základě Mezinárodní akademie kabaly je vytvořen Institut studia kabaly J. Ašlaga. Lektoři Institutu rozpracovali distanční formu studia na internetu s využitím současných informačních technologií, které dovolují doplnit učební proces o audiozáznamy a videa, virtuální cvičení „on-line", účast na fóru a o další interaktivní funkce.

4. Existuje možnost samostatného seznámení se s kabalou prostřednictvím knih. Michael Laitman je autorem více než 30 kabalistických knih, které jsou v podstatě podrobnými komentáři ke všem originálním kabalistickým zdrojům.

ODDÍL I. VNÍMANÍ REALITY

Vždy je dost světla pro ty, kdo si jej přejí vidět, a dost tmy pro ty, kdo si přejí opak.

Blaise Pascal[23]

V tomto díle se podrobněji objasňují tři prvky, které vytvářejí skutečnost: Podstata Stvořitele, Nekonečnost *duší* a způsoby vnímání této reality člověkem. Popisuje se kabalistická metoda vnímání skutečnosti a rozdíl mezi ní a tradičním, přirozeným způsobem pozorování světa prostřednictvím pěti smyslů. Nabízí se kabalistický pohled na *svět*, který zachraňuje člověka před množstvím blouznění a mylnými závěry, a tím jej vede na další, mnohem vyšší úroveň existence.

---

[23] **Pascal**. Oeuvres complètes. Paris, 1954.

Kapitola 1. Postihování reality

Přehled

1.1. Předmluva – 1.2. Tři složky reality – 1.3. Jak měníme svět
1.4. Kabala jakožto věda o vnímání reality – 1.5. Co je to svět
1.6. Zákon podobnosti vlastností – 1.7. Otázky a odpovědi
Test – Doplňující studijní látka

1.1. Předmluva

Přirozeným způsobem vnímáme realitu prostřednictvím pěti smyslů.[24] Proto je pro nás složité přeorientovat vnímání takovým způsobem, abychom skrze tuto realitu pocítili *duchovní svět*.[25] Vidíme, jak lidé chybují, když si vymýšlejí jiné formy existence a přijímají je jako duchovní.

Abychom pronikli do hloubky materie a pocítili síly, které působí uvnitř ní, je nutné využívat určitou metodiku a vynakládat určité úsilí. Všechny síly, které působí ve vesmíru, se nakonec spojují v jednu, konkrétně Vyšší sílu neboli Stvořitele. Stvořitel v Sobě organizuje, vytváří a udržuje všechny konkrétní síly, nechává je působit a přes ně aktualizuje materii, jelikož v každé materii je obsažena část Jeho všeobjímající síly. Můžeme pociťovat jen materii, to znamená, jenom působení této síly na nás.

Materií neboli materiálem kabala nazývá *přání*,[26] za kterým je ještě jedno přání, které jej uvádí do činnosti. Prvotnímu přání říkáme Stvořitel.

---

[24] **Pět smyslů** – zrak, sluch, hmat, čich a chuť.
[25] **Duchovní svět** – realita, kterou můžeme cítit pomocí dalšího, šestého smyslu, kde se nacházejí a působí jen síly bez jejich materiálního obalu.
[26] **Přání** – nedostatek uspokojení a snaha po určitém typu naplnění (obrazu, o kterém předpokládáme, že vede k potěšení). Například hlad jako nedostatek naplnění už při myšlence na jídlo formuje přání jíst.

Pro naše vnímání je těžké se dostat přes materii a spatřit Stvořitele, tj. tu vnitřní sílu, která ji uvádí do činnosti.

Zde je příklad stenogramu: na první pohled na něm nevidíme nic, kromě chaotických drobných čar. Když však na ně přestaneme zaostřovat, vnikáme do obrazu a začínáme vidět trojrozměrný obraz.

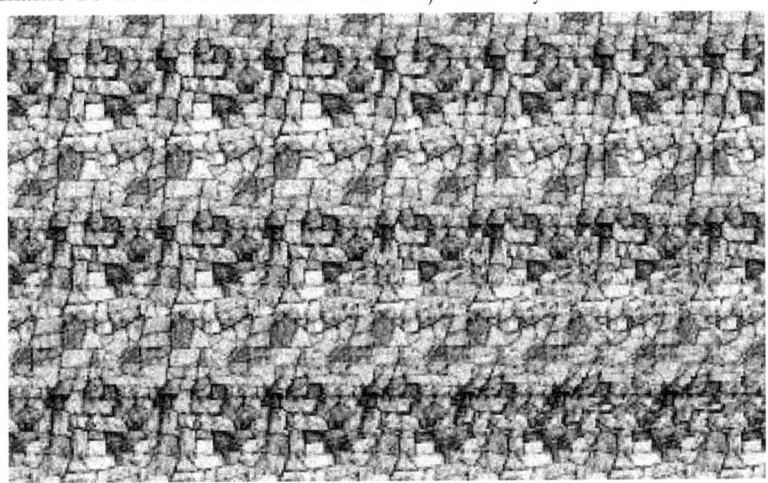

Obr. 1.1.a. *Příklad stenogramu. Obrázek lampy.*

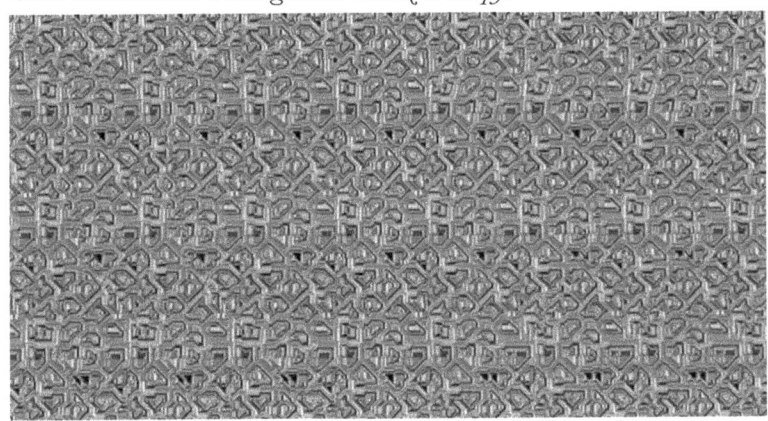

Obr. 1.1.b. *Příklad stenogramu. Obrázek srdce.*

Jak přestat zaostřovat na vnější straně reality? Jak zkoncentrovat pohled takovým způsobem, abychom viděli za obrazem našeho světa sílu, která uvádí materii do činnosti? Na tyto otázky odpovídá kabala; v tom spočívá také její metodika.

Studium daného tématu nám pomůže se správně naladit a spatřit jedinou všeobjímající sílu, která nás řídí a uvádí materii do činnosti.

1.2. Tři složky reality

Komentář Michaela Laitmana k článku Barucha Ašlaga (RABAŠe) „Předmluva ke knize Plody moudrosti. Dopisy" (Zvýrazněný text je originální článek a obyčejný text je komentář):

Ve světech[27] **rozlišujeme množství stupňů a množství atributů.** To znamená, že je realita mnohostranná.

Je nutné vědět: když se mluví o stupních a atributech, míní se tím to, co duše dosáhly (odhalily, postihly) na základě toho, co přijímají ze světů. To znamená, že vše, co nás obklopuje, posuzujeme na základě viděného a pochopeného.

Nacházíme se v realitě tohoto světa a vidíme, že existuje země, stromy, domy, slunce, měsíc, nebe, další lidé. Pozorujeme skutečnost a vynášíme vlastní soudy, přičemž vycházíme z námi viděného spojení mezi objekty. Předáváme své pocity tak, jak na nás působí a jak na ně můžeme působit my. Posuzujeme vše, vycházejíce z vlastních pocitů, na základě toho, co postihneme.

… na základě pravidla (které existuje jak v kabale, tak i ve všech dalších vědách a způsobech poznání): **„To, co nepostihneme, nemůžeme pojmenovat."**[28]

To znamená, že když něco necítíme, pak o tom nic nevíme a nemůžeme to nijak pojmenovat. Oproti tomu, jestli se hovoří o čemkoliv, co se vztahuje ke kabale, hovoří se o tom, co osobně dosáhneme v duchovním (odhalíme, postihneme). Pojmenováváme to, co jsme postihli. Názvy si přisvojujeme v souladu s vlastním pocitem. Definice „horký" či „studený" odpovídá tomu, jak vnímáme daný objekt; „velký" nebo „malý" odpovídá tomu, jak se nám zdá v poměru k nám, atd. Všechna jména a názvy, které dáváme objektům, místům, silám, vlivům a

---

[27] **Světy** – veškerý souhrn našich pocitů (reakcí na vnější působení), který v nás vytváří silně subjektivní vnitřní obraz s názvem „náš svět". S pomocí kabalistické metodiky člověk rozvíjí své pocity a začíná vidět svět v jeho opravdové podobě. Stav, ve kterém se nacházíme, se nazývá světem Nekonečna (úplné uspokojení všech potřeb). Z celé této úrovně Nekonečna člověk může pocítit různé druhy přijímání, vnímání a pochopení. Tyto úrovně dosahování pravé reality, jediné a nekonečné skutečnosti, ve které existuje stvoření, se nazývají světy.

[28] *J. Ašlag:* Plody Moudrosti. Dopisy. Jeruzalém, 1999 (hebrejsky), s. 64.

činům, odpovídají tomu, co prochází skrze nás, a definují se naším vztahem k pozorovanému.

… Slovo „jméno" ukazuje na duchovní dosažení (postihnutí, odhalení), které je podobné tomu, jak člověk pojmenovává cokoliv poté, co v něčem něco postihne, a to v souladu se stupněm svého poznání (stupněm, který v duchovním světě dosáhl a který tudíž vnímá). V souladu s tím, co chápeme, co cítíme a v souladu s naším vztahem k čemukoliv, pojmenováváme daný jev.

Proto se veškerá realita z pohledu duchovního odhalení (dosažení) dělí na tři části:

1. „*Acmuto*",[29] jakožto podstata Stvořitele;
2. „*Ejnsof*", *Nekonečno*;[30]
3. *Duše*.[31]

1. O Jeho podstatě vůbec nehovoříme, vysvětlují kabalisté.[32] Ovšem jestliže Ho odhalujeme, proč o Něm nemůžeme mluvit?

Jelikož kořen a místo stvoření začínají *Myšlenkou Stvoření*,[33] ve které jsou obsaženy. Význam toho je ukryt ve slovech: „K završení činu dochází již Jeho Myšlenkou."

---

[29] **Acmuto** – nepoznatelný smysl, podstata Stvořitele. Naše vnímání vnějšího materiálu je vždy subjektivní, jelikož cítíme jen působení Stvořitele na nás, ale jeho samotného poznat nemůžeme (stejně jako vůbec vše, co se nachází za hranicemi našeho těla). Proto vše, co existuje za hranicemi našich smyslů, nazýváme *Acmuto*.

[30] **Nekonečno** – stav, kdy jsou všechna přání uspokojena úplně, bez omezení, to znamená stvoření (přání po potěšení) neomezuje šíření Světla (potěšení).

[31] **Duše** – na počátku Myšlenky Stvoření byla vytvořena jediná duše, zvaná *Adam HaRišon* (První Člověk). Rozbila se na 600 tisíc částí. Nyní má každá část možnost být podobna Stvořiteli. Duše člověka se skládá ze dvou součástí – Světla (potěšení) a nádoby (přání k tomuto potěšení), přičemž nádoba je podstata duše a Světlo, které ji naplňuje, je promyšlené a Stvořitelem připravené potěšení.

[32] **Kabalista** – vědec, který ovládá doplňující smysl, jenž mu dovoluje zkoumat duchovní svět a působení Stvořitele na sebe sama.

[33] **Cíl Stvoření = Myšlenka Stvořitele** – stvořit stvoření s cílem naplnit stvoření maximálním potěšením.

Zatím ještě v *Acmuto* nic nepostihujeme. Uvědomujeme si jen to, že existuje nějaká síla, která obklopuje celou realitu, ovšem nerozlišujeme v ní nic, kromě samotného konstatování tohoto faktu.

2. **Nekonečno** (to už pociťujeme) **je Myšlenka Stvoření (proces tvorby Stvořitele), která je skrytá ve výroku „Jeho přání je potěšit Svá stvoření (výsledek tvorby)."**

Tady cítíme, jak se k nám chová *Acmuto*, jediná síla, a že On je „Dobrý a Vytvářející dobro". Ten, kdo dosáhl Nekonečna, říká, že chování této síly k nám je výhradně kladné.

Je to spojení, které existuje mezi *Acmuto* a dušemi, prostřednictvím kterého *Acmuto* působí na *duše* přes nekonečnost pozitivna a bez jakéhokoliv rozdílu. To znamená, že Shora na nás sestupují jen kladná působení.

Poznámka: *V kabale se postihnutí nazývá také dosažením nebo odhalením ve smyslu dosažení příslušného stupně Vyššího světa nebo jeho odhalení.*

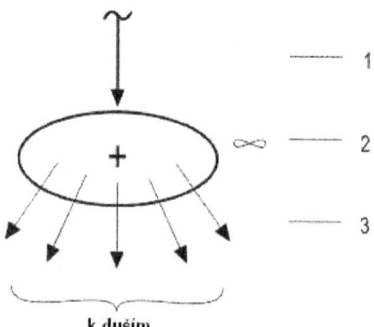

Obr. 1.2. *Spojení mezi Acmuto a Dušemi*: 1. *Acmuto*, 2. *Nekonečno*, 3. *Duše*.

Nekonečno (*Ejnsof*) je počátek veškerého (co se pojí k nám) procesu, je to maximum toho, co mohou kabalisté postihnout (dosáhnout). Znamená to, že pokud existuji v tomto světě ve svém těle, a zároveň rozvinu své *Kli*[34] prostřednictvím bodu v srdci,[35]

---

[34] **Kli** (nádoba) – přání stvoření přijímat potěšení. Egoistická přání a snažení nejsou *Kli*. *Kli* je napravené přání, které je vhodné pro obdržení Světla, protože vládne clonou (silou odporu egoismu), která transformuje egoismus na altruismus.

[35] Termín „srdce" se využívá pro označení všech přání člověka. **Bod v srdci** je zárodek budoucí duše, clona (síla odporu egoismu).

pozvednu se Vzhůru a v tomto *Kli* začnu vnímat, pak v něm čím dál méně postihuji organickou realitu až do té doby, než odhalím vše, co jsem schopen postihnout ve svém *Kli,* tj. Nekonečno.

Nekonečnem se míní nepřítomnost hranic poznání, ve mně není nic, co by překáželo mému odhalení (duchovnímu dosažení), nejsem omezen v pocitech, porozumění, pochopení, vnímání ani dimenzí. Jak se pozvedávám přes **svět *Asija*** [36] do **světů *Jecira*,**[37] ***Bri'a*,**[38] ***Acilut*,**[39] ***Adam Kadmon*,**[40] vnímám vše, dokud nedosáhnu *světa Nekonečna (Ejnsof).*

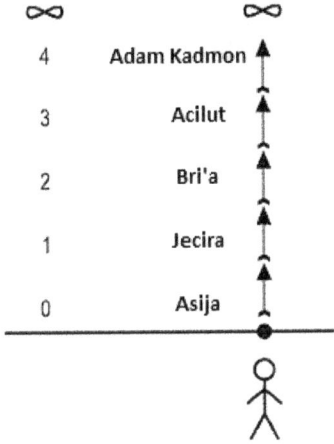

Obr. 1.3. *Pozvedání člověka přes duchovní světy Asija, Jecira, Bri'a, Acilut, Adam Kadmon do světa Nekonečna (Ejnsof). Čísla od 0 do 4 odpovídají úrovním Ovijutu. Horizontální linie je bariéra (Machsom), tj. hranice mezi materiálním a Vyšším světem. Bodem (•) je znázorněn zárodek duše, bod v srdci člověka.*

---

[36] **Svět *Asija*** – plně egoistický svět, nejvzdálenější od Nekonečna, ve kterém člověk buď absolutně necítí Stvořitele, nebo cítí jeho řízení jako zlé a přinášející utrpení.

[37] **Svět *Jecira*** – první odhalení „tváře Stvořitele" (poznání jeho dobrého řízení).

[38] **Svět *Bri'a*** – základ tohoto světa, přání odevzdávat, těšit. Člověk na sobě pociťuje působení Stvořitele jako absolutně dobré, ale nemá dostatek poznání činů a vztahů Stvořitele ke všem ostatním stvořením.

[39] ***Acilut*** – svět úplného pociťování Stvořitele a spojení s Ním.

[40] ***Adam Kadmon*** („Adam" – člověk, „Kadmon" – první) – prvoobraz, předčlověk. Plán, v důsledku jehož realizace může být člověk úplně podobný Stvořiteli (*Adam* od *Dome* = podobný).

Rozvinul jsem své *Kli* z nulové úrovně *Ovijutu*[41] až na čtvrtou. Úrovním *Ovijutu* odpovídá určitý objem *Kli*. Dosáhl jsem nekonečného objemu *Kli*, a proto vnímám realitu bez hranic. Jelikož ji vnímám ve všech částech své *duše*, naplňuje mě, já ji přijímám, pohlcuji, pociťuji a měřím ve všem, co je ve mně, s jistotou, že ji nikdy nebudu moci odhalit více. Poté říkám, že vztah této, v přírodě jediné síly, je ke mně absolutně dobrý. Postihuji ji celou silou a hloubkou svých pocitů a svého porozumění.

V tomto případě postihuji to (dosahuji toho), o čem mluví kabalisté:

> **„Pokud jsi ji ještě neodhalil, pak ji necítíš, ale jestli ji odhalíš, pak uvidíš, že jsi odhalil nejkladnější sílu, která tě naplňuje a chce ti svým naplněním poskytnout uspokojení jak v rozumu, tak v srdci, to znamená dát ti pozitivní pocit a neomezené poznaní."**[42] **V tom spočívá spojení mezi námi a Vyšší silou.**[43]

Právě toto spojení **se nazývá Světlo**[44] bez *Kli*; zde má svůj počátek kořen stvoření; čili vztah Stvořitele ke *stvoření*, při kterém jej tvoří v takové formě, aby *stvoření* po svém Stvoření prošla obrovským kruhem historie (historií se myslí rozvoj) a dosáhla stavu, ve kterém ve všem stvořeném odhalí Jeho.

---

[41] ***Ovijut*** – síla, hloubka přání (měří se na škále od 0 do 4).
[42] ***J. Ašlag:*** Pri Chacham Igrot. Bnei Brak, 1999, s. 64 (heb).
[43] **Vyšší síla = Stvořitel** – je společná Myšlenka a Příroda vesmíru, globální zákon, který na nás sestupuje, vytváří nás, vytváří náš vesmír, vše řídí a vede k původnímu Cíli – rozvinout stvoření na svou úroveň.
[44] **Světlo** – působení Stvořitele, které je vnímané jako potěšení i jako přání potěšit.

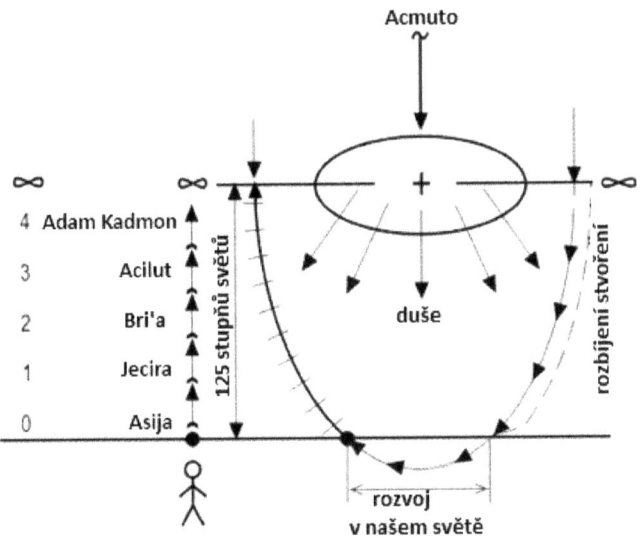

Obr. 1.4. Etapy rozvoje stvoření. Vysvětlení v textu.

Když se narodíme a začneme existovat v podobě *stvoření*,[45] necítíme nic. Podobáme se semínku, které se začíná rozvíjet v materiální děloze, avšak zatím ještě nemůže být řeč o jakékoliv nezávislosti. V procesu rozvoje procházíme stádiem *rozbíjení*,[46] sestupujeme ze *světa Nekonečna* a pak se rozvíjíme v *našem světě*[47] během mnoha let lidské historie společně s vesmírem, zeměkoulí, naším tělem až to do té doby, než začínáme pociťovat „*bod v srdci*".

Pak se s pomocí takové vědy jako kabala začínáme pozvedávat po *125 stupních světů*[48] a docházíme k odhalení toho, že síla, která nás vytvořila, je

---

[45] **Stvoření** – nádoba, duše, přání potěšit se Stvořitelem, pocitem Stvořitele, Světlem, které je vytvořeno z ničeho („*Eš Mi Ain*").

[46] **Rozbíjení** – zmizení spojující clony (záměru pro dávání nebo odevzdání) mezi různými vlastnostmi, přáními. Změna altruistického principu vzájemného působení na egoistický.

[47] **Náš svět** – vlastnost absolutního egoismu, který pociťují naše smysly, jež nejsou schopny obdržet Světlo (potěšení) uvnitř sebe; proto je tento stav pociťován jako prázdnota (utrpení).

[48] **125 stupňů = 125 úrovní vnímání**. Teď se nacházíme ve světě Nekonečna a cítíme ho, ale jen v minimálním projevu, který má název „náš svět". Kromě světa Nekonečna a nás doopravdy nic neexistuje. Úrovně odhalení reality, jediné a nekonečné skutečnosti, ve které existujeme, se nazývají „světy". Existuje pět

nekonečná a přeje si jen naše blaho. Objevujeme vztah Stvořitele k nám a už nejsme jen *bodem, který vytvořil On*;[49] nejsme malé přání. Naopak, když toto malé přání, které se spouští[50] ze světa *Nekonečna*, dosahuje stavu, ve kterém si ho uvědomíme, pak začínáme samostatně toto přání rozvíjet, až dokud nedosáhne úrovně nekonečného *Kli*. Tím získáváme nekonečné a neomezené vnímání a v takové míře Ho postihujeme.

Dále se budeme věnovat *duším*, protože je v podstatě vše určeno uvnitř *duší*.

3. *Duše*, které přijímají blaho, jež obsahuje Jeho přání potěšit.

Nekonečno se nazývá Nekonečnem, jelikož představuje spojení, které existuje mezi Acmuto a dušemi.

Spojení mezi námi a Stvořitelem vždy zůstává nekonečné, ale my jej vnímáme jenom v takové míře, v jaké nám to dovoluje náš stav (velikost našeho *Kli*). To znamená, že se i teď nacházíme v nekonečném spojení. Vyšší síla ze své strany vytvořila jen jeden stav – *duše* spojené do jednoho systému s názvem *Adam*.[51]

---

světů, které se dělí ještě na pět nevelkých částí a každá ta část se dělí ještě na dalších pět částí. Takovým způsobem existuje 125 stupňů uvědomění, chápání, vnímání a pociťování našeho opravdového stavu, ve kterém skutečně existujeme.

[49] **Bod, vytvořený Stvořitelem = „*Eš Mi Ain*"** (vytvořené z ničeho) – vně Stvořitele vytvořené mikroskopické přání mít potěšení. Zpočátku je tento bod, tento stav, jen o stupeň tmavší než Světlo.

[50] **Sestupuje = vzdaluje se** – základním zákonem, který funguje ve světě, je princip podobnosti vlastností (ekvivalence formy). Praví, že se dva objekty přibližují až do spojení v míře podobnosti, tj. shody svých vlastností, a oddalují se podle odlišnosti svých vlastností. Tento princip blízkosti v míře podobnosti vlastností existuje také i v našem světě: čím více mají lidé společný vkus a názory, tím více budou k sobě blíže a ti, co se nenávidí, jsou od sebe daleko.

[51] ***Adam = Adam HaRišon*** – souhrn všech stvořených duší, kde je spojení mezi nimi založeno na vzájemném dávání.

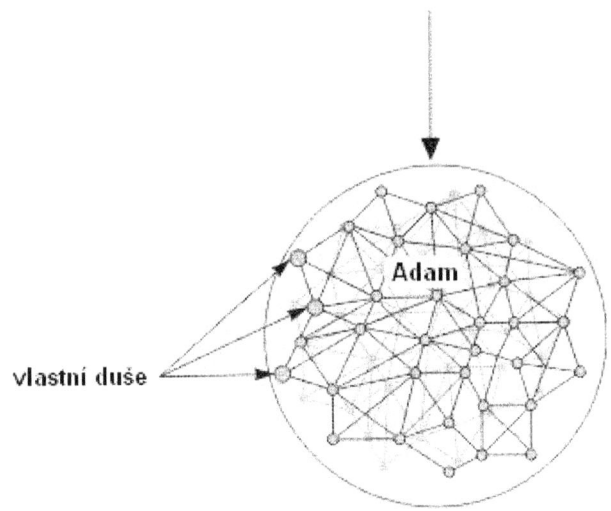

Obr. 1.5. *Adam – souhrn všech stvořených duší.*

Duše, které jsou původně vytvořené v takové formě, necítí sami sebe, když přebývají v nekonečné realitě, ale začínají sami sebe cítit po sestupu na *tento svět*.[52] Ve kterém okamžiku si člověk začíná uvědomovat sám sebe? Po nějaké době po narození na *tomto světě* najednou začíná chápat, že se v něm nachází, dejme tomu ve věku jednoho, dvou nebo tří let: „Existuji na *tomto světě*. Jsem já a je *svět*, moji rodiče, můj pokoj." To je začátek pocitu *našeho světa*, naše uvědomění.

Kde se doopravdy nacházíme? Doopravdy se nacházíme ve světě Nekonečna. Ovšem to, zda jsme schopni si jej představit, závisí na velikosti našich *Kelim*,[53] které se rozvíjejí z nuly a postupně dospějí k odhalení materiálu. V danou chvíli nám odhalují minimální část materiálu – naše přání přijímat.

To znamená, že ve svých *Kelim* vnímám stejnou nekonečnou realitu, ale jako příliš malou, zkrácenou, omezenou. Pak rozvíjím smyslové orgány díky vlastnostem, které jsou ve mně, a využívám to, co mi nabízí mé okolí

---

[52] **Tento svět** – absolutní egoismus, který není schopen do sebe získat Světlo (potěšení), a proto jej vnímáme jako nicotu (utrpení). Tento stav je následek pocitu odtržení od všeobecné duše (*Adama*).

[53] **Kelim** – (č. jed. „*Kli*") = přání = nástroje vnímání, které se objevují v důsledku získané zkušenosti.

– rodiče, mateřská školka, škola, knihy, studium: objevuji své nástroje vnímání.

Do jaké míry je objevuji? Do hranice určené mými vnitřními schopnostmi a okolím, které mi je pomáhá rozvíjet. To znamená, že namísto původního poznání na nulové úrovni, při kterém si doopravdy sám sebe neuvědomuji, si začínám uvědomovat sám sebe a v průběhu života rozvíjím své poznání až do nějaké určité míry. Takovému vnímání říkáme „*tento svět*", můj svět, *náš svět*, svět, ve kterém teď žijeme a cítíme sami sebe.

Obr. 1.6. *Poznání skutečnosti.*

Ovšem i toto vnímání je omezeno, je jen fragmentem *světa Nekonečna*. Vždy pociťuji Nekonečno. Otázka tkví jenom v tom, v jakých *Kelim* jej cítím, jak jasně, jak hluboko ho chápu? To závisí na parametrech mého vnímání.

Výchova a geny – to je to, s čím se narodíme a co jsme obdrželi od okolí, – nám pomáhají si uvědomit *Nekonečno* jen v té malé míře, kterou nazýváme *tento svět*. Nacházíme se ve stavu spojení se všemi bytostmi, kterým říkáme lidé. Lidé cítí tuto realitu ve stejné formě, protože mají identické smyslové orgány. Vnímáme se navzájem a společně si uvědomujeme *Nekonečno* a sebe sama v takové míře, kterou nazýváme „*tento svět*".

Jestliže má člověk přání, pak existuje možnost postupovat v rozvoji. K našemu životu, k objevení *tohoto světa* máme přání. Získáváme ho v tom okamžiku, kdy cítíme sami sebe narozené v tělech. Pak během určité etapy získáváme ještě jedno přání. To vyžaduje vědomý rozvoj s pomocí malého bodu – osobní počáteční podmínky – a spolupůsobení okolí.

Pokud rozvíjím své duchovní vlastnosti (duchovními vlastnostmi se míní vlastnosti, jež se nacházejí za pozemskými hranicemi, tj. za hranicemi tělesných smyslových orgánů, které jsme získali narozením) s pomocí správného okolí zaměřeného právě na jejich rozvoj (stejně, jako jsem rozvíjel vrozené přání díky rodině, školce, škole), pak dosáhnu vnímání *duchovního světa*. To znamená, že nutnou podmínkou pro dosažení tohoto výsledku je správné okolí a rozvoj bodu v srdci.

V tomto směru se mohu rozvíjet v pěti úrovních,[54] dokud nedosáhnu nekonečného vnímání. Pak objevím, že doopravdy nemám jinou realitu, vždy jsem byl ve *světě Nekonečna* a *světy* neexistují. *Světy* jsou ukrytí stavu, ve kterém se neustále nacházím. Mohu přebývat ve větší nebo menší míře ukrytí *Nekonečna*, ale mohu být v ukrytí natolik, že vůbec necítím, kdo jsem (jako když jsem se nevnímal hned po narození).

„Já" a svět se objevují společně. Já poznávám svět díky svým pocitům a svému vnímání. Následně nejde o to, abych změnil něco zvenčí, ale o to spatřit ukrytí, opony, které přede mnou skrývají opravdový stav, ve kterém se nacházím. Zejména s těmito ukrytími, s těmito světy pracujeme.[55] Jen ze sebe potřebuji ukrytí sundat, a to jak ze svých smyslových orgánů, tak i ze svého rozumu, a pak objevím, že existuji v jiném světě.

1.3. Jak měníme svět

Během procesu zdokonalování[56] našeho vnímání objevujeme hlubší materiály Stvoření, dodatečné síly, které působí v Přírodě. S transformací nástrojů vnímání se mění naše pojetí času, pohybu, prostoru. Mění se vše. Najednou začínáme cítit, jak se naše smysly a naše vnitřní definice změnily.

Proto se věda, která odhaluje naše *Kli*[57] do takové míry, že začínáme pociťovat sami sebe jakoby v jiném *světě*, nazývá vědou o vnímání reality. Když člověk vnímá realitu na vyšších duchovních stupních, začíná mu být jasné, že je ve stavu, kdy může tento proces regulovat. To znamená, že může uzavřít sám sebe před vnímáním tak, že bude schopen vyzkoušet:

---

54   **Pět úrovní** – světy *Asija, Jecira, Bri'a, Acilut, Adam Kadmon*.
55   **Pracujeme** = rozvíjíme se = měníme vnímání.
56   **Zdokonalení** (vnímání) – změna sebe sama v souladu s měřítkem, tj. s vlastnostmi světa Nekonečna.
57   *Kli* – napravené přání, a proto příhodné pro obdržení Světa (potěšení).

vnímání kojence, dospělého člověka, opravdového kabalisty, Nekonečna, bez jakéhokoliv omezení v pocitech. Dokáže se nacházet v takovém stavu ukrytí, že bude schopný sestoupit do stavu, ve kterém jakoby neexistuje. Potom na sobě samém pochopí, co znamená „neexistovat". „Neexistovat" znamená nic necítit.

Dá se to přirovnat ke stavu kojence: jeho pocity jsou absolutně nerozvinuté, nic o sobě neví, nemůže rozlišovat, zda něco cítí nebo ne, existuje-li vůbec nebo neexistuje. To samé je možné říct o *živočiších*, *rostlinách* a *neživé* materii.

Člověk, který postoupí na úroveň neomezeného vnímání a který začíná existovat (v menší či větší míře) za hranicemi *tohoto světa* v *duchovních světech*, se odlišuje schopností pozorovat sebe sama ze strany. Během poznávání *tohoto světa* využíval svá přání pro přijetí takovým způsobem, že se do nich snažil vložit maximum možného potěšení. V tomto případě je však vnímání velice omezeno z toho důvodu, že jakékoliv naplnění, které spadá do přání přijímat, jej okamžitě anuluje. Uvnitř přání přijímat prostě není možné dosáhnout více, než obdržet základní množství vnímání a minimální pocit reality.

Co se týče bodu v srdci, člověk jej rozvíjí v jiném vnímání: s cílem dávat, vytvořit spojení s jinými lidmi. V tomto případě začíná cítit svůj život a realitu okolí, nikoliv jen sebe sama. Začíná přes něho neustále protékat duchovní informace, a proto pocit reality nemizí.

Poté může člověk upravovat svou cestu, napravovat sebe sama: „Kdo jsem, co je to *svět*, jak jej vnímám zvenku?" Vidí sebe sama ze strany.

Kelim člověka se mu stávají vlastní, začíná napravovat sám sebe takovým způsobem, jako kdyby byl zároveň kojenec a v tu samou chvíli měl vládu nad tímto kojencem jako dospělý člověk. Cítí sebe sama tak, jako kdyby mu byly do rukou dány dvě síly: jedna z materiálního *světa*, druhá z duchovního, tj. od *Malchut*[58] a od *Biny*.[59]

---

[58] **Malchut** – záměr přijímat, těšit se. To je náš kořen.
[59] **Bina** – schopnost Světla, ve kterém pociťujeme radost z pocitu dávání.

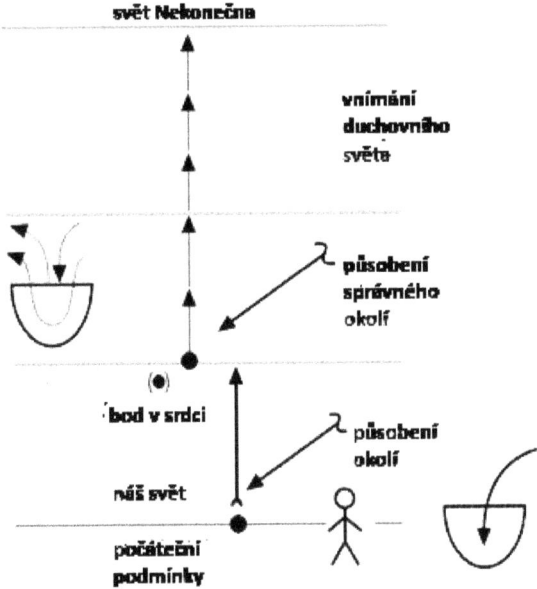

Obr. 1.7. Vzestup po stupních vnímání, počínaje naším světem až do světa Nekonečna.

Jakmile člověk vidí sám sebe a *svět* ze strany, může sám sebe napravit tak, aby nad sebou využil svou vládu. Proto nám kabalisté mohou vyprávět, že sami sebe vidí vně těla, vně *Kli*, ze strany Stvořitele. Člověk, který se nachází výhradně uvnitř svého materiálu, zvaného *Malchut*, tj. uvnitř přání mít potěšení, je ohraničen ve svých pocitech možnostmi pěti smyslů. Proto není schopen vyjít nad rámec vnímání a uvidět sám sebe ze strany.

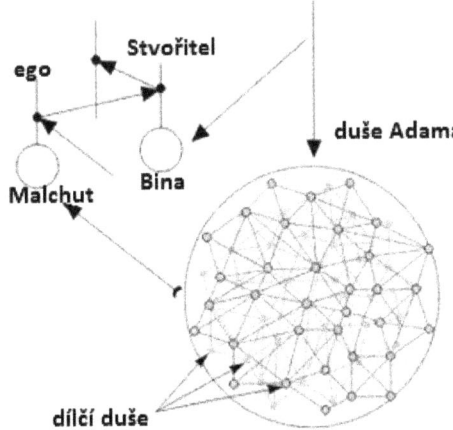

Obr. 1.8. Schéma vytvoření duchovního Kli. Spojení vlastností Biny (Stvořitel) a Malchut (stvoření) vytvořené člověkem, a s pomocí tohoto spojení správné vnímání reality (střední linie na obr.).

> *Malchut* jsou duše a *Bina* je síla Stvořitele, tj. schopnost dávat. Díky oběma silám, přičítaje jednu k druhé, člověk samostatně formuje sám sebe a své vnímání reality. Díky tomu se stává nezávislým na Malchut a Bině, těchto Stvořitelem stvořených silách. Člověk není materie, ale společné vnímání, které se vytváří mezi přijímajícím a dávajícím, něco takového, co vytváříme uvnitř sebe samého.

Pokud chci dosáhnout duchovního pocitu, musím vnímat něco, co se nachází za hranicemi mého *Kli*: **nikoliv uvnitř** *Kli*, ale **za jeho hranicemi**. To je možné jen v tom případě, jestliže ke svému *Kli* připojím *Kli* jiného člověka. Když nebudeme brát v úvahu jiné *Kelim*, vně mého *Kli* se nachází jen *světlo Nekonečna*,[60] které nevnímám. Abych jej mohl vnímat, musím mít nějaký základ, na který bude působit síla.[61] Nemohu vnímat sílu bez působení na něco. Tato síla působí buď na mě, nebo na jiné. Proto výraz „*vně mého Kli*" znamená působení této síly na jiné lidi

Jak to udělat? Naše práce spočívá v tom, abychom se spojili a vytvořili společenství *duší*. Čím pevnější bude naše spojení, tím bližší se mi stanou ostatní *duše*: ty vytvářejí *Kli*, které se nachází jakoby vně mě. Po jejich připojení ke mně začínám cítit to, co se v nich děje. Procesy, které v nich probíhají, cítím v síle *Biny* a jejich přání, která k sobě připojuji, jsou vzájemně se doplňující síly *Malchut*.

Takže jediné, co mám, je malý bod, ve kterém cítím *tento svět*. Celý *duchovní svět* získávám ze svého vnímání jiných *duší*, ve vztahu ke kterým rozvíjím sílu *Biny*. Abych rozvinul ve vztahu k nim odevzdávání, tj. sílu *Biny*, potřebuji *Obklopující světlo*,[62] potřebuji, aby Shora přišla síla a dala mi možnost se k ostatním chovat dávajícím způsobem. Tuto sílu získáváme díky studiu kabalistických zdrojů: v nich se hovoří o tom, jakým způsobem se spojit s ostatními a jak funguje systém, ve kterém se jeho části navzájem spojí.

---

[60] **Světlo Nekonečna** – Světlo (naplnění), které sestupuje z podstaty Stvořitele, vnímané námi jako Stvořitel. Toto Světlo, Vyšší mysl a Myšlenka, v sobě zahrnuje veškeré stvoření – od začátku až do jeho konečného stavu (pocit dokonalosti člověka a jeho úplné spojení se Stvořitelem).

[61] **Síla** – má se na mysli síla Světla, potěšení, dávání.

[62] **Obklopující světlo** – Světlo, které se zatím nachází vně *Kli*, ale svým tlakem a cílevědomým působením nutí *Kli* ke změně směrem k dokonalosti.

V kabale se neučí o naší nynější situaci, ale o stavu spojení, ve kterém se celé lidstvo nachází ve světě *Acilut*.

Zatímco studuji toto spojení a upínám se ke *světu Acilut*, ze *světa Nekonečna* (kde se už všichni nacházíme, ale nevidíme to) ke mně přichází *Obklopující světlo* v podobě nevelkého záření, které mi dává sílu *Biny*. V tomto případě jsem opravdu obdržel možnost se chovat k ostatním *duším* dávajícím způsobem a získávám možnost připojit k sobě všechny nedostatky jejich naplnění, veškerý jejich *Malchujot* (č. jed. *Malchut*).

Ukazuje se, že je ve mně síla *Biny*, kterou přijímám Shora, ale od všech ostatních *duší* přijímám sílu *Malchut*, a tím v sobě spojuji *Binu* a *Malchut*. Sílu *Biny* získáváme Shora – od Stvořitele a sílu *Malchut* zdola – od stvoření. Síla *Malchut* je v nás ovšem vytvořena Stvořitelem. Podle míry získání síly *Biny* a síly *Malchut* a cestou jejich správného spojení, vytvářím své duchovní *Kli*. To, co chápu uvnitř *Kli*, se nazývá *duchovním světem*. Uvnitř svého bodu v srdci nikdy nepochopím nic kromě pocitu *tohoto světa*.

Svět Nekonečna odhalím jen v tom případě, když zvětším svůj bod a vytvořím nad ním správný vztah k ostatním *duším* kvůli spojení, kvůli tomu, abych se sám stal celým součtem *duší*, *Adamem*.[63]

Aby se člověk stal Adamem a připojil k sobě všechny ostatní duše, musí si takový systém vytvořit. To je v podstatě též život v napraveném těle. Ve správném systému je každá buňka spojena se všemi ostatními a obsluhuje je: přijímá a dává, a tak existuje.

---

[63] **Adam = Adam HaRišon** – jediná duše vytvořená Stvořitelem, která sestává z částí (vlastních duší), které v sobě obsahují všechny ostatní části.

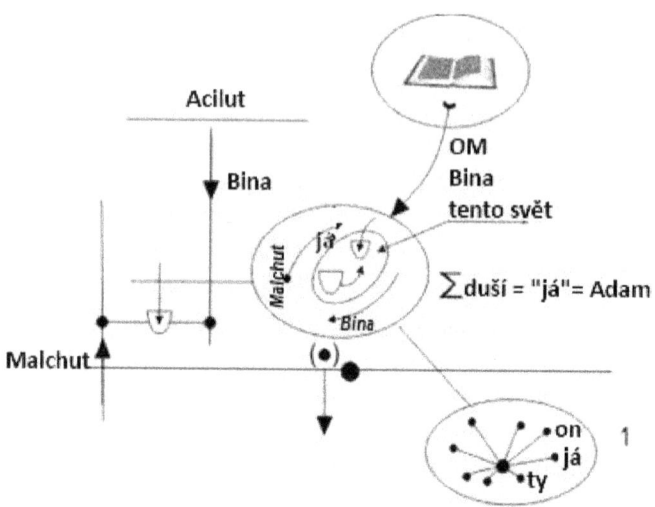

Obr. 1.9. Vytvoření a rozvoj duchovního Kli.

Takže, nikomu nic nekradu. Naopak, připojuji k sobě ostatní, vytvářím v sobě větší *Kli* a toto *Kli* jsem Já. Tvé velké *Kli*, vytvořené z tvého vztahu, jsi Ty. Každý člověk ze sebe sama vytváří dokonalý systém, nazývaný *Adam*.

Ukazuje se, že se systém *Adam* vytváří v každém člověku, v každé *duši* odpojené od ostatních v okamžiku *rozbití*.[64] Teď si představte, jak ohromný *svět* se v nás hromadí, jakou sílu záření přitáhne každý z nás!

Původně vytvořený *svět Nekonečna* zvětšujeme, když znásobujeme naše pocity přebývání v něm do nekonečna. **Proto se takové vnímání nazývá Nekonečno.**

Jsem jen krabice, která obsahuje pět vstupů. To, jak si začínám uvědomovat informace, které z nich přicházejí, souhrn všech mých vjemů, se nazývá *mým světem*. Vně této krabice existuje jen *svět*, který trvale přebývá v absolutním klidu. Všechny změny probíhají ve mně.

Existuji v neustálém silovém poli. Proto se říká, že Stvořitel je „Dobrý a Vytvářející dobro všem svým stvořením, všem špatným i dobrým". Nemění se. Co se mění? Probíhá moje osobní vnitřní změna. Existuji v tomto poli, uvnitř kterého na mě působí tlak

---

[64] **Rozbíjení** – zmizení spojující clony (záměru odevzdávat) mezi různými vlastnostmi, přáními. Změna altruistického působení na opačné, egoistické.

Stvořitele, „Dobrého a Vytvářejícího dobro". Všechna působení vznikají na základě mojí vnitřní práce na rozvoji mého přání. Když se toto přání mění, cítím se jako pozměněný. Mé vnímání závisí výhradně na tom.

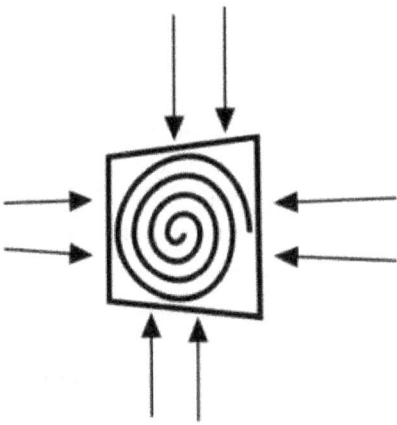

Obr. 1.10. *Rozbíjení přání působením duchovního pole. Šipkami ze čtyř stran je vyznačeno působení Stvořitele na člověka.*

Teď také cítím sám sebe jako přebývajícího v nějaké realitě, vidím *tento svět*, lidi, žijící v něm, to vše je součtem mých vnitřních stavů, takto cítím *Nekonečno*. Jestliže se mé vnitřní *Kelim* mění, uvidím *Nekonečno* – tu samou stálou sílu – v jiné formě.

Změna probíhá jen uvnitř člověka, vně se nic nemění.

Zobecněně lze říci, že realita v našem vnímání neexistuje. Je *Nekonečno* – jediná síla, jediné pole – a my jsme ve stavu, kdy od něj přijímáme a nazýváme to *svým světem*. Kdybychom měli jiné vlastnosti, neviděli bychom tady lidi, ale viděli bychom jiné síly a vnímali bychom to jinak. Vše to závisí na našich vnitřních vlastnostech.

1.4. Kabala jakožto věda o vnímání reality

Kabala – to je věda o vnímání („*kabala*" v překladu z hebrejštiny znamená „přijímání", „vnímání"), o tom, jak vnímám realitu. Kabala umožňuje porozumět, že je třeba se zastavit a popřemýšlet nikoliv o světě, který nás obklopuje, ale o sobě samých. Pokud změníme sami sebe, bude okolní svět také vypadat jinak, uvidíme ho jinak.

Vidím, že je *svět* průhledný, že skrze něj procházím, nejsou v něm stěny a přehrady. Vnímám jej rozděleně proto, že tak jsou vytvořeny mé smyslové orgány. Kdyby byly vytvořeny jinak, procházel bych skrze stěny jako rentgenové záření. Ovšem mé smyslové orgány jsou vytvořené takovým způsobem, že mi jeden materiál připadá tvrdý, druhý tekutý a třetí plynný. Takto vše vnímám.

Proto je nejdůležitější vědět, jak můžeme změnit naše vnímání, a to nejen změnit, ale dosáhnout stavu, ve kterém uvidíme namísto *tohoto světa* opravdový obraz, zvaný *svět Nekonečna*. Nekonečno znamená absenci hranic vnímání, odstranění mezí uvědomění hloubky vnímané reality. Pak objevíme jedinou sílu. Nevidíme nuance, neodlišujeme červenou a bílou, necítíme sladké ani hořké, ani tlak, ani vakuum, žádné objekty, žádné jiné síly. Všechny síly a všechny zákony se spojují v jednom poli, zvaném *svět Nekonečna*.

Jak si představuji sebe a jaká je tato realita? To je realita nejvyššího duchovního vnímání. Co se děje s mým tělem? Začínám cítit, že těla neexistují, že je tělo jen dojmem sebe sama. Podobným způsobem se mění i veškerá skutečnost. Začínám chápat, že moje představy o vlastním narození a životě v nějakém světě, v nějakém okolí na Zemi a ve vesmíru nejsou ničím jiným než vnitřním stavem. Obsah těchto představ se určuje specifikem mých nástrojů vnímání. Takovým způsobem člověk vystupuje ze své ohraničenosti do nekonečného neomezeného vnímání a objevuje, že existuje v jiné formě. Tato existence v jiné formě se nazývá duše.

Takže neustále přebýváme v jedné realitě – v poli, nazývaném *světem Nekonečna* nebo Stvořitelem. Stvořitel vytvořil každého z nás v podobě bodu, který cítí sebe sama. V konečném důsledku existuje jediná síla a v ní je bod, který cítí individualitu a svou vlastní životní sílu. Tento bod se rozvíjí do té doby, dokud nezačne vnímat realitu jako *Nekonečno*. *Světy, duše* a vše, co se nám zdá opravdové, jsou v *tomto světě* jen dočasnými fenomény, jejichž existence v námi vnímaném poli je důsledkem nedokonalých způsobů našeho vnímání.

Podle míry zdokonalování *Kelim* se *tento svět* stává více průhledným a nakonec zmizí. Namísto něho vznikají obrazy, které ve velké míře odpovídají *Nekonečnu* a které nazýváme duchovními *světy*: *Asija, Jecira, Bri'a, Acilut, Adam Kadmon* a *svět Nekonečna*. Tak se zdokonaluje moje vnímání. Proto Ba'al HaSulam říká, že vše, co vnímají *duše*, je určeno jejich vnitřními vlastnostmi. V takové míře, v jaké se mění jejich vlastnosti, mění se i okolní *svět*.

1.5. Co je to svět

Pojem *„svět"* má dva významy:
1. *„Svět"* (*Olam*) znamená *ukrytí* (*Alama*) světa *Nekonečna*. Nevnímám samotné *Nekonečno*, ale jen jeho malý fragment s názvem *duchovní svět* nebo *tento svět*. Takové ohraničení nebo neúplné vnímání se nazývá *světem*, z hebrejského slova *„ukrytí"*.
2. Slovo *„svět"* pochází také ze slova *„mizící"* (*Neelam*), protože světy odchází, končí. Když říkáme: „Nacházím se v nějakém *světě*," znamená to, že zatím přebývám v souladu s vnímáním svých *Kelim* nikoliv v *Nekonečnu*, ale v nějakém stádiu omezeného vnímání. Nejomezenější vnímání má název *„tento svět"*.

Nekonečno je také druh vnímání. To znamená, že cítím a vnímám bez jakýchkoliv omezení. Nekonečno je „absence konce", „absence hranic", „absence ohraničení". Za všemi přehradami všech vzdáleností vnímám nekonečným zrakem, nekonečným sluchem, nekonečným pocitem ve všech směrech. Nekonečno neznamená absenci chápání a orientace. Naopak, chápu a cítím vše v neomezené jasné formě.

Musím rozvíjet *Kelim* (přání, nástroje vnímání), které mám a hlavně: zrak, sluch, hmat, čich, chuť. Musím rozvinout škálu možností těchto pěti *Kelim* do takové míry, aby se staly mými duchovními smysly, zvanými *Keter*, *Chochma*, *Bina*, *Ze'ir Anpin* (*ZA*) a *Malchut*.[65]

Rozdíl mezi materiálním a duchovním vnímáním spočívá v tom, že v nových duchovních *Kelim* začínám poznávat svět mimo sebe sama, tj. z vnějšku prostřednictvím dalších duší. Proto se nové *Kelim* nejmenují oči, uši, nos nebo jazyk, ale nazývají se *Keter*, *Chochma*, *Bina*, *Ze'ir Anpin* (*ZA*) a *Malchut*. Jak je začnu zdokonalovat, pozvedávám tyto *Kelim* po stupních světů.

---

[65] **Keter, Chochma, Bina, ZA a Malchut** – pět částí přání, ve kterých stvoření cítí Stvořitele. *Keter* – dávání jak v mysli, tak v činech. *Chochma* – ještě neuvědomělé nesamostatné přání naplnit se, ve kterém dominuje jej utvářející Světlo. *Bina* – přání odevzdávat. *Ze'ir Anpin* (*ZA*) – úroveň, na které stvoření začíná využívat princip „přijímání kvůli odevzdávání", to znamená, že využívá přání přijímat, těšit se kvůli Stvořiteli. *Malchut* – ukončené samostatné stvoření, které chce přijímat samo pro sebe a cítit se jako přijímající.

Hranice mezi materiálním a duchovním *světem* vede prvním – nejnižším stupněm, *světem Asija*. Pak následují *světy Jecira, Bri'a, Acilut, Adam Kadmon* a *Nekonečno (Ejnsof)*. Jak se zvedám přes pět *světů*, zvětšuji svou citlivost a získávám možnost vnímat nekonečný a neomezený obraz vesmíru. Do všech mých *Kelim* (*Keter, Chochma, Bina, ZA* a *Malchut*) začíná vstupovat *Světlo* bez jakéhokoliv omezení. Proto, aby bylo vnímáno *Světlo*, se samotné *Kelim* začínají podobat *Světlu*. To nazýváme „neomezené vnímání".

1.6. Zákon podobnosti vlastností

Existuji já a to, co postihuji. Abych měl možnost něco vnímat, mé smysly musí být analogické tomu, co vnímám. Stejně tak se naše schopnost vnímat *duchovní svět* určuje stupněm naší podobnosti *Světlu*.

Zejména proto musíme získat vlastnost *Biny*,[66] vlastnost *Světla*. Tu získáme ve spojení s ostatními *dušemi*: pokud k sobě připojím všechny ostatní *duše*, uvnitř se k nim začínám chovat stejně, jak se k nim chová Stvořitel. Takovým způsobem získávám vlastnost *Biny* a podobám se *Světlu*. Když k ostatním *duším* dosáhnu stejného vztahu, jako k nim má Stvořitel, získávám s Ním analogické vlastnosti, začínám existovat v neomezené realitě a stávám se jedním celkem se Stvořitelem. Nic se nemění kromě mě samotného, ale tato změna úplně mění mé vnímání.

Svět je to, co cítím uvnitř svých *Kelim*. Jestliže měním *Kelim*, cítím jiný svět. V našem světě mohu cítit sebe sama víceméně zdravým nebo bodrým jednoduchou změnou své nálady. V tomto případě pozoruji, že se svět také jakoby změnil. Prožívám v něm jiné vjemy, vnímám věci jiným způsobem. Ovšem mé vnímání je ohraničeno těmi samými *Kelim* (vnímám vše uvnitř svého *Kli*). Jestliže vycházím ze svého *Kli* a začínám zachytávat vnější vjemy prostřednictvím ostatních duší, a to stejně, jako to dělá Stvořitel, získávám vnímání, které není omezené mými vlastnostmi.

Takový způsob vnímání se dosahuje zkušeností, praxí. Je nutné prostě pracovat se sebou samým a svými *Kelim*: začít cítit jejich ohraničenost a

---

[66] **Vlastnost *Biny*** – vlastnost *Světla*, ve kterém cítíme potěšení z pocitu odevzdávání, podobnosti se Stvořitelem. Toto potěšení se nazývá *Or Chasadim*.

chápat, nakolik opravdová realita neodpovídá té, kterou vidím. Je třeba vstřebat, že my vše vnímáme protikladným způsobem.

„Protikladným způsobem" neznamená, že teď vidíme objekty převrácené, a pak náš mozek opravuje zobrazení. Vnímáme vše protikladným způsobem všemi smysly ve všech rozměrech.

Vše, co vidím uvnitř sebe, ve všech subjektivních definicích, je protikladné tomu, co začínám vidět, když vycházím za hranice svých možností. Proto Ba'al HaSulam píše, že člověk, který vychází za tyto hranice, říká: „Uviděl jsem obrácený *svět*." Začněte vnímat realitu, jež vychází výhradně z tohoto obrazu. Oproti „babiččiným pohádkám" nebo historkám o čertech, duších a okřídlených andělech, vám poskytne takové vnímání vysvětlení všeho, co se děje, a přivede vás ke správnému stavu. Uvidíte, že není nic, kromě jediné síly a lidského vnímání zevnitř této síly. Nic, kromě toho!

Najednou začneš chápat, co se nazývá životem a smrtí, kdy člověk, který se nachází vedle tebe, umírá a kdy ještě žije. Proč vidíš věci v takové nebo oné formě, díky čemu se mění **ve tvých očích**, proč je něco špatné a něco dobré. Nemění se **věci**, mění se ten, který **vnímá**.

Tato nová zkušenost se hodně liší od našeho obvyklého vnímání. Zpočátku to vnáší chaos, ale následně začínáš cítit opravdový obraz a vidět za ním síly, které ho přivádějí k činnosti. Začínáš chápat, že ten obraz maluješ **ty**, že doopravdy **ty** jsi režisér před tebou běžícího filmu, že **ty** jej teď vytváříš. Jestliže přesměruješ své síly a změníš vlastní vnímání, změní se i tento film. To znamená, že člověk začíná měnit *svět* díky tomu, že vládne nad svými silami, a tím přináší změny do svých pocitů.

1.7. Otázky a odpovědi

Otázka: *Sleduje kabala různé způsoby vnímání reality?*

Vnímání reality nemá přímý vztah s daným učením. To je druhořadý faktor. Při nápravě[67] nejprve otevíráme nové pocity, nový obraz, nový pohled a následně rekonstruujeme realitu, ve které jsme předtím existovali.

---

[67] **Náprava** – změna záměru těšit se kvůli sobě samému na záměr těšit se proto, že si to přeje Stvořitel (Vyšší síla).

Člověk není schopen si uvědomit svůj současný stav. Je třeba se pozvednout na vyšší úroveň, abychom z té úrovně mohli zkoumat úroveň, která se nachází pod ní. Proč úspěšně zkoumáme *neživou, rostlinnou* a *živočišnou* přírodu, ale chybujeme v tom, co se týká *člověka*? To se děje proto, že se musíme kvůli řešení lidských problémů pozvednout nad úroveň „*člověk*".[68]

Když s pomocí studia kabaly začínáme pociťovat vyšší stav, hodnotíme stav předešlý. Takovým způsobem probíhá náš postup. Nestudujeme principy vnímání a chápání reality, nehledáme možnosti ještě hlouběji proniknout do jejích tajů, jak to dělají vědci.

U kabalistů se to děje jinak. Pronikají do podstaty daného stavu na úrovni pocitů, zkoumají a prožívají jej, odkrývají předešlý a také zčásti probíhající stav. Kabalisté vždy zprvu vycházejí na vyšší stupeň a z něho sledují ten nižší.

Například nezjistím, co znamená být dítětem, dokud jím jsem. Je třeba dospět, abych pochopil, co představovalo moje dětství. To se děje v každé etapě. Člověk, jenž prožívá jakýkoliv stav, ho nemůže celý obsáhnout, pokud se nachází uvnitř něho.

Kabala nezkoumá realitu metodou přecházení od úzké škály vnímání k širší, jak to dělají vědci. Kabalisté si vůbec nemyslí, že je to možné, jelikož se tím zkoumá jen materie. Musíme osobně prožít a procítit každý stav. Správně studovat realitu je možné jen pozvednutím se na úroveň sil, které působí nad materiálem. Když začínáme cítit tyto síly, tak je začínáme i ovládat. Nacházíme se na jejich úrovni a následně chápeme, co se děje. To je náš život, naše životní síla. Nevnímáme je rozumem, nýbrž v našem vlastním prožívání.

Prostřednictvím vnějšího rozumu, pouze mentálním vnímáním, nedokážeme zkoumat realitu na vyšší úrovni, než je ta, na které pracují přírodovědci. Abychom se dostali k vyšší realitě, je třeba do ní proniknout smyslovými orgány. Vědecké přístroje, ať by už byly na nejvyšší technické úrovni, tady nepomohou. Je samozřejmě možné si představit vyšší realitu,

---

[68] **Úroveň „člověk"** – čtvrtý stupeň rozvoje přání po potěšení, který vytváří možnost cítit někoho, jenž se nachází vně něho (bližního), v důsledku čehož se „člověk" získává svobodnou volbu. To znamená, že má možnost se pozvednout nad svou podstatu, poznat podstatu Stvořitele a být mu podobný.

na první pohled opačnou, než je ta naše, ve které vše směřuje k dávání. Je možné si představit, že nad naší egoistickou přirozeností všechno pracuje v jediném spojení. Vědci už vyslovili předpoklad, že je patrně za vším tím jediná myšlenka a láska. Tato idea v nich vznikla proto, že objevili vše spojené, všechny části reality spojené v jeden celek, čímž je vytvářen obecný mechanismus, který se nachází v harmonii. Každá část spolupracuje a pomáhá jiné, je důležitým elementem systému a všechny se starají o ostatní jako buňky jednoho těla.

Toto pojetí přivádí vědce k předpokladu, že celou realitu evidentně obklopuje obecný zákon – zákon lásky. Pokud by v ní fungovaly opačné síly, nemohla by udržovat svou existenci a rozvíjet se. Takzvané antagonistické síly jsou potřebné jen proto, aby formovaly systémy ze stavu ke stavu: vždyť vždy odmítáme horší stavy kvůli lepším. Proto se nám síly rozvoje zdají antagonistické.

Vezměme například dýchání. Vdechujeme a vydechujeme vzduch, plíce se rozšiřují a opět smršťují. Ovšem síly, jež v tomto procesu působí, je třeba zkoumat nikoliv jako opačné, ale jako pomáhající si navzájem a působící na základě vzájemné lásky.

Vědci se o tomto vzájemném vztahu dozvídají, když objevují, nakolik je v Přírodě vše spojené v krásnou jednotu. Ovšem sami nevycházejí na tu úroveň, aby žili touto Přírodou. Kdyby mohli změnit svou podstatu v souladu s vlastními očekáváními, tak by objevili, že za temnou materií a mizejícími částicemi, které představují namísto sebe jen záhadné a nezachytitelné vlny, se skrývá jiná realita. Pocítili by ji stejně, jako my cítíme realitu pevných těl. Vnímali by síly z jejich vzájemných spojení a principy interakce. Ovšem proto je třeba určité vidění, soulad, pocit na úrovni těchto sil.

Například, při zapnutí světla v pokoji je možné vidět předměty, které se v něm nacházejí, ale nebyly už tam předtím? Prostě byla provedena „náprava" a teď se objevila možnost je vidět, jelikož proběhla adaptace na nový obraz reality. Nádoba vnímání byla uvedena do souladu s vnímaným stavem. To samé nastává i zde: člověk musí sám sebe dovést do souladu s působícími silami. Podobná adaptace je metodikou kabaly.

Otázka: *Existuje najednou několik realit?*

Není žádná jiná realita kromě té, která se nazývá „*Malchut světa Nekonečna*".[69] Vše ostatní je imaginární realita, která se objevuje před zrakem *Malchut světa Nekonečna* stupeň po stupni a je pohroužena do mlhy zatmění citů. Jakoby ztrácí vědomí, v menší míře cítí sebe sama i své naplnění, dokud nedojde do stavu nejnižšího, nejsmutnějšího a nejodtrženějšího od jediné existující reality – Nekonečna. Takový stav se nazývá „*tento svět*".

Stav *tohoto světa* je charakterizován tím, že zde *Malchut světa Nekonečna* přebývá v podobě lidských *duší*. *Duše* se od sebe cítí odtržené – tak se jim to zdá, i když doopravdy nic podobného neexistuje. Na základě této reality se lidé musí snažit dosáhnout reality nekonečného *světa*.

Každý okamžik života se v člověku probouzejí „*Rešimot*".[70] *Rešimo* zahrnuje probíhající stav a částečně stav vyšší, to znamená budoucnost. Pokud správně realizuji *Rešimo*, pozvedávám se na následující stupeň. To probíhá díky tomu, že se snahou o postup k Vyššímu[71] ve mně objevují nová přání. Pak jsem počten jejich nápravou a vzestupem.

Přede mnou se tudíž nikdy neotevírá velké množství možností. V každém okamžiku života mám pouze jedno *Rešimo*. Mohu jej buď realizovat, nebo nerealizovat. V druhém případě se realizuje v nějaké jiné formě – prostřednictvím utrpení nebo následkem působení *Vyššího světla*.[72]

Jedno *Rešimo* se ve mně neustále mění na druhé, podobně jako řetězová reakce. V souladu s úrovní mého přání účastnit se procesu svého rozvoje, procesu otevírání nových *Rešimot*, začínám cílevědomě přistupovat k životu, snažím se najít opravdovou realitu, získávám prostředky pro její dosažení atd.

Otázka: *Je náš svět představa nebo realita?*

---

[69] ***Malchut*** **světa Nekonečna (*Malchut de-Ejnsof*)** – stav *Malchut* (přání přijímat, stvoření) neomezeně bez veškerých hranic naplňuje sebe sama. „*Malchut* světa Nekonečna" je „světem Nekonečna" nebo „Nekonečno".

[70] ***Rešimo***, č. mn. „***Rešimot***" – „duchovní gen", „zápis" duchovní informace (tj. neoděné do žádného vnějšího oděvu) o určitém stavu.

[71] **Vyšší** – můj budoucí dokonalejší stav, Stvořitel.

[72] **Vyšší světlo** – pocit přítomnosti Stvořitele; určitý druh záření Shora, kladná vnější energetická pole.

Říkáme, že je *náš svět* představa. Vždy vycházíme z úrovně myšlenek a úrovně chápání každého člověka. Jestliže člověk chápe realitu jako skutečnost, je taková; jestli ji pokládá za imaginární, znamená to, že je imaginární. Určuje to právě sám člověk a ne někdo ze strany. Jsou lidé, kterým připadá naše realita fiktivní, ale pracují s ní, i když chápou, že se jedná pouze o jednu z etap, kterou člověk musí projít.

Stejně tak se nesnažíme brát dítěti fantazie: ty jsou součástí vnímání *jeho světa*. Dětem jsou vlastní určité chyby ve vidění *světa*: dítě se bojí, že za dveřmi stojí medvěd, vymýšlí si různé postavy, které žijí v *jeho světě*. My se ze své strany snažíme nenarušovat *svět dítěte*, když to není nutné, jelikož víme, že pro ten stupeň rozvoje, na kterém se nachází, je to naprosto normální.

Podobným způsobem člověk, který přešel z jedné reality do druhé, vnímá předchozí realitu jako fiktivní. Ta je taková právě pro něho, ale ne pro ty, kdo se stále nacházejí na předešlém stupni. Pro ně to je jediná možná realita, jelikož se ještě nikdy nepozvedli ze svého stupně vnímání na vyšší stupeň.

Člověk, který nepřešel *Machsom*,[73] nevidí, že za *tímto světem* stojí síly, které v něm kreslí probíhající obraz reality tak, jako neviditelné elektrické síly vykreslují obraz na obrazovce počítače. Zadáváme v nastavení 16 milionů barev, vytváříme požadované rozlišení a kocháme se krásným zobrazením, ale je to jen a pouze kombinace elektrických sil. Podívejte se však, co nám dovolují dělat: můžeme přeposílat tato zobrazení, uchovávat je a zpracovávat.

V *tomto světě* také vidíme obraz, nikoliv však pouze na obrazovce, ale v našem vnímání. Za tímto obrazem stojí síly, které ho vykreslují. Ten, kdo se pozvedá na jejich úroveň, chápe, nakolik jsou tyto síly reálné a obraz imaginární. Zobrazení se vykresluje pokaždé jinak, síly však zůstávají pořád stejné, jen se rozděluje jejich interakce na úrovně. Jedná se o duchovní stupně, po kterých se člověk přibližuje k pravdě – čím dál více chápe spojení těchto sil, dokud nedochází k takovému spojení, které se nazývá *Nekonečno*. Přitom člověk chápe, že všechny předešlé etapy a prvotní chápání byly jen imaginární.

Je reálný obraz na obrazovce počítače? Co ve skutečnosti znamená „reálný" a „fiktivní"? Kdybych měl jiné smysly, nevnímal bych ho a tyto

---

[73] *Machsom* – hranice mezi duchovním a materiálním *světem*.

detaily by pro mne neexistovaly. První axiom tedy tvrdí, že jde o vnímání člověka, ale bez člověka nejsou nástroje vnímání. Kdo se pak v tom případě dívá na realitu, kdo ji postihuje, kdo ji určuje a kdo ji přijímá? Proto musíme neustále zůstávat důslednými a nevycházet za hranice vnímání daného člověka.

Otázka: *Zůstanou světy, až se celé lidstvo napraví?*

Ne, nezůstanou. Protože tyto *světy* v podstatě omezují *Světlo* Stvořitele při Jeho sestoupení k nám. Když se pozvedáváme ke Stvořiteli, stoupáme i nad tyto *světy*. Zůstávají pod námi, my je necítíme, pozvedáme se nad ně. Proto vzhledem k nám absolutně mizí.

Otázka: *Co je to duše?*

Duše je ještě jeden smyslový orgán, který člověk musí zformovat ze svého prvotního úsilí o něco Vyššího, o svůj kořen. Během procesu jejího rozvoje člověk začíná uvnitř rozšiřujícího se bodu cítit doplňující, dříve skrytou oblast Vesmíru.

Otázka: *Co určuje rozdíl mezi duchovními stupni a světy?*

Z kabalistických zdrojů zjišťujeme, že má stvoření velké množství stavů. Nejvyšší z nich je *svět Nekonečna*, pak probíhá sestoupení po stupních *světů* až do „*našeho světa*". Rozdíl mezi stupni nespočívá v samotných detailech stvoření. Vždyť jsou všechny stupně a *světy*, od tohoto *světa* až do *světa Nekonečna*, vytvořeny ze stejných prvků. Rozdíl tkví jen v jejich materiálu, kterým je *přání se těšit*. Přesněji řečeno, rozdíl spočívá ve využívání tohoto materiálu: buď ve svůj prospěch a kvůli svým nicotným přáním, nebo kvůli dávání s altruistickým *záměrem* v obrovských přáních, které směřují ke Stvořiteli.

Záměr[74] **závisí na člověku a jen on určuje rozdíl mezi všemi stupni a všemi světy; v ostatním jsou si absolutně podobné. Všechny stupně a světy jsou jen určité vnímání reality člověkem, to, jak cítí jediný existující stav, svět Nekonečna, podle svého úhlu pohledu, to znamená podle své clony**[75] **nebo podle síly přikázání**

---

[74] **Záměr** – propočet, motivace ve vztahu ke *světu* (potěšení).
[75] **Clona** – „síla zkrácení", která se probouzí ve stvoření na základě působení Vyššího světa s cílem zabránit potěšení pro sebe sama. Síla překonání, odporu k egoismu (přání přijímat ve svůj prospěch).

o podobnosti vlastností, tj. v míře rovnováhy mezi ním a světem Nekonečna.

Proto, když říkáme, že se *duchovní světy* nacházejí nahoře, jeden nad druhým, taková posloupnost člověka mate, a možná bychom se na to měli dívat jinak: jako kdybychom už přebývali ve *světě Nekonečna*, jen ho vidíme skrze špatné brýle, neboť ho cítíme svými nenapravenými smysly.

V té míře, v jaké se napravujeme, uzdravujeme své smysly, začínáme vidět v tom samém okolním *světě* čím dál větší hloubku, větší množství spojení mezi jedněmi a těmi samými prvky, dokud nepochopíme, že to vše je opravdu Nekonečno, přebývající v jednotě, pospolu a v podobnosti s Vyšší silou.

Proto, když kabalisté hovoří o „poli, kterému požehnal Stvořitel,"[76] hovoří právě o tom poli, ve kterém se právě nacházíme. Vše, co před sebou vidím, je v podstatě to samé pole, ten samý *svět*. Jestliže se k němu budu chovat jako k místu své práce, když chápu, že jen na mně, na nápravě mých smyslů závisí, v jakém *světě* se nacházím, že vidím před sebou také to, co naplňuje moje *Kelim*, pak určitě začnu přebývat v požehnaném stavu. Náprava spočívá ve změně spojení mezi *dušemi*, v důsledku čehož se člověk rozvíjí a zdokonaluje své nástroje vnímání, takzvané *Kli Adama HaRišona*.

Každý člověk v sobě musí takový orgán vnímání rozvíjet. Pokud chápe, že má k dispozici své nevelké okolí a pak i celé lidstvo, aby se s ním mohl spojit a vytvořit vztahy, které jsou vlastní napravenému stavu, nachází místo pro požehnání – místo, „kterému požehal Stvořitel".

Během toho se však nemusí nic nikam přemisťovat: není vrch ani spodek, není čas ani prostor, vše se nachází před námi. V tomto případě uvidíme, že to, co se nám teď zdá jako *tento svět*, je ve skutečnosti *svět Nekonečna*.

---

[76] Písmo, Genesis 27:27.

Test

1. Co je materiálem stvoření?

a) materie
b) přání dávat
c) přání se těšit
d) člověk

2. Na jaké tři části se dělí okolní realita z pohledu duchovního pojetí?

a) Stvořitel, stvoření, *Světlo*
b) *duše, Světlo,* Stvořitel
c) *světy,* člověk, Stvořitel
d) podstata Stvořitele (*Acmuto*), Nekonečno, *duše*

3. Jakým způsobem člověk získává sílu *Biny*?

a) síla *Biny* je člověku dána od narození
b) sílu *Biny* získává od *Obklopujícího světla* při studiu kabalistických zdrojů
c) sílu *Biny* člověk získává pomocí meditace
d) sílu *Biny* člověk získává od okolního společenství

4. V čem je rozdíl mezi materiálním a duchovním světem?

a) v úrovni přání
b) v množství vnímaného *Světla*
c) nachází se v různých rozměrech
d) v tom, že v duchovním světě se vnímání uskutečňuje prostřednictvím jiných *duší*

5. Co je to svět?

a) je fragment skutečnosti, který je člověk schopný vnímat v souladu s objemem svých *Kelim*
b) *svět* živá a neživá materie, která mě obklopuje
c) Stvořitel, který pro mne vytváří okolní skutečnost
d) prostředí, ve kterém existuje mé „já"

Odpovědi: 1c) 2d) 3b) 4d) 5a)

Doplňující studijní látka

Vesmír – je gigantický hologram[77]

Teorie, které položily základ objevu holografického efektu, byly poprvé rozpracovány v roce 1947 Dennisem Gaborem, který za tento objev dostal Nobelovu cenu. Hologramy představují jev, ve kterém je celek obsažen v každé její části. Vědci docházejí k závěru, že je realita v podstatě také hologram. Na holografickém efektu je založena i práce mozku. Naše myšlenkové procesy mají mnoho společného s nižší úrovní rozvoje Vesmíru a skládají se z té samé látky. Mozek – to je hologram, který odráží holografický Vesmír.[78]

Autory této neobyčejné ideje jsou dva významní myslitelé – fyzik univerzity v Londýně, David Bohm, Einsteinův student, a jedna z osobností světové kvantové mechaniky, neurofyziolog Standfordské university, Karl Pribram. Náhodou přišli ke svému objevu nezávisle na sobě, během své práce v různých vědeckých oblastech.

Bohm dospěl k závěru o holografické podstatě Vesmíru po několika letech neúspěšných pokusů, když se snažil objasnit všechny procesy a jevy kvantové mechaniky s pomocí tradiční teorie.

Pribram se zajímal o výzkum lidského mozku, a také se přesvědčil o neschopnosti tradičních teorií rozluštit mnohé četné hádanky jeho aparátu. Oba vědce najednou naplnil holografický model určitým smyslem a posloužil jako odpověď na mnohé, předtím nezodpovězené otázky.

Oba autoři publikovali své objevy na počátku 70. let minulého století. Jejich práce narazila na výraznou reakci ve vědecké sféře, ale bohužel se nedostala mezi širokou veřejnost. Někteří vědci se k tomuto objevu postavili skepticky (ale jaká vědecká teorie se vyhnula podobné reakci?), mnozí přední vědci světa se však přidali na jejich stranu.

Vědec z Cambridge, laureát Nobelovy ceny z fyziky roku 1973, Brian Josephson, nazval teorii Bohma a Pribrama „průlomem v chápání podstaty reality". S tímto úhlem pohledu souhlasí i David Peat, fyzik Kanadské královské univerzity a autor knihy „Most mezi hmotou

---

[77] Úryvek z knihy Johna Kehoa „Podvědomí může dělat cokoliv".
[78] Představa mozku jako hologramu je blízká teorii asociativního myšlení, jedné z fundamentálních, dávno existující vědecké teorii.

a myslí". Peat potvrzuje, že „jsou naše myšlenkové procesy velice těsně spjaty s fyzikálním světem, což mnozí předpokládají."

V roce 1979 Robert G. Jahn, děkan Školy techniky a aplikovaných věd Princetonské univerzity, vypracoval program pro studium „Role vědomí v projevech materiální reality". Po tisících experimentech Jahn a jeho pomocníci publikovali své objevy, když odhalili, že mají všechny podklady pro tvrzení, že **mozek může mít ihned vliv a má vliv na materiální skutečnost**. V roce 1994 se vědci a pedagogové světa setkali na Princetonské univerzitě, aby prodiskutovali, jak je možné rozvíjet tuto šokující teorii a praktikovat ji v konkrétních oblastech vědy. Tento objev je natolik neobyčejný, že jsou pokusy využít výsledky v praxi spojeny s mnohými pochybnostmi a váháním.

Interakce vědomí a materiálního světa už dnes není něco fantastického: vědomí je energie v její nejdetailnější a nejdynamičtější formě. To pomáhá pochopit, proč naše fantazie, vymyšlené obrazy, přání a obavy mají vliv na reálný vývoj, a vysvětluje, jak se materializuje obraz vytvořený mozkem.

Podobné objevy, které se týkají podstaty reality, se mohou stát hybnou silou pro náš další růst a zdokonalování. Když si člověk uvědomuje sebe sama jako část otevřeného a dynamického vesmíru a chápe, že jeho mozek hraje rozhodující roli ve vytváření reality, může rozvinout aktivnější a více tvůrčí přístup k životu. Potom nepotřebuje stát na okraji a dívat se na probíhající děj ze strany. Nové objevy dovolují pochopit, že okraj není a nikdy nebyl. Vše je založeno na vzájemném působení. Nehledě na to, kam jdeme a co děláme, naše myšlenky vytvářejí obklopující realitu.

Einstein jednou řekl: „Objevení nové teorie je jako výstup na horu, kdy se tvému pohledu otevírá nové a širší panorama."

Kapitola 2. Způsoby vnímání reality

Přehled

2.1. Přístupy k vnímání reality – 2.2. Kabalistická metoda vnímání reality
2.3. Člověk určuje svůj svět
2.4. Všechny světy se nacházejí uvnitř člověka – 2.5. Imaginární svět
2.6. Otázky a odpovědi – Závěr – Test – Doplňující studijní látka

2.1. Přístupy k vnímání reality

Zkoumání vnějšího světa jsou zkoncentrována uvnitř člověka. Cítit něco, co se nachází vně, není člověk schopný. Může jen do nějaké míry rozšířit rozsah svých smyslů, když povýší jejich přírodní možnosti: Pro zesílení zraku využívat mikroskop a teleskop, pro zesílení sluchu hydrofon, atd.

Nehledě na to, že se svět neustále mění, lidské smysly zůstávají neměnné. Ať už bychom zkonstruovali jakékoliv přístroje, či bychom zjišťovali cokoliv o svém těle, jsme schopni registrovat jen naše reakce na něco, co se nachází vně nás. Od konce 20. století vědci začali chápat, že se tradiční systém zkoumání přírody v podstatě vyčerpal. Když člověk studuje reakce na informaci, která přichází z vnějšku, nemůže dosáhnout kontroly nad realitou a svou existencí.

Přírodní vědy demonstrují, že pro udržení života a dalšího rozvoje se musí každá buňka nebo celý organismus nacházet v rovnováze s okolím. Vnitřní vlastnosti buňky nebo organismu musí být vyvážené s přírodním životním okolím podle principu homeostáze.[79] Jestliže se rovnováha

---

[79] **Homeostáze** (řec. *hómoios* – podobný, stejný a *stasis* – nehybnost, stav). Souhlasná dynamická stálost struktury a vlastností vnitřního okolí a stálost základních fyziologických funkcí organismu.

nedodržuje, organismus zažívá nepohodlí, jehož negativním následkem může být smrt.

> **Znalost zákonů Přírody o fungování Vyššího světa**[80] **dovoluje lidstvu se seznámit s přírodními silami, které na nás působí, ale o kterých dnes nic nevíme. Jestliže s nimi dokážeme vejít do homeostázy, získáme nejlepší formu existence.**

Takže ovládnutí znalostí o vnějším *světě* v té podobě, v jaké opravdu existuje, tj. mimo naše smysly, nám dává možnost se mu absolutně podobat a dosáhnout tak nejlepšího stavu.

Jedním z nejvýznamnějších způsobů získání informace o *duchovním světě* je absolutní pochopení času a absolutní znalost všech svých budoucích stavů. V důsledku toho člověk získá možnost plně řídit svůj osud. Moderní věda také začíná poznávat nutnost přechodu za hranice možností pěti smyslů, ovšem nemá metodiku pro podobnou inverzi.

Až do začátku minulého století formovalo newtonovské učení v lidech velice omezený pohled a limitovalo objevení jejich potenciálních možností. V průběhu více než dvou století newtonovský pohled diktoval kritéria přijímání a prožívání reality. V souladu s tím se za „normálně fungujícího" považuje člověk, který je schopný přesně odrážet objektivní vnější *svět*, jak je popsaný Newtonovými zákony. Z tohoto úhlu pohledu se naše mentální funkce omezují na vnímání informací prostřednictvím smyslů, jejich uchování v našich „mentálních databázích" a následné smíchání smyslových svědectví s cílem vytvořit něco nového. Jakýkoliv značný odklon od takového vnímání „objektivní reality" by mohl být kvalifikován jako produkt velkého fantazírování nebo narušení psychiky.[81]

Opravdu fantastické objevy v oblasti hmoty, na které bylo minulé století natolik štědré, však narušily mnohé navyklé stereotypy. Postupně vědci dospěli k závěru, že Příroda je pravděpodobný *svět*, ve kterém vládne přírodní výběr možností a ne vynucený fatalismus. Během zkoumání nejmenšího a největšího – subatomárních sfér mikrosvěta a astrofyzikálních sfér makrosvěta – vědci objevili, že jsou v některých ze základních newtonovských zákonů podstatná omezení a nedostatky. V

---

[80] **Vyšší svět** = **Duchovní svět** – existující podle zákonů schopnosti dávat. „*Vyšší*" říkáme proto, že schopnost dávat je příčinou, kořenem našeho světa, který je jejím následkem, a také jej plně řídí.

[81] Cit. M. *Laitmana*, V. M. Rozin: Kabala v kontextu historie a současnosti.

první polovině 20. století se experimentální cestou podařilo objasnit, že se atom, který předtím vědci pokládali za nedělitelný stavební blok materiálního světa, ve skutečnosti skládá z elementárních částic – protonů, neutronů a dalších.

Objevené subatomární částice demonstrovaly netypické chování, které vrhalo stín na newtonovské zákony. V jedněch experimentech se chovaly jako materiální částice, v jiných se objevovaly vlastnosti vln. Tento jev se stal známým jako „vlnově-částicový dualismus". Na subatomární úrovni byly naše staré definice materiálu zaměněny statistickými pravděpodobnostmi, které popisují jejich „tendenci existovat", a nakonec se staré definice materiálu rozpustily v tzv. „dynamickém vakuu". Další výzkumy mikrosvěta prokázaly fakt, že vesmír, který se podle našeho pozorování skládá z pevných oddělených objektů, je ve skutečnosti složitá síť, která spojuje děje a vztahy. V tomto novém kontextu hraje vědomí aktivní roli ve vytváření samotné reality, a neodráží jen pasivně objektivní materiální svět.

Během výzkumu astrofyzikální sféry vědci odhalili stejně překvapující objevy. Například, v Einsteinově teorii relativity prostor není třírozměrný a čas samostatný, ale existují neoddělitelně, přesněji jsou spojeny ve čtyřrozměrném kontinuu známém jako „časoprostor". Při takovém pohledu na Vesmír se to, co jsme někdy vnímali jako hranici mezi objekty a rozdíl mezi hmotou a prázdným prostorem, nezaměňuje ničím novým.

Oproti tomu se na celý Vesmír, který se skládá z oddělených objektů a prázdných prostorů mezi nimi, pohlíží jako na jedno spojené pole proměnné hustoty. Z pohledu současné fyziky se hmota a energie mění jedna v druhou. V souladu s tímto novým poznáním je vědomí neoddělitelnou součástí vesmírného plátna a neohraničuje působení našeho mozku. Z tohoto důvodu britský astronom James Jeans[82] řekl, že se vesmír moderního fyzika mnohem více podobá velké myšlence než gigantickému stroji.

---

[82] *James Hopwood Jeans* (1877 – 1946), anglický fyzik a astrofyzik. Základní práce z kvantové teorie plynů, teorie termozáření, hodnotách rovnováhy rotujících kapalných těles, vytvoření a evoluce hvězd, hvězdných systémů a mračen. Odvodil (1905 – 1909, nezávisle na J. W. Rayleightovi) Rayleigh-Jeansův zákon záření. Uvedl hypotézu vytváření dvojitých hvězd z jednoho oblaku. Autor kosmické hypotézy (Jeansová hypotéza). Autor naučně-populárních astronomických knih.

Zkoumání známého amerického fyzika D. Bohma[83] v oblasti kvantové mechaniky a fyziky mikrosvěta taktéž popírají tradiční popisy existence jako mozaiky rozdělených elementů. Svět je v jeho expertize celostní a okamžitá realita, která se podobá tomu, jak ji popisují kabalisté. V tomto konstatování není nic překvapivého. Bohm považuje za ohraničenou a nedokončenou jakoukoliv teorii vesmíru, jestliže nebere v úvahu vědomí jako významnou složku bytí. Otevřeně řečeno: Bohm se stejně jako řada dalších fyziků přiklání k myšlence, že samotný Vesmír vypadá jako jakýsi vše prostupující Rozum.

Kvantová teorie oživuje kabalistický pohled na to, že Vesmír je množství světů: kosmos můžeme pokládat za zakódovaný v každé buňce jistým způsobem.

2.2. Kabalistická metoda vnímání reality

Kabala učí metodiku dosahování opravdového vnímání reality. Když člověk vykresluje sám pro sebe obraz reality, oživuje ji. Obrazy a situace, které vytvoří ve své fantazii, jsou doopravdy světem, ve kterém žije (právě proto se takový svět nazývá imaginární). Jestliže člověk vybuduje správný model pro pocítění Vyšší, nekonečné reality, bude to znamenat, že dosáhl věčného a dokonalého života.

K tomuto závěru přivádí kabala. Tvrdí, že ve stvoření neexistuje nic, kromě nás a *Světla Nekonečna*, které má jen jediný cíl – připodobnit stvoření sobě samému a učinit ho stejně věčné a dokonalé. Učíme se vědu, která rozpracovává metodu k získání takové formy existence a s její pomocí se zabývá vytvořením správných obrazů pro vnímání *našeho světa* na základě poznání vyšších forem existence. Musíme sami sobě namalovat správný obraz *Světla Nekonečna*, který existuje vně nás.

---

[83] David Joseph Bohm (20. 12. 1917 – 27. 10. 1992) jeden z nejznámějších fyziků 20. století, originální myslitel, který vložil významný vklad do rozvoje a interpretace kvantové mechaniky. Byl studentem Einsteina a Oppenheimera.

Formy *Světla Nekonečna* v sobě nevytváříme hned. Zpočátku vytváříme různé mezifáze, zvané *stupně*,[84] *světy*,[85] *Parcufim*,[86] *Sfirot*.[87] Postupně, na základě pochopení všech těchto duchovních objektů postupně přicházíme k opravdovému a jedinému existujícímu obrazu. Kabala učí tomu, jak postupně dospět k jeho správnému pochopení.

Přitom není důležité, co si ve svých přáních představuješ, není důležité, jak tvá přání kombinují v každém okamžiku života, během existence v aktuálním stavu. V každém tvém stavu je důležité se postarat o to, aby byla tvá přání nasměrována vně, aby nezůstávala uvnitř tvého egoistického *světa*. Také je nezbytné prostudovat, v souladu s doporučeními kabalistů, co je *Vyšší svět*, kvůli tomu, abys ho správně pochopil.

V kabale se to jmenuje „otevření očí". V konečném důsledku slouží všechny knihy kabalistů k tomu, aby správně seřídily naše smysly a naladili naše *Kli* takovým způsobem, abychom dosáhli přijetí jednoduchého *Vyššího světla*.[88]

Námi objevované mezifáze jsou imaginární. Dokonce i *Vyšší světy – Asija, Jecira, Bri'a, Acilut, Adam Kadmon* – jsou také částečné formy *světa Nekonečna*, jejichž obraz si kreslíme v našich *Kelim*, které se zatím ještě plně nepodobají jednoduchému *Vyššímu světlu*.

Když dosáhneme dokonalého obrazu, všechny *světy* zmizí, spojujeme se uvnitř nekonečné síly, což je správná forma existence. Přebýváme v ní i nyní, ale nevnímáme ji, zatímco si kreslíme jiný obraz, který se před námi objevuje.

---

[84] **Stupně** – úrovně přání odevzdávat získávané člověkem se nazývají stupně *duchovních světů* (celkově jich je 125).

[85] **Světy** („*Olam*" – od slova „ukrytí") – nejrozmanitější částečné míry pociťování Stvořitele. Existuje pět světů (úrovní ukrytí): *Asija, Jecira, Bri'a, Acilut, Adam Kadmon (AK)*.

[86] **Parcuf** (č. mn. **Parcufim**) = „duchovní tělo" přání těšit se Stvořitelem, obdařené clonou (to znamená schopností přijímat *Světlo*).

[87] **Sfira** (č. mn. **Sfirot**) – různé vlastnosti, které na sebe přijal Stvořitel ve vztahu ke stvořením. Celkově jich je deset – *Keter, Chochma, Bina, Ze'ir Anpin* (který se skládá z *Chesed, Gvura, Tif'eret, Necach, Hod, Jesod), Malchut*.

[88] **Jednoduché Vyšší světlo** – nesložené, nerozložené na části, nediferencované; výhradně přijímající vyděluje z tohoto jednotného *Světla* určité vlastnosti (podle svých vlastností).

To znamená, že se práce nemá uskutečňovat se samotnými přáními, ale s jejich nasměrováním, tudíž musíme získat záměr (směřování) k odevzdávání vně nás, změnit hledisko. Tímto způsobem dosahujeme duchovního vnímání, vnímání Nekonečna. Náš pocit života, smrti, bolesti, zdraví a všeho existujícího se mění odpovídajícím způsobem, jelikož to vše vytváříme ve vlastní fantazii.

2.3. Člověk určuje svůj svět

Světy i vše, co se vyskytuje v realitě, je spojeno v *Nekonečnu*. Když se *duše* napraví, složky reality se odhalí v souladu se stupněm dosažené nápravy. Nyní se potenciál této reality nachází ve *světě Nekonečna*, aby se ukázal tomu, kdo jej skutečně odhalí, a zůstal v potenciálu pro toho, kdo to neudělá.

Odhalení je tudíž absolutně individuální faktor, soukromá záležitost každého. V souladu se svými *nádobami*[89] člověk určuje, v jakém *světě* a v jaké realitě se nachází, jakou část Nekonečna cítí. O tom, co zůstává vně lidského pocitu, není možné nic říci. Nevíme, co se nachází vně našeho vnímání, vně *Kli*. *Kli* vždy cítí to, co existuje uvnitř něho. Ani v *tomto světě*, ani v duchovních *světech* nemůžeme cítit vně svých *Kelim*. Proto ani *světy* neexistují vně toho, kdo je pociťuje. Ovšem potenciálně jsou *nádoba* i *Světlo* v Nekonečnu již připraveny k tomu, aby odtud *duše* přijímaly – každá podle míry podobnosti s vlastností *Světla*.

---

[89] **Nádoby** (hebrejsky „*Kelim*") = přání = nástroje vnímání, které se objevují v důsledku prožité zkušenosti.

Mluvíme o „*sestupování světů*",[90] o „vzniku *duší*",[91] o „*rozbíjení*".[92] Duše sestupují na stupeň *tohoto světa* a odsud, z nejnižšího bodu, začíná proces *nápravy*. Kdo pociťuje tento proces? Odkud přišel? Existovala naše historie? Můžeme odpovědět na tyto otázky přesvědčivě? Ne, nemůžeme.

Můžeme říci jen jedno: dnes ve svých *nádobách* objevuji, že něco posloužilo jako **faktor**, který vyvolává mé pocity. Tento faktor existuje vzhledem ke mně v potenciálu, ale nikoliv doopravdy. Vše probíhající bylo součástí Nekonečna. Pro mne je vše, co se nachází vně mých *nádob*, Nekonečno.

Odehrála se historie? Proběhl pád z Nekonečna na nejnižší stupeň? Začal pak rozvoj *neživé, rostlinné, živočišné* a *mluvící* úrovně v našem *světě*? Existoval prostor pro historický proces, který pokračuje až do našich dnů? Dnes se o tom všem společně dozvídáme – tak stalo se to nebo ne?

Prostor pro to existuje ve *světě Nekonečna*, v **potenciálu**. Na toto prohlášení je možné namítnout: lidé psali knihy, konali určité činy. To vše **my dnes** objevujeme. Nehledě na to, že psali o událostech, starých tisíciletí, je neoprávněné říkat, že se to **dělo**. Vše je v potenciálu zahrnuto ve *světě Nekonečna*.

„Včera jsem žil a cítil sám sebe jako existujícího. Včera se rodili a umírali lidé, včera v mém *světě* probíhaly různé události a já jsem byl svědkem. Dnes já žiji také a vyprávím vám o tom, co bylo včera." Ten včerejší den neexistuje. Je stav, který ve velké či malé míře zachycujeme z Nekonečna a to je historický proces. Ovšem doopravdy je každý stav kousek obrazu vytržený z Nekonečna. Jestliže vybereme jiný fragment, obraz se stane jiným. Všechny části obrazu přebývají v Nekonečnu v potenciálu a my si do svého *Kli* bereme některý z nich.

---

[90] **Sestoupení světů Shora dolů** – jejich postupné oddalování od Světla Stvořitele, oslabování Světla v nich. Probíhalo to proto, aby bylo možné stvořit člověka, který se původně nachází v úplném odtržení od Stvořitele, aby měl možnost dosáhnout úplného spojení s Ním.

[91] **Vznik duší** – proces „zrození" *Adama HaRišona* (Prvního člověka), jediné duše, pak její rozbití na vlastní duše, sestoupení na tento svět. Když se duše už nachází na tomto světě, rozbitá na malé části, je možnost ji prostřednictvím práce pozvednout zpět, do stavu *Adama HaRišona*.

[92] **Rozbíjení** – zmizení spojující clony (záměru odevzdávat) mezi dušemi.

V Nekonečnu nejsou tyto fragmenty vyskládané na poličkách jako v archivu, jejichž každý prvek je na dosah zvlášť. Je tam obraz Nekonečna, ale já si z něho vybírám segmenty podle svých nádob. Mé *Kelim*, moje vnitřní nástroje vnímání jsou naladěné tak, že Nekonečno je Nekonečno přede mnou vždy ve dvojí podobě: „já a něco vně mne".

V daném spojení je nejdůležitější představa *duchovního času*. Historie nám připadá jako proces, který se rozvíjí v čase a probíhá na *neživé, rostlinné, živočišné* a *mluvící* úrovni. Ovšem doopravdy nic takového není. Jedná se výhradně o proces rozvoje nástrojů vnímání, které nejsou nikterak spojené s kategoriemi času, pohybu a místa: v mých nynějších nádobách se mi při vnímání všeho jen zdá, že čas, pohyb a místo existují. Jinak nemůžu vidět obraz, jelikož jej vnímám prostřednictvím egoistických nádob, obdařených *záměrem*[93] přijímat.

V mém vnímání egoismus „roztahuje" bod a vytváří efekt vzdálenosti, prostoru. „Roztahuje" mé činy a vytváří efekt času. Doopravdy čas neexistuje. Buď něco dělám, nebo ne. Jak dokončuji činnosti, přecházím z jednoho stavu do následujícího. Udělal jsem ještě něco – přešel jsem na následující úroveň a zároveň jsem spatřil jiný *svět*, jiný obraz reality. Ovšem jestli jsem nic neudělal, zůstávám v tom samém stavu. Kde se v něm bere tok času? Co je to „čas"? Může snad někdo jiný něco vykonat namísto mne?

Takže, z jednoho bodu našeho egoismu se „vydouvá" celý virtuální prostor s rozměry, které vedou podél osových souřadnic. V tomto, z bodu „nafouknutém" prostoru vnímáme procesy, jdoucí jakoby samy za sebou, to znamená, že protékají na úrovni, která se nachází pod *clonou*.[94] Nejsou způsobené nějakými mými činnostmi při realizaci přání. Nemusím nic dělat, ale přesto budou nějaké události probíhat. Tak funguje egoismus.

Vše, co se nachází pod clonou, je falešný projev obrazu světa. Tato forma je vnímána výhradně uvnitř našeho egoismu. Pokud na něm provedeme zkrácení[95] **a pozvedneme se nad ním, stává se nám**

---

[93] **Záměr** – propočet, motivace vzhledem ke Světlu (potěšení).

[94] **Clona** (*Masach*) – „síla zkrácení", která se probouzí ve stvoření vzhledem k Vyššímu světlu s cílem zabránit sebepotěšení. Síla překonání, postavení se egoismu (přání přijímat pro sebe sama).

[95] **Zkrácení** (*Cimcum*) – řešení skrýt před sebou samým svou přirozenost, vůbec nevyužívat svá přání.

zjevné, že zdánlivý obraz neexistuje. Proto také Ba'al HaSulam řekl, že je náš svět imaginárním světem.

2.4. Všechny světy se nacházejí uvnitř člověka

Realita vzniká *Vyšší silou*, Stvořitelem, *Světlem*. *Vyšší světlo* vytváří *Kli*. Zpočátku vytváří *světy* a pak probíhá Stvoření *duše Adama HaRišona*. Tato *duše* se rozděluje na množství částí, které sestupují až na *náš svět*. Otázka tkví v tom, zda existuje *tento svět* nebo duchovní *světy* samy o sobě? Je *svět stvoření?*

Kabalisté odhalují duchovní *svět* a objevují, že *stvoření* je člověk, který existuje na *tomto světě*, to znamená *přání se těšit*.

Stvoření přebývá v určitém stavu, ve kterém vlastní pocity nazývá svým světem. Tento pocit se mění podle míry změny vlastností samotného stvoření. Mění se něco vně? Nemůžeme říkat, že vně vůbec něco existuje, protože to nikdy necítíme. Vždy cítíme jen to, co probíhá uvnitř nás.

Co tedy probíhá uvnitř nás? Nejrůznější procesy. S pomocí kabaly mohu změnit své vlastnosti a pocítit změnu ve vnímání. I když neměním své vlastnosti s pomocí dané metodiky, stejně se ve mně něco mění, v souladu s pro mě neznámým, dříve vytvořeným procesem. Díky tomu cítím změny v sobě samém i v okolním *světě*.

Existuje tento *svět* beze mne? Existuje pouze v mém pocitu. Jestliže neexistuji, existuje *svět?* Pokračují v životě v něm jiní lidé? Existoval do mého narození a zůstane poté, co jej opustím? Můžeme odpovídat, jen když vycházíme z pocitů člověka. Vně pocitů nic neexistuje.

To samé se týká duchovního *světa*. Můžeme sami sebe napravit tak, že se v nás objeví doplňující smyslový orgán ještě jednoho rozměru, a pak jej pocítíme a nazveme *duchovním*. Existuje však duchovní *svět* vně mne? To já nevím. Existuje jen v mém pocitu. Mohu se změnit a on se také změní. Změna ve mně probíhá nezávisle na mně.

To znamená, že vně člověka není nic kromě jednoduchého *Vyššího světla*, které se nachází v neustálém klidu. Všechny změny probíhají výhradně uvnitř *duší*. Všechny *duše* jsou v podstatě jednou *duší*, která cítí sebe samu rozdělenou na množství od sebe odlišných a od sebe odtržených součástí. Nacházejí se buď v dimenzi, která se nazývá *tento svět*, nebo přebývají v jiné dimenzi – duchovní.

Kabalisté říkají, že vše námi cítěné se nachází uvnitř nás. Uvnitř sebe se neustále měníme v souladu s *Rešimot*, s neustále se měnícími daty. V souladu s tím cítíme realitu, která se dělí na vnitřní „Já" a okolí. Když napravíme sami sebe, pak pocítíme, že žádné rozdělení není. „Já" a okolí představují jeden celek: „Já" a *naplnění ve mně* – Stvořitel.

Není třeba rozdělovat realitu na duchovní *světy* a tento *svět*, na *duše* a těla, na *neživé, rostlinné, živočišné* a *lidské* úrovně. Naopak, to vše neexistuje vně člověka, ale existuje to uvnitř něho v potenciálu. To znamená, že člověk má možnost pocítit druh reality, pocházející z probouzejících se *Rešimot* v sobě samém.

Vně člověka nejsou světy. Světy jsou vnitřní stupně, po kterých se pozvedává nebo sestupuje v pocitu sebe samého a okolí. V míře nápravy stupňů mizí také světy. Zůstává člověk v podobě přání, které je podobné podle vlastností svému naplnění – Světlu. Po nápravě člověk existuje v jednoduché formě, nezahrnující do sebe jiné části, nerozdělené na ně a nesložené z nich.

Vše přebývá v prosté jednotě, v identitě částí, spojených mezi sebou v jeden celek a ve spojení s jedním naplněním. To je bezvýhradně existující forma. Jiné formy, které se nám zdají reálné, existují jen vzhledem k *duši*, v závislosti na míře její nápravy.

Takový **pohled na realitu** zachraňuje člověka před možným blouděním, nesprávným postojem, špatným propočtem. Je nutné si představit tento stav společně s tím, který člověk vidí před sebou. Na jednu stranu, jak je mudrci řečeno v Babylonském Talmudu:[96] „Soudce nemá nic, krom toho, co vidí jeho oči." Na druhou stranu, představa pravého stavu vedle imaginárního vždy stabilizuje člověka v souladu s realitou.

Jména, která kabalisté dávají tomu, co postihli a pocítili, se v podstatě udělují v souladu s *Rešimot*, když se v nich objevují ty nebo jiné zážitky z naplnění.[97] Jak kabalisté realizují nejrůznější *Rešimot*, získávají různé pocity a pojmenovávají každou jejich úroveň.

Když se budeme posouvat za kabalisty po stejném řetězci duchovního pozvedání, přivedeme do činnosti nové a nové *Rešimot* a sami postihneme jména, o kterých mluví kabalisté. Takovým způsobem každý člověk sám

---

[96] Traktát Sanhedrin, list 6, s. 1.

[97] **Naplnění** – Člověk je stvořen jako cítící element („*Kli*", „nádoba") s přáním se těšit. Naplněním se nazývají zážitky, vjemy z otevírající se reality v našem přání se těšit.

pro sebe objevuje kabalu, to znamená učení o vlastním přijímání a naplnění svého *Kli*.

2.5. Imaginární svět

Komentář dr. M. Laitmana k článku Ba'ala HaSulama „Úvod ke Knize *Zohar*" (originální text Ba'ala HaSulama je oddělen tučným písmem, komentář se nachází ihned pod textem originálu).

Jehuda Ašlag píše ve svém článku:[98]

„Ani se na to neptej, jelikož stejný princip funguje také i v našem chápání materiálního světa, jako například: náš zrak, kterým před sebou vidíme obrovský svět, v celém jeho čarovném naplnění, doopravdy to vše však nevidím, neboť tyto obrazy vznikají uvnitř nás. Jinak řečeno, v zadní části našeho mozku je fotoaparát, fungující jako oko, který nám tam maluje vše, co vidíme, avšak nic z toho, co by bylo vně nás.

A proto nám vytvořil Stvořitel v našem mozku jakoby zrcadlové oko, obracející vše, co se v něm odrazí, abychom to viděli jakoby nacházející se vně nás, před námi.

I když to, co vidíme vně nás, není opravdové, musíme děkovat řízení Stvořitele za to, že v našem mozku vytvořil toto zrcadlo, dovolující nám vidět a chápat to, co se nachází vně nás. Tímto nám dal sílu si uvědomit každou věc se znalostí a s věrohodným pochopením změřit každou věc zevnitř a zvenku. Bez toho by se vytratila velká část z našeho poznání."

Poznáváme okolní svět, který se nachází jakoby vně nás. To nám dává možnost pocítit doplňující vlastnosti Stvořitele, jediného, který se nachází vně v podobě *Jednoduchého světla*.

Poznávám výhradně reakce na informace, procházející k mým smyslovým orgánům. Například, pokud něco ochutnávám, cítím to zevnitř. Vidím však to, co se nachází venku. Ve skutečnosti mé chuťové receptory také postihují něco, co přišlo zvenku. Zkouším něco vnějšího, co se dotýká mých smyslových orgánů. Doopravdy však v prvním i ve

---

[98] *J. Ašlag*: Úvod ke „Knize *Zohar*", bod 34.

druhém případě postihuji výhradně *Vnitřní světlo*, přesněji svou reakci na něj.

Na základě míry nahromadění různých reakcí na vnější podněty si začínám představovat, co se nachází venku. Představuji si hluk, který ke mně přichází, proniká mi do ucha a prochází skrze nervovou soustavu; odlišuji jej a v souvislosti s tím mohu říci, že venku něco existuje. Doopravdy tam nic není, ale podle reakce nervové soustavy si domýšlím, že je. Mé vnitřní *přání přijímat* se vzrušuje natolik, že mi jeho reakce na venkovní *Světlo* přináší pocit něčeho zvláštního.

Ukazuje se, že si na základě vnitřní reakce představuji vnější formu a vytvářím před sebou představu o Stvořiteli. Mám spoustu přání, ve kterých začínám pociťovat reakce na altruistické vlastnosti. Takovým způsobem postupně postihuji v každém přání *vlastnosti odevzdávání*. Společně s tím postihuji vlastnosti Stvořitele a Jeho vztah ke mně. Takto, v *Odraženém světle*,[99] si vytvářím představu o Stvořiteli, obraz Stvořitele, který se nachází jakoby vně mne. Bez možnosti cítit zevnitř a představy zvenku bych neměl způsob, jak se spojit se Stvořitelem. Přebýval bych výhradně ve svých vnitřních pocitech, vně spojení s Dávajícím.

> **Všechny změny uvnitř duší (náprava, pozvedání, pád, vztah ke Světlu a k tomu, co se s nimi děje) jsou vnitřní pocity „ovšem vypadá to tak, jakoby změny probíhaly v samotném Dávajícím" – jakoby se Stvořitel nacházel přímo před kabalisty, vytvářel s nimi vzájemné spojení a zároveň na ně působil. Jen takovou cestou jsou kabalisté odměněni znalostmi a poznáním úchvatnosti Myšlenky Stvoření.**
>
> **„Nehledě na to, že vidíme vše jakoby probíhající před sebou"** – podle naší reakce na *Vyšší světlo* se nám zdá, že před sebou vytváříme Stvořitele, jelikož *Vyšší světlo* přebývá v absolutním klidu a ustavičně se mění pouze naše reakce v souladu s vnitřní nápravou. Neustále koriguji stav svých přání: v hloubce, síle odporu před nimi, atd. Pokaždé, když se uvnitř měním, zdá se mi, že změna probíhá zvenku.
>
> **„Nehledě na to, že vidíme vše, jako kdyby to probíhalo před námi, kdokoli, kdo má rozum, jasně vidí, že vše, co vidíme, se**

---

[99] **Odražené světlo** (hebrejsky *Or Chozer*) – („*Or*" – potěšení, „*Chozer*" – vracející se, to znamená Odražené světlo) – přání poskytovat Stvořiteli potěšení stejně, jako On ho dává mně.

nachází uvnitř našeho mozku. Stejně tak i duše: nehledě na to, že všechny obrazy vidí v Dávajícím, nemají žádné pochybnosti, že všechny tyto obrazy se nacházejí uvnitř nich, v mozku a vůbec ne v Dávajícím. Zamysli se nad vyřčeným s veškerou pečlivostí, jelikož není v mých silách to odhalit více..."

Vidím vlastní změny a vnitřní vidění jako kdyby se nacházelo venku, ale zejména to vytváří obraz Stvořitele, s ním se spojuji, s ním vedu dialog. Stvoření musí vidět, to znamená cítit (zrak je nejvyšší stupeň cítění) Stvořitele. Samotného Stvořitele, Jeho podstatu nechápeme. Abstraktní formu vnímáme mlhavě, náhodné obrazy jsou věci klamné. Jasně postihujeme formu, oděnou do materie, i samotnou materii, to znamená sebe (svá přání). V takovém případě se stává formou Stvořitele, oděného do materie stvoření.

Proč „formou Stvořitele"? Podstatou materie stvoření je přání. Jestliže může stvoření napravit svá přání s největší silou, kterou přijímá od Stvořitele, pak se každé přání, jež maximálně pracuje pro odevzdání, stane původní vytvořenou formou. To je otisk Stvořitele, který se zachytil ve stvoření v podobě přání.

Ze strany Stvořitele to byla síla *dávání*. Jako následek se přání stvoření přijímat projevilo jako *přání se těšit*. Existovalo v otisku Stvořitele toto přání dávat? Bylo jednoduché *Vyšší světlo*, zvané Podstata. Ovšem, když se projevilo prostřednictvím určitého rozvoje ve hmotě, vytvořilo v ní množství přání. Spojení stvoření se Stvořitelem se může projevovat jen prostřednictvím těchto přání.

Co vidí stvoření v těchto přáních? Vidí zdroj potěšení, které se do něho vlévá.

Jestliže napravuji všechna svá přání na dávání, pak s jejich pomocí pochopím vztah Stvořitele ke mně jako Dávajícího. V tomto případě se mi zdá, že tento obraz vidím zvenku. Ovšem je to v podstatě můj vnitřní obraz, kterého jsem dosáhl díky tomu, že jsem se choval jako odevzdávající. Dávajícího, kterého jsem sám ze sebe vytvořil, vnímám, jakoby se nacházel přede mnou.

Kdybych si nevyobrazil Dávajícího zvenku, nemohl bych se s Ním spojit, protože jeho podstatu nechápu. Je obraz Dávajícího, kterého poznávám a vidím jakoby před sebou, lživý? Ne, to není lež. To je pravý vztah Stvořitele ke mně. Fantazie je to, že se nachází přede mnou jako zdroj dávání, naplňující *Kelim* mé *duše*. Samotný Stvořitel nemá takovou formu. Tak si Ho představují kabalisté. On sám nemá žádný obraz.

Přesně tak si v *našem světě* přirozenou cestou představujeme, že vjemy, které v nás vznikají prostřednictvím smyslů, probíhají vně nás, venku.

Ba'al HaSulam říká, že každý, kdo má rozum, chápe ve svých pozorováních, že *„vše, co vidíme, se nachází pouze v našem mozku"*. Jestliže selhává nějaký smyslový orgán, mizí i část okolního *světa*. Kdybychom ztratili všechny své senzory, viděli bychom absolutně jiný *svět*, v jeho jiné podobě.

V konečném výsledku je celý svět jen součtem vnitřních pocitů v pěti smyslových orgánech. Když změníme jejich rozsah, spatříme jiné spektrum, budeme slyšet jiné frekvence atd. To znamená, že budeme vnímat úplně jiný obraz světa.

V kabale se to jmenuje imaginární *svět*, protože naše smysly zabírají jen úzký rozsah, jsou statické a poskytují nám náhodný, lživý obraz. To nám však úplně stačí k tomu, abychom se posunuli v rozvoji šestého smyslu.

Proč je člověk vytvořen právě v takové podobě a s takovými senzory? Z vlastní zkušenosti docházíme k závěru, že je celý *náš svět* výsledkem toho, co v nás vybudovaly naše pocity. Lidé, kterým se dostalo duchovního zraku, opravdu vidí, že obraz našeho *světa*, který vytváříme před sebou, je neměnné *Vyšší světlo*, naplňující celou realitu. Pouze naše smysly, které reagují na *Vyšší světlo*, rozdělují otisk Stvořitele na čtyři druhy přírody: *neživou, rostlinnou, živočišnou* a *člověka*.

Obraz, vytvářený naší představivostí, vypadá natolik živě, že se nemůžeme vytrhnout ze zkreslené představy, dokud nerozvineme doplňující šestý smysl. Když začneme žít jeho pocity, objevujeme, že můžeme doslova proniknout do pěti přírodních smyslů a existovat v nich nebo můžeme vyjít za jejich hranice. Člověk, jak se říká, začíná žít, když se noří do pocitů, které získává prostřednictvím pěti smyslů vnímání, když z nich vyjde, umírá.

Člověk je jenom a pouze přání přijímat, které může mít všemožné odstíny. V duchovním *světě* se nazývá *„člověkem"*[100] a je posledním stupněm

---

[100] **Člověk** (úroveň) – čtvrtý stupeň rozvoje přání těšit se, který vytváří možnost cítit někoho, kdo se nachází venku (bližního). V důsledku toho „člověk" získá svobodnou volbu, to znamená, že získává možnost pozvednout se nad svou přirozenost, poznat povahu Stvořitele, být mu podobný.

v řadě: „*neživý*",[101] „*rostlinný*",[102] „*živočišný*",[103] „*lidský*". Po změně přání přijímat je možné pocítit sebe sama jako *živočicha*, *rostlinu* nebo představitele *neživého světa* – všechny tyto pocity jsou duchovní stupně. Náš materiální obal se nemění, ale kdybychom měli tu schopnost, prostřednictvím experimentu bychom se změnili na kámen, živočicha nebo květinu. Vše závisí výhradně na úrovni přání přijímat, na míře rozvoje a nápravě člověka, to znamená na tom, jak spolupůsobí se *Světlem*.

To znamená, že roucha, která si představujeme v podobě obrazu vnějšího *světa* a uvnitř kterých vytváříme představu o *Světle světa Nekonečna*, jsou v podstatě reakce našich pěti smyslových orgánů, jejichž praobrazem je pět duchovních *Sfirot*.[104] Když využíváme tyto smysly, můžeme si představit sebe sama jako člověka s jeho vnějším světem nebo jako psa s jeho světem nebo jako rostlinu s jejím světem nebo jako něco neživého. Dokonce i kámen má vlastní spojení s okolní přírodou a má z ní svůj vjem.

Jelikož nemáme schopnosti vnímat podstatu Stvořitele, nepostihujeme Jeho samotného, ale jen obraz, vytvořený na naší úrovni poznání. Jako stvoření nejsme ve stavu vyjít za vlastní hranice a pocítit něco vně nás. Jestliže bude naše *Kli* absolutně napravené, můžeme si představit *dávání* Stvořitele v nejpravdivější formě, bez zkreslení a překážek ve vlastních vlastnostech. Dokonce i takové poznání však znamená pocit, jenž prochází smyslovými orgány, se kterými nás stvořil. Mohl do nás vložit úplně jiné schopnosti vnímání. Nebo nás vůbec zbavit jakýchkoliv pocitů...

---

[101] **Neživá** (úroveň) – má jedinou vlastnost – chránit svůj statický stav: přijímat a těšit se, vyplňuje ta přání, ten program Stvoření, který je v ní uložen.

[102] **Rostlinná** (úroveň) – počátek zárodku samostatného přání, díky kterému se objevují síly překonat svou snahu se potěšit a jednat s přáním odevzdávat. Ovšem ten, kdo se nachází na této úrovni, ještě není ve stavu, aby byl schopen jít proti přání svého okolí.

[103] **Živočišná** (úroveň) – úroveň rozvoje přání přijímat, která rodí v každém samostatném prvku individuální pocity – vlastní život každého, odlišujícího se od ostatních. Ovšem na tomto stupni ještě neexistuje pocit soucitu s bližním, to znamená, že chybí nezbytné soucítění nebo radost kvůli sobě podobným.

[104] **Pět *Sfirot*** = *Keter, Chochma, Bina, Ze'ir Anpin, Malchut* – části společného přání se těšit Světlem Stvořitele, rozdělené podle obrazu budoucího člověka (pět smyslů). Každá *Sfira* ohraničuje přijímání Světla podle sebe sama, v závislosti na svém „charakteru".

Již samotná možnost si představit, že existuje něco vně mne, za hranicemi mých pocitů, mnou nepociťované, však vypovídá o podstatě druhého stavu, kterého mohu dosáhnout po konci nápravy, až mé city budou přivedeny do souladu se Stvořitelem. Na konci nápravy Ho uvidím takového, jaký si přál stát přede mnou. Co se stane potom?

Možná, že po dosažení tohoto stavu, existuje východ na nějaký principiálně nový stupeň, odhalení nebývalých možností, které teď nejsou pozorovány. Vše, co nám říkají kabalisté ve svých pracích, nás vede jen k tomuto prahu. Do té doby vidím Stvořitele podle míry své nápravy a má představa o něm je více méně omezená. Jen tak o něm mohu něco říci nebo si Ho představit. „Každý, kdo vidí nedostatky, vidí je v míře své zkaženosti, a každý ospravedlňující ospravedlňuje podle míry své nápravy."[105]

2.6. Otázky a odpovědi

Otázka: *Je svět, který mě obklopuje, fantazie nebo realita?*

Vše se odehrává uvnitř člověka. Když se dotýkám něčeho materiálního, není to nic víc než moje představa. Vše je určeno jen vnímáním poznávajícího.

Beru do ruky sklenici. Existuje nezávisle na mně? Stojí na stole? Natahuji k ní ruce? Ano, a mám vůbec ruce? Existuje to, co vnímám. „Já" je můj okamžitý pocit. Jestliže vidím svou ruku, cítím ji, znamená to, že ji mám. Tady se není třeba pouštět do fantazírování.

Člověk reálně existuje proto, že v materii i ve formě, změněné v materii, zdravě a spolehlivě cítí realitu v souladu s principem: „soudím podle toho, co vidím." Pokud si představuji abstraktní formy, ztrácím orientaci a nemám představu, v jakém směru se pohybuji.

Otázka: *Jak vnímá svět napravený člověk?*

Člověk, který napravil sám sebe a pozvedl se na duchovní úroveň, vidí, že veškerý Vesmír představuje absolutní altruismus, a že dříve o něm měl nesprávnou představu, protože ho tak vnímal díky svým smyslům.

---

[105] Babylonský Talmud, traktát „*Kidušin*", list 70.

Otázka: Funguje materie egoisticky nebo altruisticky?
Ona funguje tak, jak ji vnímáš.

Otázka: Má materie pocity?
To nemůžeme říci, jelikož vždy soudíme z pohledu cítícího. Je možné vycházet jen z vlastního poznání. Mluvit o citech druhého je neoprávněné. Realita je vnímána jenom z pozice toho, kdo ji bezprostředně cítí. Je třeba se nacházet uvnitř dané materie, abych pocítil to samé, co prožívá ona, a jen pak mohu dělat závěry.

Závěr

Věda vždy tvrdila, že vnímáme svět podle určitých zákonů, nezávisle na vlastním zkoumání. Když se zjistilo, že vše závisí na našich schopnostech změnit sebe sama, obraz světa se otřásl. Takže se začalo objasňovat spojení mezi přírodními vědami a kabalou.

Dnes kabalisté a představitelé dalších věd společně probírají problémy spojené se správným vnímáním reality a obracejí se k lidstvu s novým vysvětlením uspořádání světa. To je skutečný převrat v pohledu na svět a jeho následky jsou tak obrovské, že je těžké je docenit. Celý systém zákonů *tohoto světa*, všechna námi pozorovaná spojení a souvislosti mezi částmi světa, závisí jen na nás samotných.

Neexistuje žádná objektivní realita. Pokud je to tak, potřebujeme vědět jen jedno: jakým způsobem je třeba se změnit, pod jakým úhlem pohledu je třeba se dívat na abstraktní Vyšší svět, který přebývá v absolutním klidu, aby se nám projevil pro nás nejlepším způsobem, v optimální formě. Tím se zabývá taková věda, jako je kabala.

Obraz světa, v takové formě, v jaké dnes před námi stojí, je děsivý. Svět je ponořen do úplného zoufalství: odtud pramení i nepřiměřený sklon mládeže ke drogám, krize osobnosti a společnosti vcelku. Není to však vůbec proto, že je tak svět uspořádán. Je to jen kopie rostoucího přání v nás: vždyť právě přání rodí náš obraz světa, projektuje sebe sama na vlastnosti *Vyššího světla*.

Jakým způsobem máme správně nastavit své vnitřní vlastnosti ve vztahu k *Vyššímu světlu*, je možné pochopit studiem kabaly. Ta vysvětluje, že se to děje s pomocí *clony* – neegoistického *záměru „přijímat kvůli odevzdávání"*. Pokud *clonu* postavíme nad přání přijímat, připodobňujeme tím naše vnitřní vlastnosti vlastnostem vnějšího *Světla*. V takovém případě dosahujeme pocitu reality, který nám nevládne a odstraňuje všechny rozpory. *Světlo* je vnímáno jako potěšení, moudrost, znalosti, poznání. Kabala otevírá před lidstvem absolutně nové horizonty, když ukazuje, jaký máme vliv na skutečnost prostřednictvím svých myšlenek a přání, jak s ní spolupůsobíme a měníme ji.

Test

1. Jakou představu o Vesmíru oživuje kvantová teorie?
a) Stvořitel existuje
b) v přírodě existují stále působící zákony rozvoje
c) Vesmír směřuje k chaosu
d) Vesmír je vlastně množství světů

2. V čem spočívá práce člověka?
a) je nutné pracovat s přáním
b) je nutné pracovat se zaměřením svých přání (záměrem)
c) je nutné připravit *Kelim* k přijímání Světla
d) je nutné překonat svůj egoismus

3. Co existuje vně lidského pocitu?
a) dvě soupeřící síly vlivu
b) nic neexistuje
c) duchovní *světy*
d) to, co existuje, závisí na charakteru pocitů

4. Co reprezentuje materie Stvoření?
a) přání
b) Myšlenka Stvoření
c) síly spolupůsobení stvoření a Stvořitele
d) *Světlo*

5. Co je systém „Adam"?
a) systém kauzálních spojení
b) souhrn všech *duší*, spojených navzájem správným (napraveným) způsobem
c) systém *světů*
d) součet vjemů člověka z *Vyššího světla*

Odpovědi: 1d) 2b) 3b) 4a) 5b)

Doplňující studijní látka

„Je na světě mnohé, příteli Horácie, co se ani nesnilo našim mudrcům."
Shakespeare

Jiný pohled na realitu[106]

Aby se využila síla mozku, není absolutně nutné znát zákony fyziky nebo chápat podstatu reality. Nemusíme znát strukturu karburátoru nebo systém zapalování, abychom řídili auto. Jen málokdo se vyzná v autech, ale to nebrání většině lidí, aby je řídili. Přesně tak je to i se silou mozku – kdokoliv může ovládat základy tohoto systému a úspěšně jej prakticky využívat v každodenním životě.

Začínáme se studiem podstaty reality a zejména šokujících objevů, které proběhly ve vědě za posledních 20 let. Tyto objevy pomohou lépe pochopit, jak mozek vytváří svou vlastní realitu. Objasňují, proč vizualizace nebo myšlenková představa nejsou jen nepotřebné snění, ale tvůrčí proces, který pomáhá člověku kontrolovat a napravovat energetické toky, schopné slepovat věci, měnit kapalinu na páru nebo vyvolávat klíčení a růst semen.

Když si uvědomíte podstatu těchto energetických toků, dospějete k pochopení podstaty práce mozku a uvidíte, že inspirace, modlitba a intuice nejsou ničím nadpřirozeným, ale řídí se zákony, které se mohou měnit prostřednictvím vůle člověka. Jako všechno, co člověk ve Vesmíru zná, síly mozku se řídí zákony, které, když budou osvobozeny od naučné terminologie a budou představeny v dostupné podobě, může pochopit každý.

Současná fyzika zkoumá Vesmír jako neohraničenou, nedělitelnou síť dynamické aktivity. Nejen, že žije a neustále se mění, ale všechny jeho součásti na sebe působí navzájem. Na prvotní úrovni je Vesmír celistvý a neoddělitelný – takové bezedné moře energie, které prostupuje každý předmět a každou činnost. **My nejsme oddělené elementy, ale součásti jednoho gigantického celku.**

„Když trháš trávu, chvěje se celý Vesmír."
Citát ze starověkých *Upanišad*

---

[106] Podle úryvku z knihy **Johna Kehoa:** „Podvědomí může dělat cokoliv".

Současná fyzika změnila naše názory na materiální svět. Dnes už nikdo netvrdí, že se částice skládají z nějaké základní substance: jsou považovány za svazky energie. Mohou provádět náhodné pohyby, takzvané „kvantové skoky", v jednom případě jednají jako jeden celek, v druhém jako vlny čisté energie. Realita protéká, nic není trvalé, vše je částí modelu, jenž se nachází v neustálém pohybu. Dokonce i skála je výsledek šíleného „tance" energie. **Vesmír je živý a dynamický a my sami, nacházejíce se v něm a jsouce jeho součástí, jsme živí a dynamičtí.**

ODDÍL II. KABALISTICKÁ TEORIE ROZVOJE SVĚTA

„Stvořitel není pohledný a laskavý dědeček, který někde sedí a přemýšlí o nás. Stvořitel je přibližně to, co si představuje Einstein – jediný zákon Vesmíru. Je to nejglobálnější zákon, sestupující k nám, vytvářející nás, vytvářející Vesmír a řídící vše, počínaje malou buňkou přes všechny organismy a konče celou kosmickou strukturou. Stvořitel je obecná příroda Vesmíru. Když se do ní noříme, vidíme, že je to myšlenka. Vědci se dnes takovému chápání začínají přibližovat, říkají, že za fyzickými zákony existuje mysl, která je řídí. Prakticky je to přiblížení se ke stropu intelektuálního poznání, kterého můžeme dosáhnout na tomto světě. Dále začíná výhradně citové poznání."

M. Laitman

Jelikož ani jeden kabalistický zdroj neuvádí bezprostřední popis materie *našeho světa*, daný materiál nabízí první zkušenost rekonstrukce rozvoje Vesmíru z pohledu kabaly. Téma se skládá ze dvou částí. V první se nachází srovnávací charakteristika dvou základních koncepcí Stvoření světa: Darwinova evoluční teorie a teorie kreacionismu – božského Stvoření Vesmíru. V druhé je nabídnut kabalistický model Stvoření světa, vytvořený na základě kabalistických zdrojů. V souvislosti s tím je celá kapitola věnována správné interpretaci kabalistických textů, jejichž nekorektní chápání vedlo ke vzniku mnohých teorií, které odvedly lidstvo od poznání opravdového Cíle Stvoření světa.

V následujících kapitolách se zkoumá proces vzniku materie *našeho světa*, příčiny objevení prvního živého organismu a řada dalších otázek. Doufáme, že vás nabízený materiál přivede k myšlence, že evoluce člověka ještě neskončila, a že nás všechny čekají v nejbližší době obrovské změny.

Část 1. Darwinova evoluční teorie a teorie kreacionismu

Kapitola 3. Srovnávací studie Darwinovy teorie a kreacionismu

Přehled

3.1. Předmluva
3.2. Darwinova teorie a kreacionismus (základní poznámky)
3.3. Srovnávací analýza dvou teorií
3.4. Závěry

3.1. Předmluva

Současná astronomie se v otázce vzniku Vesmíru opírá o kosmický scénář, známý jako Velký třesk nebo inflační teorie, která je potvrzována výsledky analýz naměřených dat a pozorování. Podle této teorie před 13,7 miliardami let proběhl ve Vesmíru obrovský výbuch. Veškeré množství planet, hvězd a galaxií, které se objevily nebo se ještě objeví, je jeho následkem. Vědci předpokládají, že do výbuchu existoval jen bod, shluk energie v podmínkách natolik neobyčejných, že se na ně není možné vztahovat obyčejné představy o prostoru a času. První momenty po výbuchu (10-43s – 10-36s) Vesmír obsahoval všechny základní částice, rozžhavené na neuvěřitelné teploty okolo 1028 K.

Kvůli rozšiřování probíhalo ochlazování Vesmíru. Přibližně čtyři minuty po Velkém Třesku se teplota snížila na 109 K, Vesmír se ochladil natolik, že se při srážce protonů a neutronů začaly efektivně tvořit jádra deuteria a při jejich srážkách jádra hélia. Za krátkou dobu (cca 3 hodiny) se 20-25 % látky Vesmíru (podle objemu) změnilo na hélium, to znamená na materii, kterou bylo možné pocítit smysly.

Přibližně za 400 milionů let se začaly rodit první hvězdy, pak se začaly formovat galaxie a planetární systémy. Sluneční soustava se objevila před 5 miliardami let a nakonec se před 4,6 miliardami let vytvořila planeta

Země. Vznik života na ní proběhl před 3,8 miliardami let.[107] Teorie zrození Vesmíru a rozvoje na Zemi a také datování těchto procesů se neustále mění.

Dnes se vědci nacházejí v těžké situaci a nevědí, jak vysvětlit proces rozvoje Vesmíru. Kdysi lidé věřili, že Bůh stvořil člověka: neznámo, jak to přesně probíhalo, ale představovali si různé scénáře tohoto procesu. Proto Darwinova teorie tak lehce získala mnoho zastánců, kteří si prostě nedokázali představit, že je možné se jí postavit. Přívrženci darwinismu si mysleli, že je v této teorii obsažena lehce sledovatelná logika, takže vůči nějakým rozporům bylo možné přivřít oči.

Není tragédie, že v darwinismu chyběly jakékoliv důkazy. Dejme tomu, že by se našly i ty. Problém je v tom, že všechna fakta, která nabízí tato teorie, je možné zkoumat jen vzhledem k člověku a není možné se plně přesvědčit, zda odpovídají realitě.

Lidstvo nechápe, že věda v principu nemůže dát opravdové odpovědi na otázky před ní stojící, jelikož je založena výhradně na tom, *jak* člověk vnímá realitu. Po vytvoření úkolu se vytváří nějaký model, který do nějaké míry vypadá, že odpovídá hledané pravdě. K objevu samotné podstaty se člověk nepřibližuje, jelikož není vůbec schopný objektivního vnímání okolního *světa*.

Ještě Hugh Everett (1930-1982) dokazoval, že navzdory předpokladům klasické mechaniky, je pozorování jakéhokoliv objektu interakcí, která mění jak stav objektu, tak stav pozorovatele. Pozorovatel není jen člověk, ale jakýkoliv mechanický nebo elektronický systém, který zpracovává výsledky experimentů. Všechna zkoumání závisí na vlastnostech samotného pozorovatele, na smyslech vnímání, ohraničených hranicemi času, prostoru a rychlosti. Teď je jasné, že materie, ze které se skládají hvězdy a mezihvězdné objekty, je ve Vesmíru obsažena jen ve 4 %. 25 % je skrytá látka a zbylých 71 % je takzvaná temná energie. 95 % materie Vesmíru te tudíž nachází ve stavu, který je pro člověka neznámý a to, co pozorujeme, se nemůže považovat za objektivně existující.

Poznámka: *Kapitoly daného oddílu jsou sestaveny na základě lekcí a publikací vědce-kabalisty, dr. M. Laitmana a řady dalších učenců, specialistů v oblasti evoluce a různých teorií rozvoje světa.*

---

[107] Cit. **Johna Gribbina**. Velký třesk // Kurýr Unesco. 1984. №10.

3.2. Darwinova teorie a kreacionismus (základní poznámky)

Evoluční teorie je jedna z největších hádanek všech dob. V přírodě pozorovaná hierarchie živočišných forem přiváděla člověka k ideji „pyramidy tvorů", která nadále dovolovala uhlídat jevy evoluce.

Obrovský impuls rozvoje evoluční teorie přidalo dílo Jean-Baptista de Moneta, známého pod jménem Lamarck (1744-1829), „Zoologická filosofie" (1809). Další přírodovědci a filozofové pokračovali v rozpracovávání daného směru, ale za badatele, který nakonec potvrdil teorii evoluce, se považuje britský přírodovědec Charles Darwin (1809-1882). V knize „Původ druhů" (1859) dokazuje, že se jeden druh měnil v jiné v důsledku boje za existenci metodou přirozeného výběru, ve kterém vyhrával silnější. V roce 1871 Darwin publikoval dílo „Původ člověka", v němž rozšířil teorii transformace na člověka.

Společně s evoluční teorií se rozvíjela teorie kreacionismu – učení o božském Stvoření světa jako celku, nebeských těles, Země a forem života na ni z „ničeho". **Ve „vědeckém" kreacionismu bylo možné vyčlenit mimořádně aktivní směr, jenž trval na absolutní pravdě doslovného výkladu Bible.** Detailně to bylo zformulováno G. Morrisonem (1995), který založil v roce 1972 Institut kreacionistických výzkumů v San-Diegu (USA, Kalifornie).

Kreacionismus (z lat. „creatio" – stvoření) je směr v přírodních vědách, který se na základě naučně důvěryhodných faktů snaží dokázat, že náš svět vznikl v důsledku aktu nadpřirozeného stvoření. V této otázce se kreacionismus diametrálně liší od evoluce. Rozchází se v chápání procesů, které probíhají ve Vesmíru.

Evoluce se drží uniformního pohledu, podle kterého procesy rozvoje probíhaly a probíhají postupně a rovnoměrně. Procesy, které probíhají dnes, se ničím neliší od těch minulých.

Naproti tomu, stoupenci teorie stvoření chápou minulost Země jako katastrofu, jež předpokládá, že Země přežila minimálně jedno celosvětové kataklysma. Touto globální katastrofou měla být potopa, která razantně změnila charakter přirozených procesů na planetě. Princip uniformity absolutně vylučuje faktor katastrofy v rozvoji Země.

Hlavním důvodem kreacionistů zůstává jejich poukazování na to, že teorii stvoření nelze nazvat teologickou vědou, jelikož se opírá výhradně o data přírodních věd. Díla vědců-kreacionistů odpovídají absolutně všem potřebám vědeckosti. Přitom jsou přesvědčeni, že teorie Stvoření nejen odpovídá získaným vědeckým datům, ale též jej mnohem lépe objasňuje než teorie evoluční. Zároveň s tím nemůže žádná z těchto teorií experimentálně dokázat své výchozí předpoklady. Kreacionisté nemají možnost provést v laboratorních podmínkách akt stvoření, jelikož to může jen Bůh. Na druhé straně, evoluce probíhá tak pomalu, že se absolutně nepodléhá fixaci v krátkých časových úsecích. Stoupence těchto dvou teorií sbližuje víra. **Kreacionisté věří v původní akt stvoření, evolucionisté v postupný rozvoj všeho živého.** Provedeme srovnání těchto dvou modelů.

3.3. Srovnávací analýza dvou teorií

1) **Proces vzniku Vesmíru a zrození života na Zemi.**

Evoluční model je založen na principu postupné změny a předpokládá, že život na Zemi dosáhl složitého a vysoce organizovaného stavu během procesu přirozeného rozvoje.

Kreacionistický model určuje výjimečný, původní moment stvoření, kdy byly vytvořeny důležité neživé a živé systémy v konečném a dokonalém stavu.

2) **Hybné síly.**

Evoluční model tvrdí, že jsou hybnými silami neměnné přírodní zákony. Díky těmto zákonům existuje geneze a zdokonalování veškerého života. Sem evolucionisté zahrnují zákony biologického výběru, založené na boji druhů o přežití.

Kreacionistický model vychází z toho, že přirozené procesy nevytvářejí život v přítomnosti, nevytvářejí formování druhů a jejich zdokonalování. Kreacionisté tvrdí, že byl veškerý život stvořen nadpřirozeným způsobem. To předpokládá existenci Vyššího Rozumu ve Vesmíru, schopného vymyslet a vytvořit vše, co nyní existuje.

3) **Hybné síly a jejich projev v přítomnosti.**

Evoluční model: díky tomu, že jsou hybné síly neměnné a postupné, fungují i dnes přírodní zákony, jež tvoří vše živé. Jelikož jsou v chodu i nyní, evoluce stále pokračuje.

Kreacionistický model: po ukončení aktu stvoření procesy stvoření uvolnily místo procesům setrvání, které udržují Vesmír a zabezpečují naplnění jeho určení. Proto v okolním světě nemůžeme více pozorovat procesy tvorby a zdokonalování.

4) **Vztah k existujícímu světovému pořádku.**

Evoluční model: nyní existující svět se na počátku nacházel ve stavu chaosu a nepořádku. Postupem času a zásluhou působení přírodních zákonů se stává mnohem více organizovaným a složitým. Procesy, které dokazují neustálé uspořádávání světa, musí probíhat i nyní.

Kreacionistický model si představuje svět už stvořený, v konečné podobě. Jelikož byl pořádek původně dokonalý, zlepšovat se nemůže a musí průběhem času ztrácet svou dokonalost.

5) Faktory času.

Evoluční model: aby se přivedl Vesmír a život na Zemi k nynějšímu složitému stavu prostřednictvím přírodních procesů, bylo zapotřebí dostatečně dlouhé doby, proto se stáří Vesmíru určuje evolucionisty na 13,7 miliard let a stáří Země na 4,6 miliard let.

Kreacionistický model: svět byl stvořen během nepochopitelně krátké doby. Proto kreacionisté operují s nesrovnatelně menšími čísly, co se týče Země a života na ní.

3.4. Závěry

Otázka o souvislosti mezi biblickými příběhy a daty současné vědy dlouho zaujímala a stále zaujímá představy jak věřících, tak ateistů. První by chtěli smířit teologický a vědecký úhel pohledu, navzdory jejich zřejmým neshodám a druzí najít důkaz buď ve prospěch Bible, nebo vědy.

Problém spočívá v tom, že se vědci ve většině přidržují Darwinovy teorie, ale nemohou objasnit, jak byl stvořen Vesmír a proč se zrodil život. Základní principy evoluční teorie samy o sobě nevysvětlují ani různorodost druhů, ani jejich monotónnost; ani náročnost ani jednoduchost organismů. V konečném důsledku se vše určuje zadanými původními podmínkami. Můžeme osvětlit otázku, proč ve vhodném prostředí museli vzniknout savci, ale čemu připsat vznik takového prostředí? Jak objasnit, proč se v podmínkách, jež představovaly množství mořské vody, nasycené oxidem uhličitým a slunečním světlem, zrodily všechny různorodé životy?

Druhý autor teorie přirozeného výběru, A. R. Wallace (1823-1913) se rozhodl ji u člověka vůbec nepoužívat, jelikož nenašel objasnění takových vlastností, jako „schopnost chápat myšlenky prostoru a času, věčnosti, nekonečna, schopnost hlubokého estetického potěšení určitými kombinacemi forem a barev. Nakonec i schopnost abstraktního chápání forem a čísel, která vyvolala matematické vědy. Jak by tedy ta nebo jiná z těchto schopností mohla začít svůj rozvoj, kdyby nemohla přinést žádný užitek člověku v jeho původním, barbarském stavu?" Wallace předpokládal, že evoluci člověka usměrnila „vyšší rozumná existence, stejně jako my řídíme rozvoj domácích zvířat a rostlin". „Pyramida" živých bytostí se od začátku až do nejvyšších stupňů řídila nějakou vlastní silou, jež upřednostňovala nepředvádět svůj *záměr*.

Teologické zdroje, které interpretují Bibli doslova, tvrdí, že svět byl stvořen Bohem během šesti dnů. Poslední roky probíhají experimenty na základě vědeckých postupů, aby dokázaly, co je napsáno v Bibli. Příkladem mohou posloužit dvě knihy, napsané známým fyzikem G. Schröderem, ve kterých tvrdí, že biblický příběh a data vědy si neprotiřečí. Jedním z nejdůležitějších úkolů Schrödera bylo propojit biblický příběh o Stvoření světa za šest dnů a vědecká fakta o existenci Vesmíru během 15 miliard let.

Vysvětlení, která nezřídka vyzdvihují druzí vědci, svádí k předpokladu, že slovo „den" v Bibli není třeba vykládat doslova, jelikož to, co se nám zdá miliardou let, může pro Boha klidně znamenat jeden „den". Někteří se snaží vysvětlit Stvoření světa za šest dní pomocí využití teorie relativity a tvrdí, že v různých systémech plyne čas jinou rychlostí. Archeologické údaje dosvědčují, že všechny teorie, které se snaží dokázat soulad mezi biblickým příběhem a vědeckými daty, nepřežívají elementární rozbor.

Zatím tedy nemá ani jedna z teorií takovou sílu, aby přednesla lidstvu rozhodnou, smělou myšlenku, která by se mohla rozšířit jako jakýsi základ, jenž by spojoval všechna náboženství, národy a intelektuálně-filozofické směry v jeden celek.

Část 2. Kabalistický model Stvoření světa

Kapitola 4. Správná interpretace kabalistických zdrojů

Přehled

4.1. Kabala a tajný význam „Pentateuchu"
4.2. „Pentateuch" – popis stupňů odhalení Stvořitele
4.3. Myšlenka Stvoření a jazyk kabaly
4.4. Jazyk větví – prostředek pro vysvětlení pojmů Vyššího světa
Závěr – Test ke kapitolám 3 a 4

4.1. Kabala a tajný význam „Pentateuchu"[108]

Podle kabalistů,[109] nemají pokusy vědeckých důkazů o pravosti biblických textů žádné reálné základy, jelikož v Pentateuchu není jediná zmínka o *našem materiálním světě*.[110] Všechny události a postavy jsou popisem vnitřního stavu a prožívání. Lidem, kteří jsou schopni vidět jen *náš svět*, se zdá, že Pentateuch pojednává o uspořádání věcí pozemských, o vzájemných vztazích mezi lidmi, o tom, jak se má člověk chovat, jak se

---

[108] **Pentateuch** (překlad z řeckého Pentateuco V., použitý Origenem) – všeobecný název pro prvních pět knih Bible: Genesis, Exodus, Levitikus, Numeri, Deuteronomium. Efron I. A., Brockhaus F. A. Encyklopedický slovník. M.: EKSMO, 2006.

[109] **Kabalista** – učenec, který ovládá doplňující smysl – clonu, jež mu dovoluje pozorovat působení Vyššího světa na sobě samém.

[110] Pocity, které vznikají v našich pěti smyslových orgánech (zrak, čich, hmat, chuť, sluch) nazýváme naším světem.

stýkat s jinými členy kolektivu, jak je organizováno lidské soužití a jaké jsou jeho zákony. Ve skutečnosti tomu tak absolutně není.

V Bibli se prostřednictvím objektů *našeho světa* popisují zákonitosti *Vyššího světa*.[111] Například, jak budovat Chrám, jak v Něm pracovat, jak plnit jakési nepochopitelné obřady, zvané přikázání, jejichž velká část vůbec nemá v *našem světě* racionální vysvětlení (kromě několika, například „Miluj bližního svého").

Přikázání v podstatě nemají účelné využití, protože popisují Vyšší svět slovy našeho světa. Proto obyčejní lidé, kteří vidí jen náš svět, vnímají Bibli jako historický příběh. Kabalisté, když čtou tu samou knihu, chápou, že mluví o Vyšším světě a Jeho zákonech.

Bible je napsána v jazyce příčin a následků: následek v *našem světě* dává název síle, která jej vytvořila. V *duchovním světě*[112] název neexistuje. Když se člověk dívá skrze hmotný objekt nebo činnost, nazývá jeho jménem celý řetězec, který vytváří daný objekt.

Vezměme si například v Bibli popsaný příchod rodiny Jákoba do Egypta: sedm hojných a sedm hladových let v egyptském otroctví, útěk od faraóna, přechod přes Rudé moře, výstup na Sinaj, objevení Stvořitele, čtyřicetiletá pouť po poušti a tak dále – do stavby Prvního chrámu.

V *našem světě* všechny tyto historické události bezpochyby proběhly: jak egyptské otroctví, rozbití Chrámu, tak putování po poušti nebo výstup Mojžíše na horu Sinaj. To je archeologicky dokázáno. Kabalista během studia zkoumá Vyšší síly prostřednictvím pozemských objektů, jevů a událostí a vidí jejich projekci, pohyb, vliv na *náš svět* a vysvětluje, k čemu vedou.

Proč se historie Vesmíru a lidstva začala rozvíjet od určitého okamžiku právě tímto způsobem? K čemu to povede? Prostřednictvím takových druhů, řekněme, historických příběhů vědci-kabalisté vidí celou paletu

---

[111] **Vyšší svět** – svět příčin, ve kterém se nacházejí a působí jen síly a pocity bez jejich materiálního obalu.

[112] **Duchovní svět** – existuje podle zákonů vlastností dávání. Název „Vyšší" svět má proto, že vlastnosti dávání jsou příčinou, kořenem našeho světa a náš svět je následkem, z něho plně řízeným.

působení Vyšších sil na náš svět. Kromě toho studují tyto síly na vyšší úrovni, spojují je nejen s člověkem nebo objektem, ale také s *dušemi*.[113]

Vše, o čem se mluví v Bibli, se v konečném důsledku vyplnilo až do našeho pokolení, do konce 20. století. Počínaje 20. stoletím a dále, v historii lidstva nastupuje zvláštní období, kdy je lidem opět poskytnuta stará kabalistická moudrost, jež vychází z *Adama*.[114] S její pomocí je možné začít pronikat dovnitř Přírody, chápat Její základy a takovým způsobem najít i smysl existence člověka a Vesmíru. Lidstvo dnes přebývá v obtížné krizi, která nás nutí hledat příčiny naší existence a její cíl.

4.2. „Pentateuch" – popis stupňů odhalení Stvořitele

Pojďme otevřít Pentateuch, kde je hned na první stránce popis Stvoření světa.

„Na počátku stvořil Bůh nebe a zemi. Země pak byla pustá a prázdná, a tma byla nad propastí, a Duch Boží se vznášel nad vodami. I řekl Bůh: Budiž světlo! I bylo světlo."

Představte si náš Vesmír: nekonečné množství galaxií, hvězdokup, hvězd s jejich planetárními systémy. Teď si představte, že dáme pryč Vesmír z toho objemu, ve kterém existuje. Jak je možné si představit vzniklou nicotu, kde není nic, co by dalo základ pro její rozměry, popis?

Všechny jevy vnímáme v pohybu a v čase, spojujeme je s určitým místem. Jestliže zastavíme pohyb, přestane náš život. Nemůžeme si představit něco, co je absolutně statické, co zamrzá v čase a nemá rozměr. Odtud prameni zvláštní pravidlo, které si musíme osvojit jako to nejzákladnější, jež se týká našeho vztahu k Pentateuchu: musíme si jednou provždy zapamatovat, že v biblickém textu jsou v podstatě jen slova (ale ne objekty!) našeho světa a že to, co za ním

---

[113] **Duše** – „Já", které cítí každý člověk, se dělí na naše tělo, sílu, která jej oživuje (živočišná duše) a sílu, která jej přitahuje k duchovnímu (duchovní duše) a která prakticky chybí duchovně nerozvinutému člověku. Rozvoj duše znamená postupné projevení pocitu duchovních sil v člověku, jež na něho působí, nových altruistických přání, projevení minimálního pocitu Vyšší řídící síly (Stvořitele). [Odtud a dále se má na mysli „duchovní duše".]

[114] **Adam** – první člověk, který obdržel přání k poznání Vyššího světa (skoro před 6000 lety). Autor knihy „*Raziel Malach*" (Tajný anděl).

stojí, jsou duchovní objekty, kořeny, které nemají žádný vztah k našemu světu.

„Pentateuch" jsou Svatá jména Stvořitele, to znamená míry odhalení Stvořitele,[115] protože jméno znamená pochopení. Je to podobné tomu, jako když v *našem světě* dáváme názvy objektům v souladu s jejich projevem v našich pocitech. Kabalisté popisují stupně sblížení se Stvořitelem, své pociťování Stvořitele.

V duchovním *světě* nejsou ani těla, ani čas, ani prostor. Znamená to, že duchovní kategorie nemají žádné spojení s našimi představami, naší přírodou, našimi pocity a v našem lexikonu slov neexistuje nic pro vyjádření těchto pojmů. Duchovní *svět* nezahrnuje lidské pocity. I když si nemůžeme představit *svět*, který nemá prostor, čas, pohyb, musíme přesto přijmout, že takové chápání v duchovním *světě* existuje.

4.3. Myšlenka Stvoření a jazyk kabaly

Všechny světy, včetně našeho a objekty, které se v nich nacházejí, se spojují v jedné Myšlence Stvořitele – dát nekonečné naplnění stvoření – duši.[116] **Z této jediné Myšlenky a Cíle, pochází celý proces Stvoření – od počátečního momentu až do konce. Utrpení, které cítíme, naše práce nad sebou a odměna, jsou určeny jen touto Myšlenkou.**

Popis duchovního *světa* je popisem lidské *duše* a stupně její sblížení se Stvořitelem neboli čím dál větší pocit Stvořitele. Kabala rozděluje společnou *duši*[117] na části a dává každé z nich určitý název v souladu s jejími vlastnostmi a popisuje děje těchto součástí.

To vše je jazyk pocitů, který dovoluje používat grafiku, náčrtky, vzorce. Jak je však možné používat v tak přesných pozorováních a popisech nepřesný a ohraničený pozemský jazyk, který vzniká na základě

---

[115] **Stvořitel** – síla dávat, přání dávat, těšit.

[116] **Duše člověka** (stvoření) se skládá ze dvou komponent – Světla (potěšení) a nádoby (přání tohoto potěšení), přičemž nádoba je podstata duše a Světlo, které ji naplňuje, je potěšení, připravené Stvořitelem.

[117] **Společná duše (*Adam HaRišon*)** – Stvořitelem stvořená jediná duše, která se skládá z částí (vlastních duší), jež obsahují v sobě samých všechny ostatní části.

subjektivních pocitů *„našeho světa"*, a navíc s jeho pomocí předávat objektivní pocity duchovního *světa*? Dokonce, kdybychom vzali ten nejpřesnější, ten nejbližší pojem k duchovnímu *světu*, a to pojem **„Světlo"**, budeme jej stále vnímat jako *světlo* slunce nebo *světlo* rozumu, což nemá nic společného s duchovním *Světlem*. (Mimochodem, i v *našem světě* je světlo nejméně prozkoumaný jev, nehledě na všechny korpuskulárně-vlnové a další teorie.)

Ale v *našem světě* míváme také jinou představu o *světle*. Například, když je řeč o nějakém potěšení, říkáme: světlo v *duši*, to je jako paprsek světla.

Vybírám slova v souladu se svými pocity, říkám je jinému člověku a ta v něm vyvolávají pocity, které souhlasí, podle jeho chápání, s mými slovy. Tak kde je ten jediný vzor, podle kterého můžeme změřit podobnost našich pocitů stejného významu, předaného slovy?

Moje pocity nemusí nutně být totožné s pocity účastníka dialogu. Jen v něm vyvolávám vjem podobnosti a na tom končí veškerý náš „společný jazyk". Pokud v *našem světě* nejsme ve stavu přesně vyjádřit své pocity, jak je pak možné využívat tento jazyk pro popis duchovních kategorií? Vždyť duchovní *svět* je svět pocitů, neexistují v něm těla a objekty a jsou tam pouze přání a jejich pocity. Přičemž, jak říkají kabalisté, to jsou absolutně přesné vjemy, a proto potřebují naprosto přesný, odpovídající jazyk popisu.

Zkuste dát přesnou známku vašemu emočnímu stavu, srovnejte ho graficky s náladou jiného člověka, srovnejte ho v procentech s vlastními pocity a prožíváním ze včerejška, zkuste vyjádřit všechny odstíny zdraví v číslech, v závislosti na pocitech – úzkosti, únavy, strachu, času, prostředí, onemocnění, atd. V *našem světě* nemůžeme přesně rozdělit jevy, které souvisejí s našimi vnitřními pocity.

Souvislost mezi mým dotekem na něco horké a emocionálním vzruchem v mozku závisí také na mé náladě, zdraví, tréninku a jiných faktorech, které jsou u každého člověka velice individuální.

Neumíme procentuálně srovnávat vztahy, kvantitativní a kvalitativní potěšení z hudby či chutného jídla. Jestliže je náš jazyk natolik primitivní, omezený, subjektivně nepřesný, pak jak ho mohli kabalisté použít pro popsání duchovních, absolutně přesných pocitových procesů, proč použili právě jej, proč nevynalezli speciální způsob jazykového přenosu?

Vždyť pokud je v exaktní vědě nesprávně využíván třeba jen jeden symbol, pak ten, kdo ho nezná, neví, že jej použil špatně, nepochopí, proč vyšly takové výsledky. Bude to pro něho absolutně nedůvěryhodné vědecké potvrzení. Ten, kdo nezná symboly, a přece přijme popis za pravdivý, udělá chybu.

4.4. Jazyk větví – prostředek pro vysvětlení pojmů Vyššího světa

Kabalisté vybrali pro své učení zvláštní jazyk, který nazvali „jazyk větví". Příčina takové volby spočívá v tom, že je vše v *našem světě* stvořeno a řízeno: vše *neživé, rostlinné, živočišné* i *lidské*. Všechno, co se s nimi dělo, děje a dít bude, to znamená všechny objekty a jejich řízení, pochází[118] od Stvořitele a proniká všemi *duchovními světy*,[119] dokud se neprojeví v *našem světě*.

Vše, co existuje v našem světě, v závazném pořádku začíná ve světě Vyšším, a pak postupně sestupuje do našeho. Všechny objekty našeho světa jsou výplody Vyššího světa. Kabalisté vidí vyšší objekt, tj. kořen, a vidí nižší objekt, který se nachází v našem světě a který je nevědomě, nepostřehnutelně ovlivňován Vyšším, jehož je výplodem a pod jehož vládou se nachází. Mohou přesně říci, co je s čím spojené. Proto kabalisté mohou nazývat objekty-kořeny ve Vyšších světech jmény jejich materiálních důsledků, větví v našem světě.

Odtud pochází i název: „*jazyk větví*" a ne jazyk kořenů, vždyť kořenům se dává pojmenování větví a ne naopak. Kabalisté tudíž objevili jazyk, který přesně popisuje duchovní svět našimi slovy. Nemůže být jiný jazyk, protože neexistují slova, která by byla pochopitelná pro ty, kteří se nacházejí v obou *světech*.

Takže, aby byl popsán Vyšší svět, kabalisté berou názvy z *našeho světa* a s jejich pomocí popisují vyšší objekty,[120] které jsou kořeny *našeho světa*.

---

[118] **Sestupuje** = rodí se = je důsledkem.
[119] **Duchovní světy** (Vyšší světy) – určitá míra pocítění Stvořitele. Stupně odhalení se nazývají *Asija, Jecira, Bri'a, Acilut, Adam Kadmon*. Když člověk úplně dokončí nápravu, jeho stav (stupeň) se nazývá *svět Nekonečna*.
[120] **Vyšší objekty** – každá síla, objekt duchovního světa je přání (hebrejsky „*Racon*"), které je částí společného přání potěšit stvoření.

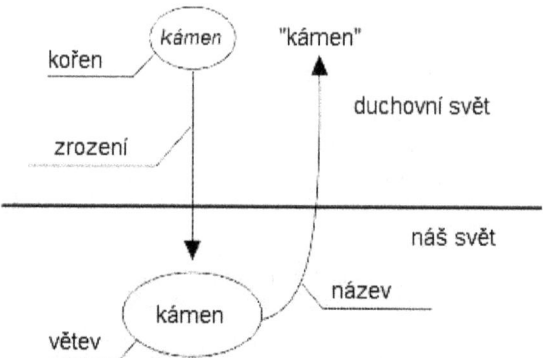

Obr. 4.1. *Schéma popsání Vyššího světa pomocí názvů v našem světě.*

Pokud to člověk neví, vidí v obsahu kabalistických knih jen vyprávění o *našem světě*. Kabalisty tato slova nematou, jasně si umí představit, o čem se doopravdy hovoří, protože přesně vědí, jaké větvi, jakému následku v *našem světě*, odpovídá kořen ve *Vyšším světě*.

Pro přehlednost uvedeme příklad kabalistického vysvětlení řečeného v „Pentateuchu":

„Pentateuch" začíná slovy: „Na počátku" (*Berešít*) – na počátku procesu vzdalování se stvoření[121] od Stvořitele. Samo slovo „*Berešít*" pochází od slova „bar" neboli vně. Takže se tam hovoří o sestupu od Stvořitele do odděleného stavu mezi nebem a Zemí.

„Na počátku stvořil Bůh nebe a zemi." Nebe – *Sfíra Bina*[122] s jejími altruistickými vlastnostmi. Země – *Sfíra Malchut*[123] s jejími pozemskými,

---

[121] **Proces oddalování stvoření** – proces Stvoření duchovních světů, postupně se ukrývající Světlo a také oddalování stvoření od Stvořitele až do ztráty pocitu spojení s ním (stav „náš svět").

[122] *Sfíra Bina* – *Sfíra* je oddělené přání, část společného celku přání *světa Nekonečna*. Každá Sfíra (je jich 10) omezuje přijímání Světla jiným způsobem, v závislosti na svém „charakteru". *Bina* je vlastnost Světla, ve kterém je pociťováno potěšení z dávání Stvořiteli, z podobnosti Jemu. To potěšení se nazývá *Or Chasadim*.

[123] *Sfíra Malchut* – konečné, samostatné stvoření, které si samo přeje přijímat a cítit se přijímající.

egoistickými kvalitami. Mezi těmito dvěma polárními vlastnostmi, na základě kterých funguje celý systém Vesmíru, se nachází *duše*[124] člověka.

„Pentateuch" začíná zrodem Stvoření, *Vyššího světa* a Stvořením člověka, *duše-Adama*[125] a ne z konečné fáze Stvoření. Poslání „Pentateuchu" tkví v tom, aby nám v *tomto světě* poskytl návod, jakým způsobem se můžeme pozvednout k nejlepšímu, dokonalému stavu.

Ve svém základním stavu není stvoření (*duše*) napraveno. Musí napravit samo sebe,[126] dosáhnout stavu „*konečné nápravy*".[127] Představte si, že máte nespravený nástroj, se kterým musíte vykonat práci. Zpočátku musíte spravit nástroj, a pak jej můžete používat. „Pentateuch" hovoří právě o tom, jak napravit tento poškozený nástroj, *duší*, která nám byla dána shůry.

Během procesu nápravy se člověk nachází mezi dvěma světy[128] **– Vyšším a nižším. Během tohoto období získává duše nutné návyky, znalosti, zkušenosti a hlavně – v člověku se vznikají nové pocity, nové duchovní vlastnosti. Když člověk úplně dokončuje nápravu duše, získává vlastnosti, díky kterým může existovat ve Vyšším světě, ve věčnosti, pokoji, dokonalosti.**

Tento zvláštní stav není popsán ani v kabale, ani v „Pentateuchu" prostě proto, že jej není možné popsat, jelikož nemá analogii v našem jazyce. Odhalují jej pouze ti, kteří projdou všemi předcházejícími stavy nápravy a dosáhnou *konce nápravy*.

Za hranicemi *konce nápravy* se nachází oblast, která není vůbec nikde popsána. Tyto stavy, tyto duchovní oblasti není možné vyjádřit slovy, protože naše slova, naše písmena, naše chápání jsou převzaty ze stavu

---

[124] **Duše člověka** se skládá ze dvou komponent – Světla (potěšení) a nádoby (přání k tomuto potěšení). Tento duchovní orgán (duše) se postupně rozvíjí v člověku, který se nachází v našem světě, jestliže člověk studuje a plní duchovní zákony.

[125] **Člověk, duše –** *Adam* – také „První Člověk", „*Adam HaRišon*" – Stvořitelem stvořená jediná duše, jež se skládá z částí (jednotlivých duší), které v sobě obsahují všechny ostatní části podle principu holografického obrázku (vše ve všech).

[126] **Napravit, napravené** – změna záměru „těšit se kvůli sobě" na záměr těšit se proto, že si to přeje Stvořitel (Vyšší síla).

[127] **Konečná náprava** – konečný stav celého Vesmíru, kdy nejnižší bod stvoření dosáhne stejného stupně, jako nejvyšší. Úplná náprava svých vlastností a v souladu s tím úplné spojení se Stvořitelem.

[128] **Svět, světy** (hebrejsky „*Olam*" od slova „ukrytí") – každý svět – určitý stupeň oslabení (ukrytí) Světla Stvořitele.

nápravy a jen v něm jsou funkční. To, co se nachází nad systémem *nápravy*, absolutně nepociťujeme, a proto nemůže být nijak přeloženo do lidského jazyka, vtěsnáno do našich rámců, definic, představ.

„Na počátku stvořil Bůh nebe a zemi…" – má se na mysli Stvoření dvou vlastností: egoistické[129] a altruistické.[130] S pomocí altruistické vlastnosti, tj. „nebe", se napravuje egoistická vlastnost „země", neboli *duše*. Náprava probíhá během sedmi stavů s názvem „sedm dnů Stvoření".

Tento krycí název samozřejmě nemá žádný vztah s pozemskými dny. Vůbec se tím nemyslí světlo nebo tma ve fyzikálním pojetí. Na tomto místě se mluví o duchovních stavech, duchovních pocitech člověka, který prochází určitým stádiem nápravy, o systému, ve kterém se napravuje *duše*, jež zatím přebývá na úrovni „země".

Duši je nutné pozvednout z úrovně *Sfiry Malchut* na úroveň *Sfiry Bina*, to znamená egoistickou vlastnost *Malchut* přeměnit na altruistickou vlastnost *Biny*. Toho dosáhneme sedmi následnými nápravami, takzvanými „sedmi dny Stvoření". Takovým způsobem „Pentateuch" vysvětluje, **co** „každý den" musí člověk učinit se svou *duší*.

Závěr

Kabala je věda o duchovním odhalení skutečnosti. Problém je v tom, že se zatím nemůže přiblížit ke všem lidem, protože mezi nimi a kabalou existuje propast. Příliš velká vzdálenost rozděluje způsoby vnímání lidstva, jeho schopnosti vstřebat a pochopit kabalistické pojmy, obraz vesmíru, který se objevuje v důsledku duchovního dosažení.[131]

Pro změnu této situace je nutná existence určité tendence ke sblížení jak ze strany akademické vědy, tak ze strany kabaly. Problém je v tom, že materiální skutečnost člověk vnímá díky třem parametrům: času, pohybu, prostoru. Vědy *našeho světa* zkoumají materii v uzavřeném rozsahu, který je ohraničen vnímáním prostřednictvím pěti smyslů. Kabalisté však vedou

---

[129] **Egoistická** (vlastnost) – přání těšit se ve svůj prospěch.
[130] **Altruistická** (vlastnost) – přání dávat, záměr „ve prospěch dávání".
[131] **Dosažení** – jasný pocit, uvědomění zdroje potěšení (Dávajícího) se všemi jeho úmysly, plány. Hloubka tohoto uvědomění závisí na stupni, na kterém se nacházíme. Je založeno na pochopení základních příčin duchovní přírody.

svoje výzkumy v absolutně jiné realitě, kde existují úplně jiné pojmy, zákony a definice.

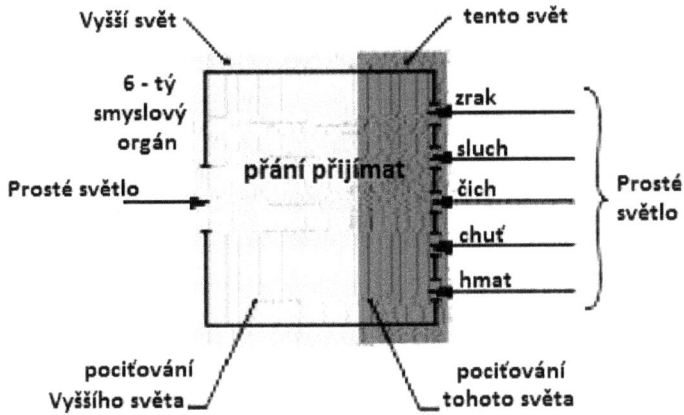

Obr. 4.2. *Pociťování materiální reality a duchovního světa člověkem.*

Podívejme se na několik citací z kabalistických zdrojů.

„Duchovní pohyb není fyzický přesun z místa na místo, je založen na obnově vlastností, které nazýváme pohybem."

Ba'al HaSulam, „Učení Deseti Sfirot", část 1.,

„Vnitřní Rozjímání", kapitola 1, bod 33.

„V *našem světě* je čas pocit pohybu, neboť mozek zobrazuje obrazy pohybujících se objektů, kopíruje je ve své představě. Kdyby se člověk a jeho okolí nacházelo v absolutním klidu, pak by význam času vůbec neexistoval."

Ba'al HaSulam, „Učení Deseti Sfirot", část 1.,

„Vnitřní vnímání", kapitola 1, bod 33.

„Chápání času, dokonce minulého, přítomného a budoucího, je pochopení lidské a není absolutní. Proto není síla nic jiného než působení ze strany absolutně existujícího Vyššího, jelikož vše co obsahuje síla, se časem projeví jako činy. Samotná délka času nemá vliv na vyšší realitu…"

A. Kuk, „Dopisy", díl 2, 38.

„Pravda je, že „Kniha *Zohar*"[132] naprosto vůbec nehovoří o tomto světě, ale jen o Vyšších světech, kde není čas v materiální podobě a duchovní čas je rozměr vlastností a proto je nad materiálními místy a časem."

„Kniha Zohar", *část* „VaJace", *str. 62.*

Existuje možnost, že se po poznání kořenů, příčiny všech duchovních[133] procesů, objasní jejich materiální následky díky jazyku větví.[134] Bude to však jen objasnění, jelikož samotná realita se postihuje v pocitech prostřednictvím jasné, staletími ověřené metodiky.

Test ke kapitolám 3 a 4

1. Jaké tvrzení je charakteristické pro evoluční teorie?

a) Příznivci tohoto modelu mohou experimentálně dokázat své základní pravdy.

b) Příznivci tohoto modelu předpokládají, že je potřebná dlouhá doba k tomu, aby svět dospěl do současného stavu.

c) Příznivci tohoto modelu si myslí, že svět byl stvořen během nepostřehnutelně krátké doby.

d) Všechna tvrzení jsou pravdivá.

2. Základní charakteristiky kreacionismu.

a) Je to směr přírodní vědy, který se snaží vědecky vysvětlit akt stvoření.

---

[132] **„Kniha Zohar"** – široce známá kabalistická kniha, napsaná přibližně v r. 120 n. l. Autorem je rabi Šimon bar Jochaj (zk. RAŠBI). Je v ní poprvé popsána závislost a vliv našich činů na různé jevy: výměnu informací, vlastností, kvality mezi dvěma světy. Zahrnuje prakticky úplný rozvoj událostí v průběhu celé lidské historie. Tato kniha je však velice skrytá. Kromě toho je mnohé z této knihy ztraceno.

[133] **Duchovní** – absolutní altruismus, naprosto nesvázaný s živočišným tělem, jehož realizace je možná jen v takové míře, v jaké je duše spojena se Stvořitelem (schopností dávat), cítí ho, je jím naplněná.

[134] **Jazyk větví** – jazyk příčin a následků, kdy určitý materiální objekt v našem světě dává název síle, která jej stvořila a udržuje.

b) Zastánci tohoto modelu nemohou experimentálně dokázat své základní pravdy.

c) Zastánci tohoto modelu si myslí, že svět byl stvořen během nepostřehnutelně krátké doby.

d) Všechny charakteristiky jsou správné.

3. V čem spočívá Myšlenka Stvoření?

a) V evoluci druhů.

b) V pokračování rodu.

c) Ve Stvoření stvoření.

d) Dát nekonečné naplnění stvoření.

4. Jaký je vztah kabaly k pojmům, které jsou popsány v *Pentateuchu*?

a) Za obsahem *Pentateuchu* stojí duchovní objekty, které nemají spojení s *naším světem*.

b) Obsah *Pentateuchu* je třeba vnímat doslova.

c) Vnímání smyslu *Pentateuchu* je individuální, pro každého je vlastní.

d) Kabala nemá nic společného s *Pentateuchem*.

5. Jazyk větví je…?

a) Popsaní našich duchovních základů.

b) Způsob předání informací mezi kabalisty.

c) Číselné vyjádření slov.

d) Jazyk, popisující duchovní *svět* slovy *našeho světa*.

Odpovědi: 1b) 2d) 3d) 4a) 5d)

Kapitola 5. Vznik a vývoj stvoření

Přehled

5.1. *Acmuto* a Myšlenka Stvoření – 5.2. Stvořitel a stvoření
5.3. Výchozí bod vzniku stvoření – 5.4. Odhalení reality
5.5. Rozdělující bariéra – 5.6. Přechodné stavy
5.7. Vznik našeho světa – 5.8. Přechodná stádia a přirozený výběr
Závěr – Test
Doplňující studijní látka: Kambrický paradox. *Bina* – síla rozvoje.

5.1. *Acmuto* a Myšlenka Stvoření

Existuje Vyšší síla, která se jmenuje *Acmuto*,[135] což v překladu znamená „sama o sobě" nebo podstata, základ. Tato síla je v principu nepoznatelná, protože nemá spojení se stvořením. My se vztahujeme ke stvoření,[136] ale *Acmuto* je síla, která existuje sama o sobě. Můžeme o ní mluvit jen z pozice jejího vlivu na nás.

Vysvětlení je v kabale vždy spojené s určitými obtížemi, jelikož jsme ohraničeni prostorem, časem a pohybem. V těchto souřadnicích neustále probíhají nějaké změny: existuje běh času, přemisťování uvnitř nějakého prostoru. Za tyto hranice nemůžeme vyjít. Ať už bychom se sebevíc snažili sami sebe odsud vytrhnout, jen je modifikujeme tím nebo jiným způsobem.

Ve výsledku budeme muset využívat pojmy: dříve-později, výše-níže, rychleji-pomaleji, blíže-dále, atd. Nevyhneme se tomu, ale postupně si v sobě vyjasníme opravdový, duchovní význam těchto slov.

---

[135] ***Acmuto*** – nepochopitelná podstata, základ Stvořitele; okolní Světlo Vesmíru, to, co vychází za hranice našich pocitů (nachází se za hranicí smyslů) a proto nepoznatelné.

[136] **Stvoření** – přání potěšit se Stvořitelem, cítit Stvořitele, Světlo, stvořené z ničeho („*Eš Mi Ain*").

Takže, v *Acmuto* vznikla Myšlenka: stvořit stvoření s cílem jej potěšit. Hned říkáme, že nic neexistovalo a pak se objevilo: nemáme jinou možnost ukázat kauzální řetězec než prostřednictvím času. Je možné říci, že existuje Vyšší síla a v ní je nějaký vztah k budoucím stvořením. Je třeba ovšem počítat s tím, že budoucnost neoznačuje kategorii času, ale příčiny a důsledku: mezi *Acmuto* a stvořením není rozdíl časový, ale kauzální.

Acmuto je kategorie, která označuje něco samo o sobě. Zárodek Myšlenky o budoucím stvoření je už vnější projev a bezprostředně nemá s *Acmuto* nic společného. Je spojené výhradně s budoucím stvořením. Existují-li u *Acmuto* nějaké jiné vnější projevy a mohou-li být jiné myšlenky, jiná stvoření, to nevíme a není jisté, zda to někdy zjistíme.

Poznáváme jen Myšlenku: stvořit stvoření proto, aby mu bylo poskytnuto potěšení. Z této Myšlenky vychází i existence samotného stvoření. Stvořit stvoření proto, aby bylo potěšeno, znamená stvořit něco, co by existovalo mimo samotnou Myšlenku „stvořit stvoření", to znamená, že stvoření musí vycházet za hranice této Myšlenky.

Myšlenka stvořit stvoření proto, aby bylo naplněno absolutním potěšením, se nazývá „Stvořitel". Myšlenka sama! Výsledkem této Myšlenky, jejím otiskem, je stvoření, které se těší touto Myšlenkou. V jaké míře se jí může těšit? V míře své podobnosti. Tato Myšlenka je dokonalost, je nejvyšší. Přivést stvoření k dokonalosti, k potěšení, tudíž znamená ho pozvednout na úroveň této Myšlenky, Myšlenky Stvoření. Podobnost této Myšlence označuje ve stvoření jeho nápravu a pozvedávání, jím dosažený nejvyšší, nejlepší stav.

5.2. Stvořitel a stvoření

Božským Cílem Stvoření je stvořit novou, dříve neexistující substanci, zvanou dále „stvoření" a naplnit ho absolutním potěšením. Proto do přirozenosti Svého stvoření Stvořitel vložil všepohlcující přání přijímat potěšení.

„Přání přijímat" si je možné představit v podobě *nádoby* (*Kli*), jejíž kapacita odpovídá velikosti přání a obdržené potěšení jako množství *Světla*, které naplňuje *nádobu*.

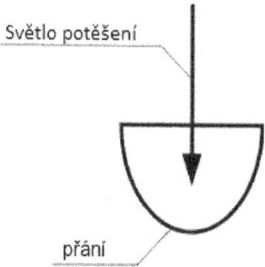

Obr. 5.1. *Světlo vytváří přání a naplňuje ho.*

Je třeba poznamenat, že *Světlo*, které vychází ze Stvořitele, existovalo i před zrozením stvoření. Je neoddělitelnou součástí samotného Stvořitele. Přání přijímat potěšení Samotnému Stvořiteli chybí, je spojené s nově stvořeným stvořením.

Veškerá okolní realita je jen různá hodnota „přání přijímat". Všechny světy, od praobrazu počátečních stadií až do konečného formování, všechny modifikace stvořeného, známé i ještě nám nedostupné, nejsou nic jiného než různé stupně, formy a projevy přání potěšit se Světlem Stvořitele.

My jako části tohoto *Kli – Malchut*[137] jsme stvořeni tak, že jsme přitahováni k teplu, jídlu a jiným potěšením, k minimálním dávkám *Světla* v *našem světě*. Zkuste přesvědčit sami sebe, že přání se potěšit není vaším, ale je posíláno v takové podobě Shora. To se vám nepodaří, jelikož jej cítíme jako své „Já". Proto studujeme a poznáváme jen působení *Světla* na *Kli*, cítíme jen naši reakci na *Světlo*. Naše poznání je zamčeno v nás samotných. Pro Stvořitele jsme všichni absolutně dokonalí, ale co se týče nás samotných, ještě musíme projít dlouhou cestu nápravy.

Takže, všechny modifikace přání, všechny myšlené druhy potěšení, které charakterizují stvoření, vedou k jednomu, k přání získat *Světlo*.[138] Kromě toho není nic jiného, jelikož existuje jen *Stvořitel* a *stvoření – potěšení a přání*.

Stvořením se nazývá nižší stupeň ve vztahu k vyššímu. Vše se rozvíjelo Shora dolů právě po takovém řetězci: Stvořitel – stvoření – Stvořitel –

---

[137] **Kli** (nádoba) – samostatné (uvědomělé) přání získat potěšení ze Světla.
[138] **Světlo** – působení Stvořitele, které je pociťované jako potěšení.

stvoření, atd. Tento rozvoj proběhl jako následek rozšíření se *světa Nekonečna*[139] do *Malchut*.[140]

> Jakýkoliv vrchní stupeň ve vztahu k nižšímu nazýváme Stvořitelem jen přeneseně. Co je doopravdy Stvořitel, necítíme a nechápeme. Pro nás je každý vyšší stupeň ve všech našich pocitech a v našem chápání absolutním Stvořitelem. Stupeň mnohem vyšší než předešlý nikdy necítíme. Dokonce poté, co se ocitneme na té úrovni, odkud sestoupilo Světlo, nestáváme se touto úrovní, ale jen se na ni pozvedáme a pak se nám zdá následující stupeň jako Stvořitel.

5.3. Výchozí bod vzniku stvoření

> „Výchozí bod vzniku stvoření je nula, ‚vycházející z ničeho'. Prvotní bod je před námi skryt. Jestliže člověk ztotožňuje sám sebe se svým přáním se potěšit, pak opravdu vznikl z „ničeho", z nuly. Jestliže se neztotožnil s přáním potěšit sebe sama, ale se záměrem dávat (schopností Stvořitele), následuje příklad Stvořitele a vytváří tento záměr samostatně, pak nevznikl z nuly a z ‚ničeho'. Sám sebe z nuly a z ‚ničeho' vytváří, ale to vypovídá o jeho pravdě, jedinečnosti, samostatnosti."[141]

Nás nezajímá, jak Stvořitel stvořil Svůj opak. Stalo se to ve formě nespojené bezprostředně se Stvořitelem, jako Jeho otisk. Jestliže mluvíme o *Acmuto*, pak tam není ani jedno ani druhé. Existuje *Acmuto*, pod ním je přání potěšit stvoření a naproti tomuto přání vzniklo stvoření.

---

[139] **Světlo Nekonečna** – Světlo (potěšení), které pochází z podstaty Stvořitele, je námi vnímané jako Stvořitel. Toto Světlo, Vyšší Myšlenka, úmysl v sobě zahrnuje celé stvoření od počátku až do jeho konečného stavu (pocit úplné dokonalosti a spojení člověka se Stvořitelem).

[140] *Malchut* – konečné, samostatné stvoření, které si samo přeje přijímat a cítit se přijímající. Kořen veškerého Stvoření.

[141] *J. Ašlag:* Podstata vědy kabaly.

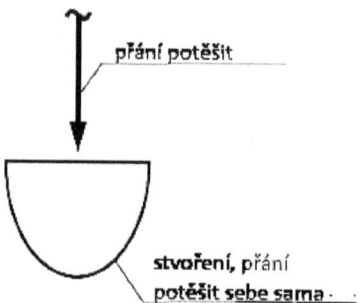

Obr. 5.2. *Vznik stvoření.*

Nehledě na svou úplnou protikladnost, *Světlo* a *Kli* se musí rozvíjet společně ve čtyřech stádiích (čtyři *Bchinot*[142]), jedno uvnitř druhého (podrobněji se tento rozvoj rozebírá v oddílu „Schéma vesmíru").

---

[142] **Čtyři Bchinot** (č. jed. **Bchina**): *Bchina Alef* (1), *Bchina Bet* (2), *Bchina Gimel* (3), *Bchina Dalet* (4). „*Bchina*" – ze slova „*Avchaná*" – analýza nebo oddělení jednoho od druhého. Čtyři *Bchinot* odráží etapy vytvoření duchovní nádoby, přání, je v nich založena celá Myšlenka Stvořitele, to znamená, že vše, co vychází ze Stvořitele, prochází skrze čtyři stádia rozvoje.

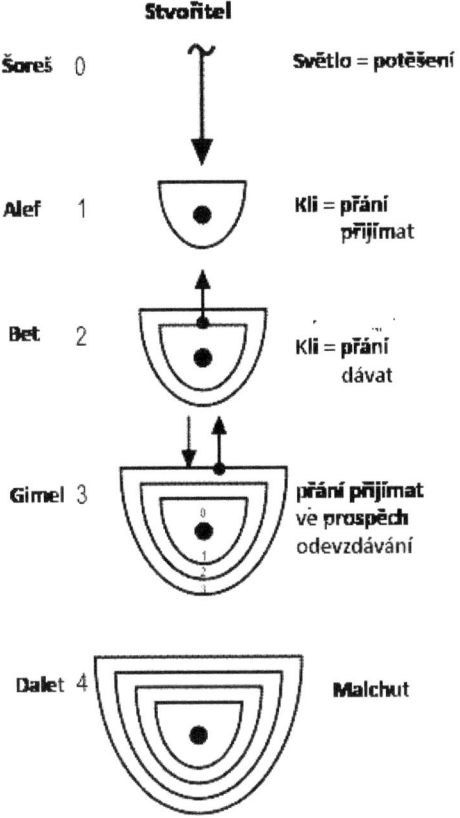

Obr. 5.3. *Stádia rozvoje stvoření – etapy vybudování duchovní nádoby, přání.*

Existuje *Acmuto* a pod Ním vznikají současně *přání potěšit* a *přání se potěšit*. Rozdíl mezi nimi spočívá v tom, že přání potěšit je forma, vzniklá bezprostředně Stvořitelem, kdežto přání se potěšit je otisk, kopie přání potěšit. Proto se říká: **něco, vzniklé z ničeho**. V našem nedokonalém stavu si nemůžeme představit, jak **něco** může **vzniknout z ničeho**.

„**Existujícím z ničeho**" se nemíní objevení se neznámo odkud. To je otázka, která vzniká v člověku, protože se nachází v uzavřeném systému reality. Pod pojmem „Něco z ničeho" se míní absence přímého spojení se Stvořitelem (*Acmuto*), tedy co existuje jen nepřímo. To je koncepce vzájemných vztahů.

„Z ničeho" není odpověď na otázku: „Odkud, z jakého místa?". To je jen určení vlastností odevzdávání a přijímání, které se nacházejí naproti sobě, ale zatím se navzájem neznají. To se nazývá „**nulové stádium**".

Když říkáme: „je jen *Světlo*[143] a není *Kli*",[144] znamená to, že mezi nimi ještě není takový stupeň kontaktu, aby se navzájem pocítily, ale je třeba chápat, že *Kli* a *Světlo* se vždy nacházejí spolu. Když mluvíme o *Světle*, myslíme tím, že se *Kli* nachází uvnitř. Otázka tkví jen v tom, jaký je stupeň vnímání jednoho druhým, jak se navzájem cítí.

Takže je v nulovém stádiu S*větlo* i *Kli*, ale *Kli* existuje jen ve formě „bodu". To znamená, že *Kli* zatím úplně necítí samo sebe a teprve se začíná rozvíjet. *Kli* začíná pociťovat, že je **něčím** naplněno (**stádium 1**). Pak *Kli* začíná cítit, že ho **někdo** naplňuje a ono si přeje stát se stejným jako Ten, Kdo jej naplňuje – nastává rozvoj (**stádium 2**).

Samotné *Světlo* se během toho absolutně nemění. Přání se rozvíjí, jak se nachází společně se *Světlem*, určuje různé formy svých vztahů s ním (**stádium 3**). Systém jeho vzájemných vztahů se *Světlem* se mění do té doby, než dosáhne stavu, ve kterém se *Kli* chce podobat *Světlu* (**stádium 4**). Právě Světlo poskytuje vztah, spojení, lásku a naplnění, ale stvoření se chce potěšit samotnou Jeho podstatou.

V tomto posledním stádiu v podstatě rozvoj končí. Je nutná jen jeho další realizace, která probíhá prostřednictvím interakce *Světla* a *Kli*, jako následek protikladného přání, které existuje v *Kli*. Na jedné straně, z pohledu *materiálu stvoření*[145] si *Kli* přeje přijmout vše a potěšit se. Na druhé straně si *Kli* přeje být podobné *Světlu*. Odtud pochází *záměr stvoření odevzdávat*. Dva tyto jevy začínají působit proti sobě. Takovým způsobem probíhá veškerý rozvoj *světů* Shora dolů.

5.4. Odhalení reality

Celá realita je stvořena jedinou Myšlenkou, a ta se postupně odhaluje stvořením.

Přání těšit se začíná poznávat tuto skutečnost a rozvíjet se v ní. Celá realita již ovšem existuje, neobjevuje se, ale projevuje, stává se pro mě viditelnou. To znamená, že nemůžu zkoumat to, co vzniklo před milióny let. Všechny tyto milióny let se nacházejí ve mně.

---

[143] **Světlo** – vliv Stvořitele, pociťovaný jako potěšení, přání těšit.
[144] ***Kli*** – samostatné (vědomé) přání přijímat potěšení ze Světla.
[145] **Materiál stvoření** – přání přijímat potěšení.

Díky svým smyslům si představuji, jak vypadá skutečnost. **Představuji si ji dnes, teď.** Do tohoto momentu jsem přebýval jakoby v nevědomém stavu, nevím, co se se mnou dělo před tisíci lety a zda jsem vůbec byl. Najednou se mi otevírají oči, objevuji všechny své pocity, začínám vidět *svět*. Jdu do knihovny, čtu o tom, co je napsáno před dvěma sty nebo tisíci lety. Pak zjišťuji, že se našly kosti, které jsou staré milióny let. Vědci říkají: „Dnes pozorujeme galaxie, ale vidíme ty změny, které proběhly před miliardami let."

Co znamená tento čas a mé pocity o něm? To jsou mé dnešní *Kelim*.[146] Teď je to moje vnímání něčeho takového, co se nachází jako by vně mě.

Kabala tvrdí, že vně člověka nic není, to moje *Kelim* jsou organizovány tak, že v nich cítím kategorii času, pohybu a prostoru.[147] **Jelikož cítím tyto kategorie jako něco, co má vztah k tomuto světu a jen k němu (v duchovním nejsou), všechny vjemy z tohoto Světla, které přicházejí ke mně, do mého *Kli*, rozděluji na tyto tři parametry: čas, pohyb, prostor. Realitu cítí člověk právě v těchto třech rozměrech.**

Naše rozšiřující se *Kli* nám poskytuje pocit času, který živočichům chybí. Podle míry našeho rozvoje začínáme objevovat a uvědomovat si objekty, jejichž existence je od nás jakoby vzdálená v čase. To je důsledek našeho materiálního, živočišného, egoistického rozvoje. Proto teď vnímáme v čase mnohem více, než dříve: ne proto, že jsme dříve nenacházeli pozůstatky dinosaurů, prostě jsme v našich *Kelim* nic nerozlišovali a nevnímali. Je to podobné tomu, jak se v učebním procesu postupně stáváme chytřejšími a začínáme chápat studovaný materiál hlouběji a ve větším rozsahu.

---

[146] **Kelim** – (č. jed. *Kli*) = přání = nástroje vnímání, které se objevují v důsledku prožité zkušenosti.

[147] **Čas, pohyb, prostor** – kategorie (parametry), které existují v našich pěti smyslech, v našem světě. Pohyb znamená, že se objekt přemístil z jednoho místa na druhé. Čas vnímáme jako pocit pohybu. I když jsou pojmy čas, prostor a pohyb absolutně rozdílné věci (v našem světě), jsou propojené: jestliže je čas roven nule, pak je rychlost nekonečná, veškerý prostor se smrskává do bodu. Vždyť jej můžeme překonat v mžiku díky nekonečné rychlosti.

Existuje vzdálenost – deset miliónů světelných let, které jsou zároveň i časem. (Změřili jsme vzdálenost časem, jelikož když známe konstantní rychlost, spojujeme pro sebe tyto dvě kategorie).

Začínáme získávat dojmy ze *Světla* v *Kelim*, které dále člení realitu na čas, pohyb a prostor. Teď už může existovat místo za hranicemi Země nebo na Zemi, ta nebo jiná galaxie, teď už můžeme uvažovat, zda Vesmír existoval před čtyřmi miliardami let, vznikla-li Sluneční soustava před pěti miliardami let, atd. Začínám získávat dojmy jakoby zvnějšku, organizované podle místa, vzdálenosti, času a pohybu. Tak jsou uspořádány moje *Kelim*.

Podle míry nápravy *Kelim* mizí kategorie času, pohybu a prostoru. Přestanu cítit tento svět. Uvidím za ním síly, které mi vykreslují tento svět,[148] jako elektronový paprsek na obrazovce televize nebo počítače. Není zde obraz, ale jen elektronový systém, který reguluje součet různých sil, plusů a mínusů a já vidím obraz v souladu s barvou, pohybem a vším v něm existujícím. Stejně tak se vytváří i obraz tohoto světa. Proto nemůžeme hovořit o Darwinově teorii nebo jiných systémech rozvoje života, pokud tím nemáme na mysli vnímání reality. V konečném důsledku vnímáme sami sebe, dnešní realitu a děláme zpětný odhad.

5.5. Rozdělující bariéra

Původně *Světlo* i *Kli* vznikly a začaly se rozvíjet z Nekonečna zároveň, pak se z kořene (nulového stádia) postupně začalo vytvářet první stádium a potom se objevilo druhé. Přání uvnitř prvního stádia úplně ukončilo svůj rozvoj, a až poté se vytvořilo druhé stádium. Na každé úrovni, *neživé*, *rostlinné*, *živočišné* a *lidské*, jsou také vnitřní úrovně – *neživá*, *rostlinná*, *živočišná* a *lidská*.

---

[148] **Tento svět** – veškerý souhrn pocitů (reakcí na vnější podněty), jenž prostupuje pěti smysly (zrak, čich, chuť, hmat, sluch) a vytváří v nás čistě subjektivní vnitřní obraz s názvem „tento svět".

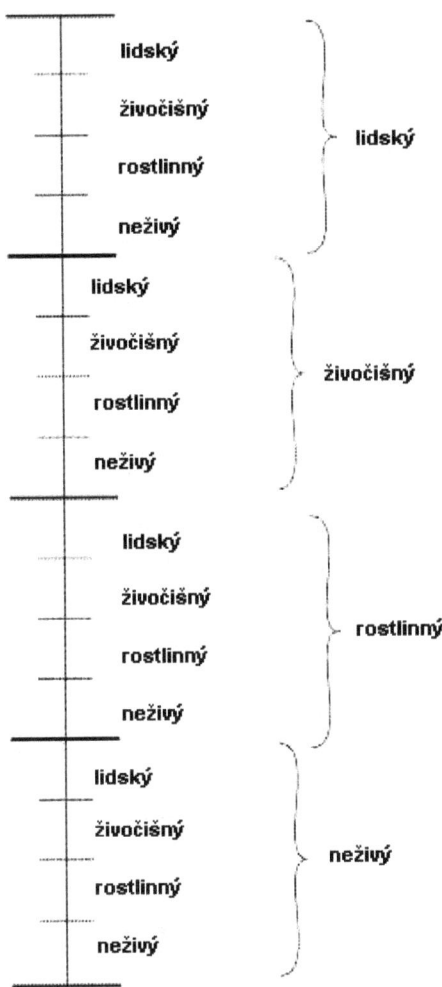

***Obr. 5.4.** Stupně v úrovních rozvoje přání.*

Když se začala rozvíjet *rostlinná* úroveň, zformoval se první *Parcuf*[149] něco, zvané „*neživá úroveň rostlinného*". Ten dokončil svůj rozvoj a vznikla „*rostlinná úroveň rostlinného*". Každá následující úroveň je oddělena od předešlé.

---

[149] **Parcuf** – duchovní tělo, jež se skládá z hlavy – „*Roš*" (část, která rozhoduje), těla – „*Guf*" (část, která přijímá) a „*Sof*" (části, které vytvářejí hranice, konec přijímání Světla).

Jak to vypadá v materiálním smyslu? Co je to „*neživá úroveň rostlinného*" a co je to „*rostlinná úroveň rostlinného*" tady na zemském povrchu? Jak přes úplnou absenci *rostlinné* úrovně vznikla na Zemi první rostlina? Odpověď je jednoznačná: z vnitřního *Rešimo*.[150]

První rostlina se na Zemi objevila v důsledku toho, že její vnitřní *Rešimo* dalo impuls k rozvoji, to znamená k pohlcování a uvolňování látek. První rostlina nevznikla z předcházejícího kamene. Naopak, když kámen dokončil určitou etapu formování, vznikla rostlina, ale nevznikla ze samotného předešlého stavu, ale prostě *vzápětí* za ním a jenom z *Rešimo*, které se v ní nacházelo.

Rostliny ukončily svůj rozvoj. Objevilo se odpovídající *Rešimo*, na jehož základě se zformoval materiál, který se začal chovat jako *živočich*. Tak probíhá evoluce: z jedné formy existence, do druhé, od úplně primitivních druhů až k nejsložitějším. Veškeré rozdíly mezi nimi spočívají v úrovni *přání se těšit*. Nejmenší rozdíl vytváří nový druh. Pravě proto vidíme v *našem světě* takovou různorodost, neboť je jasným odrazem odpovídajících duchovních procesů.

Problém je v tom, jak objasnit existenci rozdělující bariéry mezi dvěma stavy, neboli absenci jakéhokoliv plynulého přechodu z jednoho stavu do druhého, úplné odtržení, bariéru. Kde vzniká? To by znamenalo, že chybí spojení mezi jedním a druhým stavem, jedno nevzniká v důsledku druhého, ale objevuje se jako příčina a následek. Odkud se vzalo to, co je oddělilo?

Svět Nekonečna[151] se dělí na pět částí, každá z nich se dělí na dalších pět částí a tak dále, prostřednictvím *clony*,[152] altruistického *záměru*, vytvořeného

---

[150] **Rešimo** – „duchovní gen", „zápis" duchovní informace. *Rešimo* je čistá podstata, síla, to, co zůstává po zmizení předešlé formy. Je to energie, neobalená do žádné jiné formy.

[151] **Svět Nekonečna** – stav, když jsou všechna přání uspokojena úplně, bez omezení, bez ohraničení, to znamená, že stvoření (přání těšit se) neomezuje rozdělování Světla (potěšení).

[152] **Clona** (*Masach*) – „síla zkrácení", která se probouzí ve stvoření ve vztahu k Vyššímu světlu s cílem předejít potěšení kvůli sobě samému. Síla překonání, odpor egoismu.

nad každým *Parcufem*,[153] nad každou částí *Malchut* světa Nekonečna.[154] V *našem světě* tyto *clony* přestaly být altruistické, protože se staly rozdělujícími bariérami mezi všemi částmi reality.

Co se nazývá „*rostlinným*" ve srovnání s „*neživým*"? V duchovním *světě* má *rostlinné* v poměru k *neživému* větší *clonu* a větší možnosti odevzdávat. Co se nazývá *rostlinným* na *tomto světě*? To, co je živé vzhledem k *neživému*, co má větší egoistické přání.

V duchovním *světě* se rozdíl určuje *clonou*, která velice přesně rozděluje každý samostatný *Parcuf* a všechny dílčí *Parcufim* uvnitř něho, až do nejmenších detailů. U nás na *tomto světě* je také rozdíl mezi úrovněmi, ale ten se vytváří prostřednictvím bariér, jelikož jedna úroveň je protikladná ke druhé.

V duchovním světě vše funguje zásluhou clony, která se buď zvedá, nebo klesá, ale na tomto světě zásluhou realizace přání. Když je přání jedné úrovně zrealizováno, aktivuje se přání vyššího stupně. To je však odříznuté od přání nižšího stupně a nemá s ním nic společného.

V duchovním *světě* se vše rozděluje v souladu s *Parcufim*. Například, ve *světě Asija*[155] je miliarda *Parcufim*, jež jsou navzájem odděleny *clonami*. V *našem světě* existují miliardy přání[156] (zejména přání a ne *Parcufim*, jelikož *Parcuf* je přání se záměrem odevzdávat), které jsou navzájem odděleny, podobně jako *clony* vytvářejí rozdělení v duchovním *světě*. Na *tomto světě* však existuje jen odtržení jednoho od druhého, rozdílné úrovně začínají působit na sebe navzájem a rozvíjet se v souladu s obecnými mechanizmy rozvoje.

Spouští se obecný motor rozvoje, aktivuje se celý proces formování Vesmíru od začátku do konce, poté se všechny tyto *Parcufim* postupně

---

[153] **Parcuf** = „duchovní tělo" – přání, rozdělená podle velikosti clony.

[154] **Malchut světa Nekonečna** (*Malchut de-Ejnsof*) – stav *Malchut* (přání přijímat, stvoření), nezměrně, bez jakýchkoliv omezení naplňující sebe sama, je takzvané Nekonečno (*Ejnsof*). Tato *Malchut* Nekonečna (*Malchut de-Ejnsof*) je světem Nekonečna.

[155] **Svět Asija** – svět dvojnásobného a jednoduchého ukrytí, ve kterém člověk buď vůbec necítí Stvořitele (jeho řízení) nebo vnímá jeho řízení jako zlo, utrpení. Od Stvořitele nejvzdálenější, nejegoističtější svět.

[156] **Přání** – pocit nedostatku „Světla", který je definován jako utrpení.

začínají objevovat a vstupovat v platnost, ale přitom se *jedno* nemění v druhé.

Můžeme to vysvětlit na následujícím příkladu: dívám se na film a vidím oddělené snímky, avšak v mém vnímání se spojují do celkového obrázku. Cožpak existuje jeden obraz, který se pohybuje? To se zdá jenom mně, že se pohybuje, jedno se mění na druhé a že je přítomný jeden a ten samý člověk, který se zrovna pohnul. Ve skutečnosti tyto pohyby probíhají v různých přáních, v různých, navzájem oddělených obrazech.

V souladu s duchovní strukturou se v materiálním *světě* nachází tisíc oddělených přání, přičemž jedno přesně odpovídá druhému, to znamená, že existuje přesné spojení větve a kořene.

5.6. Přechodné stavy

V duchovním *světě* existují mezi čtyřmi základními stavy (*neživým*, *rostlinným*, *živočišným* a *lidským*) stavy přechodné. Mají jakýsi soubor prvků, jejichž pořádek určuje předávání informace. V *živočišné* přírodě je to buňka a v počítači matematický symbol. To samé existuje i v duchovním *světě*. Větev a kořen jsou v každé části, jenom je nelze vzájemně uzavírat. Základní rozdíly mezi vším, co existuje, jsou ve velikosti přání přijímat. Tato velikost je kalibrována od nuly až do velkého, ale pro nás neznámého ukazatele, který se nachází se někde v Nekonečnu, na nejvyšším stupni.

Na každém stupni existují čtyři základní komponenty. Jaký je vzájemný poměr mezi stupni? Je nesprávné předpokládat, že různorodost změn a všeho existujícího v jakékoliv podobě přírody (neživé, rostlinné, živočišné a lidské), probíhá na základě vzniku přechodných stavů. Přechodné stavy jsou neobvyklé a přesně fixované.

Dejme tomu, že existují radiové vlny, měřené v MHz nebo kHz a dělí se mezi sebou podle určité škály. Nebo, řekněme, ptáci zachycují nějaký určitý rozsah všech přání v *Malchut světa Nekonečna*. Uvnitř tohoto rozsahu „ptačího přání", neboli přání, které vytváří opeřence v *našem světě*, graduje množství částic a to nám poskytuje jejich veškerou různorodost. Stejné je to s kameny, rostlinami a se všemi objekty a jevy v *našem světě*. Všechno existující není různorodostí přechodných stavů, ale následek základních stavů, které jsou natolik málo rozlišené, že prakticky nepřetržitě následují jeden za druhým. Přechodné stavy se vztahují k přechodu z jedné formy do druhé. Takto existují uvnitř všech kategorií přechodné stupně.

Vysvětlili jsme, že rozhodně musí existovat přechodný stupeň mezi Stvořitelem a stvořením, protože je oddálení mezi nimi podobné nepředstavitelné vzdálenosti, stejně jako mezi jakýmikoliv sousedními kategoriemi. Jak z jednoho může vzniknout druhé, jestliže jsou to protipóly? Mezi nimi musí existovat něco prostředního, co by je spojovalo a bylo složkou zároveň blízkou jak ke stvoření, tak ke Stvořiteli. Tento prostředek se nazývá *Keter*,[157] a protože v něm nejsou vůbec žádné základy (ze čtyř základů – *Chochma*,[158] *Bina*,[159] *Tif'eret*,[160] *Malchut*[161]), nachází se nejvýše z nich. Proto po něm není ani památky ve čtyřpísmenném jméně Stvořitele.[162] *Keter* je prostředek mezi Stvořitelem a stvořením. Je podobný prvotnímu materiálu, ve kterém je kořen všech čtyř základů – v úmyslu, ale ne v činnosti.

5.7. Vznik našeho světa

Zrození *našeho světa* proběhlo v plném souladu s procesem, probíhajícím ve *Vyšším světě*.[163] Jak sestupuje po stupních, *Malchut* vyššího[164] stupně se probíjí přes energetickou bariéru na nižší stupeň a

---

[157] **Keter** – vlastnost Stvořitele, Světla – přání dávat jak v úmyslu, tak v praxi. *Keter* je zdroj všeho, co je nutné pro následující stupně a je námi (stvořením) prakticky nepostřehnutelný.

[158] **Chochma** – veškeré Světlo, pocházející od Stvořitele, které v sobě zahrnuje vše, co si nám přeje dát Stvořitel.

[159] **Bina** – vlastnost Světla, ve které je pociťováno potěšení z odevzdávání, podobnosti Vyšší síle (Stvořiteli). Toto potěšení se nazývá *Or Chasadim*.

[160] **Tif'eret (ZA, Ze'ir Anpin)** – vlastnost, *Sfira*, která už začíná používat princip „přijímání kvůli odevzdávání", využívat přání přijímat, těšit se odevzdáním Stvořiteli.

[161] **Malchut** – konečné, samostatné stvoření, které si samo přeje přijímat a cítit se přijímající. Poslední stádium stupně.

[162] **Čtyřpísmenné jméno Stvořitele** (*HaVaJaH* – neboli „*Jod-He-Vav-He*") odráží čtyři stádia, která v nás vytváří pocit Stvořitele (*Kli*) a jeho jména (naplnění). Kostra, základ všech jmen stvoření.

[163] **Vyšší svět** – to je svět pocitu Stvořitele (přání dávat, vlastnost odevzdávání), ve kterém se nachází a působí jen síly a pocity bez jejich materiálních oděvů.

[164] **Vyšší** – přebývající ve vlastnosti odevzdávání více než nižší; příčina, která porodila nižší. Nižší je důsledkem Vyššího.

vytváří její *Keter*. Když se rozšíří až do konce, k poslednímu bodu, skrze energetickou bariéru se protrhává *Malchut de-Malchut*[165] *světa Asija* a vytváří to, co v *našem světě* nazýváme materií. To je také energie, ale vůči duchovní je inverzní, stvořená podle opačného principu.

V tom spočívá rozdíl procesu vzniku *našeho světa* od přeměny, která probíhá na duchovních stupních, kde se *Malchut* vyššího stává *Keterem* nižšího a také provádí průlom. V duchovním *světě*, když se malá jiskra *Malchut* vyššího stupně protrhává proti zákonům přírody do nižší úrovně, vytváří tam *Keter*.

To ukazuje, nakolik jsou determinované, nakolik přesně rozdělené jsou všechny úrovně vesmíru. Přechod z jedné do druhé neprobíhá v podobě měnící se materie, ale cestou předávání energie, informace. Jedna úroveň končí své vytváření, vzniká *Rešimo*,[166] ale nikoliv z ní, nýbrž z Nekonečna, a pak se protrhává a vytváří následující úroveň. Takže se zrno v zemi musí rozložit, aby se z něho objevil následující klas se zrny.

5.8. Přechodná stádia a přirozený výběr

Příroda je absolutně pevně naprogramována čtyřmi stádii rozvoje a ani jedno stádium nepřechází do druhého. Mezi nimi existují přechodná stádia, ale ty jsou přesně zafixovány jako takové. Žádný odklon, ani na jednu ani na druhou stranu nemůže nastat. V této hierarchii má vše přesně stanovené a neměnné místo.

Dinosaurus se ve výsledku svého rozvoje nemůže stát člověkem. Může buď zemřít, nebo se změnit ve více rozvinutého dinosaura. Dokonce ani na úrovni druhů: se jeden druh nemůže rozvinout v druhý. Samozřejmě, že je možné uměle zkřížit psa s kočkou a získat kdovíco. Příroda je však proti podobnému druhu křížení, je to nepřirozené. U jakékoliv druhu je předem určen gen, který udává rámce, ve kterých bude probíhat jeho

---

[165] **Malchut de-Malchut** – poslední Bchina (nejnižší stupeň) Vyššího světa se nazývá *Malchut de-Malchut*, sestupuje a vytváří ze sebe *Keter* v nižším světě. Tato část je hranicí clony vyššího stupně.

[166] **Rešimo** – „duchovní gen", zápis duchovní informace. *Rešimo* je čistá podstata, síla – to, co zůstává po zmizení předešlé formy, – energie, neoděná do žádného vnějšího oděvu.

rozvoj. Každá úroveň se musí rozvíjet až do svého *napraveného stavu*. Přechod z jedné úrovně do druhé nemůže nastat.

Podívejme se na několik výroků kabalistů a současných vědců o přechodných stádiích a jejich přísné determinaci:

- Velký kabalista 16. století ARI nám vysvětluje:[167] „Mezi každými dvěma částmi je přechodný stupínek, který v sobě zahrnuje obě dvě."

- Ba'al HaSulam ve své knize „Učení deseti *Sfirot*" píše:[168]„Přechodná část mezi *neživým* a *rostlinou* jsou korály, mezi *rostlinou* a *živočichem* takzvaný „*Kelev Sade*" (Siphusauctum), který je popsán v Babylonském Talmudu (traktát *Kilaim*). Pupečník má připojený k zemi a ze země se živí. Když se pupečník odřízne, umírá. Přechodný stav mezi *živočichem* a *člověkem* je opice."

- v roce 1982 David E. Schindel, profesor geologie Yaleské univerzity, ve svém článku píše:[169]„Očekávané postupné fáze přechodu mezi předpokládanými předky a potomky...chybí."

- Profesor Steven M. Stanley ve své knize „Nové evoluční grafy" píše:[170] „Ve skutečnosti není v historických fosíliích ani jedno přesvědčivé potvrzení případu přechodu jednoho druhu do druhého. Kromě toho, druhy existovaly překvapivě dlouhé období.

Nikomu se například nepodařilo najít fosílii žirafy se středně dlouhým krkem. Pokud fosilní historie odmítá demonstrovat očekávaná spojení, co tedy demonstruje? A co dokazuje?

Objevení různých forem života bylo natolik náhlé a záhadné, že vědci hovoří o kambrickém výbuchu, který proběhl podle jejich dat přibližně před 530 miliony lety.

Nejpřekvapivějším objevem bylo to, že se tehdy zrodili *živočichové* všech známých forem – jak zkamenělé, tak i jiné existující. Během tohoto období vybral život své základní *formy* a více je neměnil.

---

[167] **ARI**. Strom života.
[168] **J. Ašlag**. „Učení Deseti *Sfirot*".
[169] **David E. Schindel**: (Curator of Invertebrate Fossils, Peabody Museum of Natural History), „The Gaps in the Fossil Record" Nature, Vol. 297, 27 May 1982.
[170] **Steven M. Stanley**: The New Evolutionary Timetable: Fossils, Genes and the Origins of Species (New York: Basic Books, 1981), p. xv.

Překvapuje náhlost, se kterou se tyto formy objevují a najednou mizí. Ve fosilní historii vznikají nové formy, které nemají jasné předky; stejně nečekaně mizí a nezanechávají jakékoliv zjevné potomky. Je možné říci, že fosilní svědectví představují historii jako ohromný řetěz tvorby, jež je spojena jen výběrem forem a nikoliv evolučními souvislostmi."

- Profesor Stephen Jay Gould shrnuje situaci takto:[171] „V žádné oddělené oblasti nevzniká druh postupně, cestou plánované transformace jeho předků; objevuje se najednou, hned a úplně zformován."

- Michael Baigent ve své knize píše:[172] „Můžeme sledovat tento proces takřka všudypřítomně. Když se řekněme, přibližně před 450 miliony let objevila první fosilní nadzemní rostlina, vznikla bez jakýchkoliv známek předešlého vývoje. Ovšem dokonce během tak raného období je k dispozici základní různorodost. Podle teorie evoluce tomu tak být nemůže – snad jen v případě, že ani jedna z očekávaných spojujících forem nezkameněla, což je velice nepravděpodobné.

Veškerá fosilní historie oplývá mezerami a záhadami. Nejsou známa například žádná fosilní spojení mezi prvními obratlovci a primitivními existencemi dřívějšího období, strunatci, kteří se považují za předky obratlovců. Současní obojživelníci se razantně odlišují od prvních známých obojživelníků: mezi starými a pozdějšími formami ve fosilní historii jsou mezery 100 miliónů let. Darwinova evoluční teorie se doslova před očima mění v prach. Nejspíš je nějak možné zachránit Darwinovu ideu „přirozeného výběru", ale jen v citelně pozměněné formě. Je jasné, že není svědectví o rozvoji nějakých nových forem, rostlin nebo živočichů a možná přirozený výběr hraje roli jen v okamžiku objevení se nové živočišné formy."

Závěr

Kabala tvrdí, že neexistují formy života, které by byly odlišné od pozemských. Hvězdy, galaxie a vše, co existuje ve Vesmíru, přesně odpovídá duchovní struktuře *Vyššího světa*.

---

[171] **Stephen Jay Gould**: „Evolution's Erratic Pace", Natural History, May 1977, p. 12.
[172] **M. Baigent**: „Zakázaná archeologie".

Je možné se zeptat: „Proč se Vesmír rozšiřuje, rozvíjí? Jaké procesy tam probíhají?" My se formujeme v duchovním prostoru, když jsme vstoupili do posledního stádia svého rozvoje. Evoluce fyzické materie je otisk daného procesu – Vesmír se rozšiřuje. To neznamená, že se rozšiřuje sám o sobě.

Je konstantní program, zvaný obecné řízení, v souladu se kterým se rozvíjí vše. V tom všem však existuje možnost osobního lidského zásahu – vlastního řízení, což označuje, že může uspíšit svůj rozvoj. V takovém případě člověk současně působí jak na rozvoj našeho světa, tak i na všechny ostatní světy.

Všechny změny na každém stupni a na jakémkoliv místě jsou následkem řízení Shora a zapojení se člověka do tohoto řízení zdola. Kdy člověk začíná zasahovat do řízení? Od toho okamžiku, kdy se objevili kabalisté v různých pokoleních až do současnosti. Jestliže se teď zapojíme do Vyššího řízení, změníme všechny *světy* až do *tohoto světa*.

Jak se přitom mění Vesmír? Uvidíte, co se s ním stane. Nemá smysl se do toho nořit hlouběji, jelikož neexistuje nižší stupeň než vnímání právě na úrovni naší materie. Je to prostě otisk našeho vnitřního stavu, nic víc.

Nesčetné množství objektů ve Vesmíru a působivé kosmické vzdálenosti v nás vyvolávají veliký dojem. Ovšem ve srovnání s veškerou realitou to není vzdálenost ani množství, to vše se dokonce ani nepovažuje za stupeň, neexistuje to doopravdy. Realita je dimenze podobnosti vlastnostem Stvořitele, odevzdávání.

Když dospějeme k získání určité míry odevzdávání, vidíme, že je materie nevýznamná, doopravdy není větší než stejná síla prvotního materiálu („*koach juli*"), který Stvořitel stvořil jako bod – „něco z ničeho".[173]

Duchovní objekty ve všech světech, síly světů s jejich ohromným přáním se těšit, materiál naší galaxie a vůbec celý náš Vesmír, nekonečná materie s ohromným nakupením věcí, to vše existuje jen v naší představivosti, vnitřním pocitu, jelikož to nevidíme ve Světle, v síle dávání, v *Bině*. Jestliže se na to podíváme autentickým,

---

[173] **Něco z ničeho** (hebrejsky „*Eš Mi Ain*") – vzniklé (stvořené) přání potěšit se z neexistujícího vně Stvořitele, do jeho Myšlenky.

pravým způsobem, uvidíme jen kořenový bod – „něco z ničeho". Vše, co se k němu doplňuje, přichází z *Biny*, která se tam nachází.

Jakýkoliv obraz *našeho světa* se v nás udržuje v závislosti na osobních intelektuálních schopnostech a udržuje se proto, že se už rodíme s *Kelim*, s buňkami, ve kterých můžeme tento obraz absorbovat, s pamětí, ve které se tento obraz může zapečetit a uchovat.

Pro jakoukoliv duchovní formu v sobě nemáme *Kelim*, aby se do těchto buněk uložila. Proto je zbytečné se snažit si představit jakékoliv duchovní kategorie. Před vznikem duchovního smyslu – **duše** neboli *clony* – je nemožné spatřit opravdový obraz *světa* a nic blízkého k duchovním výrazům v našich pocitech není. Po získání *clony* se objeví absolutně jasný pocit poznání, mnohem větší než chápání jakéhokoliv objektu nebo činnosti v *našem světě*.

Test

1. Co je to *Acmuto*?
a) podstata, základ
b) *Rešimo*
c) *gematrie* slova
d) osnova, neměnná část materie

2. Co označuje jev „něco z ničeho"?
a) absence přímého spojení se Stvořitelem
b) prvotní materiál
c) první stádium rozvoje stvoření
d) všechny odpovědi jsou správně

3. Jaký je v duchovním světě rozdíl mezi rostlinnou a živočišnou úrovní?
a) žádný rozdíl není
b) kauzální spojení
c) velikost realizace přání
d) ovládání *clony* a větší možnosti odevzdávání

4. Co je podle Ba'ala HaSulama přechodnou fází mezi neživou úrovní a rostlinou?
a) mnohobuněčné organizmy
b) korály

c) bakterie
d) ani jedna odpověď není správná

5. Co je přechodným stupněm mezi Stvořitelem a stvořením?
a) *Kli*
b) *Keter*
c) *Malchut*
d) *Parcuf*

Odpovědi: 1a) 2a) 3c) 4b) 5b)

Doplňující studijní látka

Kambrický paradox

(Materiál je z článku R. Nudelmana, časopis „Znalost – síla", č. 8-9, r. 1998.)[174]

Přibližně před 530 miliony let, na začátku kambrického období, na Zemi proběhla unikátní událost: najednou, rychle a takřka ve stejnou dobu, vzniklo množství nových biologických forem, které se staly předchůdci důležitých druhů současných organismů, až k člověku. Mnozí biologové se dosud těžko smiřují s myšlenkou reálnosti Kambrické exploze. V jedné ze standardních učebnic biologie pro americké univerzity je možné si například i nyní přečíst tvrzení, že „formy, žijící v kambrickém období, nejspíš musely vzniknout z předků, kteří existovali stovky milionů až miliard let před nimi". Záhada Kambrické exploze však spočívá v tom, že žádné předchozí přechodné formy nespojovaly vzniklé nové druhy organizmů s bakteriemi a jednoduchými řasami, jež obývaly oceán před nimi. Absence obvyklého „můstku" staví před biology velký úkol: objasnit, jakým způsobem mohl vzniknout tak záhadný evoluční skok.

Kambrická epocha byla unikátní přelomový bod v historii evoluce. To znamená, že příčiny, které vyvolaly tuto neopakovatelnou biologickou explozi, také musely být unikátní. Ale jaká to byla příčina? Jedna nebo

---

[174] Práva na využívání článku *Nudelmana* „Kambrický paradox" jsou předány časopisem „Znalost – síla".

více? Byly čistě biologické? Fyzikálně-chemické nebo geologické? Nebo první, druhé i třetí zároveň?

V článku „Původ tělesné struktury mnohobuněčných organismů" třech amerických biologických vědců Valentina, Jablonského a Erwina se píše, že mezi početnými záhadami biologické minulosti Země zaujímá Kambrická exploze mimořádné místo. Na rozdíl od všech různých katastrof, trvale spojených s vymíráním těch nebo jiných živočišných druhů, tato exploze vedla k extrémnímu vzniku mnohých nových biologických forem.

Zrození nových forem bylo naprosto náhlé. Nejsou žádná svědectví, že tomu předcházely dlouhodobě nastřádané postupné změny a komplikace.

Toto nepochopitelné objevení nových forem také netrvalo celé kambrické období nebo jeho značnou část, ale vzniklo takřka naráz, během třech až pěti milionů let. V geologických měřítkách času je to zcela nicotná doba: je to jen jedna tisícina z obecné délky evoluce, což vyvolává potřebu tento evoluční skok nazývat „biologickou explozí".

Důsledky této exploze měly unikátní vliv na evoluci života na naší planetě: rozdělily historii evoluce na dvě nerovnoměrné části. Jestliže prekambrické období bylo obdobím nadvlády jednobuněčných organismů, to postkambrické se stalo obdobím mnohobuněčných organizmů. V průběhu Kambrické exploze poprvé v historii evoluce vznikly mnohobuněčné organismy současného typu, vytvořily se všechny základní charakteristiky tělesné stavby, podle kterých se tyto organismy vytvářejí dosud. Také byly založeny předpoklady pro budoucí opuštění moří těmito organizmy a jejich dobytí celého zemského povrchu.

Vycházíme-li ze současných naučných představ, vše to vypadalo následujícím způsobem. Země se vytvořila před čtyřmi a půl miliardami let. První jednobuněčný organismus v jejích oceánech se objevil před třemi a půl až čtyřmi miliardami let.

Jinak řečeno, život na Zemi vznikl téměř ihned poté, co pro to vznikly nezbytné podmínky: ochlazování planety, tvarování zemské kůry a oceánů. Nicméně po prvním, nejdůležitějším kroku, se evoluce z nějaké příčiny zabrzdila na tři miliardy let. Jakoby před ní stála nějaká neviditelná překážka, kterou nemohla překonat. Celou tu dobu se omezovala jen na změny a zdokonalování už existujících druhů – mikroskopických bakterií a jednoduchých řas. Pak během krátké doby, během tří až pěti milionů let, vznikl „nový život", praobraz a předchůdce současného.

Tak co se stalo před 530-540 miliony lety?

Unikátnost a záhadnost Kambrické exploze upoutává pozornost biologů v průběhu posledních sto padesáti letech.

Složitost problému však nespočívá jen v záhadnosti „biologického Velkého třesku" a příčin, které jej vytvořily. Neméně důležitým popudem k ostrým a nekonečným sporům kolem něho je fakt, že problém Kambrické exploze má také ještě i přímý vztah s Darwinovou evoluční teorií. Přesněji řečeno, prostě jí protiřečí. Prvním, kdo si to uvědomil, byl sám Darwin. A jako první též nabídl možné východisko z tohoto problému. Darwinem předložené hypotézy však neuspokojovaly mnohé jeho následovníky, a tak se nakonec evoluční biologové rozdělili na dva soupeřící tábory, mezi kterými se spor táhne již století a půl. Pokusíme se tento spor vyřešit.

Kambrickou explozi objevil sir Roderick Impey Murchison, anglický aristokrat, který se rozhodl zabývat vědou díky vlivu své ctižádostivé ženy. Když studoval pravěké zkameněliny, objevené v odpovídajících nalezištích, odhalil, že vrstvy těchto nalezišť dělí přísná hranice. Pod touto hranicí byly biologické nálezy velice bídné a demonstrovaly všudypřítomnost jednoduchých jednobuněčných organizmů – bakterií a řas a počínaje kambrickou epochou (cca před 550 miliony let), znenadání přibývají bohaté nálezy nových biologických forem.

Jelikož byl věřícím člověkem a sdílel přesvědčení Linného, že „existuje přesně tolik druhů, kolik jich na počátku stvořil Stvořitel", považoval Murchison tento objev za přímé svědectví o zásahu Božské ruky do rozvoje života. Samozřejmě, že takové kreacionistické vysvětlení nebylo v souladu s představou o přirozené evoluci biologických forem.

Murchison publikoval výsledky svých výzkumů ve 30. letech 19. století. Po uplynutí několika desetiletí byla publikována práce Darwina „O původu druhů", ve které byla poprvé logicky vysvětlena a podrobně zdůvodněna teorie rozvoje života na Zemi, založená na představách o dědičných změnách a přirozeném výběru. Darwin samozřejmě nebyl zastáncem kreacionismu. Najednou však spatřil, že je Kambrická exploze kamenem úrazu pro jeho teorii ve druhém, neméně důležitém aspektu.

Jedná se o to, že podle Darwina musela evoluce probíhat postupně, hladce a průběžně. To znamená, jak se dnes říká, graduálně. Ve své knize jednoznačně psal: „Přirozený výběr každý den a každou hodinu přísně dohlíží na všechny změny, které probíhají ve světě, dokonce i na ty nejmenší, odmítá to, co je špatné, uchovává a zdokonaluje to, co je dobré... Nepozorujeme tyto pomalé změny v jejich postupném formování a vidíme je jen tehdy, kdy čas odměřuje ohromné úseky celých historických epoch."

Jak už jsme říkali, kambrický evoluční skok představuje principiální složitost pro „ortodoxní" teorii Darwina, ve které je evoluce považována za výhradně „plynulou" a „nepřetržitou". Aby se vyhnuli tomuto problému, někteří biologové zcela odmítají realitu Kambrické exploze a druzí nabízejí vnést radikální změny do „ortodoxního darwinizmu". Během posledních let objevila každá strana nové argumenty ve svůj prospěch, což velice zostřilo spor, co se týče základních tezí darwinizmu. Tento spor si zaslouží oddělené vyprávění.

Bina – síla rozvoje.

Síla Stvořitele a *síla* stvoření sestupují po stupních *světů*, dokud nedojdou až do *našeho světa*, kde existují ve formě dvou opačných forem: *Biny*[175] a *Malchut*,[176] odevzdávání a přijímání, altruismu a egoismu. Z jejich vzájemného překrytí, z jejich vzájemných střetů a spojení začíná rozvoj.

Egoistické přání je statické přání. Je třeba na něho působit, aby se dostalo do pohybu: více přání nebo méně, více odevzdávání – méně přijímání. Je s ním třeba začít pracovat, iniciovat působení na přání, potěšit se ze dvou stran: v kladném směru i v záporném, v egoistickém i altruistickém.

Takové vlivy musí pracovat také i na našem stupni, v naší materii. To způsobuje rozvoj *Biny* a *Malchut*, které pracují s materiálem přání se těšit. V důsledku rozvoje dosahuje přání se těšit svého nasycení, vyjadřuje v sobě tolik druhů přijímání a odevzdávání na úrovni *neživé* materie, kolik jen může. Vytváří se protony, elektrony, fotony, všemožné částice materie.

Je možné odděleně prozkoumat otázku toho, jak musí pravděpodobně vypadat stavba atomu, když se zákony kabaly přenesou do naší materie. Fyzikové objevují zanedbatelnou část z toho, co v ní je doopravdy.

Když materie v průběhu vnitřního rozvoje cestou spojení svých součástí nakonec dosahuje úplného stupně, který je nejvyšší, znamená to, že daný materiál provedl svou nápravu. Egoistické a altruistické přání se v něm spojilo ve všech možných formách a proto přichází čas pro rozvoj *rostlinné* úrovně.

---

[175] **Bina** – síla dávání, vlastnost Světla, ve které se pociťuje potěšení z odevzdávání, z podobnosti Vyšší síle (Stvořiteli).

[176] **Malchut** – konečné, samostatné stvoření, které si samo přeje přijímat a cítit se přijímající. Základ celého Stvoření.

Rostlinná úroveň bude během rozvoje také působit na nižší stupeň, který byl její příčinou. Jak se zapojuje do rozvoje nižší stupeň? Rozvíjí ji tak, že slouží jako její potrava. *Živočich* žije díky tomu, že se živí *rostlinami* a *rostliny* žijí díky tomu, že se vyživují *neživým*: potřebují minerály, které se nacházejí v půdě. *Živočich* je zvedá na úroveň *rostliny*, a takovým způsobem se rozvíjejí dále, zapojují se a účastní se procesu růstu, procesu života. Poté *člověk* pozvedá *neživé*.

Co se děje uvnitř nás? Elektrické impulzy, chemické procesy: to, co se v podstatě týká *neživé* přírody. Rostlina pozvedla toto *neživé* na úroveň *rostliny*, *živočich* to pozvedl na úroveň *živočišnou* a *člověk* ho díky rozumu pozvedá na stupeň *člověka*. Vše postupuje z *neživé* úrovně. *Neživá* úroveň, která ukončila svoje formování, vyvolává startovní „ránu", po které se začíná rozvíjet *rostlinná úroveň*.

Rostlinné nepochází z *neživého*. Přichází z formy, která je prvotním základem všech stvoření a působí tak, že v *neživém* materiálu najednou vzniká pocit Stvořitele na úplně jiné úrovni. Nejedná se o to, že *neživý* materiál najednou začíná cítit Stvořitele, ale o to, že v něm působí na nové úrovni síla *Biny*. Síla *Biny* se stává natolik velkou, vysokou a mimořádnou, že se začíná rozvíjet život v *neživém*, a to začíná ožívat.

Co znamená „živé"? To znamená, že už je v něm rozvoj. Vše to probíhá zásluhou *Biny*. *Malchut* tady nemůže nic dělat, jen dodává materiály, ale síla, která vše rozvíjí, je síla *Biny*.

Rostlinná úroveň se rozvíjí po stupních: „*neživě*", „*rostlinně*", „*živočišně*", „*lidské*" – v *rostlinném*. Tento rozvoj probíhá postupně. Uvnitř je také jedna forma oddělena od druhé.

Není možné, aby se měnil sám materiál, nemění se on, ale stupeň *Biny* v něm, záměr[177] nad ním, a to se nazývá novým stupněm, novou úrovní rozvoje. Ve všech stavech je jeden a ten samý materiál: vzájemně se odlišuje jen *Bina*, která se nachází na daném stupni a *Bina* následujícího stupně.

Mezi *Parcufim* také existuje rozdělení jednoho *Parcufu* od druhého. Jeden je příčinou a druhý následkem, ale jeden je *Chochma*, druhý *Bina*, třetí *Ze'ir Anpin* a čtvrtý *Malchut*. Absolutně se navzájem liší. Kdyby se rozdělily na tisíce tisíců forem a *Parcufim*, bude mezi všemi stejné rozdělení.

---

[177] **Záměr** – propočet, motivace stvoření vzhledem k přijímanému Světlu (potěšení).

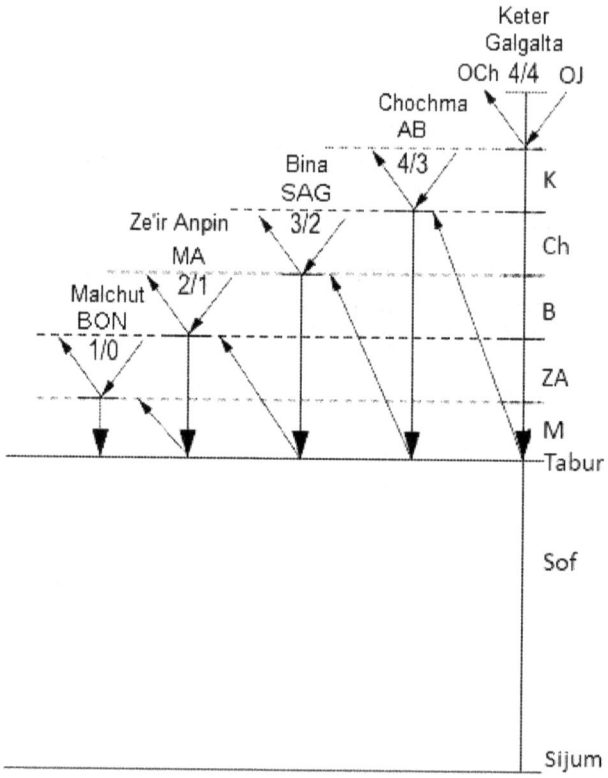

Obr. 5.5. *Zrození pěti Parcufim.*

Takže se *rostlinné* rozvíjí a pohlcuje *neživé*, to znamená, že jej pozvedá na stupeň růstu tím, že jej ve velké míře zapojuje do *Biny*. To probíhá tak, že se různé prvky, minerály a soli, atomy *neživé* materie mění na rostliny. Samy se nestávají rostlinou, účastní se procesu, který je nad nimi a který se nazývá „*rostlina*". Tam probíhá dělení, rozložení, spojení a rozmnožení. To vše dělá *Bina*, síla odevzdání. Ovšem uvnitř se zapojuje *neživé*, které se obléká do formy rostliny, doplňující *Bina*.

Pak se v daném pořadí objevuje *živočišná* forma, která se odívá do *rostlinné* i na *neživé*, jenž je uvnitř *rostlinné*, a stává se *živočichem*.

Pokud se porovnají *živočišná* a *rostlinná* úroveň, jsou obě živé, tak jaký je mezi nimi rozdíl? Rozdíl je v tom, že *rostlinná* je podobná *Bině* a *živočišná Chochmě*. *Živočich* už ví, jak se samostatně zapojovat do svého růstu. Působí v něm tlak *Biny* na stádia pochopení, „kdo jsem já, co jsem já, jak já".

To je dosud ještě *živočich* a ne *člověk*, ale už jsou má jakási počáteční pochopení. *Bina* už v něm pracuje současně s jeho materiálem, existuje mezi nimi zpětná vazba – *Malchut* a *Bina* pracuje ve spojení s ním.

Pak přichází úroveň „*člověk*", který využívá *neživé*, *rostlinné* a *živočišné* jenom jako základ existence, aby se nad ně pozvedl a nežil v nich.

Rozdíl mezi živočichem a člověkem spočívá v tom, že živočich žije uvnitř svého materiálu, využívá materiál neživého, rostlinného a samotného živočišného kvůli existenci, ale člověk využívá neživý, rostlinný a živočišný materiál proto, aby se nad tento materiál pozvedl a využíval *Binu* na stupni, který je výše neživého, rostlinného a živočišného.

Na všech předcházejících stupních existují *Bina* a *Malchut* ve vzájemném spojení a na každém stupni probíhá větší průnik ze strany *Biny* do *Malchut*, to znamená do *neživé*, *rostlinné* či do *živočišné úrovně*. Stvoření, které se nachází na stupni „*člověk*" využívá své síly proto, aby se osvobodilo od svého materiálu, od *Malchut* a připojilo se k *Bině*.

Přesto, že je *Bina* silou růstu a rozvoje, není to síla stvoření. Je to božská síla, jež vychází ze Stvořitele, který se nachází nad stvořením. Ovšem stvoření jakoby se chtělo odtrhnout od své přirozenosti a připojit se k síle, která ho rozvíjí. To se nazývá silou víry, altruistickou silou, to se nazývá „*člověkem*".

Člověk je ten, kdo směřuje k dávání, k vlastnosti *Biny*, k vlastnostem Stvořitele.

Kapitola 6. Evoluce pokračuje

Přehled

6.1. Zákon kauzálního postupného rozvoje
6.2. Cílevědomost rozvoje po etapách
6.3. Základ – neměněná část stvoření
6.4. Hledání ve tmě nebo záměrný vývoj
6.5. Evoluce pokračuje – 6.6. Tlak přírodních sil
6.7. Stav rovnováhy – 6.8. Rozvoj úrovně „člověka"
6.9. Konečný cíl rozvoje lidstva – Závěr – Test
Konečné závěry oddílu „Kabalistický model Stvoření světa"
Doplňující studijní látka

6.1. Zákon kauzálního postupného rozvoje

Ba'al HaSulam v článku „Poslední pokolení"[178] vyjadřuje zákon kauzálního postupného rozvoje Vesmíru, všech jeho složek, každého ze světů, včetně neorganické a organické přírody našeho světa až k člověku (má se na mysli jak jeho materie, tak i ideologie). Ve všem výše uvedeném není nic, co by nespadalo pod působení tohoto zákona, který je následkem střetnutí dvou sil: pozitivní neboli vytvářející a negativní neboli odmítající a bořící.

„Vezměme si jako příklad Zemi. Zpočátku připomínala plynovou kouli, která se podobala mlze. V důsledku uzavřené přitažlivé síly, která je v ní, se v průběhu určité doby zkoncentrovaly atomy, jež se nacházejí uvnitř, do více semknutější skupiny, v důsledku čehož se plynová koule změnila na kouli tekutého plamene. Dále v průběhu období strašných bojů dvou sil, které byly v zeměkouli (pozitivní a negativní), ochlazující síla překonala sílu tekutého plamene, ochladila tenký obal kolem Země a ukotvila se tam."

---

[178] *J. Ašlag:* Poslední pokolení // M. Laitman: Poslední pokolení.

Jedna síla, nazveme ji negativní, je nutná pro ochlazování a stlačení, druhá, pozitivní pro zahřátí a zvětšení růstu. Působí společně. Proč stále nemůže působit jen jedna pozitivní síla? Na co v takovém případě bude působit? Může působit jen na negativní sílu, která se realizuje v procesu vzájemného působení. Jakmile proběhne její náprava, práce kladné síly končí.

Negativní síla musí opět zahájit činnost, projevit sebe samu, aby nabídla pole působnosti pro svou nápravu pozitivní síle. Tak se to děje neustále. Je to možné přirovnat k našemu dýchání: vydechujeme a vdechujeme vzduch. Proč však přece jen potřebujeme obě činnosti a ne jen jednu? Jen s jednou z nich by nebylo možné pokračovat v rozvoji.

„Ovšem zeměkoule se ještě neuklidnila, neutichl boj sil, takže po nějaké době opět získala převahu síla tekutého plamene a vyvrhovala se s velkou silou z nitra, pozvedla se a rozbila chladnou tvrdou slupku na kusy, a tak se koule opět změnila na tekutý plamen. Začalo období nových bitev, dokud ochlazující síla opět nepřemohla sílu ohně a kolem zeměkoule se podruhé nevytvořil studený a tvrdý obal.

Tentokrát byl tlustší a byl ve větší míře schopen ustát vyvrhování tekutiny z nitra koule. Jeho síly stačily na mnohem delší období. Ale tekutiny přece jen opět získaly sílu, vyvrhly se z nitra a rozbily obal na kusy, opět bylo vše zničeno a stalo se tekutou koulí. Tak se období měnila jedno za druhým. Pokaždé, když získala převahu ochlazující síla, stával se vznikající obal čím dál tlustším, dokud nakonec pozitivní síly nezískaly vrch nad negativními a vše nedospělo k absolutní harmonii."

Kladné síly zvyšují úroveň rozvoje, napravují negativní síly a pozvedají je z neživé úrovně na rostlinnou. Pozitivní síly dovolují negativním silám získat místo, zkoncentrovat ho a udržet. Stejně tak je zavazují k tomu, aby začaly odhalovat přání se těšit na rostlinné úrovni, poté na živočišné a pak na lidské.

Není třeba si myslet, že tyto procesy jsou podobné těm, které popisuje Darwinova teorie. Už jsme říkali, že rozvoj probíhá prostřednictvím otevření *Rešimot*,[179] nikoliv cestou rozvoje buňky přirozeným výběrem, kdy ze sebe sama vyděluje následující stav, bez předurčení, když vychází z vnitrobuněčné nutnosti.

Představujeme si, že je celý proces rozvoje určován přírodou, která se rozhoduje na místě. Není to pravda: Shora se spouští řetězec *Rešimot* pro každý dílčí prvek Stvoření zvlášť. Tyto *Rešimot* je pak zavazují k realizaci pozvedání. Následnost rozvoje *neživé, rostlinné, živočišné* a *lidské* úrovně se určuje pořadím příčiny a následku na cestě objevení se *Rešimot*, přání. Neznamená to však, že rozvoj z *neživé* na *rostlinnou*, z *rostlinné* na *živočišnou* a z *živočišné* na *lidskou* úroveň probíhá v důsledku toho, že jedna úroveň vytváří druhou.

Ani jeden druh nerodí jiný: objevuje se přání se potěšit, už rozdělené na odpovídající formy. Působí jen jako hybná síla, jako lis, vytlačující následující formu. Skončil rozvoj jedné, zmáčkneme lis, z „krabice" vychází druhá forma, realizuje se a pak se objevuje třetí. Obsah krabice existuje v hotové podobě.

„Tekutiny obsadily své místo v hlubinách Země a ochlazená kůra získala kolem nich svou konečnou tloušťku. Tehdy byl na ní umožněn vznik organického života, jako v dnešní době."

6.2. Cílevědomost rozvoje po etapách

Délka doby rozvoje závisí na tom, na jaké úrovni působí dvě síly – kladná a záporná. Pokud jde o *neživou* úroveň, tak ta se tvořila během geologických epoch – miliony nebo miliardy let. Rozvoj *rostlinné* úrovně byl mnohem rychlejší, protože na této úrovni se *uvědomění zla*[180] a jeho směřování projevují více. Živočišná úroveň se vyvinula během mnohem kratší doby a rozvoj *lidské* úrovně, ve srovnání s nimi, můžeme přirovnat k sekundě.

Jsou vytvořena různá schémata, která zobrazují vztahy mezi délkou života *lidského* rodu na zemském povrchu a časem existence veškeré

---

[179] **Rešimo** – „duchovní gen", zápis duchovní informace. *Rešimo* je čistá podstata, síla, která zůstává po zmizení předešlé formy, energie, neobalená do ničeho vnějšího.

[180] **Uvědomění zla** – uvědomění si opačných vlastností Stvořitele (síly *Biny*, dávání).

ostatní přírody. Pokud se veškeré období rozvoje Země přirovná k jednomu roku, pak člověk existuje jen několik sekund na jeho konci.

Proč? Vždyť vývoj na *lidské* úrovni musí být mnohem delší než na *neživé*, neboť si člověk musí vyjasnit veškerou hloubku čtyř úrovní rozvoje přání. Proč je na to tudíž v evoluci vydělena tak krátká doba? Protože si vše vyjasňujeme cílevědomě a zkracujeme čas tak, že namísto miliard let nám rozvoj jakéhokoliv procesu zabere mžik. V tom spočívá rozdíl mezi *neživou, rostlinnou, živočišnou* a *lidskou* úrovní.

Rostlinná úroveň ve srovnání s *neživou* si přání se těšit vyjasňuje kvalitněji a do větší hloubky, prochází mnohem větší nápravou, ale jelikož je rostlinná úroveň více spojená s cílem než neživá, náprava zabere kratší dobu. *Živočišná* úroveň prochází ještě větší nápravou za mnohem kratší dobu a *lidská* úroveň v podstatě existuje na *tomto světě* jen několik desítek tisíciletí.

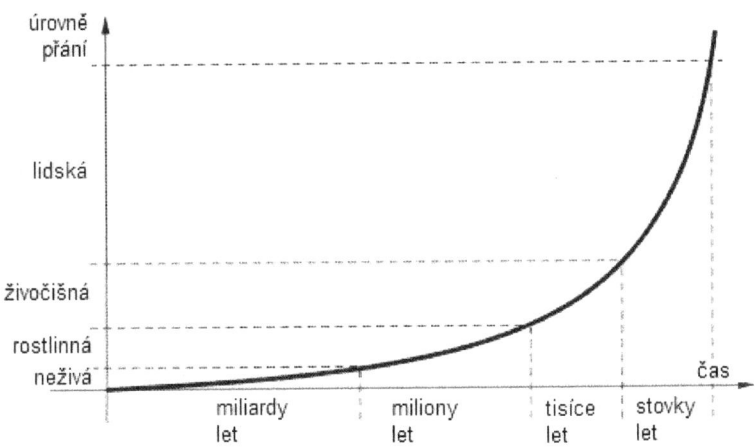

Obr. 6.1. *Rozvoj přání.*

Ba'al HaSulam píše: „Přesně podle takového pořádku se rozvíjí i všechna organická těla: od momentu zasetí až do úplného dozrání se s nimi děje několik set změn stavů v důsledku boje dvou sil, pozitivní a negativní jako například v zeměkouli. Právě tento boj vede ke konečnému dozrávání plodu."

Jde o to, že rozvoj může probíhat jen v důsledku vzájemného působení dvou soupeřících sil. Kdyby uvnitř objektu, stvoření nepůsobily dvě antagonické síly, nemohlo by se rozvíjet.

Vezměme si jako příklad *neživou* úroveň stvoření. Dvě opačné síly, které působí uvnitř jeho atomů a molekul, se nachází v rovnováze a přitom mezi nimi neprobíhá souboj, ve kterém by jedna porážela druhou, a proto chybí i rozvoj. Každá z těchto sil si určila své přesné místo, rozsah, sféru vlivu a tím se navzájem vyvážily. Proto se *neživá* úroveň nerozvíjí, i když tam také existují dvě síly. Nemůže existovat stvoření, ve kterém by chybělo vzájemné působení opačných sil, tento zákon vyplývá ze čtyř stádií rozšiřování *Přímého světla*.[181]

Na *rostlinné* úrovni již působení dvou sil vede k rozvoji: je tam pozorován jejich souboj, jedna střídavě poráží druhou, existují etapy rozložení, růstu, probíhá pohlcování, vylučování odpadů ven, atd. Na *živočišné* úrovni je pociťováno působení opačných sil mnohem více, ale v každém případě, jak říká Ba'al HaSulam, je jejich působení ohraničeno materiálním, tělesným rozvojem stvoření.

V člověku není základní podoba rozvoje somatická, ale mentální,[182] kdy se mezi lidmi a v každém z nich spojují a střetávají různé myšlenky i názory. To vše působí na samotný rozvoj člověka ve společnosti a vcelku. Čím rozporuplnější myšlenky v člověku vznikají, tím větší má šanci na rozvoj a získá mnohem širší rozhled. Čím všestrannější myšlenky a přání má, tím více do sebe zapojuje to, co ho obklopuje.

Proto není možné se chovat odmítavě ke konstantním stavům, které každý člověk přetrpí během svého formování, když se nachází ve shodě nebo neshodě se sebou samým nebo s jinými lidmi. Všechny jsou to nutné etapy vývoje, proto se člověk, jenž neustále přebývá v krajních, polárních vnitřních stavech, v podstatě nachází v procesu rozvoje. Ba'al HaSulam píše, že na rozdíl od přírody musí člověk projít vlastní doplňující cestu postupného rozvoje myšlení, a kromě toho ještě společně se sobě podobnými uvnitř společnosti.

---

[181] **Čtyři stádia rozšiřování Přímého světla** – etapy budování duchovní nádoby, přání. Během šíření Světla Shora dolů se zpočátku vytváří stádium *Chochma* (přání přijímat), pak *Bina* (přání dávat), poté *ZA* (realizace *Biny*, která chce být podobná Stvořiteli, to znamená odevzdávat, co přijme) a nakonec *Malchut* (konečná forma přání přijímat, které nechce být podobná Stvořiteli, ale chce získat Jeho „stav", „status").

[182] **Mentální** (z lat. mentalis – duševní) – určitý obraz mysli, spojení myšlenkových návyků a duchovních zaměření, vlastních samotnému člověku nebo společnosti.

6.3. Podstata – neměnná část stvoření

Každý objekt v našem světě má svůj „obraz" ve světě Nekonečna. Není to však forma vnější, nýbrž forma vnitřní. Během transformace sestupuje na tento svět ze světa Nekonečna beze změny své podstaty. Mění se pouze jeho vnější forma. Když se objeví před námi na tomto světě, jeho vnitřní podstata zůstává neměnná. Kdybychom mohli proniknout dovnitř tohoto objektu a mohli tuto podstatu nějakým způsobem pocítit, pocítili bychom stejnou podstatu, jaká byla v kořenu, když se objevil z ničeho ve světě Nekonečna. Jeho podstata je neměnná.

Můžeme to rozebrat na příkladu rozkladu pšeničného zrnka v zemi, který vyvolává vznik nového růstu stejného druhu. Zrnko se rozpadá, jeho *vnější forma* úplně mizí, podobně jako se naše tělo rozkládá v zemi. Podstata však zůstává a dává základ novému výhonku. Přesně tak naše *duše* pobízí ke zrození nového těla, aby se do něj oděla. Informativní část, která zůstává po rozkladu těla (stejně jako informativní část, uchovaná po rozložení zrna v zemi), nutí k opětovnému vytvoření odpovídajícího vnějšího obalu kolem sebe.

Tato duchovní informace nemá kolem sebe žádný materiální oděv. Představuje ji *Rešimo*, které je nuceno pracovat s *Vyšším světlem*[183] a vytvářet *Kli* nebo *duši*, přání (to znamená stejné *Rešimo*), které se může realizovat, pouze je-li oděné do těla. V těle se díky jeho vnějším vlastnostem postupně rozvíjí, přechází od egoistických přání k altruistickým.

Například, pšeničné zrno získá po ztrátě svého předchozího vnějšího oděvu oděv nový. Ve své podstatě bude pořád stejné jako předtím, ale proběhnou v něm nejrozmanitější změny. Zajímají nás zejména změny vnější, které probíhají nad konstantní vnitřní informativní částí, protože pouze ty jsou proměnlivé.

Vnitřní informace se nemění, proto nám nyní o ni nejde. První informativní data (**základ**) nejsou nejdůležitější, i když vytvářejí podstatu. Vypovídají nám o podobě, ale nikoliv o její kvalitě.

---

[183] **Vyšší světlo** – určitý druh záření shůry, kladná vnější duchovní energetická pole; to, co sestupuje z Podstaty Stvořitele a je stvořením cítěno jako „Myšlenka Stvoření": potěšit stvoření.

Takže se podstata pšeničného zrnka, které jsme zaseli a které po rozkladu vyměnilo svoji předchozí formu za novou, nazývá podstata, která je osvobozena od veškeré formy. Po rozpadu se zrnko stalo vhodným pro přijetí jiné formy, která je schopná vyrůst a opustit podstatu, jež je semenem.

Je všeobecně známo, že podstata pšenice nikdy nepřijme podobu jiných obilovin, například ovsa, ale přijme tu, která jí předcházela a kterou nyní ztratila, tzn. formu pšenice. Nehledě na to, že nastaly určité změny v množství a kvalitě (vždyť v předešlé formě bylo pouze jedno zrno, ale nyní jich je několik), ve vnějším vzhledu a chuti, sama podstata formy pšenice změně nepodlehla. V tomto se dodržuje kauzální pořádek, jenž se vztahuje k vlastnosti samotné podstaty, která se nikdy nemění, proto se pšenice nestane jinou obilovinou. To samé pozorujeme mezi stvořením a *Rešimot*. Rozdíl mezi nimi je opravdu velký. *Rešimot* se neustále mění, ale stvoření zůstává stálé.

Stvoření je ta část touhy po získání části společné duše *Adam HaRišon*[184], jejíž struktura je stálá a musí projít všemi stavy po stupních *Rešimot*. *Rešimot* se mění, ale ona zůstává neměnná. To znamená, že moje „Já" je částečka *Adama*, která je ve mně neměnná a přesouvá se po určitých stupních rozvoje, jež jsou taktéž konstantní. Tato částečka se nazývá základem. *Rešimot*, které se nacházejí ve mně, jsou jako spirála DNA, taktéž neměnné a všechny je musím projít.

Důležité je pouze to, jakým způsobem je projdu. Jestliže se rozhodnu správně a budu je chtít projít dobrovolně, projdu je s radostí a s potěšením. Protože se přitom začínám podobat vlastnostem Stvořitele. To už jsou mé měnící se parametry, ale moje původní přání a celá cesta rozvoje jsou neměnné. Měním jen svůj vztah k této cestě.

---

[184] ***Adam HaRišon*** – Stvořitelem stvořená jediná duše, jediné přání, naplněné společným Světlem (potěšením).

6.4. Hledání v temnotě nebo záměrný rozvoj

Kabala ve své podstatě odpovídá tomu, co říká věda o genezi fyzického světa. Po zrození života probíhá evoluce od jednoduchých forem ke složitějším. Ovšem tato evoluce probíhá na jiném základě, než který předpokládal Darwin. Podle Darwina je evoluce hledání v temnotě, chaotické objevování varianty, která je v danou chvíli lepší pro příští **okamžik.** Dochází tak k výběru pro další rozvoj. Co z toho vzniklo, to vzniklo. Nadále se z několika variant chaoticky vybírá ta nejlepší.

Jinými slovy, evoluce je podle Darwina hledání bez předem zadaného cíle. Nejedná se o nahodilý rozvoj: nakonec se do výběru na základě přírodních zákonů zapojuje vše, co jen je možné. Ovšem toto hledání od počátku není cílené. Darwinova teorie nepočítá s formulací – **„konečný výsledek – v počáteční Myšlence".**

Darwinova teorie je sama o sobě správná, ale tvrzení, že se vše rozvíjí podle materialistického zákona, naprosto neodpovídá pravdě.

Zákon je takový, že rozvoj probíhá podle míry, v jaké se projevují a realizují *Rešimot* **(duchovní geny).** *Rešimot* **se nacházejí jak v nás, tak i v každém organismu, na všech úrovních (neživé, rostlinné, živočišné) a rozvíjejí se po řetězci. Konečný, úplně poslední článek tohoto řetězce rozvoje je předem známý – je to dokonalý stav každého prvku přírody.**

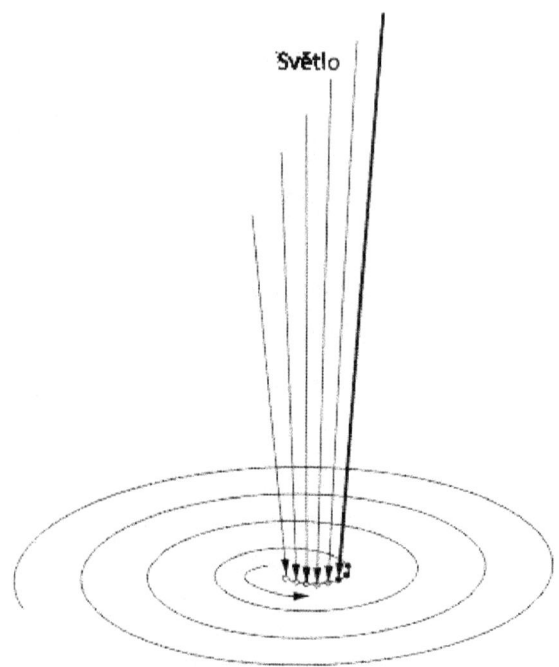

Obr. 6.2. *Rozvoj, otevírání Rešimot.*

Každým okamžikem se projevuje další gen a potřebuje se realizovat. Objevuje se nejen v každém z nás, ale též ve všech organizmech na *neživém*, *rostlinném*, *živočišném* a *lidském* stupni. Současně se projevují nejrozmanitější úrovně odlišné genetické informace, které se pozvedají k realizaci zevnitř těchto organizmů a jsou všechny vzájemně spojené.

Samozřejmě, že toto vzájemné spojení neznamená, že se dnes mohou objevit dinosauři, nebo že se vrátí něco, co souvisí s druhou epochou. Rozvoj probíhá současně na všech mezi sebou těsně propojených úrovních. Kataklyzmata, ke kterým na zemi dochází, jsou také cílená a předem naplánována proto, aby nakonec přivedla celý systém k jeho dokonalému stavu. V tomto procesu neprobíhá nic náhodně, jak se nám občas jeví, neboť nemáme dostatek informací.

Náš rozvoj je postupný, kauzální a vynucený. Není v něm nic dobrovolného, žádné chyby vůle, náhody nebo pravděpodobnosti. Nic zde neprobíhá na základě teorie pravděpodobnosti nebo kombinatoriky. Pouze díky nedostatku dat se nám zdá, že je náhoda možná. Ve skutečnosti je vše předem naplánováno a vše se nachází uvnitř nás, jako ve spirále DNA. Na našem nejnižším stupni se realizujeme právě tímto způsobem.

Změna *Rešimot* je na všech úrovních, *neživé, rostlinné, živočišné* a *lidské* přírody podmíněna obecným mechanismem, který „spouští" veškerý rozvoj. *Vyšší světlo* neustále působí na *Rešimo*. Pod tímto působením se *Rešimo* realizuje, načež okamžitě nabízí následující realizaci, potom další atd. Tento proces se bude opakovat tak dlouho, dokud nebudou zrealizovány všechny *Rešimot*.

6.5. Evoluce pokračuje

Jestliže se díváme na lidské tělo a říkáme, že člověk jako jeden z prvků evoluce dosahuje své dokonalosti, díváme se pouze na jeho fyzickou, *živočišnou* dokonalost, absolutně ignorujeme osobnost, společenský a světový rozvoj. Nebereme v potaz, že v přírodě existuje inteligence, ve které je větší moudrost, než má člověk a že ho tyto síly rozvíjejí a napravují kvůli zvláštnímu cíli, který si příroda před sebe postavila.

Stvořitel (hebrejsky *Elokim*) v *gematrii*[185] znamená Příroda (hebrejsky *teva*). Jestliže se člověk nezamyslí nad nutností vlastního rozvoje, izoluje se tím před přírodou. Avšak zejména z přírody přichází tlak a všechna působení na nás. Nedomníváme se, že v materiální přírodě existuje inteligence, která se vším hýbe a rozvíjí vše *neživé, rostlinné, živočišné* i *člověka*.

Chybná představa o absenci vysoké a všezahrnující mysli, která obepíná celou přírodu a existuje na mnohem moudřejším stupni než člověk, nás nutí ignorovat nutnost pozvedat se a rozvíjet se nad živočišnou úroveň.

Kdybychom přijali předpoklad, že náš stav má nutný charakter a příroda nás s moudrostí a ohromnou racionalitou rozvíjí od stupně ke stupni a vede nás k velice logické a přesné formě, bylo by jasné, že proces formování není ukončen a přišel čas popřemýšlet o jeho směřování.

Jestliže příroda tlačí na *lidskou* část v nás, znamená to, že se jedná o žádoucí směr rozvoje. V takovém případě musíme k její snaze připojit vlastní připravenost k rozvoji ve stejném směru. Rostoucí člověk se rozvíjí díky vlastní účasti v tomto procesu tím více, čím dospělejší je.

---

[185] **Gematrie** – číselné vyjádření písmen ve slově. Matematický zápis duchovních stavů.

Na této etapě rozvoje se po absolvování všech předešlých stádií musíme stát člověkem.[186] Charakteristické je to, že to lze uskutečnit pouze při plném uvědomění si svého místa v přírodě.

6.6. Tlak přírodních sil

Rozvoj skutečně probíhá, to znamená, že se *svět* doopravdy rozvíjí z *neživé* k *rostlinné*, poté k *živočišné* a k *lidské* úrovni. Ovšem nám, kteří dnes existujeme v *našem světě*, se zdá, že jeho formování přestalo. Kdysi byla zeměkoule celá zahalená plamenem, potom se trochu ochladila. Ba'al HaSulam píše, že se to stalo během dlouhého časového období, řádově třiceti milionů let. Když se Země ochladila, nastalo období rozvoje rostlin, které pokračovalo taktéž hodně milionů let, dokud se nevytvořil biologický život na *živočišné* úrovni. Pak následovala geneze člověka, která trvala tisíciletí. Vědci předpokládají, že evoluce podle všeho není ukončena.

Skupina amerických vědců z chicagské univerzity (University of Chicago) určila, že lidský mozek pokračuje ve formování. Srovnali genotyp současného člověka s jeho předkem, který žil před 37 tisíci lety a zjistili značný rozdíl ve struktuře dvou genů, odpovídajících podle všeho za objem mozku.

Jedna z mutací proběhla podle evolučních měření docela nedávno, před 5,8 tisíci lety. Takový gen má dnes přibližně 30 % populace. Základní změny v tomto genu (*microcephalin*) jsou spojeny s velkými kulturními jevy, jako je hudba, umění, písemnictví a také složité řemeslné dovednosti.

Varianta druhého genu (*ASPM*) se objevila jako následek rozvoje selského hospodářství, vzniku měst a prvních obrazců písemného jazyka, které se dochovaly do našich dob.

Vedoucí výzkumu, doktor Bruce T. Lahn (*Dr. Bruce T. Lahn*), podotkl, že tyto dva geny vysvětlují tendenci postupného zvětšování objemu mozku a tvorby jeho struktury, která je pozorována u lidí. Lahn[187] se domnívá, že tento proces pořád pokračuje.

---

[186] **Člověk (*Adam*)** – označuje „podobného Stvořiteli" (*Edome le-Eljon*), člověk samostatně se rozvíjející, aby se stal Jemu podobným.
[187] Práce opublikována v Scientific American Magazine, č. 309/5741, září 9, 2005.

Když se podíváme do historie, zdá se nám, že se příroda již nemá kam rozvíjet. Teprve nyní začínáme chápat, že se podle všeho zeměkoule pořád rozvíjí. Kdysi byla doba ledová, pak přišlo období příznivé pro lidskou existenci a nyní, se všemi ekologickými problémy, začíná nové geologické období. Zeměkoule se opět začíná ohřívat, probíhají v ní určité změny. V důsledku toho bývají tornáda, bouře a tajfuny mnohem intenzivnější. K takovému závěru dospěli američtí vědci, kteří provedli všeobecný výzkum, jenž otřásl všemi mořskými klimatology.

Kerry A. Emanuel klimatolog z Massachusettského technologického institutu (*Massachusetts Institute of Technology*) předpokládá, že mořské bouře, které v poslední době zesílily, budou mít takovou tendenci i nadále, dokonce i když jejich počet zůstane stejný. Na sílu uragánů může mít vliv zvýšená teplota vzduchu po celém světě. V roce 2100 bude na Zemi tepleji o několik stupňů a to může být doprovázeno desítkami hrozných ničivých bouří.

Meteorolog Kevin E. Trenberth (*Kevin E. Trenberth*) říká, že výsledek tohoto výzkumu je jedním z alarmujících znaků globálního oteplení. Již dnes mají hurikány velký vliv na klima pobřežních regionů[188].

Pozorujeme-li přírodní katastrofy, které se ještě zhorší a analyzujeme-li příčiny jejich vzniku, začínáme chápat, že formování neskončilo, že se v naší vnitřní a vnější přírodě stále nacházíme ve stádiu rozvoje.

Doposud jsme překonali období rozvoje od nulového po třetí a nyní vcházíme do čtvrtého období. Nastupuje fáze duchovního rozvoje, kdy se lidé snaží odhalit, proč existují.

Probouzí se v nás otázka: „Proč žijeme?" Je to projev zájmu o náš duchovní Zdroj, kořen: „Odkud jsem se vzal na *tomto světě* a kam nakonec musím dojít?" Svědčí to o tom, že nyní vstupujeme do posledního období rozvoje.

Původně *Vyšší síla*, Stvořitel, zformovala čtyři stádia rozšíření *Přímého světla*, které jsou popsány v článku Ba'ala HaSulama „Úvod do vědy kabaly".[189] Nyní se tato čtyři stádia musí objevit a rozvíjet se do té doby, než se zformují definitivně. Člověk tento fakt nechce přijmout. Brání se

---

[188] Data jsou převzata z magazínu Nature: www.nature.com.
[189] *J. Ašlag:* „Úvod do vědy kabaly", Úvod, Jeruzalém 1976, hebrejsky.

vlastní změně, nechce pochopit tok svého života. Nedochází k uvědomění, že je transformace uložena uvnitř něho, v jeho duchovním genu a že se okolní příroda rozvíjí v souladu se stejnými zákony v průběhu milionů let od *rostlinné* k *živočišné* úrovni, od *živočišné* k *lidské*. Vše je předurčeno.

V současnosti se uvnitř i vně člověka začíná rozvíjet čtvrté období. Člověk a příroda se nemají kam navzájem před sebou schovat, neboť se nacházejí ve vzájemné rovnováze. Je nutné se na tento rozvoj podívat z reálného vědeckého hlediska a nevidět v něm jakousi abstraktní „*duchovnost*".

6.7. Stav rovnováhy

Specifičnost čtvrtého období spočívá v tom, že si člověk musí začít formovat sebeuvědomění. Jak probíhalo jeho formování ve všech předcházejících obdobích? Příroda rozvíjí každou vnitřní část pomocí tlaku, rozvoj probíhá nevědomě, z nutnosti. Přesně tak se spojují mezi sebou molekuly a atomy, takto probíhají všechny procesy v přírodě, pod vlivem tlaku na nejrozmanitějších úrovních a stupních.

Je to norma formování na *neživé, rostlinné* i *živočišné* úrovni, a také *živočišné* úrovni uvnitř nás. Když začínáme rozvíjet duchovnost *lidské* úrovně, musí v nás vzniknout přání ke Stvořiteli, k duchovnímu *světu*. To může nastat pouze v případě, že si přejeme dosáhnout stejně vysokého stavu, na kterém se nachází Stvořitel nebo Příroda *Vyššího světa*.

Nejlepším stavem, zvaným opravdovou součinností se světem, je úplná rovnováha člověka s okolním prostředím, absolutní pochopení okolí, podobnost sil, přání a myšlenek celého světa, ve kterém žije. To znamená: všechna přání, síly, myšlenky i záměry člověka úplně odpovídají přáním, myšlenkám a záměrům okolí, kde všichni člověku rozumějí a přejí si to samé, co on. Taková situace má název stav rovnováhy. Vyjádřeno jazykem vědy – homeostáze (homeo – podobný, stáze – klid). To je rovnost stavů, ke kterým směřuje každý živý organismus: rostlina, živočich a samozřejmě člověk.

Příroda nás bude tlačit dopředu, hurikány a pohromy se na nás budou snášet do té doby, dokud nepochopíme, že se musíme změnit. „Změnit" znamená vrátit se ve svém pochopení a vědomí k našemu kořenu.

6.8. Rozvoj úrovně „člověk"

Náš rozvoj neskončil. V kabale se tento proces rozebírá do detailu: jak nás naše okolí, *neživá*, *rostlinná* a *živočišná* úroveň, bude nutit se posouvat po cestě duchovního rozvoje tím, že nás bude přivádět do stavu krajního vnitřního nepohodlí. Jinou možnost prostě nemáme.

Jak je možné předejít katastrofám během čtvrté etapy? Je to možné pouze v případě, jestliže si každý z nás bude přát se samostatně rozvíjet ve správném směru.

Pro ten účel nutně potřebuji znát, jaké musí být mé vlastnosti, abych dosáhl cíle, a v jakém stavu se nacházím nyní. Můj současný stav se nazývá „naším světem" a stav Stvořitele – „duchovním světem". Mezi těmito dvěma úrovněmi musím začít pracovat.

Člověk může svým přáním, úsilím a vědomým rozvojem předejít nátlakům sil přírody, které se projevují jako všemožná utrpení. Když člověk dosahuje Cíle Stvoření, stává se podobným Stvořiteli. Musí se pozvednout na úroveň, na které bude Stvořiteli úplně roven.

Toho všeho musíme dosáhnout v nejbližších letech. Podle všech příznaků se v podstatě čas zkracuje, běží mnohem rychleji. V nejbližších letech svět pozná nutnost změny na základě působení všemožných tlaků, jako jsou dealerství drog, terorismus, krize v rodině i v systému výchovy, zhoršení ekologie. Ba'al HaSulam mluví o možnosti třetí a čtvrté světové války, a to již atomové. Člověk, který na sobě pociťuje všechny tyto negativní jevy, musí pochopit, jaké změny v něm musí v nejbližší době nastat. Jsou to kvalitativní změny, vnitřní formování úrovně *„člověk v člověku"*. Na *neživé*, *rostlinné* a *živočišné* úrovni byl rozvoj vynucený, avšak na stupni *„člověk"* se musíme naplnit v důsledku vlastní racionální účasti.

6.9. Konečný cíl lidského rozvoje

Cílem a úplně posledním stupněm rozvoje lidstva je takový stav, kdy ve všech světech, včetně našeho, existuje úplná harmonie a není mezi nimi žádný rozdíl v předávání informací, Světla. Neexistuje žádná překážka a veškerá příroda, jak duchovní, tak materiální, je pro všechny společně prostoupena proudem znalostí, energií a Světla.

Zůstává však otázka: jak to vše probíhá v *našem světě*? Materie v něm existuje a funguje na základě spotřebovávání (užívání si pro sebe sama) nebo na základě odevzdávání? Materie, jejímž základem je spotřeba, prostě neexistuje. Absolutně vše funguje na principu úplného odevzdávání, pouze člověku se zdá, že funguje na základě spotřeby. Ovšem to se mu pouze zdá! Zejména to „zdá se" musí sám v sobě vědomě napravit.

Pak začne vnímat vesmír v opravdové podobě a objeví, že skutečnost, projevení Stvořitele na absolutně všech úrovních, přebývá ve stavu naprosté nesobeckosti.

O tom, jaká bude existence člověka po ukončení jeho nápravy, se v kabale hovoří pouze v náznacích. Příroda je nekonečná a rozvoj je také nekonečný. I když je nejvyšším stavem *úplná náprava*[190], je to pouze *ukončení nápravy*.

Poté zřejmě začíná opravdový „zdravý" život. Jaký je, není zatím známo. Kabalisté to ve svých knihách nezmiňují, protože to nemají možnost popsat díky ohraničenosti našeho vnímání. Abychom mohli vnímat informaci, její předávání musí probíhat pouze v rozsahu vln, které jsou pro nás dostupné, v souladu s našimi *nádobami*[191], takovým způsobem, který chápeme. To, co se děje v „těch" stavech je třeba předávat absolutně jinými „sdělovacími prostředky", které se v našem materiálním světě nijak neprojevují. Proto nám kabalisté nemohou nic předat. Ve vztahu k nám je kabala pouze metodikou nápravy. Vede nás ke stavu *úplné nápravy*.

Závěr

Kabala předběhla darwinismus a kreacionismus o tisíce let, předcházela jim a my můžeme vidět, že tyto teorie odrážejí pouze různé pohledy na mnohorozměrný obraz Vesmíru.

Kabala poskytuje odpověď na pradávnou, ale také současnou otázku: „Proč se rodíme, proč byl stvořen svět?"

---

[190] **Úplná náprava** – konečný stav celého Vesmíru, kdy nejnižší bod stvoření dosahuje stejného stavu jako nejvyšší.

[191] **Nádoba (hebrejsky *Kli*)** = přání = nástroj vnímání, který se objevuje v důsledku prožité zkušenosti.

Fyzik Stephen W. Hawking napsal v roce 1988:[192] „Veškerá historie vědy je postupné uvědomování si toho, že události neprobíhají libovolně, ale že odrážejí pravidelnost, která je ukryta za nimi." Příčina této pravidelnosti už není v současnosti záhadou. Vědecká analýza kabaly ukazuje, že altruismus, který byl ve skutečnosti tisíckráte zesměšňován, má v přírodě silné základy. Tvůrčí role člověka spočívá v tom, že jako synchronizovaný prvek propouští skrze sebe Vyšší vedení a přenáší jej cestou začlenění k ostatním součástem přírody. Tím v nich podněcuje synchronizovanou reakci a zrychluje jejich začlenění do vesmíru.

Test

1. Zákon kauzálního stupňovitého rozvoje se děje:
a) následkem činnosti pozitivní síly
b) následkem zákonů přírody
c) následkem působení ničivé síly
d) následkem střetnutí dvou sil

2. Jak se projevuje „negativní" síla v procesu tvorby zeměkoule?
a) způsobuje koncentraci atomů do těsnější skupiny
b) způsobuje zahřívání a rozšiřování
c) vyvolává objevení koule tekutého plamene
d) způsobuje ochlazování a smrskávání

3. Jaká úroveň stvoření prochází nejkratší časové období?
a) *neživá*
b) *rostlinná*
c) *lidská*
d) *živočišná*

4. Jak, podle mínění kabalistů, vypadá proces rozvoje dnes?
a) evoluční proces pokračuje i nyní
b) rozvoj probíhá náhodně, v souladu s teorií pravděpodobnosti

---

[192] **Stephen Hawking**: „Od velkého třesku až k černým dírám. Krátká historie času". M.: Věda, 1990.

c) rozvoj probíhá ve směru cíle, který určil Stvořitel (příroda)
d) proces rozvoje už skončil

5. Čím se liší období rozvoje lidstva od všech předešlých?
a) člověk se v něm musí rozvíjet díky vlastní rozumové účasti
b) v člověku se objevuje přání k duchovnímu poznání
c) v člověku se objevuje otázka „Proč žiji?"
d) všechny odpovědi jsou správné

6. Jaký je konečný cíl rozvoje lidstva?
a) maximální uspokojení všech našich potřeb
b) dosažení stavu *úplné nápravy*
c) úplná harmonie a svobodný tok informací mezi všemi *světy*
d) cíl rozvoje můžeme pouze předpokládat

7. Co je to podstata?
a) neměnná vnitřní informativní část
b) *clona*
c) materie
d) následnost stavů, kterými prochází stvoření

8. Čím se liší čtvrtá etapa rozvoje lidstva od všech předchozích?
a) člověk se v ní musí rozvíjet, plně si uvědomovat veškerý proces
b) rozvoj probíhá v bezprostředním spojení se Stvořitelem
c) rozvoj je nestabilní
d) může trvat věčně

Odpovědi: 1d) 2d) 3c) 4c) 5d) 6c) 7a) 8a)

Konečné závěry oddílu „Kabalistický model Stvoření světa"

Kabala je věda o dosažení duchovní reality. Mezi kabalou a lidstvem existuje rozpor. Přesněji jde o způsob lidského vnímání, schopnost lidí přijmout a přepracovat koncepty a uvědomit si obraz vesmíru, který se otevírá v důsledku duchovního dosažení.

1. Existuje Vyšší síla, která má název *Acmuto*, což v překladu znamená „Sama o sobě" nebo podstata, základ. Není rozpoznávána proto, že nemá žádné spojení se stvořením.

2. V *Acmuto* vznikla Myšlenka: stvořit stvoření proto, aby se mohlo těšit. Mezi *Acmuto* a stvořením není rozdíl časový, ale kauzální.

3. Původně existovalo pouze jednoduché, ničím neomezené *Světlo*. Toto Světlo je pro nás Stvořitel, protože nás stvořil – stvoření je přání se Jím potěšit. Kromě tohoto Světla na počátku neexistovalo nic.

4. Když se Světlo rozhodlo realizovat proces Stvoření, začalo samo sebe zmenšovat a vytvářet stupně ukrytí, zvané *světy* (*svět – olam, alama – ukrytí*). Stvoření se objevují v tom místě, kde Světlo ukrývá samo sebe.

5. Když je Stvořitel úplně skryt, stvoření se cítí jako jediné existující ve vesmíru. Z tohoto stavu musí stvoření samostatně odhalit Stvořitele: odhalit Jeho dokonalost, tzn. postihnout Jeho úroveň a stát se stejným, jako On. Dokonalost Stvořitele spočívá v tom, že učinil stvoření dokonalé, rovné Jemu.

6. Všechny *světy* a objekty v nich, včetně *našeho světa*, se spojují do jedné Myšlenky Stvořitele, dát nekonečné naplnění *stvoření-duší*. Tato jediná Myšlenka a Cíl do sebe spojují celé stvoření, od počátku do konce.

7. Počáteční bod vzniku stvoření je nula, „existující z ničeho". Je *Acmuto* a pod ním společně vzniká přání potěšit a přání se těšit. Neexistuje představa místa, je to pouze určení vlastnosti dávání a přijímání, které se nacházejí naproti sobě. Nazývá se nulovým stádiem.

8. Myšlenka stvořit stvoření, protože si ho přeje potěšit, je pojmenována „Stvořitel". To, co se z ní rodí a je opakem této Myšlenky, její otisk, negativ, je stvoření, které se těší touto Myšlenkou.

9. Stvoření se může těšit pouze do té míry, v jaké je této Myšlence podobné. Myšlenka Stvoření je nejvyšší dokonalostí sama o sobě. Napodobení této Myšlenky znamená nápravu a pozvednutí stvoření do stejně dokonalého stavu.

10. Cílem Stvoření je vytvoření nové, dříve chybějící substance, zvané „stvoření" a jeho naplnění absolutním potěšením. Proto je v podstatě tohoto stvoření založeno obrovské, všepohlcující přání přijímat potěšení.

11. Veškerá realita, která nás obklopuje, je složena z rozdílných velikostí přání přijímat potěšení. Všechny *světy* s praobrazem počátečních stádií až do konečného formování, veškerá různorodost stvořeného, jsou různé stupně, formy a projevy přání se těšit *Světlem* Stvořitele.

12. Co se týče Stvořitele, jsou všechna stvoření dokonalá, ale pokud jde o ně samotné, musí projít dlouhou cestou nápravy, aby tuto dokonalost pocítila.

13. Stvoření se nazývá nejnižším stupněm ve vztahu k vyššímu. Každý vyšší stupeň ve vztahu k nižšímu nazýváme „Stvořitel".

14. *Světlo* (Stvořitel) je absolutně neměnné. Přání (*Kli*) se rozvíjí a společně se *Světlem* určuje různé formy těchto vztahů. Systém vztahů přání a *Světla* se mění do té doby, dokud nedosáhne stavu, ve kterém se *Kli* chce stát podobné *Světlu*.

15. *Světlo* a *Kli* začínají navzájem působit společně: pokud jde o materiál stvoření, *Kli* si přeje přijmout vše a potěšit se, ale na druhou stranu si *Kli* přeje být podobné *Světlu*. Zde vzniká *záměr* stvoření odevzdávat. Tyto jevy, které se nacházejí ve vzájemné konfrontaci, vytvářejí rozvoj *světů* Shora dolů.

16. Rozdíl mezi existujícím stavem je pouze ve velikosti přání přijímat. Tato veličina graduje od nuly do nekonečna. Na každém stupni existují čtyři základní komponenty.

17. Stvoření se skládá ze čtyř základů: ohně, větru, vody a země. Ty představují čtyři *Bchinot* neboli čtyři *Sfirot*, *Chochmu*, *Binu*, *Tif'eret* (*ZA*), *Malchut*; čtyři *světy* – *Acilut*, *Bri'a*, *Jecira*, *Asija* a také čtyři úrovně – *neživá*, *rostlinná*, *živočišná* a *lidská*.

18. Tyto čtyři principy vznikly jako následek rozšiřování *Světla Nekonečna* do *Malchut*. Vesmír se skládá ze čtyř částí, zvaných čtyři *světy*: *Acilut*, *Bri'a*, *Jecira* a *Asija*. Tyto čtyři části jsou jakoby otisknuté v každém dílčím detailu vesmíru. Rozdíl mezi nimi spočívá pouze v síle *clony*.

19. Nejnepatrnější i nejdůležitější část vesmíru se musí skládat z deseti *Sfirot* ve stejné míře. Vychází to z duchovního zákona „všeobecné a dílčí jsou si rovny".

20. Mezi každými dvěma částmi je mezistupeň, který v sobě zahrnuje oba stupně. Příroda je přísně naprogramována čtyřmi stádii rozvoje, přičemž jedno stádium do druhého nepřechází. Mezi nimi existují přechodné etapy, které jsou ve své podstatě přesně zafixovány.

21. Mezistupeň mezi Stvořitelem a stvořením, to, co je spojuje, je zároveň blízké jak stvoření, tak i Stvořiteli, má název *Keter*. Je podobný pramaterii, ve které je kořen všech čtyř principů, ale pouze v Myšlence, nikoli v činnosti.

22. Zrození *našeho světa* proběhlo v plném souladu s procesem, probíhajícím ve *Vyšším světě*. *Malchut* mnohem vyššího stupně sestupuje, protrhává se přes energetickou bariéru na nižší stupeň a vytváří jeho *Keter*.

Když se svým rozšířením až k poslednímu bodu skrze energetické bariéry protrhává *Malchut de-Malchut* světa *Asija*, vyvolává to, co se v *našem světě* nazývá materií. Je to také energie, ale inverzní k duchovní, vytvořená na základě opačného principu.

23. Síla Stvořitele a síla stvoření sestupují po stupních *světů*, dokud nedojdou do *našeho světa*, kde se nacházejí v podobě dvou opačných forem: *Biny* a *Malchut*, dávání a přijímání, altruismu a egoismu. Rozvoj začíná na základě jejich vzájemného překrývání, z jejich konfliktů a ze spojení mezi nimi.

24. V důsledku takového rozvoje dosahuje přání potěšit samo sebe svého nasycení. Odráží v sobě všechny druhy přijímání a odevzdávání pouze na dané úrovni. (Na *neživé* úrovni se objevují protony, elektrony, fotony a ostatní elementární částice). Egoistická a altruistická přání se spojují ve všech možných formách a tehdy přichází čas pro rozvoj následující úrovně. Existují: *neživá, rostlinná, živočišná* a *lidská* úroveň.

25. Sám materiál se nemění. Mění se stupeň *Biny* v něm, *záměr* nad ním a to se nazývá novým stupněm.

26. Každá následující úroveň v sobě zahrnuje předchozí úrovně a pozvedá je na následující stupeň. Tím je ve větší míře zahrnuje do *Biny* (*Bina* – síla Stvořitele, rozvíjející se altruistická síla).

27. Kauzální postupnost rozvoje je přirozený zákon rozvoje vesmíru, všech jeho součástí, všech *světů*, včetně neorganické a organické přírody *našeho světa* i člověka. Tento rozvoj je vynucený, není v něm nic dobrovolného, náhoda nebo pravděpodobnost.

28. Rozvoj může probíhat pouze v případě vzájemného působení dvou soupeřících sil: pozitivní neboli vytvářející a negativní, odmítající a rozbíjející. Kdyby uvnitř každého stvoření nepůsobily tyto dvě síly, nemohlo by se rozvíjet. Pouze když se negativní síla realizuje, probíhá její náprava a práce kladné síly okamžitě končí. Pak opět začne negativní síla působit proto, aby mohla proběhnout následující náprava.

29. Kladné síly pozvedají úroveň rozvoje (z *neživé* na *rostlinnou*, atd.), to znamená, že nutí negativní síly začít objevovat přání se těšit na nové úrovni.

30. Přechod z jedné úrovně na druhou neprobíhá v podobě měnící se materie, nýbrž v podobě předávání energie, informace. Jedna úroveň končí své zrození, vzniká *Rešimo*, ale nikoliv z ní, nýbrž ze *světa Nekonečna*. Energie se protrhává a vyvolává vznik následující úrovně.

31. Rozvoj probíhá na základě míry projevování a realizace *Rešimot* (duchovních genů). Objevuje se přání se těšit a působí jako hybná síla,

jako tlak, vystrkující následující formu. *Rešimot* se nachází v nás i v každém organizmu, na jakékoliv úrovni a rozvíjí se po řetězci. Poslední článek řetězce rozvoje je předem znám: je to dokonalý stav každého prvku přírody.

32. Změna *Rešimot* na všech úrovních je způsobena obecným mechanismem, „spouštějícím" celý rozvoj. *Vyšší světlo* na *Rešimo* neustále tlačí. Pod tímto tlakem se *Rešimo* realizuje, což vyvolává další Rešimo a pak další, atd. Tento proces se opakuje do té doby, než se zrealizují všechny *Rešimot*.

33. Jedna úroveň je opačná vůči druhé. Když je jedna úroveň zrealizována, aktivuje přání vyššího stupně. Je odříznuté od přání mnohem nižšího stupně a nemá k němu žádný vztah. Takže se stává, že mezi jedním a druhým stavem není spojení, jedno nevzniká v důsledku druhého, existuje tudíž pouze příčina a následek.

34. V duchovním *světě* probíhá rozčlenění díky *cloně*, to znamená díky altruistickému *záměru*, který je postavený nad každým *Parcufem*, nad každou částí *Malchut světa Nekonečna*. V *našem světě* tyto *clony* přestaly být altruistické, proto se stávají rozdělujícími *clonami* mezi částmi reality.

35. V *našem světě* se vyskytuje přesná podoba duchovních sil. Při sestupování Shora vytvářejí tyto síly odpovídající zákony, které se realizují v hmotném *světě* podle podobnosti s duchovními. Vše v *našem světě* je vytvořeno a řízeno, všechny objekty a jejich ovládání sestupují od Stvořitele, procházejí skrze všechny duchovní *světy*, dokud se neobjeví v *našem světě*. Existuje přesné spojení mezi objekty *našeho světa* a zdrojem v duchovním *světě*, mezi následkem a jejich příčinou.

36. Každý objekt *našeho světa* má „obraz" ve *světě Nekonečna*, ale nikoliv vnější formu, nýbrž samotnou podstatu. Ze *světa Nekonečna* se transformuje, sestupuje na *náš svět* beze změny své podstaty. Mění se pouze jeho vnější forma.

37. V souladu s duchovní stavbou existuje v materiálním *světě* množství oddělených přání. Přičemž jedno přesně odpovídá druhému. To znamená, že existuje vzájemné spojení větví a kořene.

38. Materiální *svět* je pouze otisk našeho vnitřního stavu. Kabala tvrdí, že vně člověka není nic. Člověk vytváří obraz skutečnosti na základě informace, která prostupuje jeho smysly. Všechny vjemy ze *Světla*, které přicházejí do *Kli*, rozděluje člověk na tři parametry: „čas", „pohyb" a „prostor". Při nápravě *Kelim* tyto kategorie mizí. V důsledku toho člověk vidí za *tímto světem* pouze síly, které vytvářejí obraz *světa*.

39. Duchovní objekty ve všech *světech*, jejich síly s obrovským přáním se potěšit, materiál naší galaxie a celého Vesmíru, je nekonečná materie s obrovským seskupením látky. Vše existuje pouze uvnitř naší představy, našeho pocitu, jelikož to nevidíme ve *Světle*, v síle odevzdávání, v *Bině*. Jestliže se na to podíváme opravdovým způsobem, uvidíme pouze kořenový bod „něco z ničeho". Vše, co se k němu přidává, přichází z *Biny*, která se tam nachází.

40. Náš rozvoj je nevyhnutelný. Stupeň po stupni nás Příroda rozvíjí na velice logickou a přesnou formu, s moudrostí a nekonečnou racionalitou. Chce nás přivést do nejlepšího stavu, k opravdové součinnosti se *Světem*. To je takový stav, kdy se člověk nachází v podobnosti se silami, přáními a myšlenkami veškerého okolí. To se nazývá stavem rovnováhy.

41. Výjimečnost stupně „člověk" spočívá v možnosti se osvobodit od svého materiálu – *Malchut* a připojit se k *Bině*. Existuje konstantní program, všeobecné řízení a vše se rozvíjí v souladu s ním. Člověk může svůj rozvoj uspíšit a současně působit na rozvoj všech *světů*.

42. Musíme se ve svém uvědomění a znalosti vrátit k našemu kořenu. Člověk pracuje mezi dvěma úrovněmi: svým nynějším stavem, zvaným „*náš svět*" a stavem Stvořitel („*duchovní svět*"). Svým přáním, touhou a vědomým rozvojem může člověk zabránit negativnímu tlaku sil přírody.

Doplňující studijní látka

Kabalisté, kteří žili v různých obdobích a kteří disponovali absolutní znalostí o původu vesmíru, zanechali „svědecký" popis procesu Stvoření. Nejblíže k současnému (ale nikoliv alegorickému, v jinotajích, jak to má ve zvyku většina kabalistů) jazyku o tom píše velký kabalista ARI,[193] žijící počátkem 14. století.

Překlad z originálního textu:

Věz, že do počátku Stvoření bylo pouze Vyšší, vše sebou naplňující, Světlo.

---

[193] **ARI** – plné jméno Jicchak Lurija Aškenazi (1534-1572). Zakladatel metodiky dosahování Vyššího světa, přizpůsobené pro masy. Hlavní práce – kniha „Strom života".

A nebyl svobodný, nezaplněný prostor –
jenom nekonečné, stejnoměrné Světlo sebou vše zalévalo.
A když On se rozhodl stvořit světy a stvoření, jež následují,
Tím otevřel dokonalost Svou,
Což bylo příčinou Stvoření světů,
Zkrátil On sebe ve svém středovém bodu
A smrsklo se Světlo a zmizelo,
Ponechavši svobodné, ničím nenaplněné místo.
A rovnoměrným bylo stlačení světla
kolem centrálního bodu,
Tak, že místo pusté formu kola získalo,
Jelikož takovým bylo zkrácení Světla.
A tu, po jeho smrštění, ve středu Světlem zaplněného prostoru
Vznikla kulatá prázdnota, pouze tehdy se
Objevilo místo, kde mohou Stvoření a stvoření existovat.
A tu, protáhl se z nekonečného Světla paprsek přímý,
Spustil se Shora dolů, dovnitř prostoru toho pustého.
Protáhlo se, spouštějíc se po paprsku Světlo nekonečné dolů,
A v prostoru prázdném tom stvořil naprosto všechny světy.
Před těmi světy bylo nekonečné,
V dokonalosti natolik překrásné své,
Že není síla ve stvořeních poznat dokonalost Jeho –
Vždyť nemůže stvořený rozum dosáhnout Jeho.
Vždyť nemá místo, ni hranic ni čas.
A paprskem se spustilo Světlo
Ke světům, v černém prostoru, pustém, nacházejícím se.
A kruh každý z každého světa, a blízké Světlu a důležité,
Dokud nenajdeme svět materie naší v bodě středovém,
Uvnitř všech kruhů, v centru zející prázdnoty.
A tak odsunut z nekonečného – dále než všechny světy,
A proto, materiální tak naprosto nízký –
Vždyť uvnitř kruhů všech se on nachází –
V úplném středu zející prázdnoty.

Pokusíme se podrobněji rozpracovat tuto unikátní zprávu o Stvoření světa, napsanou před 500 lety.

Komentář vědce-kabalisty, doktora M. Laitmana.

Věz, že do počátku stvoření bylo pouze Vyšší, vše samo sebou naplňující, Světlo.

ARI říká, že původně existovalo pouze *jednoduché*, ničím neohraničené Světlo. Toto *Světlo* je pro nás Stvořitel, jelikož On nás stvořil – stvoření, přání se Jím potěšit. Kromě tohoto *Světla* na počátku nic neexistovalo.

A nebyl svobodný, nezaplněný (tímto Světlem) **prostor.**

Co znamená svobodný? To znamená, že nebylo v tomto prostoru nic, co by vadilo *Světlu*, odtlačovalo jej. Neexistoval prostor, nenaplněný *Světlem*, osvobozený od něho.

Obr. 6.3. Model světa Nekonečna.

Jenom nekonečné, stejnoměrné Světlo sebou vše zalévalo.

Jenom nekonečné – bez hranic, ničím neohraničené, **stejnoměrné** – bez jakýchkoliv změn, protože změny také vypovídají o určitých hranicích. Když hovoříme o takovém stavu, jde o *svět Nekonečna*, protože máme na mysli projevení se *Vyššího Světla* v nějakém místě, které naplňuje úplně, nekonečně, absolutně stejně, bez jakýchkoliv změn.

A když On se rozhodl stvořit světy a stvoření, jež následují...

A když On se rozhodl – toto Vyšší stejnoměrné *Světlo* – **stvořit světy**, to znamená, že On se rozhodl ukrýt Sám Sebe, postupně zkracovat svou přítomnost v tom místě, které předtím zaplňoval absolutně, kde se úplně otevíral. To znamená – vytvářet stupně ukrytí, zvané *světy* (*světy* = ukrývání Stvořitele).

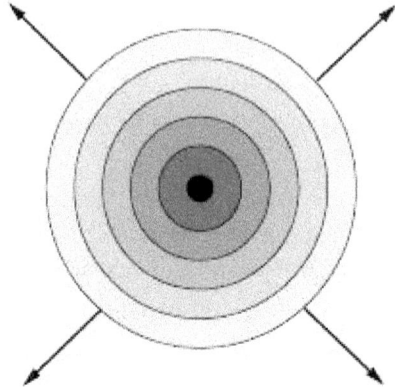

***Obr. 6.4.** Zkrácení Vyššího světla.*

Z toho je pochopitelné, proč On začal ukrývat Sám Sebe a postupně zkracovat Svou přítomnost: aby se díky *zkracování* projevila stvoření, která tyto *světy* osídlila. Stvoření se v těchto místech mohou rodit v té míře, v jaké *Světlo* (Stvořitel) Samo Sebe ukrývá.

Tím otevřel dokonalost Svou.

Zejména svým *zkrácením*, ukrýváním Sebe Samého, projevuje Svou dokonalost. My to absolutně nechápeme, ale doopravdy je tomu tak, protože *zkrácení* Sebe Samého je pro Stvořitele mnohem složitější, než se otevřít, jelikož zkrácení pro Něho znamená zmenšení množství průchozího *Světla*, dokonalosti, blaha.

Připravuje stvoření ke zrození a k tomu, aby mohla existovat samostatně. V takové míře, v jaké On skrývá Sebe Sama, se stvoření cítí existující samostatně, bez Stvořitele. Tento proces pokračuje až do stavu, kdy je Stvořitel ukrytý úplně a stvoření se cítí jako jediné existující ve vesmíru. Absence Stvořitele je to, co pociťujeme v *našem světě*. Takový stav je vytvořen proto, abychom nyní, vycházejíce z něho, mohli postupně, samostatně odhalit Stvořitele – objevit právě Jeho dokonalost. O tom píše ARI dále.

Což bylo příčinou Stvoření světů.

Vše, co je stvořeno, *světy* a stvoření v nich, existuje pro odhalení dokonalosti Stvořitele. Není to podobné tomu, jak vnímáme něčí dokonalost v *našem světě*. Nacházíme se dole a díváme se na Něho zdola Vzhůru.

Odhalit dokonalost Stvořitele znamená se pozvednout až na Jeho úroveň, stát stejným, jako je On. Stvořitel není dokonalý proto, aby nám mohl ukázat svou dokonalost. On nás dělá dokonalými a Sobě rovnými!

Jak to On učinil?

Zkrátil On sebe ve svém středovém bodu.

To byla jeho první činnost: Stvořitel začal Sám Sebe odstraňovat z centrálního bodu *Světla*. Proběhlo *zkrácení*.

A smrsklo se Světlo a zmizelo.

Světlo se kvalitativně smrsklo a zmizelo, to znamená, že proběhla regrese jeho kvality a intenzity.

Ponechavši svobodné, ničím nenaplněné místo.

Osvobozené od Jeho vlivu na nás (jak se nám zdá). Zkrátil se před námi, ukryl Sám Sebe, co se týče nás ale nikoliv Sebe Samotného. Nyní společně existujeme v mnohorozměrném prostoru, kde jsou různé plochy a různé rozměry, pouze je necítíme, procházejí skrze nás. Existují tady *Vyšší světy* i Stvořitel a *svět Nekonečna*, vše se nachází na jednom místě. Stvořitel ukrývá Svou přítomnost pouze před stvořeními, a proto se stvoření cítí svobodná. To také znamená – **ponechavši svobodné, ničím nenaplněné místo** – před stvořeními.

A rovnoměrným bylo stlačení Světla kolem centrálního bodu.

Co znamená rovnoměrné? Stvořitel ukryl Sám Sebe tak, že stvoření necítí ani jednu z Jeho vlastností. Navíc nepociťujeme ani jednu z jeho vlastností ve větší či menší míře, když ho začínáme poznávat. Projevení Stvořitele před námi je rovnoměrné. Vnímáme Ho, jakoby vznikal z mlhy, postupně se vynořuje celý Jeho obraz, Jeho vlastnosti, v souladu se všemi nápravami v našich deseti *Sfirot*.[194]

Kli je vždy složené z deseti *Sfirot* a vždy jej naplňuje alespoň minimální *Světlo*, cítění Stvořitele.

A rovnoměrným bylo stlačení Světla kolem centrálního bodu.

---

[194] **Deset *Sfirot*** – části všeobecného přání se potěšit Světlem Stvořitele, které jsou rozděleny podle obrazu budoucího člověka. Rozbití celistvého přání na oddělené části, *Sfirot* (vlastnosti) je nutné proto, aby bylo možné tato přání přenést na člověka, do jeho egoismu a přivést ho z krajně vzdáleného stavu „tohoto světa" do „světa Nekonečna."

Tento bod byl zpočátku středovým bodem *Světla*, nyní se stal středovým bodem stvoření (nás) – *Malchut světa Nekonečna.*[195] Je to *Lev HaEven*[196] – naše podstata, kterou nejsme schopni napravit.

Tak, že místo pusté formu kruhu získalo,

Jelikož takovým bylo zkrácení Světla.

Stvořitel záměrně zkrátil Sám Sebe právě tímto způsobem, aby ponechal prázdný kruh, kde není ani vrch, ani spodek, ani žádné hranice.

A tu, po jeho smrštění, ve středu Světlem zaplněného prostoru

Vznikla kulatá prázdnota, pouze tehdy se

To znamená, že se objevila dokonalá prázdnota, kdy stvoření pocítilo samo sebe jako ve vakuovém stavu a nacházelo se ve své vlastní moci bez veškerého spojení se Stvořitelem.

Objevilo místo, kde mohou Stvoření a stvoření existovat.

Podle míry absence vlivu Stvořitele nám může vládnout přání přijímat – stvoření. Když taková podmínka vznikla.

A tu, protáhl se z nekonečného Světla – z *Obklopujícího světla*, které se vzdálilo za hranice kruhu, **– paprsek přímý.**

To znamená, že se uvnitř něho objevilo prázdné místo, obklopené *Světlem*; z tohoto *Obklopujícího světla* uvnitř kruhu se spustil paprsek Světla jakoby po jeho poloměru.

A tu, protáhl se z nekonečného Světla paprsek přímý,

Spustil se Shora dolů, dovnitř prostoru toho pustého.

Protáhlo se, spouštějíc se po paprsku, Světlo nekonečné dolů,

A v prostoru prázdném tom stvořil naprosto všechny světy.

Postupné spouštění *Světla* zvenku dovnitř kruhu, směrem ke středovému bodu, způsobovalo objevování a skrývání Stvořitele, což se nazývá *světy* (míry ukrytí *Světla*, míry ukrytí Stvořitele). To znamená, že z

---

[195] **Malchut světa Nekonečna** – stav *Malchut* (přání přijímat, stvoření), ve kterém se naplňuje bezmezně, bez veškerého ohraničení, se nazývá Nekonečnem (*Ejnsof*). Tato Malchut Nekonečna (*Malchut de-Ejnsof*) je také svět Nekonečna.

[196] **Lev HaEven** (dosl. „kamenné srdce") – část v *Malchut*, která absolutně není ve stavu cítit vlastnosti Světla. Tato část se nazývá naším „Já" a navždy, až do Konce nápravy, zůstává egoistická.

nekonečné míry – úplného projevení Stvořitele až ke středovému bodu – jeho úplného ukrytí, nyní existují *světy*, které odpovídají ukrytí Stvořitele.

Takže zpočátku existoval kruh, absolutně zaplněný *Světlem*. Pak následuje stav: *Světlo* úplně mizí, ze středového bodu vyšlo ven a ponechává prázdné místo. Následující stav: prázdný prostor v centrálním bodě, ve kterém mohou existovat stvoření. Obklopující světlo[197], které existuje kolem prázdného místa, začíná postupně sestupovat až k černému bodu.

Zpočátku bylo *Světlo* nekonečné, neohraničené, pak samo sebe začíná zkracovat až k centrálnímu bodu tak, že bod zůstává absolutně prázdný. Míry *zkrácení Světla*, koncentrované kolem, se nazývají *světy*. Celkově je takových *zkrácení* pět.

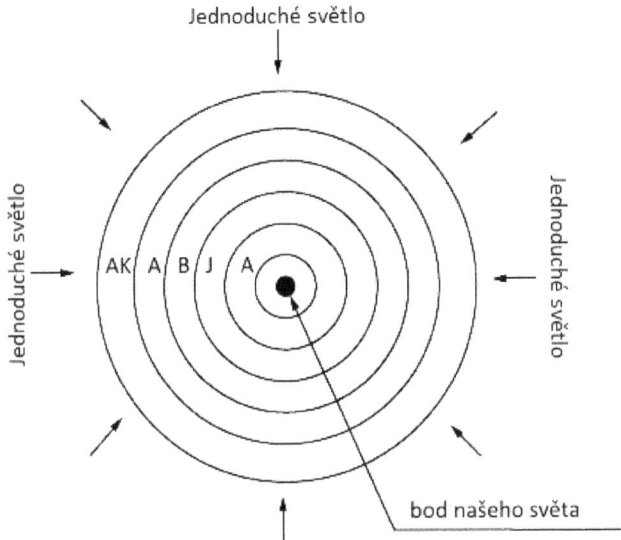

Obr. 6.5. *Světy – pět úrovní zkrácení Světla.*

Protáhlo se, spouštějíc se po paprsku, Světlo nekonečné dolů,
A v prostoru prázdném tom stvořil všechny světy.

---

[197] **Obklopující světlo** – Světlo, které je předurčené k tomu, aby bylo oděvem pro jednotlivý stupeň, ale zatím se v něm zadržuje za jakousi hranicí. Toto Světlo je garantováno, to znamená, že neponechává žádnou možnost se před ním „zachránit". Nutí svým tlakem *Kli* se měnit, očišťovat se.

Co znamená „protáhnout *Světlo* po paprsku"? Existuje kruh s bodem, nacházejícím se ve středu a v tomto kruhu vytváří Stvořitel tenký paprsek *Světla*, který směřuje k centru a který má název „Kav Ejnsof" (*Linka Nekonečna*). Tento paprsek prochází až do určité úrovně a člení se tady jako cyklické kolo, vytváří tak *svět* – projevení Nekonečna. Nekonečno se během určitého časového období[198] již projevuje v menší míře.

První *svět* – *Adam Kadmon.*[199] Následně *Světlo* sestupuje po tomtéž paprsku a opět vytváří kruh, který nazýváme *světem Acilut*[200], atd. Takových *světů* existuje pět. Ovšem tato Linka – *Kav*[201] – nedosahuje až k centrálnímu bodu. *Kav* dosahuje k *Sijum*[202] a *náš svět* se nachází pod Sijum[203] a všechny ostatní *světy* jsou okolní. Musíme vyjít za hranice všech *světů* a spojit se s Nekonečnem pomocí této Linky. O Stvoření světů kolem *našeho světa* je možno zjistit podrobněji z druhého dílu TES.[204]

---

[198] **Čas** – následnost událostí v duchovním světě.

[199] **Adam Kadmon (AK)**, (z hebrejštiny „**Adam**" – člověk, „**Admon**" – prvotní) – svět, který předchází člověku. Myšlenka, v důsledku jejíž realizace se člověk může úplně podobat Stvořiteli.

[200] **Acilut** – systém řízení, působící na tyto světy: Bri'a, Jecira, Asija.

[201] **Kav (linie)** – paprsek Světla – určuje dostupnost rozdílů nahoře – dole, což předtím nebylo (ve světě Nekonečna) a také určuje, že jeho svit je mnohem menší ve srovnání s předešlým, neohraničeným zářením.

[202] **Kav dosahuje k Sijum** – Světlo se rozprostírá ve třech stádiích, kromě čtvrtého, kde se objevuje *Sijum* (hranice rozšiřování Světla).

[203] **Sijum** – nižší hranice *Sof* (konečná část, která zůstává nezaplněná kvůli absenci odpovídající clony), nese název *Sijum* (ukončení).

[204] **TES (*Talmud Eser Sfirot*)** – „Učení deseti *Sfirot*" – základní učebnice kabaly. Hlavní odkaz Ba'ala HaSulama. Ba'al HaSulam je známý jako autor komentářů „Sulam" ke „Knize Zohar". Dílo „Učení deseti *Sfirot*" však poskytuje sílu, nutnou pro překonání hranice, rozdělující náš a Vyšší duchovní světy, těm, kteří se snaží vejít do Vyššího světa.

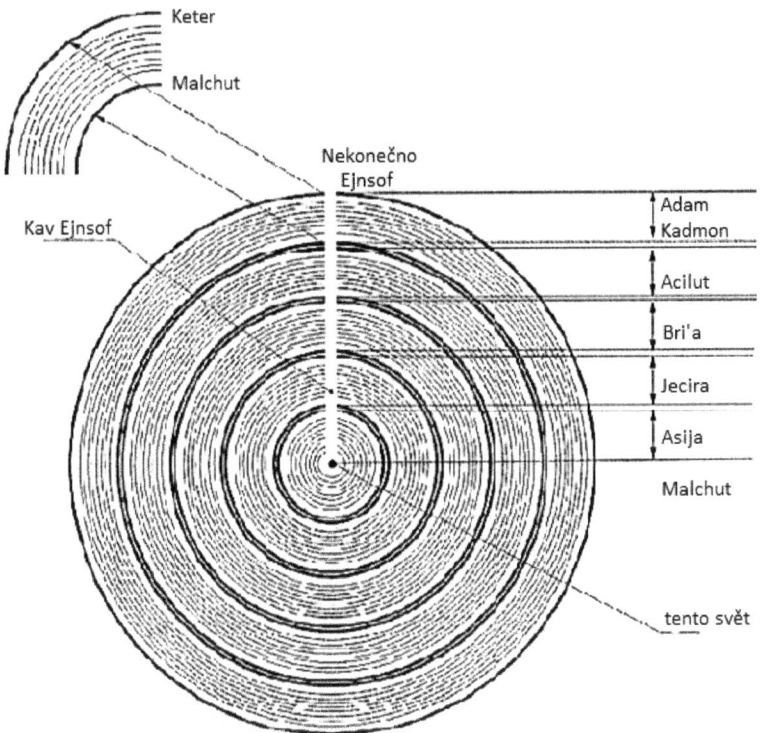

Obr. 6.6. *Světy a jejich řízení po lince Shora dolů.*

A v prostoru prázdném tom stvořil naprosto všechny světy.

Před těmi světy bylo nekonečné,

V dokonalosti natolik překrásné své,

Že není síla ve stvořeních poznat dokonalost Jeho –

Zejména toto bylo také problémem. **Před těmi světy** – do *zkrácení* – **bylo nekonečné** – *Světlo*, které zaplňovalo celý kruh, to znamená, úplně samo sebou ozařovalo tento stav, **v dokonalosti natolik překrásné své, že ve stvořeních není síla poznat Jeho dokonalost.** Proto také *Světlo* zmizelo – aby dovolilo existovat stvořením.

Vždyť nemůže stvořený rozum dosáhnout Jej.

Vždyť nemá místo, ni hranic ni čas.

To znamená, že se *Světlo* vzdaluje proto, aby svou absencí vytvořilo tři parametry: místo,[205] přemisťování[206] a čas.[207] To jsou kategorie, bez kterých nejsme ve stavu *Světlo* poznat. V našem nenapraveném stavu, v *našem světě*, tyto tři parametry ovládáme. Jak se duchovně napravujeme, pozvedáme se nad čas a přemisťujeme se na místo, které je absolutně naplněné *Světlem* Stvořitele. Jakým způsobem?

Již v 11. století velký kabalista RAMBAM[208] (Majmonid), jenž žil v letech (1135-1204), napsal,[209] že se v *našem světě* jeví rychlost Světla maximální. (Je zajímavé objevit takové vyjádření u člověka, který žil v 11. století, protože na základě vědy jsme to zjistili až ve 20. století). Dále psal, že když získáváme s pomocí *clony* nápravu našich pocitů, vstupujeme „na úroveň, která je vyšší než rychlost Světla". To se nazývá „vstup na úroveň nehybnosti", tam, kde není pohyb a čas.

Jelikož nad úrovní rychlosti Světla vše tuhne a rozvíjí se pouze uvnitř napravených nebo nenapravených přání, člověk vnímá pohyb jen jako přiblížení nebo oddálení vzhledem k vlastnostem Stvořitele. Vše ostatní je absolutně bez pohybu a vůbec se nepociťuje.

Aby člověku poskytl možnost postihnout tento dokonalý stav, bylo nezbytné se zprvu vzdálit a zanechat mu schopnost pocítit tyto stavy pouze v jejich nejmenších projevech: za přítomnosti času, pohybu a místa. Nenapravuje se prostor, ani čas či činy. Jsou to naše vnitřní pocity, které jsme takto pojmenovali, ve skutečnosti však takové kategorie v přírodě neexistují.

---

[205] **Místo (prostor)** – přání se potěšit je „místem", ve kterém cítíme všechny naše pocity: radost-hoře, sladké-hořké, lásku-nenávist, zlost-radost, jinými slovy, utrpení nebo potěšení.

[206] **Přemisťování (pohyb)** – to je změna přání, která vede k objevení, zrození nových Kelim (nádob).

[207] **Čas** – to je následnost činů v duchovním světě.

[208] **RAMBAM** – zkrácené jméno rabiho Moše ben Majmona nebo také Majmonides (1135 – 1204) – velký učenec: kabalista, filozof, doktor. Autor díla „Průvodce zbloudilých" (r. 1190).

[209] **Poslání Majmonida**, vydání arabského textu, překlad do hebrejštiny, komentář I. Šilata, kniha 1 – 2, Jeruzalém, 1987 – 1988.

Jestliže napravujeme naše pocity, pozvedáme je na vyšší, pravdivou úroveň, vstupujeme do širšího objemu vesmíru. Takto dosahujeme stavu, kdy pro nás mizí pocit času, pohybu a prostoru.

RAMBAM také píše, že se všechny ostatní *světy* nacházejí „nad rychlostí Světla" ve srovnání s naším. Náš *svět* se nachází „pod rychlostí pozemského světla". Přechod z *našeho světa* do Vyššího znamená přechod z pozemského světa na duchovní.

Před těmi světy, to znamená před speciálně Stvořitelem stvořených *zkrácení,* **bylo absolutně nekonečné Světlo.**

V dokonalosti natolik překrásné své ozařovalo sebou veškerý prostor,

Že není síla ve stvořeních poznat dokonalost Jeho –

Vždyť nemůže stvořený rozum dosáhnout Jej.

Vždyť nemá místo, ni hranic ni čas.

A paprskem se spustilo Světlo

Ke světům, v černém prostoru, pustém, nacházejícím se.

A kruh každý z každého světa...

Vytvořil se kruh každého *Světa*, každého stupně. Proč vznikly tyto stupně, těchto pět *světů*? Protože ve stvořeném stvoření existuje 5 úrovní *Ovijutu*[210]. V souladu s tím, jak *Světlo* přichází na nulovou úroveň *Ovijutu*[211] a působí v ní, ihned ji naplňuje a tím vytváří první *svět*.

Když *Světlo* přichází k úrovni „*Ovijut jedna*"[212] a naplňuje ji, vytváří další *svět,* atd. Tudíž je *svět* zaplnění *Světlem* jedné z pěti úrovní *Ovijutu,* stvořeného při Stvoření.

A paprskem se spustilo Světlo

Ke světům, v černém prostoru, pustém, nacházejícím se.

A kruh každý z každého světa, a blízké Světlu a důležité,

---

[210] *Ovijut –* síla, hloubka přání (měří se na škále od 0 do 4).
[211] **Nulová úroveň *Ovijutu*** (*Šoreš*) – zárodek přání, stav, kdy se člověk úplně anuluje a rozpouští se ve Stvořiteli.
[212] *Ovijut* **jedna** (*Alef*) – nepoznané, nerozvinuté přání ke Světlu (Stvořiteli).

Čím blíže je kruh k Nekonečnu (vnějšímu okolí), tím vyšší a důležitější je *svět*, protože je v něm *zkrácení* menší, jelikož je více vzdálen od centrálního (pustého, černého) bodu.

Dokud nenajdeme svět materie naší v bodě středovém,
Uvnitř všech kruhů, v centru zející prázdnoty.

To znamená *tento svět*, centrum kruhu, kde absolutně chybí projev veškerého *Světla*. Všechny kruhy se rozprostírají kolem tohoto centrálního bodu. Z jedné strany proto, aby se *svět Nekonečna* vůči němu zkrátil, z druhé strany, jestliže si centrální bod, *duše*, neboli my, přejeme pozvednout, pak nám tyto *světy* pomáhají, stávají se stupni našeho rozšíření. Centrální bod nakonec musí ovládat všechny *světy*, rozšiřovat se a naplnit opět celý kruh *Světlem*. Proč?

Zpočátku naplňuje kruh svými napravenými vlastnostmi. Stvořitel mizí a ponechává zde pouze náš *Ovijut* a my nyní musíme s pomocí *clony* napravit pro odevzdávání celý *Ovijut*. Potom se znovu projeví *Světlo*, které existuje v tomto kruhu, ale skrývá se před námi. Projeví se v našich *Kelim* s pomocí *clony* a kruh se opět zalije *Světlem Nekonečna*. To už však proběhne díky našemu úsilí. Poznáváme tudíž celé stvoření, dostaneme celé *Světlo* Stvořitele a budeme v síle, objemu a jednání rovni Stvořiteli.

A tak odstraněn z nekonečného – dále než všechny světy,
A proto, materiální tak naprosto nízký –
Vždyť uvnitř kruhů všech se on nachází –
V úplném středu zející prázdnoty…

ODDÍL III. SCHÉMA VESMÍRU

Ve třetím oddíle je uveden nejobsáhlejší materiál, co se týče nových informací: rozebírá se zde celé schéma vesmíru od Myšlenky Stvoření do zrození duchovní konstrukce, prototypu všeobecné *duše*, zvané *Adam HaRišon*. I my jsme částečky této *duše*. Téma je založeno na článku Ba'ala HaSulama „Úvod do vědy kabaly" a považuje se za klíčové pro následující studium kabalistické literatury. Materiál si není jednoduché osvojit, jelikož obsahuje množství kabalistických termínů a definic, které je třeba si přesně pamatovat. Nabízí se zde velké množství schémat a náčrtků, reprodukujících strukturu a mechanizmy působení Vyšší přírody na člověka. Zvláštní jazyk dovoluje kabalistům popsat realitu, kterou poznali svými smysly, ale která pro nás není zjevná.

Úvod

Není pochyb o tom, že člověk v *našem světě* nemůže žít bez určitých znalostí o přírodě, o prostředí, které ho obklopuje.

Stejně tak *duše*[213] člověka nemůže existovat ve *Vyšším světě*,[214] jestliže nepozná strukturu duchovních *světů* a jejich činnost. Dítě, které přichází na svět, to znamená, když se objeví v *našem světě*,[215] nezná nic a všechny informace, nezbytné pro jeho život, mu sdělují rodiče.

Existuje a rozvíjí se díky starosti otce a matky. Dítě vyrůstá a získává znalosti a zkušenosti. Postupně se učí samostatně se orientovat v okolí.

---

[213] **Duše** – duchovní orgán, postupně se rodící v člověku, který se nachází v našem světě. Zrození duše označuje etapové objevení pocitu z působení duchovních sil, vznik minimálního pocitu Stvořitele.

[214] **Vyšší svět** = Duchovní svět – existující podle zákonů vlastnosti odevzdávat. „Vyšším" se nazývá proto, že vlastnost dávat je příčinou, kořenem našeho světa a on sám je následkem, zcela řízeným z duchovního světa.

[215] **Náš svět** – obraz, který cítíme (stvořením) prostřednictvím pěti smyslů (zrak, čich, hmat, chuť a sluch).

Když dospěje a naučí se získané znalosti využívat ve svých zájmech, člověk odchází od rodičovské péče do velkého světa.

Podobnými stádii rozvoje prochází i *duše* člověka, dokud se člověku nepodaří pochopit podstatu moudrosti kabaly v její absolutní úplnosti. Bez toho *duše* nemůže dosáhnout dokonalosti. Ne, že by sama znalost kabaly zajišťovala rozvoj *duše*, prostě má takový vnitřní charakter. Není však schopná samostatného fungování bez určitého množství znalostí, proto růst *duše* závisí na jejich úrovni.

Jde o to, že by *duše* mohla trpět, kdyby se rozvíjela bez znalostí. Příroda předvídavě nedala novorozenci schopnosti samostatného rozvoje. Vždyť dítě nemá rozum, ale má sílu a mohlo by si ublížit.

Právo na existenci v duchovních *světech* obdrží pouze ten, kdo předem získal znalosti o jejich struktuře. Než přistoupíme ke studiu systému duchovních *světů*, je nutné si prohlédnout, jak v nich fungují hlavní faktory *našeho světa*.

Ve *Vyšších světech* neexistují stejné fyzické definice jako čas, prostor a pohyb (již v *našem světě* mění svůj vzhled: během rychlostí, blížících se rychlosti světla, čas směřuje k nule, hmotnost do nekonečna a prostor se smrskává do bodu).

Místo času vidíme v duchovních *světech* kauzální spojení, přechod jednoho stavu do druhého, přeměnu forem. Jestliže se zeptáte, kolik času bylo potřeba, aby proběhly různé procesy, otázka nebude mít smysl, jelikož se čas chápe pouze jako následnost činností.

Proto se v kabale materiál učí řetězově – od příčin každého jevu k jeho následku nebo od začátku stvoření[216] do jeho gradujícího konce, což je jedno a to samé.

Místo je tělem obývaná část prostoru v neurčité pozici na škále duchovních vlastností a kvalit, kde sto je podmíněné vlastnostmi Stvořitele[217] a nulou se označuje prvotní vlastnost stvoření.

Přesun v duchovním *světě* je tudíž změna vlastních vlastností duchovního objektu. Ten se jakoby v duchovním prostoru přemisťuje po škále odpovídajících hodnot (blíže nebo dále ve vztahu ke Stvořiteli). V duchovním *světě* však objekt nemizí, vzniká tam pouze jeho nová forma.

---

[216] **Stvoření** – stvořené z ničeho, přání získat potěšení.
[217] **Stvořitel** – obecná příroda celého vesmíru; přání dávat, těšit.

Jinými slovy, se vznikem nových vlastností se z duchovního objektu odděluje jeho obnovená forma a předchozí pokračuje v existenci stejně jako dřív. Duchovní tělo se po změně svých vlastností ve stejném okamžiku oddělí od starého těla a začne existovat samostatně.

Objeví se tudíž dvě duchovní těla. Tak se rodí nové duchovní objekty. (Mimochodem, i v *našem světě* zárodky, které se nacházejí v lůně matky, jsou zároveň součást jejího organizmu a zároveň oddělená existence. Příčina konečného oddělení spočívá v získání určitých vlastností, které jsou odlišné od mateřských vlastností).

Pokoušíme-li se najít kabalistickou definici chápání prostoru, času a pohybu, je třeba určit, jakou terminologii můžeme využívat. Vždyť musíme mluvit o věcech, které nepozorujeme osobně, chceme předat informaci o *světech*, které necítíme. Jak si tedy můžeme být jisti, že jsme se navzájem pochopili?

V *našem světě* existuje mezi lidmi společné cítění, ale jak předat společníku znalosti o objektu, který nikdy neviděl? V takovém případě přecházíme na jazyk analogie: „vypadá to jako to a to...", „je to podobné tomu". Ale co když jsem přišel z jiného světa, ve kterém vše vypadá jinak než v tom našem? Jak mám popsat svůj svět? To je možné pouze v případě, že je přítomno spojení světů.

Ba'al HaSulam ve své předmluvě ke knize „Zářící a vysvětlující obličej"[218] píše, že vše, co existuje v našem světě, je zrozeno ve světě duchovním. Všechny věci sestupují od Stvořitele, procházejí skrze čtyři systémy světů, sestupují do našeho světa. A tak v našem světě není nic, co nemá kořen ve světě duchovním. Proto kabalisté považovali za možné využít představy z našeho světa pro popsání objektů světa duchovního. Existuje přesné spojení mezi kořenem (duchovním) a větví (materiálním) a několik větví nemůže vyrůstat z jednoho kořene. Proto je možné jmény objektů našeho světa nazývat duchovní kořeny-síly, které vyvolávají život v daných větvích.

Podobný jazyk ovšem může rozpracovat pouze ten, kdo má schopnosti vidět zároveň kořen i větev, příčinu i následek, to znamená, že se nachází v obou *světech* zároveň. Jak uvidíme dále, **člověk, který se**

---

[218] *J. Ašlag:* Předmluva ke knize „Panim Meirot", J. Ašlag – zdroj: Věda kabala, Mezinárodní akademie kabaly, http://www.kabbalah.info/rus (2006).

nalézá v našem světě, může zároveň vejít do světa duchovního – nekonečného věčného světa duší. Žít zároveň v obou *světech*, uvědomit si věčnost a poznat duchovní *světy* během života v *našem materiálním světě*, není-li to důstojný cíl lidstva?!

Do té doby ovšem musíme využívat „jazyk větví", bez uvědomování si kořenů. Kabalistickou terminologii nelze svévolně měnit, poněvadž, jak už bylo řečeno, existuje přesná shoda duchovního a materiálního objektu.

V kabale existují tři základní oddíly a všechny hovoří o pochopení Obecného Zákona vesmíru. Je tam oddíl vědy, který zkoumá postupné *sestupování*[219] *světů*[220] a signálů až do *našeho světa*. Zabývá se výhradně studiem *Vyšších světů*: jejich fungováním, řízením, působením na nás, tím, jak svými činy působíme my na ně a jak v závislosti na našich reakcích působí znova na nás.

Následující oddíl kabaly se zaobírá metodikou rozvoje *duše*, vnitřní části člověka, kterou dostává z *Vyššího světa*.

V daném oddílu kabaly budeme studovat materiál, ve kterém se hovoří o vytvoření materiálního aparátu pro popsání určitých procesů, probíhajících s *duší*. Dovoluje kabalistům, využívat vědecký přístup ve výzkumu; studovat působení duchovních *světů* na sobě samých, analyzovat, gradovat, formulovat spojení signálů, které působí Shora s vlastními reakcemi a naopak; získat praktický výsledek pro optimální realizaci duchovně-energetické části, *duše*.

Matematický aparát kabaly se skládá z:

1. *Gematrie* – číselný zápis duchovního stavu *světů* a *duše*;

2. grafů stavů v závislosti vlivu s*větů* na *duši* a vlivu *duše*, člověka na duchovní *světy*;

3. tabulek a matic všemožného zapojení vlastností *světů* a *duší*.

Poznámka. *Během čtení všech kabalistických textů je třeba si zároveň pamatovat, že kabala, stejně jako každá věda, využívá specifickou terminologii. Pro člověka, který s ní není seznámen, mohou tyto texty představovat popisný, obrazný nebo etický charakter. Proto je kvůli ujasnění významu slov nezbytné používat slovník termínů. Předejdeme tak možným chybám, které způsobují mnohým studentům potíže, dokonce jim mohou studium kabaly znemožnit.*

---

[219] **Sestoupení** = oddálení od prvotního stavu.
[220] **Světy** – míry, stupně ukrytí Stvořitele.

Materiály jsou chronologicky seřazeny podle Stvoření *duchovních světů* takto: *Stvořitel*[221]m – *Kli*[222] – svět *Nekonečna*[223] – *První zkrácení*[224] – *svět Adam Kadmonm*[225] – *svět Nekudim*[226] – *rozbití Kelim*[227] – *svět Acilut*[228] – *světy BJA*[229] Stvoření člověka – pád do hříchu[230] – *Olam HaZe* (náš svět).[231]

---

[221] **Stvořitel** = prvotní příčina = zdroj Světla (potěšení).

[222] **Kli (nádoba)** – uvědomělé přání získat potěšení ze Světla, které je vlastní stvoření

[223] **Svět Nekonečna** – stav, kdy jsou všechna přání uspokojena úplně bez výhrad, bez hranic.

[224] **První zkrácení** – rozhodnutí nikdy více se netěšit Světlem kvůli sobě samému.

[225] **Svět *Adam Kadmon*** – prvoobraz, Myšlenka, následkem jejíž realizace může být člověk úplně podobný Stvořiteli.

[226] **Svět *Nekudim*** – vlastní svět, který se přetvořil *(ve světě Adam Kadmon)* na Rešimo *(informační zápis, vzpomínání)* 2/1 – o tom, že je možné využít pouze altruistické (odevzdávající) přání.

[227] **Rozbíjení *Kelim* (nádob)** – zmizení spojujícího článku – „clony" (záměru „ve prospěch odevzdávání") mezi různými vlastnostmi, přáními. Změna altruistického principu vzájemného působení na egoistický.

[228] **Svět *Acilut*** – systém řízení všech níže položených světů včetně našeho světa.

[229] **Svět *BJA*** – systém světů *Bri'a, Jecira, Asija*, stvořený z odevzdávajících nádob, které se nacházejí uvnitř přijímajících nádob *(GE v AChaP)*, pomocí kterých jsou duše schopné postupně vytvořit clonu (motivaci, záměr) pro transformaci egoistických vlastností na altruistické.

[230] **Pád do hříchu** – rozbíjení nádob (*Švirat Kelim*), v důsledku čehož se smíchaly altruistické (odevzdávající) a egoistické (přijímající) nádoby, přání.

[231] **Náš svět** – vlastnost absolutního egoismu, cítěného na základě našich pěti smyslů, nezpůsobilost získat pro sebe Světlo (potěšení), proto se pociťuje jako prázdnota (utrpení).

Kapitola 7. Myšlenka Stvoření

Přehled

7.1. Prvotní příčina (Stvořitel) – 7.2. Působení Světla
7.3. Postihnutelná a nepostihnutelná realita
7.4. Vnímání světa – 7.5. Svět Nekonečna, clona
7.6. 125 úrovní vnímání – Test

7.1. Prvotní příčina (Stvořitel)

Prvotní příčinou (Stvořitelem) se v kabale nazývá Vyšší řídící síla, kterou charakterizují vědci-kabalisté jako Absolutní dobro.

Uvedeme některé okolnosti o Stvořiteli:

a) Jeho podstatu není možné zkoumat přímo, jelikož jakýkoliv výzkum je možný pouze při dodržování zákona podobnosti vlastností. Je možné jenom analyzovat Jeho vliv: jednou z vědecky přijatých metodik zkoumání. Ta je založena na tom, že se některé objekty s určitými vlastnostmi vystavují vlivu, jehož vlastnosti neznáme a podle *změny vlastnosti* objektu se činí závěry o vlastnostech vlivu;

b) Jeho vliv „*Světlo*"[232] je neustálý, neměnný a jeho stav se určuje jako absolutní klid, jelikož pohyb je následkem pocitu nedostatku;

c) Jeho vliv se vnímá stvořením jako žádoucí a dobrý.

Stvořitel je globální zákon, který na nás sestupuje a který nás stvořil. Zformoval náš Vesmír, vše řídí[233] ohromným množstvím struktur, počínaje elementárními částicemi, buňkami, přes všechny organismy.

Stvořitel je obecná příroda vesmíru. Když vnikáme do této přírody hlouběji, vidíme, že je Stvořitel Myšlenka. Přibližně tak si představoval

---

[232] **Světlo** – předávání informací, citů, potěšení (analogické se světlem v našem světě, dávajícím život, teplo, atd. nebo světlem mysli, uvědomění, poznání).

[233] **Řídí** = cílevědomě rozvíjí.

jediný zákon vesmíru Einstein. Dnes vědci docházejí k závěru, že lze za fyzikálními zákony cítit Myšlenku, jež je řídí. Prakticky to znamená přiblížení k hranicím možného poznání na *tomto světě*. Dále začíná jenom poznání pocitové.

Všechny pocity člověka přicházejí z jeho nitra. Dokonce i ten, kdo ještě nepocítil působení Vyšších sil a neviděl *Světlo* vnitřním zrakem, je schopen si představit, že existuje něco vyššího. Ať bychom to pojmenovali jakkoliv, v tomto jméně se bude odrážet pouze naše vnímání a ne On sám. Například, Vyšší než my, Stvořitel, protože On nás stvořil. Tento Vyšší Sebou představuje jednorodé pole, podobné silovému.

V Sobě Samém tento Vyšší vymezil místo, kde se nijak neprojevuje. Proto se nazývá prázdné, neboť je osvobozené od *Světla*. Vyšší síla tam stvořila člověka, něco, co cítí sebe sama. Člověk je schopen cítit Stvořitele, který ho obklopuje, ale pouze do té míry, do jaké se jeho vlastnosti podobají vlastnostem Stvořitele. Ve svém prvotním stavu člověk cítí jen sám sebe a Stvořitele vnímá jako *svět*, který ho obklopuje, a který se proto jmenuje „*náš svět*".

Z pohledu Stvořitele existujeme v absolutním spojení a souladu s Ním a On nás plně řídí, prostupuje a naplňuje nás i všechen prostor. Ukrytí Stvořitele existuje pouze vůči nám.

Úkol člověka spočívá v tom, aby od první duchovní úrovně, ve které se narodil a cítí jen sám sebe, dosáhl prostřednictvím subjektivního vnímání okolního světa úplného odhalení Stvořitele. Cílem je tohoto stavu dosáhnout ve svých pocitech v době, kdy přání Stvořitele jej potěšit nebude překážet jeho spojení s Ním, jak tomu bylo do momentu odění duše do egoistické[234] a materiální[235] formy.

---

[234] **Egoistický (oděv duše)** – síly, které působí proti sblížení stvoření se Stvořitelem.
[235] **Materiální oděv duše** – cit, pocit na nejnižší úrovni přání (prakticky bez touhy po Světle, Stvořiteli), jenž je vnímán jako materie tohoto světa.

7.2. Působení Světla

Jsou tři základní činnosti, které vykonává *Světlo* nebo Stvořitel. Zpočátku vytváří přání[236], to znamená, že vytváří *duši* člověka. Pak, společně s člověkem, v důsledku jeho prosby a s jeho aktivní účastí Stvořitel člověka napravuje.[237] Poslední činnost může proběhnout pouze v souladu s přáním samotného člověka a v případě, že je k tomu připraven.

Když Stvořitel napravuje člověka, zároveň, v závislosti na stupni jeho nápravy, jakoby se do člověka odíval, naplňuje ho Sebou Samým. Řečeno kabalistickým jazykem, *Světlo* vytváří *Kli*,[238] (*nádobu*), poté *Světlo Kli* napravuje a naplňuje. Namísto slova „Stvořitel" obvykle mluvíme o „*Světle*", to znamená o pocitu projevení Stvořitele.

Pro aktivní zapojení se do nápravy a naplnění, musíme znát, jakým způsobem pracovat, kde se přesně nachází bod pro zapojení našeho úsilí. Jinak můžeme strávit dlouhou dobu hledáním ve zdánlivém pozvednutí se, ale kýženého výsledku stejně nedosáhneme. Zřejmě existuje nějaký klíček, speciální slovo, kód, který opravdu otevírá spojení mezi člověkem a Stvořitelem. Je jenom třeba vytočit správné číslo (neboť mezi námi nějaké spojení existuje) a obnovit, pročistit tuto linku.

Tady jde o to, že dosažení konečného výsledku záleží na tom, co právě člověk od Stvořitele potřebuje během učení. Učení je audience, je to doba, kdy je člověku dovoleno o něco prosit. Hlavní je znát, o co prosit a od možnosti předložit svou prosbu neupouštět. Stejně jako těžce nemocný neustále myslí na to, že se musí vyléčit a nic jiného ho nezajímá, tak i my si musíme uvědomit jedinou naši bolest: to, že neexistuje naše spojení se Stvořitelem. Jestliže se spojení obnoví, vše ostatní bude následovat.

---

[236] **Přání** – nedostatek naplnění (Světla, potěšení).

[237] **Náprava** – změna záměru těšit se kvůli sobě samému na záměr těšit se proto, že si to přeje Stvořitel (Vyšší síla), což vede k získání naplnění díky Stvořiteli.

[238] ***Kli*** **(nádoba)** – napravené přání, vhodné pro přijímání Světla, tzn. už neegoistické, ale se záměrem „ve prospěch dávání", měnící egoismus na altruismus.

7.3. Postihnutelná a nepostihnutelná realita

Zpočátku si ujasníme, co představuje pojem *Acmuto*[239] (nepostihnutelná realita). Pro vyjasnění této otázky se obrátíme na článek Ba'ala HaSulama: „O duchovním dosažení" z knihy „Slyšel jsem":[240]

„Ve světech rozlišujeme množství stupňů a množství atributů. Je nutné vědět: když se hovoří o stupních a atributech, jedná se o to, co duše dosáhly (odhalily, postihly) na základě toho, co přijímají ze světů, avšak v souladu s pravidlem: „To, čeho jsme nedosáhli (neodhalili, nepostihli), nemůžeme nazvat jménem." Slovo „jméno" tudíž poukazuje na pochopení, které je podobné tomu, jak člověk pojmenovává jakoukoliv věc pouze poté, co v ní něco postihl, a v souladu se stupněm svého poznání (duchovního dosažení).

Realita se dělí z hlediska duchovního dosažení[241](odhalení, postihnutí) na tři stupně:

1) Jeho podstata *„Acmuto"*
2) Nekonečno *„Ejnsof"*
3) Duše

Rozebereme každý stupeň podrobněji.

1) O Jeho podstatě vůbec nehovoříme, jelikož kořen a místo stvoření začíná Myšlenkou Stvoření,[242] kam jsou zahrnuty podle principu: „K završní činu dochází již v počáteční Myšlence.".

---

[239] *Acmuto* – nepostihnutelná podstata Stvořitele. Naše vnímání vnějšího světa bude vždy subjektivní, jelikož cítíme pouze působení Stvořitele na nás, ale Jeho Samotného postihnout nemůžeme (jako vůbec vše, co se nachází za hranicemi našeho těla). Proto vše, co existuje za hranicí našich pocitů, nazýváme Acmuto.

[240] J. **Ašlag**: Podstata duchovního dosažení, J. Ašlag. Slyšel jsem. Články. Jeruzalém 1998 (hebrejsky).

[241] **Duchovní dosažení** – je poznání, uvnitř kterého jasně pociťujeme zdroj toho, co rozpoznáváme. Při duchovním dosažení v sobě Světlo nese, kromě potěšení, přesné uvědomění si zdroje potěšení (hloubka tohoto uvědomění závisí na stupni, na kterém se nacházíme) se všemi jeho myšlenkami, plány.

[242] **Myšlenka Stvoření** = úmysl Stvořitele stvořit stvoření, aby mu poskytl maximální potěšení.

2) Nekonečno představuje Myšlenku Stvoření, přání Stvořitele poskytnout potěšení stvořením na úrovni Nekonečna, které je nazvané „*Ejnsof*".[243]

V tom spočívá spojení Jeho podstaty s dušemi.[244] Toto spojení je námi chápáno jako přání těšit stvoření.

Nekonečno je počátkem celého procesu, nazývá se „Světlem bez *Kli*". Právě v něm je kořen stvoření, to znamená spojení mezi Stvořitelem a stvořeními, které nazýváme „Jeho přání těšit stvoření". Toto přání začíná ve světě Nekonečna a sestupuje až do světa *Asija*.[245]

3) Duše, jež přijímají dobro, které je v Jeho přání těšit.

„Nekonečno" znamená spojení mezi Jeho podstatou a dušemi, je námi chápané jako přání potěšit stvoření. Kromě tohoto spojení s přáním potěšit o ničem nehovoříme. Tam začal celý proces (to se nazývá Světlem bez *Kli*), tam je kořen stvoření. Všechny světy jsou samy o sobě jako Světlo bez *Kli* a nejsou předmětem posuzování. Určují se jako Jeho podstata a není vůbec možné je postihnout."

Takže, je nutné rozlišovat dva termíny:

a) Stvořitel;

b) to, co z Něho sestupuje.

Úroveň (a), která je definována jako Jeho podstata, nám nedovoluje o Něm hovořit, jak je řečeno výše. Úroveň (b) – to, co z Něho sestupuje, se definuje jako *Světlo*, které se rozprostírá uvnitř našich *Kelim*,[246] to znamená uvnitř našeho přání přijímat a nazývá se Nekonečnem. Je to spojení, které

---

[243] *Ejnsof* (*Olam*) = bez konce (hebrejsky) = svět Nekonečna – stav, kdy jsou všechna přání uspokojena úplně a bez hranic, bez omezení, to znamená, že stvoření (přání přijímat) neohraničuje rozšíření Světla (potěšení).

[244] **Duše** – na počátku Myšlenky Stvoření byla stvořena jedna duše, zvaná *Adam HaRišon* (První člověk). Ta se rozbila na 600 tisíc částí. Nyní má každá část možnost vyvinout úsilí k nápravě a k dosažení podobnosti se Stvořitelem. **Duše** člověka se skládá ze dvou komponentů – Světla (potěšení) a nádoby (přání k tomuto potěšení). Přičemž nádoba je podstata duše a Světlo, které ji naplňuje je Myšlenka, Stvořitelem připravené potěšení.

[245] **Svět** *Asija* – plně egoistický svět, nejvzdálenější od Nekonečna, ve kterém člověk buď vůbec Stvořitele necítí, nebo cítí Jeho působení jako zlé, přinášející utrpení.

[246] *Kelim* (č. jedn. „*Kli*") = složení částí *Kli* = přání = nástroje vnímání.

má Stvořitel se stvořeními, Jeho přání potěšit stvoření. Přání potěšit se určuje jako rozšiřující se *Světlo*, které nakonec přichází k přání přijímat.

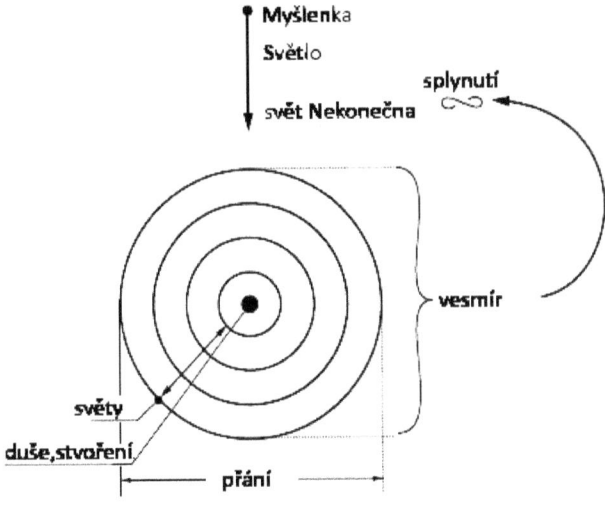

Obr. 7.1. *Myšlenka.*

Dosahování (postihování, odhalování) duchovních světů představuje spojení postihujícího a postihovaného. Při absenci postihujícího nemá postihované formu, jelikož není nikdo, kdo by formu postihovaného přijal. Proto se tento stupeň určuje jako Jeho podstata, kterou není možné posuzovat.

Můžeme začít posuzovat pouze z toho místa, kde naše smysly reagují na šířící se *Světlo* (na Jeho přání potěšit Svá stvoření), které opravdu přichází k přijímajícím.

Můžeme to přirovnat k procesu prohlížení, dejme tomu, stolu: díky našemu hmatu cítíme, že je tvrdý; můžeme určit jeho délku a šířku v souladu s informací, která přichází ke smyslovým orgánům. Nicméně není nutné, aby stůl vypadal stejně z úhlu pohledu toho, kdo má jiné smyslové orgány – například z úhlu pohledu živočicha, který jej vidí tak, jak mu dovolují jeho smysly. Nemůžeme určit formu z pozice živočicha, jelikož nevyužíváme možnosti jeho senzorů.

Z toho vyplývá: jelikož nemáme schopnost poznat Samotného Stvořitele, stejně tak nemůžeme říci, jaká je forma *světů* z jeho úhlu pohledu. Poznáváme *svět* pouze skrze své smysly a pocity. To také bylo Jeho přání, abychom ho poznávali právě takto.

V tom spočívá význam vyjádření: „Světlo se nemění, neprobíhají v Něm změny." Všechny změny probíhají pouze v nádobách, to

znamená v našich pocitech; a vše se definuje našimi představami (takže: podobností).

Z tohoto tvrzení jasně vyplývá, že bude-li několik lidí zkoumat jeden duchovní objekt, každý jej pochopí v souladu s vlastními představami (podobností jemu) a možnostmi svých smyslových orgánů. Proto každý vidí jinou formu. Takže i v samotném člověku se bude forma měnit v souladu s jeho *pozvedáváním*[247] a *pády*.[248] Jak je napsáno výše: *Světlo*,[249] to je *Jednoduché světlo*,[250] všechny změny probíhají pouze v těch, kteří Ho přijímají.

7.4. Vnímání světa

Žijeme-li na *tomto světě*, nemůžeme si představit jiný obraz jeho chápání. Lišíme se podle svého charakteru, nálady, vzrůstu, vzdělání, ale ve výsledku vnímáme jeden a ten samý obraz světa. Existují jasnovidci různého druhu, kteří o něco detailněji zachytávají rozdílné kmity a vibrace. Mohou se o něco hlouběji orientovat v chování člověka a dokonce v nějaké míře zahlédnout jeho minulost, přítomnost a budoucnost. Tyto věci však nevycházejí za hranice možností našich smyslů, zaostřených nebo běžných. V každém z nás je jeden obraz reality, a proto také nevnímáme, že je absolutně neobjektivní a podmíněný našimi přirozenými vlastnostmi vnímání.

Kdybychom měli jiné smysly, či bychom jich měli více nebo méně, vnímali bychom absolutně jinou realitu. Studujeme smysly živočichů: například se zkoušíme podívat na *svět* očima včely nebo využít čich psa. Objevujeme, že vidí svět jinak natolik, nakolik můžeme proniknout do jejich smyslů. Nicméně, tak nebo jinak, přece jen se zabýváme jednou

---

[247] **Pozvedání** – v duchovních světech říkáme posilování spojení se Stvořitelem.

[248] **Pád** – oddalování se od Stvořitele znamená, že se *Kelim*, přání člověka, stávají hrubšími, materiálními.

[249] **Světlo** – působení Stvořitele, cítěné jako potěšení.

[250] **Jednoduché světlo** – nesložené, nerozložené na části, nediferencované. V tomto Jednoduchém světle pouze přijímající určuje úroveň, na které se nachází, a to v souladu se svými vlastnostmi.

životní formou na *tomto světě* – *živočišným* druhem a naše smyslové orgány jsou *živočišného* stupně.[251]

Z našeho úhlu pohledu existují velice zvláštní a neobyčejné živočišné druhy, které vnímají *svět* odlišně. Realita, jež se odráží v jejich mozku, se od té naší liší barvou, zápachem a jinými parametry. Obraz světa závisí u živočichů na systému analyzátorů, které jsou u daného druhu určující (geneticky). Včelí hlavní vizuální systém vnímání se zásadně liší od našeho. Vizuální analyzátor včely vnímá signál nejen viditelného spektra světla, ale i ultrafialové záření, které určuje její chování a funkci.[252] Hlavní orgán psa, čichový je 100-1000 krát citlivější než lidský a sluch převyšuje lidský 3-4 krát. Ty také formují vnímání světa psem.[253] Ovšem stejně se jedná o vnímání prostřednictvím pěti smyslových orgánů.

Obraz, který by vznikl, kdybychom ovládali další smysly, si neumíme představit. Chybí nám zkušenost, nemáme na to reakce, emoce, *Rešimot*.[254] Proto, i kdyby člověk na *tomto světě* vytvořil nebo vymyslel bezpočet přístrojů, nemůže vymyslet nic, co by mu posloužilo jako principiálně nový smyslový orgán.

Vše, co vynalézáme, pouze zvětšuje hloubku nebo šířku vnímání těch samých pěti smyslů: mikroskop, teleskop, detektor frekvencí různého rozsahu (vždyť vše, co zachycujeme, jsou frekvence, vlny). I kdybychom objevili sebevíc vln (viditelných, sluchových, hmatových, čichových, atd.), a rozšířili škálu vnímání sebevíc, stejně je ve výsledku za přístroji člověk, který z nich získává informace pro své přirozené senzory. Obecná reakce všech pěti smyslů vytváří nějaký obraz a tento obraz je velice ohraničen.

Člověk pro sebe nikdy nebude moci vytvořit další smysl nebo, řekněme, dokonale anulovat své přirozené senzory a získat jiné. To je nemožné. Dokonce nevíme, co to znamená. Zajímavé je, že se věda

---

[251] **Živočišná úroveň (stupeň)** – existují čtyři stupně rozvoje přání přijímat: neživý, rostlinný, živočišný a člověk. Živočišná úroveň přání přijímat rodí v každém elementu individuální pocity – oddělený život, liší se od ostatních. Avšak na tomto stupni ještě chybí pocit soucitu vůči někomu jinému, jako je tomu na lidské úrovni.

[252] Experimenty Fiša v roce 1914 a Kuna v roce 1927, podle informací Institutu zoologie AN Ukrajiny.

[253] Podle informací studia katedry Zoologie Helsinské univerzity v r. 1966.

[254] **Rešimot** – vzpomínky, zápis, „stopa" předešlého stavu.

pohybuje kupředu, ale vědci hovoří o ohraničenosti lidského vnímání. Nemohou ovšem mluvit o doplňujícím smyslu. Mají na mysli větší přesnost vnímání v pocitech, větší citlivost a hloubku, ale nepředstavují si, že můžeme mít jiný smysl.

Existuje množství příkladů výzkumů, které se provádějí do a po fyzické smrti člověka. V člověku byla „*duše*" a teď není. Kolik váží? Člověka váží v obou stavech. Testy podobného druhu se provádějí se vší vážností, přesto chybí pochopení toho, že se *duše* může nacházet vně lidského vnímání. To je samozřejmé.

Už jsme říkali, že ve světovém názoru vždy převládal postoj, podle kterého *svět* existuje vně člověka. Já žiji a umírám a *svět* zůstává stejný. Proč? Protože takové jsou mé pocity: žiji, se mnou žijí a umírají lidé, ale *svět* se nemění proto, že žijí nebo umírají. To znamená, že i já mohu žít, nebo zemřít, což nebude mít vliv na obvyklou existenci *světa*. Podle našeho vnímání je tudíž *svět* konstanta, něco stabilně existujícího vně člověka. Probíhají v něm změny, ale existuje.

Nakonec vědci připustili, že vnímání světa závisí na tom, kdo vnímá, na poznávajícím, jak se o tom píše v kabale. Jako první na to upozornil Albert Einstein. Podle jeho tvrzení vnímání světa existuje samo o sobě, avšak mění se v závislosti na rychlosti pohybu toho, kdo vnímá. Podle něho se také mění čas, prostorové charakteristiky a vztahy.

Teorie relativity je tudíž teorií relativního vnímání, které závisí na vnímajícím. Avšak i zde vnímající pouze mění svou rychlost, nemění *světy*, nemění sebe sama. Vnímání *světa* se prostě podle něho mění, jelikož mezi nimi existuje nějaká proměnná rychlost. Je to velice ohraničený přístup, avšak stejně byl svého času revoluční.

Poté dospěl druhý vědec Hugh Everett (1930-1982) ještě dále. Prohlásil, že svět neexistuje konstantně v takové podobě, v jaké se nám jeví, ale spojuje nás cosi existující. Jinak řečeno, existuje nějaký obraz, forma, avšak my ji nevnímáme jako takovou, nýbrž jako identickou vlastním pocitům, vlastním kvalitám. Takže je vnímaný obraz výsledkem součtu osobních vlastností a vlastností *světa*.

I když je Everett méně známý než Einstein, jeho koncepce je stejně revoluční jako teorie relativity. Podle Einsteina je parametrem, který mění vnímání, rychlost, něco, co nesouvisí ani se mnou ani se *světem*, něco, co existuje vně mě. Everett tvrdí: změním-li svoje smysly, zároveň měním i vnímání světa. Uvedl subjektivní bod vnímání: moje vnímání není realita, ale náleží mým smyslům, závisí na nich a určuje se jimi.

7.5. Svět Nekonečna, clona

Nakonec dostává prostor kabalistický přístup, podle kterého, jak vysvětluje Ba'al HaSulam, přijímající v podstatě vnímají vlastní vlastnosti, jejich projekci na *světlo Nekonečna*.[255]

Neexistuje žádný obraz nebo forma, které by existovaly vně mne a já jej vnímal svými smysly tím nebo jiným způsobem, jak tvrdí Everett nebo podle nějaké vnější podmínky, jak tvrdí Einstein. Neexistuje obraz sám o sobě nezávislý na mně (jak se předpokládalo do Einsteina, podle teorie, které se obyčejně říká „newtonovský determinismus").

Kabala tvrdí: neexistuje vůbec žádná forma. Vnímáme vlastní vlastnosti na pozadí Vyššího světla. Obraz, který se před námi objevuje, je obraz našich vlastností a my ho nazýváme Stvořitelem. Můžeme ho však nazývat i stvořením, vždyť vnímáme vzájemné vztahy mezi ním a světem Nekonečna. Proto existuje pouze duše a svět Nekonečna. Duše jsou přání přijímat,[256] které mají clonu,[257] to znamená schopnost přivádět sebe sama do souladu s Vyšším světlem. Obraz, který člověk vnímá, je podmíněn tím, nakolik přivedl sebe sama do souladu s Vyšším světlem. Tento obraz má název „můj svět". Proto má každý své vlastní vnímání světa.

---

[255] **Světlo Nekonečna** = Světlo světa Nekonečna – Světlo (potěšení), které sestupuje z podstaty Stvořitele, námi vnímané jako Stvořitel. Toto Světlo – Vyšší mysl, Myšlenka potěšit stvoření bez veškerého omezení, hranic, diferenciace. Pouze přijímající vyděluje z tohoto homogenního Světla určité kvality (podle svých vlastností).

[256] **Přání přijímat** – nezaplněný prostor, prázdné místo, které se snaží naplnit sebe sama, získat potěšení. Materiál veškerého Stvoření, sestávající z několika úrovní: neživé, rostlinné, živočišné, lidské.

[257] **Clona** (hebrejsky „*Masach*") – je „síla zkrácení", která se probouzí ve stvoření v souladu s Vyšším světlem s cílem předejít samopotěšení. Síla odporu k egoismu (přání přijímat ve prospěch sebe sama) slouží k jeho překonávání.

7.6. 125 úrovní vnímání

V duchovním *světě* ovládá *clona* přání přijímat. Naše přání přijímat se dělí na 125 stupňů nebo úrovní vnímání.[258] Ten, kdo pracuje[259] se svým přáním přijímat, má určitou *velikost clony*[260] a vnímá odpovídající obraz. Každý, kdo pracuje s tou samou mírou přání přijímat a s tou samou *clonou*, vnímá ten samý obraz. Každý, kdo se nachází na daném stupni, vidí to samé, jako všichni, kteří se na něm nacházejí. Ten, kdo mění své přání,[261] a pak následně *clonu*, objevuje jinou formu, jiný obraz. Tak to probíhá na duchovních stupních. Přijímajícímu, to znamená *duši*, přání přijímat se *clonou*, se pokaždé otevírá jiná forma, která je projekcí jeho *clony* na *Vyšší světlo*.

Přání přijímat se za všech okolností skládá z pěti částí a jeho *clona* se také dělí na pět částí. Dá se to přirovnat k našim pěti smyslům. Proto se též vnímaný obraz zachycuje, řekněme, v pěti rozměrech, v pěti formách, v pěti parametrech. Máme sluch, zrak, chuť, čich a hmat – stejně tak máme pět smyslů i v duchovním *světě*. Obraz je vnímán jako pět parametrů, které se společně spojují a objevují se před námi jako obraz *světa*, kde se nachází *duše*.

Ten, kdo nemá *clonu* pro přání přijímat, vnímá *svět* uvnitř svého přání přijímat bez clony, tudíž uvnitř minimálního přání přijímat, ve kterém může bez *clony* existovat. Ale stejně *svět* vnímá podle svých vlastností. Také i my nyní takto vnímáme a toto vnímání se nazývá „*naším světem*".

---

[258] **125 stupňů = 125 úrovní vnímání**. I nyní se nacházíme ve světě Nekonečna a cítíme jej, ale v minimální úrovni, nazývané „tímto světem", „naším světem". Kromě světa Nekonečna a nás doopravdy nic není. Úrovně poznání reality, jediné a nekonečné reality, ve které se nacházíme, se nazývají světy. Existuje pět světů, které se dál dělí na dalších pět nevelkých částí a každá z nich ještě na pět. Tímto způsobem je 125 stupňů uvědomění, porozumění, poznání, cítění a chápání našeho opravdového stavu, ve kterém ve skutečnosti existujeme.

[259] **Pracuje** = studuje = rozvíjí = mění.

[260] **Velikost clony** = síla clony – určuje se v souladu se silou, hloubkou přání, potřeby (na škále od 0 do 4).

[261] **Přání** – nedostatek potěšení a snaha o určitý druh naplnění (způsobem, který nese předpokládané potěšení) vytváří přání. Tak například hlad, jako nedostatek naplnění, se při představě jídla (myšlenky o jídle) formuje na přání se najíst.

Při vnímání všeho vycházíme z možností svých smyslů a na základě toho dáváme názvy tomu, co vnímáme. Pojmenováváme vše v souladu s vlastním pocitem a chápáním, ačkoliv vně nás tento obraz ani pojmenování určitě neexistují. Proto bez člověka neexistuje svět, chybí jména a formy, je jenom světlo Nekonečna.

Kdo však řekl, že existuje *světlo Nekonečna*? *Světlo Nekonečna* také není, to je vztah *Acmuto* (nepoznatelná podstata Stvořitele) ke stvoření. On v nich stvořil těchto pět smyslů a chce, aby Ho objevovali s jejich pomocí. Kdyby nás stvořil v jiné podobě, kterou si nemůžeme představit, samozřejmě bychom také jinak vnímali *svět*, jinak bychom se chovali, chápali a cítili. Jak přesně nelze říci. To, co nikdy nebylo pocítěno, vnímáno, si nelze představit.

Proto vše, co cítíme, je námi vnímáno podle síly jakési jednoty mezi člověkem, jeho smysly nebo přáním přijímat, se clonou a světlem Nekonečna, ve vztahu k němuž neexistují slova, obrazy, jména – nic, o čem by bylo možné něco říci. Kromě jediného – Jeho přání poskytnout blaho Svým stvořením. Tento vztah Shora k nám existuje a neustále se v nás otevírá. Ve skutečnosti je tudíž náš obraz světa určitý vztah mezi našimi smysly. Závisí na stupni jejich souladu se světlem Nekonečna neboli na stupni našeho chápání vztahu Stvořitele k nám jako Dobrého a Tvořícího dobro.

V současnosti nemůžeme v *našem světě* odhalit vše, co vnímáme jako dobro nebo zlo, potěšení nebo utrpení. Naše smysly jsou nedostatečně zaostřeny. Ve smyslech, které pracují se *clonou* ve prospěch odevzdávání,[262] se vztah ke Stvořiteli (vnímání světa) rozděluje pouze v souladu s pocitem potěšení nebo utrpení. Obraz *světa* se skládá ze dvou barev, nazveme je černá a bílá. Rozdíl spočívá pouze v tom, v jaké míře vnímám vztah Stvořitele k sobě jako dobrý – na pozadí vnímání Jeho vztahu jako nedobrého. To závisí na míře napravení mého přání přijímat.

Tak vidím celý *svět*. Celý obraz, který se přede mnou otevírá, se vykresluje pouze na pozadí vztahu těchto dvou věcí: *Světla*[263] a *Kli*

---

[262] **Ve prospěch odevzdávání** (*al menat leašpia*) – záměr (úsilí) odevzdávat, potěšit Stvořitele. Využívání své přirozenosti, svých vlastností s cílem potěšit Stvořitele.

[263] **Světlo** – působení Stvořitele, pociťované jako potěšení.

(*nádoby*),²⁶⁴ dobra a zla. Odhaluji Stvořitele jako Dobrého a zároveň vidím jeho opak, tudíž Ho ještě neodhaluji správně. Tak se formuje obraz vnímání. To samé v nás probíhá i nyní, ale neuvědomujeme si to, necítíme, že tomu tak je.

Člověk tudíž vždy vidí obraz sebe sama, vlastních vlastností na pozadí Vyššího abstraktního Světla. Proto, jak se napravujeme, zvětšujeme stupeň svého souladu se světlem Nekonečna, které je Dobré a Tvořící dobro, abychom dostali celý obraz – ten, který k nám sestupuje od Stvořitele, bez veškerých překážek ze své strany. Tehdy se připojujeme a vracíme se do světla Nekonečna, do světa Nekonečna.

Jinými slovy, tehdy se úplně odhaluje vztah Stvořitele k nám, ve *světle Nekonečna* nevidíme žádný stín, obraz jakoby mizí a uvnitř našich *Kelim* zůstává pouze *světlo Nekonečna*. Naše *nádoby* nepřekážejí, přebývají v téže vlastnosti jako *světlo Nekonečna* a jsou nasměrované na *záměr* ve prospěch odevzdávání bez jakéhokoliv ohraničení, bezmezně. Tehdy *Kli* i *Světlo* působí jako jedno, bez jakéhokoliv rozdílu mezi nimi: probíhá napodobení vlastností. Je to stav, kterého musíme dosáhnout – stav *Konečné nápravy*.²⁶⁵

Na druhou stranu je možné říci: i když se jedná o absolutně bílý obraz bez veškerých odstínů, zároveň do sebe zapojuje všechny obrazy, všechny odstíny a formy, kterými jsme prošli po cestě z *tohoto světa* do *světa Nekonečna* během své nápravy. Neboť všechny formy, všechny přeměny, všechny rozdíly mezi námi a *světlem Nekonečna* zůstávají a nakonec se spojují, aby se staly nádobou, jež zcela odpovídá *světlu Nekonečna*. Usuzujeme-li z úhlu pohledu *Kli*, musíme říci, že sebe sama odhalilo jako absolutně černé, nenapravené. Na pozadí kvality opačné ke *Světlu* (úplně černé, opačné bělobě) jsme využili *clonu* a udělali ji bílou, „vybílili" jsme *nádoby*. Poté nastala podobnost se *světlem Nekonečna* ve všem.

---

²⁶⁴ **Kli** (nádoba) – uvědomělé přání (nedostatek naplnění) přijímat potěšení ze Světla, které náleží stvoření.

²⁶⁵ **Konečná náprava** (*Gmar Tikun*) – konečný stav celého Vesmíru, kdy nejnižší bod stvoření dosahuje téhož stavu, jako ten nejvyšší. Úplná náprava svých vlastností a soulad, úplné splynutí se Stvořitelem.

Test

1. Co je to Nekonečno?
a) spojení *Acmuto* s *dušemi*
b) přání potěšit stvoření
c) nekonečné naplnění
d) všechny odpovědi jsou správně

2. Co je to přání přijímat vybavené clonou?
a) *Světlo*
b) *duše*
c) *svět Nekonečna*
d) Stvořitel

3. Vnímání světa uvnitř svého přání přijímat bez clony říkáme...
a) *náš svět*
b) *Jednoduché světlo*
c) *duše*
d) *Acmuto*

4. Stav konce nápravy je...
a) opačný vlastnostem Stvořitele
b) podobný vlastnostem Stvořitele
c) opačný *záměr*
d) získání formy

5. Kolik částí je v přání přijímat?
a) 3 části
b) 4 části
c) 5 částí
d) 6 částí

Odpovědi: 1d) 2b) 3a) 4b) 5c)

Kapitola 8. Rozvoj přání

Přehled

8.1. Stádium rozšiřování Přímého světla a rozvoj přání
8.2. Nulové stádium – *Keter (Bchinat Šoreš)*
8.3. První stádium – *Chochma (Bchina Alef)*
8.4. Základní stavy stvoření
8.5. Druhé stádium – *Bina (Bchina Bet)*
8.6. Třetí stádium – *Ze'ir Anpin (Bchina Gimel)*
8.7. Čtvrté stádium – *Malchut (Bchina Dalet)*
8.8. Rozvoj přání – Test

8.1. Stádia rozšiřování Přímého světla a rozvoj přání

Začínáme se studiem kabaly na základě pochopení existence jediného a jedinečného Stvořitele, který má jediné přání – potěšit stvoření. Přání potěšit stvoření je nejvyšší stupeň. Dosahujeme-li jej, cítíme Myšlenku Stvořitele, která je začátkem Jeho Stvoření, Myšlenku stvořit nás. Do té doby, než dosáhneme *Konečné a úplné nápravy*, Myšlenku Stvoření (stvořit stvoření se záměrem ho potěšit) nepostihneme a nezískáme dokonalé potěšení, nasycení, naplnění, podobnost se Stvořitelem.

Stvořitel se nachází na vyšší úrovni a přeje si nás stvořit, aby nás přivedl na Svou úroveň a splynuli jsme s Ním. Pakliže je On Jediný a Dokonalý, samozřejmě je jediný dokonalý stav, když se s Ním nacházíme ve shodě, totožnosti. V souladu s tímto stavem nás také stvořil – naše *prvotní přání přijmout potěšení*.

8.2. Nulové stádium – *Keter (Bchinat Šoreš)*

> Myšlenka Stvořitele spočívá v tom, aby ve stvoření vytvořil přání se potěšit, shodné s tím potěšením, které zažívá Stvořitel.

Tento stav se nazývá nulovým neboli *Šoreš (kořen)*, *Keter*. Vztahuje se k přání samotného Stvořitele, k Jeho cíli.

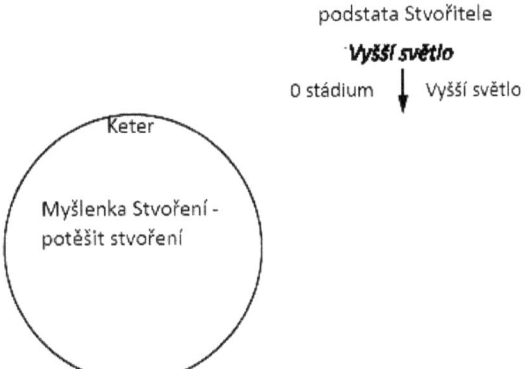

Obr. 8.1. *Nulové stádium, Keter, Bchinat Šoreš.*

8.3. První stádium – *Chochma* (*Bchina Alef*)

Druhý stav, který Stvořitel vytváří, je první ze stvořených. Je to přání se potěšit, 1. stádium „*Alef*", *Chochma*. Světlo, které naplňuje toto *Kli*, se nazývá *Or Chochma*.[266]

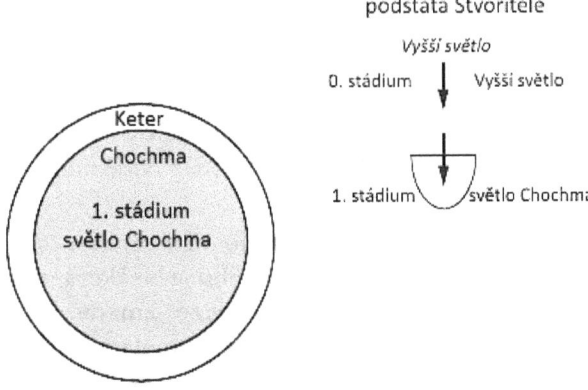

Obr. 8.2. *První stádium, Chochma, Bchina Alef.*

---

[266] **Světlo (*Or*) *Chochma*** – veškeré Světlo, které sestupuje od Stvořitele, to znamená Světlo, které v sobě zahrnuje vše, co si nám Stvořitel přeje dát, určuje se jako podstata a život stvoření.

V tomto stavu si stvoření prostě přeje obdržet *Světlo*, které sestupuje od Stvořitele, nulového stádia, dělá to nevědomě (je tak stvořeno) a absolutně nevnímá samo sebe. Neexistuje zde svobodná vůle, nevyskytuje se vlastní, samostatné, ze stvoření vycházející přání. Stvoření prostě existuje jako *neživá* příroda v *našem světě*, která vzniká jako následek tohoto stavu. Proč *neživá*? Protože existuje v té podobě, v jaké byla stvořena proto, aby udržovala svoji existenci na téže úrovni, v tom samém stavu. Na tomto stupni funguje zákon úplného uchování obrazu, stvořeného Shora.

Ba'al HaSulam o tom píše ve své knize: „Slyšel jsem":[267]

„**Neživé, to je stav, ve kterém není svoboda a vláda nad sebou samým; neživé se nachází pod vládou Pána a přání Pána musí plnit**" – vše, co dělá Stvořitel, plní stvoření zcela a bez veškerých zásahů z jeho strany. „**Ale jelikož Stvořitel Stvořil veškerá stvoření kvůli sobě, je podstata Stvořitele jako Pána otisknuta ve stvořeních a každé stvoření činí vše ve prospěch sebe samého,**" – podle přání Stvořitele, **aby přijímalo a těšilo se. Taková je naše prvotní podstata.**"

Proto se také na *tomto světě* rodíme právě v takovém duchovně *neživém* stavu. Prostě existujeme jako obyčejní lidé v *našem* světě. Co do nás vložila příroda, to plníme – následujeme zákony, které jsou do nás vloženy Stvořitelem. Můžeme lidi různě klasifikovat, rozdělovat je na egoisty, altruisty, přející si něco, snažící se o něco, konající určité činy, ale to všechno nemá význam. Základní je, že realizují přání, která v nich jsou založena, program stvoření. Ten se uvnitř nich nepřetržitě probouzí a oni jej prostě plní, bez veškeré vlastní účasti. Tomu také říkáme „duchovně *neživý stav*".

Vše, co se v našem světě nachází na „duchovně neživém" stupni (má se na mysli neexistující úroveň v člověku a veškerá neživá příroda našeho světa), existuje absolutně beze změny. Jediná vlastnost neživého je uchovávání svého neměnného stavu.

8.4. Základní stavy stvoření

Existuje pět stavů, základů stvoření:

---

[267] Článek 115 „Neživé, rostlinné, živočišné, člověk".

1. kořen;
2. neživé;
3. rostlinné;
4. živočišné;
5. člověk.

Těmto stavům odpovídají duchovní *světy Adam Kadmon*,[268] *Acilut*,[269] *Bri'a*,[270] *Jecira*,[271] *Asija*[272] (podrobněji se strukturou těchto světů budeme zabývat v následujících kapitolách). V souladu s tím existuje stejné rozdělení také v duších.

– *Neživá* úroveň, to je přání k tělesnému požitku (pohlavním vztahům, jídlu, atd.);

– *Rostlinná* – k bohatství;

– *Živočišná* – ke slávě;

– *Lidská* – ke znalostem;

– Výš se nachází „*bod v srdci*",[273] touha po Stvořiteli, po spojení s Ním.

V *našem světě* také existuje příroda *neživá, rostlinná, živočišná* a *lidská*. Není v něm pouze analogie „*bodu v srdci*", neboť ten se nachází nad *lidskou* přírodou.

---

[268] ***Adam Kadmon*** (z hebrejštiny „*Adam*" – člověk, „*Kadmon*" – první) – svět, který předchází člověku. Úmysl, v jehož důsledku se člověk může zcela podobat Stvořiteli.

[269] **Svět *Acilut*** – systém řízení. Svět *Acilut* působí na náš svět ovládáním toku sestupujícího Světla.

[270] **Svět *Bri'a*** – svět, na jehož základě spočívá přání stvoření odevzdávat, těšit. Takové přání (*Kli*) se považuje za velice světlé, neegoistické, proto se svět *Bri'a* považuje za zcela duchovní.

[271] **Svět *Jecira*** – základ tohoto světa, přání odevzdávat, ale zde již existuje také přání přijímat. I když je záměr *Kli* do jisté míry egoistický, altruistická snaha přece jen převládá, proto se *Kli* ve světě *Jecira* považuje za duchovní.

[272] **Svět *Asija*** – plně egoistický svět, nejvzdálenější od Stvořitele, bez jakéhokoliv duchovního pohybu.

[273] **„Bod v srdci"** – duchovní nádoba člověka, který ještě ve svých pocitech nedospěl ke vstupu do duchovních světů, zárodek budoucí duše.

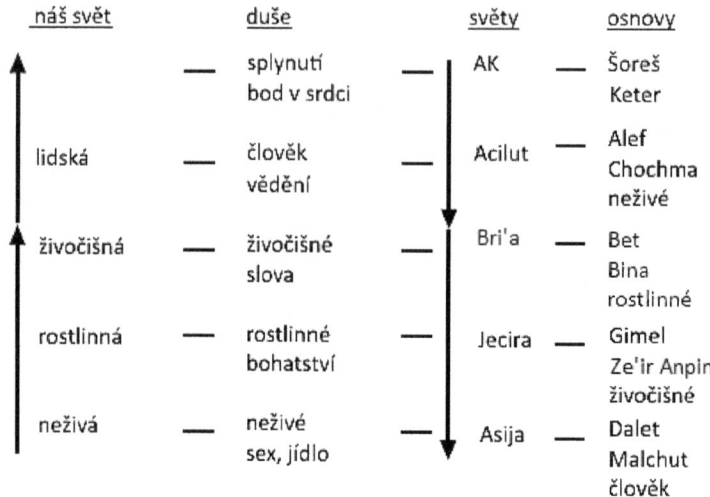

Obr. 8.3. *Základní stavy stvoření, rozvoj přání: sestup a pozvedání.*

Přibližně takto se tato přání projektují. Ať vás neplete, že *světy* a *duše* jsou na základě svých znaků jakoby opačné. Sestupování „vyvolává" přání a pozvedání. *Vzestup* vede ke spojení. Takto je stvořeno naše přání a my. Stvořitel vytváří přání Shora dolů proto, abychom se pak k Němu vrátili zdola Vzhůru.

Čtyři stádia rozšiřování *Světla* (*světy* a *duše,* které se v nich potom rodí a sestupují do *našeho světa*) se realizují v přírodě kolem nás tím, jak se pozvedáváme. Proto je působení *neživé, rostlinné, živočišné* a *lidské* přírody v nás opačné působení *neživé, rostlinné, živočišné* a *lidské* úrovni *světů – clona* je *opakem přání.*

Když Stvořitel plně ovládá stvoření, jako v *1. stádiu (Bchina Alef)*[274] nebo jako v *neživé* přírodě *našeho světa,* ze strany stvoření schází jakýkoli pohyb. Stvoření je plně závislé na programu a vlastnostech, které se v něm v současnosti nacházejí. Mohou se měnit, ale každopádně pocházejí od Stvořitele. Takový stav se nazývá *neživým* v přírodě, *neživým* v *duších* a *neživým* v jeho *kořenu,* v *1. stádiu (Bchina Alef).*

---

[274] **1. stádium (*Bchina Alef*)** – je prvotní a plně naplněné Světlem, *Kli* je potlačené potěšením a proto nerozlišitelné.

8.5. Druhé stádium – *Bina* (*Bchina Bet*)

Rostlinné přání. Čím se liší od *neživého*? Tím, že si přeje být podobné Stvořiteli: buď plně plnit program stvoření, přijímat od Stvořitele nebo si přát odevzdávat – být podobným Stvořiteli. Ve stvoření mohou existovat pouze tato dvě přání, víc nepotřebuje.

Mezi dvěma aktéry vesmíru, Stvořitelem a stvořením, existují pouze dva pohyby: dávat nebo přijímat. Proto, pokud existuje jen přání přijímat, ve stvoření může vzniknout pouze přání odevzdávat, nic třetího neexistuje. Přání odevzdávat, které vzniká ve stvoření, je v podstatě protipólem prvotního přání, které v něm vytvořil Stvořitel.

Přání odevzdávat je však také vynucené, ba dokonce opačným zákonem, ve srovnání s přáním v prvotním stavu: ačkoliv existuje pohyb, je to zkrátka pohyb opačný, neuvědomělý, jakoby se řídil instinktem. Co je na něm tak zvláštního? Nejde o to, že sám pohyb existuje, ale že *je zadán Stvořitelem.*

Druhé stádium (*Bchina Bet*)[275] vzniká proto, že si na konci prvního stádia přání začíná uvědomovat svůj zdroj, Toho, Kdo dává, Kdo jej naplňuje, a proto si přeje být podobné naplňujícímu vyššímu stupni. Odsud pochází i přání odevzdávat: vzniká za přáním přijímat v povinném pořádku. Nicméně se v něm už projevuje zárodek samostatného přání.

(*Světlo*, které získává *Kli*, se nazývá *Or Chasadim*[276] – potěšení z podobnosti vlastností se Stvořitelem, z odevzdávání).

---

[275] **2. stádium (*Bchina Bet*)** – druhé stádium projevu Stvořitele, přání odevzdávat, počátek vzniku samostatné reakce *Kli* na Světlo.

[276] **Or Chasadim** – Světlo, které si stvoření přeje dát, vrátit Stvořiteli. Představuje ohromné potěšení z podobnosti Stvořiteli, z toho, že se nacházíš ve spojení s Ním, že v tobě existuje stejná informace, jež je ve Stvořiteli. Znáš Jeho myšlenky, pocity, poznáváš to, co je v Něm, neboť se nacházíš na tomtéž stupni jako On.

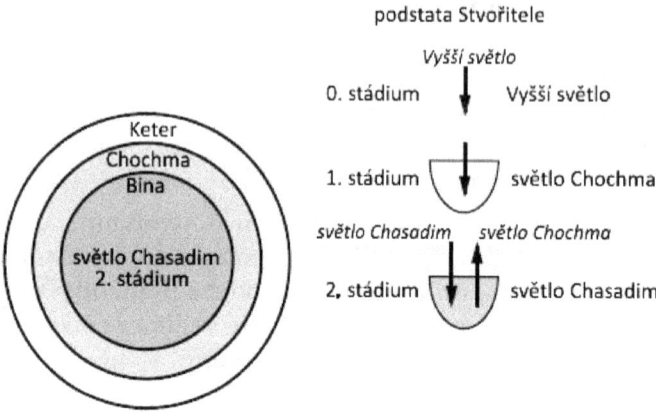

Obr. 8.4. *Druhé stádium, Bina, Bchina Bet.*

V počátečním stádiu se to prakticky nepociťuje, ale když se objevuje další stádium, proces se již bude sledovat jakoby ze strany: zpočátku jsem si přál pouze přijímat, protože jsem chtěl, neboť jsem takový. Potom jsem si přál pouze odevzdávat, protože jsem chtěl, neboť jsem takový.

Z těchto dvou opačných stavů již bude možné vybírat cosi uprostřed: proč jsem chtěl přijímat, proč jsem chtěl odevzdávat, kdo jsem, co jsem chtěl, přijímat nebo odevzdávat? I když jsou tyto dva stavy navzájem opačné, jsou v nás uloženy Stvořitelem. První jakoby jeho přímým nařízením, druhý tím, že odhaluje Sám Sebe. Potom je možné z těchto dvou stavů vyšlechtit něco jiného, zvláštního a to lze právě proto, že jsou to stavy opačné.

„Na rostlinné úrovni se už projevuje počátek samostatného přání. Spočívá v tom, že stvoření již může něco vykonávat proti vůli Pána."

Přání Pána je založeno na tom, aby stvoření přijímalo, ale ono přijímat nechce. (To je čistě přírodní činnost, jako vdech a výdech, rozšíření a stlačení: vždy existují dva póly, dvě opačné síly a jedna neexistuje bez druhé). Zde se však již objevuje pokus vykonat něco opačného vůči přání Pána.

„To znamená, že vzniká možnost něco vykonat nikoliv ve prospěch sebe samého, nýbrž možnost odevzdávat, která odporuje přání přijímat, vloženého do podstaty Pánem při Stvoření.

Na pozemských rostlinách však vidíme, že mají jednu zvláštnost: ani jedna z nich nemůže působit proti své podstatě, ačkoliv se mohou měnit do šířky a výšky. Každá rostlina se podřizuje obecným zákonům, které platí pro všechny rostliny a nemá možnost učinit cokoliv, co není charakteristické pro ostatní, čili nemá samostatný život. Její život je část života všech rostlin."

Ačkoliv rostlina roste a je v ní tedy něco, co jí dovoluje překonat zemskou přitažlivost (odchází z *neživého* stavu, chce růst a měnit se), přání je však pořád příliš malé a částí všech. Není v něm žádná individualita, prostě je opačné vůči předchozímu *neživému* stavu. Proto v *našem světě* rostou rostliny jednoho stupně ve stejnou dobu, zároveň se otevírají a zavírají, žijí, kvetou, plodí, vadnou, atd. Všechny rostliny téhož druhu jsou stejné, ani jedna není samostatná. Celý *rostlinný svět* se odlišuje od *neživého*, ve skutečnosti mu však chybí samostatný pohyb zevnitř sebe. Veškeré změny, které v nich probíhají, jsou podřízeny zákonům, které sestupují Shora, i když jsou tyto zákony opačné k přání Pána, jak říká Ba'al HaSulam ve svém článku, že jsou opačné prvotně zadanému programu, a přesto pocházejí z vůle Pána.

Pán, Stvořitel Svým přáním potěšit stvořil stvoření – přání přijímat potěšení a pak Sám Sebe projevil uvnitř stvořeného přání. Ve stvoření ihned vzniklo úsilí k tomu, aby se stalo stejným, jako Stvořitel, objevilo se přání odevzdávat.

Stejně tak se i masy lidí v *našem světě* nacházejí v duchovně *neživém* stavu a proto, kdybychom vzali jednoho člověka z davu, bude stejný, jako všichni ostatní. Ve stavu společné změny se všichni mění stejně, podobně jako rostliny. To ještě není *individuální pohyb*.

8.6. Třetí stádium – *Ze'ir Anpin* (*Tif'eret*) – *Bchina Gimel*

Následující stav je 3. stádium (*Bchina Gimel*).[277] Vzniká, když druhý stav (*Bet*) cítí pouze jedno přání – úsilí být stejný, jako Stvořitel, ale ve skutečnosti žádný posun neprovádí. (Ještě nemůže odevzdávat tak, jako to dělá Stvořitel). Tehdy, kromě *záměru* odevzdávat Stvořiteli, vyvíjí také

---

[277] **3. stádium (*Bchina Gimel*)** – je to první činnost *Kli*, rozhodnutí přijímat trochu Světla jako následek uvědomění ve stádiu *Bet* (druhé stádium), že si Stvořitel přeje, aby přijímalo Světlo a těšilo se jím.

činnost. Jak může odevzdávat Stvořiteli? Tím, že přijímá. Jak to ví? Díky svému prvnímu stavu.

Stvořitel si přeje, abych přijímal, já přijímám. Nyní, když si sám přeji Mu odevzdávat, budu vědomě plnit Jeho přání – budu přijímat.

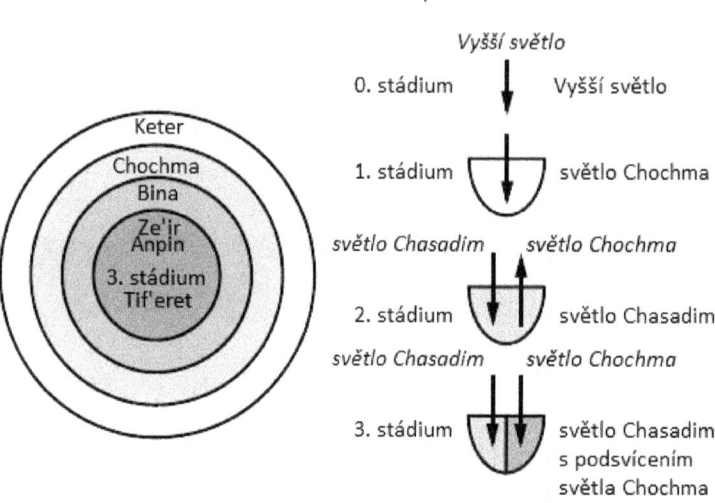

Obr. 8.5. *Třetí stádium, Ze'ir Anpin (Tif'eret), Bchina Gimel.*

Třetí stádium se liší od *prvního* tím, že zde *Kli* vykonává stejnou činnost, jako v *prvním stádiu*, ale již vědomě. *Kli* přijímá, protože se samo rozhodlo, že bude přijímat. Toto přání ovšem není samostatné, pořád ještě plně vychází ze Stvořitele. Jak přání přijímat, tak i přání odevzdávat je od Stvořitele.

Přání přijímat, aby mohlo dávat potěšení Stvořiteli, také pochází od Stvořitele. Stále ještě není úplně samostatné, proto se souhrnně nazývá pouze *živočišným stavem*.

Živočišné přání. Toto říká Ba'al HaSulam o takovém stavu: **„Každý již má svou osobitost, živočich se nenachází v otroctví okolí, každý živočich má své pocity, své vlastnosti."**

Pod pojmem *živočichové* se rozumí ti, kteří se nacházejí na *živočišné* úrovni. Na *živočišné* úrovni *duchovního světa*, *živočišné* úrovni *našeho světa*, na *živočišné* úrovni ve hmotě – všude existuje toto rozdělení na pět částí.

V *živočišném* stavu již existují projevy individuality, srovnáváme-li jej s ostatními. Rostlinám tato individualita chybí, všechny jsou stejné ve svých vlastnostech, ve způsobu existence. Každý živočich má k dispozici vlastní osobnost, individualitu, jako člověk, který přebývá na *živočišné* úrovni:

nenachází se v otroctví okolní společnosti. To znamená, že chce být slavný, touží po moci. Jestliže jde o obyčejného člověka v *našem světě*, pak se chce vyčleňovat z davu podobných lidí.

Bohatství je důležité proto, aby jedince zabezpečilo, pro pocit bezpečí, stability, nezávislosti. Touha po slávě, cti či moci jsou již směřovány na okolní společnost. Přeji si být výše než ostatní a jsem připraven kvůli tomu obětovat všechna tělesná potěšení. To je nejvyšší přání a samozřejmě je vždy silnější.

Každý, kdo se nachází na *živočišné* úrovni (včetně *duše*, když se pozvedává), má vlastní pocity, své vlastní vlastnosti. Objevuje se zde individuální charakter, na rozdíl od *rostlinné* úrovně. Vidíme, že živočichové, dokonce jednoho druhu, se liší povahou. Kdybychom se zeptali veterináře, může nám toho o způsobech chování různých živočichů říci spoustu. Čím více je živočich organizovaný, tím více jsou vyjádřeny osobní, individuální, specifické vlastnosti. Může něco vykonávat proti přání Pána, to znamená přijímat kvůli Pánovi, ve prospěch toho, aby mu mohl odevzdávat. Takže už jde o zcela jinou mysl, než kterou stvořil Stvořitel.

Kromě toho, *duše*, jež se nachází na *živočišné* úrovni, nepodléhá okolí, protože má vlastní „Já", osobní vlastnosti, přání vynikat, být nade všemi. Vyskytuje se zde sláva, moc, čest. Nepodléhat okolí znamená vlastnit soukromý život, který není závislý na ostatních, což však není absolutní.

Víme, že většina živočichů přivádí na svět potomstvo v přesném období. V určitém období se ryby třou, ptáci přilétají na jiná místa atd. Živočichové stejně provádějí skupinové činnosti, lze říci, že jsou podřízeni skupině sobě podobných. Síly, které je řídí, je nutí konat stejnou činnost ve stejném období.

Jednotlivci z řad živočichů nejsou tudíž individuální zcela. Stejně tak si i člověk přeje slávu či čest v takové formě, v jaké je přijímána okolní společností. Takto závisí na okolí. Člověk chce vyčnívat tím, co se ve společnosti považuje za přednost. Proto není schopen pocítit nic víc než sebe sama, to znamená, že nemůže přijmout to, co je vně něho a tudíž se ani nemůže starat o ostatní. Jeho individualita se určuje okolím, ve kterém žije. Člověk nemůže vyjít za jeho hranice. Maximum, co chce, je být ten největší mezi všemi, být králem na *tomto světě*, avšak právě na **tomto** *světě*.

To je také *3. stádium (Bchina Gimel)*. Proč chce stvoření převýšit všechny pouze na tomto světě? Protože *3. stádium (Bchina Gimel)* se skládá ze dvou částí: je následkem *2. stádia (Bchina Bet)* a *2. stádium* je následkem *1. stádia (Bchina Alef)*. Když si *2. stádium, Bina,* přeje obdržet *Světlo,* začíná chápat, že proto, aby mohla potěšit Stvořitele, musí přijímat. Bere přání, které měla předtím, uvnitř *1. stádia* a začíná do něho přijímat se *záměrem* odevzdávat Stvořiteli.

Všechny tyto činnosti se nacházejí ve *3. stádiu*. Přesto, že vykonává něco, co směřuje jakoby proti přání Pána, napodobuje Ho činností a to je přece *činnost dávání*. I když odevzdává a nepřijímá, stejně se nachází uvnitř své přirozenosti, nevychází za hranice své společnosti a za vlastnosti, které má uvnitř sebe. To také plodí na *živočišné* úrovni snahu o slávu, bohatství, čest, o vše, co se ve společnosti považuje za nejdůležitější.

Chci být první, ale v tom, co společnost považuje za nejdůležitější, nikoliv v tom, co je výše. Proto se toto přání ještě jmenuje *živočišné*: nemůže vyjít nad rámec své podstaty.

8.7. Čtvrté stádium – *Malchut* (*Bchina Dalet*)

Následující stav je „člověk". V něm je možné na základě získávání znalostí pocítit přechod do stavu „*bod v srdci*",[278] *přání ke spojení se Stvořitelem*. Jaké speciální vlastnosti má člověk poté, co v něm *3. stádium* uskuteční to samé, co činí Stvořitel?

Přání Stvořitele naplnit stvoření, *nulové stádium*, plně odpovídá *3. stádiu*, plnému odevzdávání Stvořiteli: zcela odevzdávám Stvořiteli, stejně jako On dává mně. Z této určité podobnosti mých přirozených, od Stvořitele získaných vlastností, vzniká uvnitř mě pochopení – Kdo ve skutečnosti Stvořitel je.

---

[278] Termín **„srdce"** se využívá pro označení všech přání člověka. Bod v srdci je zárodek budoucí duše, umístěný v srdci člověka přímo Samotným Stvořitelem.

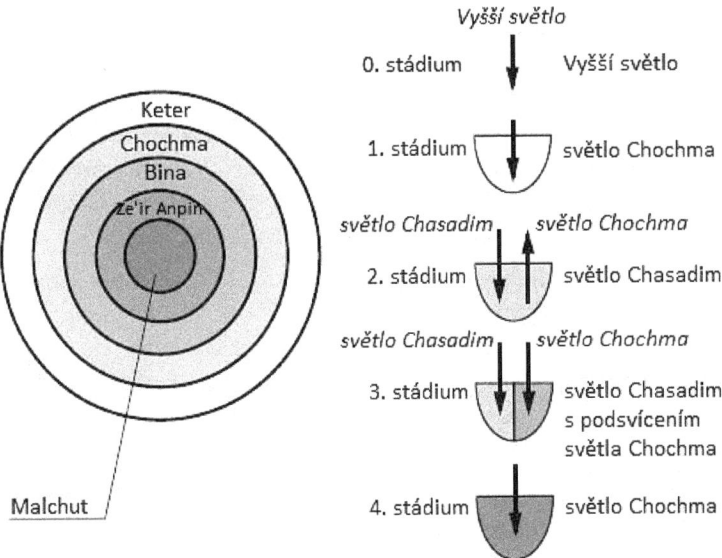

Obr. 8.6. *Čtvrté stádium, Malchut, Bchina Dalet.*

Uvědomění a odhalení toho, Kdo Stvořitel doopravdy je (na rozdíl od prostého pocitu jeho přání dávat, naplnit mě), ve mně vyvolává touhu po Něm, snahu přijímat jmenovitě od Něho, od Pána. Přeji si, aby mě naplnil právě On, abych byl spojen právě s Ním.

Přání *čtvrtého stádia* je absolutně nové. Je to přání přijímat od samotného Zdroje. Ve třetím stádiu se mu odhalil Samotný Stvořitel na základě jeho podobnosti s Ním. Vzniklé 4. *stádium (Bchina Dalet – Malchut)*[279] je zásadně nové, je v něm jiná kvalita. Není to jen pocit přijímání od Stvořitele a reakce na něj, ale prožitek, který ve mně předtím chyběl a který se nazývá pocit *podstaty Stvořitele*. Začínám prožívat něco, co vychází za hranice přání přijímat, uvnitř kterého jsem stvořen.

Chci odevzdávat a v mezích tohoto přání konám ve prospěch odevzdávání, ale ve *4. stádiu* se nacházím *vně těchto hranic*. Zde ve mně vzniká přání, směřované k Samotnému Pánu, začínám ho pociťovat jako

---

[279] **4. stádium (*Bchina Dalet – Malchut*)** – samostatné, ukončené, nekonečné, neohraničené přání těšit se samotným Stvořitelem, Jeho stavem, Jeho statusem, jako následek pocitu podstaty Stvořitele (ve třetím stádiu).

následek toho, že se mu začínám podobat v *činech*, začínám chápat, Kdo je. Vzniká ve mně *touha k pozvednutí se na Jeho úroveň*, pocítění Jeho stavu, a nejenom toho, co z Něho *vychází*. Poprvé ve mně vzniká pocit, že se Někdo nachází vně mě. Také se to nazývá pocitem bližního, ale nakonec to je pouze Stvořitel!

Množství lidí, kteří podle nás v našem okolí existují, celý *svět*, jenž se nachází jakoby vně nás, dokonce *Vyšší svět*, Sám Stvořitel, prostě vše, co se nám zdá, že existuje vně našeho „*Já*", je pouze *různá varianta projevu Stvořitele*. Možnost takového pocitu vyplývá ze *čtvrtého stádia*.

Takže se čtvrté stádium, opravdové stvoření, liší od předcházejících tím, že ve stvoření vzniká možnost *pocit'ovat toho, kdo se nachází vně něho*. Toto přání je specifická vlastnost stvoření, které se duchovně rozvíjí.

Na této vlastnosti, na rozdíl od všech ostatních, proběhlo *zkrácení*[280] a poté byl vytvořen *záměr*.[281] Tyto činnosti jsou nevyhnutelné, vynucené následkem toho, co stvořil Stvořitel.

Rozšíření Světla do čtvrtého stádia nazýváme devíti prvními *Sfirot*: *Keter*,[282] *Chochma*,[283] *Bina*,[284] *Chesed*,[285] *Gvura*,[286] *Tif'eret*,[287]

---

[280] **Zkrácení** (*Cimcum*) – odmítnutí přijímat Světlo kvůli altruistickému uvědomění. Stvoření ovládá svá přání, to znamená, že zadržuje sebe sama před přijímáním, i když si moc přeje přijímat. To se nazývá zkrácením sebe sama.

[281] **Záměr** – propočet, motivace ve vztahu ke Světlu (Stvořiteli).

[282] ***Sfira Keter*** – první z 10 *Sfirot*, vlastností Stvořitele (Světla, přání dávat potěšení), je představitelem Stvořitele ve vztahu ke všem ostatním a my (stvoření) ji prakticky nepostihujeme.

[283] ***Chochma*** – veškeré Světlo, které sestupuje od Stvořitele, to znamená Světlo, které v sobě má vše, co si nám přeje Stvořitel dát, určuje se jako podstata a život stvoření.

[284] ***Sfira Bina*** – stav, kdy si duše nepřeje přijímat ve prospěch sebe samé.

[285] ***Sfira Chesed*** – přání být podobným Stvořiteli v *Ze'ir Anpin* (třetí stádium, *Bchina Gimel*), jeho *Keter*. (6 *Sfirot Chesed*, *Gvura*, *Tif'eret*, *Necach*, *Hod*, *Jesod* jsou vlastními vlastnostmi *Sfiry Ze'ir Anpin*).

[286] ***Sfira Gvura*** – vlastnost, vyjádřená silou překonání egoismu. Zapojení vlastností *Chochma* v ZA.

[287] ***Sfira Tif'eret*** (nebo ***Ze'ir Anpin***) – vlastnost *Biny* v *Ze'ir Anpinu* se skládá ze tří částí: vrchní dvě třetiny *Tif'eret*, to je *GAR de-Bina*, vlastnost čistého dávání, spodní jedna třetina *Tif'eret* se nazývá *ZAT de-Bina*, která přijímá Světlo Shora a předává ho spodním na základě prosby nejnižších.

Necach,[288] *Hod,*[289] *Jesod.*[290] Devět prvních *Sfirot* (*Tet HaRišonot*) jsou takzvané vlastnosti Stvořitele. Skrze ně si Stvořitel jakoby přeje předat všechny varianty svého vztahu k této nové vlastnosti, ze které stvoření může pocítit právě Jeho.

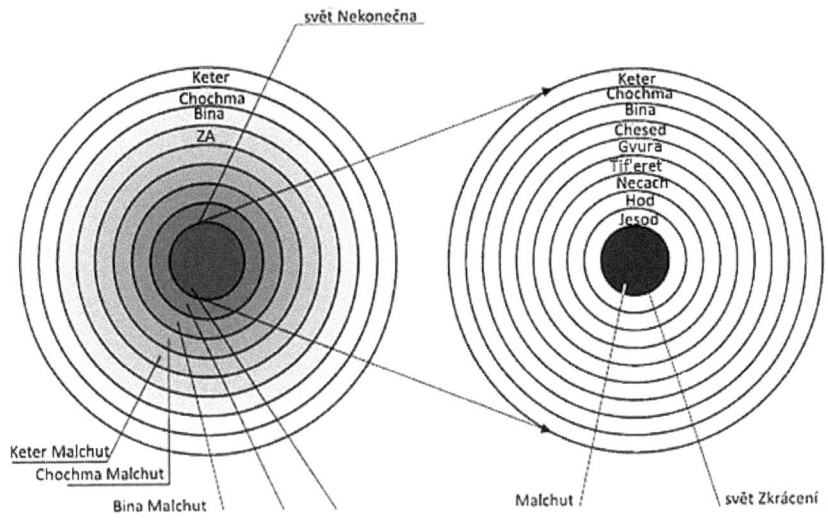

Obr. 8.7. Stavba a další rozvoj čtvrtého stádia, První zkrácení (CA).

Jestliže se chceme pozvednout z neživé, rostlinné a živočišné úrovně na úroveň „člověk", je nezbytné v sobě rozvinout schopnost pociťování vně sebe. Vně nás je pouze Stvořitel!

---

[288] *Sfira Necach* – to je vlastnost *Ze'ir Anpinu* (*ZA*) v *ZA*.
[289] *Sfira Hod* – to je zapojení vlastností *Malchut* do *Ze'ir Anpinu*.
[290] *Sfira Jesod* – souhrn všech předcházejících pěti *Sfirot Ze'ir Anpin*, to, co potom z *Jesod* jako výsledek dostává *Malchut*.

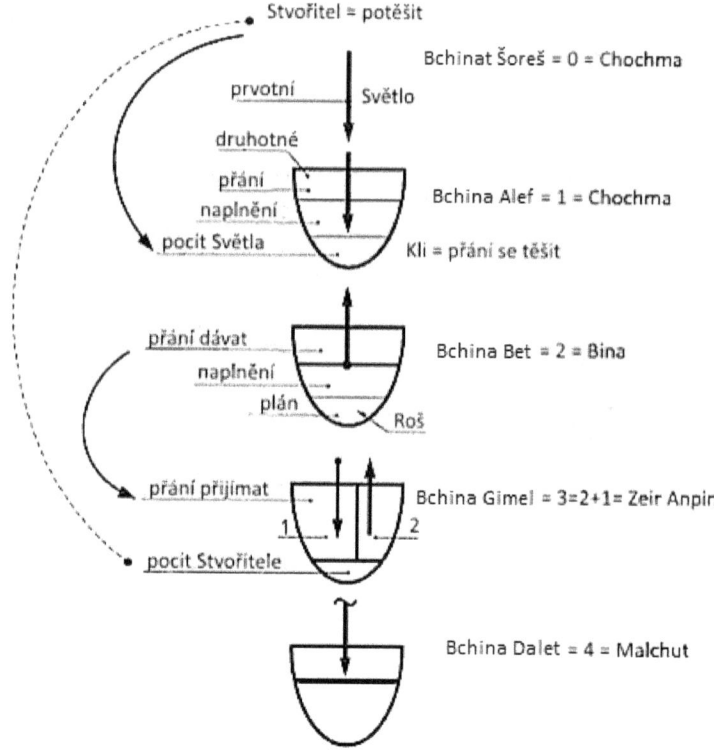

Obr. 8.8. Stádia rozšíření Přímého světla.

Test

1. Nulové stádium (*Bchinat Šoreš*) je přání:
a) stvoření
b) Stvořitele
c) stvoření a Stvořitele
d) všechny odpovědi jsou správně

2. Jaká je základní vlastnost duchovně neživé úrovně:
a) je plně samostatná
b) je plně závislá
c) je svobodná pouze v rámci své přirozenosti
d) je svobodná pouze v rámci předcházejících stádií

3. **Jaké stádium vzniká v důsledku toho, že přání začíná pociťovat svůj Zdroj:**
   a) *Alef*
   b) *Bet*
   c) *Gimel*
   d) *Dalet*

4. **Ovládá-li 3. stádium (*Bchina Gimel*) samostatnost:**
   a) je plně samostatné
   b) je plně závislé
   c) pouze v rámci své přirozenosti
   d) pouze v rámci předcházejících stádií

5. **Čím se liší čtvrté stádium od předcházejících stádií:**
   a) možností pociťovat vně sebe
   b) silnějším přáním, než všechny předcházející stádia
   c) samostatným přáním
   d) všechny odpovědi jsou správně

Odpovědi: 1b) 2b) 3b) 4c) 5d)

Kapitola 9. Zárodek stvoření

Přehled

9.1. Svět Nekonečna (*Olam Ejnsof*) – 9.2. Duchovní smyslové orgány
9.3. Stupně vnímání reality – 9.4. Svět Zkrácení (*Olam Cimcum*)
9.5. *Malchut* – stvoření – 9.6. Jak probíhá naplnění *Malchut* – Test

9.1. Svět Nekonečna (*Olam Ejnsof*)

Myšlenka Stvoření, zvaná „svět Nekonečna" (*Ejnsof*), je spojení *Acmuto* s dušemi v podobě „přání potěšit stvoření (duše)".

Proč se tento stav nazývá *světem Nekonečna*? Protože Jeho Myšlenka byla nás stvořit a nekonečně nás naplnit. Kromě této souvislosti nic nepoznáváme, a proto o ničem jiném nemůžeme hovořit. Nejsme ve stavu postihnout Podstatu Stvořitele, *Acmuto*, nýbrž jenom Jeho vztah k nám. Nemůžeme poznat Samotného Pána, pouze máme možnost mu být podobní, podobní Jeho *vztahu k nám*.

Vše, co ve světech rozlišujeme a poznáváme, existuje pouze ve vztahu k duším, o samotných světech nemůžeme říci nic, jelikož je nemáme možnost poznat jako takové. Samy o sobě jsou nepoznatelné a vztahují se k *Acmuto*. Odděleně od duší pojmy jako světy neexistují. Duše přijímají ze světů. Nacházejí se ve světech na všech úrovních. Světy se projevují v duších pouze v té podobě, v jaké je duše postihují.

Předpokládejme, že se nacházím v nějakém místě duchovního prostoru, přijímám ze *světa Nekonečna* skrze několik *světů*. To znamená, že tyto *světy* postihuji. Kdybych však nebyl já, neexistovaly by ani *světy*. Komu by pak šířily Světlo *světa Nekonečna*? To znamená, že *světy* samy o sobě neexistují.

Proto říkáme, že se **všechny světy nacházejí uvnitř člověka**. *Světy*, to jsou stupně ukrytí *světa Nekonečna* před člověkem kvůli jeho přání přijímat.

Děje se to kvůli přání potěšit stvoření a je to vztah mezi ním a Podstatou.[291]

Stvořitel se přede mnou otevírá natolik, nakolik já před ním své přání přijímat skrývám. To určuje můj stupeň, moji úroveň ve světech.

Naše společné vnímání se nazývá „přáním přijímat" a podle míry přijímání potěšení v tomto přání rozlišujeme množství různých detailů a podrobností. Přání přijímat se *již* nazývá stvořením, novou kategorií „*něco z ničeho*".[292] Proto právě od toho okamžiku, kdy přání přijímat začíná cítit, získávat dojmy, je možné hovořit o oddělených detailech těchto pocitů. To vše se již nazývá *vztahem* mezi *Vyšším světlem*[293] a přáním přijímat.

Z toho vyplývá: jestliže se množství lidí dívá na jeden a ten samý duchovní objekt, každý z nich jej vnímá jinak než ostatní, v souladu s vlastním dojmem a představivostí. Mimo to se dokonce bude v každém jednotlivci tento duchovní objekt také měnit v závislosti na jeho stavu. Člověk pokaždé cítí jinou formu, protože **„je Světlo podle své podstaty jednoduché a nemá žádnou formu, neboť všechny formy existují pouze ve vyhodnocení přijímajících".[294]**

9.2. Duchovní smyslové orgány

Vně přijímajícího nemůžeme mluvit o existenci jakékoliv formy nebo obrazu. Proto dokonce i v případě, když říkáme, že náš Vesmír byl stvořen před 13,7 miliardami let a zeměkoule před 4,6 miliardami, myslíme tím *způsob našeho vnímání těchto období*, v souladu s naším chápáním času, naší představě o kauzálních spojeních. Neznamená to, že se to děje vně nás nebo to má význam vně našich smyslů.

Vzniká otázka, zda existence reality pokračuje po mé smrti? Jsou jiní lidé, kteří ji cítí? Jestliže jsem zemřel, odkud vím, že existuje. Po smrti

---

[291] **Podstata** = *Acmuto*.

[292] **„Něco z ničeho"** (**„***Eš Mi Ain***"**) – vzniklé (stvořené) z dříve neexistujícího, do Myšlenky Stvořitele.

[293] **Vyšší světlo** – pocit přítomnosti Stvořitele: spojení mezi *Acmuto* a stvořením.

[294] *J.* **Ašlag**. Předmluva ke „Knize Zohar" bod. 46, Předmluva, Jeruzalém 1976, hebrejsky.

cítím něco jiného. Umřelo moje přání přijímat potěšení, skončilo vnímání prostřednictvím pěti smyslů a začínám cítit realitu jinak: *duší*, „*bodem v srdci*", kořenem duše. Tehdy vidím jinou realitu.

V tuto chvíli je veškerá realita tento *svět*, který vnímám prostřednictvím pěti smyslů. *Světlo Nekonečna* pociťuji v nějaké barvě, v podobě jakéhosi obrazu, určitým způsobem slyším, cítím chuť a zápach něčeho, čehosi se dotýkám. Smysly mi nahrazují *Keter, Chochma, Bina, Ze'ir Anpin* a *Malchut*.[295] Právě takovými smysly disponuji a právě tímto způsobem vnímám *světlo Nekonečna*.

Co se děje, když nemám pět smyslů? Kabalisté říkají, že člověk stejně má *Kli*, které vnímá *světlo Nekonečna* pěti vnitřními částmi. Naše přirozené smysly jsou nejvíce vnější části vnímání. Existují ještě niternější *Kelim*: *Keter, Chochma, Bina, Ze'ir Anpin* a *Malchut*. Ty umožňují pocítit jinou realitu a představit si ji jinými obrazy. Uvědomit si tento rozdíl je však možné pouze tehdy, *jsou-li během života na tomto světě nezbytné Kelim vnímání rozvinuty*.

Zejména k tomu je předurčena kabala. Je určena k tomu, aby člověka pozvedla na úroveň *světa Nekonečna* a aby přispěla k takovému rozvoji *Kelim vnímání*, kdy se současně s orgány zraku, sluchu, hmatu, čichu a chuti formuje nekonečné *Kli*, ve kterém je možné vnímat vše, co je stanovené Myšlenkou Stvoření. K tomu nás v podstatě též tlačí veškerá realita.

9.3. Stupně vnímání reality

Co znamená: „Já existuji"? Jsem jedinou bytostí nebo existují i jiní lidé? V tuto chvíli, jak poznávám, existují. Když se pozvednu na druhý stupeň vnímání, pak možná všechny, které jsem ve svých pocitech na úrovni *tohoto světa* vnímal jako lidi, kteří jsou mi podobní zevnějškem, budu vnímat jinak? Budou vypadat jako jiná stvoření, budu je vnímat na základě jejich vnitřní podstaty. Začnu na ně prohlížet jako na těla, která vyplňují všechny instrukce *Světla*.

Můžeme se zeptat i takto: jestliže jsem umřel a mých pět smyslů přestalo existovat, vnímám pak tento svět svojí duší? Odpověď je taková: začínáš vnímat svět prostřednictvím duchovních smyslů.

---

[295] ***Keter, Chochma, Bina, Ze'ir Anpin* a *Malchut*** – pět částí přání, ve kterých stvoření pociťuje Stvořitele; *Kli* stvoření.

Máš co dočinění se světem sil, ale ne se světem těl. Když se pozvedneš ve svém vnitřním vidění nad nynější vnímání, uvidíš svět sil. Začínáš srovnávat sám sebe se silami, které se nacházejí za těly. Za neživou, rostlinnou, živočišnou a lidskou přírodou pocítíš síly, které vše uvádějí do chodu, a budeš s nimi vstupovat do vztahů. **Protože pracují právě ony a nikoliv těla, která jsou jejich oděvem.**

Ve *světě Nekonečna*, v Myšlence Stvoření jsme všichni spojeni. Tehdy ještě neexistovalo rozdělení na *neživou, rostlinnou, živočišnou* a *lidskou* část. *Člověk, živočich, rostlina, kameny* atd., nic z toho neexistovalo odděleně. Vše do sebe zapojovalo koncepci „Stvoření" a Myšlenka byla potěšit vše stvořené.

V čem je teda problém? Studujeme-li uspořádání reality, vidíme, že ze všeho rozvíjejícího se materiálu je pouze na člověka uložena povinnost přivést *tento svět* zpět do *světa Nekonečna*. Tento úkol není uložen ani *neživé*, ani *rostlinné* a ani *živočišné* úrovni.

Ba'al HaSulam píše v „Úvodu do vědy Kabaly" (b. 58), že pouze člověk může přivést všechny za sebou. Proč? Protože ze stádií *Chochma, Bina, Ze'ir Anpin* a *Malchut* je pouze v *Malchut*[296] přání natolik rozvinuté, že je ve stavu pocítit Dávajícího, napodobit Ho a pak s ním vytvořit spojení. Tuto možnost má pouze *Malchut* v souladu s hloubkou jejích pocitů. Proto, napravuje-li člověk sama sebe, vytahuje za sebou *neživou, rostlinnou* a *živočišnou* přírodu.

Ve stvoření není ani jeden detail, který by v důsledku činnosti člověka nepocítil změny ve svých vlastnostech. Avšak pouze člověk má svobodu volby a pouze on může přivést veškerou realitu do světa Nekonečna.

Vzniká otázka: vědci hovoří o tom, že počínaje bodem, se Vesmír v procesu svého vývoje rozšiřuje. Je třeba to chápat tak, že až člověk přivede svět ke *Gmar Tikun* (*Konečné nápravě*),[297] pak se veškerá materiální realita vrátí do stavu počátečního bodu a Myšlenky Stvoření? Ne! To, jak vnímáme rozvoj materie, se vztahuje pouze k rozvoji našich smyslů. Ve

---

[296] **Malchut** – ukončené, samostatné stvoření, které chce přijímat samo pro sebe a cítí se jako přijímající. Čtvrté stádium rozšiřování Světla (*Bchina Dalet*).

[297] **Gmar Tikun (Konečná náprava)** – konečný stav veškerého Vesmíru, kdy nejnižší bod stvoření dosahuje stejného stavu jako nejvyšší. Plná náprava všech svých vlastností a také úplné spojení se Stvořitelem.

skutečnosti není kromě *světa Nekonečna* stvořeno nic. Když dospějeme ke správnému vnímání reality, dostatečnému rozvoji našeho *Kli* vnímání, pak s pomocí *světů* dosáhneme *světa Nekonečna* prostřednictvím materiálního i prostřednictvím duchovního pocitu.

Všechny předešlé formy, které potkáváme na cestě, se v nás odkládají jako existující v důsledku nedostatečného duchovního vidění. Nikoliv však proto, že tyto formy na těch stupních doopravdy existovaly. Neexistovaly, to naše nenapravenost v nás vytvářela podobné obrazy. Proto existují *světy* – ukrytí *světa Nekonečna*. Vnímáme-li realitu prostřednictvím pěti smyslů, pozorujeme v obyčejném *Kli* různé obrazy, namísto *Jednoduchého světla*.

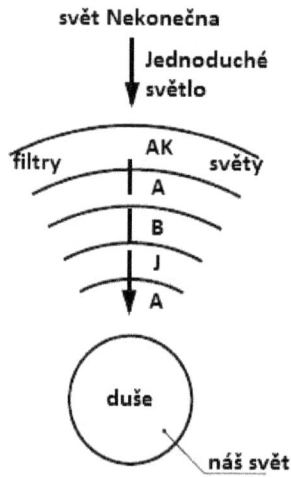

Obr. 9.1. *Svět – míry ukrytí světa Nekonečna.*

Jak se člověk pozvedá po stupních nápravy, všechny je v sobě shromažďuje. Když vystoupí na nejvyšší stupeň, všechny nižší, kromě té, která má název *tento svět*, se jakoby stírají.

Náš svět, to je stupeň neživé úrovně, která se nemůže změnit. Dokonce i po dosažení světa Nekonečna se údaje, které nám dodávají smysly, nemění: uvidíš ten samý obraz a to – do stavu *Gmar Tikun*. O našem vnímání po *Gmar Tikun* hovořit nemůžeme.

9.4. Svět Zkrácení (*Cimcum*), *Malchut* – stvoření

Když se ve *čtvrtém stádiu*[298] objevuje přání přijímat potěšení, říkáme, že máme co dočinění se stvořením, které je již z části oddělené[299] od *Světla*, od Stvořitele, kdežto všechna předešlá *stádia* – *1, 2* a *3* – nejsou oddělená od Keter (0). Proto všechna stádia – od *Keter* do *Malchut* – nazýváme devíti prvními *Sfirot*.[300] Pouze *Malchut* má název desátá *Sfira*. Proč? Protože vše, co proběhlo do *Malchut*, bylo přetvoření *Světla* a jenom v *Malchut* se vytváří nové přání. To také není samostatné, je velice blízké ke *Keteru* a vzniká následkem toho, že Malchut poznává *Keter*, ale to už je přece jen *osobní odhalení*.

---

[298] **Čtvrté stádium** (rozšiřování Světla) – *Bchina Dalet, Malchut*; samostatné, ukončené, nekonečné, neohraničené přání potěšit se samotným Stvořitelem, Jeho stavem, Jeho statutem jako následek pocítění podstaty Stvořitele (ve třetím stádiu).

[299] **Oddělené** – v duchovních světech – odstranění, sblížení, spojení – všechny tyto procesy probíhají pouze v souladu s rozdíly nebo podobnostmi vnitřních vlastností duchovních objektů. Rozdíl ve vlastnostech je od sebe rozděluje, podobnost je sbližuje a vede ke splynutí. Přání přijímat (stvoření) a přání dávat (Stvořitel) jsou opačné z hlediska vlastností, to znamená absolutně vzdálené, vzájemně oddělené.

[300] **Devět prvních Sfirot** (*Tet HaRišonot*) – vlastnosti Stvořitele, vložené do stvoření.

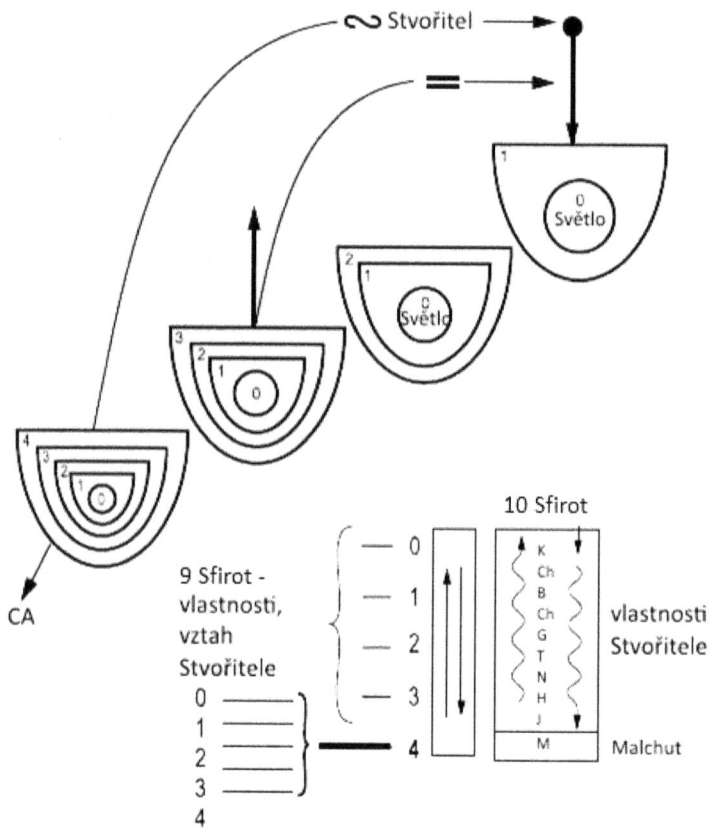

Obr. 9.2. *Vzájemný vztah Malchut s devíti prvními Sfirot.*

Jelikož *Malchut* přijímá *Světlo* podle svého přání, k *Malchut* přichází stejné *Světlo*, kterým se naplňuje první stádium jeho rozšiřování (*Bchina Alef*). Avšak *Malchut* si už přeje více než první stádium, proto jak přijímá Světlo, naplňuje se jím bez ohraničení. Když se mu však po naplnění *Světlem* chce podobat (stejně jako první stádium, které si po naplnění *Světlem* také přálo mu být podobné), vykonává *zkrácení* (*Cimcum*).[301] Nepřeje si být přijímající jako v prvním stádiu. Po *Cimcum* si přeje být podobná *Biné*, to znamená odevzdávat (a už ví, že je třeba přijímat proto, aby mohla odevzdávat), opravdu se opět pokouší přijímat, neboť chce

---

[301] ***Cimcum*** (zkrácení) – odmítnutí přijímat Světlo z altruistických (ne ve svůj prospěch) důvodů.

dávat, ale už jako *Malchut*. *Malchut* po *Cimcum Alef* (*První zkrácení*)[302] prochází všemi stádii kvůli tomu, aby získala *clonu* (*Masach*).[303]

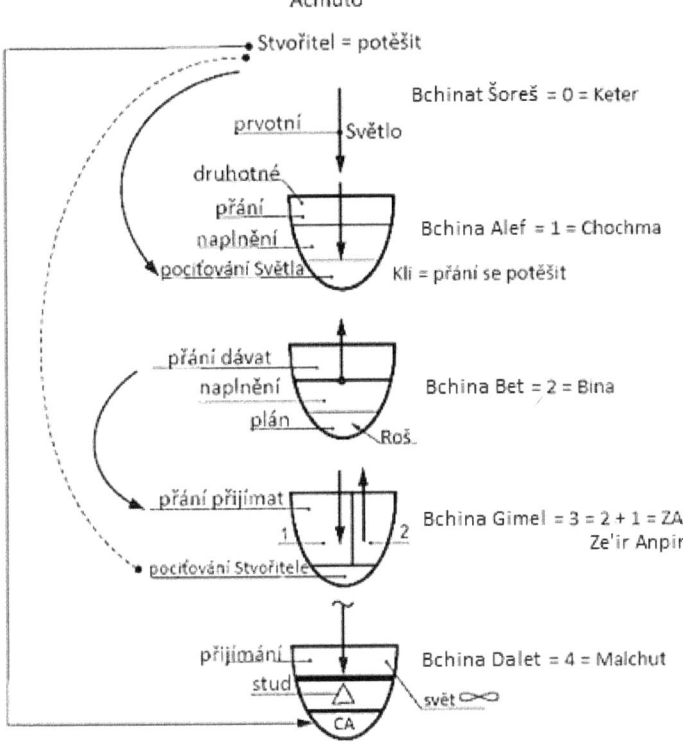

Obr. 9.3. *Obecné schéma naplnění Malchut Světlem.*

Když se *Malchut* naplňuje *Světlem* a začíná se jím těšit podle svého přání, je podobná prvnímu stádiu.

Co nastává dále? *Čtvrté stádium* se plně naplní *Světlem* a vzniká v něm totéž, co v *druhém stádiu*. Samozřejmě, provádí *Cimcum*. Nejen že od sebe prostě odhání *Světlo*, ale také si přeje mu být podobná, což už nemůže

---

[302] **Cimcum Alef (První zkrácení)** – odtržení Světla z *Malchut* v důsledku přání napodobit Stvořitele.

[303] **Clona** (*Masach*) – „síla zkrácení", která se ve stvoření probouzí na základě Vyššího světla s cílem zabránit potěšení ve svůj prospěch. Síla překonání, odpor egoismu (přání přijímat ve svůj prospěch).

učinit jen tak, neboť jde o *přání vlastní*. Kdybychom nakreslili *Malchut* v podobě kruhů, vnější část bude *nulové stádium* a střed bude *čtvrté stádium*.

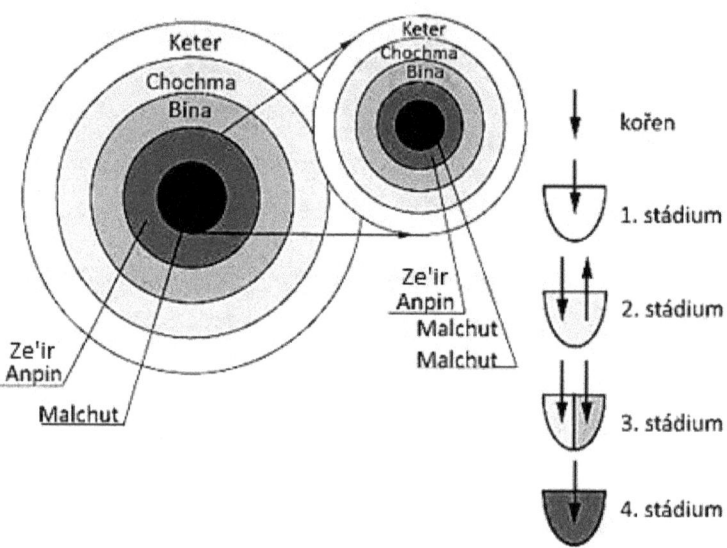

Obr. 9.4. *Stádia rozvoje uvnitř čtvrtého stádia (Malchut).*

Vlastní přání *Malchut*, čtvrté přání je následkem předchozích. Je její vlastní.[304] Právě na své vlastní přání provádí *Cimcum Alef* – První *zkrácení*. Na všechna ostatní přání není potřeba *Cimcum* provádět. V Malchut však jen tak nemůže zmizet *Světlo* z toho místa, kde se v ní objevuje nové přání, jelikož se jedná o vlastní přání. Proto jej *Malchut* musí uzavřít ihned poté, jakmile v sobě toto přání vytvoří. To také činí.

Činnost, pomocí které *Malchut* skrývá svoje přání a která jí nedovoluje jej využívat (nemůže s tímto přáním nic dělat, jelikož nepřišlo z vnějšku, ale zrodilo se v ní a pokračuje v životě), se nazývá *Cimcum Alef*.

---

[304] **Její vlastní** = podléhající, řízené samotným stvořením (*Malchut*), ale ne Stvořitelem, jak to bylo ve třech předchozích stádiích.

Jediné, co může udělat, je pokrýt jej „obalem", který nedovolí, aby se dané přání se naplnilo *Světlem*. Silou ze sebe vytlačuje *Světlo*, ale nadále si přeje se těšit.

Jestliže se během přechodu z *prvního stádia* do *druhého* přání přijímat jakoby samo od sebe skrylo a namísto něho vzniklo přání poskytovat potěšení, pak se tady nic takového neděje. V definici *Cimcum Alef* v knize „Učení deseti Sfirot"[305] (č. 1, str. 33) je řečeno: **„Síly, které ovládají své přání se potěšit, ho v něm ohraničují i přes ohromné přání se potěšit."** *Malchut* opravdu má sílu vůle toto přání nevyužívat. Ze všech ostatních přání, jako v *Bině*, ve druhém stádiu, *Světlo* mizí.

Jaký je výsledek toho, že jsem provedl *Cimcum*? Ve mně nyní nic není, pouze prázdnota jako v *Bině*, ale přitom nejsem podobný Stvořiteli. Následující stádium, třetí, až nyní získává absolutně jinou formu: přijímání se *záměrem* odevzdávat. Ovšem jak to udělat? Dříve bylo přání přijímat se *záměrem* odevzdávat ve dvou různých částech: v jedné – přání dávat, ve druhé – přání přijímat. Nyní v různých částech přebývat nemůže, neboť se jedná o moje vlastní přání, které jsem sám získal ve čtvrtém stádiu. Proto se zde vše realizuje v jednom přání.

Přání přijímat potěšení se ihned využívá k odevzdávání. Kdybychom nakreslili *Kli*, ve kterém je *clona*, pak bude nad *Kli*, nad čtvrtým stádiem obal, který jej ohraničuje a nedovolí se potěšit. Z jedné strany je v *Kli* přání přijímat a těšit se. Z druhé strany, existuje *clona*, která potěšení zabraňuje, přeje si přijímat *Světlo* pouze vyváženě: přijmout, ale se záměrem odevzdat. V té míře, v jaké je tento *záměr* aktivní[306], je přítomen akt získávání potěšení.

---

[305] **Učení deseti Sfirot** (*Talmud Eser Sfirot*) – základní kabalistická učebnice naší doby. Obsahuje šest knih, více než 2000 stránek, otázky a odpovědi, materiály pro opakování a učení, výklad, grafy, náčrtky atd. V knize jsou popsány zákony a síly, které řídí náš vesmír. Autor: Ba'al HaSulam (Jehuda Ašlag 1885-1954).

[306] **Aktivně** = zapojeno = využívá.

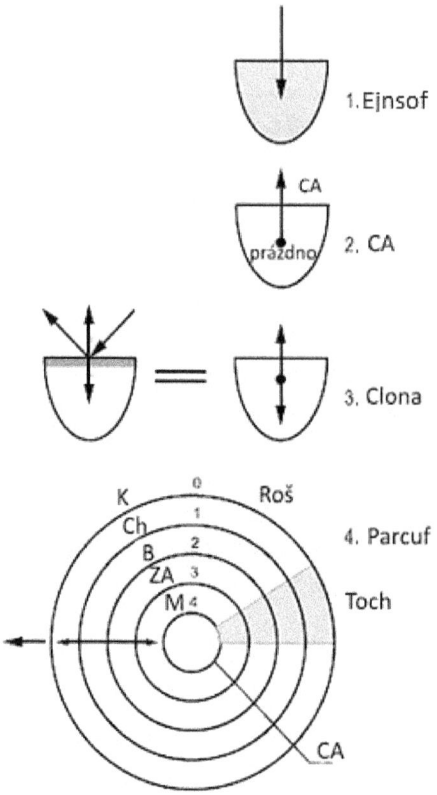

Obr. 9.5. *Naplnění Malchut Světlem po CA.*

Všeobecně, neproběhlo nic, co by vycházelo nad rámec pěti stádií: 0., 1., 2., 3., 4. Nicméně to zároveň znamená, že tímto způsobem pracující *Malchut* je v zásadě stejná *Malchut*, jako *Malchut* ostatních stádií, pouze pro sebe nyní vymyslela správnou realizaci: fungovat s pomocí *clony*. Jestliže nyní s pomocí *clony Malchut* tuto činnost završí, přijme ve prospěch Stvořitele, jako to udělala *Bina*, Která také přijala ve prospěch odevzdávání, přijmout potěšení však může pouze do své malé části. Přijmout potěšení do celé *Malchut* jako *Bina* se jí nepodaří.

9.5. Jak probíhá naplnění *Malchut*

V *Malchut* existuje pět částí, které se také nazývají *Keter, Chochma, Bina, Ze'ir Anpin* a *Malchut*. Do těchto pěti částí se snaží přijmout potěšení a vidí, že do každé z nich může přijmout pouze maličkou část.

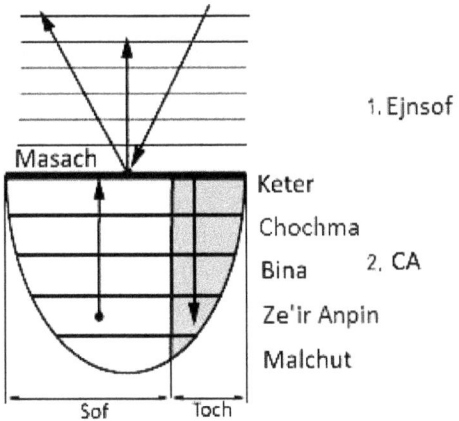

Obr. 9.6. *Schéma naplnění Malchut.*

Toch – vnitřní část *Kli*. Veškerý ostatní prázdný prostor se nazývá *Sof* – vnější část *Kli*. Vzniká otázka: proč se *Malchut* může naplnit pouze z malé části, natolik minimální, že se tento tenký úsek okolí nazývá „Kav Bak" (tenká linie) – tak je úzký. Proč se v ní objevuje pouze malá *clona* pro přijímání potěšení ve prospěch Stvořitele? Protože vlastnosti, které získává Shora od předchozích *Sfirot*, jsou nepatrné ve srovnání s přáním, které vzniká uvnitř. Jestliže tuto *Malchut* rozdělíme na části: nultou, první, druhou, třetí a čtvrtou, pak podle velikosti přání je čtvrtá část (ta, která v něm vzniká, ale neobsahuje předchozí přání) miliardy krát větší než předcházející. Zvenku přicházející *Světlo* je *Světlo* schopné změnit přání, které stvořilo v první, druhé a třetí části. *Světlo* udržuje jenom ta přání, které samo zrodilo, pouze těm může dát sílu.

Z toho vyplývá, že se tato *Malchut* nemůže jen tak stát podobná *Bině* nebo *Keteru*: nemá na to sílu. *Světlo*, které ji naplňuje, jí nemůže dát odpovídající *clonu*, neboť je mnohem menší z hlediska síly, která působí na *Malchut*, než přání, které nyní zrodila uvnitř sebe. Z toho plyne, že je naplnění této *Malchut* podobné úzkému úseku, tenké linii.

Proč se to děje? Proč není vše od počátku jinak? Dejme tomu, že by v *Malchut* bylo dostatek sil, aby přijala tolik *Světla*, že by vystačilo na plnou *clonu*. *Malchut* by se pak naplnila a dovršila celou činnost odevzdávání ve svém druhém a třetím stádiu. Ve druhém stádiu – *záměr* odevzdávat, přání napodobit nulové stádium, ve třetím stádiu činnost, která je podobná prvnímu stádiu: přijímá potěšení jako ve druhém stádiu, ale se *záměrem* odevzdávat. Ve třetím stádiu přijímá jako v prvním a přeje si dávat jako ve druhém. Čtvrté stádium se již skládá z nulového, prvního, třetího a čtvrtého, existují zde doplňující přání. Proč to neudělat tak, aby nyní

Malchut mohla vytvořit *Cimcum*, *clonu* a ihned přijmout veškeré *Světlo* s plným *záměrem* ve prospěch Stvořitele a vše by skončilo?

K tomu nejsou žádné předpoklady. K tomu, aby se zevnitř, z tohoto doplňujícího přání mohla *Malchut* chtít stát podobná *Keteru*, je zapotřebí mít druhou *Binu*, která by dala *záměry* všem novým egoistickým přáním. To znamená, že je nutné předělat všechna předchozí stádia. Je třeba znovu vzít část *Malchut*, která se objevila a postavit nad ní absolutně nová předchozí stádia, taková, která by byla co do síly, intenzity, hloubky a velikosti podobná této doplnitelné části v *Malchut*. Avšak to není možné.

Proto jsou předchozí části schopny „obsloužit" vše, kromě samotné *Malchut*. Ta není ve stavu napodobit nulové stádium, Stvořitele, přijímat potěšení pouze ve prospěch Stvořitele. Tento proces je zatím ještě uložen v nulovém stádiu, což jsou vnitřní jemné záměry celého systému, jenž vytváří *Světlo*, Stvořitel a postupně se na základě projevování nových podobných přání odhaluje takové, které dříve vůbec neexistovalo.

To je podivuhodné: jak je možné vytvořit přání nebo vlastnost, které předtím neexistovaly. Nebo stvořit možnost mysli, úmyslu, činnosti, která by nebyla součástí Stvořitele, kterou by opravdu bylo možné nazvat svobodným stvořením, jež existuje nezávisle na Něm, ale zároveň chápe, co je to Stvořitel a vybírá si ze všech možností právě Jeho stav (přičemž ostatní možnosti nejsou horší než sám Stvořitel).

Jestliže jsou možnosti, které má stvoření v momentu výběru svého budoucího stavu horší, než se mu jeví Stvořitel, pak toto přání, tento *výběr, není svobodný*. Proto, aby se zvolila podobnost Stvořiteli ze svobodné vůle, je třeba mít rovnocenné možnosti, ale přesto podle nějakého kritéria upřednostnit Stvořitele, jeho stav.

Poněvadž *Malchut* nemůže přijmout ze *Světla*, které na ni sestupuje, veškerou sílu na *clonu* (protože doplňující přání takové *Světlo* nepokrývá, může pouze ukázat rozdíl mezi ní a tímto přáním), provede *zkrácení*. Avšak *Světlo* nemůže dát tomuto přání sobě podobné vlastnosti, protože je to *Světlo nápravy*[307] a je mnohem menší než přání, které nyní v *Malchut*

---

[307] **Světlo nápravy** – Světlo, které v nás vytváří přání odevzdávat. Neodhaluje se nám jako silnější potěšení, ale jako „velikost Vyššího", a to v nás probouzí přání odevzdávat Stvořiteli.

vzniká. *Malchut* musí kolem sebe vytvořit celý systém vlastní nápravy, aby ho obdržela v plném objemu. To se také děje.

Malchut začíná přijímat *Světlo* ve prospěch Stvořitele do svých předešlých stádií, kde to je možné, kromě posledního, čtvrtého. Čtvrté stádium zůstává prázdné a nazývá se rozvojem a rozšířením *Malchut* (její poslední částí).

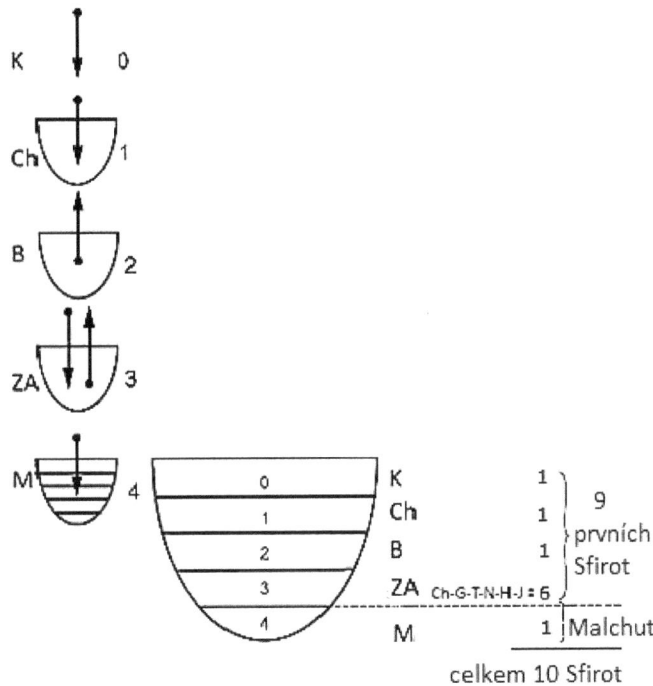

Obr. 9.7. *Rozvoj a rozšiřování Malchut (čtvrtého stádia samotné Malchut).*

Co probíhá v této *Malchut*, když je naplněna? Samozřejmě provádí kalkulaci vzhledem ke *Světlu*, které ji naplňuje. S pomocí *clony* vypočítává, kolik Světla může přijmout se *záměrem* ve prospěch Stvořitele, čili napodobuje činnost třetího stádia se *záměrem* jako ve druhém stádiu a uvádí to do chodu.

Test

1. Na čem závisí obraz pozorovatelné reality?

a) na pozorovateli

b) na okolním *světě*

c) jak na pozorovateli, tak na okolním *světě*

d) nezávisí na ničem

2. Ze všeho rozvinutého materiálu, neživého, rostlinného, živočišného a člověka, spočívá povinnost přivést celý svět zpět do světa Nekonečna na...

a) *živočiších*

b) *rostlinách*

c) *člověku*

d) každém samostatně

3. Činnost, kterou v sobě *Malchut* tají svá přání, nedovoluje jej využívat pro sebe, má název...

a) *svět Nekonečna*

b) *Cimcum Alef*

c) *Bchina Bet*

d) *Bchina Alef*

4. *Malchut* si přeje být podobná...

a) stádiu *Bina*

b) stádiu *Keter*

c) sobě samé

d) předchozímu stádiu

5. Kolik částí v sobě má čtvrté stádium:

a) 3 části

b) 1 část

c) 4 části

d) 5 částí

Odpovědi: 1a) 2c) 3b) 4b) 5d)

Kapitola 10. Vznik světů

Přehled

10.1. Stavba *Parcufu* – 10.2. Pořádek sestupování Světla do *Kli*
10.3. Svět *Adam Kadmon* – 10.4. Výjimečnost *Parcufu SAG* – Test

10.1. Stavba *Parcufu*

Parcuf je duše, duchovní „tělo",[308] skládající se z hlavy (*Roš*), těla (*Toch*) a konečné části (*Sof*).

Poté, co *Přímé světlo*[309] (*Or Jašar* – *OJ*) přichází do *Malchut*, *Malchut* jej odstrkuje, propočítává, kolik si od něho může vzít. *Malchut* se rozhodne, že může přijmout, dejme tomu 20 %. Toto Světlo se nazývá *Vnitřní světlo* (*Or Pnimi* – OP). Zbývá 80 % nezaplněných *Kelim* a *Světlo*, které se nevešlo, odpovídá 80 %. *Obklopující světlo*[310] (*Or Makif* – OM) tlačí na prázdné *Kelim*, které mají malé množství *Přímého světla*. *Přímé světlo*, které se nachází uvnitř přání, oslabuje jetím, že jim dává potěšení. *Obklopující světlo* jakoby říká, že přijmeš-li ho, budeš mít potěšení ještě větší: než to, které přijímáš uvnitř, i než to, které je možné odevzdat Stvořiteli, napodobit Ho v tomto přání. Tyto dva druhy *Světla* tlačí na místo, které ohraničuje rozšiřování dodatečného *Světla* v *Kelim*, čili na *clonu*, umístěnou v *Taburu*.[311]

---

[308] **Tělo** – tělem se v kabale nazývá přání (i č. mn.), rozdělené s pomocí clony na *Roš* (hlavu – část, přijímající řešení), *Toch* (trup – vnitřní část, naplněná Světlem) a *Sof* (konečná – nenaplněná, prázdná část). Tímto způsobem se vytváří duchovní tělo, duchovně živý objekt.

[309] **Přímé světlo** (*Or Jašar, OJ*) – Světlo, které se rozšiřuje z Nekonečna ke stvořením; přání Stvořitele potěšit stvoření.

[310] **Obklopující světlo** (*Or Makif, OM*) – Světlo, předurčené k odění se do stupně, které zatím nemůže vejít dovnitř kvůli nějaké vnitřní překážce, čili se nachází vně *Kli*, ale svým tlakem na *Kli* jej nutí ke změně, k očišťování se.

[311] **Tabur** – linie, která ohraničuje přijímání Světla do *Guf* (těla), vytváří rozdělení mezi *Toch* (vnitřní část *Kli*, naplněná Světlem) a *Sof* (konečná, nenaplněná, prázdná část těla).

Jestliže je možné přirovnat přání k nádobě, pak si *clonu* můžeme představit v podobě vnitřní *záklopky*, která je schopná se posouvat nahoru a dolů. *Záklopka* má *rukojeť* a klade se jakoby před nádobu-přání. Propočítáváme, kolik *Světla* může vejít, uchopíme rukojeť a odtlačujeme záklopku na vypočítanou úroveň. Naplňujeme přání. Poté, ukáže-li se, že naplnění není z nějakého důvodu možné, opět zvedáme záklopku do původního stavu nebo ji můžeme spustit. Co je tou rukojetí, kterou přemisťujeme záklopku? Je jí náš *propočet*. V hlavě (Roš) Parcufu vždy probíhá výpočet, do jaké míry můžeme napodobit *Světlo*, které k nám přichází.

Napodobení Světla neboli napodobení Stvořitele, je jediným kritériem *Parcufu*.

Jestliže na *clonu*, umístěnou v *Taburu*, působí dva druhy *Světla*, Or Pnimi a Or Makif (*Přímé a Obklopující*), nemůže se tato *clona* nacházet na původním místě. Kdyby zůstala v takovém statickém stavu, nikdy by nedosáhla stoprocentní podobnosti. Jestliže *clona* zůstane na jednom místě, nemůže dále přijímat *Světlo* dovnitř, a to by bylo oddálení, opak Stvořitele. Jediná možnost, jakou má, *je vrátit se do původního stavu*, ve kterém se nacházela do obdržení *Světla*. Tento proces se nazývá *osvětlením, pozvednutím clony Vzhůru*.

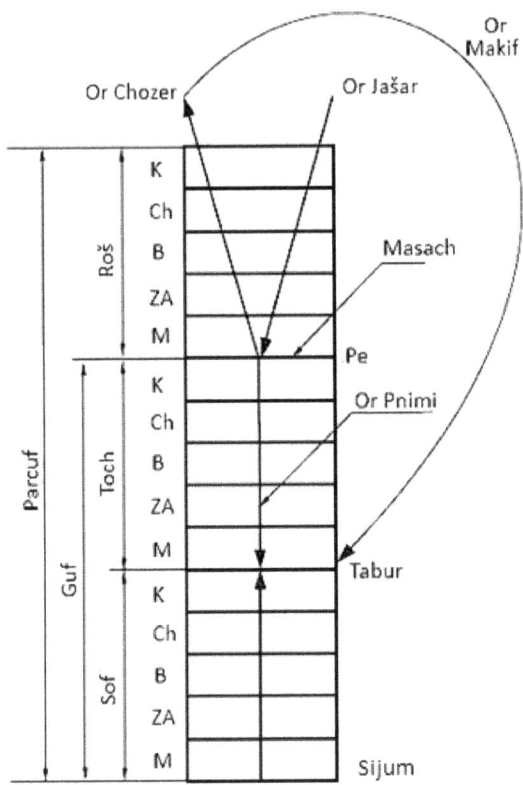

Obr. 10.1. Stavba Parcufu.

Podívejme se, jak tento proces probíhá dále. Or Pnimi, Světlo, rozšiřující se v Parcufu Shora dolů. Or Makif – 80 % Světla, zbylého venku. Or Jašar – Světlo, přicházející k Parcufu, Or Chozer[312] (OCh) – Světlo, odrážející se od Parcufu.

Or Pnimi, rozšiřující se Shora dolů, se nazývá „Ta'amim", ze slova taam – chuť. Světlo, odcházející z Parcufu, se nazývá „Nekudot", ze slova nekuda – bod, protože Malchut je černý bod, jenž je příčinou, která omezuje průchod

---

[312] **Or Chozer** (Odražené světlo) – „Or" – Světlo, potěšení, „Chozer" – navracející se, to znamená Odražené světlo, to je přání odevzdávat potěšení Stvořiteli, stejně jako On dává mně.

Světla do *Kli*. Není schopna dále přijímat, takže příčinou, na základě které mizí *Světlo*, je bod – *Malchut* (odtud – *Nekudat Malchut*, č. mn. *Nekudot*).

10.2. Pořádek sestupování Světla do *Kli*

K předcházejícímu stavu je možné dodat, že se rozděluje na množství variant. *Světlo* sestupuje do *Kli* postupně. Zpočátku vchází *Or Nefeš*.[313] Potom se uvnitř přemisťuje na nižší stupně a do vrchního stupně vstupuje *Or Ruach*.[314] Poté se *Or Ruach* přemisťuje dolů, *Or Nefeš* se spouští ještě níž a do *Parcufu* vchází nové – *Or Nešama*.[315] Takový postup sestupování *Světla* se zachovává do té doby, dokud do *Parcufu* nevstoupí *Or Jechida*.[316]

---

[313] ***Or Nefeš*** – Světlo, přijímání potěšení se clonou na nejmenší egoismus (Ovijut 0); minimální pocit Stvořitele. Název „*Nefeš*" ukazuje na absenci vlastního pohybu tohoto Světla.

[314] ***Or Ruach*** (dosl. „duch") – pohyb, přemístění. Činnost odevzdávání, kterou uskutečňuje stvoření, vychází z napravené egoistické vlastnosti (*Ovijut* 1). Světlo, které se odívá se do Kli ZA.

[315] ***Or Nešama*** – duše, Světlo, které se odívá se do *Kli Biny* (*Ovijut* 2).

[316] ***Or Jechida*** – Světlo, které se odívá se do *Sfiry Keter*. Největší Světlo ve stvoření (*Ovijut* 4).

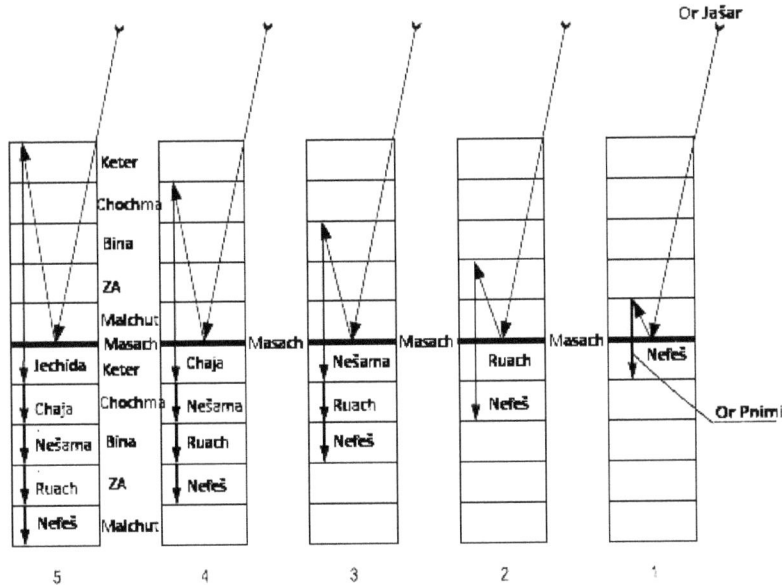

Obr. 10.2. *Pořádek sestupování Světla do Parcufu.*

Sestupování *Světla* dovnitř *Kli* probíhá postupně, ale jelikož propočet jeho přijímání probíhá pouze jednou, veškeré *Světlo* považujeme jakoby za jedno a nazýváme jej NaRaNChaJ (*Nefeš, Ruach, Nešama, Chaja*,[317] *Jechida*). *V hlavě (Roš) Parcufu* se přijímá pouze jedno řešení: naplnit všechna *Kelim*. To, že *Světlo* vstupuje postupně, nemá význam. Důležité je rozřešit, že postupně vstřebává pět dávek. Zpočátku přijímá rozhodnutí a až poté přichází naplnění.

Světlo, které se šíří Shora dolů (*Ta'amim*), se také nazývá *Keter*, protože v něm ještě není žádný *Ovijut* (veličina přání přijímat, tlouštka). Toto *Světlo* se prostě rozprostírá uvnitř *Kli*. Ze strany samotného *Parcufu* ještě nedochází k žádnému protipůsobení. Po celkovém naplnění *Kli Světlem*, když *Or Makif* začíná působit, však bude *Parcuf* zpočátku působit proti tomu, aby se v něm *Světlo* nacházelo. *Parcuf* jej chce vytlačit, poněvadž vidí, že není v optimálním stavu. Působení *Parcufu* proti *Světlu* se proto nazývá *Nekudot* (body): podle černého bodu *Malchut*, který vypuzuje toto *Světlo*. Vytlačování probíhá postupně, v souladu se stádii *Ovijutu*.

---

[317] ***Or Chaja*** – („Světlo života"), Světlo *Sfiry Chochma* (*Ovijut* 3).

Parcuf přijal *Světlo* ve čtvrtém, svém nejsilnějším stádiu. Vytlačuje jej ze čtvrtého stádia *Ovijutu*, nepřeje si přijímat nejsilnější dávku *Světla*. Proto již v *hlavě* neprobíhá propočet pro čtvrtou část (v *Roš* je také *Malchut*).

Takže se *clona* přemisťuje nahoru, do *Pe*[318] a zároveň *Světlo* z *Malchut* odchází. Poté *Světlo* odchází ze *Ze'ir Anpin*, z *Roš*, z *Guf*,[319] a dále podle stejného principu.

Postupně se *clona* v hlavě zmenšuje a postupně také odchází z *Parcufu* i *Světlo*. Následně probíhá odchod *Světla* z *Parcufu* ve čtyřech stádiích: *Chochma, Bina, Ze'ir Anpin, Malchut*.

Jak se liší *Keter, Chochma, Bina, Ze'ir Anpin* a *Malchut* v *Roš Parcufu* od odpovídajících *Sfirot* v *Toch* nebo v *Sof* nebo od stejných *Sfirot Světla Nekonečna* v *Parcufu*? Liší se mírou účasti *Kli* v rozšiřování *Světla* (nebo naopak v odtržení). Nejmenší účast *Kli*, to znamená *Ovijutu*, v činnosti, v tlaku, v promíchání se *Světlem* se vyskytuje právě v *hlavě Parcufu*.

Zde se nachází *Světlo*, které si lze uvědomovat pouze teoreticky: co mám ze svých přání a v jaké podobě s nimi mohu pracovat? Poté se uvnitř *Parcufu Světlo* prostě rozšiřuje uvnitř *Kli* v souladu s předem přijatým řešením. *Kli* se tohoto procesu vůbec neúčastní, a proto se toto rozšiřování jeví jako proces plného odevzdávání, podobně jako rozšiřování *Světla* od Stvořitele na nulovém stádiu.

Když v sobě *Kli* začíná pociťovat *Světlo*, cítí, že jej obdrželo a začíná na něho působit vliv ze strany *Malchut*, vznikají stádia *Chochma, Bina, Ze'ir Anpin, Malchut*. Přičemž *Chochma* odpovídá třetímu stádiu, *Bina* druhému, *Ze'ir Anpin* prvnímu a *Malchut* nulovému. Takto se projevuje *míra účasti Malchut*. Poté *Světlo* ze všech částí úplně odchází.

---

[318] **Pe** (ústa) – část, ve které probíhá spolupůsobení Vyššího světla se clonou – *Malchut de-Roš*.

[319] **Guf** (tělo) – důsledek přijatého řešení v *Roš* na činy. Skládá se z „*Toch*" (vnitřní část, trup) a „*Sof*" (konečná část), to znamená z části, která přijímá Světlo a z části, ve které stvoření vytváří ohraničení pro přijímání Světla.

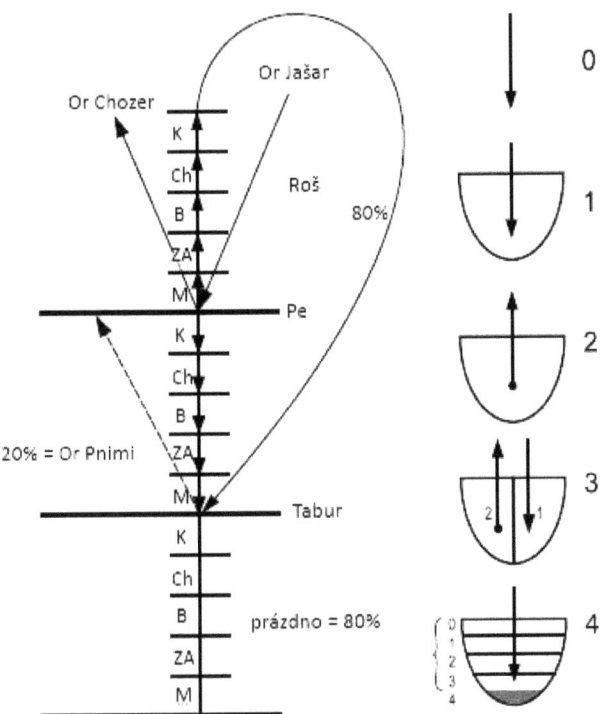

Obr. 10.3. *Rozšiřování a odtržení Světla v Parcufu, tlak Vnitřního (OP) a Obklopujícího (OM) světla na Masach, který se nachází v Taburu.*

V jakém případě hovoříme o všech těchto částech (*Keter, Chochma, Bina, Ze'ir Anpin* a *Malchut*), které se rodí během *osvětlení clony*?[320] Hovoříme-li o vlastnostech *Kli*, jakým způsobem *Kli* vzniká? Nejedná se o to, že existuje přání a přijímá uvnitř sebe více nebo méně *Světla*. Postup rozšiřování *Světla* v *Kelim* tkví ve vzniku všemožných rozepří ze strany *Malchut* ve vztahu ke *Světlu*. Ty vznikají právě v *Nekudot*. Odtržení *Světla* z *Parcufu* tudíž vytváří *Nekudot* (body), ze kterých se pak vytváří *linie* nebo *písmeno*[321] (má se na mysli přání). *Nekudot* jsou nejdůležitějším následkem tohoto procesu.

---

[320] **Osvětlení clony** – odtržení Světla v důsledku tlaku vnitřního (*OP*) a obklopujícího (*OM*) Světla; zmenšení síly odporu vůči přání potěšit se kvůli sobě.
[321] Podrobněji je to vysvětleno v oddílu „Studium vesmíru".

Postupné, pomalé oslabování *clony* je tudíž hlavní informační a vůbec nejdůležitější částí celého procesu. Základem není to, že se *clona* oslabuje a vytlačuje veškeré *Světlo*, ale to, že se to děje *postupně*.

Ve stejnou dobu, kdy *Malchut* vytlačuje *Světlo*, se s ním nachází v takové interakci, že je *donucena* se od něho osvobodit. Záznam této slabosti *Malchut*, této nutnosti se osvobodit od *Světla*, které v sobě není schopná ponechat, se nazývá vzpomínáním (*Rešimo*[322]), informačním zápisem, písmeny – „*Otijot*". To je to nejdůležitější, co v nás zůstává.

Světy jsou filtry na cestě *Světla* k *duši*. Filtry se vytvářejí právě během procesu postupného, stupňovitého zasahování *Malchut* do *Světla* během doby, kdy *Světlo* z *Parcufu* mizí, tudíž s ním nemůže být v kontaktu a vytlačuje ho jako svou slabost.

10.3. Svět *Adam Kadmon*

Zrození *Parcufim*

Takže, *Kli* bylo úplně, jak jen to bylo možné, naplněné *Světlem*. Provedlo „*Zivug de-Haka'a*":[323] propočet, kolik *Světla* do sebe může přijmout. Jakým způsobem *Kli* tento propočet provádí? Vychází z toho, že v něm v nynějším stavu existují *Rešimot 4/4*:[324] čtyři *de-Hitlabšut* a čtyři *de-Ovijut* (částice „*de*" z aramejštiny se v kabale nezřídka využívá a označuje příslušnost).

---

[322] **Rešimo** – vzpomínání, zápis o předešlém stavu.

[323] **Zivug de-Haka'a** – (z hebrejštiny „úderný pohlavní akt") úderné spolupůsobení Světla se clonou, během kterého clona zabraňuje rozšiřování Světla do stádia *Dalet* (přání potěšit se), odstrkuje Světlo zpět k jeho kořeni (zdroji). V tomto ději působí dvě opačné činnosti: odstrkování Světla a následná interakce s ním, jež přivádí k tomu, že se Světlo dostane do *Kli*, protože Světlo odstrčené od *Bchiny Dalet*, se mění na Odražené světlo, to znamená na jiné *Kli*, které obsahuje a odhaluje Světlo v *Parcufu*.

[324] **Rešimot 4/4, 4/3, 3/2, 2/1, 1/0** – každý předcházející stav nádoby (*Kli*), který obsahuje Světlo, po sobě nechává dva druhy *Rešimot* (zápisů, vzpomínek) – *Rešimo* ze Světla, které bylo uvnitř nádoby a *Rešimo* ze clony (síly odporu egoismu), které má v tuto chvíli. Tato informace je nutná pro završení duchovní činnosti, zapisuje se ve zkratce pomocí čísel –„4/4" – *Rešimo* Světla: *Dalet* (4), *Rešimo* clony: *Dalet* (4); („4/3" – *Rešimo* Světla: *Dalet* (4), *Rešimo* clony: *Gimel* (3) atd.

Velikost Světla, která byla v něm, se nazývá *Hitlabšut* a existující přání se nazývá *Ovijut*.

Na základě tohoto hlediska *Kli* také koná: přijímá do sebe nějakou dávku *Světla*. Ihned po přijetí *Světla* vzniká *stav absolutní nedokonalosti* – to, co v duchovním *světě* vůbec nemůže nastat. Co to znamená? *Kli* se zastaví, nemůže dále přijímat, protože nemá *clonu* pro *přání přijímat ve prospěch Stvořitele*.

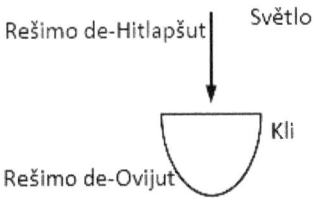

Obr. 10.4. *Rešimo de-Hitlabšut a Rešimo de-Ovijut.*

Obdržet pouze malé množství *Světla* a na tom se zastavit však znamená nemožnost přejít do jakéhokoliv jiného stavu, neboť do *Kli* vstupující *Světlo* zmizí, zůstane-li nezměněné a nebude-li se neustále obnovovat. Proč? Protože mizí přání.

Naplněné přání přestává existovat. Jestliže se nepociťuje jako takové, pak v něm samozřejmě není jako potěšení pociťováno ani *Světlo*. *Kli* se ocitá ve stavu, kdy je nucené něco učinit. Jediné východisko spatřuje v odchodu z tohoto stavu, a návratu do předešlého stavu. *Kli* se však vrací do předešlého stavu již s ostatními *Rešimot*: s *Rešimot 4/4*, které mělo ve *světě Nekonečna*, a s *4/3*. To znamená, že sice už prošlo určitou cestu, ale bohužel, jako následek se v něm vynořily určité nedostatky.

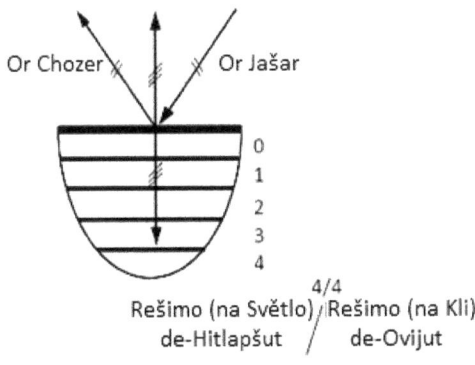

Obr. 10.5. *Kli s Rešimot 4 de-Hitlabšut a 4 de-Ovijut (4/4).*

Přání, se kterým *Kli*, *Malchut* nyní může pracovat se *clonou*, se zmenšilo. Proč? Protože se přesvědčila, že ji přivedlo do slepé uličky předchozí přání, pro které neměla *clonu*. Jako odpověď vykonává *Malchut* následující činy: začíná pracovat na úrovni, která je níže (namísto *Ovijut 4 – Ovijut 3*), což odpovídá sestoupení o jeden stupeň; namísto vnitřního *Keteru* pracuje v ostatních částech *Ovijutu:*[325] *Chochma, Bina, ZA, Malchut.* Zároveň naplňuje tyto *Kelim*, ale již úplně jiným *Světlem*. Toto druhé naplnění *Kelim* jiným *Světlem* se nazývá *Parcuf AB*.[326]

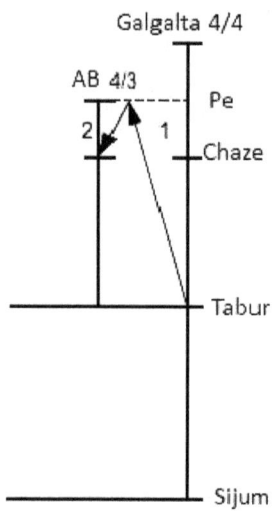

Obr. 10.6. *Zrození Parcufu AB s Rešimo 4 de-Hitlabšut a 3 de-Ovijut (4/3). Šipky ukazují: 1 – pozvedání Masachu z Taburu do Pe Galgalty, 2 – spouštění Masachu o jeden stupeň dolů – Pe Parcufu AB.*

Při vyšším naplnění byl první *Parcuf Keter* (*Galgalta*[327]). Nyní je nejvyšším naplněním *Chochma*, proto se tento *Parcuf* nazývá *Parcuf Chochma (AB)*. Rozprostírá se pouze do *Taburu*, jako předchozí, ale nemá stejné *Kelim*, které byly v *Galgaltě*, protože *Galgalta* měla všechna *Kelim*. *Galgalta* se rozhodla nenaplnit nižší *Kelim* (od *Taburu* níže – *Kelim* odpovídající *Malchut*). Jestliže se *Galgalta* rozhodla s těmito *Kelim* nepracovat, ale

---

[325] ***Ovijut*** – síla, hloubka přání, potřeba (měří se na škále od 0 do 4).

[326] ***AB*** – *Parcuf Chochma* (světa *Adam Kadmon*), vytvořený jako následek *Zivugu* na *Rešimo* Světla – *Dalet* (4), *Rešimo* nádoby – *Gimel* (3). Tento *Parcuf* pracuje s takovým přáním, se kterým předchozí *Parcuf* (*Galgalta*) pracovat nemohl.

[327] ***Galgalta*** – první *Parcuf* prvního světa (*Adam Kadmon*), vytvořený po *Cimcum Alef* (Prvním zkrácení) na *Rešimot Dalet de-Ovijut* (4) a *Dalet de-Hitlabšut* (4). *Parcuf Galgalta* vzhledem ke světu Nekonečna, kde byl Světlem zaplněný celý Vesmír, představuje pouze tenký paprsek Světla.

zároveň v ní ještě pořád zůstávají, potom již v *AB* prostě chybí. Tento *Parcuf* s nimi nepočítá. Rozprostírá se od *Pe* do *Taburu* ve svých *Sfirot*: druhé naplnění *Světlem Kelim* na Rešimot 4/3.

Rešimot nám vždy diktují, co máme udělat. Proč? Protože to je jediná všezahrnující informace: *Rešimot* o Světle i *Rešimot* o *Kli*. Jelikož ve vesmíru existuje Světlo všeobecně a také existuje *Kli*, které se vytváří Světlem, v souladu s tím můžeme jakýkoliv stav vyjádřit pouze pomocí těchto dvou parametrů. Abychom popsali jakýkoliv stav, stačí nám *Kli* a Světlo. Informace, určující minulý nebo budoucí stav (ne stávající), se nazývá *Rešimot*. Je to záznam o Světle a o nádobě (*Kli*).

Takže se *AB* naplňuje *Světlem*, které odpovídá jeho *cloně s Ovijutem* 3, ale přijímá samozřejmě méně. Také nemůže spolupracovat s *Malchut*: stejně jako *Parcuf Galgalta* nemůže *Malchut* zaplnit (část pod *Taburem*, *Sof*) svým *Světlem Keter*, tak i *AB* ho nemůže naplnit svým *Světlem Chochma*. Každé z pěti *Parcufim*, které vzniknou (*Galgalta*, *AB*, *SAG*, *MA Eljon*, *BON Eljon*), *Parcuf Galgalta* nedokáže naplnit níže *Taburu* (její *Sof*).

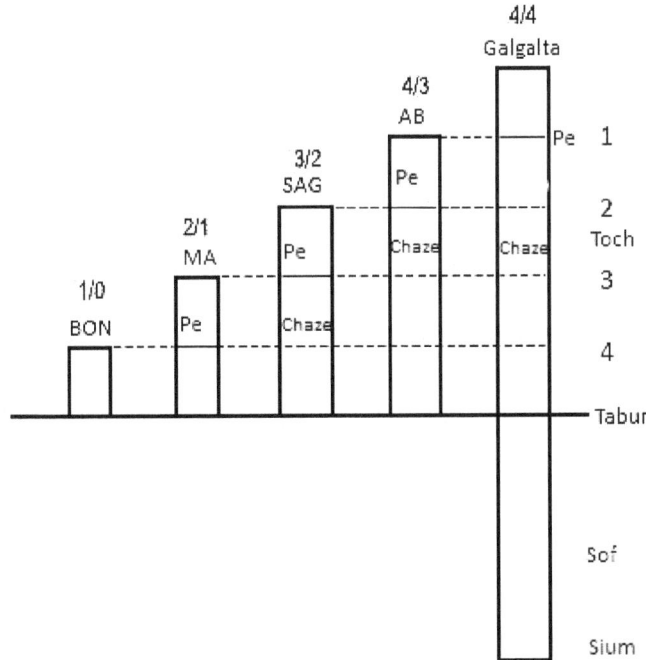

Obr. 10.7. *Pět Parcufim světa Adam Kadmon (AK).*

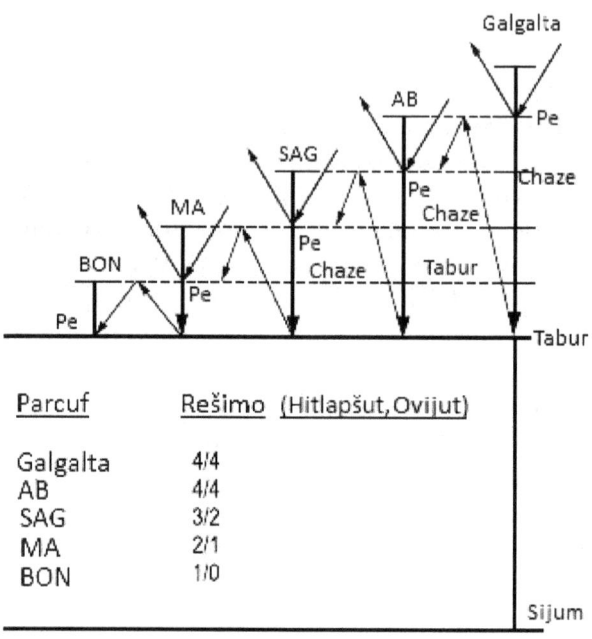

Obr. 10.8. Zrození Parcufim světa AK. Přerušovanými čarami je ukázáno pozvedání a sestupování Masachu.

Proč se *AB* nerozšiřuje dolů? Nemůže svým *Světlem* naplnit *Malchut*, nižší část *Galgalty*. Poté *AB* získává do svých prvních *Sfirot* určené množství Světla. Dříve byl *Or Keter*[328] v *Kli de-Keter*, ale nyní – *Or Chochma*[329] v *Kli Chochma*. Také se zastavuje na půli cesty a také se musí rozhodovat ve slepé uličce. To je tzv. **„Bituš Pnim uMakif", tlak Vnitřního a Obklopujícího Světla na clonu**. Jestliže *Parcuf* přijímá, dejme tomu, 20 % Světla, 80 % zůstává nevyužito. Těchto 80 % nevyužitého *Světla* by v podstatě mělo *Malchut* zaplnit. Jelikož však *Malchut* zaplnit nelze, těchto 80 % *Světla*, přesněji řečeno jeho nevstřebání se, tlačí na *Tabur*, jehož hranice tato obrovská přání nedovoluje využít.

---

[328] **Or Keter** – Světlo nejvyššího stupně, *Or Jechida*.
[329] **Or Chochma** – veškeré Světlo, které sestupuje od Stvořitele, tzn. Světlo, které v sobě zahrnuje vše, co si nám Stvořitel přeje dát, určuje se jako podstata a život stvoření.

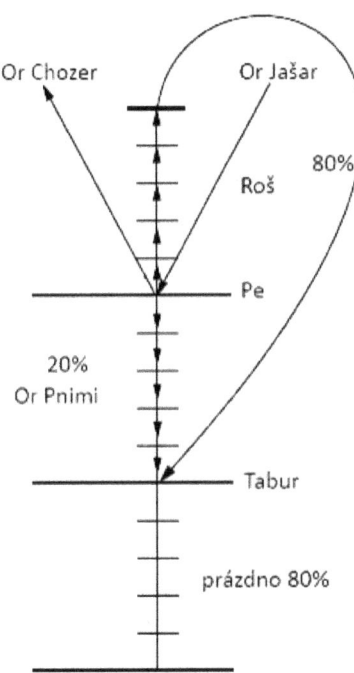

Obr. 10.9. *Tlak Vnitřního (OP) a Obklopujícího (OM) Světla na Masach („Bituš Pnim uMakif").*

Podobně *AB* pod působením *Obklopujícího světla (OM)* rozhoduje, že se musí vrátit k předchozímu stavu, tzn. *Parcuf Chochma* už dále nefunguje, *Pe*[330] se spouští z úrovně *Keter* na úroveň *Chochma*, poté na úroveň *Bina* a vzniká *Parcuf SAG*[331] – *Parcuf Bina*.

---

[330] **Pe (ústa)** – část, ve které probíhá interakce Vyššího Světla se clonou – *Malchut de-Roš*.

[331] **Parcuf SAG** *(Parcuf Bina)* – *Parcuf* světa *Adam Kadmon* s *Rešimot Gimel* (3) *de-Hitlabšut a Bet* (2) *de-Ovijut*. To znamená, že *SAG* pracuje pouze ve prospěch dávání *(Rešimo Bet, Bina)*, ovšem *SAG* má také *Hitlabšut Gimel* – vzpomínání na předchozí stav *(Parcufu AB, Parcufu (Chochma)*. Proto je uvnitř *Parcufu SAG* malé osvětlení světlem *Chochma*.

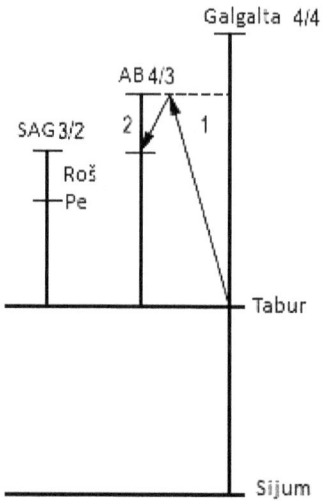

Obr. 10.10. *Zrození Parcufu SAG s Rešimo 3/2.*

AB – *Parcuf Chochma*, SAG – *Parcuf Bina*. V *Bině*, jak jsme už říkali, existuje počátek altruistického *záměru*, přání odevzdávat. *Bina* si podle svých vlastností přeje být podobná *Keteru*, ale *Keter* nechce nic přijímat, pouze dávat. Tento jeho *záměr* dávat také dělá ze *SAG* zvláštní *Parcuf*.

10.4. Výjimečnost *Parcufu SAG*

Co probíhá v *SAG*? Počínaje *Galgaltou*, která vystoupila na *Rešimot* 4 de-*Ovijut* a 4 de-*Hitlapšut*, v každém následujícím *Parcufu* nejsou *Rešimot* de-*Ovijut* a *Rešimot* de-*Hitlabšut* stejné.

Rešimot de-Hitlabšut je vzpomínání na bývalé Světlo, které jsem měl. *Rešimot de-Ovijut* je informace o cloně, kterou jsem měl v danou chvíli.

Ve stádiu *Rešimot* 3/2 *Rešimo* 3 říká, že v něm ještě existuje vzpomínka na *Světlo Chochma*. Vzpomínání na *světlo Chochma* je úsilí o *světlo Chochma* a vytváří v *SAG* doplňující podsvícení.

Zatímco na *Ovijut* 2 přichází *Or Chasadim*,[332] na *Hitlabšut* 3 je trochu *Or Chochma*.[333] Když se *SAG* začíná zbavovat *Světla*, neboť nedokáže odolávat jeho tlaku a přeje si pozvednout *clonu* zpět od *Taburu* k *Pe*, *Or Chochma* mizí a zůstává pouze *Or Chasadim*. *Or Chasadim* je zcela podobné *Keteru*, přání dávat, proto toto *Světlo* nemá ohraničení, může se nacházet všude. Přání přijímat (1) se tady mění na přání dávat (2).

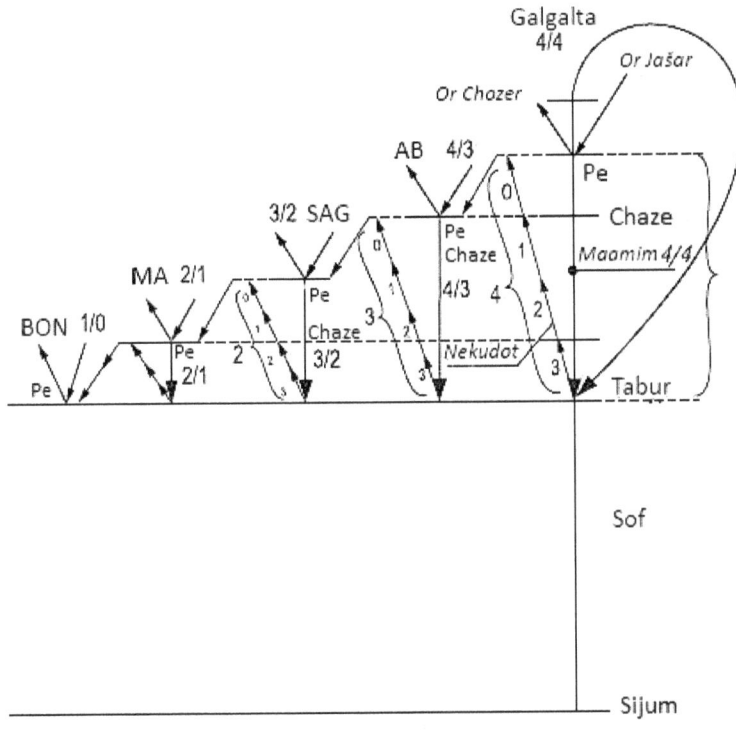

Obr. 10.11. *Pořádek zrození Parcufim v závislosti na Rešimot.*

---

[332] **Or Chasadim** – Světlo, které si stvoření přeje odevzdávat, vrátit Stvořiteli. Je to obrovské potěšení z podobnosti Stvořiteli. Znáš Jeho mysl, pocity, poznáváš to, co je v Něm, nacházíš se na shodném stupni s Ním.

[333] **Or Chochma** – veškeré Světlo, pocházející od Stvořitele, Světlo, které v sobě spojuje vše, co si nám Stvořitel přeje dát, určuje se jako podstata a život stvoření.

Co se nachází ve čtvrtém stádiu,[334] na jeho konci, tam, kde je umístěno přání přijímat, což je nové přání ze strany stvoření, jestliže toto nové stvoření provádí *Cimcum*[335]? Nachází se tam *Or Chasadim*, protože *Cimcum* vzniká za účelem napodobení Stvořitele, když si stvoření nepřeje přijímat. Proto dole, uvnitř těchto přání, existuje *Or Chasadim* a je úplně jedno, jaký má *Parcuf Ovijut*: 3 (jako v *AB*) nebo 4 (jako v *Galgaltě*). Proč to není důležité? Protože jsou si *navzájem podobné*. Když *Světlo* naplňuje *Kli*, vládne v něm absolutně, to znamená natolik, že samotné *Kli* necítí.

Přání je nyní podobné *Světlu*, naplňuje ho, jako se sklenice naplňuje nápojem. Pro nás je důležitý ten nápoj a nikoliv sklenice, kterou využít nemůžeme. Vzniká-li napodobení podle vlastností mezi *Parcufem SAG* v jeho *Nekudot*[336] a v *Sof Galgalty*,[337] stávají se tyto dva *Parcufim* navzájem podobnými. Spojují se, jelikož se jak v jednom, tak i v druhém nachází stejné *Světlo*, *Or Chasadim* a nezáleží na tom, že v jednom je *Ovijut clony 2. stádia* a v druhém *4. stádia*.

---

[334] **Čtvrté stádium** – poslední stádium rozvoje nádoby, ve kterém se objevuje nové přání – nejen se naplnit potěšením od Stvořitele, ale těšit se Jím samotným, Jeho stavem, Jeho postavením, jenž přichází v důsledku pocítění podstaty Stvořitele.

[335] **Cimcum** (zkrácení) – odmítnutí přijímat Světlo na základě altruistického uvědomění, rozhodnutí skrýt před sebou svoji přirozenost, vůbec nevyužívat svá přání.

[336] **Nekudot** (body) – Světlo, vycházející z *Parcufu*.

[337] **Sof Galgalty** – část stvoření, která zůstává prázdná, se nazývá *Sof* (konečná), tam stvoření vytváří překážku pro přijímání Světla kvůli absenci odpovídající clony. *Sof Galgalty* je *Malchut*, která není ve stavu nic přijmout.

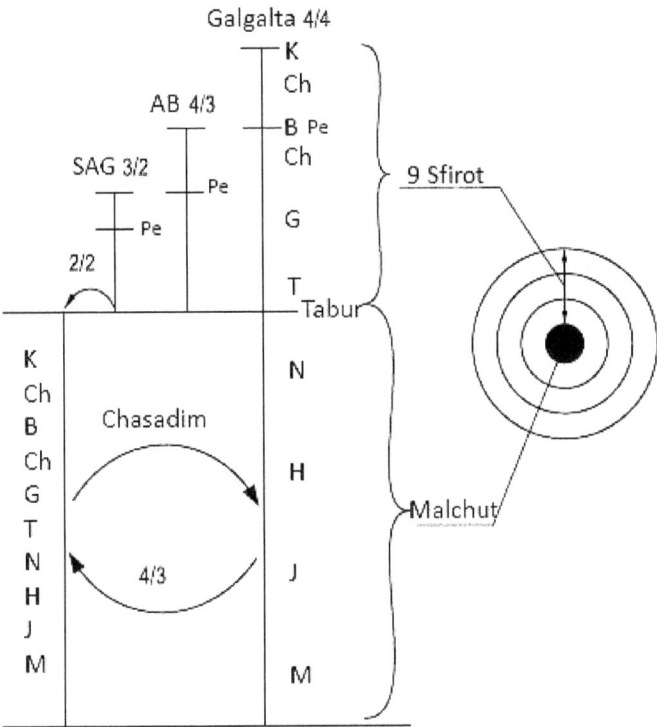

***Obr. 10.12.** Spouštění pod Tabur Nekudot de-SAG (Rešimo 2/2).*

Jakmile se objevuje *Parcuf*, naplněný *Or Chasadim*, může se spustit jako *Nekudot de-SAG*[338] pod *Tabur Galgalty* a spojit se se *Sof Parcufu Galgalty* (*Malchut*). Tyto dva *Parcufim* se prakticky stávají jedním. V důsledku toho vzniká zvláštní stav. Ta část *Malchut*, která je zcela izolovaná a která absolutně nebyla ničemu podřízená a nebylo možné do ní proniknout, se v podstatě stává dostupnou skrze *Parcuf*, který se nazývá *Nekudot de-SAG*.

---

[338] **Nekudot de-SAG** – přechodný *Parcuf*, který má Bet de-Ovijut (2) a Bet de-Hitlabšut (2) – (čistá *Bina*), vznikající v důsledku pozvedání clony a vypuzení Světla do *SAG*.

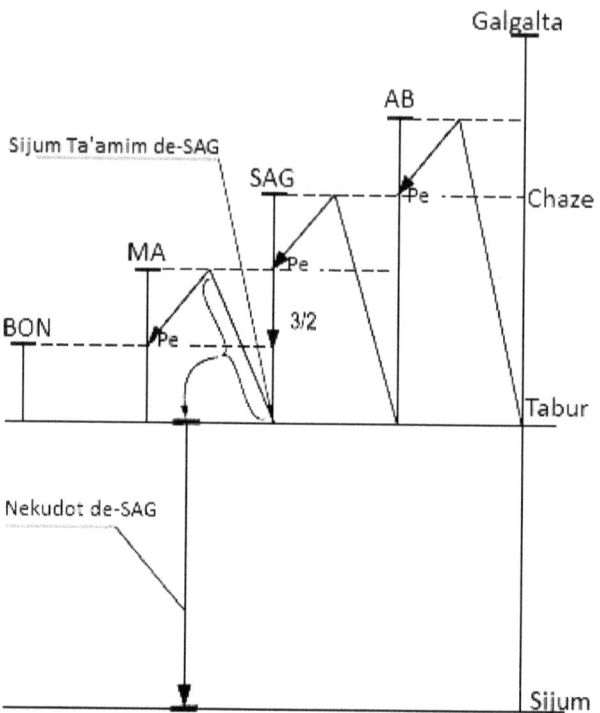

***Obr. 10.13.** Šíření Parcufu Nekudot de-SAG z Taburu do Sijum Galgalty.*

Dále během našeho rozvoje naplňujeme *Malchut* skrze *Parcuf Nekudot de-SAG* vším, co vykonáváme, až do takového stavu, kdy ho můžeme zaplnit opravdu úplně. TentoP*parcuf* je jakýmsi nárazníkem. Jestliže správně využijeme schopnost *Chasadim*,[339] která může být v kontaktu pouze s poslední částí *Parcufu Galgalty*, s *Malchut*, pak skrze ni můžeme dovést celé stvoření k absolutnímu naplnění, k naplnění Myšlenky Stvořitele.

Co se děje dále? Poté, co se tyto dva *Parcufim* společně spojují, vstupuje do hry jejich *Ovijut*, přání. Jejich přání byla odlišná a nepostřehnutelná, dokud *Světlo* ovládalo promíchávání těchto *Parcufim* dohromady. Když se navzájem spojily a promíchaly tak, že začaly disponovat totožným *Světlem*,

---

[339] **Vlastnost *Chasadim*** – vlastnost Světla *Chasadim*, díky které v sobě člověk rozvíjí schopnost k dávání, altruismu.

spojily se i jejich úrovně – *Ovijut* 2 a 4.[340] Došlo k tomu, že část jejich přání v *Parcufu Nekudot de-SAG* získala *Ovijut* z *Malchut de-Galgalta*.

V důsledku toho vzniká velice zajímavá kombinace spojení systémů. Jeden systém – *Keter, Chochma, Bina, Ze'ir Anpin* neboli jinými slovy *devět prvních Sfirot*, je v podstatě vlastnost *Biny*, která existuje v *Nekudot de-SAG*. Probíhá jejich sestupování Shora dolů, od Stvořitele ke stvoření. Druhý systém je *Malchut*, přání přijímat, *Sof Galgalty*, stvoření. Ze strany Sof Galgalty získáváme doplňující přání, to, že si stvoření si přeje přijímat ze vztahu ke Stvořiteli. V důsledku toho se stává, že se přání 4, které přechází ze *Sof Galgalty* k *Nekudot de-SAG*, spojuje s jeho přáním 2, vytváří v jednom *Parcufu* dvě absolutně různé části. Jedna chce vycházet ze Stvořitele a druhá ze stvoření.

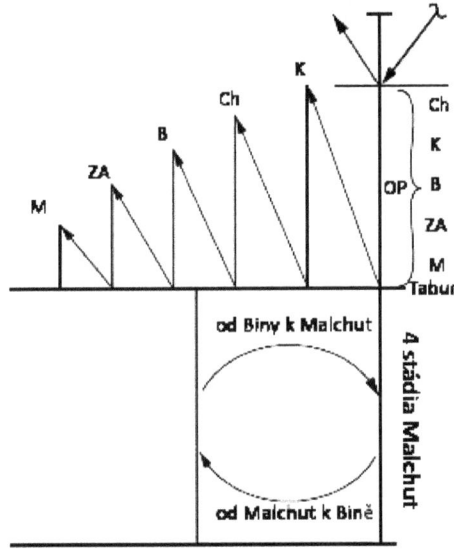

Obr. 10.14. Kombinace Biny (schopnosti Nekudot de-SAG) a Malchut (Sof Galgalty) pod Taburem Galgalty.

Nyní je zapotřebí pouze jedno: spojit do jednoho *Kli* vlastnosti stvoření s vlastnostmi Stvořitele. Jak k tomu dojde?

---

[340] **Ovijut 2 a 4** – *Ovijut* 2 (*Bet*) – přání odevzdávat Stvořiteli (napodobit ho). *Ovijut* 4 (*Dalet*) – přání být stejným jako Stvořitel, přání stát na Jeho místě a netěšit se Světlem, které z Něho vychází.

Buď vezmeme takové *Kli*, ve kterém bude jedna část Stvořitel a druhá část stvoření a dejme tomu, postupně neutralizujeme vlastnosti stvoření, budeme pracovat s vlastnostmi Stvořitele, nebo neutralizujeme vlastnosti Stvořitele a budeme pracovat s vlastnostmi stvoření. Je možné, abychom učinili to, že stvoření přijme vlastnosti Stvořitele, vezme je za své a bude s nimi pracovat? V tomto případě vzniká možnost setkání dvou opačných částí vesmíru, které nemají absolutně vůbec nic společného, takže je to nepředstavitelné.

Probíhá to zásluhou vlastností *Biny*. Z jedné strany si *Kli* přeje být podobné Stvořiteli a *Bina* je jakýmsi prostředníkem. Jestliže se podíváme na *Keter*, *Chochmu*, *Binu*, *Ze'ir Anpin* a *Malchut*, pak se *Bina* nachází mezi nimi jako přechodná stanice, jako adaptér: toto *Kli*, stvoření, které přijímá podobu Stvořitele z jedné strany a zároveň z druhé strany též vytváří konečné stvoření – *Malchut*.

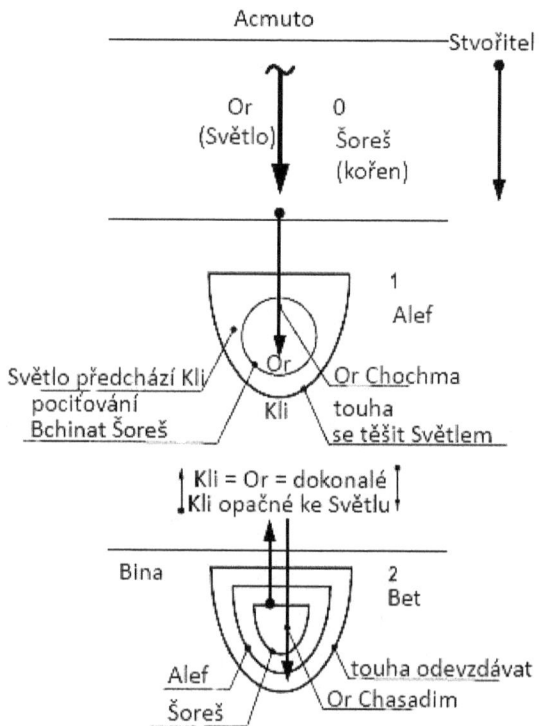

Obr. 10.15. *Spolupůsobení stádií Keter (0) a Chochma (1) se stádiem Bina (2). Spojení vlastností dávání (Bina) a přijímání (Malchut).*

Malchut může přijmout vlastnosti *Biny* (protože je to také stvoření), „darovat" svůj přebytečný, doplňující egoismus a tím se částečně připodobnit Stvořiteli. Poté se může k sobě zase vrátit s vlastnostmi Stvořitele a začít fungovat již se svým doplňujícím egoismem a s novými vlastnostmi, které převzala od Stvořitele, od *Keteru*. V tomto propojení v *Parcufu Nekudot de-SAG* vzniká absolutně nepředvídaná možnost: opravdu napravit *Malchut*, vytvořit na ni *clonu* a tak svým konáním napodobit Stvořitele.

Přičemž když Ho napodobí, nestane podobná pouze *Keteru*. Stane se podobná tomu, co je za ním, protože její přání je *zvednout se na místo Keteru* a nikoliv pouze napodobit jeho vlastnosti. Její přání je být mu podobná úrovní. Tady vzniká absolutně nová možnost. Budeme společně probírat, jak z této nové možnosti, propojení *Biny* s *Malchut*, vzniká systém nápravy *Malchut* s pomocí *Biny*. Projde ještě mnoha etapami svého přípravného rozvoje, dokud se opravdu nestane systémem nápravy, ale už nyní je to přinejmenším klíč k tomu, jak je možné postupovat dále.

Shora se tyto *Parcufim* zaplňují jednoduše: *Parcuf Keter, Chochma, Bina*, pak se rodí *Ze'ir Anpin* a *Malchut*. Tady je třeba poznamenat pouze jedno: pět *Parcufim světa Adam Kadmon* vychází[341] na *clonu*, která se pozvedá z *Taburu* k *Pe*. Stejně tak v *SAG*: z *Taburu de-SAG* k *Pe*. Všech těchto pět *Parcufim* vychází podle jednoho systému, podle jedné metodiky. Pouze *Parcuf Nekudot de-SAG*, který se spouští, má svoji zcela zvláštní cestu rozvoje. Jakoby se vůbec neúčastní těchto činností. Je to absolutně nový mechanismus, který se vytváří díky nápravě *Malchut*, ale **Parcufim Galgalta, AB, SAG** a pak *MA (Eljon)*[342] a *BON (Eljon)*[343] fungují jako takové.

---

[341] **Vychází** = objevují se = rodí se v důsledku interakce clony a Vyššího světla

[342] **MA (Eljon)** – *Parcuf*, vycházející na Rešimot 2/1 (po oslabení clony *Parcufu SAG*). Tento *Parcuf* nemá nic společného s námi, to znamená s opravdovým stvořením a existuje pouze proto, aby doplnil svět *Adam Kadmon* do pěti *Parcufim*.

[343] **BON (Eljon)** – poslední *Parcuf* světa *Adam Kadmon*, který se vzniká na *Rešimot* 1/0 zbývajících z *MA Eljon*. Stejně jako *Parcuf MA Eljon* existuje tento Parcuf pouze proto, aby doplnil svět *Adam Kadmon*.

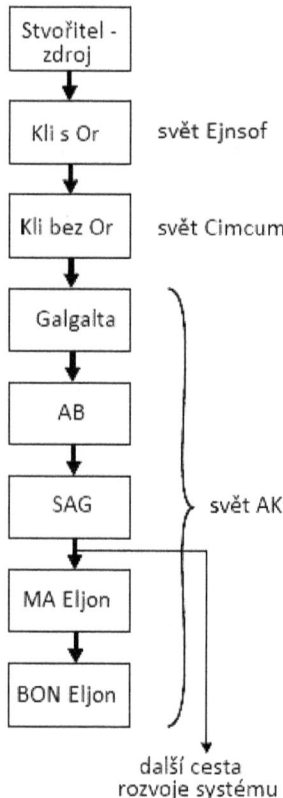

Obr. 10.16. *Bod (na obr. mezi Parcufem SAG a MA Eljon), ze kterého pokračuje další cesta rozvoje systému.*

Těchto pět *Parcufim* musí existovat, aby doplňovaly prvních devět *Sfirot* kromě samotné *Malchut*. *Malchut* se spojuje s tou částí *Nekudot de-SAG*, která se spouští. Pak se objevuje *svět Nekudim*,[344] *světy BJA*[345] a *duše*.[346] Veškerý systém existuje pouze ve prospěch naplnění *Malchut*, to budeme studovat v dalších kapitolách. Pět *Parcufim* existuje jako podpora prvních devíti *Sfirot*, jako měřítko, jako demonstrace a projevení vlastností Stvořitele vzhledem k *Malchut*.

Test

1. Vzpomínání na minulé Světlo je:
a) *Rešimo de-Ovijut*
b) *Rešimo de-Hitlabšut*
c) *Toch*
d) *Nekudot.*

2. Informace o síle clony, kterou měl Parcuf v minulosti, je:
a) *Rešimo de-Ovijut*
b) *Sijum*
c) *Roš*
d) *Světlo*

3. Co nutí Parcuf se vyprázdnit od Světla?
a) tlak vnitřního a vnějšího Světla
b) *Vnitřní světlo*;
c) vnější *Světlo*;
d) tlak *clony*.

---

[344] **Svět *Nekudim*** – zvláštní *Parcuf* (svět), vycházející (v *SAG de-AK*) na *Rešimo* (zápis, vzpomínky) 2/1 – na to, že je možné využít pouze přání odevzdávat. Je to první svět, který je stvořen podle principu Druhého zkrácení (*CB*).

[345] **Svět *BJA*** – systém světů *Bri'a*, *Jecira*, *Asija*, stvořený z dávajících nádob, nacházejících se uvnitř přijímajících nádob (*GE* v *AChaP*), s jejichž pomocí jsou duše schopné postupně vytvářet clonu pro převrácení egoistických vlastností na altruistické.

[346] **Duše** – části (600 tisíc) společné duše *Adam*. **Duše** člověka se skládá ze dvou komponent – Světla a *Kli*, přičemž *Kli* (nádoba) je podstatou duše a Světlo, které jej naplňuje, je potěšení vytvořené Stvořitelem.

4. Jaké Světlo se nachází tam, kde přání přijímat vytváří Cimcum?

a) prázdnota;
b) *Or Chasadim*;
c) *Or Chochma*;
d) *Jednoduché světlo.*

5. V jakém Parcufu vzniká absolutně nepředpokládaná možnost opravdu napravit Malchut, vytvořit nad ní clonu?

a) v *Galgaltě*;
b) v *AB*;
c) v *Nekudot de-SAG*;
d) v *MA Eljon.*

Odpovědi: 1b) 2a) 3a) 4b) 5c)

Kapitola 11. Opakování probraného materiálu (kap. 7. – 10.)

Přehled

11.1. Stádia Stvoření a rozvoj *Kli* – 11.2. Deset *Sfirot*
11.3. Kabalistické definice – 11.4. Svět Zkrácení
11.5. Clona a Odražené světlo – 11.6. *Roš* – *Toch* – *Sof* – *Parcuf* (duše)
11.7. Vznik světů – Test

11.1. Stádia Stvoření a rozvoje *Kli*

0 - *Keter* – přání Stvořitele stvořit *Kli* a dát mu potěšení.

1 - *Chochma* – přání po potěšení zrozené *Světlem*, ale ještě neuvědomělé, nesamostatné, jakoby spoutané spolu *Or* a *Kli*. Samostatné přání ze strany *Kli* ještě neexistuje. Samozřejmě, že ve stadiu *Chochma* dominuje *Světlo*, jelikož jeho přání dát potěšení je prvotní: to porodilo *Kli*. Proto není samostatné přání v *Kli Chochma*.

2 - *Bina* – absorbuje veškeré *Or Chochma*, *Kli* získává též jeho přání „dávat" a upřednostňuje se podobat *Světlu*, odevzdávat Stvořiteli, jako dává On. Rodí se nové stádium – *Bina*, které nezískává potěšení ze *Světla*, ale z pocitu odevzdávání Stvořiteli. Toto potěšení se nazývá *Or Chasadim*.

Bina **je první samostatná reakce stvoření.**

3 - *Ze'ir Anpin (ZA)* – pociťuje, že *Bina* není ve stavu existovat pouze s *Or Chasadim* (vždyť *Or Chochma* jí dává život), *Bina* se rozhoduje ke kompromisu: přijmout pouze pro život nutné množství *Or Chochma* a ostatní odevzdávat jako předtím. Toto nové stádium se nazývá *Ze'ir Anpin* a skládá se ze šesti *Sfirot*: *Chesed*,[347] *Gvura*,[348] *Tif'eret*,[349] *Necach*,[350] *Hod*[351], *Jesod*.[352]

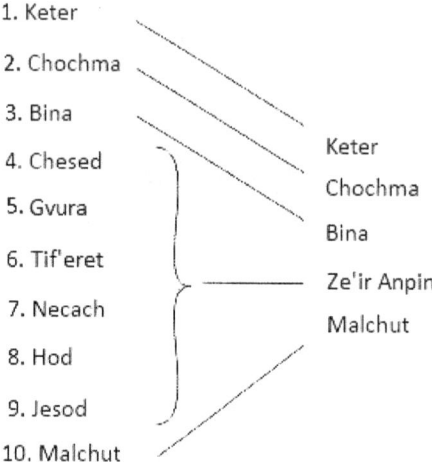

Obr. 11.1. *Vztah Sfiry Ze'ir Anpin a základních deseti Sfirot.*

4 - Malchut – pociťuje, že mu **Or Chochma** dává život, **Ze'ir Anpin** se jím snaží sebe sama zcela zaplnit jako ve stádiu **Chochma**. Vzniká následující stádium.

Malchut – opravdové *Kli*, stvoření, samostatně usilující přijmout veškeré potěšení, které si Stvořitel přeje dát. Proto se pouze *Malchut* nazývá *Kli* – bytost-stvoření a předešlá stádia jsou pouze etapy jeho rozvoje. Taková je vůle Stvořitele: vytvořit *Kli*, které by si samo přálo

---

[347] **Sfira Chesed** – přání napodobit Stvořitele v *Ze'ir Anpin*, jeho *Keter*.
[348] **Sfira Gvura** – síla překonání egoismu. Připojení vlastností *Chochma* k ZA.
[349] **Sfira Tif'eret** – vlastnost *Biny* v *Ze'ir Anpin*, skládá se z 3 částí: vrchní dvě třetiny *Tif'eret* je *GAR de-Bina*, vlastnost čistého dávání, spodní třetina *Tif'eret* se nazývá *ZAT de-Bina*, která přijímá Světlo Shora a předává je spodním na základě prosby nižších.
[350] **Sfira Necach** – vlastnost *Ze'ir Anpinu* v *Ze'ir Anpin*.
[351] **Sfira Hod** – zapojení vlastností *Malchut* do *Ze'ir Anpin*.
[352] **Sfira Jesod** – souhrn všech předchozích pěti *Sfirot Ze'ir Anpin*, to, co poté z Jesod už jako výsledek dostává *Malchut*.

Ho potěšit Světlem. *Malchut* se ve stavu úplného naplnění Světlem nazývá *Olam Ejnsof* – svět Nekonečna.

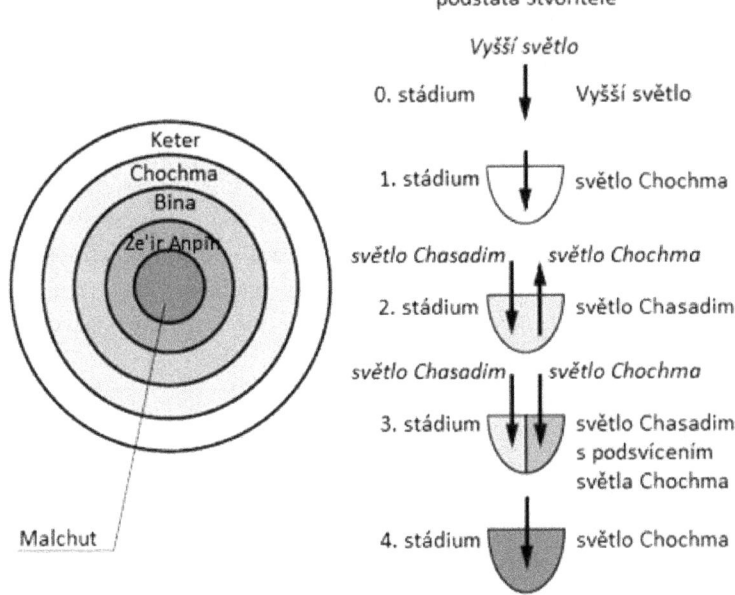

Obr. 11.2. Stádia rozvoje stvoření – Malchut.

11.2. Deset *Sfirot*

Veškeré podoby *Světla*, sestupující od Stvořitele ke stvořením, vedou do deseti základů, do 10 *Sfirot*: *Keter, Chochma, Bina, Chesed, Gvura, Tif'eret, Necach, Hod, Jesod, Malchut*.

Sfirot **jsou vlastnosti, do kterých se odívá Stvořitel, aby tímto způsobem projevil Sám Sebe vůči stvoření.**

Sfirot nejsou Jeho vlastní vlastnosti. O jeho vlastních vlastnostech nemůžeme nic říci, je nepostihnutelný, můžeme pochopit pouze to, jakým způsobem si přeje se před námi odhalit. **Právě tyto jeho „vnější" vlastnosti, které se týkají nás, se nazývají „Sfirot".**

Každý vliv Stvořitele směřovaný k člověku je určité řízení, signál, který nakonec vyvolá určitou reakci, pocit. Podle tohoto pocitu je *Sfira* také pojmenována. Všechny druhy Světla *Sfirot* jsou řízení a vztah Stvořitele ke stvoření. To znamená, že *Sfirot* přivádějí do stvoření řízení Stvořitele.

11.3. Kabalistické definice

Velikost přání určuje velikost *Kli*: čím větší přání, tím větší je objem *Kli*. Když člověk říká, že nemá v žaludku místo, míní tím nepřítomnost přání po jeho naplnění. Pocit hladu občas chybí, i když je žaludek prázdný.

Pohyb – změna přání, která vede ke vzniku nových *Kelim* (*nádob*).

Čas – posloupnost činností v *duchovním světě*.

Když říkáme: **„svět Nekonečna"** (*Olam Ejnsof*), máme na mysli nádobu, která je plně (neohraničeně, nekonečně) naplněná potěšením, nádoba, ve které není konec potěšení neboli neuspokojené přání. Z tohoto pohledu se zcela plná sklenice také nachází ve stavu *Ejnsof*. V tomto případě se nekonečnem myslí stav neohraničeného nasycení, kdy jsou uspokojeny všechny požadavky.

11.4. Svět Zkrácení

Předchozí stavy – *Chochma, Bina, Ze'ir Anpin* – jsou etapy vytváření Kli, zárodečná stádia, kdy bylo *Světlo* prvotní a přání bylo následkem. Prvotní *Světlo* zrodilo přání přijímat i přání odevzdávat a jejich společné působení. *Malchut* je přání se těšit, které začíná v důsledku tohoto působení pociťovat sama sebe.

Výsledek dané činnosti je v *Malchut* vnímán jako stud[353]. Začíná sama sebe porovnávat, jak se z jedné strany těší *Světlem* Stvořitele a na druhé straně cítí jeho vnitřní vlastnost odevzdávání. *Malchut* v sobě odhaluje extrémní protiklad: svoji podstatu vůči jeho podstatě, své přání přijímat vzhledem k Jeho vlastnostem dávat.

Veliký rozdíl vlastností, které cítí, vyvolává *Cimcum Alef – První zkrácení* přání: *Malchut* sama sebe *zkracuje*, nepřeje si vůbec nic přijmout. Pocit nedokonalosti je natolik veliký, že překoná potěšení, které přijímá. Takže ho zcela anuluje a potlačuje, tudíž zůstává absolutně prázdná.

---

[353] **Stud (hebrejsky „*Buša*")** – ponižující pocit egoismu jednotlivého stvoření, ve srovnání s altruismem, Stvořitelem, vlastností absolutního dávání. Bolest, odpor ke svému stavu. Egoismus a pocit studu jsou dva projevy jedné a téže vlastnosti.

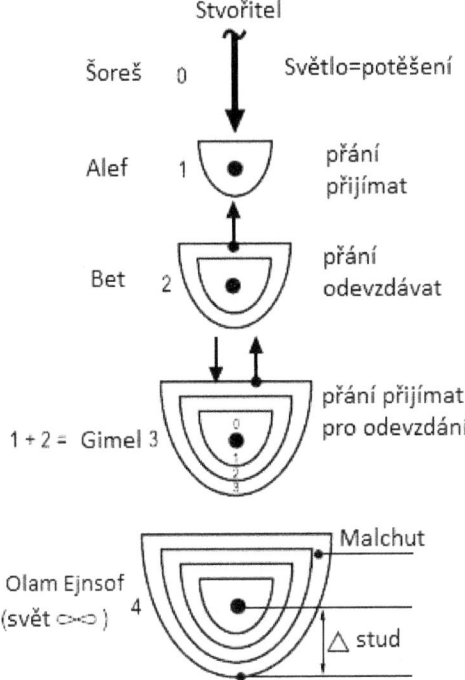

Obr. 11.3. *Stádia vzniku Kli.*

Malchut zůstává prázdná, ale uchovávají se v ní všechny vnitřní struktury, gradace přání, stvořené *Světlem*. Samo *Světlo* přitom mizí, to znamená, že zaniká pocit Stvořitele, potěšení.

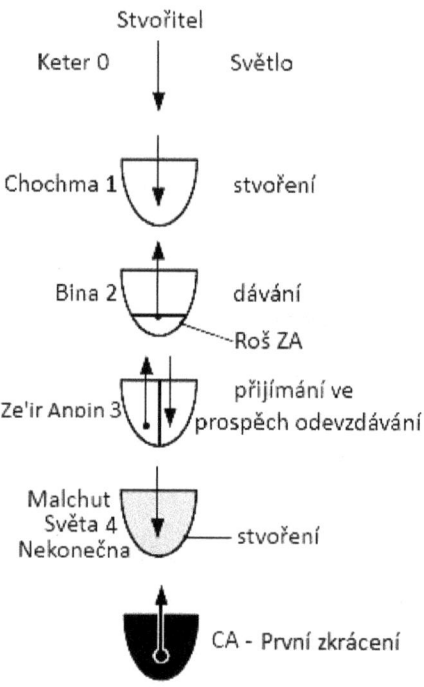

Obr. 11.4. *První zkrácení, vysvětlení v textu.*

Malchut odtlačuje pocit Stvořitele, který k ní přichází a snaží se vyřešit stávající situaci. Ve stavu absolutní prázdnoty nemůže realizovat ani vlastnosti přijímání potěšení ani vlastnosti odevzdávání. Je nutné něco udělat.

V *Malchut* vzniká řešení: přijímat ve prospěch Stvořitele, protože On si přeje potěšit stvoření. Přijímá-li potěšení ve prospěch Stvořitele, odevzdává tím *Malchut* potěšení *Jemu* a přání přijímat potěšení se zcela stává ekvivalentem odevzdávání.

Takže podstata *Malchut* není překážkou v tom, abychom napodobili Stvořitele. Právě s pomocí své přirozenosti se Mu můžeme stát podobní, jestliže budeme v *Malchut* správně využívat obrovské přání se těšit, protože má Stvořitel vzhledem k tomuto přání své vlastní přání – potěšit.

Následně, při společném využívání obou přání, bude Malchut přijímat, protože On si přeje dávat, *Malchut* tedy nenaplní svoje, ale jeho přání. Probíhá jakoby pozvedání *Kli* ke Stvořiteli a naplnění Jeho, nikoliv sebe. *Malchut* jakoby říká:

„Existuji proto, abych naplnila Jeho, jelikož On vzhledem ke mně existuje pouze proto, aby mě naplnil. V tom jsme si absolutně podobni a rovni."

Taková technika se nazývá „kabala" (přijímání) proto, že právě správným přijímáním působení Stvořitele můžeme naplnit Jeho a dostat se na Jeho úroveň.

11.5. Clona a Odražené světlo

Podívejme se na strukturu stvoření, vytvořeného ve čtvrtém stádiu. *Světlo*, které vychází ze Stvořitele, se nazývá Přímé *Or Jašar* (OJ). Snaží se vejít do přání, do *Malchut*, ale naráží na *clonu (Masach)*,[354] která odráží *Světlo* zpět ke Stvořiteli. *Odražené světlo* se nazývá Or Chozer (OC). Poté *clona (Masach)* propočítává, jaké množství *Světla* přece jen může přijmout ve prospěch Stvořitele. Světlo, částečně vstupující do *Kli*, se nazývá Vnitřní, *Or Pnimi (OP)*. Velká část *Světla*, která zůstala venku, se nazývá *Obklopující světlo, Or Makif (OM)*.

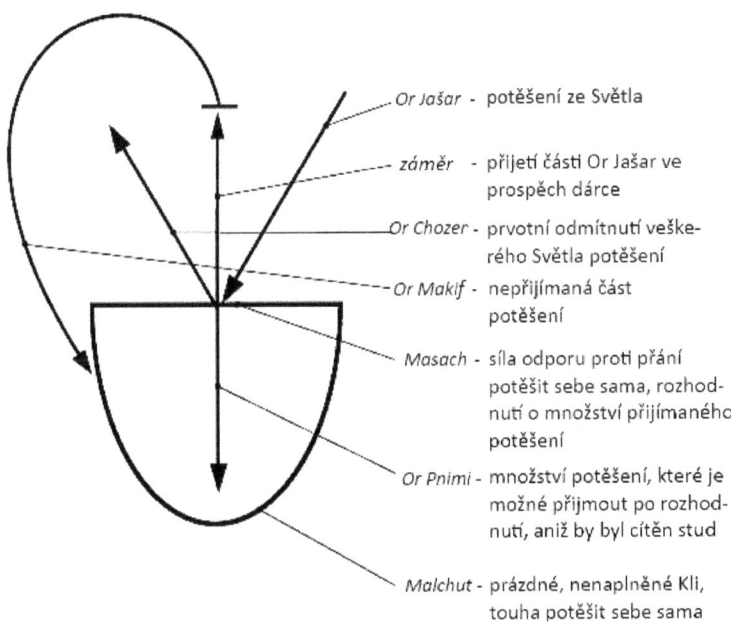

Obr. 11.5. *Struktura Kli, stvoření.*

---

[354] **Clona** (*Masach*) – „síla zkrácení", která se ve stvoření probouzí vůči Vyššímu Světlu s cílem předejít potěšení ve prospěch sebe samého. Síla překonání, odpor vůči egoismu (přání přijímat kvůli sobě samému).

11.6. *Roš – Toch – Sof – Parcuf* (duše)

Po *zkrácení* může stvoření altruisticky přijmout pouze malou dávku *Světla*, dejme tomu 20% a zbylých 80% odstrkuje. Ta část stvoření, kde se rozhoduje o tom, kolik Světla vejde dovnitř ve prospěch potěšení Stvořitele, se nazývá *Roš*. Část *clony*, která stojí nad *Malchut* a propouští *Světlo* dovnitř, se nazývá *Pe*.

Část stvoření, která přijímá *Světlo*, se nazývá *Toch* (vnitřní část, *tělo*) a ta, která zůstává prázdná, se nazývá *Sof (konečná část)*, tam stvoření vytváří ohraničení, přestává přijímat *Světlo*. *Toch* i *Sof* spolu vytváří tělo – *Guf*.

Linie, ohraničující přijímání *Světla* v *Guf*, se nazývá *Tabur*. Spodní hranice *Sof*, konečná část, se nazývá *Sijum*, konec. Celý tento objekt je úplné stvoření, *duše*, *Parcuf*.

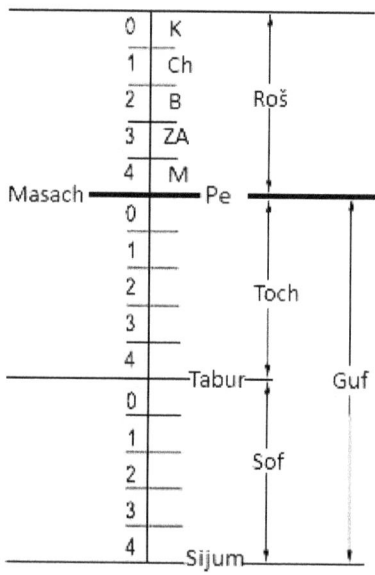

Obr. 11.6. *Vytvoření Parcufu.*

11.7. Vznik světů

Malchut začíná jednat: částečně přijímá *Světlo*, částečně jej odtlačuje a tímto způsobem vytváří odstupňování – *Parcufim*. Takto *Malchut* spolupůsobí s *Vyšším světlem*.

Když si Stvořitel přeje dovést stvoření do úplného stavu, musí jej přivést k tomu, aby se centrální bod, *Malchut* (zejména to stadium,

které pociťuje sebe sama jako poslední ze čtyř a nikoliv předchozí stádia, jelikož ta v nás vytváří Stvořitel), připodobnila *Keteru*, napodobila Stvořitele. Proto vše, co se nachází před *Malchut*, tak zvaných devět prvních *Sfirot*, jsou prostředí, ve kterém existuje.

Aby *Malchut* napodobila Stvořitele, *Keter*, nemusí se přetvořit pouze zevnitř, ale musí vykonat i odpovídající vnější změny.

Malchut může sebe sama napravit pouze tehdy, když získá vlastnosti *Biny*. Musí se pozvednout skrze *Ze'ir Anpin* do *Biny* a spojit se s ní. Vznikne-li jejich úplné spojení, může *Malchut* skrze *Chochmu* dostihnout *Keter*.

Jakým způsobem se vůbec *Malchut* může pozvednout ze svého místa? Problém je v tom, že pocity potěšení z přijímání a z odevzdávání jsou absolutně různé, vyvolávají v *Malchut* odpor, vzdor (označuje se písmenem „delta"). Aby se vlastnosti *Malchut* napravily s pomocí *Biny*, je nutné je nějakým způsobem spojit, včlenit své vlastnosti jednu do druhé.

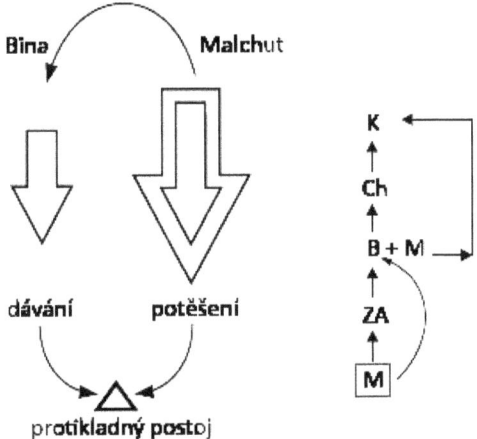

Obr. 11.7. *Spojení Malchut s Binou; pozvednutí Malchut skrze Chochmu do Keter.*

Jak to udělat? Hlavní úkol, který nyní stojí před stvořením je: jakým způsobem má samo sebe připravit k tomu, aby se mohlo začít napravovat. Příprava probíhá s pomocí řady postupných činností.

První činnost: *Malchut* učiní *První zkrácení (Cimcum Alef)* ve *světě Nekonečna* na celé *Světlo*. Poté *Malchut* stupňuje přijímání *Světla* ve čtyřech stádiích. Páté stádium je *Keter*. *Malchut* si přeje přijímat *Světlo* v závislosti na síle své *clony*, tudíž na míře své podobnosti *Světlu*, na vlastnostech odevzdávání. Vytváří pět *Parcufim*: dělí sama sebe na čtyři stádia. Během nich je propočet následující: „Jestliže budu mít *clonu* na všechna svá přání, obdržím Or *Jechida*, jestliže na čtyři druhy přání – Or *Chaja*, jestliže na tři druhy přání – Or *Nešama*, jestliže na dva druhy přání – Or *Ruach*, jestliže na jeden druh přání – *Or Nefeš*." Takto vznikají *NaRaNChaJ* – pět *Orot*, odpovídajících pěti stupňům *clony*.[355]

Takže má *Malchut* k dispozici nahoře Stvořitele, pak filtry a dole sebe samu. V závislosti na síle její *clony* do ní vchází: buď *Or Nefeš* nebo *Ruach* nebo *Nešama* nebo *Chaja* nebo *Jechida*. Jakoby se *Malchut* zaštítila, odstupňovala sama sebe v souladu se silou své *clony*.

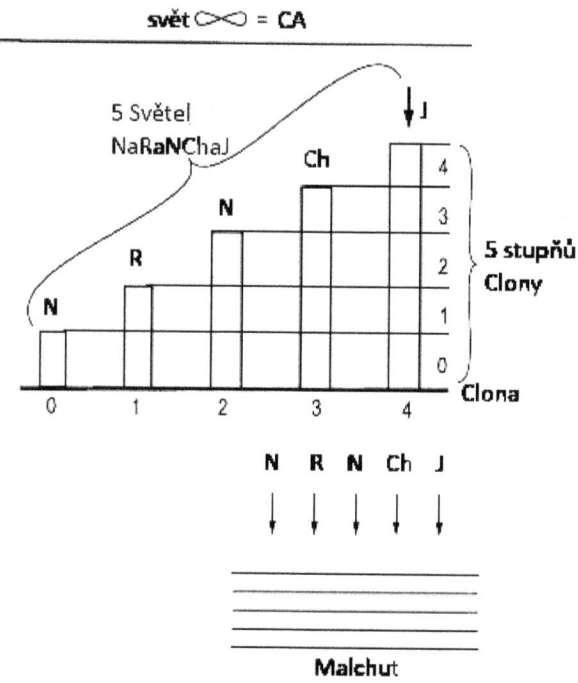

Obr. 11.8. *Naplnění Malchut Světly Nefeš, Ruach, Nešama, Chaja, Jechida v závislosti na síle clony (na obr. 0, 1, 2, 3, 4).*

Vše to probíhá ve světě *Adam Kadmon (AK)*,[356] který se skládá z pěti stupňů: *Galgalta, AB, SAG, MA, BON.* Jsou v nich úměrně přání *Ovijutu*

---

[355] **Pět stupňů clony** – clona (síla odporu vůči egoismu) se měří v souladu se silou (Ovijutem) přání. Jelikož přání má pět úrovní Ovijutu – 0, 1, 2, 3, 4, tak také clona se dělí na pět stupňů.

[356] **Adam Kadmon** (zkr. *AK*) – první a nejvyšší z duchovních světů (*ABJA*), vzniká po *CA*, přijímá Světlo ze světa Nekonečna, první ukrytí Vyššího světla. Kořen, zdroj, zárodek stvoření člověka v našem světě.

(síly) čtyři, tři, dva, jeden, nula. V závislosti na síle *clony* se tato přání naplňují *Světly NaRaNChaJ: Nefeš, Ruach, Nešama, Chaja, Jechida*.

Tyto *Parcufim* zatím ještě nepatří samotnému stvoření, jsou to filtry, které zadržují *Vyšší světlo* – světlo *Nekonečna*, které vstupuje do *Galgalty*. Skrze ni *Světlo* vstupuje do těchto *Parcufim*, ty jej filtrují v závislosti na tom, jaké jsou ve stvoření *clony*, a v souladu s nimi stvoření obdrží *Vyšší světlo*. Čili *svět Adam Kadmon* provádí *Cimcum Alef* a staví *Malchut* pod *Vyšší světlo*.

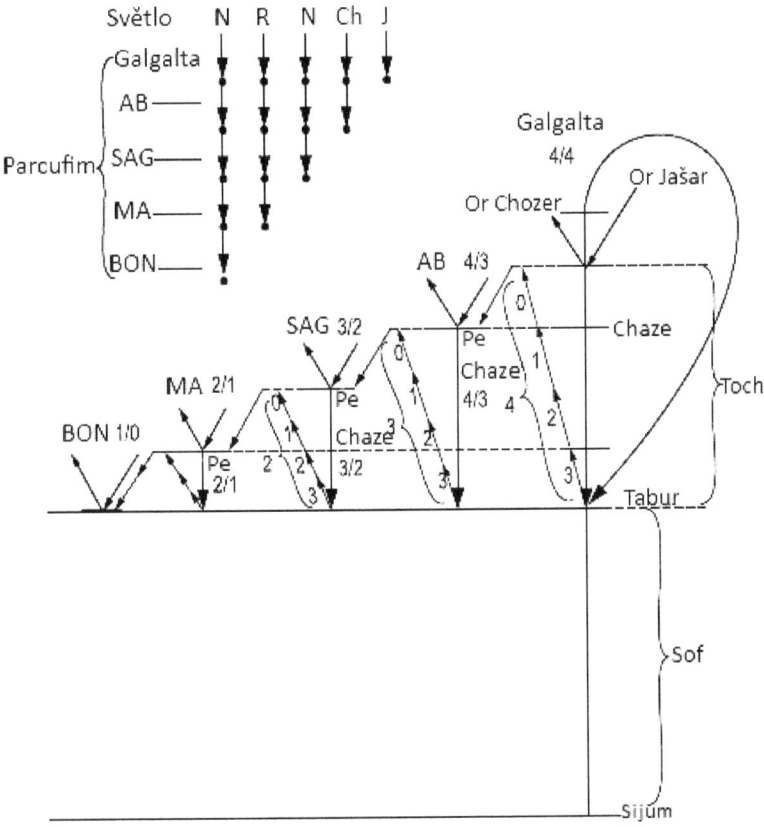

Obr. 11.9. *Pořádek vstupů Světla do světa Adam Kadmon. Vysvětlení v textu.*

Světlo vstupuje do *světa Adam Kadmon* následujícím způsobem: zprvu vchází skrze *Galgaltu Or Nefeš*, když vzniká následující *Parcuf AB*, toto *Světlo* prochází skrze *Galgaltu* a poté sestupuje do *AB*. Takže se v *Galgaltě* nacházejí již dvě *Světla: Nefeš* a *Ruach*. Následně, když se vytváří *Parcuf SAG*, vstupuje do něho *Or Nefeš*.

První *Světlo*, které vstupuje do *Parcufu*, se vždy nazývá *Nefeš*.

Potom *Or Ruach* postupuje dolů, do *AB* a do *Galgalty* vstupuje *Světlo*, zvané *Or Nešama*. Když se rodí *Parcuf MA*, *Or Nefeš* se spouští do něho, protože *MA* se rodí jako první.

Poté se do *SAG* spouští *Or Ruach* a do *AB* sestupuje *Or Nešama*, do *Galgalty* pak vstupuje *Or Chaja*. Když se rodí *Parcuf BON*, spouští se do něho *Or Nefeš*, *Or Ruach* sestupuje do *MA*, *Nešama* do *SAG*, *Chaja* do *AB* a *Or Jechida* vstupuje do *Galgalty*.

To znamená, že všech pět *Parcufim*, *Galgalta*, *AB*, *SAG*, *MA*, *BON* světa *Adam Kadmon*, obdrží veškerá *Světla NaRaNChaJ*. Jsou rozložena takto: v *Galgaltě* je všech pět druhů *Světla* – *NaRaNChaJ*, v *AB* jsou čtyři – *NaRaNCh*, v *SAG* tři – *NaRaN*, v *MA* je *Or Nefeš*, *Ruach* a v *BON* je pouze *Or Nefeš*. Tímto způsobem je rozšířené *Světlo* skrze všechny *Parcufim*. Všechny *Parcufim* v podstatě představují jakési filtry a *Světlo světa Nekonečna* skrze ně prochází. Proto je samozřejmé, že je *Or Jechida* nahoře, dále sestupně: *Chaja*, *Nešama*, *Ruach* a *Nefeš* dole. To znamená, že čím níže se *Parcuf* nachází, tím méně *Světla* se k němu dostane, ale ve výsledku dostávají *Světlo NaRaNChaJ* všechny *Parcufim světa Adam Kadmon*.

Test

1. Světlo, které vychází ze Stvořitele, se nazývá:
a) *Přímé světlo*
b) *Odražené světlo*
c) *Vnitřní světlo*
d) *Obklopující světlo*

2. Část *Parcufu*, která zůstává prázdná, se nazývá:
a) *Toch*
b) *Guf*
c) *Pe*
d) *Sof*

3. Dokonalý stav stvoření se dosahuje, když *Malchut* napodobí:
a) *ZA*
b) *Chochmu*
c) *Binu*
d) *Keter*

4. *Malchut* může napravit sama sebe pouze, když získá vlastnost:
a) *Keteru*
b) *Chochmy*
c) *Biny*
d) *ZA*

5. Na čem závisí, jaké Světlo se bude nacházet v *Parcufu*:
a) na síle *Světla*
b) na síle *clony*
c) na stupni ukrytí Stvořitele
d) na síle samotného *Parcufu*

Odpovědi: 1a) 2d) 3d) 4c) 5b)

Kapitola 12. Spojení vlastností Stvořitele a stvoření

Přehled

12.1. Úvod – 12.2. Vlastnost *Biny* a vlastnost *Malchut*
12.3. Spojení vlastností *Biny* a *Malchut* – Test

12.1. Úvod

Začínáme studovat nové téma, které se nazývá „náprava pod *Taburem* (spojení vlastností *Biny* a *Malchut*)". Jestli jsme dosud zkoumali čistě teoretické otázky, čili studovali, jakým způsobem a na jakém místě probíhá *CA (První zkrácení)*, kde ještě neexistuje náš kořen, tak nyní začínáme studovat jevy, probíhající v nás.

Náš kořen je *Malchut*, centrální bod stvoření, nacházející se v centru temného prostoru. Tento temný bod není absolutně přizpůsobený k tomu, aby do sebe absorboval jakékoliv duchovní, altruistické vlastnosti, proto na sobě provedl zkrácení, tudíž do sebe odmítl přijímat Světlo, pracovat se sebou.

Jakým způsobem jej můžeme napravit? Vždyť kromě něho v podstatě není třeba napravovat nic, vše ostatní je Stvořitel, *Světlo* Stvořitele, vlastnosti Stvořitele, devět prvních *Sfirot* a ona, desátá *Sfira*, sebe sama úplně *zkracuje*.

Napravit *Malchut* je možné pouze jedním způsobem: spojit ji s *Binou*. Jestliže dokážeme spojit vlastnosti *Malchut* s vlastnostmi *Biny* tak, aby *Malchut* potlačila sebe samu a do nějaké míry do sebe přijala vlastnosti *Biny*: fungovala s jejím záměrem a zároveň s vlastním egoistickým přáním, pak je taková symbióza zcela možná. Podobné spojení mezi nimi dovoluje *Malchut* napodobit Stvořitele, ne-li ve svém nitru, tak alespoň ve vnějších vlastnostech.

Začínáme studovat to, jak probíhá proces nápravy.[357] Je to velice těžká otázka. Pro nás je základním kamenem, protože jsme částicemi tohoto černého bodu, *Malchut*, a jestli se nám nepodaří najít spojení s *Binou*, nezačneme se napravovat.

Naším hlavním úkolem je nalézt první kontakt s *Binou*. To se nazývá přechodem skrze *Machsom*[358] do Vyššího světa. Pak budeme pokaždé řešit jeden a ten samý úkol: jak se pozvednout a ještě více se spojit s vlastnostmi *Biny*, abychom maximálně realizovali *Malchut*. Spojení *Malchut* a *Biny* je základní a je možné říci, že se jedná o jedinou činnost, která existuje ve vesmíru, kdy se Stvořitel (*Bina*) a *Malchut* (my) spojují dohromady, aby zdokonalili vlastnosti *Malchut* (sebe).

Jestliže se tímto způsobem obracím ke Stvořiteli (k *Binĕ*) a přeji si Jeho odhalení, spojení, sblížení s Ním, abych napravil své vlastnosti, On se mi odhaluje. Problém spočívá v tom, že se nesnažím napravit, ale přeji si Ho kvůli něčemu jinému. Zdá se mi, že se díky tomu budu cítit lépe, komfortněji, život se stane radostným, požehnaným. Kdybych si přál se napravit, Stvořitel by se mi okamžitě odhalil, přitáhl mě a dal mi nápravu.

Zpočátku budeme studovat, jakým způsobem probíhá tento proces ve *světě Nekudim* a v dalších lekcích postupně zjistíme, jak se realizuje čím dál tím blíže k nám, až k tomu, jak se uskutečňuje v nás samotných. Tento materiál je celkem složitý pro pochopení, ale pozvolna jej budeme vstřebávat.

Musíme pamatovat na to, že studujeme-li proces našeho spojení s *Binou*, se Stvořitelem, o spolupůsobení s Ním, tou samou činností na sebe přitahujeme Vyšší světlo,[359] které je v Něm a které nás začíná napravovat.

Není důležité, když nebudeme všechno chápat, to nevadí. Nejdůležitější je pronikat do procesů a *snažit se jich účastnit*. Přejeme si, aby

---

[357] **Náprava** – změna záměru: těšit se nikoliv kvůli vlastnímu potěšení, ale proto, že si to přeje Stvořitel, to znamená přijímat kvůli Stvořiteli.

[358] **Machsom** – nepozoniknutelný obal, hranice mezi duchovním a tímto světem.

[359] **Vyšší světlo** – pocit přítomnosti Stvořitele; Světlo, které v nás vytváří přání odevzdávat, správný záměr, vše, co je nutné, abychom získali jako následek odhalení Stvořitele uvnitř sebe samých.

se v nás projevilo působení duchovních sil. Vše, o čem píšou kabalisté,[360] odhalili uvnitř sebe samých a popsali, vycházejíce z dosažení vlastního poznání. Člověk, *Malchut* cítí všechny tyto činnosti uvnitř sebe. Navenek se neděje nic. Vně *Kli*, vně *duše*, vně nás se nic neděje, existuje pouze *jednoduché Vyšší světlo*. Jestliže něco nechápete, prostě si **přejte, aby ve vás tyto činnosti proběhly, abyste je v sobě zjevně odhalili, zaktivizovali je.**

12.2. Vlastnosti *Biny* a vlastnosti *Malchut*

Záměr[361] k odevzdávání se nazývá vlastnost *Biny*. *Záměr* přijmout, potěšit se, se nazývá vlastnost *Malchut*. Aby se vytvořilo stvoření a dovedlo se do nejvyšší úrovně, Stvořitel vytváří *přání potěšit se* (první stádium), naplňuje jej a uvnitř naplnění umisťuje ještě i Sebe, to znamená Své pocity. Jakmile přání se potěšit cítí uvnitř naplnění ještě i Naplňujícího, musí Ho napodobit, to znamená začít odevzdávat, nikoliv přijímat.

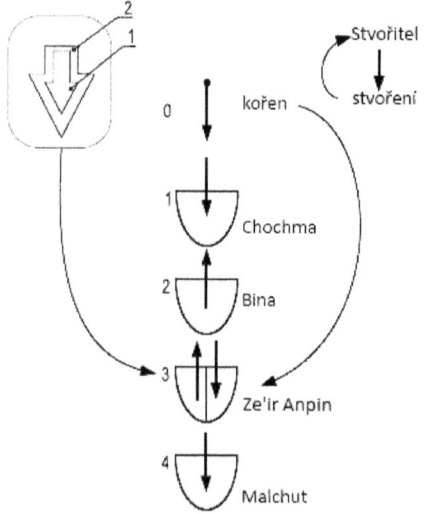

Obr. 12.1. *Stvoření a realizace přání přijímat se záměrem ve prospěch odevzdávání.*

---

[360] **Kabalisté** – vědci, kteří ovládají duchovní smyslový orgán – clonu, která dovoluje studovat duchovní svět, působení Stvořitele na sebe sama.
[361] **Záměr** – propočet, motivace ve vztahu ke Světlu (Stvořiteli).

Světlo tudíž působí na *Kli*, naplňuje jej a kvalitativně mění – samostatně nikdy nebudeme moci se sebou cokoliv učinit, to znamená, že v nás samotné přání vytváří *Světlo*, které nás naplňuje a mění naše přání.

Člověk uvnitř sebe nemusí hledat nic. Samostatně se snažit něco změnit je marná ztráta sil a času. Vlastními silami není vůbec možné cokoliv učinit, snažit se vyskočit Vzhůru je zbytečné. Stále je třeba to mít jasně na paměti a celou dobu takto směřovat sebe sama: pouze Shora může přijít Světlo, které je schopné mě napravit a změnit.

Na obrázku vidíme: vytvoření egoistického přání se potěšit za pomoci *Světla*, egoistické přání se naplní, dochází k předání pocitu Stvořitele tomuto egoistickému přání. V prvním stádiu *Světlo* stvořilo přání – *přání naplnit se Světlem*. Potom *Světlo naplňuje přání*. To je první stádium, první část prvního stádia, jeho vrchní komponent. Poté se uvnitř *Světla* projevuje vlastnost *Keter*. *Světlo* přichází zvenku, způsobuje potěšení – vstupuje do *Kli* a uspokojuje ho.

Jinými slovy, uvnitř se projevuje jeho nulové stádium, ve kterém se nachází Stvořitel – *vlastnost samotného Světla*. Probíhá to postupně. Zpočátku se projevuje první stádium a poté, když *Světlo* vstupuje do *Kli*, se začíná projevovat mnohem vyšší nulové stádium. V *Kli* vzniká přání být neustále podobné tomu, kdo jej naplňuje. Proto se v následující, mnohem nižší části přání se potěšit, objevuje přání odevzdávat. Uskutečňuje se to ve druhém stádiu. Zprvu se vždy projevuje to, co se vysílá a potom zdroj vysílaného.

Totéž se děje s přáním ve druhém stádiu (*Bina*): přání přijímat se projevuje uvnitř přání odevzdávat, které pochází z prvního stádia (uvnitř přání odevzdávat se nachází přání přijímat – vrchní část). To znamená, že zpočátku se projevuje nižší polovina a pak se uvnitř ní projevuje vrchní část přání. *Bina* začíná chápat, že potřebuje přijímat: projevuje se svrchní polovina. Takže se *Bina* skládá z těchto dvou vlastností: přání odevzdávat a přání přijímat potěšení.

Je to první stvoření, které se skládá z vlastních vlastností a zároveň z vlastností Stvořitele. Dále vzniká ještě třetí stádium (*Ze'ir Anpin*) – smíchání první (*Chochma*) a druhé (*Bina*) části, kdy si *Bina* přeje přijímat pouze kvůli tomu, aby realizovala odevzdávání, a poté začíná chápat, co představuje Stvořitel. Týmž se stává podobná Stvořiteli. V *Bině* probíhá pouze napodobení Stvořitele v *záměru*. V třetím stádiu, v *Ze'ir Anpin*, napodobuje Stvořitele svojí *činností*. Nyní *Bina* přijímá kvůli tomu, aby odevzdávala. Takže se zde společně vyskytuje jak první stádium –

Chochma, tak i druhé – *Bina*. Realizuje se přání přijímat potěšení ve prospěch odevzdávání.

Činnost, během které *Malchut* plně napodobuje vlastnosti nulového stádia neboli *Keteru*, v ní vyvolává pochopení, jaké to je být Stvořitelem. Proto vzniká v *Malchut* přání: být v postavení Stvořitele, pozvednout se na Jeho úroveň. Poslední stádium – *Malchut* – si přeje nejen přijmout a potěšit se, ale přijmout, potěšit se a ještě být rovna postavením Stvořiteli. Toto přání nepřišlo od Stvořitele ke stvoření, ale zrodilo se ve stvoření, když napodobilo Stvořitele a začalo chápat, co to znamená.

Toto přání je v *Malchut* samostatné, nevzniklo cestou přímého sestoupení od Stvořitele. Proto se také *Malchut* nazývá stvořením, přáním, které dříve neexistovalo. Vzniká bez pomoci Stvořitele jako samostatně existující. Kdyby vycházelo od Stvořitele přímou cestou, jako *Chochma* nebo *Bina*, nenazývali bychom ho stvořením. Byl by to prostě systém, stvořený Stvořitelem a Jím automaticky uváděný do chodu. V daném případě tomu tak není.

V *Malchut* se objevují dříve neexistující přání, nestvořené bezprostředně Stvořitelem díky rozšiřování *Přímého světla*. Proto se čtyři stádia (nula, jedna, dva, tři) nazývají čtyřmi stádii **rozšiřování Přímého světla**, přímého působení Stvořitele, ale stádium *Malchut* se už v rámci těchto čtyř stádií nenachází. Je jejich nepřímým důsledkem a proto jsou přání v *Malchut* nová, neboť pocházejí ze samotného stvoření.

Stvoření chtělo být rovno, plně podobné Stvořiteli. V čem? V tom, že je Mu podobné v konání – přijímá ve prospěch odevzdávání. Přijímání kvůli odevzdávání je ekvivalent dávání, rovnocenné kořenovému stádiu. Malchut pochopila, co znamená odevzdávat a vycházejíc z toho si uvědomila, co prožívá ten, kdo dává.

Jestliže třetí stádium rozdělíme, také v něm objevíme dvě složky. Jedna z nich je činnost přijímání ve prospěch Stvořitele, to, co bylo zamýšleno v *Bině*, jako *Roš, hlava*, se v *Ze'ir Anpin* vyplňuje automaticky. Ve spodní části *Ze'ir Anpin* probíhá uvědomění si toho, Kdo je Stvořitel, jestliže tak jedná. Odtud vzniká přání *Malchut* být podobná Stvořiteli.

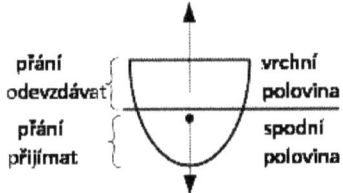

Obr. 12.2. Rozdělení stádií Ze'ir Anpin.

Co znamená být podobná Stvořiteli? Napodobit svrchní část – *Keter*. *Malchut* si přeje se pozvednout na danou úroveň. Také se to nazývá touha po svém Zdroji: nejen po Světle, které uspokojuje přání, ale po Samotném Zdroji tohoto Světla. Vidíme, že nás Světlo naplňuje, napravuje, přivádí k samotnému nejvyššímu výsledku, dokonce k našemu Zdroji. Působení Světla na *Malchut*, na egoismus, probíhá tak, že Světlo zvedá stvoření výše, než je samo. Představte si, ke svému Zdroji – to je výše samotného Světla! Takový je jeho vliv na přání se potěšit, na *Malchut*.

12.3. Spojení vlastností *Biny* a *Malchut*

Kde se vše zásadně míchá a projevuje se kritický bod? Kritický bod je *Bina*. Je přechodným bodem mezi působením Stvořitele.

Světlo vytváří přání, uvnitř přání přijímat potěšení vytváří přání odevzdávat a *přání se rozhoduje odevzdávat, tedy přijímat ve prospěch odevzdávání*.

Jestliže uskutečňuji přání přijímat ve prospěch odevzdávání (a my už víme, jak se realizuje – v podobě *clony* na *Malchut*), to znamená, že mám *Malchut* – přání přijímat potěšení, před který umisťuji *clonu* a přijímám ve prospěch odevzdávání. To je rovnocenné činnosti Stvořitele dávat potěšení. Takové jednání mě pozvedá na Jeho úroveň, ale nejedná se o prostý ekvivalent, stávám se stejným, jako On v *postavení*. Náš úkol tudíž spočívá v tom, abychom ve stavu *Malchut*, ve kterém se nacházíme, nějakým způsobem ovládli vlastnosti *Biny*.

Probíhá to v nás, v systému *světů*, následujícím způsobem: *Malchut* v sobě cítí změny, jelikož se skládá z předchozích stádií – nula, jedna, dva, tři a sebe samé – čtvrtého stádia. První stádium je vlastností čtyř přímých stádií, prvních devíti *Sfirot* (je jich devět, protože třetí stádium, *Ze'ir Anpin*, se skládá z šesti částí: *Chesed, Gvura, Tif'eret, Necach, Hod, Jesod*).

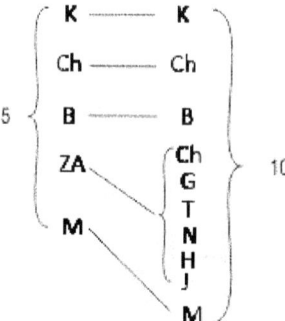

Obr. 12.3. *Poměr rozdělení na 5 Sfirot a na 10 Sfirot.*

V prvních devíti *Sfirot* není problém udělat propočet a obdržet veškeré *Světlo* OP (*Or Pnimi*)[362] pro odevzdávání ve prospěch Stvořiteli. Přitom se v podstatě s *Malchut* nic neděje, nestává se podobná Stvořiteli, protože tyto čtyři stádia v ní jsou zahrnuta.

Čtvrté stádium se nachází pod *Taburem*[363] a prvních devět *Sfirot* nebo tři první (od nulového až po třetí stádium) – nad *Taburem*. Poněvadž se *Malchut* skládá z pěti částí (*Keter, Chochma, Bina, Ze'ir Anpin, Malchut*), tak i přijímání pěti odpovídajících druhů Světla probíhá v *Malchut* následovně: *Keter, Chochma, Bina, Ze'ir Anpin, Malchut*. Takto se rodí pět *Parcufim*, zvaných *Parcufim světa Adam Kadmon (AK)*.[364]

---

[362] **Or Pnimi (Vnitřní světlo)** – Světlo, které vstupuje dovnitř napraveného přání přijímat.

[363] **Tabur** – linie, která ohraničuje přijímání Světla do „*Guf*" (těla), vytváří rozdělení mezi „*Toch*" (vnitřní část *Kli*, naplněná Světlem) a „*Sof*" (konečná, nezaplněná, prázdná část těla).

[364] **Pět *Parcufim* světa *Adam Kadmon* – *Galgalta, AB, SAG, MA, BON*.**

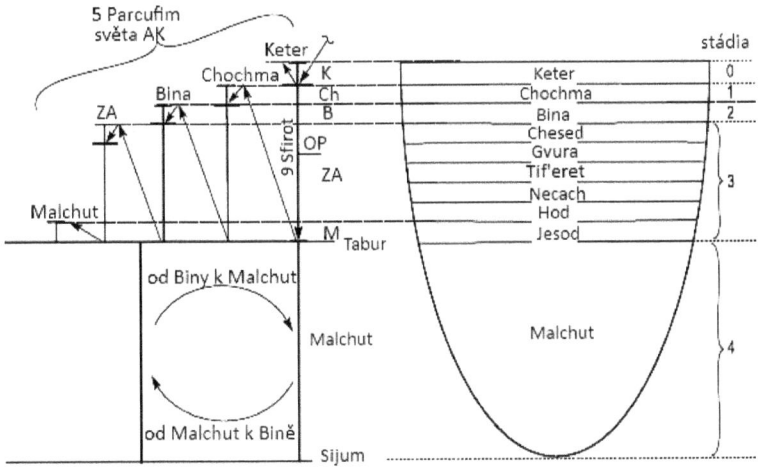

***Obr. 12.4.** Spolupůsobení Malchut a Biny pod Taburem Galgalty.*

Prvních devět *Sfirot* se naplnilo, ale *Malchut* během toho nic nedostala. Schází v ní síla *pro přijímání ve prospěch Stvořitele*. Aby mohla něco přijmout, musí (jak vidíme ze čtyř stádií *Přímého světla*) nějakým způsobem získat vlastnost *Biny*. *Malchut* to dokáže vykonat pouze za podmínky, že do ní vstoupí *Bina*.

Dejme tomu, že *Bina* začne sestupovat do *Malchut*. Jestliže se s ní dokáže spojit, předat *Malchut* své vlastnosti (z *Biny* do *Malchut*), pak je *Malchut* dokáže získat – schopnosti Stvořitele společně se svými. Jinými slovy, *Obklopující světlo* na nás může zapůsobit tak, že získáváme *clonu*. Vzniká v nás *záměr* nepřijímat ve svůj prospěch, kvůli sobě a objeví se možnost postoupit ke vnímání Vyššího vesmíru. Prozkoumáme, jakým způsobem se to ve *světech* uskutečňuje.

Problém spočívá v tom, že *Bina* může působit na *Malchut* pouze do té míry, do jaké to *Malchut* potřebuje. Proto, aby mohla *Bina* zjistit, jak působit na *Malchut*, čili proto, aby Stvořitel jakoby zjistil, jakým způsobem může zapůsobit na stvoření, musí se z nich skládat, zapojovat do Sebe jejich vlastnosti, jejich zvláštnosti, jejich slabosti, jejich podstatu. Je tudíž zapotřebí, nejen aby *Bina* působila na *Malchut*, ale aby i *Malchut* působila na *Binu*, aby se vlastnosti *Malchut* předávaly *Bině*. Systém nápravy *Malchut* v sobě musí obsahovat následující etapy: *Keter, Chochma, Bina, ZA, Malchut*. *Malchut* se musí pozvednout do *Biny*, nacházet se v ní a vytvářet v *Bině* jasný vjem svých vlastností, kvalit, nedostatků a slabostí. Vychází-li z toho, co dostane od *Malchut*, může na ni *Bina* působit, totožně s těmi vlastnostmi, které vznikly opačným spojením. Je nutné vytvořit konkrétní cyklus vzájemného spojení.

> **Uzavřený cyklus spojení mezi *Binou* a *Malchut* se nazývá systém světů. Systém, ve kterém se *Malchut* a *Bina* spojují dohromady, takže *Malchut* získává vlastnosti *Biny* a stává se podobná Stvořiteli, se nazývá duše.**

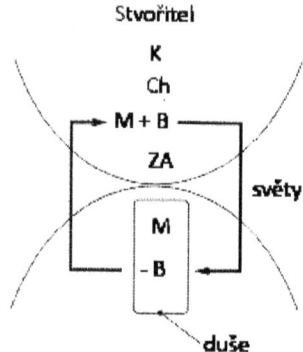

Obr. 12.5. Systém světů a stvoření duše, jejich spolupůsobení.

Ze *Kli*, stvořeného ve *světě Nekonečna*, z *Malchut* vznikají dvě části: první – *světy*, existující v *Bině*, čili to, jak působí na *Malchut* a druhá – *duše*, neboli *Malchut*, jež v sobě zahrnuje vlastnost *Biny*. Rozdělení vesmíru na tyto dvě části je nutné kvůli tomu, aby byla *Malchut* přivedena k podobnosti ke Stvořiteli. Jakým způsobem se toho dosahuje? Zpočátku se vytváří systém *Biny* s nedostatky, vlastnostmi a slabostmi *Malchut*. Tento systém se nazývá systémem *světů Nekudim*[365] a *Acilut*[366] (podrobněji budeme studovat strukturu těchto *světů* v následujících kapitolách).

Proto, aby *Bina* přijala všechny tyto záporné vlastnosti *Malchut*, musí sestoupit ze své vysoké duchovní úrovně. *Bina* – to jsou vlastnosti odevzdávání, s jejichž pomocí jsou poznávány pouze vnější pocity. Takže může pocítit i vlastnosti *Malchut*, jež si přeje pouze přijímat potěšení, užívat si, v žádném případě nevycházet za své hranice. Tyto dvě vlastnosti

---

[365] **Nekudim** – zvláštní *Parcuf* (svět), vystupující (z *Parcufu SAG*) na *Rešimo* (zápis, vzpomínání) 2/1 – o tom, že je možné využít pouze odevzdávající přání.

[366] **Acilut** – systém řízení. Svět *Acilut* na nás působí prostřednictvím řízení toku Světla, které sestupuje od Stvořitele.

– *Malchut* a *Bina* – jsou k sobě navzájem protikladné. Jak se tedy v takovém případě mohou spojit, jak do sebe může jedna zapojit druhou?

Aby se uskutečnilo spojení dvou protikladných vlastností, probíhá proces, zvaný *rozbíjení přání (Švirat Kelim)*,[367] během kterého *Bina* a *Malchut* zároveň podstupují takové působení *Vyššího světla*, že obě plně ztrácí *svá původní poslání přijímat a odevzdávat* a spojují se společně právě pod *úderným působením Světla*.[368]

Test

1. Náš kořen – je:
a) *Keter*
b) *Chochma*
c) *Bina*
d) *Malchut*

2. V *Bině Malchut* napodobuje Stvořitele pouze:
a) *záměrem*
b) činností
c) v úmyslu
d) přáním

3. Ve třetí části – v *Ze'ir Anpin* – *Malchut* napodobuje Stvořitele:
a) *záměrem*
b) činností
c) úmyslem
d) přáním

4. Přechodným článkem mezi působením Stvořitele a stvoření je:
a) ZA

---

[367] **Rozbíjení přání (nádob), („*Švirat Kelim*")** – mizí propojující clona mezi různými vlastnostmi, přáními, mizí altruistické spolupůsobení mezi sebou navzájem.

[368] **Úderné působení Světla** – úder („*Haka'a*") – určitý proces spolupůsobení mezi Vyšším světlem a clonou; střetnutí opačných přání, cílů.

b) *Chochma*
c) *Bina*
d) *Keter*

5. Systém, ve kterém Malchut získává vlastnosti Biny a stává se podobná Stvořiteli, se nazývá:
a) *světy*
b) *duše*
c) *Přímé světlo*
d) *náš svět*

Odpovědi: 1d) 2a) 3b) 4c) 5b)

Kapitola 13. Rozbíjení nádob

Přehled

13.1. Účel rozbíjení – 13.2. Druhé zkrácení (*Cimcum Bet*)
13.3. Smíchání *Biny* a *Malchut* – Test

13.1. Účel rozbíjení

Přání, stvořené Stvořitelem, se skládá z deseti *Sfirot*: *Keter, Chochma, Bina, Chesed, Gvura, Tif'eret, Necach, Hod, Jesod, Malchut*. Všechna tato přání jsou samostatná. Ve *světě Nekonečna* každé z nich působilo samo o sobě – ve čtyřech stádiích rozšiřování *Přímého světla*. Po *zkrácení*, ve *světě Nekonečna* a přijetí rozhodnutí pracovat pouze se *záměrem* ve prospěch Stvořitele, se všechna tato přání spojují a stávají se jedním celkem, všechny pracují pouze ve prospěch odevzdávání, každé nakolik může.

V každém přání existuje jeho „podpřání" – částečná přání, která se taktéž skládají z deseti *Sfirot*. Ve výsledku je to sto *Sfirot* a všechny pracují pro odevzdávání Stvořiteli. Každou z těchto deseti *Sfirot* je možné rozbít ještě na deset a ještě na deset a tak dále. Zatím jsou slepené mezi sebou jednou clonou, podobají se jednomu tělu, plně pracujícímu ve prospěch jedné myšlenky, jedné činnosti a není důležité, co dělá kterákoliv z jeho částí – každá dělá něco, aby se přiblížila k cíli.

V takovém případě se toto stvoření počítá jako jedno, nad všemi přáními stojí hlava – *Roš*. *Roš*, skládající se z *Keteru, Chochmy, Biny*, rozhoduje, kolik mohu přijmout a kolik nemohu přijmout kvůli odevzdávání Stvořiteli. Výsledkem je přijímání do *těla – Guf*.

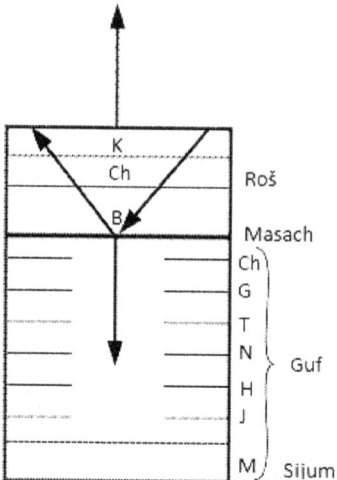

Obr. 13.1. *Stvoření přání: Roš a Guf.*

Pokud *clona (Masach)* neexistuje, pak se tato přání stávají absolutně různorodými – rozbíjí se, oddělují se navzájem, mezi nimi mizí „lepidlo", které je spojovalo do jedné činnosti, *záměru*, úsilí o něco jednotného. Tkví v tom i význam rozbíjení.

Nerozbíjejí se samotná přání – roztrhává se jednotnost v jejich práci ve prospěch jednoho cíle.

13.2. Druhé zkrácení (*Cimcum Bet*)

Dále je třeba smíchat vlastnosti *Malchut* a vlastnosti *Biny*. Uskutečňuje se to ve *světě Nekudim*. Z *Parcufu SAG*, jenž ztělesňuje *Binu*, sestupuje vlastnost *Biny* a míchá se s vlastností *Malchut*.

Skutečně se smíchat nemohou, výsledkem je pouze rozdělení *Parcufu Biny* napůl, kde je svrchní část vlastnost *Biny* a spodní vlastnost *Malchut*. Je nutné jakýmkoliv způsobem spojení jejich vlastností dosáhnout, aby bylo potom možné napravit každou částečku *Malchut* s pomocí odpovídající částečky *Biny*.

Parcuf Nekudot de-SAG[369] se spustil ze *SAG* pod *Tabur*, smíchal se s *Malchut* a provedl v sobě samém *zkrácení (Cimcum)*. Toto *zkrácení* se nazývá „*Cimcum Bet*" *(CB) – Druhé zkrácení.*

Cimcum Alef, První zkrácení, Malchut na sobě učinila vzhledem k *Vyššímu světlu*: „Nepřeji si ho přijímat, protože během takového přijímání jsem opakem Stvořitele." Poté se *Malchut* odstupňuje *clonou* v souladu s *Vyšším světlem*. Nyní je plně chráněna před sebou samou, *Malchut* už tudíž *Vyššímu světlu* nedává možnost, aby se v ní rozšiřovalo pro její vlastní prospěch, chápe, co to znamená.

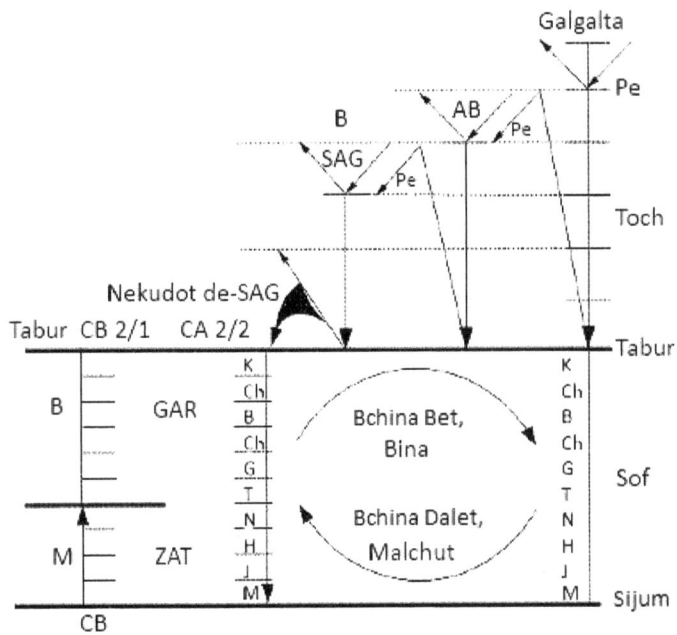

Obr. 13.2. *Pozvednutí Malchut do Sfiry Tif'eret Parcufu Nekudot de-SAG.*

---

[369] **Nekudot de-SAG** – přechodný *Parcuf*, který má *Bet de-Ovijut* a *Bet de-Hitlabšut* (čistá *Bina*), vzniká v důsledku pozvedání clony a vypuzení Světla do *SAG*.

Nyní probíhá druhý druh *zkrácení*: nikoliv v *Malchut*, ale v *Bině*. Když se do *SAG*[370] dostaly vlastnosti *Malchut* z *Parcufu NeHI de-Galgalta*[371] (druhá, nižší část *Galgalty*), *Parcuf Biny* se zkrátil.

Bina se původně skládá ze dvou částí: svrchní se nazývá *GAR* (*Gimel HaRišonot* – tři svrchní *Sfiry*) a spodní – *ZAT* (*zain tachtonot* – sedm spodních *Sfirot*). Svrchní část *Biny* – dávající vlastnosti, skutečná *Bina*, a spodní část – dostávající vlastnosti, úroveň budoucí *Malchut*. Spodní část je stvořená v *Bině* kvůli tomu, aby dostávala *Světlo*. Nyní její spodní část přijímá vlastnosti *Malchut* a tímto způsobem probíhá zkrácení *Biny* v *Bině*. *Bina* chápe, že v tom místě, kde je naplněna vlastnostmi *Malchut*, nemůže přijímat *Světlo* za žádných okolností.

Pozvednutí *Malchut* doprostřed *Biny* s cílem si ponechat pouze odevzdávající *Kelim* a zkrácení všech přijímajících *Kelim*, se nazývá „*Cimcum Bet*".

Objevuje se nový *Sijum*, nová hranice rozšiřování *Světla*. Jestliže se dříve *Světlo* mohlo v *Bině* plně rozšiřovat, pak nyní ji může zaplnit jenom do této hranice a ne níže. *Světlo* nesmí proniknout do vlastnosti *Malchut*, jinak se naruší zákaz *Cimcum Alef*. To je nová podmínka. Nová hranice se nazývá „*Parsa*".[372]

13.3. Smíchání *Biny* a *Malchut*

Získali jsme prvek stvoření, ve kterém se *Bina* a *Malchut* nachází v jednom *Parcufu*, ještě jsou však navzájem rozděleny. Nyní je nutné je smíchat a pak bude v tomto *Parcufu* možné napravit *Malchut* s pomocí *Biny*. K tomu lze dospět rozbitím *světa Nekudim*.

---

[370] **SAG** (Parcuf *Bina*) – *Parcuf* světa *Adam Kadmon* s *Rešimot Gimel* (3) *de-Hitlabšut* a *Bet* (2) *de-Ovijut*. To znamená, že *SAG* pracuje pouze ve prospěch odevzdávání (*Rešimo Bet, Biny*), *SAG* má však také *Hitlabšut Gimel* (3) – vzpomínání na předchozí stav (*Parcufu AB, Parcufu Chochma*). Proto je uvnitř *Parcufu SAG* malé prosvětlení *Or Chochma*.

[371] **NeHI de-Galgalta** – *Sfirot Necach, Hod, Jesod Parcufu Galgalta*.

[372] **Parsa** – představuje druh *Masachu* (clony), který nedovoluje Světlu překročit hranici, rozdělující *Parcuf* na *GE* (*Sfirot Keter* a *Chochma* a svrchní část *Biny*; dávající *Kelim*) a *AChaP* (spodní část *Biny*, *ZA* a *Malchut*; přijímající *Kelim*).

Náčrtky se možná mohou mnohým zdát složité, ale pro nás je důležité rozpoznat sám princip Stvoření.

Všeobecné, globální chápání významu existence každého činu, každého seskupení, je pro člověka nutné kvůli tomu, aby spatřil princip Stvoření, uvědomil si, že to opravdu existuje a má v našem světě odpovídající následky. Takové znalosti mu poskytují základ, na kterém začíná vytvářet sebe sama.

Takže *Parcuf Nekudot de-SAG* se spouští pod *Tabur Parcufu Galgalta*, probíhá pozvednutí *Malchut* do *Biny* a pak se rodí *Katnut*[373] (Malý stav) *Parcufu světa Nekudim*.

Katnut je **Parcuf**, který souhlasí, že bude působit pouze s vlastnostmi **Biny** a absolutně ignorovat vlastnosti **Malchut**.

Poté se tomuto *Parcufu* začíná zdát, že může přijímat pro potěšení Stvořitele: „Nahoře je Stvořitel, já jsem dole. Jestliže přijímám od Stvořitele proto, abych ho naplnil, tímtéž jakoby odevzdávám Jemu a pozvedám své *Kli*. Dole ve mně zůstává pouze moje „Já" – můj *bod v srdci*."

---

[373] **Katnut** (Malý stav) – stav *Parcufu*, jenž nevyužívá *Roš* (hlavu), čili jsou v něm *Sfirot* od *Chesed* do *Malchut*. *Velký Parcuf* má jako doplněk k malému ještě *Keter*, *Chochmu*, *Binu*, čili *Roš*, tudíž je to Velký stav (*Gadlut*).

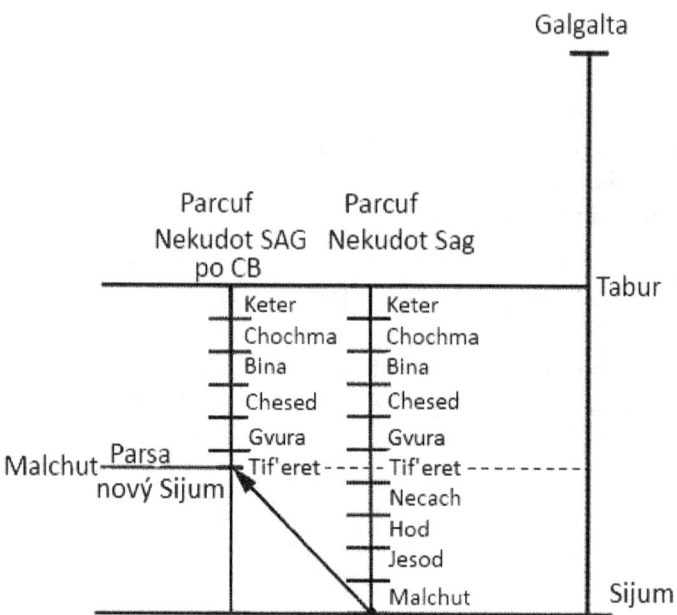

Obr. 13.3. *Vznik nového konce (Parsa), Druhé zkrácení (CB).*

V tomto *Parcufu* vzniká absolutně přesný, důvěryhodný vjem, že kdyby nyní přijal *Vyšší světlo*, budou jeho činnosti totožné odevzdávání Stvořiteli. Je zcela přesvědčen, že se mu to podaří.

Pokouší se o to, ale bez výsledku. Důsledkem je rozbití *clony*. Rysy *Malchut* dole a rysy *Biny* nahoře zůstávají vlastnostmi, pouze se na nich rozbíjí *clona*, a v důsledku toho se objevují rozbité *Kelim*.

Rozbíjení nádob (*Švirat Kelim*) je proces, kterým musíme projít ještě předtím, než se dostaneme na úroveň stvoření. Jinak se nejmenujeme stvoření. Stvoření, to jsou ti, kdo cítí Stvořitele a mohou s Ním přebývat ve spojení. Spojením se rozumí výměna dat, stavů, pocitů a vlivu. Neexistuje stvoření bez Stvořitele a neexistuje Stvořitel bez stvoření. Je nemožné někoho pojmenovat, jestliže naproti není někdo, kdo by ho tímto jménem oslovil. Proto na daných stádiích zatím nemluvíme o stvoření, ale o přípravě budoucího stvoření.

Takže, dále vzniká systém, krerý má název: „*svět Nekudim*", v němž se uskutečňuje rozbíjení. Zpočátku se vytváří *Malý Parcuf*, kde je možné působit výhradně v části *Biny*. To se nazývá Malý stav (*Katnut*) světa

Nekudim. Poté se objevuje také Parcuf Velkého stavu (*Gadlut*[374]) světa *Nekudim*, kdy se systém rozhoduje, že k sobě může ještě kromě dávajících *Kelim, Galgalty ve-Ejnajim (GE)*,[375] připojit taktéž i *AChaP* [376] (přijímající *Kelim*), kvůli realizaci přijímání ve prospěch odevzdávání v celém *Parcufu*: jak v *Galgaltě ve-Ejnajim (GE)*, tak i v *AChaP* .

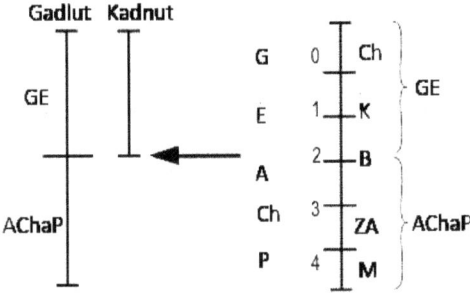

Obr. 13.4. *Malý (Katnut) a Velký (Gadlut) stav Parcufu světa Nekudim.*

Nicméně se to nepodařilo zrealizovat a proběhlo rozbíjení. Dole působila síla *zkrácení*, jelikož se *Malchut* pozvedla na místo *Biny*. Taková činnost se nazývá *Druhým zkrácením (Cimcum Bet)*: ve společném *Parcufu Biny* a *Malchut* se spodní část *Malchut* nevyužívá.

Ve Velkém stavu (*Gadlut*) započala práce na využívání také nádob přijímání. Zjistilo se však, že nemají *clony* a tehdy se celý *Parcuf* rozbil.

Během toho se *Bina* a *Malchut* promíchaly navzájem. Části všech *Sfirot Parcufu* se ve všech svých detailech smíchaly tak, že se stalo nemožné vyčlenit čistou *Binu* nebo *Malchut* dokonce ani v nejmenší špetce rozbitých nádob. Nyní se *Bina* a *Malchut* budou společně nacházet v nejmenší nádobě, k nerozeznání od sebe navzájem.

---

[374] **Gadlut** („Velký stav") – stav *Parcufu*, který má clonu – sílu se postavit své egoistické podstatě. Má nejen možnost **nepřijímat** kvůli sobě, ale také přijímat ve prospěch odevzdávání. V takovém případě *Parcuf* naplňuje celé své přání – všech 10 *Sfirot* – Or *Chasadim* a Or *Chochma*.

[375] **Galgalta ve-Ejnajim** – *Keter, Chochma* i svrchní část *Biny* (GAR de-Bina) se společně jmenují „*Galgalta ve- Ejnajim*" (GE) neboli dávající, altruistické nádoby (*Kelim*).

[376] **AChaP** (*Ozen, Chotem, Pe*) – *Sfirot* spodní části *Biny, Ze'ir Anpin* a *Malchut*, ve kterých je přání přijímat. Nádoby (*Kelim*) přijímání.

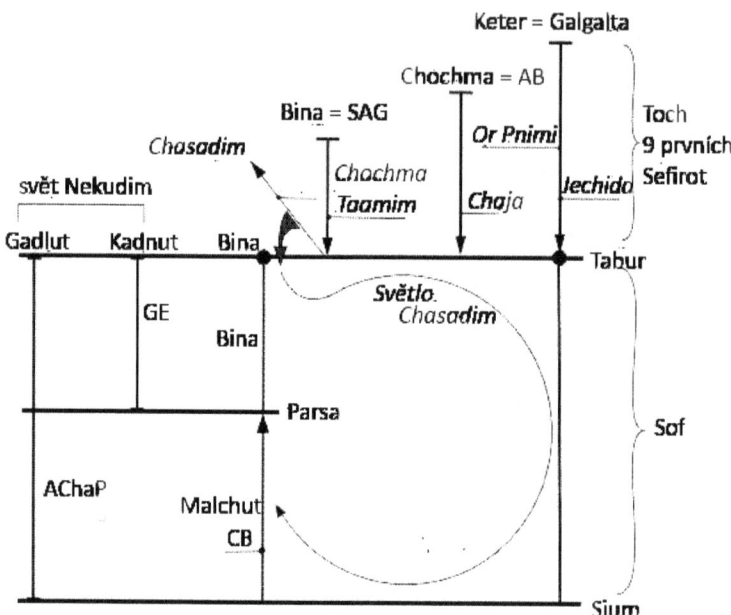

Obr. 13.5. *Rozbíjení nádob (Švirat Kelim).*

Hleďme, co způsobilo smíchání dvou těchto částí, původně navzájem protikladných a neschopných existence. Proč přece jen mohou existovat společně? Vždyť v duchovním *světě*, na rozdíl od materiálního, není možné působit výbušným tlakem a s pomocí nějakých výjimečných prostředků nebo materiálů smíchat jedno s druhým silou. Smíchání proběhlo díky tomu, že *Bina* ztratila svůj stupeň, vešla do *Malchut* a „zkazila se" společně s ní. Jinými slovy, *clona* nyní chybí úplně – není ani v nádobách odevzdávání, ani v nádobách přijímání. Kromě toho se vše smíchalo a spadlo na nejnižší stupeň, což vedlo k roztržení s duchovním stavem.

Test

1. *Roš* se skládá ze *Sfirot*:
a) *Keter*
b) devět prvních *Sfirot*
c) *Keter, Chochma, Bina*
d) *Malchut*

2. *Katnut* (Malý stav) označuje využívání pouze…
a) přijímajících *Kelim*
b) dávajících *Kelim*
c) pouze *Malchut*
d) pouze *Keter*

3. Druhé zkrácení (*CB*) proběhlo na:
a) dávající *Kelim*
b) *Kelim Galgalty*
c) přijímající *Kelim*
d) všechny *Kelim* pod *Taburem*

4. *CB* je zkrácení v:
a) *Malchu*t
b) *Binĕ*
c) *Keteru*
d) v celém *Parcufu*

5. Během rozbíjení *Kelim* zmizel (rozbil se):
a) svět *AK*
b) *Parcuf Nekudot de-SAG*
c) *Masach (clona)*
d) *Tabur*

Odpovědi: 1c) 2b) 3c) 4b) 5c)

Kapitola 14. Svět nápravy

Přehled

14.1. Princip nápravy – 14.2. Svět *Acilut*, svět Nápravy
14.3. Systém světů *BJA* – 14.4. Napravení *Malchut* – Test

14.1. Princip nápravy

„Roztržení s duchovním" znamená, že necítíme Stvořitele, necítíme jeho *Kelim*, Jeho působení, nemůžeme odhalit, co znamená dávat.

Probíhá *plné rozbití*. Zatím nehovoříme o *tomto světě*, ale o jiných stupních. Takže se nádoby rozbily. Je to dobře nebo špatně? Je to kladný moment: díky rozbití se podařilo zavést vlastnosti *Biny* do *Malchut*. I když se celý systém rozbil, spadl z duchovního stupně na nejhorší, bylo tím dosaženo spojení mezi *Malchut* a *Binou*.

Jestliže začneme rozkrývat rozbité nádoby *Biny* a *Malchut*, uvidíme, že se všechny rozdělují na čtyři druhy:

– *Kli Biny*;
– *Kli Malchut*;
– *Kli Malchut* v *Bině*;
– *Kli Biny* v *Malchut*.

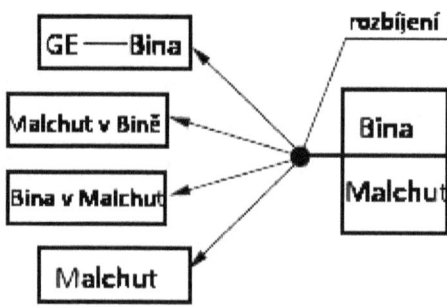

Obr. 14.1. *Formy propojování vlastností Biny a Malchut v rozbitých Kelim.*

Jak napravit tyto *Kelim*? Nádoby, které představují vlastní *Binu*, *Galgaltu ve-Ejnajim*, jsou čisté *Kelim*. Jestliže je napravujeme, můžeme z nich ihned postavit duchovní *Parcuf*.

Co se týče *Malchut*, nelze z ní vytvořit nic. Je ji potřeba *zkrátit (Cimcum)* a vůbec nevyužívat.

Nádoby, které musíme pouze zanalyzovat, odhalit nemožnost jejich využití, se nazývají *Klipot*.

Bina s *Malchut* však do rozbití existovaly. Kromě nich zůstávají ještě dva druhy *Kelim*: *Malchut*, včleněná do *Biny* a *Bina*, včleněná do *Malchut* (viz obr. výše). Jsou tím výsledkem, který jsme očekávali od rozbití, neboť se v nich *Malchut* i *Bina* navzájem slučují a podléhají nápravě. *Malchut*, včleněná do *Biny*, na sebe může vzít *zkrácení*, *clony* a vlastnosti *Biny*. Je schopna se připojit k *Bině* a v té době *Bina* s přimíchanými malými částečkami *Malchut* vstupuje do základu *Biny*.

Následkem toho vzniká systém *světa Acilut* (zvaný také *svět Nápravy*). Malý stav *(Katnut)* světa *Acilut* se vytváří z nádob *Biny* a jeho Velký stav *(Gadlut)* – z připojení *Malchut*, včleněné do *Biny* („*AChaP de-Alija*"). Zbývá pouze připojení posledního druhu *Kelim*: *Bina* včleněná do *Malchut*. Odtud vychází systém světů *Bri'a*, *Jecira* a *Asija*.

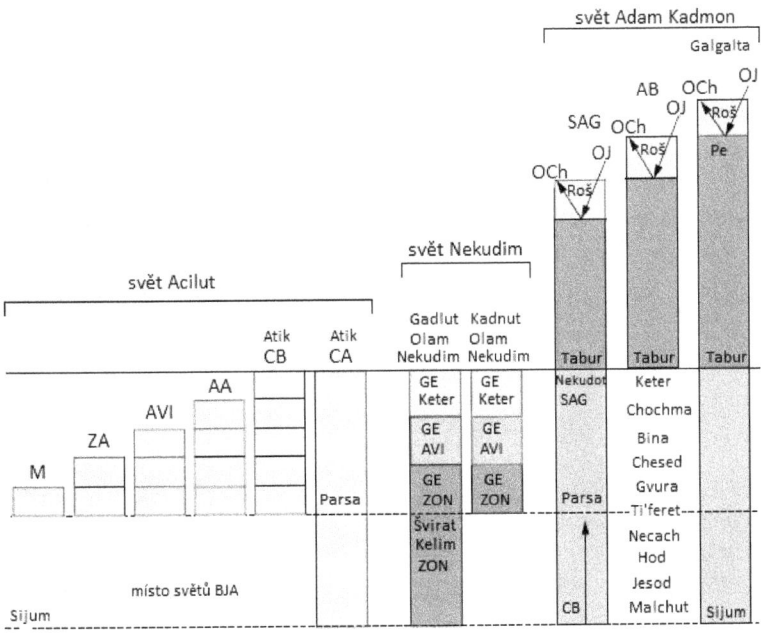

Obr. 14.2. *Systém světa Acilut.*

14.2. Svět *Acilut*, svět Nápravy

Jak funguje *svět Acilut*? Nad *světem Acilut* je Stvořitel, *svět Nekonečna* a *svět Adam Kadmon*. Ve *světě Nekonečna* je *světlo Nekonečna*[377] a *svět Adam Kadmon* – pět druhů *Světel NaRaNChaJ*,[378] které odpovídají způsobilosti stvoření je přijímat. Dále je *Tabur* a pod ním systém *světa Acilut*. Níže je *Parsa* a *světy BJA*.

Po rozbití pod *Taburem*, kde se *Malchut* spojila s *Binou*, proběhla náprava nádob. Z toho vyplývá, že *svět Acilut* je v podstatě složen z vlastností *Biny* a *Malchut*, včleněné do *Biny*. Stupeň vcházení *Biny* do *Malchut* vytváří podmínky pro konstrukci *světů Bri'a, Jecira* a *Asija*.

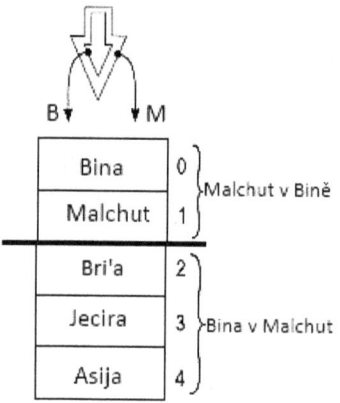

Obr. 14.3. *Vzájemné spojení vlastností Malchut a Biny.*

To znamená, že podobně jako *svět Adam Kadmon*, který rozdělil působení Stvořitele na pět odpovídajících druhů *světel NaRaNChaJ* na základě *clony Prvního zkrácení*, se *svět Acilut* rozděluje na základě smíchání vlastností *Malchut* a *Biny*. Sám se nachází v *Galgaltě ve-Ejnajim* (dávajících *Kelim*). Jestliže se k němu *Malchut* může připojit, působí na nižší, dává jim

---

[377] **Světlo Nekonečna** – Světlo (potěšení), vycházející z podstaty Stvořitele, přijímané námi jako Stvořitel; spojuje v sobě celé Stvoření od začátku do jeho konečného stavu.

[378] **NaRaNChaJ** – pět druhů Světla, přijímaných odpovídajícími pěti stupni clony. Stvoření si v závislosti na své cloně (to znamená, v jaké míře je podobné Světlu, vlastnosti odevzdávat) přeje přijímat Světlo. Odpovídající Světla se nazývají – *Nefeš, Ruach, Nešama, Chaja, Jechida* – zkráceně *NaRaNChaJ*.

Světlo. Jaké druhy *Světla* jim dává, závisí na tom, do jaké úrovně je jsou nižší schopni vyvolat svou prosbou.

Vzniká velice zajímavý systém. Ve světě Adam Kadmon se *Malchut* pozvedla do devíti prvních *Sfirot* a rozdělila druhy *Světla* podle *clon*. Nyní se ve *světě Acilut Malchut* pozvedla do *Biny* a provedla rozdělení podle smíchání nádob přijímání s nádobami odevzdávání uvnitř sebe sama. Jinými slovy, jestliže se dole nachází stvoření, ve kterém se vyskytují vlastnosti *Malchut* a *Biny*, může probouzet *svět Acilut* v závislosti na své způsobilosti pozvednout vlastnosti *Biny* nad vlastnosti *Malchut*. Stvoření pozvedá prosbu (*MAN*)[379] na jejímž základě mu *svět Acilut* předává *Světlo*.

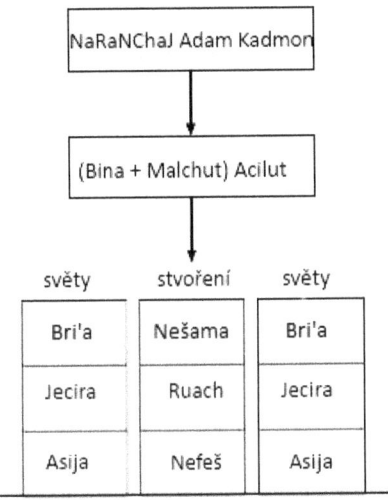

Obr. 14.4. *Vzájemné působení stvoření (duše) se světem Acilut, pozvednutí prosby nápravu (MAN).*

Takže zde *svět Acilut* působí již podle principu reakce. Čeká, až k němu všechny rozbité *Kelim* pozvednou *MAN* a teprve tehdy jim odpoví a dává jim *Světlo*. O jakých dalších rozbitých nádobách mluvíme? Vždyť už se celý systém zformoval: *svět Acilut* a *světy BJA* jsou vytvořeny. *Bina* vešla do *Malchut* a vybudovala tyto *světy*.

---

[379] **MAN** („*Majim Nukvin*" – „vody *Nukvy*") – prosba nižšího *Parcufu* k Vyššímu o možnost získat Or Chochma. Opravdové, hluboké přání napravit se a přiblížit se ke Stvořiteli.

Co se v těchto *světech* děje? *Bri'a, Jecira* i *Asija*, to je *Bina*, která vstoupila do *Malchut* a je uvnitř Malchut organizovaná v takové formě, aby se vytvořila *Světla Or Nefeš*,[380] *Or Ruach*,[381] *Or Nešama*.[382] Tyto druhy *Světla* budou ovlivňovat stvoření, které se bude v těchto *světech* nacházet, ale stvoření tam zatím ještě není.

Můžeme si to představit i jiným způsobem: *světy Adam Kadmon, Acilut, Bri'a, Jecira, Asija* a po nich stvoření. Nad tím vším je Stvořitel.

Proč to nezobrazujeme přesně právě tak? Protože stvoření souvisí s *Kelim Malchut* a *Kelim Malchut* jsou veškeré *Kelim světů Bri'a, Jecira, Asija (Ozen*,[383] *Chotem*,[384] *Pe*,[385] *zkráceně AChaP*), jelikož *Ozen* patří k *Briji, Chotem* k *Jeciře* a *Pe* k *Asiji*. Proto stvoření přijímá ze všech *světů (Bri'a, Jecira, Asija)* paralelně, z každého světa svoje *Světlo NaRaN (Nefeš, Ruach, Nešama)*.

---

[380] **Or Nefeš** – Světlo, které se získává při cloně na nejmenší egoismus (*Ovijut de-Šoreš*); minimální pociťování Stvořitele.

[381] **Or Ruach** – činnost odevzdávání, založená na napraveném egoistickém přání (*Ovijut* 1).

[382] **Or Nešama** – duše, Světlo, oděné do *Kli Biny* (*Ovijut* 2).

[383] **Ozen** (ucho) – *Malchut*, která se pozvedla do *Bchiny Bet de-Roš*, se nazývá „*Ozen*". *Bina v Roš Parcufu.*

[384] **Chotem** (nos) – *Malchut*, která se pozvedla do *Bchiny Gimel de-Roš*, se nazývá *Chotem. Ze'ir Anpin* v *Roš Parcufu.*

[385] **Pe** (ústa) – *Malchut de-Roš.*

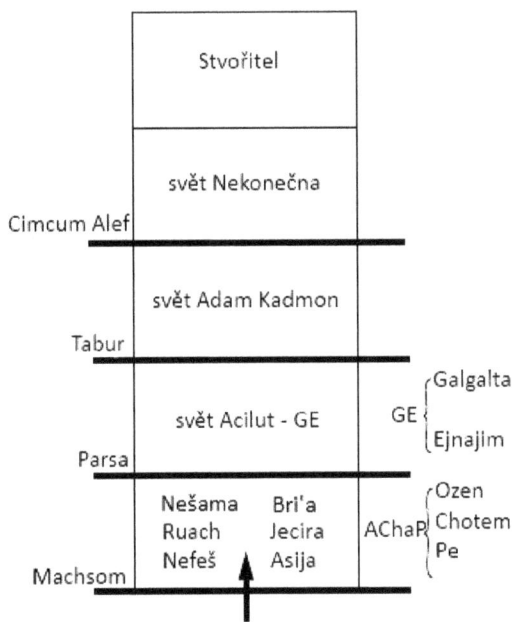

Obr. 14.5. *Kelim stvoření (AChaP) ve světech BJA a jim odpovídající Světla Or Nefeš, Or Ruach, Or Nešama.*

Takže jsme dospěli do tohoto stavu: ze *světa Adam Kadmon* do *světa Acilut* nastává zmenšení *Světla* a poté jej *světy Bri'a, Jecira* i *Asija* postupně zesilují podle stupně nápravy *Malchut* zásluhou *Biny*.

14.3. Systém světů *BJA*

Do této doby byl tedy vytvořen systém, který je schopný zde zrozenému stvoření zabezpečit působení, které vychází od Stvořitele Shora dolů – postupné, rozdělené, zaměřené, postavené takovým způsobem, že tento systém dokáže rozbité stvoření pochopit, připravit ho k nápravám v jakýchkoliv stavech, poté ho začít napravovat a dovést až ke *Konečné nápravě (Gmar Tikun)*.[386]

---

[386] **Konečná náprava** *(Gmar Tikun)* – konečný stav celého vesmíru, kdy nejnižší bod stvoření dosahuje stejného stavu jako nejvyšší. Plná náprava svých vlastností a plné spojení se Stvořitelem.

Tento systém se nazývá systémem *světů (Olam – svět* ze slova *Alama – ukryté)*. Jelikož ve *světech* existuje ukrytí[387] a odhalení, určované tím, jaké působení je nutné stvoření poskytnout v každém konkrétním stavu: kolik je v něm nutné napravit, vyvolat ve stvoření uvědomění si zla,[388] uvědomění si dobra atd.

Proč je tento systém schopen takové práce? Protože je vytvořen z již rozbitého stvoření, které nasál do sebe. Takže byl vybudován z obecných, společných *Kelim*, stvořených součtem rozbitých *Kelim Biny* a *Malchut*. Takový je v podstatě systém *světů*.

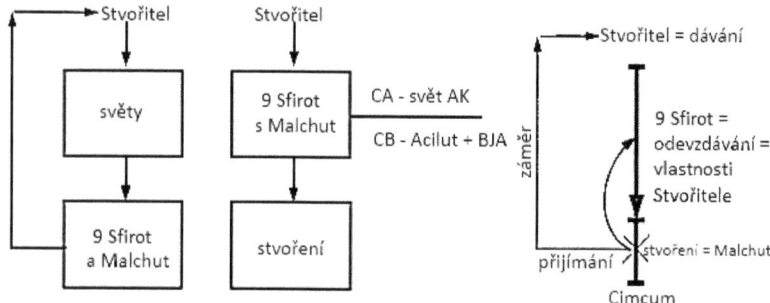

Obr. 14.6. *Systém pro nápravu Malchut – stvoření.*

Pak se objevuje vlastní stvoření. Stvoření je totožné s *Malchut světa Nekonečna*.[389] Musíme tuto *Malchut* napravit, neboť právě ona je stvořením.

---

[387] **Ukrytí** znamená nedostupnost vnímání smyslovými orgány v důsledku odlišnosti vlastností. Je to buď úplné ukrytí, to znamená absence pocitu, že Stvořitel vše řídí nebo částečné ukrytí, to znamená absence pocitu správného řízení Stvořitele.

[388] **Uvědomění zla** – uvědomění si toho, nakolik jsou mé vlastnosti protikladné k vlastnostem Stvořitele.

[389] **Malchut světa Nekonečna** – čtvrté stádium rozšíření Světla, ve kterém Stvořitelem stvořené přání potěšit se v předchozích stádiích získává samostatnost, provádí zkrácení a rozhoduje se přijmout Světlo pouze kvůli odevzdávání Stvořiteli.

14.4. Náprava *Malchut*

Říkali jsme, že *Malchut* je nemožné napravit, že není schopna přijmout žádné vlastnosti Stvořitele, není schopna se k Němu připojit, není schopna absorbovat jeho kvality. Jak bude v tom případě sama sebe napravovat, stávat se mu podobnou?

Stvoření není schopné zapojit vlastnosti Stvořitele dovnitř své egoistické podstaty. Může přijmout podstatu Stvořitele pouze jako záměr,[390] povýšený nad vlastní přirozenost, ale nevčleněný do něho samotného. Stvoření musí nevyhnutelně uskutečnit nějakou nápravu. Tento proces se také nazývá uvědomění si sebe sama ve vztahu ke Stvořiteli. Probíhá právě v *Malchut* světa Nekonečna.

Jinými slovy, není možné vyvolávat v *Malchut* světa Nekonečna nápravu, která by ji změnila na *Binu*, je však možné přimět *Malchut* světa Nekonečna k pocítění svého zla, to znamená k cítění, nakolik je protikladná k vlastnosti *Biny*, vlastnosti Stvořitele. Nakonec bude tak moc toužit napodobit *Binu*, že poprosí o nápravu. Když k ní přijdou vlastnosti Biny, napraví *Malchut* tím, že získá *Masach (clonu)*, což bude *záměr ve prospěch odevzdávání*. V takové formě je náprava možná.

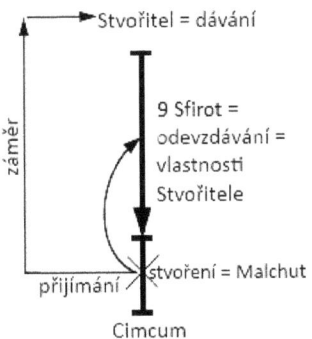

Obr. 14.7. *Vytvoření záměru ve prospěch odevzdávání nad Malchut.*

Podstata tudíž zůstává stejná. Nad *Malchut*, nad její podstatou, se doplňuje pouze *záměr* ve prospěch odevzdávání: samotná *Malchut* více nápravy dostat nemůže.

---

[390] **Záměr** – propočet, motivace ve vztahu ke Světlu (Stvořiteli).

Nyní si vyjasníme, co je to *Parcuf Malchut*, nesoucí název *Parcuf Adam HaRišon*[391] nebo *Nešama (duše)*. Nyní se může tato *duše* zrodit. Zpočátku se vytváří celý systém *světů*, což probíhá na základě působení a vlivu *Světla*. Chybí tam jakákoliv svoboda volby, neexistuje zatím stvoření. Je to prostě vliv, který *Světlo* vykonává nad přáním se potěšit, podobně jako u čistě fyzikálních zákonů. Systém *světů* se vytváří díky vzájemnému působení přání potěšit se a *Světlu*, které nese potěšení. Takto byly vytvořeny všechny *světy*, od začátku až do konce.

Poté do činnosti vstupuje *Malchut světa Nekonečna* a rodí se v podobě *Parcufu*, zvaného *Adam (člověk)*.[392] Proces zrození *Adama* se studuje na doplňujícím kursu.

Test

1. Z *Malchut*, včleněné do *Biny*, se vytváří:

a) *duše*

b) *svět BJA*

c) *svět Acilut*

d) *Lev HaEven*

2. *Malchut* se napravuje prostřednictvím přijímání:

a) *záměru*

b) *clony*

c) vlastností *Biny*

d) všechny odpovědi jsou správně

3. Z *Biny*, včleněné do *Malchut*, vzniká:

a) *svět Acilut*

b) *světy BJA*

c) *Světlo NaRaN*;

---

[391] **Adam HaRišon** (z hebrejštiny první člověk) – Stvořitelem stvořená jediná duše, která se skládá z částí (vlastních duší), které v sobě obsahují všechny ostatní části podle principu holografického obrazu (všechno ve všech).

[392] **Adam** (z hebrejštiny člověk) – označuje „podobného Stvořiteli („*edome le Eljon*"), jenž sám sebe samostatně přetváří proto, aby byl podobný Jemu.

d) *duše.*

4. Jaký svět je vlastností čistého dávání?

a) *svět Nekonečna*

b) *svět Asija*

c) *svět Acilut*

d) *svět Jecira*

5. Na čem závisí probuzení světa *Acilut*?

a) na vzájemném působení *světla* a *Kli*

b) na prosbě stvoření o nápravu

c) na Stvořiteli

d) na *světě Nekonečna*

Odpovědi: 1c) 2d) 3b) 4c) 5b)

Kapitola 15. Opakování probraného materiálu (kap. 12. – 14.)

Přehled

15.1. *Adam* – zvláštní *Parcuf* – 15.2. Rozbíjení nádob
15.3. Následky rozbití – 15.4. Postup nápravy – 15.5. Náprava *AChaP*
15.6. Rozdělení *Adama* na duše – 15.7. Cesta člověka
15.8. Náprava – podobností – Závěr – Test

15.1. *Adam* – zvláštní *Parcuf*

Od Stvořitele se k *našemu světu* rozkládá 5 světů, v každém z nich je 5 *Parcufim*, a každý *Parcuf* se skládá z 5 *Sfirot*. Tudíž od nás ke Stvořiteli vede 125 stupňů[393].

Prochází-li *Malchut* všechny tyto stupně, pozvedá se na ten nejvyšší. Týmž se dosahuje smíchání čtvrtého stádia, jediného stvoření, se stádii předchozími. *Malchut* zcela mění jejich vlastnosti a v důsledku toho se stává rovna Stvořiteli. To je *Cílem Stvoření*.

Aby se *Malchut* smíchala s ostatními devíti *Sfirot*, vytváří se speciální *Parcuf*, skládající se z *Malchut* a 9 *Sfirot* – od *Keter* do *Jesod*. Nazývá se „*Adam*".

---

[393] **125 stupňů vnímání** – změny ve vlastnostech od egoismu k altruismu a v souladu s tím také odhalení Vyššího světa, Vyšší řídící síly, jediné vlastnosti, kterou je absolutní dávání potěšení. Stupně se rozdělují na 5 základních, nazývaných „světy", každý z nich se skládá z 5 částí, zvaných „*Parcufim*" a každý *Parcuf* se skládá z 5 *Sfirot*, takže: je 5 světů * 5 *Parcufim* * 5 *Sfirot* = 125 stupňů odhalení duchovního světa.

Stromem se nazývají všechny *Sfirot* struktury *duše*. Původně není prvních devět *Sfirot* s *Malchut*, desátou *Sfirou*, vzájemně spojeno. Proto je řečeno,[394] že *Adam* měl zakázáno jíst plody *stromu poznání dobra a zla*.[395]

Aby se *Malchut* napravila, je třeba smíchat její vlastnosti s vlastnostmi 9 prvních *Sfirot*. Toho se dosahuje během „*Adamova pádu do hříchu*":[396] rozbíjí se jeho *Kelim*, 9 prvních *Sfirot* padá do *Malchut* a ta získává možnost je využít k uskutečnění svého napodobení Stvořitele.

Zůstane-li *Malchut* beze změny sama sebou, bude to znamenat, že se *duše*, *Adam*, nachází ve *světě Asija*. Jestliže napodobí *3. stádium*, nachází se ve *světě Jecira*. Podobnost s *2. stádiem* předpokládá setrvávání ve *světě Bri'a*, podobnost s *1. stádiem* odpovídá existenci *Malchut* ve *světě Acilut* a podobnost *Malchut* s *nulovým stádiem* je rovná přebývání ve *světě Adam Kadmon*.

Všechny duchovní přesuny Shora dolů – od *Malchut světa Nekonečna* do *našeho světa* a zpět – jsou předem předpokládány. Není nic, co by nebylo naprogramováno s orientací na Cíl Stvoření, kdy *4. stádium* napodobuje 3., 2., 1. a *nulové stádium*, nacházející se uvnitř *4*.

Světy, to je sestupování Stvořitele, jakoby Jeho zkracování. Postupné oddalování stvoření od Stvořitele, dokud se nespustí do našeho světa a odtrhuje se od Stvořitele zcela, přestává ho cítit.

Začíná-li se stvoření pozvedat Vzhůru, uskutečňuje svou cestu po stejných 125 stupních 5 *světů*, které byly vytvořeny Shora dolů právě pro tento cíl. V důsledku pozvednutí na další stupeň od něj stvoření dostává sílu pro přechod na následující stupeň atd.

Sestup po stupních, je proces regrese duše a pozvedání je její náprava a zdokonalování. Během sestupu se síla každého stupně zmenšuje, čím dál více ji ve vztahu ke stvořením sebou samým přikrývá Světlo Stvořitele. Pozvedání čím dál více odhaluje Světlo Stvořitele a postupně zvětšuje sílu, jež je pro duši nezbytná ke zdolání této cesty.

---

[394] Pentateuch. Genesis, 2, 16 – 17.

[395] **Strom poznání dobra a zla** – *Sfirot Ze'ir Anpin* napravené přání a bod *Malchut* (egoistické nenapravené přání). „Jíst plody" tohoto „stromu" a obdržet potěšení z poznání je možné pouze tehdy, když bude přání *Malchut* napravené.

[396] *Adamův* **pád do hříchu** – rozbíjení nádob (*Švirat Kelim*), v jehož důsledku se smíchaly altruistické (odevzdávající) a egoistické (přijímající) nádoby, přání.

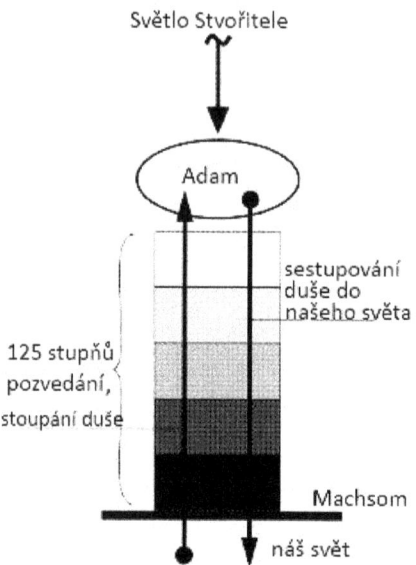

Obr. 15.1. Sestup duše do našeho světa a její pozvedání po 125 stupních ke Stvořiteli.

15.2. Rozbíjení nádob

Aby stvoření mohlo v plné míře ocenit dokonalost a věčnost, musí se skládat ze dvou protikladných vlastností: altruistické a egoistické. V důsledku toho vzniká nutnost tyto vlastnosti Stvořitele a stvoření smíchat. Dosahuje se toho rozbitím těchto vlastností – odnětím jejich clon.

Vlastnosti Stvořitele – *Bina* a vlastnosti stvoření – *Malchut* padají a smíchávají se. K této činnosti musí dojít ve *světech* (ve *světě Nekudim*) – v systému řízení a v *duších* (rozbíjení *Adam HaRišon*).

Nejdříve probíhá náprava *světů*, v důsledku které se stávají vhodnými pro řízení a vedení *duší* k nápravě, k cíli. Poté, co *světy* samy sebe obnovily, nastává rozbíjení *Adama* a pak následuje, počínaje naším časoprostorem, náprava *duše* v nás.

Když *Or Chochma* začíná procházet skrze *Parsu*, hranici mezi přáním odevzdávat a přijímat, probíhá rozbíjení nádob, jelikož nádoby, nacházející se pod *Parsou*, chtějí přijmout *Světlo* pro sebe sama a nikoliv ve prospěch Stvořitele. Jelikož se dávající nádoby, které se nacházejí nad *Parsou*, spojují do jednoho celku s nádobami přijímání, které jsou umístěné pod *Parsou*, nádoby se rozbíjejí.

15.3. Následky rozbití

Do egoistické části, *Malchut*, padá 9 altruistických *Sfirot*, které se *Malchut* snaží využít pro sebe. Během toho vzniká směs altruismu a egoismu. Jestliže na ni bude působit intenzivní *Světlo*, schopné *Malchut* probudit a dát jí porozumění, kdo je ona a Kdo je Stvořitel, vznikne v ní touha být podobná svrchním *Sfirot*, tzn. *Světlu* Stvořitele.

Po rozbití se začínají vytvářet dva paralelní systémy *světů Asija, Jecira, Bri'a* – altruistický a egoistický.

Duše člověka se také skládá z altruistických a egoistických *Kelim*. *Adamův pád do* hříchu spolu oba druhy *Kelim* smíchal, jeho *Parcuf* se rozbil. Během pozvedání každé takové částečky na odpovídající stupeň *světů* získává tomu odpovídající vlastnost.

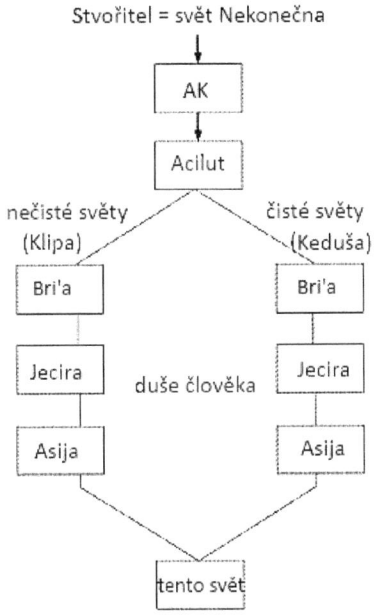

Obr. 15.2. *Dva paralelní systémy světů BJA – altruistický a egoistický (Klipa a Keduša).*

Jakýkoliv *Parcuf* se skládá z *Galgalty ve-Ejnajim (GE)* – odevzdávajících *Kelim* a *AChaP* – přijímajících. Během rozbití *Kli* se v něm neobjevují jen dvě části, ale čtyři: *Galgalta ve-Ejnjim, AChaP*, *GE* uvnitř *AChaP* a *AChaP* uvnitř *GE*. Takový systém se nachází v každých rozbíjených *Kelim*. Cílem je to, aby se rozbily všechny částečky a pak se oddělila *GE* od *AChaP*. Během procesu oddělení vlastností *GE* od *AChaP* získává stvoření poznání působení Stvořitele.

15.4. Postup nápravy

Postup nápravy je následovný: *svět Acilut* zaměřuje na každou nenapravenou částečku paprsek *Světla*, vyděluje ze smíšených částeček *GE*, pozvedá ji k sobě a zbylý *AChaP* „ponechává stranou" jako egoistické *Kelim*, které nevyužívá.

15.5. Náprava *AChaP*

Jak se napravují *AChaP*, které se nacházejí pod *Parsou*? Dostávají obrovské množství *Světla*, které jim dovoluje vidět svoji odlišnost od Stvořitele. *AChaP* si začínají přát nápravu a obrací se k výše postavenému *Parcufu*, který je ve vztahu k nim Stvořitelem, s prosbou o dovolení získat odevzdávající vlastnosti, získat clonu. Je-li prosba nějakého určitého *AChaP* opravdová, výše postavený *Parcuf* ho pozvedá ze *světa Bri'a, Jecira, Asija (BJA)* do *světa Acilut*. **Naplnění Světlem probíhá pouze ve světě Acilut.**

Kromě *AChaP*, který se může pozvednout do *světa Acilut*, zůstává ještě ve *světě BJA* množství *Kelim*, které tuto možnost nemají vzhledem k tomu, že nejsou smíchány s *GE*. Aby se napravily tyto *Kelim*, musí proběhnout rozbití v *duších*, podobně jako rozbíjení ve *světech*, což již proběhlo.

Proto se *Malchut světa Nekonečna*, jež se nachází ve *zkrácení (CA)*, spojuje s *Kelim světa Acilut*. Během toho získáváme kombinaci odevzdávajících *Kelim* s dostávajícími, přičemž se takový *Parcuf* rozbíjí na maličké částečky v důsledku *úderného spojení*[397] protikladných vlastností. Když se oddělené jiskry altruismu a egoismu navzájem promíchají, vzniká naděje na napravení *Malchut* s jejich pomocí.

---

[397] **Úderné spojení** (protikladných vlastností) – viz *Zivug de-Haka'a* – spojení egoistických a altruistických přání následkem úderu, „výbuchu", v důsledku čehož se altruistická, čistá přání, dostala do egoistických, nečistých. Vlivem toho se v člověku vytvořila možnost svobodné vůle a nápravy sebe sama.

15.6. Rozdělení *Adama* na duše

Během rozbíjení *Parcufu Adam HaRišon* se jeho tělo rozděluje na 600 000 částí[398] – vlastních *duší*. Každá z těchto částí musí během 6 000 let,[399] stupňů, dovršit svoji vlastní nápravu.

Část egoismu, který člověk může obětovat ve prospěch Stvořitele, se nazývá jeho duší.

Po rozbití spadly přání *Adama* na nejnižší egoistickou úroveň. V důsledku toho, chybí v *našem světě* spojení mezi lidmi, jsou nejednotní a každá oddělená část si přeje pouze egoistické potěšení. V *našem světě* jsou stvořeny speciální podmínky právě k tomu, aby pomohly člověku obnovit spojení se Stvořitelem a mohl Shůry dostat *Světlo nápravy*.

V průběhu 6 000 let, to znamená, dokud ještě nejsou napravené všechny *duše*, odhalení Stvořitele není v *tomto světě* pociťováno. Poté, co se napraví všechny *duše*, vzniká stav, zvaný „*Konečná náprava*" *(Gmar Tikun)*. V celém vesmíru se projeví Stvořitel a *tento svět* se stane dokonalým, protože do něj sestoupí *Světlo* ze *světa Nekonečna* a zmizí *Parsa světa Acilut*, která je přehradou pro rozšiřování *Světla*. Takový stav se nazývá „sedmé tisíciletí".[400]

Když člověk zaměřuje ke Stvořiteli prosbu o nápravu všech svých přání (*MAN*), sestupuje na něho Světlo Stvořitele. Cestou postupných činností člověk napravuje svou duši do té míry, že se stává podobnou *Malchut* světa Nekonečna a přijímá veškeré Světlo Stvořitele kvůli Němu.

---

[398] **600 000 částí** (duší) – kvalitativní pojetí vzájemného spojení vlastních duší (*Sfirot*) ve společném dokonalém *Kli* (nádobě).

[399] **6 000 let** – doba (posloupnost činností) nápravy přijímajících *Kelim* (nádob, přání) ve prospěch odevzdávání. Je to pozvedání ve třech světech: *Asija, Jecira, Bri'a* – každému světu odpovídá doba 2 000 let.

[400] **Sedmé tisíciletí** – prvních šest tisíc let napravujeme sebe sama, takzvané *Kelim AChaP de-Alija*. V sedmém tisíciletí tuto nápravu ukončíme. To, co probíhá poté, není popsáno ani v jedné kabalistické práci.

Vyšší napravující *Světlo* přichází z napraveného stavu *Adama*. Duchovní pozvedání začíná ještě v rámci *našeho světa*,[401] ve stavech ukrytí.

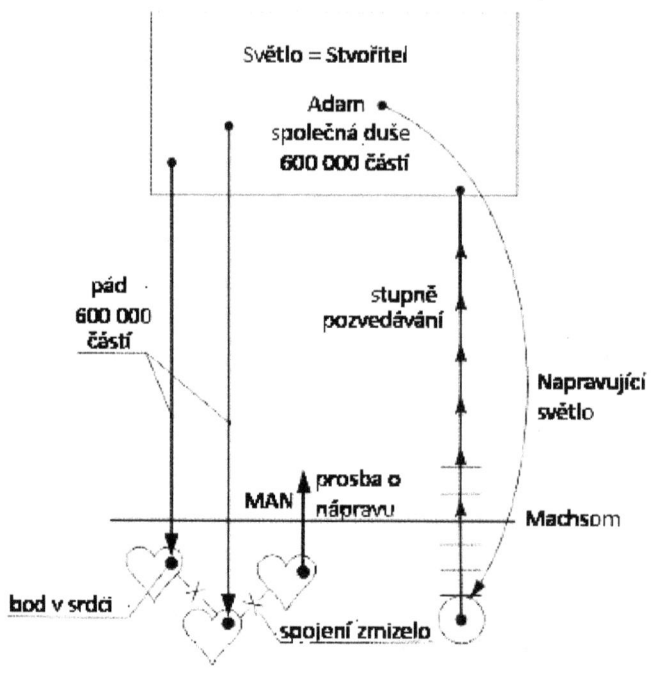

Obr. 15.3. *Schéma duchovního pozvedání člověka, počínaje naším světem až do svého napraveného stavu ve společné duši Adam HaRišon.*

Vše, co studujeme, se vztahuje pouze ke *světu Acilut* a *Parcufu Adam HaRišon*. Nakolik se člověk pozvedá a jakou část v *Parcufu Adam HaRišon* zaujímá, na tom závisí jeho pociťování *světa*, ve kterém se každý daný okamžik nachází.

---

[401] **Náš svět (*Olam HaZe*)** – vlastnost absolutního egoismu, pociťovaného v našich pěti smyslech jako prázdnota (strádání), jelikož není schopna do sebe přijmout Světlo (potěšení).

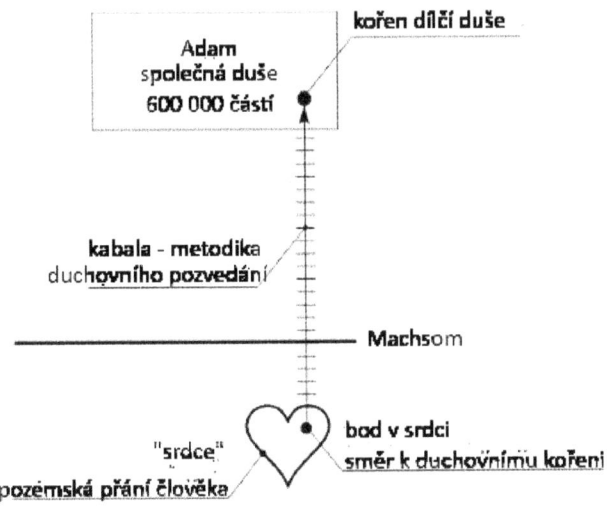

Obr. 15.4. Náprava člověka s pomocí metodiky duchovního pozvedání.

15.7. Cesta člověka

Abychom pocítili duchovní *svět*, je třeba s ním mít společné vlastnosti. Je-li ze všech mých přání alespoň jedno, které v nějaké míře odpovídá duchovním kvalitám odevzdávání, pak skrze tento bod ve mně vznikne kontakt se Stvořitelem. Nejsložitější je vytvořit první kontakt.

Když člověk získá duchovní odhalení, nemůže se v tom zmýlit, přesně ví, jaké je. Člověk se jenom musí snažit změnit přání. Stvořitel nás chce napravit a čeká, kdy Ho o to požádáme.

Vyšší světlo přebývá v absolutním klidu. Mění se pouze duše. Na každém stádiu změny získávají od Světla novou informaci. Stvořitel odpovídá pouze na upřímnou modlitbu – prosbu. Nepřichází-li odpověď, znamená to, že se nejedná o opravdové přání. Jakmile bude člověk připraven, odpověď se ihned dostaví, protože Světlo si neustále přeje vejít do *Kli*.

15.8. Náprava – podobností

Zrození pěti *světů* (*Adam Kadmon, Acilut, Bri'a, Jecira, Asija*) je realizace 5 *Sfirot Keter, Chochma, Bina, ZA* a *Malchut*, které se nacházejí v samotné

Malchut. Světy se Shora dolů rozšiřují postupným zvětšováním přání přijímat *(Ovijut)*:[402] 0, 1, 2, 3, 4.

Světy jsou sférou, kde existuje *duše*. Je to možné přirovnat k tomu, jak vnímáme *náš svět*, který nás obklopuje zvenčí a sebe – uvnitř něho. Během nápravy smyslových orgánů, změnou svých kvalit, člověk pozvolna začíná pociťovat následující sféru, poté zevnější atd.

Všechny *světy* jsou jako filtry na cestě rozšiřování *Vyššího světla*, během jejichž poznávání je člověk odstraňuje jeden po druhém, jak se čím dál tím více přibližuje ke *Světlu* Stvořitele. Kdyby *Světlo* sestupovalo do *našeho světa* bez oslabujících sfér, proběhlo by rozbíjení *Kelim* člověka *našeho světa* a on by se ocitl v plné moci *nečistého systému*[403] a neměl by možnost se jakkoliv vymanit zpoza jeho diktátu.

Jak postupně člověk snímá závěsy – světy, vpouští je všechny do sebe a stává se stejným, jako Světlo. Podobný stav nastává během Konečné nápravy.

Přebývá-li člověk uvnitř *světů*, cítí jejich ohraničenou moc. Aby zrušil ohraničení, musí přijmout vnitřní sebenápravu, odpovídající například vlastnostem *světa Asija*. To znamená – napodobit vlastnost odevzdávání (Stvořitele) na nulové úrovni.

---

[402] **Ovijut** – síla, hloubka přání (škála od 0 do 4).
[403] **Nečistý systém** – systém světů, který využívá všechny vlastnosti dávání Stvořitele ve prospěch přání získat potěšení.

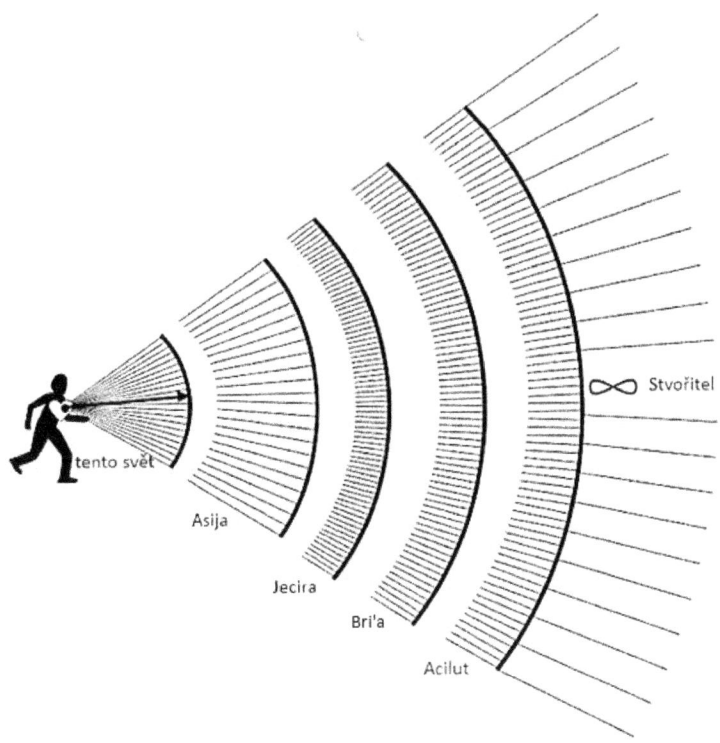

Obr. 15.5. *Světy – filtry na cestě rozšiřovaní Vyššího světla. Jak je člověk odhaluje, odstraňuje jeden po druhém na cestě ke Stvořiteli.*

Překonávám-li *svět Asija*, vchází do mě, otiskne se ve mně a už ho cítím. Abych pocítil *svět Jecira*, je zapotřebí napodobit jeho vlastnosti, tehdy do mě také vstupuje. Tímto způsobem se člověk postupně pozvedává po stupních *světů*.

Úkolem člověka je do sebe absorbovat všechny *světy*, napodobit je i následující stupně *Ovijutu*: 1, 2, 3, 4. Tak se napravuje *Malchut* tím, že do sebe vstřebává vlastnosti 9 prvních *Sfirot*.[404] Nakonec člověk vychází za hranice všech *světů* do *světa Nekonečna*.

---

[404] **Devět prvních *Sfirot*** („*Tet HaRišonot*") – vlastnosti Stvořitele, které se projevují ve vztahu ke stvoření, vnitřní *Kli Parcufu*, určené pro Vnitřní světlo (*OP*). Vlastnosti Stvořitele, vložené do stvoření.

Závěr

Studujeme-li strukturu duchovních *světů*, ve kterých se nacházejí kořeny všeho existujícího a probíhajícího na *našem světě*, kabala nám ukazuje cesty, kanály, po kterých z *Vyšších světů* sestupuje program, na jehož základě existuje *náš svět*. Tento program musíme pochopit, abychom ho správně využili.

V *našem světě*, stejně jako ve *Vyšších světech*, je vše vytvořené na základě jednoho systému: v souladu s pěti stupni sestupování *Vyššího světla*. Náš svět je s *Vyšším světem* spojen milióny nitek (ty je možné nazývat duchovními nebo informačními).

Ve *světě Acilut* se nachází kontrolní soubor, řídící *náš svět*. Celá jeho struktura, veškeré části a podsoubory a také spojení mezi nimi určují to, co existuje v *našem světě*. Zde se tyto vlastnosti mění na tři základní parametry našeho pocitu skutečnosti: pohyb, místo a čas.

Cílem lidstva je, aby se každé individuum (a v konečném důsledku celé lidstvo), jenž se nachází v našem světě, pozvedlo ve svém poznání (zjevném, reálném a vědeckém, to znamená, pociťovaném), až k pociťování světa Nekonečna.

Úkol Vyššího řízení spočívá pouze v tom, aby člověka pozvedl na vyšší úroveň, než na které byl stvořen. Přičemž je nezbytné to uskutečnit v souladu s *vlastním úsilím* člověka – tak, aby si vše, co poznává, jasně, rozumně a s pochopením uvědomoval. Touha po dosažení pochopení musí vycházet z něho samotného, aby byly všechny získávané znalosti smysluplné a vnímané jako vybojované jím osobně.

Pokud studujeme řízení *našeho světa Vyššími světy*, ukazuje nám kabala jejich vliv na každou část planety. V závislosti na tom člověk cítí různá působení Vyšších sil a v souvislosti s tím se mění jeho charakter, dokonce zevnějšek atd. Sledujeme to na příkladu národů, obývajících zemi. Kabala popisuje obecnou strukturu vesmíru a je v ní možné objevit velice zajímavou zprávu o zrodu hudby, jazyků, věd – různých forem lidské činnosti.

Vycházíme-li z praktické zkušenosti, je možné říci: člověk začíná vidět síť, na které leží materiál – celý *náš svět*, souvislosti, které spojují jeho objekty do obecného systému. Podobá se to pohledu na spojení, uzly, které jsou na vnitřní straně výšivky.

V dané kapitole je přiblížen velmi krátký, obecný popis struktury *Vyššího světa*. ARI[405] popisuje vesmír ve 21 knihách. Základní kniha kabaly, „Učení deseti Sfirot" obsahuje 6 knih (2200 stránek). Kromě toho, existují alba s náčrtky *Vyšších světů*, tabulky rozšiřování Světla a mnoho dalších pomocných materiálů na dané téma.

Vyšší svět je mnohem složitější než ten náš, jelikož v něm vzniká tento svět a také všechno, co se v našem světě děje. Studujeme-li Vyšší svět, rozumíme i našemu světu.

Nyní hledíme na ucelený systém vesmíru a můžeme sami posoudit, jaké neohraničené možnosti stojí před současným člověkem: úplné odhalení Myšlenky Stvoření, Cíle vesmíru a našeho života, vystoupení z těsné klece materiálního světa do světa Nekonečna, věčného a dokonalého.

Test

1. V jakém pořadí se napravují duše a světy:
a) současně
b) zprvu *duše*, pak *světy*
c) nezávisle na sobě
d) zpočátku *světy*, pak *duše*

2. Co je výsledkem rozbíjení *Kelim*?
a) rozdělení na části
b) zničení *Kli*
c) odstranění jejich *clony*
d) vzniká nový způsob přijímání *Světla*

3. V jakém světě probíhá naplnění Světlem?
a) *ve světě Asija*
b) *ve světě Jecira*

---

[405] **ARI** – celé jméno Jicchak Luria Aškenazi (1534 – 1572). Zakladatel metodiky odhalení Vyššího světa, přizpůsobený masám. Základní práce – kniha „Strom života".

c) *ve světě Bri'a*
d) *ve světě Acilut*

4. Jakou funkci plní světy během rozšiřování Světla Shora dolů:
a) oslabují *Světlo*
b) zesilují *Světlo*
c) odrážejí *Světlo*
d) přitahují *Světlo*

5. Jaké *Kelim* se ve světě *Acilut* napravují jako první:
a) GE
b) GE a *AChaP*
c) *AChaP*
d) všechny odpovědi jsou správně

Odpovědi: 1d) 2c) 3d) 4a) 5a)

Kapitola 16. Doplňující lekce – Struktura duše *Adama*

Přehled

16.1. *Adam HaRišon* – jediná duše
16.2. *Adam HaRišon* vzhledem ke světům *ABJA*
16.3. Konstrukce *Parcufu Adam HaRišon*

16.1. *Adam HaRišon* – jediná duše

Člověk je jednotkou ze všeobecného množství duší, které se společně, v napraveném stavu, ve správném spojení navzájem nazývají systémem duší nebo jedinou duší *Adam HaRišon*. Proto do sebe člověk po rozbíjení zapojuje duše (a do všech duší se zapojuje) a nemůže se napravit, jestliže s nimi nebude naprosto spojený v jeden celek. Jeho spojení se Stvořitelem se neuskuteční, dokud nedosáhne napravené jednoty se všemi dušemi.

Člověk ve skutečnosti nezbytně musí skrze ně získat všemožné *druhy působení*, které se v něm nyní objevují v chybné, egoistické formě a obrátit je na opačnou: altruistickou reakci ve vztahu ke všem *duším*.

Co znamená „*Adam HaRišon*"? Je to rozbité *Kli*, kde se poprvé objevila vlastnost *Biny* v *Malchut*. Přání v člověku se rozvíjela, procházela své stavy, od *neživého, rostlinného, živočišného* k *lidskému*, až do toho okamžiku, dokud nevznikl „bod v srdci" – touha poznat duchovní *svět*, Stvořitele.

Když proběhlo rozbíjení *Kli*, jeho části se navzájem mezi sebou smíchaly. V duchovním *Parcufu*, ovládajícím *clonu*, je každá ze *Sfirot*, od *Keteru* do *Malchut* přesně vystavěna v souladu se svým *Ovijutem*: *Malchut* má maximální, *Keter* minimální. Všechna přání a všechny *clony* však plně vzájemně korespondují a jsou uspořádány v závislosti na své síle.

Kli, začínající pracovat se *Světlem*, se skládá z mnoha vnitřních částí: každé *Kli* se skládá ze sta *Sfirot* (deset krát deset), každé z nich ještě ze sta a ještě a ještě atd. – do nekonečna. Když přichází rozbíjení, každá z částí tohoto *Kli*, každý jeho úlomek (označíme jej písmenem „N") obsahuje uvnitř sebe absolutně všechny *Kelim*. Je součtem sebe sama: (n) plus všechny *Kelim* (N = $\sum$n + ostatní).

Proto v kabale existuje pravidlo – vlastní a společné je si absolutně podobné. Jestliže napravíme vlastní, v němž existují všechny části společného, toto vlastní se tudíž objevuje také ve všem společném již v napraveném stavu.

Každá část, kterou napravuji, v sobě plně obsahuje všechny ostatní vnitřní části – všechny do ní vstupují. Proto, když ji napravím, zapojuji svoji nápravu absolutně do všech ostatních částí.

16.2. *Adam HaRišon* vzhledem ke světům *ABJA*

Takže byl stvořen *Parcuf Adam HaRišon* a nachází se ve *světech BJA*.[406] Nachází se uvnitř nich neustále, existuje v nich.

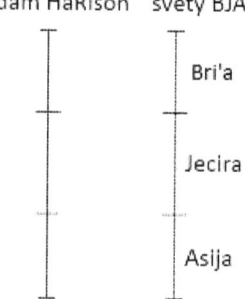

Obr. 16.1. *Parcuf Adam HaRišon vzhledem ke světům BJA.*

Během Stvoření se však tyto *světy, Bri'a, Jecira a Asija*, nenacházely na svém izolovaném odděleném místě, ale byly ve stavu pozvedání, to znamená, že se částečně nacházely ve *světě Acilut*. Na obrázku vidíme: *svět*

---

[406] **Světy *BJA*** – systém světů *Bri'a, Jecira, Asija*, jenž je stvořen z odevzdávajících nádob, nacházejících se uvnitř přijímajících nádob (*GE* v *AChaP*), s jejichž pomocí je duše schopna postupně vytvořit clonu pro změnu egoistických vlastností na altruistické.

Acilut, pak *Parcuf Aba ve-Ima světa Acilut*,[407] v něm se nachází ZON *světa Acilut*. *ZON*,[408] to je *Ze'ir Anpin*[409] a *Malchut*.[410]

Malchut se nazývá *Nukva*.[411] *Malchut světa Acilut* začíná v *Chaze*[412] *Ze'ir Anpinu* a rozšiřuje se dolů. Pod nimi se nachází *Parsa* (hranice mezi odevzdávajícími a přijímajícími *nádobami*).

Světy Bri'a, Jecira i *Asija* se mohou pozvedat a spouštět společně se *světem Acilut* ve svém vnějším prostoru, vnějším oděvu. V momentu Stvoření *Parcufu Adam HaRišon* se *světy Bri'a, Jecira* a *Asija* pozvedly z úrovně *Chaze světa Jecira* výše, k *Aba ve-Ima (AVI) světa Acilut* – tak, že *svět Bri'a* byl na místě *Ze'ir Anpinu světa Acilut*, *svět Jecira* se nacházel od *Chaze Ze'ir Anpinu* do *Chaze* neměnného *světa Bri'a* a od *Chaze světa Bri'a* dolů do *Chaze* neměnného *světa Jecira, kde* se nacházel *svět Asija*. Takže *světy Bri'a, Jecira* a *Asija* nebyly na svém obvyklém místě pod *Parsou*.

Dole se nachází bod *našeho světa*. Náš *svět* se nazývá „*bodem*", protože v duchovním *světě* nemá žádný objem.

---

[407] **Aba ve-Ima světa Acilut** – svrchní část *Biny* světa *Acilut*, zvaná *AVI* (*Aba ve-Ima*), odpovídá mužské i ženské části, *ZA* i *Malchut*. *AVI* se nacházejí v neustálém vzájemném spojení mezi sebou, kvůli předávání *Or Chasadim* dolů pro udržování existence všech, kteří se nacházejí pod nimi.

[408] **ZON** – *Ze'ir Anpin* a *Malchut* – systém, který se zabývá nápravou duší, nachází se ve světech *BJA*.

[409] **Ze'ir Anpin** – stádium, *Sfíra*, vlastnost, vzniklá v důsledku rozhodnutí přijímat pouze nutné množství *Or Chochma* pro život a ostatní odevzdávat. Skládá se z šesti *Sfirot*: *Chesed, Gvura, Tif'eret, Necach, Hod, Jesod*.

[410] **Malchut** – konečné, samostatné stvoření, které cítí, co a od koho přijímá. Centrální bod veškerého Stvoření.

[411] **Nukva** – *Malchut* světa *Acilut*, ze slova „*nekev*" – otvor pro průchod Světla. *Malchut* světa *Acilut* – souhrn všech stvoření, všech lidských duší.

[412] **Chaze** („hruď") – hranice mezi *Keter, Chochma* a polovinou *Biny* (*GAR de-Bina*) – z jedné strany a druhá polovina *Biny, ZA* a *Malchut* – z druhé. Rozděluje odevzdávající a přijímající *Kelim*.

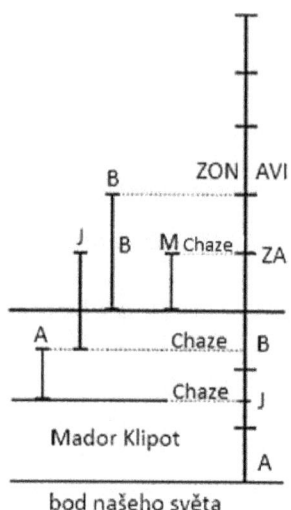

Obr. 16.2. *Umístění Parcufu Adam HaRišon vzhledem ke světům BJA a světu Acilut v okamžiku Stvoření.*

Místo od *Chaze* světa *Jecira* dolů se nazývá „*Mador Klipot*"[413] – oddělení nečistých přání. Na tomto místě nejsou *světy BJA*, chybí *Vyšší světlo*, a proto se v něm nachází *Klipot*.[414]

Když byl stvořen *Parcuf Adam HaRišon*, nacházel se uvnitř *světů BJA – Bri'a, Jecira, Asija*: jeho *Guf*[415] byl ze *světa Jecira*, *Nefeš*[416] ze *světa Bri'a*, *Ruach*[417] z *Nukvy de-Ze'ir Anpin* světa *Acilut*, *Nešama*[418] ze *Ze'ir Anpinu* de-

---

[413] **Mador Klipot** (oddělení nečistých přání) – část světů *BJA* od *Chaze Jecira* do „*Sijum*" (konce). *Mador Klipot* se skládá ze 4 *Sfirot* světa *Jecira* a 10 *Sfirot* světa *Asija*. Je to absolutně prázdné (bez Světla) místo.

[414] **Klipot** – přání potěšit se „kvůli sobě" přes zákaz *Cimcum Alef* (První zkrácení).

[415] **Guf** („tělo") – ztělesnění přijatého rozhodnutí k činnosti v *Roš* (hlavy). Skládá se z „*Toch*" (vnitřní část, trup) a „*Sof*" (konec), tj. z části, která získává Světlo a z části, ve které stvoření vytváří ohraničené přijímání Světla.

[416] **Nefeš** – Světlo, které je přijímáno se clonou na nejmenší egoismus (*Ovijut de-Šoreš*); minimální pocítění Stvořitele. Název „*Nefeš*" ukazuje na absenci pohybu u tohoto druhu Světla.

[417] **Ruach** (doslova „vítr, duch") – pohyb, přemístění. Činnost odevzdávání, založená na napraveném egoistickém přání *Ruach – Or Chasadim*. Světlo, odívající se do *Kli ZA*.

[418] **Nešama** – duše; Světlo, odívající se do *Kli Biny*.

Acilut. Proč ze *Ze'ir Anpinu de-Acilut*? Na tom místě, kde stál *Adam HaRišon*, bylo kromě všeho ostatního ještě i *světlo Nešama*. *Nešama le-Nešama*,[419] neboli doplňující *Světlo*, které získával od *Aba ve-Ima de-Acilut*. *Nešama le-Nešama* nebo *Chaja*[420] – to je jedno a totéž.

Taková byla konstrukce *duše Adama* v okamžiku Stvoření. Kolem existuje takzvané „*místo světů*",[421] tj. *Sfirot světa Nekudim* nebo ještě přesněji *Sfirot Nekudot de-SAG*, který se spustil pod Tabur, aby se spojil s *NeHI de-Galgalta*.[422]

Je to podobné jako když z místa, kde se rozprostírá náš vesmír, tento vesmír odstraníme. Zůstane pouze prázdné místo. Nemůžeme mu přiřadit žádné charakteristiky, je nepocítitelné. Nejsou tam žádné plyny, žádné hvězdokupy, žádné planety, tento prostor bude *prostě prázdný* – natolik prázdný, že v něm nebude za co se zachytit. Je to charakteristika vyššího, pro nás nepopsatelného objemu. Tento objem se nachází vně *světů* a nazývá se „*místem světů*". Je to prostor *Sfirot Nekudot de-SAG*.[423]

---

[419] **Nešama le-Nešama** – *Or Chaja*, které je schopno se obléci do stvoření do Konce nápravy (*VAK de-Chaja*). K nám **nepřichází** plné *Or Chaja*, jelikož až do Konce Nápravy využíváme pouze *AChaP de-Alija* (nádobu přijímání, zapojenou do nádoby odevzdávání) a pouze ta jeho část, která září pro člověka a kterou poznává nádobami, se vztahuje k *AChaP de-Alija* – odívá se do nádoby *Nešama* a do Světla *Nešama*. Aby se zdůraznilo, že se nejedná o úplné Světlo, je nazváno „*Nešama le-Nešama*".

[420] **Chaja** – dosl. „Světlo života", *Or Chochma*.

[421] **Místo světů** – studujeme-li kabalu, je třeba mít neustále na paměti, že v duchovním světě neexistuje místo, čas a ani prostor podle našeho chápání. Postihování místa vzniklo až po *CB* (Druhém zkrácení). *Nekudot de-SAG* pod *Parsou* po *CB* zůstávají prázdnými a vytváří místo pro světy *Acilut*, *Bri'a*, *Jecira* a *Asija*.

[422] **NeHI de-Galgalta** – *Sfirot Necach, Hod, Jesod Parcufu Galgalta*.

[423] **Nekudot de-SAG** – přechodný *Parcuf*, který má *Bet de-Ovijut* a *Bet de-Hitlabšut* (čistá *Bina*), jenž vznikl v důsledku pozvednutí clony a vypuzení Světla do *Parcufu SAG*.

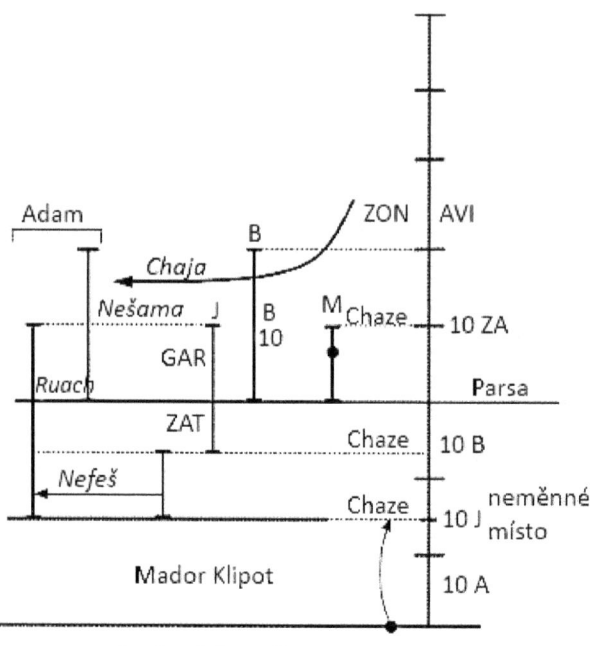

Obr. 16.3. *Obdržení doplňujícího Světla Nešama le-Nešama (Chaja) z Parcufu Aba ve-Ima světa Acilut Parcufem Adam HaRišon.*

Malá připomínka: *není důležité, nakolik chápeme, co studujeme. Snažíme se proniknout do tohoto stavu, protože jsme se v něm narodili a musíme se do něj vrátit. Možná se ptáte: „Musíme se vůbec do toho stavu vrátit? Musíme se přece vrátit do světa Nekonečna!" Ano, musíme se vrátit do světa Nekonečna. Když se však do tohoto stavu vracíme sami, dobrovolně, vlastními silami, pozvedáme se do mnohem vyššího stavu, který předchází světu Nekonečna. To znamená, že musíme pouze tohoto stavu dosáhnout a naše úsilí k němu dodá ještě i stupně ke světu Nekonečna.*

Je třeba vědět, že hřích *Stromu Poznání (Ec Da'at),*[424] tzn. do té doby, než *Adam* spadl do *našeho světa,* v *Parcufu Adam* existovaly dva druhy

---

[424] **Hřích Stromu Poznání** (*Ec Da'at*) – využívání nádob přijímání (které se nachází pod *Taburem*) bez dostatečného záměru ve prospěch Stvořitele (přes zákaz jejich využívání).

NaRaN,[425] dva druhy *Světla*: *NaRaN* ze *světů BJA* a *NaRaN* ze *světa Acilut*. Co to znamená?

Adam se nacházel pouze ve *světech BJA*, tudíž přijímal Světlo jenom ze *světů Bri'a, Jecira* a *Asija*: přijímal *Or Nefeš* ze *světa Asija*, *Or Ruach* ze *světa Jecira* a *Or Nešama* ze *světa Bri'a*.

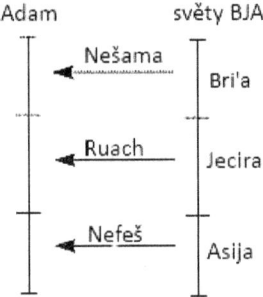

Obr. 16.4. *Přijímání Or Nefeš, Or Ruach, Or Nešama ze světů BJA Parcufem Adam HaRišon.*

Existují v něm tři druhy *Světla*. *Or Chaja* a *Or Jechida*[426] chybí, nacházejí se uvnitř *Or Nefeš*, *Or Ruach* a *Or Nešama*. *Adam HaRišon* byl stvořen pouze s Ovijutem 0, 1, 2 – do jeho *Chaze*. Třetí a čtvrtý stupeň *Ovijutu* v něm neexistovaly. *Kelim*, nacházející se pod *Chaze* (tři a čtyři), nevyužíval, byl na nich *Cimcum Bet*.[427] Využívaly se pouze *Kelim* nula, jedna a dva, zvané *Galgalta ve-Ejnajim*, nebo *Kelim de-Hašpa'a*. *Kelim de-Kabala* (tři, čtyři) nebylo možné využívat, protože představovaly centrální bod *Malchut světa Nekonečna* a na ní byl ještě *Cimcum Alef* – to je *Guf Adama*.

Adam HaRišon využívá pouze Ovijut nula, jedna a dva, nachází se ve *světech Bri'a, Jecira* a *Asija*, od kterých přijímá *Or Nefeš*, *Or Ruach*, *Or Nešama*, a *Or Chaja* i *Or Jechida* získává v podobě doplňujícího podsvícení ve stejných *Kelim* – *Nefeš, Ruach, Nešama*.

---

[425] **NaRaN** – *Or Nefeš, Or Ruach, Or Nešama*. *Nešama* je největší Světlo, které může stvoření otevřít do *Gmar Tikun*, proto se sama nádoba jmenuje „*Nešama*" („duše").

[426] **Jechida** – Světlo, oděné do *Sfiry Keter*, se nazývá *Jechida*. Největší Světlo ve stvoření.

[427] **Cimcum Bet (Druhé zkrácení)** – zkrácení na *Kelim de-Kabala* (přijímající nádoby, přání).

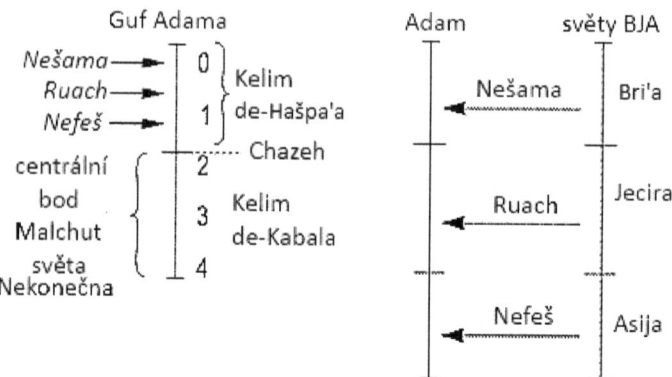

Obr. 16.5. *Adam HaRišon* využívá pouze *Ovijut* nula, jedna a dva, nachází se ve světech *Bri'a, Jecira* a *Asija* a přijímá od nich *Or Nefeš*, Or *Ruach*, Or *Nešama*.

Kromě toho přijímá doplňující *Světlo* Shora od ZON,[428] které se pozvedly do *Aba ve-Ima*.[429] Z *Aba ve-Ima* přes ZON k němu přicházely *Or Chaja* a *Or Jechida*.

16.3. Konstrukce Parcufu Adam HaRišon

V okamžiku zrození *Parcufu Adam HaRišon* se všechny *světy* nacházely na mnohem vyšším stupni než nyní, po pádu do hříchu.

Po pádu do hříchu jsou *světy* umístěné od *Parsa* dolů: *Bri'a, Jecira, Asija*. Deset *Sfirot světa Asija*, deset *Sfirot světa Bri'a*, deset *Sfirot světa Acilut* (deset *Sfirot* se počítají jako jeden stupeň). Tehdy byly rozložené o stupeň a půl výš a níže se nacházel *Mador Klipot*.

---

[428] **ZON** – *Ze'ir Anpin* a *Nukva* (*Malchut*), předobraz muže a ženy v našem světě, duchovní počátek – mužský a ženský, systém, jenž se zabývá nápravou duší, které se nacházejí ve světech BJA.

[429] **Aba ve-Ima** (otec a matka) – Parcuf Chochma a Bina světa Acilut.

Rozebereme si to více do detailu: na místě *Aba*[430] se nacházel *ZA*, na místě *Ima*[431] se nacházela *Malchut*, *Nukva*, na místě *ZA de-Acilut* se nacházela *Bri'a*, na místě *Nukva de-Acilut* se nacházel *GAR*[432] *de-Jecira*.

Dělíme *Parcuf* na části – *Galgalta ve-Ejnajim (GE)* a *AChaP* . GE je *ChaBaD*,[433] *ChaGaT*.[434]

Chochma, *Bina*, *Da'at* jsou *Galgalta*; *Chesed*, *Gvura*, *Tiferet* jsou *Ejnajim*. *Necach*, *Hod*, *Jesod*, *Malchut* jsou *AChaP* (*Ozen*, *Chotem*, *Pe*[435]). Takže jsou čtyři *Sfiry* v *AChaP* a v *GE* je šest *Sfirot*.

Šest *Sfirot*, *GE* světa *Jecira*, se takto nacházelo na úrovni *Malchut* světa *Acilut* a čtyři nižší *Sfiry* světa *Jecira (ZAT)* se nacházely pod *Parsou*.

Od *Parsy* dolů do *Chaze* neměnného světa *Bri'a* se nachází „*Makom Kavua*"[436] – *neměnné místo*. Svět *Asija* se rozléhá od *Chaze* světa *Bri'a* do *Chaze* světa *Jecira* (konstantních).

Když se *Adam* nachází na své určité úrovni ve *světě Asija*, přijímá *Or Nefeš*. Jelikož se však nyní *svět Asija* pozvedl na úroveň *Jecira*, musí na této úrovni přijmout nikoliv *Or Nefeš*, ale *Or Ruach*, neboť se nachází na stupni *světa Jecira*.

---

[430] **Aba** („otec") – *Parcuf Chochma* ve světě *Acilut*.
[431] **Ima** („matka") – *Parcuf Bina* ve světě *Acilut*.
[432] **GAR** – „*Gimel Rišonot*" – tři první (*Sfiry*): *Keter*, *Chochma*, *Bina*.
[433] **ChaBaD** – *Chochma* – *Bina* – *Da'at* – Velký stav (*Gadlut*), stupeň (úroveň) *Mochin* (rozum). Hlava (*Roš*) *Parcufu*.
[434] **ChaGaT** – *Chesed* – *Gvura* – *Tiferet* – *Sfirot* těla (*Guf*), které odpovídají *Sfirot* hlavy (*Roš*): *Chesed*, podobné *Keteru*, *Gvura* – *Chochma*, *Tiferet* – *Bina*. Nazývají se *Galgalta ve-Ejnaim (GE)* těla.
[435] **Ozen, Chotem, Pe** („ucho", „nos", „ústa"): „**Ozen**" – *Malchut*, která se pozvedla do *Bchiny Bet de-Roš*; „**Chotem**" – *Malchut*, která se pozvedla do *Bchiny Gimel de-Roš*; „**Pe**" – *Malchut de-Roš*.
[436] **Kavua** = „trvale" – stav, níže kterého nic nemůže být. **Makom Kavua** („neměnné místo") – stav, kdy světy *BJA* zaujímají místo od *Parsy* do bodu našeho světa, nazývá se neměnný, to znamená, že se v nich nikdy nevyskytne žádné zmenšení. V tomto stavu je ve všech *Parcufim* a světech pouze úroveň *VAK* (Malý) bez *Roš* (hlavy).

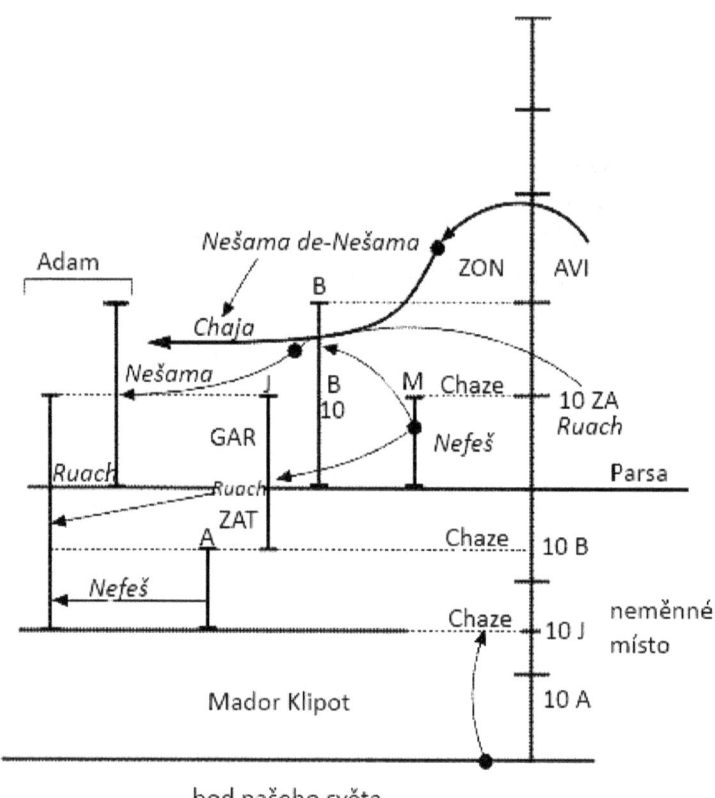

Obr. 16.6. *Přijímání Světla Parcufem Adam HaRišon v závislosti na jeho postavení vůči světům ABJA, vzájemné postavení Adama HaRišon a ABJA do a po hříchu.*

Jak se projevuje v duchovním *světě* jakýkoliv stav? Například něco prožívám, pohybuji se po stupních duchovního žebříku. Existuje mé tělo, mé *Kli*, které svými vnitřními změnami vyvolává pohyb Vzhůru nebo dolů po žebříku. Pozvedám se společně se *světy*, ve kterých se nacházím. V souladu s tím se také pozvedají *světy*, kde jsem byl předtím.

Nacházel jsem se, dejme tomu, na místě *světa Asija*. Výše jsou umístěny *světy Jecira, Bri'a, Parsa* a pak *Malchut de-Acilut, ZA de-Acilut, Aba ve-Ima,*

Arich Anpin[437] *světa Acilut*. Vykonával jsem úsilí, s pomocí činností přitáhl *Or Makif*, a tak jsem v sobě vyvolal duchovní pozvednutí. Světlo mě pozvedlo na následující úroveň. Předpokládejme, že na úroveň *světa Jecira*. Nejen, že jsem se na tuto úroveň pozvedl, ale také jsem tím vyvolal pozvednutí všech *světů* o jeden stupeň: *svět Jecira* se pozvedá na místo *světa Bri'a*, *svět Bri'a* se posouvá na místo *Malchut de-Acilut* atd. Všechny *světy* se posouvají o jeden řád, povyšují se.

V důsledku dostávám Vnitřní *světlo* od *světa Asija* jako před tím, ale nyní se stalo intenzivnější, protože *svět Asija* se nyní nachází na úrovni *světa Jecira* se nazývá neměnným, (v neměnném stavu). To znamená, že přijímám svůj *Or Nefeš* a jelikož se nacházím na úrovni *světa Asija*, který se nyní nachází na úrovni *světa Jecira*, toto Světlo se již projevuje jako *Or Ruach světa Jecira*. Samotný *svět Asija* se pozvedl do *světa Jecira* a tímto *světem Jecira* se stal, tudíž mi dodává *Or Ruach*. Znamená to, že jak se pozdvihuji, vyvolávám změny v sobě, ve *světě*, na který se pozvedám a ve *světě*, který se nachází výše.

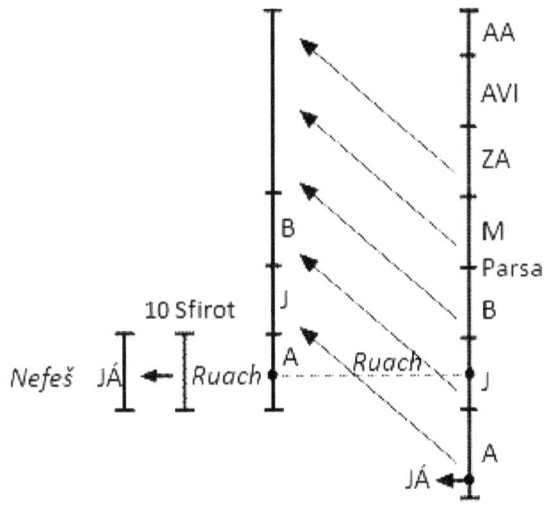

Obr. 16.7. *Pořádek přijímání Světla během pozvedání duše po stupních světů ABJA.*

---

[437] **Arich Anpin** – kořen všech stvoření, je kořenem nebo *Keterem* v činech pro celý svět *Acilut*. V *Arich Anpin* se nachází úplně všechno řízení Stvořitele, „mozkové centrum" vesmíru. *Arich Anpin* – Vyšší stupeň, na kterém se vše rodí.

Pokud rozebereme naši vnitřní strukturu (já – jako *Adam*, složený se z deseti *Sfirot*), uvidíme, že se v ní vytváří vzájemné ukládání tří vrstev. Proto je možné mluvit o každém *Světle*, které přijímám. To může být *Or Ruach* nebo *Or Nešama* nebo *Světlo GAR* atd. Ovšem, pro pochopení to není snadné.

Když začínáme pociťovat, že se nacházíme uvnitř nějakého objemu, kde něco zachytáváme, cítíme, jak se společně s ním měníme, tehdy začneme kolem sebe vnímat dýchání Vyššího světa a teprve v této době pochopíme i tento text.

ODDÍL IV. STUDIUM VESMÍRU

Téma rozebírá oblast, metody a objekt, jenž daná věda zkoumá. V kabale je objektem člověk. Pro získání důvěryhodných a objektivních výsledků studia je nutné se odpoutat od svých přirozených nástrojů poznání (smyslových orgánů) a získat orgán nový, v jazyce kabaly nazývaný „*Masach*" (*clona*). Pravdivost a přesnost výsledků je v kabale garantována přísnými zákony. Zřetelně se vymezují hranice studia, které rozdělují vesmír na poznatelnou a nepoznatelnou část. K dosažení poznání dochází uvnitř člověka v tu chvíli, kdy v sobě na základě získaných zkušeností objevuje vlastnosti, které jsou zcela totožné s vlastnostmi Stvořitele, přičemž výsledky mohou být mnohokrát opakovány a reprodukovány jinými badateli. Touto absolutně důvěryhodnou metodou člověk postupně uvnitř sebe odhaluje úplný obraz *světa*.

Nejsvětlejší, Shora zářící!
Tam, za závěsem clony –
Tajemství spravedlivých se otevírají,
Společně svítí Světlo i tma.

Jak překrásné je poznat Vyššího,
Ale vyvarujte se jeho dotyku –
A tehdy se před vámi vynoří,
Ta zvláštní věž Oz.

Zazáří vám zvláštní pravda,
Pouze ji ústa vyřknou,
A vše, co vyjeví se v odhalení –
Spatříte vy – a nikdo jiný.
Jehuda Ašlag[438]

---

[438] **Jehuda Ašlag** (1884 – 1954), zakladatel moderní kabaly, stěžejní dílo „Učení deseti *Sfirot*", napsal rozsáhlý komentář *Sulam* (žebřík) ke knize *Zohar*. Podle názvu tohoto díla je pojmenován Ba'al HaSulam.

Kapitola 17. Čtyři druhy poznání

Přehled

17.1. Úvod – 17.1.1. Co zkoumá kabala
17.1.2. V čem spočívá svoboda vůle – 17.2. Poznání v současné vědě
17.2.1. Poznání materie – 17.2.2. Poznání formy, oddělené od materie
17.2.3. Nespolehlivost teoretického zkoumání
17.3. Poznání materie v kabalistické vědě
17.3.1. Materie – síla, jež působí na smyslové orgány
17.3.2. Základ materie – v ní uložená síla
17.3.3. Ve skutečnosti existují pouze síly
17.3.4. Nepoznáváme síly – poznáváme jejich působení na nás
17.3.5. Jediná síla – 17.3.6. Metoda zkoumání v kabale
17.3.7. Vnímání v kabale – 17.3.8. Poznání v kabale
17.3.9. Postihnutelné a nepostihnutelné
7.4. Otázky a odpovědi – Test – Doplňující studijní látka

17.1. Úvod

17.1.1. Co zkoumá kabala

Základním předmětem výzkumu daného učení je vzájemné propojování a vzájemný vztah všech částí vesmíru. Kabala zkoumá, jak je stvořena ohromná existence všech *světů*,[439] které se na základě řízení

---

[439] **Světy** – veškerý souhrn našich pocitů (reakcí na vnější působení) v nás vytváří velmi subjektivní vnitřní obraz, nazývaný **„náš svět"**. S pomocí kabalistické metodiky člověk rozvíjí své pocity a začíná vidět svět v jeho opravdové podobě. Stav, ve kterém se nyní nacházíme, se nazývá svět Nekonečna (úplné uspokojení potřeb). Z celé této úrovně Nekonečna může člověk cítit různé stupně přijímání,

jediným zákonem přírody do sebe vzájemně včleňují, dokud nevytvoří absolutní jednotu, kde jsou všechny části spojené do jednoho celku.

Z následného osvojení studijního materiálu zjistíme, že Stvoření *stvoření*[440] začalo z jedné myšlenky – Myšlenky Stvoření, která se označuje jako „přání Stvořitele[441] potěšit svá stvoření". Potěšit je však může pouze v něm existující dokonalostí – jinak nebude potěšení naplněné a nenaplněnou, nedokonalou činnost Stvořitel vytvářet nedokáže.

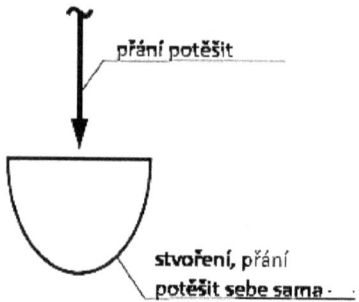

Obr. 17.1. *Stvoření stvoření.*

Zkoumáme-li, jakým způsobem vše vychází z jediné činnosti Stvořitele, z Jeho jediného úmyslu – z Myšlenky Stvoření, poznáváme růst stvoření: jeho rozvinutí, rozšiřování, oddělení od Myšlenky Stvořitele – až do stavu, kdy se stává jeho opakem.

Stvoření nabývá forem, které jsou absolutně protikladné vůči Stvořiteli, a s původní nemá žádné spojení. Poté, díky vlastnímu úsilí, svobodné volbě a dobrovolné účasti v tvorbě, se stvoření znovu sjednocuje a vrací k jedinému úmyslu, Myšlence, Cíli, který se nazývá „přání Stvořitele potěšit svá stvoření".

Rozšiřování a vzdalování se od původní Myšlenky až do opačných forem k Němu, se nazývá „rozšiřování světů Shora dolů"

vnímání a poznání. Tyto úrovně odhalení reálné, jediné a nekonečné skutečnosti, ve které existují stvoření, se nazývají světy.

[440] **Stvoření** – přání těšit se, přijímat, stvořené z ničeho (hebrejsky „*Eš Mi Ain*") je materiálem celé existující reality.

[441] **Stvořitel** – obecný úmysl a příroda vesmíru, globální zákon, který se nachází v nás, vytváří nás, vytváří náš Vesmír, řídí vše a vede k původnímu Cíli – pozvednout rozvoj stvoření do Své úrovně.

– odloučení od Jednoho, Jediného, Jedinečného, jenž v Sobě spojuje všechny protipóly.

Dokonce i takový stav stvoření, kdy se vzdaluje natolik, že se stává absolutně protikladným vůči Stvořiteli, je neobyčejný, žádoucí a nezbytný, neboť začne-li se v něm rozvíjet, stvoření získává výjimečnou vlastnost, jež se nazývá *svoboda vůle, svoboda přání, svoboda vyjádření.*

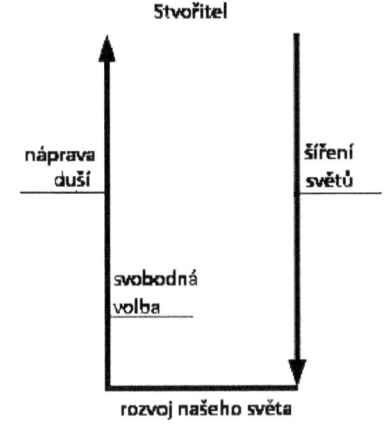

Obr. 17.2. Rozvoj stvoření.

17.1.2. V čem spočívá svoboda vůle

Dospěje-li stvoření během rozšiřování *světů* Shora dolů až do nejnižšího bodu a ocitne se ve stavu úplného opaku vůči Stvořiteli, je schopno tento protipól začít poznávat. Vychází-li ze svého stavu, může pro sebe stanovit: jaké je jeho přání.

Využitím svobodné volby dochází stvoření k závěru, že se pro něj musí stát spojení se Stvořitelem jediným žádoucím stavem, což znamená návrat do jediného úmyslu, Myšlenky Stvoření, kde je vše navzájem spojeno bez jakékoliv rozdílnosti.

Odtud vyplývá, že veškerá naše existence, všechny naše pocity, myšlenky, činy a rozhodnutí musí být velice přesně zacílené. Na *počátku každé činnosti* je nutné si uvědomit svůj stav jako zlý, vadný, protikladný vůči spojení se Stvořitelem a rozhodnout se ve prospěch jediného správného ze všech možných – návratu do stavu jednoty.

Není důležité, jakým způsobem člověk svoje činnosti vyjadřuje, jaké prostředky k tomu právě využívá, v jakých pozemských podobách bude přecházet z jednoho stavu ke druhému, třetímu, dokud nedosáhne odhalení celistvosti vesmíru, Jediného Stvořitele. Bude to jediný správný čin, který završil v podmínkách svobodné vůle.

Ať už bychom vyvíjeli úsilí jakýmkoliv směrem, stejně nám nakonec bude demonstrovat pouze naše vady, jestliže naše činy nebudou směřovat k odhalení Jediného Stvořitele, nepovedou ke spojení s Ním, k návratu do bodu, ve kterém se vše spojuje. Tento bod spojení s Ním, kde jsme my, On, veškeré děje, všechny vesmíry spojeny v jeden celek, nám ukáže nevyhnutelnost toho, abychom na základě své svobodné vůle a správných znalostí tuto jednotu odhalili. K takovému závěru přicházejí pozorovatelé vesmíru – kabalisté,[442] kteří jej poznávají na sobě a vlastní zkušenost zobecňují.

Předmětem studia vědy kabaly je vzájemná interakce všech částí reality, jejich spojení, jejich řízení pomocí všeobecného Zákona pro dosažení stavu spojení do jednoho celku. V důsledku zkoumání dané vědy člověk poznává, že všechno, co se dříve zdálo jako navzájem se vylučující, navzájem se ničící, se nyní spojuje, absorbuje do jediného Stvořitele bez jakéhokoliv protikladu, rozporu a napětí.

Právě *přiblížení se k jednotě* zároveň jednotu vytváří, zvětšuje a definuje ji, protože se v ní spojují i největší protiklady a doplňují se navzájem.

17.2. Poznání v současné vědě

Existují čtyři druhy poznání:
- Poznání materie
- Poznání formy materie
- Poznání abstraktní formy
- Poznání podstaty

Jelikož v realitě, jež nás obklopuje, není nic, v čem by nebylo možné poznat materii a formu, proto i vědy, které tyto otázky zkoumají, lze celkově rozdělit na dvě části: poznání materie a poznání formy.

---

[442] **Kabalista** – vědec, ovládající duchovní smyslový orgán („clonu"), což mu umožňuje studovat duchovní svět, působení Stvořitele na sebe sama.

Když vezmeme jako příklad stůl, je možné zjistit, že je jeho materie dřevo a forma – stůl. Materie, tj. dřevina, je nositelkou formy, která představuje stůl. Analogicky tomu, slovo „lhář" má svou materii (člověk) a formu (lež), takže materie „člověk" je nositelem formy – lži.

Tento zákon je pravdivý pro každý objekt vesmíru jak v *našem světě*,[443] tak i v *duchovním*.[444] Co se týče člověka, vše se skládá ze dvou částí: materie a formy. Ať už bychom zkoumali cokoliv: *neživou, rostlinnou, živočišnou* i *lidskou* přírodu, duchovní objekty, myšlenky nebo pocity – vnímání každého objektu námi probíhá v těchto dvou kategoriích. Tak vnímáme skutečnost.

V důsledku toho jsou rozdělené na dvě části i vědy, které studují realitu. Jedna studuje samotnou materii, to, z čeho se skládá objekt a druhá jeho formu, vlastnosti a vnější projevy. Kdyby člověk ovládal jiné smyslové orgány, které by mu dovolovaly vnímat realitu jinak, pak by se samozřejmě jinak rozvíjela i tato věda.

17.2.1. Poznání materie

Oddíl vědy, zkoumající vlastnosti materie, která existuje v realitě (jak čistou materii bez její formy, tak i materii a její formy společně), se vztahuje k poznání materie. Například zkoumá-li člověka – jeho anatomii, fyziologii, psychologii, studuje jeho materii.

Toto poznání nese empirický charakter, to znamená, že je založeno na důkazech a předložených výsledcích praktických pokusů, které se vědou přijímají za spolehlivý základ pro pravdivé závěry. Možnost opakování pokusů a několikanásobná reprodukce výsledků se považuje za kritérium pravosti poznatků.

---

[443] **Náš svět** – obraz, který vnímáme prostřednictvím smyslů (zrak, hmat, čich, chuť a sluch).
[444] **Duchovní svět** – skutečnost, ve které se nachází a působí pouze síly bez jejich materiálních oděvů, která je pociťována prostřednictvím doplňujícího (šestého) smyslového orgánu.

17.2.2. Poznání formy, oddělené od materie

Další oddíl vědy zkoumá pouze formu, oddělenou od materie a nemá s ní nic společného. Řekněme, forma „pravda" a „lež", se odděluje od materie, tzn. od lidí, kteří jsou jejími nositeli a zkoumá se pouze význam samotných těchto forem v čisté podobě, vně ztělesnění do jakékoliv materie.

Takové poznání nemá empirické základy, jelikož abstraktní formy nenacházejí svůj výraz v praxi, nepotvrzují se zkušenostmi, nacházejí se za hranicí reálné skutečnosti.

V praxi neexistuje kategorie lži, pravdy, dobra nebo zrady v „čisté" podobě. Tyto vlastnosti jsou vždy vtěleny do člověka a jsou poznávány pouze skrze svého nositele.

Řečené je pravdivé i vzhledem k ostatním vlastnostem: tvrdost, pevnost, linearita, množství atd. Jejich poznání je možné pouze ve spojení s určitými fyzickými objekty.

17.2.3. Nespolehlivost teoretického zkoumání

Ke kategorii abstraktní znalosti patří i filosofie. Při definování vědy vědci vytvářejí podstatně důležitou podmínku bezprostředního experimentu, jelikož diskuse, které jsou postavené na vratkých základech teoretických studií, jsou nedůvěryhodným východiskem pro seriózní vědecké závěry. Za spolehlivý lze považovat pouze empirický základ, dovolující skrze formu vejít do materie a skrze materii do formy. V opačném případě jsou výsledky studia nedůvěryhodnými a závěry se mohou stát chybnými.

Studia abstraktních vlastností, takových jako dobro nebo altruismus, odtržených od člověka, zkoumání jejich vlastností v ideální podobě, přivádí ke zkreslenému vnímání. Takový přístup posloužil jako příčina pro vytvoření různých druhů komunistických nebo utopických teorií, které následně násilím zkusili vyjádřit v materii. S materií však nemají nic společného. Je absolutně egoistická, ale lidmi vymyšlená forma – je absolutně altruistická a ty se v žádném případě nemohou vzájemně spojit. Příklady vidíme v praxi: pokusy vytvořit socialismus a komunismus v Rusku, vytvoření kibuců v Izraeli atd. Všechny tyto pokusy skončily katastrofálně.

Analogicky je to i se vztahem člověka k duchovnímu *světu*, neboť jeho představy o něm se zakládají výhradně na vlastní fantazii. Jak člověk pozoruje projevy okolních skutečností, představuje si, že na duchovním pozadí existuje nějaká vlastnost, která není projevená prostřednictvím formy a podle toho ji pojmenovává. Samozřejmě je to zbaveno veškeré reálné podstaty.

Nicméně se tyto vymyšlené představy staly základem pro všemožné „duchovní" teorie, filozofie a náboženství, které pouze mátli a neustále matou lidstvo, neboť neumožňují praktické potvrzení. Zaujímají myšlenky milionů a miliard lidí a odvádějí je od opravdového, správného, empirického poznání přírody.

17.3. Poznání materie v kabalistické vědě

Kabala se také dělí na dvě výše zmíněné části: poznání materie a poznání formy. Ovšem ve srovnání s klasickou vědou, poznání formy v kabale je bezvýhradně postaveno na vědeckém zkoumání vnímání, to znamená na základě pokusů.

Už bylo řečeno dost na to, aby bylo možné pochopit, nakolik se kabala liší od všech existujících věd. Dovoluje člověku spatřit, pocítit, poznat jak materii, tak i formu v jejich skutečných projevech a neodděleném spojení, kdy se veškeré objekty našeho i duchovního *světa* poznávají prakticky, empirickou metodou.

17.3.1. Materie – síla, která působí na smyslové orgány

Celý duchovní *svět* je námi vnímán jako síla, oddělená od těla a proto nemá žádný materiální obraz. Nevstupuje-li však do žádné interakce s materiálním *světem*, jak jej může zrodit a přivést do pohybu? Jinými slovy, existuje mezi nimi vzájemná interakce, nebo neexistuje?

Materialistická definice zní: „materie je objektivní realita, která je nám předávána v pocitech".[445] Z této definice není vůbec jasné, co představuje „objektivní realita", ale tvrzení, že ji získáváme v pocitech, je pravdivé. To, co cítíme v daný moment, nazýváme „materiálním" a to, co necítíme, nazýváme z toho důvodu „duchovním". Začneme-li cítit to, co jsme dříve nevnímali, do jaké kategorie to spadá – do materiální nebo duchovní?

---

[445] V. I. Lenin: Materialismus a empiriokriticismus, úplná sbírka knih, kniha č. 18, str. 276, r. 1983.

Jak je známo, materie může přijímat různorodou formu, neboť přechází z jednoho stavu do druhého. Některé z těchto stavů člověk vnímá ve větší míře, některé v menší. Jestliže se však změní *možnosti smyslů*, změní se i vnímání materie. V tom případě se plyn (řekněme vzduch) stane vnímaný jako tekutina nebo pevné těleso, takže se člověk bude cítit jakoby pohroužený do tekutiny nebo jako kdyby se nacházel uvnitř pevného těla.

Rozehřejeme-li materii do takové úrovně, že celý Vesmír přejde do plynného stavu, zůstane materií? Jestliže ano, tak kdo to v takovém případě bude cítit?

Řečené dovoluje učinit závěr, že materie je chápána vůči něčemu a existuje pouze na základě vlastností určitého pozorovatele. Jestliže se změní vlastnosti pozorovatele, potom ve vztahu k němu dojde ke změně i v samotné materii.

Co je materie sama o sobě, není známo. Můžeme o ní říci pouze jedno: něco s určitou silou působí na naše smysly, a tím v našem mozku vyvolává vznik odpovídajících obrazů. Takže pro nás materie představuje jen nějaké síly, které určitým způsobem působí na naše smysly.

Kabalisté, kteří cítí duchovní síly v dodatečném *šestém smyslu*,[446] říkají, že i oni jsou materie.

17.3.2. Základ materie – v ní uložená síla

Síla není méně reálná materie *našeho světa*, než je vše ostatní. To, že síla nemá obraz, jenž je vnímaný lidskými smysly, nezmenšuje její důležitost.

Například, kyslík a vodík v čisté podobě jsou neviditelné plyny, nemají žádný zápach a chuť, to znamená, že se vůči lidským smyslům nijak neprojevují. Jakmile však vstoupí do nějakého spojení, vytváří vodu – viditelnou tekutinu, která má chuť, objem a váhu. Dáme-li vodu do nehašeného vápna, voda se do něj ihned vstřebá a tekutina se stane pevnou látkou. Tímto způsobem se mění chemické elementy, nepociťované v čisté podobě (kyslík s vodíkem), z plynných, které nejsou lidskými smysly vnímány, na pevnou látku, kterou v konečné podobě vnímáme.

---

[446] **Šestý smysl** – orgán, kterým člověk cítí působení Vyššího světla (Stvořitele) na sebe sama a proto je na Něho schopen reagovat.

To samé můžeme říci i o silách, které působí v přírodě. Obvykle se nepovažují za materii, protože je nevnímáme pomocí smyslů. Ovšem na druhou stranu to, co je vnímanou realitou, například tekutiny a pevná tělesa, je schopno se při zahřívání měnit na plyn, který se po ochlazení na určitou teplotu může opět změnit na pevné těleso.

Vždy je možné přikročit k nejméně postřehnutelnému stavu jakéhokoliv látky a z něho dojít k hrubšímu, pevnějšímu stavu. Všechna zobrazení, která vnímáme, se vytvářejí ze základů, které není možné pocítit a které nejsou materiální, neexistují samy o sobě. Proto všechny obrazy, zafixované v našem vědomí, s jejichž pomocí určujeme materiály, nejsou konstantní. Neexistují díky síle svých vlastních vlastností, ale pouze mění formu podle působení vnějších faktorů – takových jako např. teplotní režim. Ohříváme-li či ochlazujeme-li jakékoliv těleso, můžeme pozorovat, co se s ním děje na nejméně postřehnutelném a na nejpevnějším stupni.

Takže je základem materie síla v ní uzavřená. Ovšem síly se neprojevují vůči nám samy o sobě, jako chemické elementy. V budoucnu vyjde podstata sil najevo, stejně jako chemické elementy, které také byly ve své době objeveny člověkem.

17.3.3. Ve skutečnosti existují pouze síly

Kabala pomůže lidstvu objevit, že materie jako taková neexistuje. Už dnes vědci ve svých výzkumech docházejí k závěrům: materie existuje pouze vůči nám a její podoba se určuje *naším vnímáním*. Veškerou materii je možné ve vztahu k pozorovateli dovést do pevného, tekutého či plynného stavu. Materii je možné přeměnit do plazmatu či stavu, kdy před našimi smysly absolutně mizí. Vše závisí pouze na tom, jak na ni působíme, nakolik se snažíme ji uvést do „ nepostřehnutelné zóny". Přitom se s materií nic neděje – mění se z jednoho stavu do druhého, ale nemizí. Vše se mění pouze ve vztahu k možnostem našich smyslů, našeho vnímání. Ve skutečnosti existují pouze síly, které se vůči nám buď neprojevují vůbec, nebo se projevují v takových formách, které zaznamenáváme: plazmové, plynné, tekuté a pevné.

17.3.4. Nepoznáváme síly – poznáváme jejich působení na nás

Do té doby, dokud se věda nerozvine do své dokonalé formy, musíme uvažovat pouze o konkrétní skutečnosti. Dnes cítíme sebe sama a to, co nás obklopuje. I když obvyklé chápání sebe samých a *světa* demonstruje naši neobjektivitu a definice, které sami vytváříme, jsou dočasné a nepřesné, jiné východisko nemáme. Můžeme pojmenovávat pouze v souladu s reakcí mozku na tu informaci, kterou mu poskytují naše smysly.

Všechny námi viděné a cítěné materiální činnosti se musí zkoumat v souvislosti s tím, *kdo* je koná, s přihlédnutím k tomu, že i on i sama činnost jsou ve své podstatě z materie. Kdyby neexistovala tato podmínka, neexistovala by možnost pochopení.

Nepoznáváme samotné síly, duchovní svět. Poznáváme pouze jejich působení a důsledky tohoto působení, které pojmenováváme. Do té doby, dokud se nedostaneme na úroveň sil, jejich oděv se bude neustále měnit a my nedokážeme pocítit nic absolutního, ani tomu dát opravdovou definici.

17.3.5. Jediná síla

Ve skutečnosti existuje pouze jediná síla, kterou si v našich pocitech představujeme rozloženou na nekonečné množství vlastní sil, které jsou námi vnímány ve větší či menší míře v závislosti na naší schopnosti vnímání, poznání, kontaktu s nimi. Určuje to i existenci různorodých objektů a činností kolem nás, ze kterých se vytváří obraz *našeho světa*.

Realita se ve skutečnosti neskládá z *našeho světa* a duchovního *světa*. To pouze my dělíme na takové projevy jednu společnou sílu, Stvořitele. Vnímáme sebe sama jako „já, jež se nachází v předem určeném *světě*". Kabala nám nabízí jiný úhel pohledu na *svět*: „já jako Kli[447] ve vztahu ke Světlu,[448] jež mě vytváří a je mnou vnímáno". Takový přístup dovoluje pochopit, že přes existující charakteristiku, není materie oděvem duchovna, a tudíž skrze materii nelze na duchovno působit.

---

[447] ***Kli* (nádoba)** – samostatné (vědomé, uvědomělé) přání přijímat potěšení ze Světla.
[448] **Světlo** – síla, která vytváří, napravuje a naplňuje stvoření; zdroj potěšení.

17.3.6. Metoda zkoumání v kabale

Odhalení *Vyššího světa* probíhá v doplňujícím smyslovém orgánu, který kabalista vytváří a který se nazývá *duše*.[449] To, co se s jeho pomocí získává, se nazývá *duchovní dosažení*.[450] Duchovní dosažení probíhá pouze do té míry, do jaké doplňující orgán a jeho vlastnosti odpovídají vlastnostem jediné existující řídící síly, kterou kabalisté nazývají „Stvořitel".

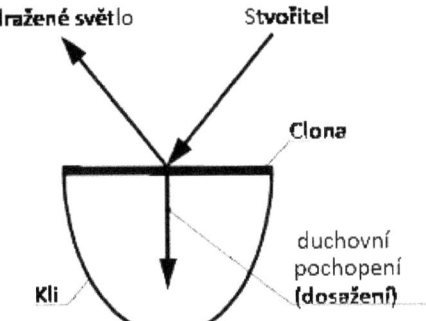

Obr. 17. 3. Metoda duchovního dosažení s pomocí clony a Odraženého světla.

Člověku se odhaluje Vyšší svět[451] v souladu s úrovní jeho podobnosti ke Stvořiteli. Slovo „svět" (olam) pochází ze slova „ukrytí" (alama), to znamená, že když člověk změní sám sebe, postupně odhaluje to, co bylo předtím skryté. Takže všechny světy existují uvnitř člověka, rozkrývají se v něm a nejsou ničím jiným, než částečnou podobností ke Stvořiteli.

Proces připodobňování se ke Stvořiteli je postupný a stupňovitý: vytvoření orgánu duchovního pociťování vzniká ve 125 stupních, které

---

[449] **Duše** = clona = Odražené světlo – přání, úsilí, záměr poskytnout potěšení, odevzdat potěšení Stvořiteli (stejně jako On dává mně), navzdory svému odvěkému přání přijímat.

[450] **Duchovní dosažení** – poznání, uvnitř kterého jasně cítíme zdroj toho, co poznáváme. V duchovním dosažení v sobě nese Světlo kromě potěšení jasné uvědomění si zdroje potěšení (hloubka tohoto uvědomění závisí na stupni, na kterém se nacházíme) se všemi jeho úmysly, plány. Je založeno na porozumění prvotní příčině duchovní podstaty.

[451] **Vyšší svět = Duchovní svět** – svět, který existuje podle zákonů vlastností odevzdávání. „Vyšší" se nazývá proto, že vlastnosti odevzdávání jsou podstatou, kořenem našeho světa a náš svět je jeho následkem a je z duchovního světa plně řízen.

se nazývají „125 stupňů světů",[452] po kterých člověk postupně stoupá až k úplnému odhalení Stvořitele.

Absolutní rovnost se Stvořitelem se nazývá úplnou nápravou člověka. Tím člověk dosahuje Cíle svého Stvoření.

17.3.7. Vnímání v kabale

Každá věda má stanovený rozsah výzkumu, který je určen schopností vnímání přirozených smyslových orgánů. Jejich možnosti poněkud zvyšují přístroje, ale jen do určitých mezí.

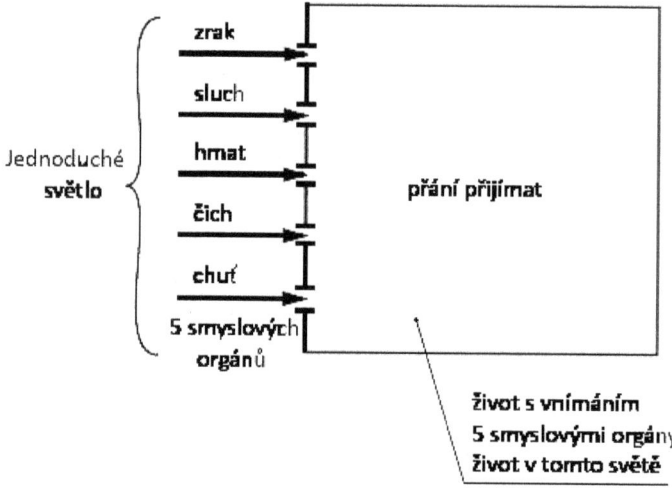

Obr. 17.4. *Vnímání člověka (přání přijímat) v našem světě prostřednictvím pěti smyslových orgánů.*

Kabala poskytuje člověku neohraničený rozsah vnímání, přitom objasňuje, že se v žádném případě nelze oddělovat od poznání objektivní reality: důvěryhodné je pouze to, co kabalista postihuje, jenom v rámci toho se uskutečňuje studium. Proto jsou kabalisté vždy velmi opatrní v předávání svého vědění.

---

[452] **125 stupňů světů** – od Stvořitele do našeho světa existuje 5 stupňů ukrytí, které se nazývají světy, svět („*Olam*") ze slova „*Alama*" (ukrytí). Každý z těchto světů se dělí ještě na pět menších částí a každá z nich – ještě na pět. Existuje tudíž 125 stupňů ukrytí, a když po těchto stupních stoupáme – odhalujeme vlastnosti Stvořitele.

Velmi dobře patrné je to v „Učení Deseti Sfirot"[453] Ba'ala Ha Sulama, který vyjasňuje, co vychází nad rámec pochopení druhého kabalisty a píše: „Dále je nutný osobní předpoklad." Jakýkoliv názor, který se nezakládá na přesném měření a duchovním dosažení, se jako takový vždy očerňuje. Nikdy není přijímán na úrovni důvěryhodného vědeckého faktu ani samotným autorem, ani těmi, kteří studují jeho práce.

Kabala je stejná věda jako jiné vědní obory, pouze badateli umožňuje pracovat v širším rozsahu. Souvisí také s poznáním a pochopením skutečnosti jako přírodní a všechny ostatní vědy, tudíž se opírá o přesné poznání člověka. Vědecké údaje jsou v kabale výhradně tím, co chápeme, můžeme změřit, opakovat, zapsat a předat. Forma a materie se v kabale od sebe navzájem neoddělují, ale studují se společně.

17.3.8. Duchovní dosažení v kabale

Odhaluje-li člověk sám v sobě dodatečné pocity, začíná vcházet do části vesmíru, kterou dříve nepociťoval, takže nyní může pracovat v ní i v otevřené části vesmíru, kterou vnímají všichni. Člověk pozná příčinu stávajících událostí, souvislosti mezi nimi a jejich následky. Odhalená část vesmíru se připojuje k předešlému zobrazení světa. Získané vědomosti jsou absolutně důvěryhodné, poněvadž jsou získané empirickou cestou, výsledky výzkumu jsou stoprocentně opakovatelné a mohou být provedeny jinými badateli.

Jeden ze zákonů kabaly praví: „To, co je nepostihnutelné, není možné pojmenovat." Definujeme-li objekt, dáváme pojmenování nějaké jeho vlastnosti až poté, kdy je zcela pochopen.

Duchovním dosažením se v kabale míní nejhlubší pochopení předmětu, kdy člověk postihuje nejen objekt, ale i vyšší stupeň, příčinu jeho vzniku. Uvědomění si příčiny svého Stvoření odhaluje cíl života, všechny stavy, kterými musí člověk projít po řetězci kauzálních souvislostí do nabytí jejich definitivní formy. Součet takových poznatků o objektu se v kabale nazývá duchovní dosažení.

---

[453] „**Učení Deseti Sfirot**" – základní současná kabalistická učebnice (6 svazků. Více než 2 000 stran). Autor: Ba'al HaSulam – Jehuda Ašlag (1885 – 1954).

17.3.9. Postihnutelné a nepostihnutelné

Kabala zásadně nedělí vesmír na materiální a duchovní, ale hovoří o postihnutelném a nepostihnutelném.

To, co nyní postihuji svými smysly, se nazývá „tento svět", „můj svět", „svět, který poznávám", „můj stupeň". Ta část, kterou jsem ještě neodhalil, ale kterou, jak vysvětlují kabalisté, odhalit musím, zůstává pro mne skryta a je nazývána utajený svět.

17.4. Otázky a odpovědi

Otázka: V čem spočívá rozdíl mezi učením se a odhalením? Proč realizujeme studium Shora dolů?

Proč studujeme Shora dolů? Protože se učíme to, co Stvořitel stvořil. Poté, co se zrodilo stvoření, začalo potřebovat nápravu[454] a my se učíme proces nápravy a pozvedávání *ve světech*. Stejně však učení postupuje paralelně v obou směrech: jak Shora dolů, tak i zdola Vzhůru.

Říkám vážně, že se v kabale cesta zdola Vzhůru nerozebírá, protože ji člověk musí prorazit sám. Ačkoliv je naše učení vybudováno na zkoumání fungování *Vyššího světa*, v žádném případě si nemůžeme myslet, že zásluhou svého učení získáme skutečnou představu o tom, jak je stvořen *tento svět*.

Učení pro nás není nezbytné kvůli tomu, abychom se stali chytřejšími a zkušenějšími, ale proto, abychom na sebe s jeho pomocí vyvolali působení *Obklopujícího světla*.[455] Skutečně se učíme, jak vzniká šíření *světů* Shora dolů, ale jejich pochopení probíhá zdola vzhůru. Musíme tuto cestu prozkoumat na sobě samých, na základě vlastního úsilí při získávání

---

[454] **Náprava** spočívá pouze ve změně záměru uspokojovat se potěšením ve prospěch sebe samého na záměr těšit se „díky odevzdávání". V souladu s tím se stvoření stává rovno Stvořiteli, je Mu podobné.

[455] **Obklopující světlo** – Světlo, které se zatím nachází vně *Kli*, ale svým tlakem, cílevědomým působením, nutí *Kli* ke změně, ke zdokonalení.

životodárné síly, *clony*,[456] jež umožňuje rozvoj, právě na základě zkoumání šíření *světů* Shora dolů.

Bylo to učiněno záměrně pro člověka, aby se nepletl, ale hledal svoji cestu optimálním způsobem, neboť tím také hledá Stvořitele, jednotu, o které právě nyní hovoříme.

V čem spočívá naše dnešní práce ve prospěch našeho vystoupení na první duchovní stupeň? Jaký je rozdíl mezi prvním duchovním stupněm a naším současným stavem? Pouze v tom, že začínáme pociťovat Jednotnou sílu, která kolem nás vše řídí.

Namísto lidí, živočichů, rostlin a nebeských těles (*neživé, rostlinné, živočišné, lidské* přírody) odhaluji Jednotnou sílu, která se za nimi nachází, vše řídí a stejným způsobem působí i na mě. Když z toho vycházím, již vidím a vím, jaký musím mít skrze ně vztah k Jednotné síle, ke Stvořiteli!

Prvním příznakem spojení se Stvořitelem je stav, kdy se mi Stvořitel představuje jako jediná síla, která stojí za každým, v každém se nachází, každého ovládá přesně jako ruka loutkáře. V takovém případě mohu vše spojit v jeden celek, představit si Ho jako Jednotné pole, které nazýváme Září *Schiny*.[457] Naší úkolem je odhalení tohoto pasivního projevování Vyššího řízení, Jeho jednoty, Jeho jedinečnosti, Jeho jediného Cíle. V důsledku toho člověk odhaluje tuto jednotu ve značném množství vlastních protikladů a v nejneuvěřitelnějších projevech.

Popisujeme odhalení duchovního *světa* na základě určitých zážitků a představ, je však absolutně reálné, může se podrobit měření, může být zopakováno. Klasické vědy, které rozvíjíme na základě informací, které vnímáme v *našem* dočasném *světě* – v osobních, velmi omezených podmínkách – nepředávají vjemy různých sil v jejich skutečné podobě, ale v souladu s úrovní našich osobních vlastností. Kabala však hovoří o tom, co se nachází za těmi silami a vlastnostmi, o jediné síle Stvořitele.

---

[456] **Clona** – „síla zkrácení", která se ve stvoření probouzí na základě Vyššího světla, s cílem odvrátit potěšení ve prospěch sebe sama. Síla překonání, odporu k egoismu.

[457] **Záře Schiny** – pociťování přítomnosti Vyšší síly ve všem, co člověka obklopuje. Je to pole, které vše prostupuje, vším proniká, šíří se okolo i uvnitř tebe, abys pocítil, jak všemu diktuje přesně stanovené zákony a je vzhledem k tobě jakoby v určitém napětí. Je v něm uložena veškerá mysl Stvořitele, samo o sobě je Stvořitelem.

Bez ohledu na to, že je pro nás duchovní materiál neznámý, můžeme ho prozkoumávat logickou cestou, jako v každé vědě. Například, studujeme-li anatomii, učíme se o jednotlivých orgánech a jejich vzájemném působení, ale ještě nemáme představy o živém člověku jako celku. Po určité době, když si tuto vědu dobře osvojíme, máme možnost z dílčích pravidel odvodit obecné, které podmiňují chování celého organismu. Tímto způsobem se vytváří v klasických vědách mnohé a jedná se o zcela vědecký přístup.

Přistupujeme-li ke zkoumání *Vyššího světa* a nemáme o něm ani ponětí (poněvadž je vědění chápáno pouze jako souhrn všech detailů), což člověka zavazuje k osvojení si poznatků ve všech podrobnostech, v systému jejich vzájemného působení, faktorech, příčinách a následcích, dokud neobsáhne veškerou moudrost. Bude-li znát vše do detailu, dospěje k souhrnnému poznání.

Jestliže je studium spojeno se *záměrem* odhalit jednotu Stvořitele, vyvíjíme veškeré naše úsilí ke spojení se s Ním, a v důsledku toho se vědomosti transformují na duchovní poznání.

Dosažení jednoty znamená, že musíme shrnout naše veškeré vědomosti a pocity, poměřit je, skloubit je dohromady a porovnat takovým způsobem, aby v nás vytvořily maximální obraz jednoty, která je složena z navzájem se vylučujících, protikladných sil, jevů, účinků. Když poznáme všechny detaily do všech podrobností, dospějeme ke všeobecnému poznání.

Právě nyní se kabala začíná studovat na celém světě. Dříve tomu tak nebylo, neboť byla nepochopitelná. Vždyť však ani astronom nemá přesné koncepty o samotných hvězdách a planetách, ale zkoumá procesy, které nastávají v souvislosti s nimi, posouvá se kupředu a rozvíjí svoji vědu. Stejně jako astronomové či fyzikové ani my nechápeme *podstatu našeho světa* nebo *podstatu světa duchovního,* jak ji chápou kabalisté. Jestliže nemáme možnost pochopit samotnou podstatu, snažíme se porozumět jejímu působení, reakci, odezvě. Je to pro nás dostatečné, jelikož studium procesů, které se uskutečňují v rámci nepochopitelných objektů, nás stejně k plnému poznání přivede.

Otázka: *Co vlastně pochopíme, co odhalíme, když stoupáme po stupních světů?*

Svět – je rozsah mého napraveného přání, nazývá se světem mého duchovního dosažení. V tuto chvíli se nacházím na přípravném stupni, který se nazývá „náš svět", jelikož jsem na sobě ještě naprosto nic nenapravil, nestal se podobným Stvořiteli. Je to tentýž egoismus, díky kterému v sobě, ve svých přirozených vlastnostech pociťuji Stvořitele, vše je výhradně zaměřeno na můj vlastní prospěch.

Člověk nepociťuje nic jiného kromě Stvořitele, kromě *Světla*, které ho stvořilo a naplňuje. Každý z nás i nyní pociťuje Stvořitele, ale pouze v nižším stavu, který má název „*náš svět*"[458] a který je vůči Němu nejvíce protikladný.

Takový stav je neslučitelný s dosažením *Vyššího světa*, není duchovní, neboť v něm chybí jakákoliv podobnost ke Stvořiteli. V tomto stavu i ve všech následujících, vyšších, vnímám svoje přání: úroveň jeho napravenosti či nenapravenosti. Vše je pociťováno v mém nitru, uvnitř mého přání. Takto bylo v prvopočátku stvořeno naše přání, to znamená stvoření.

Vzestup ze stupně na stupeň se neuskutečňuje z důvodu, že zvětšuji velikost svého přání – to je zafixováno a je neměnné. Mohu jeho velikost zvýšit pouze na základě jeho spojení s jiným přáním, poté s dalším, ještě s jedním, a tak dále. Vzestup po stupních je možný výhradně v rámci spojení s ostatními *dušemi*,[459] se zbývajícími přáními. Připojuji-li je k sobě, zvětšuji svoje *Kli*, získávám dodatečné přání. „Připojuji ho" – znamená, že ho napravuji, čili napravuji sebe sama. Jinak to není možné, protože zásluhou spojování mizí přehrady mezi dvěma objekty. Takto ve mně vzniká napravené *Kli*. V něm pociťuji následující stupeň nápravy a tak dále.

Otázka: *Co odhaluje člověk, když poznává duchovní svět?*

Člověk zjišťuje, že je duchovní *svět* více prostoupený harmonií, že je vše napravováno Vyšší silou, která vede všechny *světy*, všechna stvoření ke společnému Cíli. Jak člověk tento Cíl odhaluje, přestává uskutečňovat nepromyšlené činy, začíná rozumět, jak je třeba jednat s ostatními lidmi. Stává se neoddělitelnou integrální součástí celého Stvoření.

---

[458] **Náš svět** – zobrazení, které vnímáme prostřednictvím našich pěti smyslů (zrak, hmat, čich, chuť a sluch). Toto zobrazení odráží vlastnosti absolutního egoismu, jenž není schopen přijímat Světlo (potěšení), proto jej vnímáme jako prázdnotu (utrpení).

[459] **Duše** – na začátku Myšlenky Stvoření byla stvořena jediná duše (přání), která se nazývá *Adam HaRišon* (První Člověk). Roztříštila se na 600 000 částí. Nyní má každá jednotlivá část možnost uskutečnit vlastní nápravu a stát se podobnou Stvořiteli.

Test

1. Co zkoumá současná věda?

 a) materii
 b) formu, která je oděna do materie
 c) materii, formu, která je oděna do materie, abstraktní formu
 d) podstatu

2. Proč se výzkum formy, která není oděna do materie, ukazuje chybný?

 a) chybí ověření pokusy
 b) výzkum je velmi obtížný
 c) výzkum není chybný
 d) zkoumá se pouze podstata

3. Co je materie?

 a) objektivní realita
 b) síly, které ovlivňují naše smysly
 c) síly, které nepociťujeme
 d) materie neexistuje

4. Co člověk vnímá?

 a) reakci smyslů na působení vnějších sil
 b) vnější působení sil
 c) podstatu sil, které na něho mají vliv
 d) nevnímá nic

5. Co je svět?

 a) to, co poznávám prostřednictvím svých smyslů
 b) to, kde budu, až se naučím kabalu
 c) teorie struktury vesmíru
 d) to, co je pro mne nepochopitelné

6. Co zkoumají kabalisté?

 a) materii
 b) abstraktní formu
 c) materii i formu, která je do materie oděna
 d) podstatu a abstraktní formu

Odpovědi: 1c) 2a) 3a) 4a) 5a) 6c)

Doplňující studijní látka: Odhalení materie a její formy

Materii postihujeme ve světě Asija

Materie je přání se potěšit, které je stvořené Světlem a je jeho protikladem. Využívám-li toto přání, mohu chápat Světlo, které se v něm odráží, jako protiklad. Z toho plyne: odhalení vlastní nebo jiné protikladnosti ke Světlu je námi pociťováno jako materie.

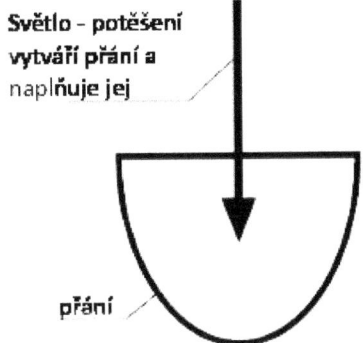

Obr. 17.5. Přání a potěšení – Světlo a Kli

Materie se námi postihuje ve stavu, který se nazývá *svět Asija*. K tomuto vnitřnímu pocitu dospěje člověk, který ve svých pocitech odhaluje Vyšší *svět*, když v něm vznikne minimální *clona* pro nejmenší přání. Může-li je člověk anulovat, nevyužívat ve svůj prospěch a klást před sebe *clonu*, aby nepřijímal nic, nazývá se „ubar" (zárodek). Jakoby byl člověk zárodek v matčině děloze, v ničem nepřijímá aktivní účast, je absolutně pasivní.

To, co má člověk možnost ve stavu *světa Asija* postihnout, se nazývá *odhalení materie*, přičemž člověk ještě vůbec neví, co si s tím počít.

Zárodek v děloze matky je na ní zcela závislý, nesamostatný, a v souladu se zákony přírody v *našem světě* se neutralizuje vzhledem k organismu matky, vyživuje se z něho a je pokládán jakoby za jeho integrální součást. Kdyby tato integrální část v těle matky vedla samostatnou existenci, okamžitě by došlo k rozdělení, odtržení (otrava, infekce). Víme, co nastává, když se v organismu nachází cizorodé tělo: vzniká odtržení tkání (například při transplantaci darovaných orgánů). V daném případě však se cizí tělo neutralizuje natolik, že se do něho může integrovat.

Stejně jako v tomto procesu se společné tělo v duchovním *světě* nazývá Stvořitel a člověku se v daném případě říká „*Ubar*" (*zárodek*) uvnitř Stvořitele. Úplně neutralizuje svá přání a na základě toho v Něm může přebývat.

Stav, kdy může člověk přebývat uvnitř Stvořitele, přičemž absolutně zahálí (čili vykonává velmi velkou práci, ta je však zaměřena výlučně na to, aby se neutralizoval), se nazývá *světem Asija*. *Svět* je pocit spojení se Stvořitelem.

K odhalení formy materie dochází ve světě Jecira.

Když je materie zcela postihnuta, začíná vznikat její forma. Forma materie je odevzdávání.

Ve *světě Asija* člověk zcela neutralizoval sám sebe a všechna svoje přání. Nyní se všechna jeho přání omezují pouze na to, aby od Stvořitele přijímal povely k učení jako maličké děťátko, které si přeje vyrůst. Musí vše od Stvořitele přijímat na sto procent. Co však přijímá? Formu materie. *Učí se činnostem odevzdávání.*

V procesu interakce se Stvořitelem člověk začíná využívat svoje *clony* proto, aby zcela následoval to, co ho Stvořitel učí (odevzdávat). Tento proces se nazývá svět Jecira. Vnímání, které v průběhu toho nastává, se nazývá *odhalení formy*, protože vnější forma přání přijímat je odevzdávání. *Přání přijímat jedná ve formě odevzdávání.*

K odhalení prostředků, kterými se zabezpečuje existence materie a formy ve světech Asija a Jecira, dochází ve světech Bri'a a Acilut.

Poté, co člověk ve *světě Asija* ve stavu *Ubar* již získal přání ke Stvořiteli, a ve *světě Jecira* získal *na tato přání formu*, čili *clonu* a pracoval-li současně s formou i s materií, pokouší se uskutečňovat stejné činy jako Stvořitel. Přitom Ho člověk začíná chápat, jak je řečeno: „Z Tvých činů poznám Tebe."[460] Stane-li se Mu člověk podobným v činnosti, začíná rozumět Stvořiteli i jeho úmyslu.

To se nazývá *odhalením prostředků, které zabezpečují existenci materie a formy*. V tom také spočívá úkol člověka, a ze strany Stvořitele v tom tkví Cíl Stvoření.

Každý *svět* z *ABJA*[461] je odevzdávající a přijímající vzhledem k *duším*. Stav, ve kterém se člověk nachází v duchovním dosažení, se nazývá „*jeho světem*". Ve *světech ABJA* jsou veškeré stavy člověka, čili každý *svět*, jak dávající, tak i přijímající vzhledem k *duším*.

---

[460] Babylonský Talmud, traktát „Eduet", list 85.
[461] **ABJA** – zkrácený název systému světů *Acilut, Bri'a, Jecira, Asija*, s jehož pomocí napravujeme sami sebe.

Ze všech možných stavů zkoumají kabalisté výlučně materii a její formu ve *světech Asija* a *Jecira*, jelikož je *svět Bri'a* společenství světů *Asija a Jecira*, vnímá se obtížně rozumem. Není již pokládán za formu, která je plně oděná do materie.

Základ studia je *svět Asija*, to znamená materiál, jenž obsahuje množství dílčích přání a každé z nich má svoji formu. Je to lehce pochopitelné a mysl rozvíjející, je umožněn výběr, rozlišení a zkoumání oddělené vybrané specifičnosti (což je také cílem práce), aby bylo možno poznat přednosti *Světla* nad tmou v každém detailu existující reality.

Nejdůležitější práce, kterou člověk vykonává, spočívá v materiálu. Jestliže říkáme, že se člověk pozvedává do *světa Jecira*, potom do *světa Bri'a*, do *světa Acilut* a poté do *světa Nekonečna*,[462] není třeba přemýšlet, jestli se přitom odtrhává od předcházejících *světů*. *Pozvedává je společně se sebou, pozvedá se společně s nimi.* Jeho veškerá minulost, všechny předchozí stupně stoupají společně s ním a za ním.

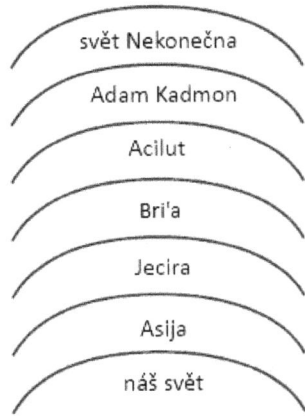

Obr. 17.6. *Náš svět a duchovní světy.*

Když říkáme, že se člověk nyní nachází ve *světě Jecira*, znamená to, že se společně se svým *světem Asija*, s veškerými svými předcházejícími životy a dokonce i společně s *naším světem*, pozvedl do *světa Jecira* a pracuje v něm.

---

[462] **Svět Nekonečna** – stav, dosažení nekonečné dokonalosti a blaženosti duší na základě jednoty se Stvořitelem (podobnosti se Stvořitelem). V tomto stavu stvoření (souhrn duší) neohraničuje rozšiřování Světla (potěšení), čili jsou všechna přání úplně a bez hranic uspokojena.

Co znamená pracovat ve světě *Jecira se světem Asija*? Člověk dosahuje o stupeň hlubšího poznání *světa Asija*, než když se v něm nacházel. Když byl ve *světě Asija*, chápal pouze jeho vrchní řez. Nyní, po pozvednutí se do *světa Jecira*, chápe jeden stupeň *světa Jecira*, ale v předcházejícím *světě Asija* chápe již dva stupně. Stejně tak vstupuje *Světlo* do *Kli*.

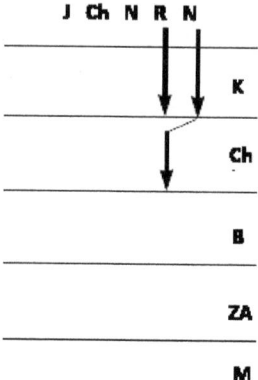

Obr. 17.7. *Posloupnost vstupování Světla do Kli Or Nefeš a Or Ruach.*

Rozebíráme stádia *Keter, Chochma, Bina, ZA* a *Malchut*.[463] Když *Světlo* vstoupí do *Keter*, postihuje se pouze *Keter de*[464] – *Keter* (*světlo Nefeš*).[465] Poté se posune z *Keter* do *Chochma* a do *Keter* vstoupí následující *světlo – Ruach*.[466]

---

[463] **Keter, Chochma, Bina, ZA a Malchut** – pět částí přání, ve kterých stvoření pociťuje Stvořitele. *Keter* – přání Stvořitele potěšit stvoření. *Chochma* – ještě neuvědomělé, nesamostatné přání se potěšit, ve kterém dominuje Světlo (Stvořitel), které ho stvořilo. *Bina* – přání odevzdávat. *Ze'ir Anpin* (ZA) – úroveň, na které již stvoření začíná používat princip „přijímání pro odevzdávání", čili využívat přání přijímat, těšit se kvůli Stvořiteli. *Malchut* – ukončené, samostatné stvoření, které si samo přeje přijímat, a pociťovat sebe sama jako přijímajícího.

[464] Každé stádium – *Keter, Chochma, Bina, Ze'ir Anpin* a *Malchut* – je složeno ze stejných dílčích stádií. Pro pojmenování určitého dílčího stádia se používá částice „de", která poukazuje na příslušnost. Například, „*Keter de-Keter*" označuje „*Keter Keteru*" nebo že je „*Keter v Keteru*".

[465] **Or Nefeš** – Světlo, které se přijímá se clonou na nejmenší egoismus (*Ovijut* 0); označuje Světlo přijímání ve prospěch sebe sama bez možnosti odevzdávání druhým.

[466] **Or Ruach** – Světlo, které se přijímá se clonou na *Ovijut* 1. Doslova znamená „*Ruach*" „vítr", „duch" (z hebrejštiny) – je to pohyb, posun; činnosti odevzdávání pocházejí z napravených egoistických vlastností.

Připusťme, že jsem se nacházel ve *světě Asija*, kde jsem pracoval s *Ovijutem* 0.[467] Poté, jak se materiál prohlubuje, vstupuji do *světa Jecira* a nyní pracuji s *Ovijutem* 1.[468] Vzniká to, že nyní ve *světě Jecira* chápu pouze první úroveň, ale ve *světě Asija*, ve kterém jsem se nacházel předtím, chápu úrovně dvě.

Proto též říkáme, že se v podstatě postihuje materie. Když se pozvedáváme do *světa Nekonečna*, ve skutečnosti prohlubujeme zkoumání materie.

Proč se zdokonalujeme v materii? Copak je nejdůležitější naše přání? Jedná se o to, že při zkoumání našich přání porozumíme Stvořiteli, pochopíme to, **co** přání naplňuje.

Neexistuje jiné *Kli*, nemáme jinou možnost pochopit Stvořitele. Můžeme Ho postihnout pouze tehdy, když *se On oděje do nás*.

Stvořitel ve *světě Nekonečna* zcela naplnil přání *Světlem* a my to nyní začínáme chápat. Vracíme se do *světa Nekonečna*, pronikáme dovnitř našeho přání tak dlouho, dokud nedospějeme do jeho nejhlubší vrstvy. To znamená se vrátit do *světa Nekonečna na základě vlastního dosažení*. Začínáme-li chápat duchovní *svět*, nejprve vstoupíme do *světa Asija*, tam zkoumáme materii a poté pokračujeme ve svém prohlubování v tomtéž *světě*.

Můžeme říci i naopak: Prohloubení o jeden stupeň ve *světě Asija* má název *svět Jecira*, o dva stupně – *svět Bri'a*, o tři úrovně – *svět Acilut*, o čtyři úrovně *svět Adam Kadmon*, a o všech pět úrovní – to je *svět Nekonečna*.

Vše, co se neodívá do naší materie, do našeho přání, nepociťujeme. Neopustíme *svět Asija*, protože pouze v něm uchováváme veškeré pocity. Ostatní *světy* můžeme nazvat prostě hladinami *světa Asija*, na kterých chápeme *Světlo*, neboli Stvořitele, který se odívá do naší materie.

Otázka: *Takže hovoříme pouze o relativních stupních odění formy do materiálu? Je vzájemný vztah mezi jejich stupni trvalý?*

Můžeme hovořit o tom, jak se *Světlo* odívá do materie, jak se Stvořitel odívá do stvoření. Rozdíl mezi *světy* je konec konců rozdílem mezi stupni, ten je však ohromný. Nedokážeme si představit, nakolik je dosažení

---

[467] ***Ovijut*** – síla, hloubka přání, potřeby (měří se po škále od 0 do 4). ***Ovijut* 0** – zárodek přání, kdy se člověk zcela anuluje a otevírá se Stvořiteli.
[468] ***Ovijut* 1** – přání ke Světlu (Stvořiteli) v potenciálu.

prvního stupně ve *světě Asia* nepatrné ve srovnání s druhým stupněm, třetím, čtvrtým. Existuje zde stejný vzájemný vztah jako mezi různými druhy *Světla*, když je možné pociťovat *světlo Ruach*, namísto *Světla Nefeš*.

Nefeš je neživá materie. Vnímáme ji pouze jako materii, která není oděna do *Světla*. Pochopení tohoto dosahujeme ve *světě Asija*. Ve *světě Jecira* již začínáme chápat, jak se *Světlo* odívá do formy, jakým způsobem se forma stává živou.

Jako rostlina, ve srovnání s minerálem, již žije a umírá, otáčí se za sluncem, za zdrojem života, ví, co je třeba vstřebávat a co vybírat, co je škodlivé, co prospěšné. Existuje v ní vlastní vztah ke Stvořiteli. Jedná se o naprosto jinou úroveň existence.

Na *rostlinné* úrovni je přání ještě chápáno společně se *Světlem*, se Stvořitelem, který se do tohoto přání odívá na základě vztahu přání (člověka, stvoření) ke Stvořiteli, ze vzájemné součinnosti, ale dosud stále ještě pouze na *rostlinné* úrovni. Rostlina nemá svobodu volby, nemůže měnit okolní prostředí, posouvat se, plně závisí na čase, je podobná všem ostatním v rámci svého druhu, ještě jí chybí individualita.

V tom spočívá rozdíl mezi *neživými*, *rostlinnými*, *živočišnými* a *lidskými* úrovněmi pochopení. Vztah ke Stvořiteli, vazba, kterou pociťujeme ve *světě Asija*, se pronikavě liší od vztahu ke Stvořiteli ve *světě Jecira*. Ve *světě Bri'a* je vazba ještě větší. Dochází k pochopení možnosti svobodné činnosti, posunu, rozvoje, reprodukce sobě podobných. Již se tam vyskytují činnosti, které vedou k napraveným stavům – říkáme tomu dávání života potomstvu.

„*Potomstvo*" – jsou další činnosti pro odevzdávání (jako *Parcuf Galgalta*[469] rodí *Parcuf AB*,[470] jejich účinkem ve skutečnosti přivádím na svět vliv. Co znamená „Porodit něco"? „Porodit něco" znamená projevit vlastní vlastnosti odevzdávání. „*Galgalta rodí AB*", když si vybírá přání, kterým se plně přivádí k odevzdávání Stvořiteli.

---

[469] **Parcuf** = „duchovní tělo" – přání potěšit se Stvořitelem, vybavené clonou (čili schopné získat Světlo). **Parcuf Galgalta** – to je první přijetí Světla od Stvořitele v té míře, ve které může stvoření odevzdávat a tím se připodobňovat Stvořiteli (*Ovijut* 0).

[470] **Parcuf AB** – druhý po *Parcufu Galgalta*. Čerpá svá přání ze *Sof* (konec) *Galgalty*, takže pracuje s těmi přáními, se kterými předcházející *Parcuf* pracovat nemohl.

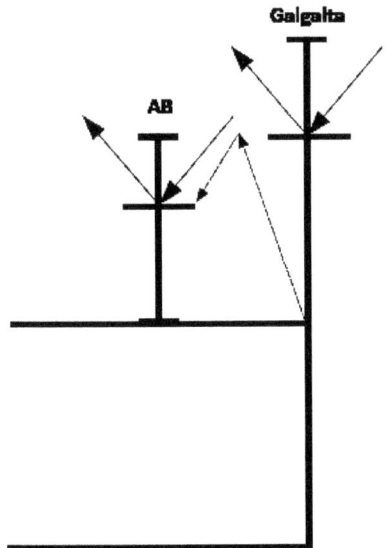

Obr. 17. 8. Zrození Parcufu AB z Parcufu Galgalta. Tečkovaná čára demonstruje cestu clony (pozvednutí z taburu Galgalty zpět do Pe, poté sestup o jeden stupeň níže do Pe Parcufu AB).

Takový je *rozdíl* mezi *světem Jecira* a *světem Bri'a*. Kde je to však možné pochopit? *Ve světě Asija*, tudíž ve stejné materii. Je postihnut pouze prohloubenější vztah materie ke zdroji.

Otázka: *Svět Asija – je vždy míra anulování se vzhledem k Vyššímu? Je anulování růst?*

Ano, správně.

Nacházím-li se ve *světě Bri'a*, pozvedám za sebou všechny stupně, počínaje naším světem, do *světa Bri'a*. Ve *světě Bri'a* je ve mně *Keter de-Bri'a*, *Chochma de-Jecira* a Bina de-Asija. Pokud se pozvedávám do *světa Bri'a*, moje nulová vrstva se nachází ve *světě Bri'a*, první vrstva – je *svět Jecira*, a druhá vrstva – je *svět Asija*, který se pozvedl nejprve do *světa Jecira* a potom do *světa Bri'a*. Postihuji v materii tři vrstvy, tři úrovně – *Nefeš, Ruach, Nešama*.

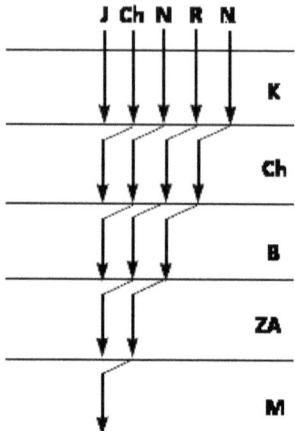

Obr. 17.9. *Posloupnost vstupování Or Nefeš, Or Ruach, Or Nešama do Kli.*

Jak probíhá moje práce ve *světech Jecira* a *Asija*, když se nacházím ve *světě Bri'a*? Pokračuji v nich v práci, ale do větší hloubky na úrovni *světa Bri'a*. Formy práce zůstávají stejné, jako byly dříve, když jsem se v těchto světech nacházel. *Světy Jecira a Asija* ve mně existují stále stejně, pouze se nyní daleko více projevují. Avšak svým vztahem ke mně a svojí kvalitou zůstávají stejnými *světy*.

Bude to pokračovat do té doby, dokud se nevrátím do *světa Nekonečna*, kde nastane *Konečná náprava*[471] společného *Kli*, stvořeného Stvořitelem. Tehdy zmizí veškeré stupně, které se složí do jednoho společného *Kli*. Do tohoto stavu každý z nás za sebou táhne všechny stupně, vnitřně se z těchto stupňů skládá a všechny se prohlubují.

Otázka: *Kromě toho, že za sebou pozvedáváme předešlé stupně z jednoho světa do druhého, neprojevuje se zde ještě větší egoismus jako dodatek k tomu, který jsme měli na předcházejícím stupni?*

Samozřejmě, pozvednutí znamená práci se silnějším egoismem. Jestliže stoupám, připusťme, do *světa Bri'a*, ve *světě Jecira* pracuji o stupeň níže, čili s větším egoismem a ve *světě Asija* o dva stupně níže. Vše probíhá podle stejného schématu, podle kterého znázorňujeme posloupnost vstupování *Světla* do *Kelim*.[472]

---

[471] **Konečná náprava (hebrejsky – *Gmar Tikun*)** – konečný stav veškerého vesmíru, kdy nižší bod stvoření dosahuje stejného stavu jako Vyšší.

[472] ***Kelim*** (č. jed. „*Kli*") = přání.

Čtyři formy: bod, linie, plocha, trojrozměrná postava

Vlastnosti odevzdávání, které na sebe může přijmout materie, přání se potěšit, se nazývají forma.

Materie na sebe může přijímat čtyři výše vyčíslené formy. Ve skutečnosti formy jako takové neexistují. Tímto pojmem se rozumí naše označení různých vlastností, podob a kvalit odevzdávání. Bodem, linií, plochou, trojrozměrnou postavou (posloupnost sjednocení předcházejících forem) jsou vyčerpány veškeré formy, jak v tomto, tak i ve *Vyšším světě*. V *našem světě* a ve světech *Asija, Jecira, Bri'a, Acilut, Adam Kadmon (AK)* i ve *světě Nekonečna* (dokonce i ve *světě Nekonečna*!) se všechny tyto formy shodují, všechny *světy* jsou k sobě navzájem paralelní.

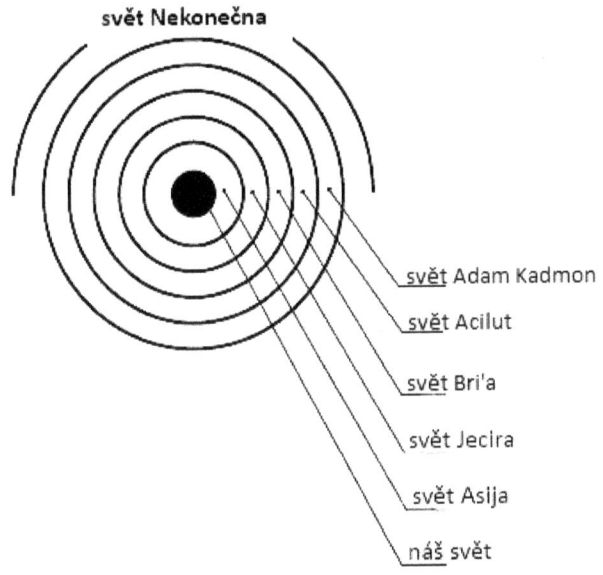

Obr. 17.10. Schéma rozmístění našeho světa, světů ABJA a světa Nekonečna.

Sedm *světů* – jeden pod druhým, včetně *světa Nekonečna* nahoře, *našeho světa* vespod a pěti duchovních *světů* mezi nimi *(AK, Acilut, Bri'a, Jecira, Asija)*, jsou absolutně identické ve svých detailech a navzájem se odlišují pouze stupněm ukrytí vzhledem k člověku, který se snaží o jejich dosažení. Na každém stupni se vyskytují veškeré detaily, nejsme však vždy schopni je pociťovat, poněvadž to závisí na tom, jak se ve vztahu k nám projevují.

Připusťme, že se nyní nacházím v *našem světě* – tudíž jsou mému poznání nedostupné detaily všech duchovních *světů*. Nebo se nacházím ve *světě Nekonečna* do toho okamžiku, než se začal rozšiřovat Shora dolů – tam byly také detaily nedostupné. Ještě nevystoupily ven, neprojevily se a já jsem měl pouze pocit existence.

Náš svět je podobný *světu Nekonečna* absencí specifikace. Ve všech ostatních *světech* se v menší či větší míře projevují detaily, množství, kvalita, vzájemné vztahy a souvislosti. Ovšem úroveň, kterou se projevují, není důležitá. Zásadní je, že ve všech duchovních *světech* je absolutně vše rozvedeno do detailů, a je paralelní, všechny *světy* jsou jeden ke druhému paralelní.

Proto vše, co se v *našem světě* děje, sestupuje skrze všechny *světy* ze *světa Nekonečna*. Má-li člověk v *našem světě* přání, které může Stvořitel zachytit a které se může k Němu pozvednout, projde skrze všechny *světy* a s určitostí se dostane do *světa Nekonečna*. Všechny *světy* jsou navzájem paralelně spojeny, protože se všechny v principu projevují výlučně ve vztahu k nám. Ve skutečnosti neexistují, neboť v *Malchut světa Nekonečna*[473] se zakončuje veškeré Stvoření (viz oddíl „Vnímání reality").

Uvnitř nás existují stupně pociťování Nekonečna, které nazýváme světy: náš svět, *Asija*, *Jecira*, *Bri'a*, *Acilut*, *Adam Kadmon* pouze proto, abychom postupně vešli do světa Nekonečna. Všechny přechodné světy jsou porce, dávky světa Nekonečna, které postupně přijímáme, přizpůsobujeme k sobě a zásluhou toho začínáme rozumět samotnému Nekonečnu.

Otázka: *Nekonečno je také poznáváno na základě materie světa Asija?*

Vše, co chápeme, postihujeme v materii. *Svět Asija* je naše materie, chápeme ji. Všechno, co poznáváme potom, jsou formy, které se do této materie odívají se stále větší a větší podobností Stvořiteli.

Otázka: *Jak se vytvoří konečný stav?*

Konečný stav se vytvoří, když se všechny *světy* na sebe vzájemně položí a pozvednou se do *světa Nekonečna*.

Světy zmizí, jelikož *svět*, *olam* (ze slova „*alamá*" – skrytí) – je to častý případ dosažení Nekonečna.

Tento svět[474] (*Olam HaZe*) je tudíž materiál, obtisknutý z Vyšších duchovních *světů*, které sestoupily dolů. Během práce *v tomto světě* vznikají

---

[473] **Malchut světa Nekonečna** – stav *Malchut* (přání přijímat, stvoření), bezmezně, bez veškerých ohraničení naplňuje samo sebe. Tato „*Malchut* světa Nekonečna" je vlastně sám „svět Nekonečna" neboli „Nekonečno".

[474] **Tento svět** = náš svět – vlastnosti absolutního egoismu, vnímáme ho prostřednictvím našich pěti smyslových orgánů, projevuje se v něm

všechna naše odhalení výhradně v materiálních formách. Vně materiálních forem neexistuje možnost cokoliv pochopit a poznat.

Stvořitele jako tvůrce všeho můžeme postihnout v pojmenování *HaVaJaH*[475] (ה – ו – ה –י), které v sobě zahrnuje veškeré podoby forem, které na *světě* existují, kde je:

- písmeno jod – (י) bod;
- písmeno he – (ה) plocha;
- písmeno vav – (ו) linie;
- písmeno he – (ה) trojrozměrná postava.

Stvořitele odhalujeme současně ve všech těchto formách: k poznání nemůže dojít jenom v jedné z nich (v první, ve druhé, ve třetí či čtvrté).

Co znamená „chápeme Ho jako bod, jako písmeno, jako plochu, linii, postavu"? *Chápeme naše vlastní vlastnosti, kvality*, které se Mu mohou připodobnit.

Zpočátku nastává podobnost v podobě bodu (černého bodu), když sám sebe zcela anuluji, jako semeno v děloze matky. Vždyť je ve skutečnosti semeno v děloze matky podobné *duši* ve *světě Nekonečna*. Nacházíme se v plně napraveném, naplněném stavu, ale ze všeho tohoto stavu vnímáme pouze bod, ve kterém se spojujeme uvnitř *světa Nekonečna*. Proto hodnotíme vše, co nás obklopuje, jako *svět Asija* nebo body.

Poté přichází linie – když vytváříme vzájemné vztahy (písmeno vav), učíme se na sebe přijímat formu.

Potom následuje plocha – když vztah Stvořitele a stvoření začne mít podobu *živočišných* vlastností (písmeno *he*).

Pak přichází trojrozměrná postava – když v našich *záměrech* začínáme vyrůstat do úrovně Stvořitele.

Poslední písmeno „*he*" (trojrozměrná postava) – je odhalení prvního písmena „*he*" (plocha), pouze ve více materiální podobě, čili ve formě, která zaujímá místo. Předcházející formy místo nezaujímají, ještě nemají objem, nejsou uvnitř naplněny přáním. Není v nich přání přijímat, které

---

nezpůsobilost přijímat do sebe Světlo (potěšení). Proto náš svět pociťujeme jako prázdnotu (utrpení).

[475] ***HaVaJaH*** – totéž co „*Jod-He-Vav-He*" – čtyřpísmenné jméno Stvořitele, odráží postavení 4 stádií našeho pociťování Stvořitele (*Kli*) a jeho jména (naplnění).

by pracovalo ve prospěch odevzdávání, nejsou svými formami podobné Stvořiteli. Pouze poslední písmeno „he" pracuje pro odevzdávání, čili přijímá pro potěšení Stvořitele.

Také je postihován začátek bodu, ostří písmene „jod". Toto jméno – je zdroj všech jmen.

Každé jméno je projevem Stvořitele ve stvoření, čili přijímání a odevzdávání ze strany stvoření, když přijímá, aby mohlo odevzdávat.

Podstata Stvořitele (existuje v podobě *Acmuto*[476]) je však nepostihnutelná (když je vně nás), poznáváme výhradně vliv, který k nám od Něho přichází. Abychom byli zcela přesní: *chápeme naši podobnost Jeho vlivu.*

Podobně jako libovolný přístroj (jako též naše přirozené smyslové orgány) neměří samotný vliv, ale svoji reakci na něj. Porovnává vnější vliv a vyměřuje velikost síly, kterou kvůli tomu potřebuje vynaložit. Právě tuto velikost považujeme za sílu působení na nás.

Jenom skrze činnosti, které uskutečňuji, abych se vyrovnal Stvořiteli a dosáhl podobnosti s Ním, o Něm mohu něco pochopit. *Nepostihuji Jeho, ale sebe, tudíž svoji podobnost s Ním.*

Když hovoříme o Stvořiteli, vůbec nemáme na mysli *Acmuto,* to Kdo je On Sám o Sobě: vycházíme z toho, že jsme přijali jisté zákony, pravidla a připodobnili se Mu. Jak vypadám já – podobný Jemu – tak jmenuji Stvořitele. Ve skutečnosti to není obraz Stvořitele, ale obraz člověka, který se Mu připodobnil.

Vždyť je podstata Stvořitele naprosto nepostihnutelná, postihujeme pouze vliv, který k nám od Něho přichází. Proto veškeré Stvoření reprezentuje jména Stvořitele. Člověk zkoumá sám sebe a spojuje obdržené jméno s jeho kořenem, Stvořitelem, v *záměru* odevzdávání. Jméno je tudíž to, co člověk obdrží, když prozkoumává a poznává Dávajícího. Odhalujeme Stvořitele pouze v závislosti na míře naší podobnosti s Ním. Naprosto neznám, co je to *Světlo*, nepředstavuji si jeho vlastnosti, vůbec nevím, jestli existuje nebo ne. Cosi na mne působí. Odkud se mohu dozvědět, co působí právě na mne? Jenom v tom případě,

---

[476] **Acmuto** – nepostihnutelná podstata, základ Stvořitele. Naše vnímání je vždy subjektivní, pociťujeme pouze vliv Stvořitele na nás, ale Jeho samotného poznat nemůžeme (jako ve skutečnosti vše, co se nachází za hranicemi našeho těla). Proto má vše, co existuje za hranicí našich pocitů, název *Acmuto.*

podaří-li se mi vyrovnat vnitřní vliv ve shodě se svou citlivostí. Když hovořím o tom, co existuje vně mě, vycházím z osobních vlastností.

Dejme tomu, že na mne z vnějšku působí nějaká síla. Abych ji vyrovnal, musím vynaložit vnitřní sílu 10 kg. Tehdy cítím, že se nacházím ve stavu klidu, jakoby ta síla neexistovala. Změřím svou sílu a říkám: „Zvenku na mne tlačí 10 kg." Vycházím z kvality síly, kterou jsem vynaložil, abych vyrovnal daný vliv, a učiním závěr: „10 kg, které na mě působí, je síla tlaku." Proč? Protože jsem zevnitř vynaložil takovou sílu, sílu takového druhu, který definuji jako tlak. Co je na vnější straně ve skutečnosti, nevím. Neznám druh vnějšího vlivu ani jeho sílu, ani velikost. Pravděpodobně je moje citlivost právě taková, že se cítím vyrovnaný, když odporuji síle 10 kg. Je možné, že zvenku tlačí 100 000 kg, ale já je vnímám jako 10 kg.

Například na sobě necítíme atmosférický tlak. Na každý krychlový centimetr našeho těla však působí tlak 1 kg! To je velmi velký, ohromný tlak. Kdyby ho náš organismus nevyrovnával zevnitř, prostě bychom se zploštili.

V *našem světě* je vše postaveno na zákonech rovnováhy. Dokonce, i když již nehovoříme o materii, která se musí vyvažovat přinejmenším kvůli své existenci, ale o vnímání. Rovnováha je to, po čem toužíme. Stav pokoje: aby na mě nic netlačilo, abych neměl žádná neuspokojená přání, aby byla všechna naplněna.

Dosažení takové rovnováhy závisí na naší citlivosti. Kdybychom uvnitř nás měli přístroj, který by zvyšoval její práh, vnímali bychom, že se můžeme vyvažovat čím dál tím více a více. Znamená to také se pozvedávat po stupních *světů*, s cílem se vyvážit v maximální úrovni – *na čtvrté úrovni Ovijutu*.

Náš svět je protikladný ke *světu Nekonečna*, těžko v něm lze odhalit detaily. *Svět Asija* je tentýž *svět Nekonečna*, pouze ho vnímáme v nejhrubší podobě, jenom jako *domem (neživé)*. *Svět Jecira* je *svět Nekonečna*, který vnímáme již jako *comeach (rostlinné)*.

Co znamená jakýkoliv *Vyšší svět?* Já jsem tentýž, *svět Nekonečna* je tentýž, ale výhradně já zvyšuji svoji vnímavost. Stejně však vše vnímám na základě možností svých pěti smyslových orgánů, jelikož jsem takto uspořádaný. Vždy budu vnímat právě to zobrazení, které mi smysly dovolí vnitřně nakreslit.

Jsme uzavřeni uvnitř našeho přání a nevíme, co na nás působí. Zobrazení našeho světa se vytváří na základě toho, jak naše přání reaguje na vnější vlivy.

Otázka: *Podle úrovně vzestupu se svět pociťuje stále méně složený?*

Podle úrovně vzestupu se *svět* vnímá stále více složený, stále více složitý, s větším množstvím detailů a se složitějšími souvislostmi mezi nimi. Všechna tato složitost se však ve výsledku obrací na jednoduchost, protože se nachází v tobě. Ty naopak začneš rozumět tomu, jak pracuje celý mechanismus, proto je, co se tebe týče, jednoduchý, neboť přicházíš k poznání.

Podle úrovně vzestupu a úrovně duchovního poznání nastane navýšení počtu detailů, množství souvislostí začne být ohromné. Vyšší světy jsou nekonečně složitější a větší než náš svět. Zároveň s nekonečným množstvím detailů a souvislostí se dosahuje pochopení jednoduchosti, prostoty, úmyslu, všeobecného systému, který pracuje harmonicky a jednoduše, i když je ohromný co do objemu, složitosti a množství detailů. Ve výsledku člověk poznává mnohem jednodušší zobrazení světa než to, které má dnes.

V *našem světě* dnes nemůžeme nic vybudovat společně. Nepředstavujeme si správné souvislosti na základě příčin a následků, ale tam, kde existuje ohromné množství detailů, jsou všechny odhaleny jako příčiny a následky.

Kapitola 18. Oblast studia

Přehled

18.1. Úvod – 18.2. Základní objasnění – 18.3. Oblast studia
18.4. Otázky a odpovědi – Test – Doplňující studijní látka

> V konečném výsledku zkoumáme sami sebe. Celá kabala i veškeré vědecké pochopení skutečnosti, všechno poznání vyšší reality – je proces sebepoznání. Člověk odhaluje Stvořitele ve svém nitru. Můžeme Ho poznat pouze v hlubině vlastního *Kli*. Vně nás nic nevnímáme.

18.1. Úvod

Ve *světech* rozlišujeme množství stupňů a aspektů, je však nutné vědět: všechno, co se říká o stupních a aspektech, se týká pouze toho, kdo z těchto světů přijímá, v souladu s pravidlem: „To, čeho jsme nedosáhli (nepostihli, neodhalili), nemůže být pojmenováno."[477] „Jméno" vyjadřuje duchovní dosažení[478] (odhalení, postihnutí), takže člověk dává jména objektům pouze tehdy, když je vnímá, a to v souladu se svým pociťováním.

Z hlediska duchovního dosažení (odhalení, postihnutí) v podstatě rozlišujeme tři aspekty:

---

[477] J. Ašlag: Plody Moudrosti. Dopisy. Str. 64. Jeruzalém, 1999 (hebrejština).
[478] Každé **duchovní poznání (dosažení)** je vázáno na dvě kritéria, se kterými musí korespondovat:
  1. musí být pravdivé, v žádném případě nesmí být výplodem fantazie;
  2. nesmí vyvolávat materiální pochybnost, jako v člověku nevyvolává nejistotu vlastní existence. Nezbytná úroveň poznání, které je možné nazvat dosažením, tudíž odpovídá smyslovému vnímání, jež lze přirovnat k reakci tělesných senzorů. Úrovně poznání, které neodpovídají danému ustanovení, se v kabale nazývají porozumění, studium.

1. *Acmuto* (Vyšší nepostihnutelný, doslova „On sám") – o kterém vůbec nehovoříme, protože kořen i zdroj stvoření začíná *Myšlenkou Stvoření*,[479] kde jsou spojeny jako ve výroku: „K završení činu dochází již v počáteční Myšlence.".

2. *Nekonečno* představuje Myšlenku Stvoření, touhu Stvořitele poskytnout potěšení stvořením na úrovni Nekonečna, které je nazvané „*Ejnsof*".

Je to spojení mezi Vyšší silou a *dušemi*, rozumíme mu jako přání potěšit stvoření. *Nekonečno* – začátek děje, *Světlo* bez *nádoby*, ale právě tam je zdroj stvoření, spojení Stvořitele se stvořeními, které nazýváme „touhou těšit stvoření". Má počátek ve *světě Nekonečna* a sestupuje až do *světa Asija*.

3. *Duše*, jež přijímají dobro, které se nachází v Jeho přání těšit.

18.2. Základní objasnění

1. Existují čtyři druhy poznání:
    - poznání materie;
    - poznání formy;
    - poznání formy materie;
    - poznání podstaty.

2. Ve všem, co existuje ve *Vyšším světě* a je spojeno se stvořením *duší* a jejich formami existence, rozlišujeme:
    - *svět Nekonečna*;
    - *svět Acilut*
    - *světy Bri'a, Jecira, Asija (BJA)*

3. V každém ze světů *BJA* se vyskytují tři hlediska:
    - deset *Sfirot*,[480] *Světla*, která jsou v každém ze *světů*;
    - *duše* lidí;
    - realita, která je umístěna níže než *duše* lidí.

---

[479] **Myšlenka Stvoření** = **úmysl Stvořitele** stvořit stvoření proto, aby těmto stvořením poskytl maximální potěšení.

[480] **Deset *Sfirot*** – různé vlastnosti, které na sebe vzal Stvořitel ohledně stvoření.

4. Deset *Sfirot* mají názvy: *Keter, Chochma, Bina, Chesed, Gvura, Tif'eret, Necach, Hod, Jesod, Malchut.* Často se šest *Sfirot* – *Chesed, Gvura, Tif'eret, Necach, Hod, Jesod* slučuje do jedné *Sfiry*, která má název *Tif'eret* nebo *Ze'ir Anpin.* V tomto případě je uváděno pět *Sfirot.*

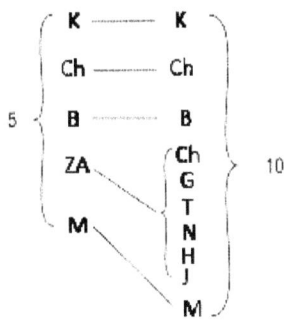

Obr. 18.1. *Deset Sfirot. Sfira Ze'ir Anpin v sobě zahrnuje šest Sfirot.*

Těchto 10 *Sfirot* tvoří celý vesmír, včetně všech *světů*:

– *Sfira Keter – svět Adam Kadmon;*

– *Sfira Chochma – svět Acilut*

– *Sfira Bina – svět Bri'a*

– *Sfira Tif'eret – svět Jecira;*

– *Sfira Malchut – svět Asija.*

Tak jako celý vesmír, každý ze *světů* se skládá z deseti *Sfirot* a jakýkoliv maličký detail každého *světa* také obsahuje deset *Sfirot*.

18.3. Oblast studia

1. **Kabala se nedotýká takových pojmů, jako je podstata a abstraktní forma deseti *Sfirot*, ale jde jí výhradně o materii v nich a její formy, jelikož forma je nositelkou materie.**

Podstatu člověka jako takovou, bez materiálního vyjádření, nevnímáme, jelikož reakce pěti smyslových orgánů a představivost nám ukazuje jenom *působení* podstaty, ale nikoliv ji samu. Například:

Zrak – schopnost oka přijímat světelné vlny, které jsou vyzařovány podstatou objektu a odrážejí se od objektu.

Sluch – vnímání síly vlivu akustických vibrací té nebo jiné podstaty odpovídajícím orgánem, které se šíří ve vzdušném prostředí. Vzduch, který se odráží pod vlivem zvukové vlny, tlačí na bubínkovou membránu, a umožňuje nám slyšet zdroj zvuku.

Čich – schopnost přijímat specifické molekuly, které vycházejí z podstaty, odpovídajícími oblastmi v mozku.

Chuť – reakce, která vzniká při kontaktu nějaké podstaty s našimi chuťovými receptory, jež jsou rozmístěny na slizniční bláně uvnitř ústní dutiny.

Hmat – vnímání dotykem – reakce kůže na mechanické nebo tepelné podráždění, které vyvolá nějaká podstata.

Můžeme ochladit horké, ohřát chladné, pevné přivést do tekutého stavu a tekutinu vypařením proměnit v plyn, který nebudeme vnímat našimi přirozenými senzory. Podstata se ovšem zachovává společně s tím a my s ní můžeme znova provádět zpětné postupy.

Je jasné, že na základě vnímání našimi pěti smyslovými orgány neodhalujeme podstatu, ale pouze projevy jejího působení. Je třeba znát: vše, co nemůžeme postihnout pocity, nemůže se vyskytovat ani v naší představivosti, tudíž ani nikdy nebude existovat v intelektu a my to nemáme možnost poznat.

Je nemožné pochopit podstatu myšlením. Navíc nám ještě není dáno pochopit dokonce ani vlastní podstatu. Cítím a poznávám, že zaujímám nějaký objem v prostoru, jsem pevný, teplý, přemýšlím, pociťuji tomu podobné jen v důsledku projevování vlivů mojí podstaty. Zeptají-li se mě: „Jaká je podstata, ze které pramení veškeré tyto projevy?", tak nebudu vědět, co mám odpovědět. Vyšší řízení zabraňuje pochopení podstaty a my postihujeme pouze to, co vychází z jejího projevování.

Materii, čili projevy *působení jakékoliv podstaty*, jsme schopni plně vnímat, neboť vyjasňují podstatu, která se nachází v materii. Z nedostatku možnosti postihnutí samotné podstaty absolutně nestrádáme, nepotřebujeme ji stejně, jako nezažíváme nezbytnost, řekněme šestého prstu. Jinými slovy, pochopení materie, čili projevy působení podstaty je pro nás naprosto dostatečné k uspokojení potřeb v poznání: jak v poznání sebe sama, tak i v poznání jakéhokoliv objektu vně nás.

Forma materie je také jasným a dostatečným způsobem pochopitelná na základě zkušeností z konkrétních dějů, které získáváme z reakcí materie. Nabýváme tak stále vyšší poznání, na které se můžeme skutečně spolehnout.

Abstraktní forma. Poté, co se projevila forma, která je reprodukována v materii, síla představivosti nám umožňuje je rozdělit a zkoumat formu obecně, odděleně od jakékoliv materie. Jako příklad mohou posloužit abstraktní formy, které pojednávají o morálce a etice. Hovoříme-li o vlastnostech pravdy a lži, hněvu a hrdinství, máme na mysli abstraktní formu, jež je nezávislá na jakékoliv materii. Přidělujeme této abstraktní formě přednosti a nedostatky.

Vědci přistupují k pojmu abstraktní forma velmi obezřetně, jelikož není možné se úplně spolehnout na to, co je od materie zobecněné, a proto je snadné se zmýlit.

Z vysvětleného vyplývá, že:

– v principu nemáme možnost postihnout podstatu;

– studium abstraktní formy nás může pomýlit;

– hodnověrné je pouze poznání materie a formy, která je ztělesněna v materii.

Kabala tudíž hovoří výhradně o prvním a druhém typu poznání, třetím a čtvrtým se kabalistické zdroje nezabývají.

2. Kabala studuje výlučně světy *BJA*. Svět Nekonečna a svět *Acilut* nejsou zkoumány odděleně od světů *BJA*, daná věda se jich dotýká jenom do té míry, v jaké od nich *BJA* přijímají Světlo.

Nyní je možné objasnit správný vztah ke skutečnému pochopení duchovních základů *světů ABJA*, vždyť ve vesmíru není ani malinký detail, který by nebyl rozdělen v souladu se čtyřmi druhy poznání.

Podle vztahu k poznání můžeme v každém *světě* rozlišit čtyři druhy:

– *nádoby Světa* se projevují jako materie *Světa;*

– naplnění *nádob Světa Vyšším světlem*[481] je forma materie;

– *Vyšší světlo* je jako takové oddělené od materie a objevuje se v abstraktní formě;

– Podstata.

V uspořádání světů:

– *světy Bri'a, Jecira, Asija* vznikají jako materie;

---

[481] **Vyšší světlo (*Or Eljon*)** – přesně stanovený druh záření Shora, kladné vnější duchovní energetické pole. Vyšší světlo se skládá ze dvou komponentů: postihujícího a postihovaného. Všechno, co říkáme o Vyšším světle, je výlučně jen pocit postihujícího z postihovaného.

- záře *Acilut* ve *světech BJA* je forma, jež se odívá do materie;
- *svět Acilut* – abstraktní forma;
- *svět Nekonečna* je podstata.

V 10 *Sfirot*:

- *Bina, Tiferet a Malchut* – materie;
- záře *Chochma* v *Bině, Tiferet* a *Malchut* – forma oděná do materie;
- *Chochma* – abstraktní forma;
- *Keter* – podstata.

V kabale tedy hovoříme pouze o třech *světech BJA*, které pokládáme za materiál, navenek jsou představovány *Sfirot Bina, Tiferet* a *Malchut*, a také o záři *světa Acilut*, „oděném" do třech *světů BJA*, čili *Or Chochma* „oděného" do *Biny, Tiferet a Malchut* – formách vtělených do materie.

Řečené je opodstatněné jak pro veškeré Stvoření vcelku, tak i pro jakoukoliv jeho část. V souladu s tím se člověk, jenž studuje danou vědu, musí neustále starat o to, aby se jeho myšlenky a porozumění nacházely v mezích těchto dvou druhů poznání. Jinak se okamžitě v prozkoumávaných otázkách zamotá, jelikož *pravý* smysl základních definic nemůže pochopit.

3. Je třeba vědět: nehledě na to, že se v kabale podrobně vysvětlují nejmenší detaily každého světa, základní pozornost je vždy soustředěna na duše lidí, které se nacházejí na úrovni odpovídajícího světa. To, o čem se hovoří a co se vysvětluje ve vztahu k jiným aspektům, rozeznává se výlučně pro odhalení toho, co od nich duše přijímají. Materiál, který se nevztahuje k otázce jejich přijímání, zcela schází.

Existují čtyři úrovně Stvoření:

- *neživá;*
- *rostlinná;*
- *živočišná;*
- *mluvící.*

V každém ze *světů*, včetně *našeho světa*, se tyto úrovně projevují *čtyřmi úrovněmi přání přijímat*. Na každé z nich rovněž existují čtyři úrovně: *neživá, rostlinná, živočišná* a *mluvící*.

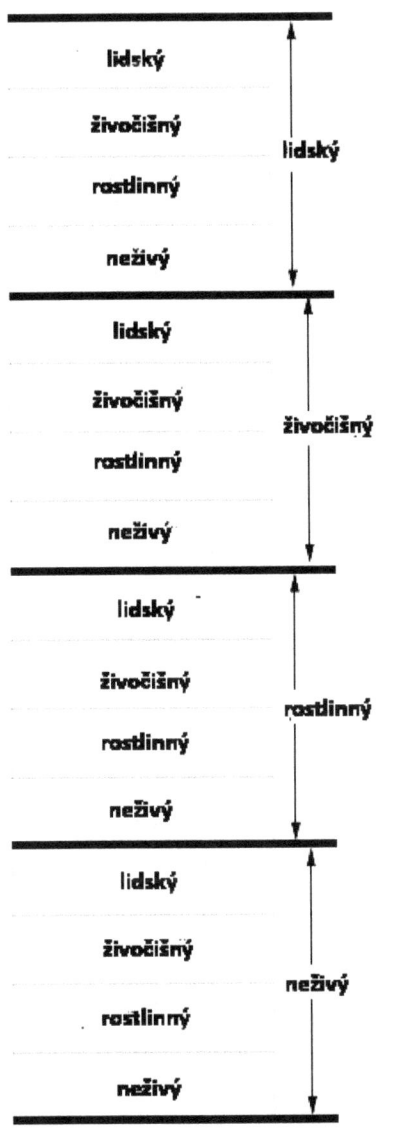

Obr. 18.2. Stupně v úrovních rozvoje přání.

Člověk se také skládá ze čtyř úrovní přání:

- přání přijímat v té míře, v jaké je to nezbytné pro udržení existence;
- přání přijímat přes míru nezbytnou pro udržení existence, usilování o nadbytek a bohatství;
- touha po požitcích, které poskytuje společnost (sláva, moc);
- touha po vědění

První a druhá úroveň lidského přání přijímá a vyživuje se z nižších úrovní podle vztahu k nim *(neživé, rostlinné, živočišné)*. Třetí úroveň přání získává potěšení a naplňuje se ze sobě rovných. Čtvrtá přijímá potěšení a naplňuje se z vyšší úrovně podle vztahu k ní, takže z podstaty moudrosti a inteligence, kterou representují duchovní pojmy.

Všechny *světy* jsou ve směru Shora dolů jeden do druhého otištěny. Všechno, co se vyskytuje na *neživé, rostlinné, živočišné* a *mluvící* úrovni ve *světě Bri'a*, se obtiskuje do *světa Jecira*. V souladu s tím se z *neživé, rostlinné, živočišné* a *mluvící* úrovně světa *Jecira* obtiskují úrovně *neživá, rostlinná, živočišná* a *mluvící* do světa *Asija*. Dále, *neživá, rostlinná, živočišná* a *mluvící* úroveň *světa Asija* se obtiskují do úrovní *neživé, rostlinné, živočišné* a *mluvící* úrovně *našeho světa*.

Ve *světech*:

- *neživá* úroveň v *duchovních světech* se nazývá „*paláce*";
- *rostlinná* úroveň se nazývá „*oděvy*";
- *živočišná* „*andělé*";
- úroveň *mluvící* jsou *duše* lidí odpovídajícího *světa*;
- deset *Sfirot* v každém *světě* je *Vyšší světlo*.

ÚROVNĚ PŘÁNÍ	neživá	rostlinná	živočišná	mluvící
V ČLOVĚKU	tělesné	bohatství	pocty	vědění
VE SVĚTECH	paláce	roucha	andělé	duše lidí

Tabulka 1

Duše lidí jsou středem každého *světa*. Získávají naplnění z celé duchovní reality odpovídajícího *Světa*, stejně jako člověk v materiálním *světě* získává naplnění z celé materiální reality *našeho světa*.

To se děje následujícím způsobem:

- v prvním stádiu, které je přáním přijímat v míře, jež je nezbytná pro udržení života, člověk získává *Světlo* od „paláců" a „oděvů";
- ve druhém stádiu, ve kterém se objevuje přebytek *živočišných* přání – od andělů, takže obdrží *Světlo* ve větším množství, než které je nezbytné pro udržení života, aby rozvinul nádoby, do kterých je oděna jeho *duše*. V prvním a druhém stádiu člověk získává duchovní *Světlo* jenom od nižších úrovní v poměru k němu, těmi jsou paláce, oděvy a andělé, kteří se tam nacházejí. Jejich úroveň je nižší než úroveň duší lidí.
- ve třetím stádiu, které representuje lidská přání, jež rozvíjejí ducha,

člověk získává *Světlo* od sobě rovných, čili od všech *duší*, které se nacházejí v daném *světě*, a s jejich pomocí zvětšuje množství *Světla*, které naplňuje jeho *duši*;

- ve čtvrtém stádiu přání, tedy v touze po vědění, přijímá od *Sfirot* odpovídajícího *světa*.

Duše člověka, která se nachází v každém *světě*, se musí rozvíjet a zdokonalovat ze všeho, co se nachází v *našem světě*.

V kabale se hovoří o všech částečkách Vyšších světů: *Sfirot*, duších, andělech, oděvech nebo palácích. Nehledě na to, že jsou vyučovány jako takové, je bezpodmínečně nutné pamatovat na to, že se o nich hovoří výhradně, pokud jde o duši člověka, která od nich přijímá a je jimi vyživována. Všechny směřují k zabezpečení potřeb duší. Bude-li student v procesu studia kabaly přesně následovat tuto linii, uchopí tuto vědu za správný konec.

18.4. Otázky a odpovědi

Otázka: V čem se liší výzkum kabalisty od zkoumání vědce?

Kabalista odhaluje jinou příčinu.

Nezkoumám, jak jedna molekula vede ke vzniku nové, ale odhaluji to v podobě síly, vlastností. Co odhaluji ve Stvořiteli? Zjišťuji, že je v poměru ke mně Vyšší. Jinak řečeno, Stvořitel je souhrn vlastností, které jsou ve srovnání se mnou mnohem Vyšší, než je moje přirozenost. Vyšší stupeň v sobě obsahuje stejné síly, jako mám já, jinak bych ho nemohl pociťovat.

Můžeme to popsat takto: *Vyšší světlo* je abstraktní a já si uvnitř *Rešimo*,[482] které se ve mně probouzí, pokaždé představuji následující vyšší stupeň ještě více vysoký. Jeho představa však vychází z projekce vlastních vlastností. Právě já si představuji Stvořitele, právě já si Ho pokaždé kreslím před svým vnitřním pohledem. Jsem zavázán k představování si Stvořitele, jinak Ho nemohu rozpoznat. Abstraktní, oděvů zbavené *Světlo* nepostihuji. Představuji si Stvořitele prostřednictvím svých pěti

---

[482] *Rešimo*, č. mn. **„Rešimot"** – „duchovní gen", „zápis" duchovní (neoděné do žádného vnějšího oděvu) informace o určitém stavu.

smyslových orgánů, ve svých pěti *Kelim: KaChaB-TuM (Keter, Chochma, Bina, Tif'eret, Malchut)*.

Můžeme hovořit o tom, že za tímto následuje abstraktní forma a podstata Stvořitele, *Acmuto*, ta však již nepodléhá našemu vnímání.

Otázka: *Co je nástrojem zkoumání?*

Žádná věda *tohoto světa* po člověku nevyžaduje vlastní změnu proto, aby měl možnost zkoumat a pochopit zákony přírody. Je to pochopitelné: zákony přírody jsou naše zákony a my disponujeme stejnou přírodou jako ony. Přebývám v podobě vlastností s *neživou, rostlinnou a živočišnou* přírodou v *tomto světě*, a proto jsem schopen ji studovat.

Jestliže však jde o sledování jiné přírody, se kterou nemáme podobné vlastnosti, musíme nejprve získat *Kli*, které ji pociťuje. *Kli* umožňuje uskutečňovat zkoumání pouze shodně s podobou vlastností: nakolik se připodobňuji duchovní podstatě, natolik do ní mohu proniknout. Jeden a tentýž zákon podobnosti vlastností pro vnímání něčeho odlišného působí jak v duchovním, tak i v materiálním *světě*.

Závěr

Nemůžeme říci, jakou formu mají světy, co se Stvořitele týče, neboť je postihujeme pouze v rámci možností našich pěti smyslových orgánů a na základě vlastních pocitů. Je známo, že změny neprobíhají ve Světle, ale všechny změny probíhají výhradně v nádobách, čili v našich orgánech vnímání a měří se v souladu s našimi představami. Jestliže několik lidí pozoruje jeden a ten samý duchovní objekt, každý z nich ho postihuje na základě svých představ a vnímání.

Test

1. V čem spočívá Myšlenka Stvoření?
 a) stvořit stvoření
 b) potěšit stvoření
 c) potěšit Stvořitele
 d) stvořit *světy*.

2. Co jsou světy *BJA*?
 a) materie
 b) forma oděná do materie
 c) abstraktní forma

d) podstata

3. Co je záření *Chochma* v *Bině*, *Tif'eret* a *Malchut*?

a) materie
b) forma oděná do materie
c) abstraktní forma
d) podstata

4. Co se v kabale nestuduje?

a) materie
b) forma oděná do materie
c) abstraktní forma a podstata
d) materie *světů*

5. Čeho se týkají všechny procesy a jevy, které se studují v kabale?

a) Stvořitele
b) *duší*
c) *světů*
d) *Sfirot*

6. V čem probíhají změny?

a) ve *Světle*
b) ve Stvořiteli
c) v nádobách
d) ve *Světle* a ve Stvořiteli

Odpovědi: 1b) 2a) 3b) 4c) 5b) 6c)

Doplňující studijní látka

Komentář M. Laitmana k článku Ba'ala HaSulama „Předmluva ke knize „Ústa moudrého".

(Předmluva ke knize „Ústa moudrého", na které začal Ba'al HaSulam pracovat, byla poslem „Učení Deseti Sfirot". Brzy však pochopil, že je třeba začít psát úplně jinou učebnici – akademickou, obsáhlou.

Odložil tuto knihu a přikročil k vytvoření šestidílného „Učení Deseti Sfirot". Kniha, která se nazývá „Pri Chacham" – „Ústa moudrého", zůstala nepublikována).

Člověk sestupuje do *tohoto světa*, aby dosáhl určeného cíle právě během života v něm. Kabalisté nám říkají, že vyřešit tento úkol je možné výlučně prostřednictvím takové nauky jako je kabala.

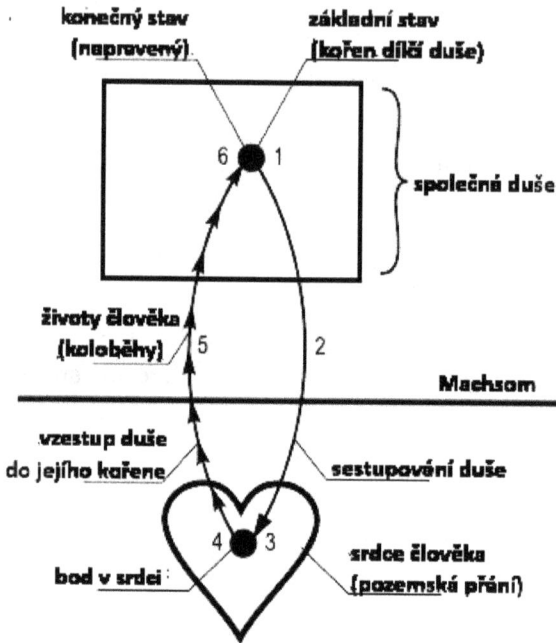

Obr. 18.3. *Schéma koloběhu duše.*

Tady však vzniká otázka: čím se odlišuje kabala od ohromného seznamu ostatních věd? Proč si ji bezpodmínečně musí osvojit každý člověk a neučiní-li tak, bude jeho život na *tomto světě* pokládán za zbytečný? Jak je dokonalost člověka svázána se studiem kabaly? Jaká nevyhnutelnost je v závazném ovládnutí této vědy?

Jestliže se věnuji zkoumání v oblasti fyziky, chemie nebo jakékoliv jiné akademické vědy a ztratím-li o ni zájem nebo prožiji-li rozčarování, mohu svoji činnost opustit, nikdo mě k ní nezavazuje, nevěnuji se jí z důvodu, pro který jsem se narodil. V kabale se však jedná o něco úplně jiného. Ten, kdo ji nestudoval, neosvojil si ji, nerealizoval ji v sobě, se pokládá za *zbytečně narozeného*.

Rozebereme podmínku, jíž zdůrazňují vědci-kabalisté: „Nedosažené nepopisujeme." Tím se míní jak to, co ještě není postihnuto touto vědou, tak i to, co vůbec není možné poznat (podstata Vyšší síly). Proto kabalisté odmítají diskutovat o podstatě Vyšší síly dokonce i čistě teoreticky, hypoteticky a ještě více odmítají dávat svým předpokladům definice, jména a tak dále. Z jedné strany musíme tuto vědu studovat a ona nám názorně demonstruje možnost odhalení Vyšší síly. Z druhé strany však říkáme, že můžeme odhalovat, vnímat a zkoumat Vyšší sílu pouze v té míře, ve které ji zjevně poznáváme na sobě samých. Tato věda má tudíž absolutně praktické uplatnění.

Veškeré definice, jež jsou udělované Vyšší síle, se nevztahují k její podstatě, ale ke *Světlu, které z ní vychází*. Tudíž nikoliv k samotnému zdroji, ale k tomu, jakým způsobem nás naplňuje. Dokonce i definice „*Nekonečno*" v kabale znamená *Světlo*, které pochází z podstaty *Vyšší síly*. Poněvadž vědci-kabalisté určili, že se *Světlo*, které se šíří z podstaty Stvořitele, aby ho obdržela stvoření, jeví nekonečné, tak ho nazvali tímto jménem.

Proč nazýváme *Světlo Nekonečným*? Protože se nacházíme v počátečním stavu, kde chybí jakákoliv omezení na přijímání naplnění. Proto nazýváme sebe, svoje *Kli*, svůj stav nekonečný, neomezený: ber, kolik chceš. Ve farmakologii existuje takový pojem „quantum satis" (kolik potřeba), čili do plného nasycení. V kabale tomu říkáme „Nekonečno".

Neměnný zákon zní, že je zakázáno (zakázáno v kabale znamená nemožnost) dokonce i přemýšlet o podstatě Vyšší síly, poněvadž podstatu je nemožné postihnout a pojmenovat, neboť jméno by poukazovalo na určitý stupeň odhalení. Proto se také říká: To, co nepostihneme (čeho nedosáhneme), nepojmenováváme."

Boha, Stvořitele – všechno, co se vztahuje k *Vyšším světům* i to, co člověk zjevně nepociťuje na sobě samém jako vědecké údaje, je v kabale zakázáno zkoumat.

Světlu, které vychází z *Vyšší síly*, člověk naopak může dávat v důsledku svého zkoumání jakékoliv definice a charakteristiky. Jelikož každý z nás jakoby představuje vlastní přijímač vlivů *Světla*, neboť ty určují veškerou naši existenci, jejich zkoumání a správné využívání je nezvratnou povinností každého člověka. Vždyť se tím zároveň učíme způsoby působení *Vyšší síly* na nás.

Co se tedy musíme učit? Musíme usilovat o to, aby nás naplnilo *Vyšší světlo*. Jeho naplnění, čili naše vlastnosti, které se mění jeho působením, jsou předmětem studia dané vědy. Výsledky těchto poznatků tvoří podstatu kabaly, ale jejich správné využití přivádí člověka k naplnění *Vyšším světlem* a je zaslouženou odměnou za úsilí.

Kabala je praktická věda, která učí, *jak a nakolik musíš sama sebe změnit*, co nakonec získáš, *co tě naplní*. *Kli* (nádoba) a *Or* (Světlo) – nic více v této vědě není, kromě podmínky, při které se toto *Kli*, daná nádoba naplňuje *Světlem*. Podmínka se nazývá „*clona*" (hebrejsky „*Masach*") neboli „*podobnost*".

V knize „Zohar" se říká, že jsou všechny *Vyšší světy* stvořeny kvůli tomu, aby bylo možné přivést každého člověka k dokonalosti. Tento Cíl je příčinou Stvoření *všech světů*: „Konec děje se od počátku nachází v Myšlence stvoření."

Všechno stvořené pochází výlučně z konečného stavu. Toho nelze dosáhnout, pokud by neexistovaly některé přechodné stavy, které vznikají na cestě dosažení jako pomocné prostředky. Konečný výsledek vždy určuje, že je třeba se nacházet uprostřed. Vycházíme-li z konečného výsledku – splynutí se Stvořitelem – je nezbytné vytvořit takové přechodné stavy, které by byly protikladné tomuto splynutí. Tyto přechodné stavy se nazývají *světy*.

Stvořené *světy*, *Vyšší světy*, *náš svět* i člověk jsou založeny na prvotní příčině – „ potěšit stvoření Svým *Světlem*". V člověku jsou dvě podstaty, oděné jedna do druhé: *duše* uložená do materiálního těla.

Takže je člověk zpočátku umístěn Vyšší silou do nejnižšího ze všech možných stavů – do materiálního těla s *duší*, jež je do něho oděná. Skrze systém sestupujících *světů* působí Vyšší síla na člověka s cílem rozvinout jeho *duši*, duchovní nádobu pro obdržení *Světla* tak, aby ho zcela naplnila. Jak je řečeno: „A naplnila se země (země – v hebr. „*Erec*"ze slova „*Racon*" – „přání") znalostí Stvořitele, protože „Mne poznají všichni, od malého až po velikého."[483]

Absolutně všechny *Kelim* budou napraveny a naplněny *Světlem*. Všechny společně se nazývají: v napraveném stavu – *duší*, v nenapraveném – *přáním člověka*.

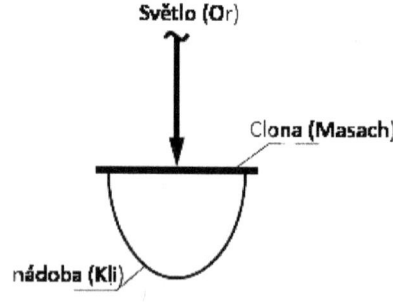

Obr. 18.4. *Světlo a nádoba (Or a Kli).*

---

[483] Písmo svaté, Kniha proroka Izajáše, kap. 11, bod 9.

Duše člověka se skládá z přání naplnit se *Vyšším světlem*. Zprvu jsou přání egoistická. To se však neprojevuje jenom vzhledem k nám, ve skutečnosti toto *Kli* existuje věčně.

V důsledku studia kabaly, čili zapojením *Vyššího světla*, v člověku vzniká v každém přání – od malého do největšího – *záměr* se naplnit, aby dosáhl podobnosti s Vyšší silou.

Světlo, které k nám přichází v důsledku naší práce, v nás postupně vytváří *clonu* na

každé, větší a ještě větší egoistické přání.

Změna egoistického záměru na altruistický se nazývá děj nápravy. Napravené přání se v souladu s jeho podobností Vyšší síle naplňuje Vyšším světlem, pocítěním Vyšší síly, Stvořitele. Napravili člověk záměr na všechna přání, dosahuje poznání veškerého Světla, které vychází z Vyšší síly k němu samotnému. Takový stav se nazývá osobní náprava, a tím člověk dosahuje vlastní úplné jednoty s Vyšší silou.

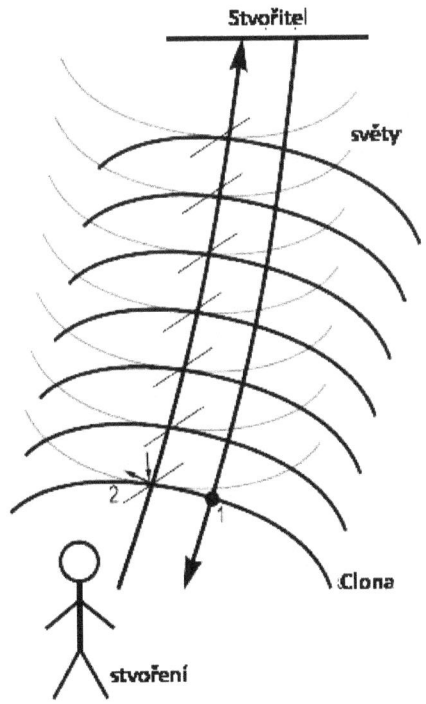

Obr. 18.5. Vliv Vyšší síly na člověka v našem světě prostřednictvím systému sestupujících světů.

Sama o sobě má tato jednota název *Konečná náprava*. Z tohoto stavu na nás sestupuje *Světlo*, které nás též nutí konat. Každý náš čin, veškeré naše stavy jsou určeny *Světlem*, které sestupuje z konečného stavu – *úplné nápravy*: odtud nás přitahuje k sobě.

Stavy, které každý z nás neustále vnímá (přejeme-li si studovat nebo ne, zda je nám dobře nebo špatně nebo zda se věnujeme něčemu jinému) nám připadají spontánní, chaotické. Ve skutečnosti to tak není: každý náš stav se projevuje na základě Vyšší síly, čili působením našeho naplněného napraveného stavu vzhledem k naší současnosti.

V kabale i v duchovním světě jako celku existuje zákon, který praví: „v duchovním není zánik." Nacházíme se v plně napraveném stavu, což je jediná existence. Všechny ostatní stavy, které pociťujeme, jsou klamné a nezbytné pouze proto, abychom je zhodnotili a zatoužili správně odhalit náš jediný stav jako plně napravený, dokonalý a věčný.

Takže se na úrovni Stvořitele nacházíme v naprosto dokonalém jedinečném stavu. Sami však ho ještě nemůžeme odhalit, čili se *vrátit z nevědomého stavu do záměrného*. Daný proces má také název: „*tšuva*" (návrat). Tento návrat pociťujeme.

Kapitola 19. Duchovní dosažení metodou podobnosti vlastností

Přehled

19.1. Odhalení úmyslu – v dosažení Cíle
19.2. Stupně dosažení duchovní reality – 19.3. Vzestup po stupních
19.4. Dva aspekty síly, která působí na člověka – 19.5. Systém světů – systém vztahů člověka se Stvořitelem – 19.6. Ukrytí a odhalení Stvořitele
19.7. Odhalení pocitů závisí na záměru – 19.8. Život v záměru
19.9. Záměr – pocit nebo rozum? – 19.10. Práce se záměrem
19.11. Kvalitativní a kvantitativní hodnocení v záměru
19.12. Duchovní svět je světem záměrů – 19.13. Rozdíl mezi dvojnásobným a jednoduchým ukrytím – 19.14. Vytvoření záměru
19.15. Otázky a odpovědi – Test – Doplňující studijní látka

19.1. Odhalení úmyslu – v dosažení Cíle

Je známo, že ukončení děje a jeho výsledek existuje již v prvopočátečním úmyslu. Dejme tomu, že si člověk před sebe klade cíl – postavit dům a v mysli si ho představuje. Vychází-li z toho, plánuje výstavbu, aby úspěšně dospěl k vytýčenému cíli.

Ve vesmíru je to také tak: na základě vyjasnění Cíle se stává pochopitelné, že je posloupnost Stvoření ve všech svých projevech přesně stanovena předem a v souladu s Cílem, podle kterého se lidstvo bude rozvíjet a pozvedávat ve vlastnostech odevzdání do té doby, dokud nebude schopno pocítit Vyšší řídící sílu jako svého bližního.[484]

---

[484] **Bližní** – ten, jehož přání jsou nejbližší a podobné s přáními člověka. Blízkost a vzdálenost se tudíž měří stupněm shody, podobností vlastností (vlastností nebo přání – to je totéž).

Vlastnosti odevzdávání jsou člověkem nabývány postupně. Člověk zdolává stupně žebříku jeden za druhým, pokud nedosáhne svého cíle. Množství a kvantita těchto stupňů jsou určeny dvěma skutečnostmi:

1. Přítomnost materie – posloupnost odhalení *Vyššího světla* Shora dolů, od Počátečního zdroje, jenž přesně určuje míru a kvalitu *Světla*, vycházejícího z podstaty Stvořitele. Ve *Světle* probíhají ukrytí jedno za druhým, dokud z něho nevznikne materiální realita a materiální stvoření.
2. Přítomnost Vyšší mysli – po procesu sestupování začíná etapa vystupování, kterou reprezentují stupně žebříku,[485] a v souladu s nimi se lidstvo postupně rozvíjí a pozvedává, dokud nedosáhne *Cíle Stvoření*.[486]

Obě tyto skutečnosti se v kabale prozkoumávají ve všech svých dílčích projevech a podrobnostech.

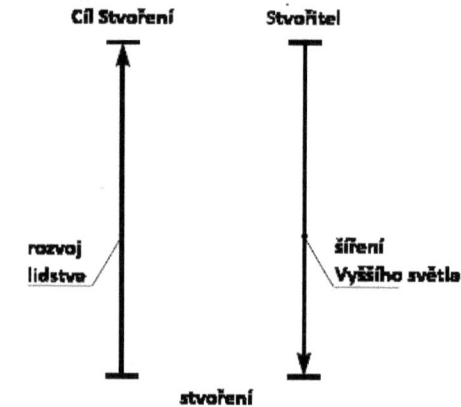

Obr. 19.1. *Stupně poznání Shora dolů a zdola Vzhůru.*

---

[485] **Stupně žebříku** – úrovně přání odevzdávat, které člověk nabývá. Od Stvořitele do našeho světa existuje 5 stupňů, které se nazývají světy. Každý z nich má svoje dílčí stupně, které nazýváme *Parcufim* a každý dílčí stupeň má svoje podstupně, pojmenované *Sfirot*. To znamená, že dohromady od nás ke Stvořiteli jich je: 5 x 5 x 5 = 125 stupňů.

[486] **Cíl Stvoření = Myšlenka Stvoření** spočívá ve spojení se Stvořitelem: v potěšení se Jeho dokonalostí (a stane se naší dokonalostí v důsledku nápravy a podobnosti Jemu).

19.2. Stupně dosažení duchovní reality

Ke stupňům řadíme jak šíření *Světla* Shora dolů (čili všechno ukryté v těchto stupních), tak i odhalení zdola Vzhůru (čili všechno, co člověk rozkrývá během stoupání po těchto stupních).

To znamená, že každý stupeň k sobě přiřazuje všechno existující, počínaje daným stupněm a konče *světem Nekonečna*, takže všechno to, co se nachází pod ním až k nejspodnějšímu bodu. V každém stupni se uchovávají všechna ukrytí *světa Nekonečna*, čili v potenciálu pociťuje všechny *protikladné strany (Achorajim) Světla*,[487] které z něho vycházejí do Nekonečna. Tyto protikladné strany *Světla* v podstatě representují ty úrovně, přání, nápravy, které je třeba uskutečnit.

Počínaje prvotním, jsou ve skutečnosti všechny stupně, kterými člověk prochází na své cestě, odhalováním mysli Stvořitele. Jak Ho člověk odkrývá, získává něco nového.

Samy o sobě jsou duchovní stupně neživé (*Domem*) objekty, vnitřní i vnější podmínky vytvořené kolem člověka stoupajícího po stupních, které je jeho duše povinna pocítit jako svoje vnitřní a vnější dispozice.

19.3. Vzestup po stupních

Pro člověka, který dosahuje stupeň za stupněm, již samy stupně reprezentují podmínky odhalení a ukrytí, poněvadž jsou vytvořeny z materiálu, kterým je přání přijímat.[488]

Podmínky odhalení jsou vnitřní stavy, které člověk již získal do současného stupně, a které se v něm nacházejí jako něco jemu vlastního. Ukrytí začíná od nynějšího stupně až Vzhůru do *světa Nekonečna*. Jsou to vnější podmínky, které ještě člověk musí nabýt a obrátit je na svoje vnitřní.

---

[487] **Opačná strana (*Achorajim*) Světla** – nenapravená část Kli, která ještě není připravená k odhalení duchovního poznání.

[488] **Přání přijímat** – nezaplněný prostor, prázdné místo, které se snaží samo sebe naplnit, získat potěšení. Materiál veškerého Stvoření.

Člověk, který stoupá po stupních, k sobě musí připojit podstatu každého stupně a zobrazit ji ve svém přání přijímat, aby získalo vlastnosti tohoto stupně.

Jestliže se člověk (čili přání přijímat) nachází na určitém stupni, který je vůči němu vnějším objektem, přání přijímat nabývá vlastnosti daného stupně. To se děje díky tomu, že člověk pracuje proti přání přijímat, přeje se napravit, vynakládá úsilí kvůli tomu, aby nabyl podstatu stupně. Takto se člověk na každém stupni stává nejen pouze aktivní složkou, ale získává také z podmínek a odhalení obsahu daného stupně *Světlo NaRaNChaJ*.[489]

Při neúčasti člověka na každém stupni, pociťuje jenom podmínky, jinak nic. Když se však člověk do nich zapojuje, přiřazuje tyto podmínky k sobě a obrací svoje přání přijímat na vlastnosti Stvořitele, které odpovídají danému stupni. V tom případě získává mnohem větší *Světlo*, než které existovalo ve stejném stupni. Děje se to díky tomu, že člověk pracuje s přáním přijímat, vyvíjí úsilí[490] pro jeho překonání, takže získává vlastnosti stupně, které jsou znásobené množstvím vlastního úsilí. Proto musíme rozpoznávat všechny *světy* jako stupně přípravy, které vně člověka existují pouze podmíněně, v potenciálu, ale nikoliv samy o sobě.

Analogické činnosti člověk uskutečňuje také v *našem světě*, snaží-li se změnit: disponuje různorodými vnitřními kvalitami, začíná je vylepšovat, napravovat, snaží se je utřídit podle nějakého vzoru, který si pro sebe určil jako žádoucí úroveň. Jestliže se člověk postupně pozvedává k tomuto napravenému vzoru, bere na vědomí všechny okolnosti, podmínky i vlastní vlastnosti a postupně je jednu po druhé napravuje.

Jestliže člověk vychází ze své přirozenosti, vlastních počátečních podmínek, je povinen projít a překonat všechny stavy, které v něm existují v potenciálu. Když však tytostavy nerealizuje, pak neexistují.

Úplně stejně také existují všechny *Vyšší světy* a jejich stupně samy o sobě, vně člověka, výlučně jako možnosti, nerealizované podmínky. Jestliže člověk napravuje sám sebe a nabývá rozpoložení, která odpovídají těmto stupňům, reálně vytváří jejich platnost, formuje je. Všechny stupně

---

[489] **Světlo *NaRaNChaJ*** – pět podob Světla *Or Nefeš, Or Ruach, Or Nešama, Or Chaja, Or Jechida*, pociťování v souladu s pěti stupni clony.

[490] **Úsilí** (hebrejsky *Igija*) – práce zaměřená na změnu svojí přirozenosti: přání přijímat – na přání odevzdávat.

a všechny stavy existují pouze pro člověka, který jich dosahuje. Vyšší svět člověka existuje pro toho, kdo tento stupeň realizuje z *Rešimot*, z podmínek, které uvádí do chodu vůči sobě samému.

Bez zřetele na subjekt nemůžeme o stupních hovořit, protože existují pouze jako nerealizované podmínky. Proč jsou tedy pro každou *duši* stvořené stejné stupně? Jedná se o to, že v konečném výsledku pocházejí všechny duše z jedné celkové *duše Adam HaRišon*.[491] Když tato *duše* ztratila *clonu*, ztráta postupně probíhala v napraveném přání přijímat až k tomu, kdy se stalo nenapraveným. To znamená, že pokles úrovně, pád, rozbíjení přání[492] přijímat se uskutečňovalo postupně a díky tomu se vytvořily všechny úrovně rozbíjení.

Poté, co vznikla tato skutečnost a začala se napravovat ve svém vnějším projevování, čili když se začaly vytvářet *světy*,[493] vznikaly také v souladu se stupni rozbíjení. Co se týče *duší*, tyto *světy* existují jen za podmínky, že *duše*[494] nabývá jejich vlastnosti.

Dostáváme se k tomu, že stupně *světů* a stupně *duše*, která je zavázána stupně světů nabýt, jsou totéž. Každý stupeň k sobě přiřazuje podmínky, které již získaly *duše* při vzestupu z nižšího bodu na daný stupeň a také podmínky, které se ještě před ním nacházejí v ukrytí do samého *světa Nekonečna*.

---

[491] **Adam HaRišon** – Stvořitelem stvořená jediná duše, jediné přání, naplněné celkovým Světlem (potěšením).

[492] **Rozbíjení přání** – změna záměru v přání: z „pro odevzdávání" k „ pro přijímání". Úsilí po sebenaplnění požitky a potěšením, využívání k tomu účelu všech ostatních, ztráta úsilí ke spojení kvůli tomu, aby se potěšil Stvořitel. Ve skutečnosti to znamená, že se nerozbíjí přání, ale clona, síla odporu proti egoismu; mizí svazující článek mezi přáními, altruistická součinnost se zaměňuje za egoismus.

[493] **Svět, světy** (hebrejsky „*Olam*" – ze slova „skrytí") – každý ze světů se skládá z množství stádií oslabení (skrytí) Světla Stvořitele.

[494] **Duše** – duchovní orgán, který vzniká v člověku, jenž se nachází na tomto světě. Zrození duše znamená, že se v něm postupně, na základě vlivu duchovních sil objevují pocity nových – altruistických přání.

19.4. Dva aspekty síly, která působí na člověka

Dvě síly nás přivádějí k činnosti – kladná a záporná. Negativní síla je přirozená, přírodní, působí na nás neuvědoměle. Ve skutečnosti ji nevyužíváme, ale spadá, jak říkáme, pod „údery osudu", snažíme se od ní utéci. Pozitivní síla nás přitahuje k potěšení a my se snažíme ji využívat.

Chceme-li se rozvíjet k celkové nápravě a povýšit naši přirozenost, začínáme vnímat přitahující a postrkující sílu v jiné kvalitě – nikoliv jako přirozenou, která určuje naše negativní či pozitivní pociťování.

Sám pro sebe si určuji měřítko dobra a zla. Za zlo pokládám to, co mě oddaluje od Cíle a za dobré – všechno, co mě k němu může přiblížit. Přitom neberu v potaz pocity mého těla, nepřikládám význam tomu, cítím-li se komfortně nebo ne.

Musíme rozlišovat přitahující a postrkující sílu v souladu s tím, jak působí: z našeho souhlasu nebo bez něho, bez uvědomování si jejího vlivu na nás. Není třeba akceptovat vnímání toho, jaké pocity v nás přitom vznikají: šťastné nebo žalostné, prožíváme-li potěšení nebo utrpení.

Můžeme působení síly rozčlenit na pravdivé a nepravdivé. Jestliže je pocit, který ve mně vzniká pravdivý, má pro mne větší váhu než nějaký negativní pocit. Proto, abych splynul s pravdou, jsem připraven přemoci bolest, neboť její význam v mých očích převýší bolestné pocity. Jinak řečeno: když je pro mne nejdůležitější být v jednotě s pravdou, necítím bolest.

Takto člověk vchází při hodnocení svých rozpoložení do jiné dimenze. Neposuzuje na základě toho, zda pociťuje ve svých přijímajících *Kelim*[495] potěšení nebo utrpení, ale bere v úvahu pouze získání a naplnění altruistických *Kelim*:[496] přiblížení ke Stvořiteli nebo oddálení od Něho.

Etapy vývoje, při kterých člověk upřednostňuje přiblížení ke Stvořiteli, bez ohledu na pociťování prázdnoty ve svých přijímajících *Kelim*, vytvářejí

---

[495] **Přijímající *Kelim*** – nádoby vnímání, ve kterých je člověk schopen uskutečnit hodnocení stavů pouze tehdy, vychází-li z jejich „sladkosti" nebo „hořkosti", čili přirozený rozbor. Pozvednout se nad „živočišné" znamená jednat na základě kontroly podle škály: pravda-lež, blíže ke Stvořiteli či dále od Něho.

[496] **Altruistické *Kelim*** – vlastnosti Stvořitele, které získal člověk; přání odevzdávat.

stupně duchovního žebříku, po kterém stoupá z *tohoto světa* do *světa Nekonečna*, procházeje všechny *světy*.

19.5. Systém světů – systém vztahů člověka se Stvořitelem

Tímto způsobem v sobě rozvíjíme naprosto jiný systém hodnot, jenž nás povyšuje nad tělesné potěšení či strádání. Je to systém vztahů se Stvořitelem.

Takové uspořádání se nazývá systémem duchovních či Vyšších světů. Ve skutečnosti však vně nás neexistují žádné světy – všechny se nacházejí uvnitř nás. Nakolik mohu vybudovat vztah ke Stvořiteli, aby se nacházel za hranicemi mého přirozeného *Kli* a byl naladěný výše mého přání přijímat, natolik z této síly začínám odkrývat Jeho, svoje spojení s Ním. Různé stupně mého spojení se Stvořitelem se nazývají *světy*.

Každý stupeň jakéhokoliv *světa* mi říká, nakolik jsem se pozvedl nad přání přijímat, a to se nazývá mírou mého odhalení duchovního cítění. Tentýž stupeň nenapravenosti mého přání přijímat je míra ukrytí duchovního.

Interval, který jsem překonal v důsledku stoupání z *tohoto světa* do, řekněme, *světů Jecira, Bri'a*, určuje míru odhalení. Nakolik je pro mne spojení se Stvořitelem důležitější než pocity, natolik jsou moje *Kelim* přijímání prázdné. Od místa, kde se nacházím nyní, až do Nekonečna v sobě mám umístěnou skrytou část, ve které ještě nejsem schopen vykonat upřednostnění: zůstává prázdná pro možnost spojení se Stvořitelem, podobnosti s Ním, splynutí s Ním.

Všechny světy se nacházejí uvnitř člověka. Uvnitř sebe samých, výše našeho přání přijímat, budujeme celý systém vztahů se Stvořitelem. Nazývá se systémem duchovních světů.

Kabala učí: všechno, co existuje ve vesmíru, je deset *Sfirot*. *Malchut* jsme my, naše přání přijímat. Výše tohoto přání přijímat, v devíti prvních *Sfirot*,[497] vytváříme systém vztahů se Stvořitelem: jak nás ovlivňuje, jaký

---

[497] **Devět prvních *Sfirot*** – vlastnosti Stvořitele (přání dávat), vložené do stvoření (přání přijímat), vnitřní *Kli Parcufu*, předurčené pro Vnitřní světlo.

vliv máme my na Něho. Tomu, co vnímáme v devíti prvních *Sfirot*, také říkáme pociťování *Vyššího světa*.

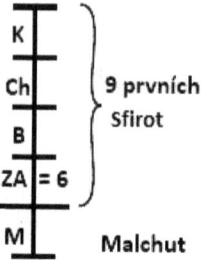

Obr. 19.2. Devět prvních Sfirot a Sfira Malchut (Ze'ir Anpin se skládá ze šesti Sfirot).

Kromě deseti *Sfirot* nejsme schopni pocítit nic. Vně nich se nachází Sám Stvořitel, jehož podstata pro nás zůstane nepostihnutelná. Jak Vyšší světy, tak i tento svět pociťujeme uvnitř sebe samých.

19.6. Ukrytí a odhalení Stvořitele

Čím hlouběji pronikáme do přírody, tím více se vzdalujeme od materie. Nad materií se nachází energie, nad ní informace a nakonec dospějeme k poznání „síly".

V přirozené přírodě působí dvě síly: síly, které pracují jakoby zvnějšku a síly, které přitahují k sobě. V *našem světě* také existují přitažlivé a odpudivé síly. Kromě toho však existují ještě síly, které existují pro sebe: vtahují nebo vystrkují.

V našem *světě* působí pouze vtahující síly, které pociťujeme. Síly duchovního *světa* předcházejí cíl vystoupení ven.

Prostě řečeno, síla, která působí v duchovním světě, se nazývá „záměr odevzdávání". Když říkáme, že si přejeme získat záměr, prostě se snažíme tuto sílu ovládnout, naučit se ji řídit. Kabala nás učí pouze toto.

Nyní žijeme uvnitř svého *záměru* (jenom egoistického) a vidíme *svět* skrze něj. Když v člověku chybí *záměr*, umírá. Ba'al HaSulam píše, že se síla života člověka určuje výlučně *záměrem*. Nakolik velké je přání člověka se zmocnit z tohoto *světa* všeho, natolik intenzivně v něm existuje, žije, pociťuje, přijímá ho. V míře toho, jak člověk v tomto *záměru* slábne, přestane tento *svět* vnímat, až do úplného přerušení spojení s ním. Pociťování sebe sama a *světa* se zachovává výhradně v závislosti na síle *záměru*.

Proto jediné, co musíme nezbytně učinit, je najít správný *záměr* pro pocítění *Vyššího světa*. Vibrace našeho *záměru* ohledně tohoto *světa* pociťujeme ve velikosti potěšení, pociťování života, nasycení. Čím je v člověku větší záměr, tím více je životaschopný, radostný, veselý, energický, žádoucí, pociťuje sebe sama a naopak. Síla vnímání života, míra jeho pociťování spočívá výhradně v *síle záměru*, který máme.

V duchovním *světě* se všechna spojení mezi duchovními objekty, mezi *dušemi* a Stvořitelem, projevují výlučně na základě síly *záměru*. Ba'al HaSulam píše: **„Nápravu odvěké přirozenosti člověka, jeho egoistických přání, je nezbytné uskutečňovat pouze ve jménu splynutí s Vyšší silou, ve jménu podobnosti s ní, nabýváním vlastností odevzdávání."**[498] Musíme vytvářet *záměr* poskytnout potěšení Stvořiteli, jako On si přeje dát potěšení nám.

19.7. Odhalení pocitů závisí na záměru

Chceme se pozvednout do prostoru duchovních sil a pocítit tam sebe sama, ačkoliv tam již ve skutečnosti existujeme, jenom to necítíme. Odhalení našeho pravdivého stavu je možné pouze v té míře, v jaké korespondujeme s *Vyšším světem*. I nyní vyplňujeme veškerý vesmír, nacházíme se ve stavu Nekonečna. Neděláme nic nového kromě toho, že vyjadřujeme možnosti svého pocitu, který se odkrývá úměrně síle *záměru*. Proto Ba'al HaSulam říká: **„Jestliže má člověk záměr splynout s Vyšší silou** (s tím, co nás naplňuje na úrovni *světa Nekonečna*)**, tento záměr ho také posunuje vpřed."**[499]

Přání se potěšit je v člověku stvořeno samotnou Vyšší silou a není k Ní protikladné. Nepotřebujeme napravovat naše přání, jak egoistická by byla. Žádné naše vlastnosti, i když nám připadají škodlivé nebo prospěšné, není nutné vymýtit nebo měnit.

Všechno, co je v člověku stvořené, je zadáno Shora v optimálním poměru. Pro nás je nezbytné jenom správné naladění na záměr

---

[498] *J. Ašlag:* Předmluva ke knize „Ústa moudrého", č. 4 // J. Ašlag. Dílo. Věda kabala. Mezinárodní akademie kabaly: Elektronický zdroj: http://www.kabbalah.info/rus(2006).

[499] Tamtéž, č. 6.

(jako přesným naladěním hudebního nástroje zabezpečujeme správné znění). **V míře naladění začneme odhalovat, že se všechny naše vlastnosti, všechna naše přání a veškerý náš egoismus ukazují přizpůsobeny k proniknutí do Vyššího světa, že jsou vhodné pro jeho vnímání i pro naši existenci v něm. Proto je třeba zvažovat a strachovat se pouze o správný záměr. Čím přesněji člověk sebe sama napravuje, tím lépe vidí, nakolik je v něm vše stvořeno v souladu s cílem proniknout do Vyššího světa.**

Přání se potěšit je v člověku stvořeno samotnou Vyšší silou a není k ní protikladné. Jejím protikladem je *záměr* se těšit *ve prospěch sebe sama*. Právě to je egoismus. Přání se těšit je v nás stvořené Stvořitelem a nemá žádný vztah k egoismu, ani k altruismu. Přání se potěšit je neposkvrněné, jedná se o materiál, na kterém vytváříme *záměr*. Proto lidé, kteří se v sobě pokoušejí přání potlačit, neboť se domnívají, že tímto způsobem budou stoupat k duchovnímu *světu* (pokládají takový patologický asketismus za ctnost), naopak ničí základ, na kterém je možné vypěstovat správný *záměr*.

Učení a metodiky, které rozšiřují potřebu likvidování přání a omezování sama sebe ve všem, ničí samu možnost vytvoření *záměru*. Jsou proto ke kabale protikladné. V kabale nejsou uznávány žádné půsty ani omezování.

19.8. Život v záměru

Je třeba se úplně přestat starat o své myšlenky a přání, protože přicházejí Shora. Myšlenky jsou duchovní geny, které se projevují uvnitř nás a ustavičně se rozvíjejí. Není potřeba kontrolovat tekoucí myšlenky, protože nevíme, jaké by ve skutečnosti měly být. Dokonce neznáme ani to, která z nich je lepší a která horší. Pouze *záměr*, jenž směřuje k Cíli, určuje vše, co se nachází pod ním: přání, myšlenky i činnosti, které člověk uskutečňuje.

Proto je první a nejdůležitější dovedností pro budoucího kabalistu povznesení se nad vlastnostmi, přáními i myšlenkami a existování pouze v záměru. Člověk se tímto způsobem rázem přenese na následující úroveň.

Není třeba vše vztahovat k tomu, co existuje před naším zrakem – k materii *našeho světa*. Je třeba pracovat s její derivací – se *záměrem*. Tehdy bude člověk jinak vnímat to, co se s ním děje. Nezačne předkládat stížnosti Stvořiteli nebo okolní společnosti za to, že byl stvořen s takovými vlastnostmi, které vycházejí najevo během různých okolností. Nebude hodnotit nic, co se s ním děje a rozdělovat to na dobré a špatné. Začne přemýšlet jenom o tom, jaký *záměr* má očekávat, co je v sobě zavázán vidět a určit. To přepojuje člověka z otázky: „Co získávám od celého *světa* a od Stvořitele?" na otázku: „Kam zaměřuji to, co přijímám, jaký k tomu mám vztah a kde se každou sekundu nacházím?"

Odhalení našeho vztahu se *záměrem*, splynutí, sjednocení s ním, člověka rázem odtrhává od jeho egoistických vysvětlení: „Kdo jsem já, proč a co mi nestačí?". Posunuje se na úplně jiný stupeň, kde si stanoví otázku: „Kvůli čemu pracuji, kam sám sebe zaměřuji každý okamžik života?".

Začíná sebe sama v souladu s tímto zaměřením orientovat. Když se člověk soustředí výhradně na zaměření „kam", začíná pociťovat, že se ocitl v jiném prostoru (jako odvozený diferenciál). Dostal se na jinou úroveň a pocítil prázdnotu. Tehdy musí člověk v tomto prostoru určit, kam a jak se nasměrovat.

Pak je vhodné se intenzivně zabrat do kabalistických zdrojů, což orientuje jeho *záměr* v tomto jiném prostoru – v prostoru *záměru* – na žádoucí cíl. Zde se v člověku objevuje nový pocit. Začíná tento *prostor záměrů* rozdělovat na všemožné orientační body. Vzniká v něm pocit *uvnitř záměru*: více k sobě, více k druhým, více ke Stvořiteli, působím na sebe tak, působím na sebe jinak. Člověk začíná žít výhradně ve *vektoru záměru*, jehož správné definování představuje jeho posunutí.

Technika vystoupení do *Vyššího světa* spočívá výlučně v jednom – v záměru ke Stvořiteli. Dosáhne-li člověk potřebného stavu, odhaluje, že se vše ostatní – sám Stvořitel, lidská materie – ukazuje předurčené, absolutně odhalené a na něm nezávislé. Veškerý život člověka spočívá pouze v bodu kontaktu se Stvořitelem, který je určen *záměrem*.

Nezávisle na okolnostech, do kterých člověk upadá, vnímá veškerý svůj život jen skrze tento bod kontaktu, a tam už se odhalují *světy Asija, Jecira, Acilut, Adam Kadmon* a *svět Nekonečna*. Tento bod se ukazuje jakoby následnou derivací *záměru*: právě zevnitř samotného *záměru* člověk začíná vytvářet svůj budoucí *svět*.

Může se nám zdát nepřirozené, že se člověk neustále soustředí na svoje vnitřní myšlenky, odchází od života, uměle se noří do nějakého vnitřního pocitu. Ve skutečnosti prohlubuje *záměr*, pozorně prozkoumává svůj vztah k přírodě, postupně se začíná spojovat se silou, která ho stvořila. Čím hlouběji se člověk zapojí do svého *záměru*, tím jasněji vidí, že se navrací cestou rozvoje veškeré přírody k *záměru Stvořitele*.

Vzniká to, že se veškerý materiál *našeho světa* posouvá společně s člověkem po stupních sestupování skrze světy *Asija, Jecira, Bri'a, Acilut, Adam Kadmon* a *svět Nekonečna* nazpět, vzápětí za *záměrem* člověka. Jakoby s sebou přitahuje veškerou materii *světa* a prochází skrze všechny *světy* do *světa Nekonečna*.

Poté ve svém *záměru* přechází až do *světa Nekonečna*, dostává se k prvopočátečnímu *záměru* Stvořitele, se kterým stvořil celý vesmír. Tam také probíhá plné splynutí *záměru* člověka se *záměrem* Stvořitele. Člověk se vrací do toho bodu, který Stvořitel stvořil: *něco z ničeho*,[500] a potom stoupá i nad tento bod do *záměru*, se kterým ho On vytvářel. Takto člověk úplně splývá se Stvořitelem, neboli s Jeho Myšlenkou, s tím *záměrem*, který předcházel našemu zrození jakoby z „ničeho".

Vycházíme z pocitů materiálního *světa*, rozeznáváme celý vesmír v mezích našich pěti smyslových orgánů, ale chceme ho pocítit v šestém smyslu – prostřednictvím *záměru*.

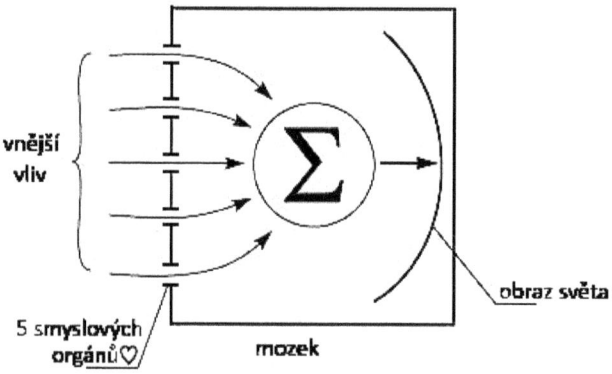

Obr. 19.3. *Pociťování vesmíru prostřednictvím pěti smyslových orgánů. Jejich součet (suma) nám poskytuje zobrazení našeho světa.*

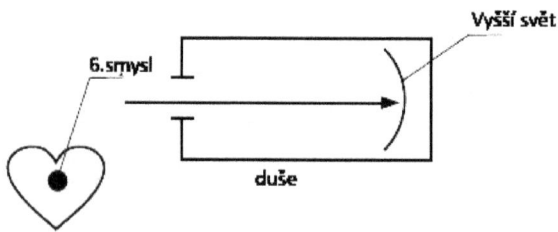

Obr. 19.4. *Pociťování vesmíru v šestém smyslu (prostřednictvím záměru).*

---

[500] **Něco z ničeho** (hebrejsky „*Eš Mi Ajn*") – přání se potěšit, stvořené Stvořitelem z ničeho, z „nuly", čili úroveň absolutně protikladná Jeho vlastnostem dávat. Toto přání neexistovalo dříve, do Myšlenky Stvoření.

Když se člověk, nikoliv jednoduše, odtrhává od možností svých pěti smyslových orgánů a přechází do šestého, přestane cítit *svět* prostřednictvím vlastních přirozených vlastností. Začne ho vnímat pouze skrze svůj vztah ke Stvořiteli a přechází *Machsom*.[501] Když člověk překoná tento práh, kde se identifikuje se stvořením, které bylo stvořeno z „ničeho", přechází ke ztotožnění sebe sama se Stvořitelem. To je také Cíl, kterého musíme dosáhnout.

Z našeho nynějšího stavu až do toho pro nás nejvzdálenějšího neexistuje jiný úkol kromě neustálého prohlubování toho, v jakém vztahu jsme k sobě, ke svému okolí a ke Stvořiteli.

Jaký cíl sleduji v každé své činnosti, skrze svoje libovolné přání, skrze veškeré pociťování *světa*? Čím intenzivněji od sebe začnu vyžadovat odpovědi na podobné otázky, tím rychleji budu stoupat nad materii, na kterou nebudu při vnímání brát ohled.

19.9. Záměr – pocit nebo rozum?

Říkáme, že se musíme vymanit z navyklého vnímání *našeho světa* a začít pociťovat *Vyšší svět*, Stvořitele. Právě pociťovat! V takovém případě se může zdát, že *záměr* není pocit, ale myšlenka, práce rozumu, zkoumání. Tak to však není.

Nyní pociťujeme, že se nacházíme v určitém stavu vůči okolnímu *světu*, taktéž i jeho vůči nám. Všechny tyto pocity zmizí. Musíme vystoupit na následující stupeň vnímání, kde tyto pocity začneme hodnotit naprosto jinak.

I bez zapojování rozumu se mohu cítit pohodlně jak ve vztazích s okolím, tak i sám o sobě. Potom ještě znenadání připojím jakýsi doplňující parametr. Začínám ho pociťovat již nikoliv svými smysly, ale skrze určitý postoj, skrze svůj cíl neboli skrze cíl, který může být sledován druhými. Ptám se: „Co mne čeká? K čemu je to a pro co? Co mi v tom hrozí? Čím je tento stav vyvolán?" V *našem světě* vždy uvažujeme takto. Takové posuzování vznikajících skutečností probíhá pouze ve vztahu k sobě

---

[501] ***Machsom*** – hranice mezi pocity, které vznikají prostřednictvím pěti smyslových orgánů, pocitem „tohoto světa" a pocitem v „šestém orgánu", pocítěním „Vyššího světa".

samému a je egoismem, ale posouzení stejných skutečností vůči Stvořiteli je altruismus.

Záměr neničí přání. Přání úplně nezmizí, ale stane se zcela napravené, tudíž se absolutně změní pociťování sebe sama a světa. Pouze sám záměr může proměnit pocit na protikladný.

Totéž probíhá i v *našem světě*. Mohu hodnotit objekt v té míře, v jaké je pro mne přijatelný nebo užitečný. Jestliže si přesně představuji jeho prospěch nebo újmu, budu ho milovat nebo nenávidět. Dejme tomu, že mám rád sladké, ale hodnotím jeho škodlivost z hlediska svého zdraví a ve výsledku ho odmítám, jakoby nenávidím.

Pozvedneš-li se na následující úroveň a začneš-li všechno rozpoznávat skrze *záměr*, prakticky v něm existuješ a jeho prostřednictvím posuzuješ to, co se s tebou děje. Doslova vidíš *svět* skrze jiné sklo – právě tak se musíme snažit dívat.

V té míře, v jaké posuzuješ sám sebe skrze záměr, máš právo se nazývat člověkem, jenž postupuje cílevědomě.

Poté, zásluhou okolí a s pomocí kabalistických knih, člověk formuje směr svého *záměr*u, a tehdy je možné říci, že míří k Cíli.

Dokud člověk nezačne existovat uvnitř *záměru*, prostě žije ve svém materiálu – v přání se potěšit, nepozvedává se nad něj. To znamená, že se sebou ještě vůbec nepracuje. Nemusí brát zřetel na veškerý materiál, který se v něm nachází. Pocit, jenž vznikne skrze *záměr*, ho sám povede vpřed. Člověk náhle začíná rozumět tomu, co se nachází v jiné dimenzi, posuzuje jinak sebe i své okolí. Vystoupení na takový rozsah dimenze je možné výlučně skrze *záměr*.

19.10. Práce se záměrem

Proč však bývá tak složité udržet dokonce i egoistický *záměr*, nemluvě o záměru pro Stvořitele? Děje se to proto, že se tímto způsobem člověk zvedá nad *živočišnou* úroveň. Na *živočišné* úrovni *záměr* chybí. Nechápe, co znamená mít *záměr* k něčemu, někomu, k sobě či k druhým. *Člověk*, jenž žije podobně jako *živočich*, nepřemýšlí, proč existuje. Má egoistické *záměry*, které se probouzejí samotným egoistickým materiálem – přáním se potěšit. Nepěstuje v sobě *záměr* „pro co, proč, ve jménu čeho". Je to nejpohodlnější, nejnižší, nejjednodušší způsob existence. Veškerá naše přirozenost k tomu ve skutečnosti přispívá. S tím se nedá nic dělat.

Jsme však povinni se jakýmikoliv prostředky neustále kontrolovat: kvůli čemu jsem se nadechl – vydechl, změnil se, otočil

se, popřemýšlel, něco učinil. Je třeba usilovat o vykonávání sebemenšího vnitřního nebo dokonce automatického, vnějšího pohybu v záměru, z nějakého úmyslu. Je nezbytné neustále sledovat, aby jakékoliv tvoje vnitřní či vnější činnosti, které uskutečňuješ na úrovni síly, úmyslu, myšlenky, přání, na úrovni fyzického činu, vždy doprovázela otázka: „Kvůli čemu?".

Tehdy se pozvedáváš. Již neobracíš pozornost na samotné události a na svoje myšlenky. Zajímá tě celkový směr. Odpoutáváš se od fyzických činností a od myšlenek, které se objevují náhle, od všeho, co je uvnitř tebe. Začínáš rozumět tomu, co je *Rešimot*, které se v každém z nás po řetězci neustále, každou vteřinu realizují a přestaneš na ně obracet pozornost. Znepokojuješ se pouze tím, abys nepřestal sledovat svůj *záměr*, svůj cíl. Tento vstup do neustávající sebekontroly v *záměru* je prvním vzestupem člověka nad jeho obyčejný život.

19.11. Kvalitativní a kvantitativní hodnocení v záměru

V žádném případě není třeba si myslet, že se s námi něco stane ve stavu, ve kterém se nacházíme. Výstup do duchovního *světa* je silový průlom, který se může uskutečnit pouze prostřednictvím seriózního úsilí v *záměru*. Každý *záměr* je možno posoudit z hlediska kvality i kvantity. Kvantitativní posouzení: Jak často se pokouším sám sebe „udržet". Kvalitativní posouzení: Do jakého stupně mohu shromáždit, zformovat, lokalizovat všechno vnitřní úsilí, abych existoval uvnitř tohoto *záměru*.

Ba'al HaSulam říká, že základní *záměr* vzniká během učení. Právě v tom čase na nás sestupuje Or Makif,[502] čili altruistický *záměr*, který vychází ze Stvořitele. Jen ve Stvořiteli není materie, nad kterou je třeba se pozvedávat, nýbrž samotný altruistický *záměr* – přání potěšit, ale bez materiálu – je Stvořitel.

Pozvolna měníme navyklé osobní hodnocení. Když se během učení pokouším udržet ve svém *záměru*, snažím se Shora získat sílu, která mi pomůže. Takto se snažím přivést sebe sama k *záměru* Stvořitele. Dále, na

---

[502] *Or Makif* (Obklopující světlo) – Světlo, jež je předurčeno pro odění se do stupně, ale je zatím zadržováno za jakousi hranicí v něm, čili se nachází vně *Kli*, ale svým tlakem nutí *Kli* ke změně, k očišťování.

následujících stupních, to začínám pociťovat ve svém zaměření, ve své prosbě o nápravu, ve svém *záměru* vůči Stvořiteli. Ten se mění ve *Kli* a *záměr* Stvořitele se vůči mně stává *Světlem*.

Tímto způsobem přecházíme z úrovně, na které se nyní nacházíme a posuzujeme skutečnost, na úroveň dvou *záměrů* – mého a Stvořitelova. Na této úrovni s Ním jsme v kontaktu, neboť nás poutají nejen *záměry*, ale i síla našeho spojení – v podobnosti *záměrů*. Je to *záměr odevzdávání*.

19.12. Duchovní svět je světem záměrů

Celý duchovní *svět* je *svět záměrů*. Záměr se nazývá *clona*[503] a *Odražené světlo*.[504] Ukrytí a odhalení se také uskutečňuje v *záměru*. Vzniká zde otázka: ukrytí Stvořitele – je to *záměr*? Odhalení – je to *záměr*? *Záměr* – je *Kli*, uvnitř kterého vychází najevo moje egoistická nebo altruistická zaměřenost. Uvnitř ní se dále odkrývá *Světlo*, Stvořitel.

Stvořitel není prostě jen vlastnost dávání, nýbrž stav, ve kterém se člověk nachází, když tuto vlastnost nabyde. Existuje vlastnost a uvnitř této vlastnosti je pocit.

Nyní jsem získal nějakou novou vlastnost. Co v ní pociťuji? Připusťme, že jsem měl poškozený sluch a teprve teď jsem začal slyšet, vnímat zvuk. Kromě samotného ucha zde ještě existuje pocit uvnitř tohoto smyslu. *Záměr* je tudíž samotným orgánem, šestým smyslem, o kterém jsme hovořili, a ve kterém pociťuji Stvořitele.

Existuje dvojnásobné a jednoduché ukrytí, které předchází odhalení – projevení mých opravdových *záměrů*. Nacházím se v nějakém stavu. Prozkoumám ho a objevím, že je můj *záměr* protikladný vůči *záměru* Stvořitele. Zjišťuji, čili odhaluji, že je můj *záměr* protikladem *záměru* Stvořitele. Objevení své protikladnosti ke Stvořiteli se nazývá odhalení ukrytí. Moje protikladnost ke Stvořiteli vyvolává ukrytí Stvořitele. To, co

---

[503] **Clona** – „síla zkrácení", která se ve stvoření probouzí vůči Vyššímu světlu s cílem zabránit potěšení sebe samého. Síla překonání, odpor k egoismu (k přání přijímat pro sebe sama).

[504] **Odražené světlo** (*Or Chozer*) – „*Or*" – potěšení, „*Chozer*" – vracející se, čili Odražené světlo – přání poskytnout potěšení Stvořiteli stejně, jako On ho poskytuje mně.

nazýváme „dva stupně", „dvojnásobné ukrytí" a „ jednoduché ukrytí", je ve skutečnosti odhalením našeho stavu.

19.13. Rozdíl mezi dvojnásobným a jednoduchým ukrytím

Ba'al HaSulam o tom hovoří velmi jasně. Jestliže posuzuji vztah Stvořitele ke mně takto: opravdu prakticky neexistuje (On neřídí *svět* a *svět* je špatný), jedná se o *dvojnásobné ukrytí*. Při *jednoduchém ukrytí* si představuji, že Stvořitel řídí *svět*, ale že je *svět* špatný.

Dvojnásobné ukrytí je ukrytí jak na *kvalitu řízení*, tak na *Řídícího*, to znamená, že Sám Řídící neřídí *svět* a *svět* je špatný. Jednoduché ukrytí – Stvořitel existuje, řídí *svět*, ale špatně. Tato ukrytí pociťuji ve svém *záměru* v závislosti na tom, zda je můj *záměr* protikladný vůči Stvořiteli v jednom parametru nebo v obou najednou.

Celý vesmír, celý svůj život pociťuji jenom ve svém *záměru*. Kdyby byl můj *záměr* složen z pěti vektorů, pociťoval bych *svět*, který existuje kolem mě, v pěti projekcích. Poněvadž se vůči Stvořiteli skládá pouze ze dvou vektorů (naplnění a naplňujícího), mohu svůj *záměr* určit pouze dvěma vektory a právě takovým způsobem Ho pocítit.

Moje přání přijímat je stvořeno takovým způsobem, že v něm pociťuji naplnění i naplňujícího, čili se zde vyskytují dva parametry. Jestliže jsem ve svém vztahu ke Stvořiteli protikladný v obou parametrech, pociťuji dvojnásobné ukrytí.

Pociťuji nesprávný *záměr*, a proto vnímám Stvořitele jako ukrývajícího se: cítím se špatně ve *světě*, ve kterém je pro mne Stvořitel skryt. Jestliže směřuji ke Stvořiteli správně a snažím se Ho ospravedlnit, tak v míře Jeho ospravedlnění začínám pociťovat, že je *svět* Jím řízen, pouze vnímám toto řízení jako špatné.

Totéž rozpoznávám vůči společnosti. Jakým způsobem vstupuji do dvojnásobné nebo jednoduché úrovně *odhalení svého ukrytí vůči bližnímu*? Když pociťuji sebe a je jako vzájemně si dávající nebo jsou dávající jenom oni (se správným záměrem nebo s egoistickým). To se automaticky přenese na Stvořitele a určuje míru *dvojnásobného* či *jednoduchého ukrytí*.

Proč je pro mne nyní Stvořitel ukryt dvojnásobně a může být ukryt ještě více? Protože nemám žádný vztah ke společnosti, nemám s ní společné *Kli*. Společné *Kli* může být založeno výlučně na sjednocení dvou částí, jelikož proběhlo rozbíjení a *Kli* se rozpadlo na množství částí.

Jakmile se pokoušíš spojit svými *záměry* dvě části, projeví se derivace, která se nazývá *záměr*. Právě to je *Kli*.

Proto vždy zobrazujeme přání a nad ním *Odražené světlo*, ve kterém je pociťován Stvořitel. *Světlo* nevchází do samotného přání. *Vnitřní světlo*[505] je následkem toho, co probíhá nad přáním v záměru. *Nádoba* – je náš záměr, nikoliv samotné přání. Přání není místo, kam je možné obdržet *Vyšší světlo*.

Takto se v mém vztahu ke společnosti (mám-li k ní správný *záměr*) vytváří ze vzájemného spojení nová *nádoba* – duchovní. Může existovat výhradně na základě *spojení*. Tato duchovní nádoba se vytváří vektory naší součinnosti.

Představte si číši, která je rozbitá na kousky. Pokoušíme se ji složit a části spojit. *Kli* je v daném případě *záměr*, místo, kde se projevuje Stvořitel, kde se projevuje *Vyšší světlo*. Nikoliv v samotném přání, nikoliv v oddělených kouscích, ale v záměru! Proto hovoříme o *záměru* jako o derivaci, o tom, co nezbytně musíme vybudovat.

19.14. Vytvoření záměru

Samotné *Kli* je stvořeno Stvořitelem. Jestliže si přejeme být rovni Stvořiteli, zdokonalujeme sami sebe výhradně jako *záměr*. Člověk o sobě musí přemýšlet jako o *záměru*. Moje „Já" není přání ani vlastnost, je jím právě *záměr*.

Všechny naše vlastnosti jsou stanoveny zvenku. Nacházejí se pod vládou Stvořitele, nemusíme s nimi nic dělat. To, co pochází od Stvořitele, není potřeba napravovat. Jediné, co od Něho nepochází, je záměr; ten musíme vytvořit sami.

---

[505] **Vnitřní světlo** – Světlo (potěšení), které vchází dovnitř napraveného těla (přání).

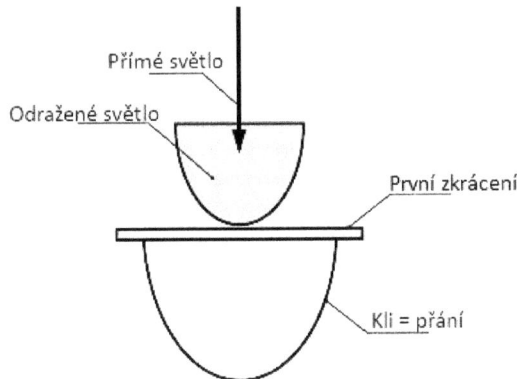

Obr. 19.5. *Kli – přání a obdržení Světla nad ním v nádobě – záměru.*

Rozbíjení *Kelim* nám poskytuje možnost to pocítit. Vytváříme něco nového. Stvořitel tuto číši rozbil a my ji jakoby znovu spojujeme. Ve skutečnosti ji nespojujeme, ale odhalujeme naprosto nové vlastnosti, které se nazývají *„Adam" – člověk*.

Připodobňujeme se Stvořiteli: vytváříme něco naprosto nového, co ani v zárodku nepochází od Stvořitele. Je to derivace, která vůbec nikdy ve stvoření neexistovala: altruistické a egoistické vlastnosti se mezi sebou spojily, a tím zrealizovali derivaci – jiskru, ze které můžeme vytvořit *záměr*, novou nádobu, nový stav, nové stvoření.

V současném stavu ještě nejsme stvoření, neboť nemáme nic nezávislého, samostatného. Jsme roboti, derivacemi Stvořitele. V našem stavu neexistují dobré ani špatné skutky.

Svoboda vůle spočívá v tom, abychom v sobě vytvořili záměr. V souladu s tím můžeme prožívat i stud pouze kvůli tomu. Všechny parametry naší samostatnosti, naší existence, našeho věčného života začínají vznikat pouze v záměru. Do té doby neexistujeme.

V duchovním *světě* existujeme jako zárodky, jako kořeny ve Stvořiteli. Takoví klesáme do *našeho světa* a materializujeme se. Při absenci *záměru* můžeme naši existenci v duchovním *světě* srovnat se semenem: jelikož je o semenu ve srovnání s dospělým člověkem těžké říci, že existuje, tak i my stěží existujeme, pokud jsme v sobě nerozvinuli *záměr* a nevytvořili ze sebe *Kli*. Všechny parametry, o kterých se hovoří v kabalistických knihách, mají smysl pouze uvnitř *záměru*: *duchovní Parcuf*,[506] obdržení *Světla* do něho atd. Abychom se připojili k duchovnímu *světu*, potřebujeme přestat přemýšlet jen v jednom směru.

Vně *záměru* neexistuje život – rozumí se tím kromě života na *tomto světě*, kde sami sebe pociťujeme jako živočichy. V tomto případě hovoříme o duchovním životě, který může být pocítěn a existovat výlučně v *záměru*. Míra tohoto *záměru* určuje míru našeho věčného života, míru naší dokonalosti, míru naší existence ve Stvořiteli.

Jakmile se připojíš k *záměru* a snažíš se sám sebe posuzovat prostřednictvím otázek: „Co chci? Kvůli čemu? Co určuje můj skutek? Kam musí být zaměřen chod mých myšlenek?", začínáš vcházet do naprosto jiného prostoru. Pouze tehdy je možné hovořit o dvojnásobném a jednoduchém ukrytí Stvořitele. Zde již toto všechno spatříme a určíme.

Jakmile vstoupíš do *záměru* a snažíš se ho rozvíjet, náhle cítíš, jak tě všechno, co jsi dělal dříve, začíná postrkovat a pomáhat ti.

Uvnitř tohoto prostoru vyvstávají nejrozmanitější pocity, vibrace: „Kam já? Jak já? Proč takto a ne jinak? atd. Začínáš tuto oblast formovat, žít uvnitř ní, stane se tvým světovým názorem – dokud se nezačnou odhalovat *světy*, čili úrovně ukrytí a odhalení Stvořitele.

Při odhalení Vyššího se vše plně napravuje protikladně k tomu, jak to probíhalo při ukrytí. Pouze odhalení Stvořitele mění z hlediska člověka jeho *svět*. Úrovně odhalení Vyššího řízení se nazývají *duchovní světy*.

Právě tuto změnu v nás musí uskutečnit kabala. V článku Ba'ala HaSulama „Podstata vědy kabaly"[507] je uvedena definice této vědy:

> **Tato moudrost představuje posloupnost sestupování kořenů, která je podmíněna spojením příčiny a následku, podřízena neměnným a absolutním zákonům, jež jsou spojeny mezi sebou a zaměřeny na vznešený, ale hluboce skrytý cíl, nazývaný „odhalení Božství Stvořitele Jeho stvořením na tomto světě".**

Tento svět a všechno, co v něm existuje, zůstává konstantní, připojujeme pouze odhalení Stvořitele v něm i v našich vlastnostech. Dochází k

---

[506] **Parcuf** = „duchovní tělo" – přání se těšit Stvořitelem, jež je vybavené clonou (čili schopné získat Světlo).

[507] **J. Ašlag:** Podstata vědy kabaly // Darování Tory. Jeruzalém, 1995 (hebrejština). Str. 36.

osobnímu odhalení Stvořitele každým jednotlivým člověkem a v pocitech se vše obrátí na protiklad. Fyzicky z *tohoto světa* neodejde, ale přejde na jinou úroveň odhalení Vyššího řízení.

19.15. Otázky a odpovědi

Otázka: Jaký musím mít vztah k tomu, co se děje ve světě?

Všechno, co se ve světě děje, člověk srovnává s různými příčinami. Přitom se mu zdá, že existuje množství různých sil: on, jeho okolí, Stvořitel, Vyšší síla a několik dílčích sil. Bere-li člověk v úvahu, že je to on a jeho okolí, které ovlivňuje jeho myšlenky, potřebuje to opravit. Je třeba se neustále soustředit na to, že všechny jeho myšlenky a pocity, všechno, co naplňuje jeho srdce i rozum, k němu přichází výlučně od Stvořitele. Z toho důvodu si musí pokládat otázky: „Proč?", „Kvůli čemu?" a „Co s tím musím udělat?". To je již etapa dalšího rozvoje, ale především je nevyhnutelné stanovení *skutečného stavu.*

Otázka: Proč je pro nás těžké dát do souvislosti se Stvořitelem vše, co se děje?

Člověk si představuje, že se jeho život ve své podstatě organizuje na základě účasti různých sil. „Mnoho úmyslů je v srdci člověka, ale uskuteční se řešení Stvořitele."[508] Stvořitel záměrně skrývá, že přání a myšlenky pocházejí od Něho.

Otázka: Proč jsou lidské myšlenky a přání, přicházející od Stvořitele, modifikované takovým způsobem, že vypadají, jakoby k Němu neměly žádný vztah?

Díky nenapraveným egoistickým přáním člověka.

Otázka: Co je to lidská osobnost? Neztratí člověk svoji individualitu poté, co se spojuje se Stvořitelem, s Vyšší silou?

Nechápeme, že jsme nikdy nevystoupili zpod vlády Stvořitele nad námi, že „není nikdo jiný, kromě Něho".[509] O jakou individualitu, o jakou svobodu se v tomto případě jedná? Musíme se ocitnout ve stavu, který je k Němu protikladný, abychom pochopili, nakolik je to nežádoucí a začali se snažit se o spojení s Ním. Když si přejeme spojení s Ním z takového postavení, začínáme oceňovat Jeho vlastnosti, uvědomovat si, že On – je

---

[508] Písmo svaté, kniha podobenství Šalamounových, kapitola 19, verš 21.
[509] Pentateuch, kniha Deuteronomium, kapitola 4.

Neobyčejný, Vyšší. Zde se jedná o *vlastnosti*: On – jsou Jeho vlastnosti odevzdávání.[510]

Pouze v takovém případě můžeme objektivně, naprosto nezávisle zatoužit být jako On. Aby nám dal možnost rozřešit, že je Jeho stav nejlepší, dokonalý a úplný, vyvolal v nás Stvořitel iluzi, že se jakoby nenacházíme pod Jeho vládou, ale přebýváme vně ní, že jsme protikladní k Němu, svobodní. Z tohoto stavu Ho můžeme sledovat a zpovzdálí se rozhodovat, že je taková forma součinnosti žádoucí.

Když se člověk tímto způsobem přiblíží ke Stvořiteli, nejen že neztrácí svoji individualitu, ale zároveň s tím realizuje vlastní řešení svého vývoje a svobodnějšího postavení. Jak je psáno v článku „*Neživé, rostlinné, živočišné, člověk*" z knihy „Stupně žebříku" Ba'ala HaSulama, čím je člověk rozvinutější, tím větší má přání a větší svobodu.

Růst ve vztahu ke Stvořiteli – znamená stát se vůči Němu více svobodným, přijmout na sebe Jeho vlastnosti. V té míře, v jaké souhlasím s tím to uskutečnit a připodobnit se Mu, vystupuji zpod vlády Stvořitele a stávám se stejným, jako je On – svobodným, věčným, dokonalým.

Zde se účastní též prvek protikladnosti k Němu, v souladu se zákonem *zpětné závislosti Světla a Kelim* (viz Oddíl „Schéma vesmíru").

To, že do *Konečné nápravy* přebýváme v přirozenosti, která je protikladná Stvořiteli, vytváří tento protiklad: absence možnosti porovnat protikladnost *Kelim* a *Světla*. Proto si myslíme, že splynutím se Stvořitelem sami sebe anulujeme. Ve skutečnosti nic takového nenastane: když se pozvedáváme a slučujeme se Stvořitelem, spojujeme se s *vlastností dávání*, a tím se naopak od Něho osvobozujeme. *Dávání – je svoboda*, kterou tím ze sebe vyzískáme, dáváme, nepotřebujeme něco zvnějšku.

Otázka: *Jak mohu provést změny ve světech, když je nepociťuji? Jak se to uskutečňuje?*

Jestliže v nějaké míře měním svůj vztah ke Stvořiteli z přijímání na odevzdávání, zároveň uskutečňuji proměnu všech ostatních přání, která

---

[510] **Vlastnosti dávání** (Stvořitel) – úroveň, kterou se projevuje Vyšší síla vůči stvoření. Vyšší síla stvořila stvoření kvůli tomu, aby jim dala potěšení, a proto se její vlastnosti nazývají dávání.

po spojení s *Vyšším světlem* vytvoří změny ve *světech*. *Světy* neexistují samy o sobě, *světy* jsou filtry, skrze které se v *duších* projevuje *Vyšší světlo*.

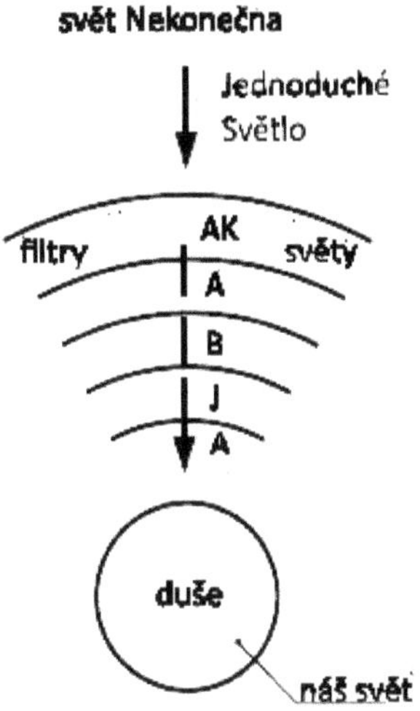

Obr. 19.6. *Světy – filtry, skrze které se v duších projevuje Vyšší světlo.*

Světy existují uvnitř samotných *duší*. Jestliže se přání připodobňují *Vyššímu světlu*, tyto hrubé filtry se ztenčují, stávají se nepotřebnými.

Jestliže jsem učinil nápravu všech *duší* na 50%, znamená to, že se tyto filtry ukrytí, *světy*, automaticky ztenčily na 50%. Neboli, řečeno zpříma, všechny *světy* se všemi *dušemi*, které se v nich nacházely, se pozvedly a překonaly polovinu cesty ke *světu Nekonečna*.

Nemáme nic, kromě duše – přání, stvořeného Stvořitelem, a vnitřního programu, na základě kterého toto přání pracuje. Tento vnitřní program se nazývá světy. Světy se nenacházejí kolem duše, ale jsou uvnitř ní. Je to vzorec, podle kterého se realizuje kontakt mezi dušemi a Světlem a který je včleněn do samotných duší.

Vyšší síla Stvořila stvoření kvůli tomu, aby jim dala potěšení, a proto se její vlastnosti nazývají odevzdání.

Test

1. Co znamená: „Konec děje je vložen do prvopočáteční Myšlenky"?
    a) cesta stvoření je stanovená v prvopočáteční myšlence
    b) cesta stvoření není dříve stanovena

c) cesta stvoření je určena samotnými stvořeními
d) stvoření formují myšlenku Stvořitele

2. Co jsou to stupně?
a) vnější činnosti člověka
b) vnitřní a vnější podmínky, vytvořené kolem člověka
c) dobré myšlenky člověka
d) slepé síly přírody

3. Co jsou podmínky odhalení?
a) vnitřní podmínky, které člověk nabyl do nynějšího stupně
b) vnitřní vlastnosti, se kterými se člověk narodil
c) vnější podmínky, které musí člověk získat a přeměnit na vnitřní
d) vnější síly, které člověka řídí

4. Jak člověk stoupá po stupních?
a) předá stupňům svoje vlastnosti
b) nabývá (kopíruje) vlastnosti stupňů
c) člověk stoupá nezávisle na stupních
d) člověk není se stupni nijak spojen

5. Světy existují
a) odděleně od člověka
b) uvnitř člověka
c) uvnitř přírody
d) odděleně od přírody

6. Co jsou to světy?
a) systém získaných znalostí
b) systém společenských zákonů
c) systém vztahů člověka se Stvořitelem
d) systém potěšení sebe samého

Odpovědi: 1a) 2b) 3c) 4b) 5b) 6c)

Doplňující studijní látka

Komentář k článku Ba'ala HaSulama „Ukrytí a odhalení Stvořitele"

Přehled

Jaké jsou podmínky našeho vnímání světa?
Dvojnásobné ukrytí Stvořitele (ukrytí v ukrytí)
Co v takových případech člověk také pociťuje?
Jednoduché ukrytí Stvořitele
Odhalení

Jaké jsou podmínky našeho vnímání *světa*?

Vnímání *světa* se formuje v našich přáních. Jsou-li přání napravena, čili podobná ve větší míře Stvořiteli, pociťujeme vesmír více odhalený. Jsou-li však podobná Stvořiteli v menší míře – pociťujeme vesmír jako méně odhalený. V každém případě pociťujeme *Vyšší světlo* neboli Stvořitele.

Vyšší světlo je samo o sobě neměnné. Nemění se ani vůči nám, ani ve své kvalitě. Veškeré možné proměny probíhají uvnitř nás. To, co cítíme v daném okamžiku, i to, co pocítíme v budoucím, je výhradně určeno stavem našich vnitřních *Kelim* a stupněm jejich podobnosti ke Stvořiteli.

Ačkoliv hovoříme o ukrytí a odhalení Stvořitele (jakoby se měnil vzhledem k nám), přesnější by bylo hovořit ne o důsledcích (jak my pociťujeme Stvořitele), ale o příčině, čili o *našich vlastnostech*. Je třeba hovořit o tom, co se děje s námi, proč Ho pociťujeme takového. Na to nesmíme zapomínat obzvlášť při čtení článků, ve kterých se odhaluje v jakoby se měnícím vztahu Stvořitele k nám.

Dvojnásobné ukrytí Stvořitele (ukrytí v ukrytí)

Co se před námi vlastně ukrývá: podstata Stvořitele, Jeho vlastnosti, Jeho *záměr*, Jeho přání vůči nám, Jeho přímé a nepřímé vlivy? Je možné, že se ukrývá to, jakým způsobem nás postrkuje, když projevuje ta nebo jiná přání, které my pokládáme za vlastní? Nebo když nám přímo posílá probuzení, které vnímáme jako kladné nebo záporné v souladu s našimi přáními? Ba'al HaSulam zde tyto otázky nevyzdvihuje, ale hovoří pouze o následku – o tom, *co se děje s člověkem*.

Při dvojnásobném ukrytí člověk nepociťuje dokonce ani „opačnou stranu" Stvořitele, čili nevidí, že od Něho vůbec něco pochází. V tomto stavu *se ukrývá sám Zdroj*. Člověk přisuzuje to, co přijímá, čemukoli a komukoli: sobě, druhým lidem, nějakým mystickým vyšším silám, ale nikdy Stvořiteli.

Pocit, že Stvořitel člověka opustil a nevšímá si ho, neznamená úplné ukrytí. Ukazuje se to již jako ohraničené odkrytí: Stvořitel existuje, ale skrývá se přede mnou, nevšímá si mě, ale On existuje. V daném případě si člověk fixuje, že *Stvořitel existuje a je před ním ukrytý*.

Takže při dvojnásobném ukrytí člověk poznává, co se nachází ve stavu dvojnásobného ukrytí. Není to *živočišný* stav, kdy člověk vůbec nepředpokládá existenci Stvořitele. V dvojnásobném ukrytí je již přítomen pocit, že Stvořitel existuje, ale že On je ukrytý.

Představte si, že vás někdo pronásleduje, snaží se vám udělat něco špatného a přitom se před vámi neustále schovává. Pronikavě jeho přítomnost cítíte, ale kde se nachází? Musí být někde nedaleko, ale nevím, jak ho odhalit. Pocit, že pronásledovatel existuje a ukrývá se někde blízko, se nazývá *dvojnásobné ukrytí*.

Nehovoříme o lidech, kteří naprosto vůbec nemyslí na to, že se nacházejí ve stavu dvojnásobného ukrytí Stvořitele. Tento pocit je charakteristický pro člověka, který již Stvořitele hledá. Je s ním v nějakém spojení (tento stav se přece jen ukazuje spojením, i když zůstává dvojnásobným ukrytím). Jestliže člověk z takového stavu vystoupí, úplně zapomíná na Stvořitele, sestupuje na *živočišnou* úroveň, jelikož v *duchovním světě* takový stav neexistuje.

Hovoříme o člověku, který začíná ze stavu dvojnásobného ukrytí. Nepociťuje Stvořitele zjevně, svoje utrpení přičítá na vrub osudu nebo slepé přírody. Stvořitel takového člověka mate: ukrývá se – odkrývá se, hned tady – hned tam. Člověk nemůže to, co se děje, přesně spojit s Ním. Vzniká to, že z jedné strany vím, že Stvořitel existuje a skrývá se přede mnou. Ačkoliv to nepociťuji, přece jenom se On ukazuje Zdrojem všeho, co se se mnou děje. Z druhé strany bezprostředně pociťuji všechno, co se se mnou děje, ale nespojuji to se Stvořitelem.

Co v takových případech člověk také pociťuje?

- Když se modlí[511] kvůli svému trápení a vykonává dobré skutky, nedostává odpověď, neboť nemá spojení se Stvořitelem, nepociťuje Ho.
- Když se přestane modlit ve chvílích neštěstí, tak naopak dostane odpověď. Člověk má jakési spojení s nějakým zdrojem, ale nikoliv se Stvořitelem: obrací se ke Stvořiteli, nic od Něho nedostává, a když začne být v životě více aktivní, vše se znormalizuje. V té době má člověk za to, že nezávisí na Stvořiteli, ale na nějakých jiných silách.
- Když se přemůže a uvěří ve Vyšší řízení, to znamená, že navzdory pochybnostem posiluje svoje spojení se Stvořitelem, považuje všechno za pocházející od Něho. Člověk napravuje svoje činy, přeje si Stvořitele neroztrpčovat a vidí, že mu to nepřináší úspěch, je krutě odhozen zpět. Nic nepomáhá, nedostává odpověď.
- Když přestane věřit a koná špatné skutky, neboli na Stvořitele stále zapomíná, přichází úspěch a nastává klid. Jsou evidentní všechny příznaky „obráceného řízení, kdy Stvořitel na člověka působí metodou obrácené závislosti: vyvolává v něm protikladné činnosti a reakce. Například získává peníze nečestným způsobem, pouze díky podvodu atd.
- Když se člověku zdá, že ti, kteří kráčejí cestou Stvořitele, jsou chudí, nemocní, opovrhovaní, nekulturní a hloupí, ale ti, kteří konají ve shodě s vlastním rozumem a živočišnými instinkty, prosperují: jsou zdraví, spokojení, chytří, dobří, sympatičtí a sebevědomí.

Když Vyšší řízení v člověku vyvolává takové pocity, snaží se odmítat myšlenky, že je utrpení posláno Stvořitelem, neboť to vede ke ztrátě víry v to, že Stvořitel řídí stvoření. Člověk je ochotný uvěřit, že k němu vše přichází řízením osudu a přírody.

V čem spočívá řízení Stvořitele v daném případě? V tom, že Stvořitel vykonává všechno možné, aby od sebe člověka odstrčil, a tak v něm vytvořil větší *Ovijut*.[512] Nakolik pozitivně by chtěl člověk vypadat v očích

---

[511] **Modlitba** – vyjasnění, kontrola nenaplněných (nenapravených) přání.
[512] **Větší** *Ovijut* – větší přání přijímat s větší touhou získat potěšení se nazývá velký *Ovijut* a malé přání – malý *Ovijut*.

Stvořitele, když si přeje myslet, že spojení s Ním opravdu povede ke kladným následkům, nakolik se prostě snaží přemýšlet o Stvořiteli – přesně natolik vidí, že ho odstrkují a odvracejí od všeho pozitivního. Smýšlí dobře o Stvořiteli, ale začne mu být špatně, vykonává dobré skutky a je mu ještě hůře.

Všeobecně se jakýkoliv kontakt se Stvořitelem, každé přiblížení k Němu, vnímá jako špatné, nepotřebné, škodlivé. Tento stav se nazývá *obrácené řízení Stvořitelem, neboli dvojnásobné ukrytí Stvořitele*. Takové stavy jsou nezbytné kvůli tomu, aby se v nás vytvořil větší *Ovijut*.

Otázka: *Jak je možné v takovém stavu určit, že se Stvořitel nemění?*

Ve stavu dvojnásobného ukrytí se nám zdá, že se mění právě Stvořitel. Obvykle říkáme, že se měníme společně s Ním. Ve skutečnosti se *Světlo* nachází v absolutním klidu a naše *Kelim* ho přijímají inverzně.

Dvojnásobné ukrytí znamená, že jsou naše *Kelim* dvojnásobně nenapravené, a proto vnímají správné, dobré, věčné řízení Stvořitele dvakrát protikladným způsobem: nejen, že v Jeho řízení nevidíme nic dobrého, ale také vůbec nevidíme Jeho vztah k nám – to se nazývá dvojnásobné ukrytí.

Nenazývá se dvojnásobné proto, že je dvakrát kvantitativně větší než jednoduché, ale proto, že *skrývá* dva parametry, které charakterizují Stvořitele: „Dobrý" (Sám o Sobě) a „Tvořící dobro" (ve vztahu k nám).

Tyto dva parametry jsou mi plně skryty, čili jsou obrácené, protikladné tomu, co cítím. V těchto dvou ukazatelích mezi mnou a Stvořitelem neexistuje vztah. První parametr – prostě spojení s Ním – není důležité, zda kladné nebo záporné. Vše je postaveno na tom, aby byly přerušeny jakékoliv moje pokusy o vybudování vztahu. Druhý ukazatel se projevuje v tom, že On je dobrý, reaguje na dobro, a že po odpovídajícím činu následuje odměna nebo trest.

V „Předmluvě k Učení Deseti Sfirot"[513] Ba'al HaSulam objasňuje, že existuje:

– dvojnásobné ukrytí Stvořitele;

– jednoduché ukrytí Stvořitele;

---

[513] *J. Ašlag:* Předmluva k Učení Deseti Sfirot // Kniha Úvodní. Jeruzalém, 1976 (hebrejsky). Str. 27.

- *Machsom*;
- jednoduché odhalení Stvořitele;
- dvojnásobné odhalení Stvořitele.

Dvojnásobné ukrytí Stvořitele je skrytí *veškerého spojení* s Ním a jednoduché ukrytí je skrytí *správného spojení* s Ním. V druhém případě spojení již existuje, ale není správné – bez odměny. Pak následuje *Machsom*. Po *Machsomu* probíhá jednoduché odkrytí Stvořitele, kdy se odhalí *řízení odměnou a trestem*, čili probíhá *odhalení existence spojení*. Následující etapa je *úroveň lásky*, kdy Jeho vztah k nám poznáváme *plně*.

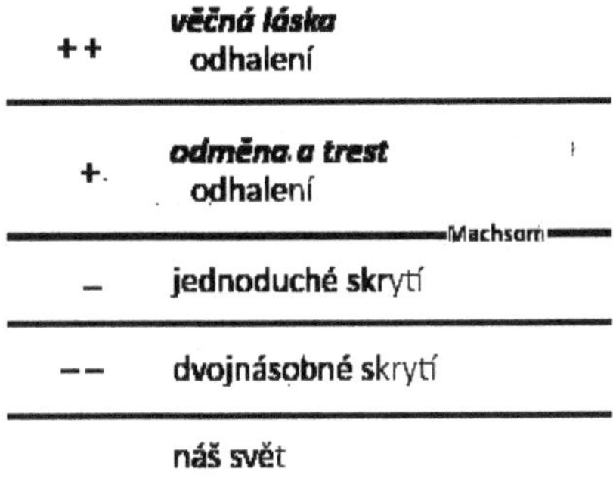

++	**věčná láska** odhalení	
+.	**odměna a trest** odhalení	
		Machsom
–	**jednoduché skrytí**	
– –	**dvojnásobné skrytí**	
	náš svět	

Schéma 19.7. *Stupně ukrytí a odhalení Stvořitele.*

Stupně „mínus dva" a „mínus jedna" pod *Machsomem* se následně napravují a obracejí se na stupně „plus jedna" a „plus dva" nad *Machsomem* (viz schéma).

Takže jsou v dvojnásobném ukrytí Stvořitele naše *Kelim* natolik inverzní, že se Jeho vztah k nám a všechno, co od Něho přichází, námi vnímá opačným způsobem.

Jednoduché ukrytí Stvořitele

Stvořitel je ukryt, takže se neprojevuje jako absolutně dobrý, ale naopak jako ten, který přináší utrpení. Mezi mnou a Stvořitelem existuje zjevné spojení, ale opačné. Je vůbec možné, aby od Stvořitele přicházelo něco špatného? Pouze přelomením Jeho dobrého vztahu ke mně skrze *ukrytí*.

Počítá se s tím, že v daném případě vidí člověk obrácenou stranu Stvořitele, vždyť od Něho dostává utrpení. Nehledě na to člověk věří, že k němu nepřicházejí díky slepé náhodě a přírodě, ale právě Stvořitel s ním takto jedná: trestá za uskutečněné činy nebo se ho snaží přivést na cestu dobra. Člověk se utvrzuje ve víře, že se o něho Stvořitel stará.

Dejme tomu, že člověk nemá dostatečné příjmy, má starostí nad hlavu, zmáhají ho neduhy, lidé si ho neváží, všechny začátky jsou marné, nic se nedaří. Vše to však probíhá na úrovni Stvořitele. Člověk se honí, pokouší se něco podniknout. Je to jednoduché ukrytí Stvořitele: řízení existuje, ale chybí správný vztah. Vztah rozhodně existuje, ale není pravdivý.

Otázka: *Stvořitel takto jedná s člověkem, aby ho potrestal za vykonané skutky nebo aby ho napravil na cestu dobra?*

Samozřejmě to Stvořitel s člověkem konstantně myslí dobře. Člověk to ovšem vnímá různě: buď to pokládá za uložený trest, anebo se v myšlenkách přesvědčuje: „Přihodilo se to proto, že On si mne přeje tímto způsobem nasměrovat na pravou cestu."

Může to vyplývat ze dvou stavů:
- jestliže si nemyslím, že jsem zhřešil, mohu Stvořitele ospravedlnit a říci si, že to činí záměrně, aby mne přitáhl k sobě, připomenul se mi, aby mne popostrčil;
- jestliže vím, že jsem vykonal něco špatného, potom si říkám: „Je mi to posláno za špatný skutek."

Tudíž člověk ospravedlňuje někdy sebe, někdy Stvořitele. Vyskytuje se zde *jednoduché nebo dvojnásobné* ospravedlnění Stvořitele.

Jestliže vím, že jsem dříve vykonal špatný skutek a nyní dostávám jakýsi úder, říkám: „To je trest za minulé hříchy." Jestliže vím, že jsem neudělal nic špatného, mohu říci: „Tento trest jsem si nezasloužil." nebo „Trest mi není seslán za špatný skutek, ale kvůli mému popostrčení vpřed, Jeho připomenutí."

Totéž probíhá, když si svůj přestupek uvědomuji: v tomto případě mohu ospravedlňovat sebe a objevit, že to na mě nastražil Stvořitel. Neboli mohu říci: „Ne, to jsem přece udělal já a nyní za to dostávám trest." Také však mohu říci: „Dobře, že jsem byl potrestán, ospravedlňuji Ho, je to pro mne ponaučení na příště!"

Mohu hovořit i jinak: „Nechtěl bych dělat to, co jsem udělal tehdy, nezáleží mi na trestu, vážím si, že mne popostrkuje vpřed." Vše závisí na tom, jak člověk vnímá složitou situaci. Ze strany Stvořitele k žádným změnám nedochází.

Otázka: *Jaké je uspořádání tohoto procesu: nejdříve probíhá dvojnásobné ukrytí, potom – jednoduché – a pak – Machsom, nebo zpočátku jednoduché ukrytí, potom dvojnásobné a pak Machsom?*

Vždy to vyvolá zmatek v našem chápání, protože to vyplývá z takzvaného pravidla *opačného spojení mezi Kelim a Světlem.*

Proč je spojení opačné? Jestliže zahajuji svoji cestu a žiji v úplném neporozumění, v absolutní nevědomosti a nemohu navázat vztah se Stvořitelem, očividně začínám z dvojnásobného ukrytí. Možno říci i naopak: jestliže začnu správně hodnotit svoje stavy, mohu dokonce nepatrné ukrytí posoudit jako dvojnásobné. Proto se říká, že největší *ukrytí* je před odkrytím, nejhustší tma je před úsvitem. Můžeme nakonec hovořit takto nebo jinak v závislosti na tom, vůči čemu posuzujeme: vůči *Kelim* nebo vůči *Světlu*.

Otázka: *Je přechod z jednoduchého ukrytí do dvojnásobného, z dvojnásobného do jednoduchého závislý na člověku?*

Člověk nemůže určit svoje stavy, může stanovit pouze tempo, jakým jimi projde.

Odhalení

Když člověk ve stavu ukrytí věří, že je celý *svět* řízen Stvořitelem, je přiveden ke kabalistickým knihám, ze kterých získává *Napravující světlo (Or Makif)* a poznání, jak posílit svoje přesvědčení o tom, že Stvořitel řídí všechno.

Když se ukazuje, že jsou vlastní úsilí dostatečná proto, aby zapůsobilo *Napravující světlo* a člověk se stal schopný jej vstřebat, může být pokládán za připraveného pochopit řízení Stvořitele ve stavu odhalení.

Přání člověka vzrůstají natolik, že *chtě nechtě správně upravuje vše*, co k němu přichází. Představuje sám sebou *Kli*, které si přeje získat nápravu.

Úsilí není odměna za naplnění, které mi dává Stvořitel, úsilí je *Kli*, které vytvářím pro naplnění Stvořitele. Jestliže nevyvíjím dostatečné úsilí, nebude *Kli* zcela hotové – nebude do čeho naplňovat. Ke Stvořiteli jakožto ke zdroji je třeba přicházet se svým *Kli*, které je složeno z úsilí, jež se postupně shromažďuje.

Když člověk vyvine dostatečné úsilí, vyvolává na sebe dostatečné množství *Obklopujícího světla*, tehdy se stává připravený ke vnímání řízení Stvořitele ve stavu odhalení.

Člověk k tomu poskytl *Kli*, které dospělo do takového kritického rozměru, že do sebe zjevně může obdržet Světlo Stvořitele. Každý má svoji míru množství úsilí (*sea*[514]) a předem nezná, kolik mu ještě pro doplnění svého *Kli* zbývá.

Stvořitel se odhaluje jako Dobrý, všemi přírodními cestami Tvořící dobro pro všechna svá stvoření, v souladu s jejich přáními. Bylo to tak i do odhalení, ale v důsledku svých nenapravených *Kelim* to člověk nepociťoval.

Ve **stavu odhalení** člověk:

- pociťuje blaho, které dostává od Stvořitele, klid, trvalou duševní spokojenost, důstojně vydělává, nezná nouzi a nemoci, je vážený a všechno se mu daří.
- jestliže si cokoliv přeje, obrací se ke Stvořiteli a okamžitě dostává, co od Něho žádá. Jeho přání je v souladu s přáním Stvořitele, proto vše, co si přeje, okamžitě pociťuje v tomto *Kli*. Člověk si nemůže přát nic, co by v sobě neudrželo odhalující se *Světlo*, tudíž je napraven.
- dobré skutky – úspěch roste, snižuje dobré skutky – zmenšuje se úspěch. Jinými slovy, dostává *Světlo* od Stvořitele přímo, jako mezi stádii *Keter*[515] a *Chochma*.[516]
- vidí, že lidé, kteří směřují k nápravě, snadno vydělávají, jsou zdraví, vážení, spokojení a je s nimi příjemné pobývat (zatímco dříve mu bylo příjemně s druhými).
- vidí, že ti, kteří se nesnaží o nápravu, nemají příjem, jsou stále ustaraní, nemocní, opovrhovaní, hloupí, nekulturní, pokrytečtí, prolhaní a být v jejich blízkosti je nepříjemné.

Člověk nemůže hodnotit jinak, nežli vycházet ze svých osobních vlastností. Změní-li se jeho vnitřní kvality, bude jinak pohlížet i na veškeré okolí.

Lidé, kteří se mu dříve zdáli zdraví, vážení, bohatí, nyní chtě nechtě vypadají v jeho očích jinak – takto je vnímá skrze svoje *Kli*, nezáleží přitom na vnějším projevu.

---

[514] *Sea* (z hebrejštiny „plná míra") – součet potřebných úsilí (proti svoji přirozenosti), které jsou zapotřebí k tomu, aby modlitba (*MAN*, potřeba nápravy) byla opravdová, úplná a maximální.

[515] **Stádium *Keter*** – přání Stvořitele potěšit stvoření.

[516] **Stádium *Chochma*** – ještě nevědomé, nesamostatné přání se potěšit.

Odsuzující člověk soudí v souladu se svými kvalitami a ospravedlňuje také v souladu s nimi. Stavy dvojnásobného ukrytí, jednoduchého ukrytí a stav odhalení Stvořitele závisí výhradně na našem *vnitřním Kli*. V pochopení této skutečnosti spočívá rozdíl mezi věřícím člověkem a kabalistou. Věřící prosí Stvořitele:

„Učiň milost, dej mi cokoliv." Kabalista ale ví, že nemá smysl prosit Stvořitele, aby se změnil On, protože je Stvořitel neměnný. Změnit se – napravit svoje *Kelim* – musí on sám a tehdy bude člověk chtě nechtě namísto dvojnásobného či jednoduchého ukrytí odměněn odhalením veškeré dokonalosti.

Otázka: *Jakým způsobem v člověku probíhá přehodnocení toho, co je důležité před vstupem do Vyššího světa?*

Nepředstavujeme si, co znamená měnit vnitřní *Kli*. Mění se některé naše parametry – například nálada, ale přitom se nemění *Kli*. Stejně pokračujeme v posuzování všeho v rámci egoismu, proto nemáme ponětí, co znamená ho změnit na něco opačného a začít posuzovat všechno, co nás obklopuje, protikladným způsobem. Jestliže usuzuji: „Je dobré odevzdávat, je dobré být odevzdávajícím", stejně toto přání přeměňuji v: „dobré pro mne".

Proto si nepředstavujeme člověka, který získal duchovní podstatu a nachází se v přímém kontaktu se Stvořitelem. Nemůžeme si představit stav, ve kterém bychom se nacházeli v naprostém souhlasu a v úplném spojení v *našem světě*, kde je poskytováno pohoštění s jídly umístěnými naproti nám.

Je pro nás těžké si představit, jakým způsobem člověk, jenž dosahuje *Vyššího světa*, posuzuje lidi, kteří jsou v protikladném stavu, ačkoliv vypadají, že jsou úspěšní. Zdají se mu velice nešťastní, poněvadž vidí jejich protikladnost ke Stvořiteli.

Otázka: *Rozumí se pod utrpením a potěšením ve stavu jednoduchého ukrytí a odhalení to, že utrpení přichází jako následek chybějícího spojení se Stvořitelem a potěšení z pevného spojení s Ním?*

Nejedná se o to, **co** vnímám, ale o to, **v jakých Kelim** to vnímám: v *Kelim* egoistických (pro sebe sama) nebo v *Kelim* altruistických, když se snažím dále zdokonalovat v záměru pro odevzdávání. Celý problém spočívá v tom, v jakém směru si přeji postupovat.

Stav, ve kterém se nacházím nyní, ve mně určuje vše. Nyní to závisí na tom, k jakému stavu se chci vydat. V daném okamžiku se týmž určuje i moje vnímání toho, co čtu a jak přečtené vysvětluji. I ve špatném stavu, když si nevšímáme minulosti (v minulosti neexistují žádné přestupky), můžeme uvažovat takto: „Toto utrpení potřebuji proto, abych si připomenul Stvořitele."

> **Čím dále člověk postupuje, tím více ospravedlňuje Stvořitele. Vidí v každém zacházení Stvořitele s ním pouze cílevědomé působení – buďto naplnění nebo nedostatek naplnění, spojení nebo nedostatek spojení.**

Otázka: V jednoduchém ukrytí a odhalení se člověk nachází v neustálém spojení se Stvořitelem. Svědčí to o určitém vnímání světa člověka?

Ano. Jednoduché skrytí nebo odhalení Stvořitele svědčí o tom, že se s Ním nacházím ve spojení, ale *úroveň* tohoto spojení, čili „trest a odměnu" *musím ospravedlnit*. Je pro mne dokonce nezbytné dospět do takového stavu, kdy říkám: „Vůbec neexistuje odměna a trest", kdy docházím v každém svém přání k závěru, že stvoření vždy, v jakýchkoliv stavech, dostává od Stvořitele pouze blaho. *Skrze přání, skrze úroveň naplnění, ospravedlňuji Stvořitele, spojení s Ním.*

V každém stavu, dokonce i jednoduchého ukrytí nebo prvního stupně odhalení (v „mínus jedna" nebo v „plus jedna" pod *Machsomem* nebo nad *Machsomem*), tak jako tak nepracuji pouze s tím, co dostávám (nebo nedostávám), ale i se *záměrem ve prospěch Stvořitele*.[517] Tehdy, v závislosti na *záměru* kvůli Stvořiteli, mohu ve svém *Kli* vidět místo mínusu plus. Uvidím nepřítomnost naplnění jako takovou, budu přecházet od naplnění *Světlem Chochma*[518] k naplnění *Světlem Chasadim*.[519]

Otázka: Co znamená „víra"?

Víra je spojení se Stvořitelem nad našimi přáními. Víra jsou vlastnosti *Biny*, vlastnosti *Chasadim*, když dostávám Shora sílu, která mi umožňuje se pozvednout nad tím, co přijímám, čím se naplňuji. Mohu být absolutně

---

[517] **Záměr ve prospěch Stvořitele = záměr „kvůli odevzdávání"** – využívání své přirozenosti, vlastních vlastností s cílem poskytnout potěšení Stvořiteli. S pomocí záměru „kvůli odevzdávání" se stvoření stává rovnocenné Stvořiteli, Jemu podobné.

[518] **Světlo *Chochma*** (*Or Chochma*) – veškeré Světlo, které vychází ze Stvořitele, čili Světlo, které v sobě zahrnuje vše, co si nám Stvořitel přeje dát, určuje se jako podstata a život stvoření.

[519] **Světlo *Chasadim*** (*Or Chasadim*) – Světlo, které si stvoření přeje odevzdat, vrátit Stvořiteli; záměr poskytnout potěšení Stvořiteli; potěšení z podobnosti vlastností s Ním, z odevzdávání.

prázdný a šťastný, naplněný vírou (*Or Chasadim* namísto *Or Chochma*). To se nazývá „víra nad rozumem", víra, která je vyšší než naplnění *Světlem Chochma*.

Otázka: *Kabalista získává nové vidění světa. Jaký to má vliv na jeho vztah k lidem?*

Kabalista vidí zároveň přímé i opačné spojení. Je to jako když dospělý vzhledem k malinkému dítěti vnímá všechno, co chce udělat: ukrýt, přechytračit, porušit zákaz. Všemu tomuto rozumí, vše vidí, zná.

Odhalení doplňujících spojení však na nic nemá vliv, poněvadž se nerozkrývají v egoistických, ale v altruistických přáních. To člověka zbavuje možnosti jakéhokoliv vlastního zásahu. Ukazuje se, že může dát pouze radu, není ve stavu pomoci něčím jiným. Nijak se nemůže vměšovat, i kdyby kolem něho probíhaly osudové události. Spojuje se s Vyšší silou a nemůže působit proti ní.

Kapitola 20. Stoupání po stupních světů

Přehled

20.1. Čtyři stupně rozvoje přání – 20.2. Struktura přání
20.3. Dosažení cíle – 20.4. Náprava člověka
20.4.1. Dvě cesty k dosažení Cíle – 20.4.2. Dva druhy nápravy
20.5. Vzestup člověka – 20.5.1. Součinnost stupňů
20.5.2. Stupně pociťování Stvořitele (Shora dolů):
20.5.3. Dva druhy analýzy (rozboru) – 20.6. Otázky a odpovědi
Závěr – Test

20.1. Čtyři stupně rozvoje přání

Komentář dr. M. Laitmana ke článku B. Ašlaga „Předmluva ke knize Strom života".

Stvořitel stvořil přání se těšit. Nestvořil nic jiného, kromě přání přijímat *potěšení*. V kabale se to nazývá „přání přijímat" (potěšení).

Takže existuje Stvořitel a Jím stvořené přání se potěšit. Potěšit se čím? Stvořitelem! *Potěšení* je pociťování Stvořitele stvořením (v kabale se nazývá *Světlo*, hebrejsky „*Or*"). Přání přijímat se nazývá „*nádoba*", hebrejsky „*Kli*". Takže existuje Stvořitel a *stvoření*, *potěšení* a přání, *Světlo* a *nádoba*, *Or* a *Kli*.

Už jsme se učili v předcházejících lekcích, že je v *našem světě* možné rozdělit přání přijímat do čtyř úrovní:

- *neživé,*
- *rostlinné,*
- *živočišné,*
- *mluvící.*

V každé z nich se přání přijímat odlišuje charakterem a silou.

Nejmenší přání přijímat se vyskytuje na *neživé* úrovni: je natolik malé, že nevyvolává u jeho představitele pohyb. Stvoření na této úrovni cosi pociťuje, neboť jestliže je stvořené, existuje jako *přání se potěšit*. To se však nijak neprojevuje, protože je zde přání přijmout minimální.

Pozitivní a negativní následky přání se potěšit – egoismus – jsou úměrné velikosti přání. *Neživé* nemůže samo o sobě nikomu uškodit nebo prospět, neboť se nachází ve stavu nepohyblivosti.

U rostliny je přání se potěšit větší než u *neživého*, proto v sobě rozvíjí možnost růstu, schopnost vstřebávat prospěšné, vyčleňovat škodlivé. Díky této síle se také nazývá „rostlina", od slova „růst".

Této úrovni je vlastní určitý druh pohybu: *rostliny* se rozvíjejí a umírají, vnímají střídání dne a noci. Jsou oproti *neživým* o mnoho více závislé na okolním prostředí. Ve srovnání s předcházejícím jde o úplně jiný druh života. Všechny změny a odlišnosti existují díky zvětšení přání přijímat, které se na *rostlinné* úrovni projevuje mnohem více, než na *neživé*.

Ještě větší přání přijímat se vyskytuje u *živočichů*. Čím se liší od rostlin? Tím, že každý ze zástupců této úrovně pociťuje okolní prostředí individuálně, *přibližuje se k prospěšnému, a také se vyhýbá škodlivému*. Celková síla pocitu vlastní škodlivosti a užitku celého světa rostlin odpovídá jednomu objektu, který se nachází na *živočišném* stupni.

Živočichové jsou schopni pohybu, mají vlastní pocity, každý z nich má osobní povahu. Jelikož je přání přijímat v „živočichovi" větší než v „rostlině", jsou v něm individuální charakteristiky, osobní časový plán: každý jedinec se na rozdíl od většiny *rostlin* ve svém čase rodí a umírá. *Rostliny* vadnou současně koncem sezóny.

Ačkoliv *živočich* často žije ve stádě nebo ve smečce, přesto má vlastní život. Díky výrazným pohlavním rozdílům se neobejde bez spojení s ostatními jedinci téhož druhu. U živočichů však také existuje časové ohraničení: nepociťují minulost, nezajímají se o budoucnost.

Následující úroveň je *„mluvící" (člověk)*, která má dvě složky: sílu pocitů a sílu rozumu. Tyto dvě složky se navzájem podporují a rozvíjejí, proto nejsou představitelé tohoto stupně ohraničeni místem a časem. Co není možné postihnout pomocí jedné složky (například nemohu pocítit minulost 1000 let zpátky), je možné doplnit druhou cestou: mohu porozumět tomu, co proběhlo před 1000 lety. Rozum pomáhá pocitům.

Je možná i obrácená situace, když něco cítím. Jak mne city mohou ovlivňovat? Připojuji k nim rozum a analyzuji situaci. Společné využívání rozumu a pocitů rozšiřují moje možnosti vnímání místa a času. Již mne neohraničují, mohu pochopit druhého, pocítit skrze něho i to, co jsem ve skutečnosti sám neprožil, neboť jsem se na tom místě v té době nevyskytoval. Díky tomu se člověk pozvedá nad kategorii prostoru a času.

Úroveň „mluvící" odpovídá dohromady všem úrovním, které jsou umístěné níže *(neživé, rostlinné a živočišné)*. Tato pyramida odráží vztah mezi pěti podobami stvoření, které existují ve vesmíru, kde každý představitel vyššího stupně znamená více než stvoření na nižší úrovni. Zvláštním způsobem se to projevuje v přáních:

- jedno přání *rostlinné* úrovně, škoda i prospěch, které přináší, odpovídá všem přáním *neživé* úrovně v celém vesmíru;
- jedno přání *živočišné* úrovně, jeho užitek i škoda, odpovídá všem přáním *rostlinné* úrovně v celém vesmíru;
- jedno přání úrovně „*mluvící*", užitek i škoda, které může přinést, odpovídá všem přáním *živočišné* úrovně v celém vesmíru;
- jedno přání *duchovní* úrovně, užitek i škoda, které přináší, odpovídá všem přáním úrovně „*mluvící*" v celém vesmíru.

Jestliže vznikne v jednom z představitelů úrovně „*mluvící*" „*bod v srdci*",[520] *kořen duše* a on ho rozvíjí do velikosti duchovní *nádoby*, jeho síla odpovídá síle všech lidí ve všech obdobích a ve všech pokoleních. Čím je člověk vyšší, čím je jedinec neobyčejnější, tím se také ve vesmíru vyskytuje v menším množství.

20.2. Struktura přání

V přání stvořeném Stvořitelem rozlišujeme pět stupňů, které podmíněně označujeme jako:

- začátek písmene „jod",
- písmeno „jod", י
- písmeno „he", ה
- písmeno „vav", ו
- písmeno „he" ה

י - ה - ו - ה

Takové označení *přání* stvořeného Stvořitelem je označení *stvoření*. Přání se skládá z pěti částí, které jsou označené pěti písmeny. Není to

---

[520] Termín „**srdce**" se používá k označení všech přání člověka. **Bod v srdci** je zárodek budoucí duše, clony (síly odporu proti egoismu).

jméno stvoření, ale jméno Stvořitele, protože přání naplňuje *Světlo*, pociťování Stvořitele. Stvoření pociťuje právě Stvořitele, nic více.

Proto jsou stavy stvoření jména Stvořitele. *Svět*, který pociťuje samotné stvoření, jeho vnímání, veškerý souhrn jeho pocitů, je projevením Stvořitele pro něho a v něm. Proto je *Kli* jméno *Stvořitele*. Vyslovují se pouze 4 písmena, kromě „počátku písmena jod": *HaVaJaH*. Takže je *HaVaJaH* struktura přání:

- „konec písmena jod" – ještě nepociťované přání;
- „י" odpovídá úrovni *„neživé"*;
- první „ה" odpovídá *„rostlinné"* úrovni;
- „ו" odpovídá úrovni *„živočišné"*;
- poslední „ה" odpovídá úrovni *„mluvící"*.

Přání každé úrovně se ve svém pořádku dělí na podúrovně: *neživá, rostlinná, živočišná, mluvící*. To znamená, že se dokonce na úrovni *„neživé"* vyskytuje rozdělení na *neživé, rostlinné, živočišné a mluvící*.

Naším úkolem je pochopit, co představuje člověk. Jedna *rostlina* odpovídá veškeré *neživé* přírodě, jeden *živočich* je výše než celý *rostlinný svět*, jeden *člověk* je výše než všichni *živočichové*. Určení „výše" nás směřuje k faktu, že náprava *člověka* zahrnuje všechna nižší stvoření.

Všechno je spojeno s člověkem. Když se pozvedává, přitahuje za sebou světy, neboť jsou všechny stvořeny pro takového člověka. Jestliže se člověk napravuje, v souladu s tím se všechna stvoření přibližují ke Stvořiteli. Proto se musí napravit pouze člověk.

Náprava znamená změnu našeho vztahu ke Stvořiteli. Jestliže dá Stvořitel člověku takové přání, nazývá se „člověkem" a pod tímto stupněm se nacházejí úrovně *mluvící, živočišná, rostlinná* a *neživá*. Jsou to úrovně přání člověka v *našem světě*.

Již jsme poznali, že samotné *duchovní světy* jsou:

- *neživá* úroveň, nazývaná *„Ejchalot"* – sály, paláce;
- *rostlinná* úroveň, nazývaná *„Levušim"* – oděvy;
- *živočišná* úroveň, nazývaná *„Malachim"* – andělé;
- *mluvící* úroveň, nazývaná *„Nešamot"* – duše člověka.

Povinnost napravit veškerou přírodu je uložena člověku jakožto majiteli duše – největšího a nejvíce rozvinutého přání. Člověk, který v našem světě získá bod v srdci, zárodek duše a začne jej rozvíjet, se stává nejdůležitějším v materiálním i duchovních světech.

Připojuje k sobě síly, které mu umožňují spojení se Stvořitelem a stát se podobným Jemu.

V člověku samotném se nacházejí všechny čtyři stupně stvoření. Vše je samozřejmě založeno na *„neživém" stupni* – prach, popel. Jeho existence je zdůvodněna přítomností třech divutvorných vlastností: získávají odsud počátek *rostliny, živočichové* i *člověk*. Ačkoliv prach sebou samým nic nepředstavuje, ale bez něho by nemohl existovat žádný druh života.

To samé je možné říci o stupni *„člověk", „an mass"*, který sám sebou představuje *„neživou"* úroveň. Jsou v něm obsaženy tři možnosti rozvoje. V masách mohou vzniknout tři nejrozvinutější přání, která se v kabale nazývají „boháči", „vládci" a „mudrci". Rozvíjejí se na základě odpovídajícího usilování o bohatství, moc a vědomosti, které pocházejí z přání *neživé* úrovně. Ve výsledku se v člověku z přání předchozího stupně rozvíjí vyspělejší na základě třech vlivů:

– chtíč, vášeň,

– závist,

– úsilí o uznání, pocty.

Jestliže dá Stvořitel zároveň s těmito přáními člověku duši – část Božského, touhu po Vyšším, zaměřuje se na Božské. Díky těmto přáním se člověk rozvíjí, stoupá z jednoho stupně na druhý, dokud nedospěje k poslednímu – Dokonalosti.

Díky přání prvního stupně – chtíče, se tudíž z masy lidí vyčleňují „boháči". Je to velmi vysoký stupeň, který se liší o mnoho větším přáním, než jaké mají ostatní, odpovídá *„rostlinné"* úrovni ve vesmíru.

Jestliže je člověku dáno přání dosáhnout uznání, z celkového prostředí se dále vyčleňují „vládci", což je druhý stupeň, který odpovídá stupni *„živočišné"* v přírodě. Touha po poctách se vyskytuje pouze u člověka. Boháči chtějí pouze získat kapitál, snaží se ovládnout *neživý* materiál. Toto přání bude existovat dokonce i tehdy, nezůstanou-li na *světě* vůbec žádní lidé, kromě samotného boháče – hlavně, aby on měl všechno, co si přeje.

Touha po poctách naopak potřebuje ty, kteří ji zajišťují. Je to jiný druh existence. Přání již je rozvinuto natolik, že se ovládání něčeho *neživého* ukazuje nedostatečné, potřebuje ovládat také i sobě podobné, aby mu dodávali naplnění, potěšení. Ovládající si přeje být u člověka v srdci, což se nazývá „touha po uznání".

Prostřednictvím závisti se z davu vyčleňují „*mudrci*". Je pořekadlo: „Závist mudrců zvětšuje moudrost".[521] Lidé, kteří disponují velkým přáním a mají sklon k závisti, nabývají vědomosti a moudrost. Tento stupeň odpovídá úrovni „mluvící" v uspořádání vesmíru.

Činnosti mudrců nejsou ohraničené místem a časem. Člověk na tomto stupni občas závidí někomu, jenž žil velmi dávno, jakoby to byl jeho současník. Na tento pocit nemá vliv čas. Člověk závidí nejen proto, že někdo ovládá něco, co mu chybí, nepřeje si mít cizí (přání a naplnění), ale snaží se zničit samo cizí přání, aby druhý nic neměl.

Jestliže například patřím ke stupni „*mluvící*" v člověku, je moje přání natolik velké, že mne nutí chtít všechno, co mají druzí a ještě více, aby to druzí neměli. Takto mohu posilovat svoje přání donekonečna: chtít všechno, co mají druzí. Já jednotlivec se mohu srovnávat s celým lidstvem.

20.3. Dosažení cíle

Kabala představuje metodiku dosažení vyšší úrovně existence, kdy se člověk stane v možnostech a pocitech rovný nejvyšší úrovni – Stvořiteli.

Vzniká však otázka, proč jsme Vyšší silou stvořeni v takovém nedokonalém stavu, že ho musíme zdokonalovat, jako bychom opravovali konání Stvořitele.

Tento stav můžeme rozebrat na příkladu starobylého podobenství. Pojednává o králi, který má zámek naplněný rozličným jměním, ale pustnoucí, bez hostí. Aby ho zaplnil hosty, je třeba stvořit stvoření právě v naší podobě: složené z vyšších a nižších vlastností. Aby byl člověk přiveden do stavu vyššího poznání a potěšení, jsou vytvořené *světy*. *Světy byly* stvořeny tímto způsobem proto, aby bylo stvořením poskytnuto potěšení. Pokud jde o Stvořitele, neexistuje ani minulost, ani budoucnost. Ihned po vzniku Myšlenky stvořit stvoření a naplnit je potěšením, došlo k jeho uskutečnění. Takový stav se nazývá *světem Nekonečna*.

---

[521] Babilonský talmud, traktát „Bava Batra", č. 2:22.

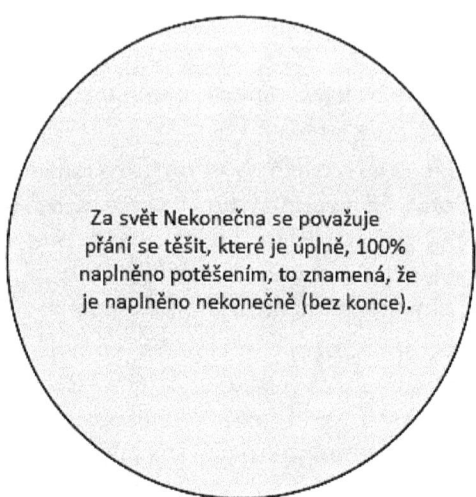

Obr. 20.1. Svět Nekonečna.

Ve *světě Nekonečna* potenciálně existuje vše, co poté nastalo: *světy* a veškeré stavy člověka, který musí projít cestu zdokonalování ze stavu, který je protikladný ke Stvořiteli, až do úplné podobnosti s Ním.

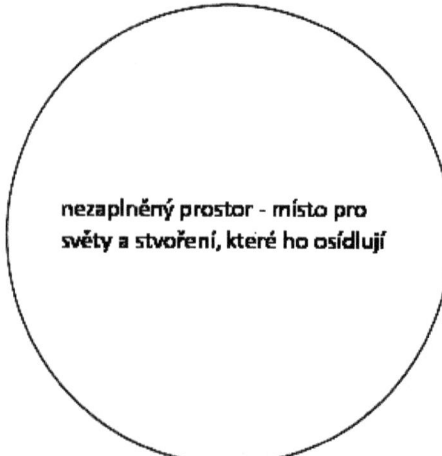

Obr. 20.2. Svět Zkrácení.

20.4. Náprava člověka

Pro nápravu člověka bylo vytvořeno *zkrácení*[522] a ohraničení úrovní, od *světa Nekonečna* do *našeho světa* – skutečného odění *duše* do materiálního těla. Člověk, který v něm přebývá, postupně stoupá po stupních *světů* (jak klesly samy *vlastnosti* do jeho objevení se v *tomto světě*) a dosahuje úplné podobnosti se Stvořitelem, jestliže se věnuje nápravě svého egoistického přání na altruistické. Stane se takovým, jakým již zpočátku byl ve *světě Nekonečna* v Myšlence Stvořitele. Člověk takto získává naplnění Stvořitelem, stává se Mu rovnocenným – věčným, nekonečným, dokonalým.

20.4.1. Dvě cesty k dosažení Cíle

Jsou dvě cesty k dosažení výše uvedeného Cíle: cesta návratu – krátká cesta, která závisí na člověku co do času i pociťování během procesu nápravy, uskutečňuje ji samotný člověk svým úsilím; cesta utrpení – dlouhá a nepříjemná cesta, která je uskutečňována za pomoci Shora posílaných nesnází, jež nutí k provádění nápravy.

20.4.2. Dva druhy nápravy

Celé stvoření a každá jeho část se skládá z 10 *Sfirot*, ve kterých se rozlišují dva protiklady:

1. devět prvních *Sfirot* – vlastnosti odevzdávání, které jsou naplněny Světlem;

2. *Malchut* – vlastnosti přijímání, nedostatek Světla.

Tudíž se rozlišují dva druhy *Světla*:

1. *Vnitřní světlo* – ve vnitřní části;

2. Obklopující světlo – ve vnější části.

Příčina takového rozdělení spočívá v tom, že se protikladné vlastnosti nemohou nacházet v jednom nositeli. Pro *Vnitřní světlo* a *Obklopující světlo* jsou nezbytní rozdílní nositelé.

---

[522] **Zkrácení** (*Cimcum*) – odmítnutí přijímat Světlo z altruistických důvodů. Rozhodnutí nepoužívat svoje přání přijímat pouze pro vlastní potěšení.

V duchovním *světě* protikladné nejsou, protože se *Malchut* nachází ve spojení s devíti prvními *Sfirot* a nabývá vlastnosti odevzdání v podobě *Odraženého světla*. Ještě nenapravená přání však jsou vlastnosti nespojené s devíti prvními *Sfirot*. Kvůli *zkrácení Světlo* nevchází do přání, která nejsou napravená altruistickým *záměrem*, zůstávají prázdná a jsou proto protikladná částem stvoření, jež jsou naplněna *Světlem*.

Cíl zkrácení Světla spočívá v poskytnutí možnosti egoistickým záměrům se zbavit egoistických přání, naplnit se a zaměřit se na přání odevzdávat, čili se připodobnit Stvořiteli, aniž by na ně tlačilo Světlo – potěšení.

Jak se může napravit prázdné místo, ve kterém chybí *Světlo*, když náprava přání, jeho změna z egoistického na altruistické, probíhá pouze na základě působení *Světla*? Ve skutečnosti je proto nezbytné takové stvoření, jako je „*člověk v našem světě*": když se nachází ve stavu rozvoje, přijímá *Světlo* z nenapravených egoistických přání, žije díky tomu a získává tímto způsobem všechna velká nenapravená přání. Poté člověk v důsledku svého jednání přechází k jejich nápravě *Vyšším světlem*, pokouší se využívat vlastní přání odevzdávat, aby poskytl potěšení Stvořiteli, čímž dosahuje podobnosti s Ním.

Na základě změny vlivu těchto protikladných sil na člověka v *našem světě* se projevuje pociťování času. Jestliže vše napraví, pojem „čas" zmizí. Můžeme říci i naopak: pro nás je nezbytná existence pojmu čas proto, aby v nás ve stavu rozvoje tyto dva protiklady vznikaly jeden za druhým a poté ještě ve stavu nápravy.

V deseti *Sfirot* jsou dva druhy *Světla*:

1. Přímé světlo – Světlo, které sestupuje ze světa Nekonečna;

2. *Odražené světlo* – Světlo, které vyvolala *Malchut* a odráží se od ní zdola Vzhůru.

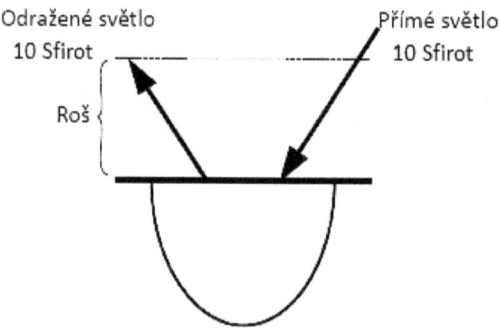

Obr. 20.3. *Dva druhy Světla ve Kli.*

Oba tyto druhy *Světla* se slučují do jednoho. Po *zkrácení Vyššího světla* kvůli jeho rozšiřování do nenapravených přání, do *Malchut* nevchází *Přímé světlo*, které sestupuje od Stvořitele. *Odražené světlo* ji však může naplňovat, jelikož na něm nebylo provedeno *zkrácení*.

Nezbytnost existence nenapravených přání a systém egoistických sil vyplývá z cíle *zkrácení*: když člověk přijímá od systému egoistických sil, vytváří se v něm ohromné přání po potěšení a tento systém potřebuje hojnost – *Světlo*. Odkud ho může získat, když celá jeho struktura představuje pouze poslední *Sfiru* – prázdné místo bez *Světla*? Kvůli tomu bylo dříve zhotoveno rozbíjení prvních devíti *Sfirot*, následkem čehož sestupuje část *Odraženého světla* do prázdného prostoru *Sfiry Malchut*.

20.5. Vzestup člověka

20.5.1. Součinnost stupňů

Ve vesmíru existuje pouze Stvořitel a jeho základní stvoření – člověk. Proto vše, co člověk pociťuje, je pouze Stvořitel, neboť kromě Něho není před člověkem nic více. Jestliže člověk nepociťuje samotného Stvořitele, ale něco kolem sebe, tak jako cítíme my, znamená to, že se Stvořitel před ním ukrývá za zástěnou, která se nazývá „tento svět".

Duchovní *svět* je *svět* pociťování Stvořitele, který existuje uvnitř člověka, jenž ho vnímá. Jestliže člověk nepociťuje Stvořitele, znamená to, že se nenachází v duchovním *světě*. Začal-li člověk Stvořitele pociťovat, říkáme, že vstoupil do duchovního *světa*. Čím více člověk pociťuje Stvořitele, tím výše stoupá v duchovním *světě*. Z *našeho světa*, kde pociťování Stvořitele chybí, až do Jeho maximálního pociťování, musí člověk projít 125 stupňů.[523] Každý stupeň znamená, že člověk pociťuje Stvořitele stále jasněji.

---

[523] **125 stupňů = 125 úrovní vnímání.** Teď se nacházíme ve světě Nekonečna a cítíme ho, ale jen v minimálním projevu, který má název „náš svět". Kromě světa Nekonečna a nás doopravdy nic neexistuje. Úrovně odhalení reality, jediné a nekonečné skutečnosti, ve které existujeme, se nazývají „světy". Existuje pět světů, které se dělí ještě na pět nevelkých částí a každá ta část se dělí ještě na dalších pět částí. Takovým způsobem existuje 125 stupňů uvědomění, chápání, vnímání a pociťování našeho opravdového stavu, ve kterém skutečně existujeme.

20.5.2. Stupně pociťování Stvořitele (Shora dolů):

(kurzívou jsou vyznačeny *světy*, které oddělují člověka od Stvořitele)
– člověk – Stvořitel
(Neohraničené pociťování Stvořitele se nazývá *světem Nekonečna* – pociťování bez konce, bez ohraničení, bez rozdělení mezi člověkem a Stvořitelem).

- člověk – *AK* – Stvořitel
- člověk – *Acilut* + *AK* – Stvořitel
- člověk – *Bri'a* + *Acilut* + *AK* – Stvořitel
- člověk – *Jecira* + *Bri'a* + *Acilut* + *AK* – Stvořitel
- člověk – *Asija* + *Jecira* + *Bri'a* + *Acilut* + *AK* – Stvořitel
- člověk – Tento svět + *Asija* + *Jecira* + *Bri'a* + *Acilut* + *AK* – Stvořitel

Člověk vnímá pouze *svět*, který se bezprostředně nachází nad ním. Nepociťuje ostatní *světy*, které ho oddělují od Stvořitele. Jinak řečeno, pociťuje se jenom vyšší stupeň, který je vnímán jako příroda (jestliže člověk vnímá *tento svět*) nebo Stvořitele (jestliže člověk vstoupil do *světa Asija* či výše).

Vyšší stupeň se vždy nazývá „Stvořitel", protože vytváří a vyživuje nižší, a také ho řídí.

Tento svět – všechno, co se objevuje před našima očima, co vnímáme ve svých pocitech. Jinak řečeno, přesně takto vnímáme Stvořitele nyní až do doby, než se začnou napravovat naše smyslové orgány. Náprava smyslových orgánů neznamená změnu možností zraku, sluchu, hmatu a ostatních smyslů, ale nápravu *záměrů srdce*, které vnímá vše, co prostupuje skrze pět smyslových orgánů jako potěšení nebo utrpení.

Všechny stupně *světů* jsou uspořádány tak, že do každého z nich vchází nižší část vyššího stupně, čili každý stupeň spouští svoji nižší část do vrchní části nižšího stupně.

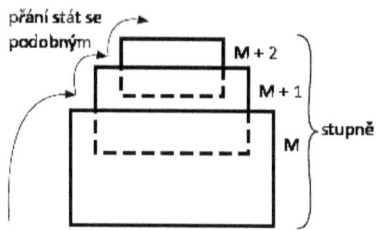

Obr. 20.4. Součinnost stupňů: přerušovanými čarami jsou ukázány části vyššího stupně,

které se nacházejí v nižším. M – nižší stupeň ohledně M+1, který je ve svém pořadí vyšší vzhledem ke stupni M a nižší vzhledem ke stupni M+2.

Ve výsledku, kdekoliv by se člověk nacházel na cestě k dosažení *Vyšších světů*, všude se účastní nižší část vyššího duchovního stupně. Možnost duchovního pozvednutí, přechod ze stupně na stupeň, se uskutečňuje jedině zásluhou toho, že je v člověku v každém okamžiku vyšší komponent, ke kterému míří. Problém spočívá pouze v tom, jak tuto možnost využívat.

Stupeň, na kterém se člověk nachází, určuje všechny jeho vlastnosti i přání. Člověk je může změnit k lepšímu jenom tím, že se posune na vyšší stupeň. Tehdy se stanou vlastnosti vyššího stupně jeho skutečnými vlastnostmi. Pobývá-li na svém stupni, přemýšlí a postupuje pouze v souladu s tím, co od něho přijímá, právě ten stupeň určuje jeho uvědomění.

Jak lze změnit v tomto případě vlastnosti, přání, myšlenky, když jsou produktem prostředí – stupně, na kterém se člověk nachází? Právě proto je v každém stupni obsažena část vyššího stupně, jinak by člověk neměl žádnou možnost pocítit vzestup.

Vzniká to, že je část vyššího stupně, která se nachází v nižší, prostředníkem mezi oběma stupni. Prostředníkem však může být jen tehdy, disponuje-li vlastnostmi jednoho i druhého stupně, ale to není možné, neboť by byly jedním celkem.

Vymanit se z vlastností své úrovně a získat vlastnosti vyšší úrovně je možné tehdy, když člověk úplně přestane pociťovat svoje potřeby, vlastnosti i přání a přijme za své jiné vlastnosti, přání a úsilí. Proto v duchovním světě vládne zákon altruismu, neboť je schopnost vymanění se ze svých přání nezbytná pro posun.

Vyšší *Parcuf* se právě proto vyprazdňuje od části svých přání, abstrahuje se od nich, přeje si pouze odevzdávat. Tato přání mu jakoby přestanou náležet. Tímto si zabezpečuje možnost být svými přáními v nižším, aby si mohl přát to, co si přeje nižší, ale nikoliv pro sebe, nýbrž pouze kvůli vyrovnání se s ním. Jenom takové sblížení se s nižším je pro vyšší možné a jenom díky takové pomoci vyššího ho může nižší v sobě pocítit, ale nikoliv jako vyššího, nýbrž jako „svého".

20.5.3. Dva druhy analýzy (rozboru)

Můžeme provádět dva druhy analýzy skutečnosti:

- analýzu dobrého a špatného („sladkého a hořkého");
- analýzu pravdy a lži.

Aby Stvořitel donutil stvoření k vývoji, k vykonávání potřebné nápravy, k postupování k Cíli Stvoření, včlenil do jeho přirozenosti fyzickou schopnost analýzy na základě pocitu „hořké" nebo „sladké". Při této analýze tělesná síla nenávidí a odstrkuje vše hořké, poněvadž je to nepříjemné, ale miluje a přitahuje vše sladké. Tělesná síla stačí pro cílevědomou nápravu rozvoje *neživé, rostlinné a živočišné* přírody s cílem ji dovést k dokonalosti, to znamená pro úkol stanovený Stvořitelem.

Pouze *člověk* je nucen mířit k Cíli navzdory přáním těla a vybírat nikoliv ze stavů „sladké" nebo „hořké", ale vycházet ze stavů pravda – lež.

20.6. Otázky a odpovědi

Otázka: *Jestliže kabalisté dosáhli téhož stupně v nějakém světě, bude jejich duchovní poznání stejné?*

Jejich poznání je stejné. Je to podobné tomu, jak my vnímáme v tomto světě, pouze má každý svůj názor ohledně postihnutého. Když se díváme na stejný předmět, každý z nás o něm má vlastní úsudek. Jinak řečeno, společné poznání je jednotné, ale individuální je pro každého odlišné.

Otázka: *Jak může být jeden druh živočišné úrovně roven významem všem existujícím druhům rostlinného světa?*

Nejedná se zde o množství, ale o kvalitu síly.

Co je vlastní rostlinám? Tíhnou k prospěšnému vlivu a vyhýbají se vlivu škodlivému. Řekněme, že jsou druhy, které se rozevírají vstříc slunci a zavírají se v noci. Rostliny vstřebávají to, co je pro ně nezbytné a vyčleňují nepotřebné, žijí a umírají. V jednom *živočichovi* je náležitě zastoupen společný zákon všech *rostlin*. Mezi rostlinami není rozdíl: všechny uskutečňují stejný pohyb, procházejí stejnou cestu rozvoje, všechny jsou jako jedna a všechny jsou rovny jednomu *živočichovi*. V něm se toto vše realizuje v souladu s jeho vlastní formou, i když jinak – již v jiné podobě. Znamená to, že je jeden *živočich* roven všem *rostlinám*.

Otázka: *Jak je možné srovnávat s člověkem neživou, rostlinnou a živočišnou úroveň?*

Skutečnost je taková, že všechny tyto vlastnosti vyplývají z našeho Kořene – jak ve vnější přírodě, tak i ve vnitřní. On nás stvořil tak, že procházíme pěti stádii rozvoje – ze *Světla* k touze po něm. V souladu s tím probíhá rozvoj každé části stvoření v jakémkoliv místě a v jakémkoliv stavu.

Formování probíhá výlučně v člověku. Nerozvíjí se *neživá, rostlinná,* ani *živočišná* úroveň. Změny v nich probíhají pouze v takové míře, v jaké jsou spojeny s člověkem, který se rozvíjí v souladu se svojí svobodnou volbou. Jenom člověk má mimořádný cíl a rozvíjí se po předem určených stupních. Všechna ostatní stvoření mu pomáhají. Poněvadž je vše spojené do jednoho systému s člověkem, vše stoupá a klesá společně s ním.

Otázka: *Říkáme, že je cíl člověka – dospět k uvědomění si zla, uvědomění si zlého záměru. Jak se člověk může naučit nenávidět záměr?*

Kabala učí, že se musíme soustředit pouze na *záměry*. Sami je však nemůžeme změnit přímo. Narodili jsme se takoví, že je náš *záměr* k jakékoliv činnosti – vlastní prospěch. Musíme tudíž svůj *záměr* změnit tak, aby se každá naše činnost uskutečňovala pro potěšení Stvořitele.

Potřebuji proto znát předběžné údaje:

Musím znát: kdo je Stvořitel, čeho si ode mne žádá, jak jsem s Ním spojen, proč se Mu musím připodobnit svými vlastnostmi. Musím prověřit svůj současný stav a dospět k uvědomění si zla. Je zapotřebí pochopit, že je dobré být podobný Stvořiteli. Musím spatřit svoji přirozenost a pochopit, že nejsem schopen se změnit samostatně, že k tomu nutně potřebuji zvláštní Vyšší sílu – *Světlo*, které se navrací ke Zdroji. Poté si musím uvědomit, jak mohu tuto sílu ovlivnit, přitáhnout ji k sobě, aby na mne působila správným způsobem. Takto začíná práce člověka za předpokladu, že se přestane starat o svoje přání a přejde k *záměru*.

Závěr

Na základě zrealizovaného studia základů kabaly začíná být zřejmé, že se jedná o mimořádnou vědu, která v sobě harmonicky propojuje vztah mezi racionálními a iracionálními poznatky. Ačkoliv se od akademických věd liší tím, že před námi odhaluje vyšší iracionální *svět*, využívá při jeho zkoumání stejné zákony a analogický přístup, jako ony. Co se tím má na mysli? Způsob vědecké empirické zkušenosti. Když badatel-kabalista studuje zákony řízení Vyšší silou a zároveň na sobě začíná odhalovat její projevování, vstupuje do vědomé součinnosti se zkoumaným materiálem.

Co však činí kabalu jedinečnou, čím se liší od všech ostatních metod poznání, které jsou používány člověkem? Její výjimečnost spočívá v tom, že člověk prostřednictvím kabaly pozná vyšší část vesmíru, odkud sestupuje do *našeho světa* vše, co tam nastává, vše se odívá do našich pěti smyslových orgánů a vnímá a pociťuje se námi jako realita *tohoto světa*.

Můžeme tudíž v tradici kabalistické vědy poznávat vesmír v jeho samotných kořenech. Nejedná se vůbec o postihování ještě jedné doplňující části reality. Tento vesmír je na takové úrovni, ve které se nachází před sestoupením této reality k nám. Neznamená to však, že člověk poznává skutečnost ještě před jejím projevením se v *našem světě*, když nad ní nemá žádnou moc. Odhalením předcházející úrovně do jejího vzniku v naší realitě má kabalista na mysli možnost se naučit řídit události dříve, než se odějí do *materie světa*, díky vlastnímu spojení s vyšší realitou. Vystupujeme jakoby do středu řízení, odkud je uskutečňována veškerá kontrola naší reality.

Člověk se zvedá nad sebe, přechází z úrovně stvoření na úroveň Stvořitele – tam, odkud pocházejí veškeré síly, aby se poté oděly do materie *našeho světa* a projevily se jako konkrétní události a fakta. Když se nám podaří změnit náš vztah k nim v samotném zdroji (nikoliv samotné síly, ale náš vztah k nim), budeme je oděné do materie *našeho světa* vnímat zcela jinak.

Test

1. Proč jsou stvořeny světy, stupně, zkrácení?
    a) pro nápravu člověka
    b) proto, aby se je člověk naučil
    c) pro izolování člověka
    d) pro utrpení člověka.

2. Jaké dva druhy Světla jsou v deseti *Sfirot*?
    a) Nefeš a Ruach
    b) Chochma a Chasadim
    c) Přímé a Odražené
    d) existuje jen jeden druh.

3. Díky čemu se pociťuje propojení mezi stupni?
    a) část vyššího stupně vchází do nižšího
    b) část nižšího stupně vchází do vyššího
    c) stupně nejsou navzájem propojené
    d) díky studiu stupňů

4. Jaký druh analýzy člověk využívá na cestě nápravy?
a) logický
b) „hořké" a „sladké"
c) pravda a lež
d) odmítnutí analýzy

Odpovědi: 1a) 2c) 3a) 4c)

Doplňující studijní látka: Dosažení jednoty ve vesmíru

Přehled

Cíl stvoření – Odhalení Myšlenky – v dosažení Cíle
Stoupání po duchovních stupních – Vyšší řídící síla
Cesta utrpení a cesta kabaly – Vyšší řízení – cílevědomé
Myšlenka Stvoření
Podstata kabaly – rozvoj uvědomění si zla v člověku
Vnímání světa – Podmínka vzestupu do duchovního světa – Závěr

Cíl Stvoření

Jestliže nás stvořila Vyšší síla, znamená to, že měla zcela konkrétní cíl, proč to uskutečnila. Z veškeré různorodosti reality, která byla vyvolána Vyšším řízením, představuje mimořádnou důležitost rozumné myšlení, jež bylo dáno výhradně člověku – cítění, zásluhou kterého pociťuje utrpení bližního. Proto, měla-li řídící Vyšší síla Cíl Stvoření, jeho objektem se ukazuje člověk. Celý vesmír je stvořen pouze proto, aby člověk dosáhl svého předurčení – začal pociťovat Vyšší sílu, jež ho řídí, stejně jako vnímá vše, co ho obklopuje.

Člověk je středem Stvoření, protože je v něm největší přání se potěšit, a na základě intenzity tohoto přání je také ve *všech svých vlastnostech* více rozvinutý než ostatní stvoření (nebereme v potaz, zda jsou tyto vlastnosti dobré nebo špatné, hovoříme o stupni jejich rozvoje, možnosti využití, potenciálu, který je do nich vložen).

Člověk se odlišuje od všech ostatních stvoření (konkrétně od živočichů) zejména tím, že je schopen pociťovat bližního. Jestliže se člověk skutečně chce pozvednout nad živočišnou úroveň, musí tuto výjimečnou odlišnost využívat.

Právě pociťování bližního v nás vyvolává touhu po bohatství, po slávě a po vědění. Jsou to společenská přání, která vznikají vlivem společnosti. Kdybychom se nenacházeli ve společnosti těch, kteří nám jsou podobní, ale žili izolovaně, taková přání by se v nás neprojevila.

Přání, která se nazývají tělesná – potřeba sexu, vytvoření rodiny, pokračování rodu, vybudování obydlí – máme totožná se živočichy, jenom jsou více rozvinuta. Je zřejmé, že na jejich základě nemůžeme stavět svoji individualitu, ani realizovat mimořádné předurčení. To může být založeno pouze na výjimečném rozdílu, který nás vyčleňuje z veškeré ostatní přírody – na pociťování bližního.

Tato schopnost nám byla dána proto, abychom ji zintenzivnili do takové úrovně, ve které bychom mohli pocítit Stvořitele, jenž se nachází za těmi, kteří nás obklopují. V tom spočívá naše předurčení a realizace našich možností. Rozvinout v sobě předem stanovený vztah k bližnímu, pocítit lidi v okolí tak ostře, abychom necítili prostě je, ale Toho, Kdo nás řídí. Takto postihujeme Stvořitele.

Poznáváme Ho, jak se nachází právě za *lidskou* podstatou lidí, kteří nás obklopují, ale nikoliv za neživou, *rostlinnou* nebo *živočišnou*. Jak to probíhá? Když je *člověk* připravený mít vztah k bližnímu jako k sobě samému, tudíž vyjít za hranice vlastních pocitů a proniknout do pocitů okolí, pocítit druhého jako sebe samého, bude to znamenat maximální realizaci do něho vložené odlišnosti od *živočichů*. Pouze v tomto případě může člověk odhalit Toho, Kdo ho řídí – Stvořitele.

Stvořitel pro nás stvořil okolí: *rozbil duši* na množství částí, aby nám takové pociťování umožnil. Učinil to záměrně, aby každý z nás zostřil vnímání druhého člověka a pronikl ve svých pocitech do takových detailů, že může za člověkem pociťovat Stvořitele.

V důsledku přiblížení se ke Stvořiteli vlastnostmi odevzdávání a lásky vzniká v člověku ohromné potěšení až do zázračného pocitu plného vzájemného kontaktu s Vyšší řídící silou. Staneme-li se vlastnostmi podobní Stvořiteli (znamená to analogický vztah k okolí, stejnou příležitost cítit kohokoliv vně sebe sama), dosahujeme stavu, kdy začínáme pociťovat Jeho a tímto způsobem s Ním vstupujeme do kontaktu až do úplného splynutí.

Odhalení Myšlenky – v dosažení Cíle

Konec děje a jeho výsledek existuje v prvopočáteční Myšlence. Stvořitel stvořil v souladu se Svým Cílem v obráceném pořadí (je-li možné to o Něm říci) události, které k němu vedou. Pro Samotného Stvořitele však neexistuje pojem čas a místo, tudíž pokud jde o Něho, na Jeho úrovni (ačkoliv si to nedokážeme představit) je myšlenka, děj a výsledek zcela totéž. Přání Stvořitele potěšit stvoření se realizuje okamžitě, bez veškerých přechodných stavů.

Čtyři stádia rozšiřování Přímého světla,[524] poté *zkrácení Světla*, rozdělení, rozšiřování, sestoupení *světů* do *našeho světa* a opět stoupání *duše* po stupních *světů* do stavu Nekonečna – čili všechno, co se učíme, má vztah pouze k *duším*, pokud jde o nás. Tak se postihuje a projevuje výjimečný stav, ve kterém se ve skutečnosti nacházíme.

Stav, který si předsevzal Stvořitel, se neprodleně ztělesnil v jeho Myšlence. My existujeme v ní: je jenom Myšlenka Stvoření, jinak nic jiného. Stav, který cítíme, se realizuje v materii (v nás). Stejně jako stavy, které postupně procházíme za účelem postihnutí Jeho Myšlenky, mají vztah pouze ke člověku. Probouzejí se v nás všechny tyto pocity a formují se do jediného dojmu z Jeho vztahu k nám – přání potěšit stvoření.

Ve skutečnosti není nic, kromě Jeho Myšlenky, ve které existujeme. Kabala nám říká, že když chápeme Myšlenku Stvoření, začínáme sami sebe pociťovat jako existující v ní i to, jak se v nás realizuje. Vše se však týká pouze našeho pocitu, proto se také nazývá *přání přijímat – nádoba*, ve které Myšlenku Stvoření pociťujeme. Rozvinutím této *nádoby (Kli)* se zabývá kabala. Ve výsledku je veškerá tato věda učení o Myšlence Stvořitele, Jeho úmyslu, který jako jediný výhradně existuje.

Astrofyzikové také vyjadřují předpoklad, že Vesmír representuje realizaci jedné myšlenky, jednoho úmyslu. Takovou představu získávají při zkoumání kosmu. Stejné je to i v procesu studia vesmíru: na základě

---

[524] **Čtyři stádia rozšiřování Přímého světla** – etapy vybudování duchovní nádoby, přání. Při rozšiřování Světla Shora dolů se zpočátku buduje stádium *Kerer* (posílané Světlo), potom *Chochma* (přání přijímat), dále *Bina* (přání odevzdat), ZA (realizace *Biny*, když se chce připodobnit Stvořiteli – odevzdávat co přijímá) a nakonec *Malchut* (nepřeje si být podobná Stvořiteli, ale získat Jeho „stav", „status"). Většinou se stádium *Kerer* nepřipomíná, protože v podstatě vzniká samotným Stvořitelem. Proto se hovoří o čtyřech stádiích vybudování *Kli* (přání).

objasnění Cíle se stává zřejmé, že je pořádek Stvoření ve všech svých projevech určen dříve a výhradně v souladu s tímto Cílem.

V souladu s ním bude lidstvo rozvíjet a pozvedávat vlastnosti odevzdání do té doby, než se stane schopné pocítit Vyšší řídící sílu jako svého bližního.

Počáteční Myšlenka Stvořitele se okamžitě vtělila do Jeho vztahu ke stvořením – objevila se stvoření, která se nacházejí ve stavu blaženosti ze splynutí s Ním. Samotná stvoření si však tento stav uvědomí postupně. Především v nich musí vzniknout přání, potřeba pocítit, pochopit, vstřebat a těšit se tímto stavem. *„Kli kodem le Or"* – tak se to nazývá v kabale, to znamená, že vznik nádoby – přání musí předcházet jeho naplnění. Proto je pochopení, pocítění svého stavu stvořením, postupný proces, který se projevuje na všech stupních duchovních *světů*.

V souladu s plánem Stvořitele musí veškeré lidstvo nejprve samostatně *postihnout*, čili si samo *přát*, a až poté *pocítit* svůj věčný a dokonalý stav. K tomu to také spěje – buď cestou utrpení, anebo cestou *Světla*, nápravy, cestou kabaly. Tento posun se bude prodlužovat do té doby, dokud lidstvo nepocítí jediný stav, který existuje. Všechno předcházející jsou pouze stupně našeho probuzení. Stvoření tudíž vždy pociťuje jedno a to samé – svůj současný stav, ale jen v malé, ohraničené míře.

Míra pociťování jediného, naplněného, dokonalého stavu se nazývá světem stvoření. Charakter stvoření je uskutečněn takovým způsobem, aby ho popoháněl k dosažení stavu dokonalosti, podobnosti a jednotě se Stvořitelem.

Stoupání po duchovních stupních

Vlastnosti odevzdání získává člověk po etapách: doslova stoupá po žebříku, překonává jeden stupeň za druhým, dokud nedospěje do svého cíle. Kvantita i kvalita těchto stupňů je určena dvěma skutečnostmi.

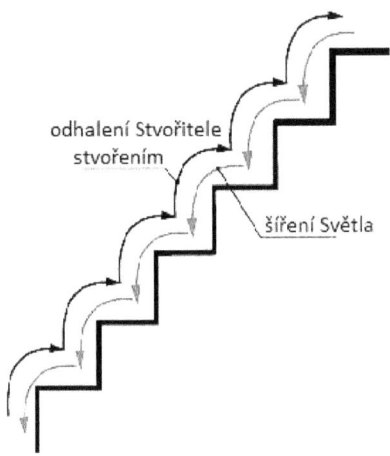

Obr. 20.5. *Stoupání člověka po duchovních stupních.*

První je přítomnost materie, čili pořadí odhalování *Vyššího světla* Shora dolů, od Prvotního zdroje, který určuje míru a kvalitu *Světla*, jež vychází z podstaty Stvořitele. *Světlo* prochází ukrytími, jedním za druhým, dokud z něho nevznikne materiální skutečnost a materiální zformování.

Rozšiřování *Světla* Shora dolů vytváří *Kelim*, ale ještě se nejedná o stvoření, jsou to prostě formy, s pomocí kterých se *Světlo* postupně zmenšuje, materializuje se (můžeme-li to takto říci), odívá se do nějakých oděvů, ukrytí. Stvoření však ještě nejsou.

Druhá je přítomnost Vyšší inteligence: po odhalení sestupování začíná posloupnost vystupování (odhalení Stvořitele stvořením), kterou představují stupně žebříku. V souladu s nimi se lidstvo rozvíjí, dokud nedosáhne Cíle Stvoření.

Nyní ty samé stupně, formy, po kterých se *Světlo* postupně materializovalo, začíná stvoření na sebe odívat, stále více se podobat *Světlu*, dokud nedosáhne maximální, úplné podobnosti s ním na vyšším stupni. Tehdy pociťuje Myšlenku Stvořitele – potěšit stvoření.

Obě tyto skutečnosti se v kabale studují ve všech svých dílčích projevech a podrobnostech.

Kabala hovoří o jediném stavu, jenž existuje, a také o tom, jak ho *Kli*, člověk musí dosáhnout. Zahrnuje tudíž veškeré Stvoření kromě samotného Stvořitele. Zkoumat Stvořitele je zakázáno, protože se v nás neprojevuje natolik, abychom Ho mohli postihnout na dostatečně hodnověrné úrovni. Projevují se pouze jeho působení, která jsme zavázáni prozkoumat a poznat z nich v konečném výsledku Jeho úmysl.

Vyšší řídící síla

Můžeme ji nazývat Stvořitelem nebo Přírodou (slova Stvořitel a Příroda – „Elokim" a „teva" – mají totožnou *gematrii*[525]). Stvořitel i Příroda, která nás obklopuje, je jedno a to samé: skrze Přírodu nás Stvořitel řídí.

Vzhledem k nám se příroda dále dělí na tu, kterou postihujeme (okolní prostředí) a na tu, kterou postihnout nemůžeme. Tato příroda se také nachází kolem nás, ale zůstává nepřístupná vzhledem k našemu současnému stavu. Veškeré vnější a vnitřní síly, jež působí na nás a na naše přání (v těsné blízkosti přání se nachází jeho uvědomění, rozum), všechno co chápeme ve svém přání pomocí rozumu, se nazývá Přírodou nebo Stvořitelem. Termíny pro nás více pochopitelné vyjadřují dva pojmy – *Světlo* a *Kli*.

Vyšší řídící síla se obvykle nazývá Stvořitel. Vědci-kabalisty je charakterizována jako absolutní dobro. Oni to poznali na sobě: pocítili, jak nejvyšší vnější a vnitřní projevování přírody, všechny zákony, působí na přání. Není možné, aby (Příroda neboli Stvořitel) někomu způsobil zlo. Tento fakt kabalisté vyznávají jako základní zákon vesmíru. Obepíná a určuje absolutně všechno, co se v něm děje, od globálních událostí po nejnepatrnější.

Obvykle se události v přírodě a ve společnosti (skrze vnitřní a vnější působení, které pociťujeme jako náš život) námi vnímají nikoliv jako absolutně dobré, ale naopak jako zlo. Nestává se to kvůli tomu, že jsou takové samy o sobě, ale protože jsme protikladní k přání, které může správně pocítit působení Stvořitele. V souladu se stupněm nápravy svého přání začínají kabalisté pociťovat tento absolutní zákon Jeho dobrého vztahu ke svým stvořením.

Cesta utrpení a cesta kabaly

Zdravý rozum nám očividně radí, že uskutečnění všech špatných skutků pramení v egoismu, „přání přijímat potěšení ve prospěch sebe sama (zkráceně nazýváno „přání přijímat"). Pod pojmem „zdravý rozum" se

---

[525] **Gematrie** – číselný význam písmen ve slově. Matematický zápis duchovních stavů.

rozumí ti, kteří již pochopili „samotnou přírodu" studiem základů materialistické psychologie. Oni vidí a chápou, proč člověk působí zlo druhým, a *svět* je špatný: pochází to pouze zpoza lidského egoismu. Kdyby ho člověk snížil nebo napravil, cítil by se lépe.

Jestliže by člověk snížil nebo zvýšil egoismus, může se stát, že se částečně vyhne úderům, ale potěšení se získat nedá. Jediná možnost jak dosáhnout potěšení spočívá v tom, aby byl egoismus nahrazen altruismem pomocí *záměru „kvůli Stvořiteli"* namísto *záměru „kvůli sobě"*.

Co je špatného na tom, abychom prostě snížili egoismus a byli mírní, spokojení, nikomu nepůsobili škodu, existovali ve svém maličkém uzavřeném světě? Jde o to, že tomu neodpovídá příroda. Existuje v ní předem ustanovený princip – přivedení stvoření do konečného Cíle. Proto nemůžeme jako děti zůstávat ve stádiu minimálního egoismu, ale jsme povinni růst, ať chceme nebo ne.

Ještě k tomu rosteme nezávisle na našem přání, proto se nacházíme v takové situaci, kdy prostě nejsme sto svůj egoismus snížit. Zarývá se do nás a člověk ho začíná využívat bez veškerého studu a omezení. V důsledku toho dostává takové údery, že pochopí: egoismus je zlo, ale vzdát se ho není možné. Takto člověk dospěje k pochopení toho, že je nutné změnit egoismus na kvalitu jemu protikladnou. Jiné východisko není. Cesta k tomuto uvědomění je vleklá a bolestivá, a proto se v kabale nazývá *cesta utrpení*.

Místo toho je možné přesvědčit sebe sama o nezbytnosti změny egoismu na altruismus pomocí studia kabaly. V průběhu učení a v důsledku určené práce na člověka nepoznatelně působí *Vyšší světlo*, které v něm vytváří nezbytné podmínky pro skutečné přání se změnit a stát se altruistou.

Ani v tomto případě se však člověk nevyhne utrpení, jde však o utrpení dočista jiná. *Vyšší světlo* mu demonstruje absolutní, dokonalé stavy, které je možné dosáhnout a člověk prožívá utrpení z touhy po nich. Tyto stavy jsou pro něho natolik preferované, že v něm vzniká síla dostatečná k prosbě o změnu.

Právě utrpení z honby za osobním blahobytem, které je vyvoláno přáním přijímat, je příčinou toho, že působíme zlo bližnímu. Kdyby stvoření nenacházelo uspokojení v osobním blahobytu, nebyl by ve *světě* nikdo, kdo by působil zlo bližnímu. Jestliže se občas setkáváme se zlomyslnou bytostí, která páchá zlo nikoliv z přání přijímat, je to možné přičíst na vrub zvyku, jenž byl původně jím vyvolaný a nyní je jedinou příčinou jeho jednání. Zvyk se stal jeho druhou přirozeností, přeměnil se na instinkt a on pokračuje v ubližování. S takovými stavy se setkáváme u *živočichů* i u lidí, ale oni jednají podvědomě, egoismus jim nediktuje zjevně.

Poněvadž se Vyšší řídící síla námi vnímá jako dokonalá, která nic nepotřebuje, je zjevné, že v ní absolutně schází přání přijímat. V takovém případě v ní chybí i veškeré základy pro zapříčinění škody. Ještě navíc disponuje přáním dávat, činit dobro svým stvořením.

Nepřítomnost přání přijímat je přirozený důsledek absolutního dobra. Být v situaci „Nedám a nepřijímám." není možné. Takový neutrální stav v přírodě neexistuje. Je buď stav přijímání, anebo odevzdávání a přechod z jednoho stavu do druhého. Tento přechod se táhne nad nekonečnou trhlinou mezi nimi, která se nazývá *Machsom – energetický práh.* Jeho velikost se nedá změřit, neboť vždy míří ke *světu Nekonečna*, k jeho vysoké úrovni.

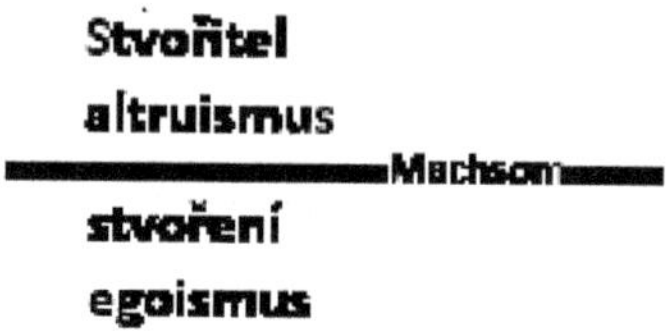

Stvořitel
altruismus
━━━━━━━━━━Machsom━━━━━━
stvoření
egoismus

Obr. 20.6. *Machsom – rozdělení stavu přijímání a odevzdávání.*

Veškeré dobré nebo špatné pocity, které stvoření prožívají, jim jsou posílány Vyšší řídící silou, jež disponuje jedinou vlastností – přáním dávat, vytvářet pro ně dobro. Je to zákon, na jehož základě se budují vztahy této síly ke stvořením. Vyplývá z něho, že všechna stvoření od ní dostávají výlučně blaho a výhradně pro blaho jsou stvořena. Proto považují kabalisté tuto sílu za absolutní dobro.

Kabalisté ji chápou jako takovou a nám nezbývá nic jiného, než jim věřit. Víra však síly nepřidává. Do té doby, dokud se člověk nachází ve stavech, které jsou protikladné k Vyšší síle, bude pociťovat inverzně a s obráceným znaménkem vše, co z ní vychází.

Vyšší řízení – cílevědomé

Ba'al HaSulam ve svém článku „Podstata náboženství a jeho cíl" píše:[526] „Podíváme se na současnou realitu, jež je řízena a kontrolována Vyšší silou a objasníme si, jak vytváří výlučně samé dobro. Vezmeme-li

---

[526] **J. Ašlag:** Plody Moudrosti. Články. Str. 47. Jeruzalém, 1999 (hebrejština).

libovolné, ba i nejmenší stvoření, které náleží k jednomu ze čtyř druhů – neživému, rostlinnému, živočišnému, mluvícímu – spatříme, že jak samostatný jedinec, tak i veškerý druh jako celek, je postupně a záměrně upravován ve svém kauzálním rozvoji, podobně jako plod na stromě, řízením, které sleduje dobrý konečný cíl – dozrávání."

Vidíme, že příroda postupně přivádí každý druh k určitému, předem zadanému konečnému stavu, který se nazývá zralostí. Vědci-botanikové mohou objasnit, kolika stavy prochází plod od okamžiku oplodnění do konečné zralosti, z květu do vytvoření zralého ovoce nebo zeleniny.

Avšak stavy, které předcházejí konečnému, když je stvoření úplně dokončené, že se nazývá „dospělé" a napravilo svoje *Kli*, nejen že neobsahují ani náznak konečné formy – krásné a sladké, ale naopak k ní vypadají zcela protikladně. Čím sladší vyroste plod, tím více je hořký a ošklivý v předešlých stádiích růstu. Vyvstává otázka – proč? Vidíme, že tomu tak je.

Ještě více ohromující rozdíly v rozvoji se projevují mezi „*živočišnou*" a „*mluvící*" *(člověk)* úrovní. *Živočich*, jehož rozum během celého života zůstává nevelký a téměř nepodléhá změnám v procesu růstu jedince, se kolosálně liší od člověka, jehož rozum mnohokrát vzrůstá ke konci jeho rozvoje a podléhá ohromným změnám.

Co znamenají „ohromné změny"? Ba'al HaSulam mínil, že je počáteční stav kontrastní, protikladný konečnému. Vezmeme-li právě narozené telátko, bude přibližně stejné jako dospělý býk. V době, kdy se nemluvně nepodobá dospělému, je v prvopočátečním stavu ve vztahu ke konečnému, vypadá mnohem kontrastněji. Právě u těch představitelů, kteří nakonec musí „dozrát" do vyššího stavu, vypadají počáteční stádia rozvoje protikladně ke konečným.

Například jednodenní telátko se již nazývá býček, protože může stát, chodit a má dostatečný rozum na to, aby se vyhnulo nebezpečí, které potkává na své cestě. Zatímco člověk je v prvním dnu života podobný bytosti, jež je zbavena vědomí. Kdyby někdo neobeznámený s reáliemi *našeho světa* pohlédl na tyto dva novorozence, určitě by o nemluvněti řekl, že neuspěje v dosažení svého cíle a telátko by vylíčil jako budoucího velikého hrdinu. Takže když posuzujeme z hlediska rozumového rozvoje, bude nemluvně ve srovnání s telátkem nevyspělá bytost.

Příroda ve svých pohybech vždy využívá *kontrastní stavy*, protože musí nejdříve rozvinout *Kli*, a potom ho začít napravovat a formovat pro naplnění. Zpočátku vzniká nádoba, poté forma a teprve potom probíhá naplnění. Vyšší řízení reality jím stvořené není tudíž nic jiného než forma záměrného rozvoje, která nebere v potaz posloupnost úrovní.

Jinak řečeno, přechodné stavy naprosto nejsou důležité, není nutné se na ně v procesu rozvoje soustředit. Pouze musíme vidět, že se člověk rozvíjí. Kam ho to přitom „zanese", není významné. Zásadní je to, že se stále snaží přiblížit ke Stvořiteli. Důležitý je pouze jeho *záměr*, výlučný vektor jeho pohybu.

Myšlenka Stvoření

Vyšší řídící síle je vlastní vlastnost absolutního dobra, řídí nás cílevědomě a vychází přitom ze své dokonalosti, blaha, bez veškeré příměsi zla. Na základě síly zákona příčiny a následku jsme povinni přijímat posloupnost procházení různými stavy, dokud nemůžeme obdržet žádané blaho a zároveň s tím dosáhnout Cíle našeho Stvoření, podobně jako velkolepý plod na konci jeho dozrávání. Konečný výsledek je zabezpečen absolutně všem.

Myšlenka Stvoření je prostá: Stvořitel zatoužil stvořit stvoření, které by Ho odhalilo a stalo se stejně dokonalé, jako On.

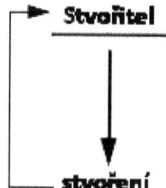

Obr. 20.7. *Myšlenka Stvoření: stvoření se musí stát stejně dokonalé jako Stvořitel.*

Stvoření se nevyskytuje ve Stvořiteli, přebývá vně Něho a očividně se nachází vně jednoty. Všichni jsme stvořeni takovým způsobem, že je nepřítomnost jednoty naše prvopočáteční přirozenost – tma, *Kli* (přání), „*chisaron*"[527] (nedostatek). Nedostatek čeho? Deficit jednoty, nepřítomnost spojení všech protikladů a jejich vzájemné podpory.

Jsme stvořeni ve stavu absence jednoty a naším úkolem je uvědomit si zlo. Absolutně všechny duše společně, každá dílčí duše se musí samostatně zaměřit na odhalení nedostatku jednoty v každém stavu.

---

[527] **Chisaron** – potřeba naplnění nedostatku (absence) žádaného, která vychází ze srdce.

Přejeme-li si to nebo ne: když existuji já, tak existuje Stvořitel, jenže jsme odděleni vzdáleností, jelikož mezi námi schází podobnost.

Ba'al HaSulam píše,[528] že člověk musí v každém stavu sloučit do jednoho celku sebe, způsoby dosažení Cíle a Stvořitele. Musí se zaměřovat na Stvořitele, jako se zamilovaný zaměřuje na svoji milovanou, aby se s ní spojil. Proto je duchovní splynutí v *našem světě* podobné sexuálnímu pohlavnímu aktu.

Popisujeme na základě srovnávání proces připodobňování se Stvořiteli, spojování se s Ním *splynutím*, tudíž stavem, ve kterém nejsou vůbec žádné rozdíly. Jak je však možné to pocítit, když je stvoření protikladné ke Stvořiteli? Díky tomu, že se vzájemně podporují, dochází k ujasnění: bez stvoření neexistuje Stvořitel a bez Stvořitele neexistuje stvoření.

Úmysl Vyšší řídící síly spočívá v tom, aby každá *duše* během své životní zkušenosti na této zemi, když se nachází v protikladném stavu k vyššímu, skutečně projevila všechny rozpory, které vznikají v každé etapě rozvoje a odhalila jednotu, čili vliv, jenž vychází z jediného zdroje.

Jestliže se připodobňujeme Vyšší síle, již mezi námi více nevznikají žádné rozpory, spojujeme se s Ní. Stvořitel je pro mne pochopitelný pouze v míře, v jaké jsou moje vlastnosti podobné Jeho vlastnostem. *Podobnost vlastností je prostředek pro splynutí*. Proto se práce se *clonou* na egoistické přání nazývá „*Zivug de-Haka'a*[529]" (*úderné spojení*). Jestliže sebe samého zasahuji údery proti egoistickému přání, když usiluji o splynutí se Stvořitelem, spojuji se s Ním. Toto spojení přichází ve stavu, který je opačný ke stavu původnímu.

---

[528] *J. Ašlag:* Plody Moudrosti. Dopisy, dopis 19. Str. 70. Jeruzalém, 1999 (hebrejština).

[529] **Zivug de-Haka'a** (úderné spojení) – vzájemný vztah Světla s *Masachem* (clonou), když *Kli* (člověk, stvoření) vykonává ohromné úsilí z touhy po jednotě, přemáhá vlastní přirozenost, odstrkuje Světlo (potěšení) kvůli splynutí (připodobnění) s tímto Světlem.

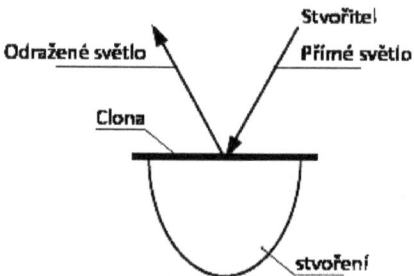

Obr. 20.8. Vzájemný vztah Světla a clony.

Původně jsou *Světlo* a *nádoba* protikladné. Náš úkol spočívá v tom, abychom nádobu jí navzdory učinili podobnou Světlu.

Úmysl Vyšší řídící síly spočívá v tom, aby nás přivedl k podobnosti s jejími vlastnostmi absolutního dobra, a tento cíl diktuje veškerá její působení vůči nám. Musíme odhalit, že každé působení Stvořitele, i kdyby se nám zdála nemorální a děsivá, je ve skutečnosti žádoucí a vynucená pro ty stupně rozvoje, kterými musíme projít. Není možné některý stupeň přeskočit. Dosáhneme Cíle, pouze když všechny postupně jeden po druhém projdeme.

Podstata kabaly – rozvoj uvědomění si zla v člověku

Cílem všech činností člověka v záměru pro dosažení *Vyššího světa* je *uvědomění si zla*:[530] člověk odhaluje, že v cestě k *Vyššímu světu* stojí zejména přirozený egoismus.

Avšak i toto je nepravdivé určení: vždyť se nesnažíme o dosažení *Vyššího světa*. Co znamená „*Vyšší svět*"? Označuje ještě větší ukrytí, protože každý svět je ukrytí a čím je výše, tím je ukrytí větší.

Dosažení *Vyššího světa* je tudíž odhalení jednoty Stvořitele na příkladu ještě větších rozporů, protikladů, nesouhlasů, které všechny pociťujeme v sobě. Ve Vyšším světě nepostihujeme nic neobyčejného, není tam žádný nadpřirozený prostor, jenž je obydlený ďábly nebo anděly. Postihujeme naopak *jedinou sílu* a společně s ní odkrýváme množství různých sil, které

---

[530] **Uvědomění si zla** – uvědomění si toho, nakolik jsou moje vlastnosti protikladné k vlastnostem Stvořitele.

nám připadají jako samostatně existující. Jejich jednota nám poskytne odhalení Stvořitele.

Vedle našeho světa – pozorovaných objektů, člověk postihuje výlučně jedinou sílu, jež se nachází za nimi a vše řídí. Zjevné rozpoznání této síly se nazývá odhalení Vyššího světa. Odkrývá se pouze stupeň jednoty řízení všeho (všeho znamená nás).

Když říkáme, že ve *Vyšším světě* existuje množství objektů, máme na mysli množství sil, jež nás řídí a jež nakonec složíme do jedné, kterou nazýváme Stvořitel.

Dosažení *Vyšších světů* spočívá v pochopení jediné řídící síly v jejích různých úrovních, v míře odhalení jejích rozporů. Čím je *svět* vyšší, tím hlubší je rozpor mezi tím, co se nám zdá a jeho řešením. Tudíž se neustále řeší jeden jediný úkol – odhalení jednoty Stvořitele.

Veškeré rozdíly mezi stvořeními, mezi jejich úrovněmi, spočívají jenom ve stupni uvědomění si zla. Více rozvinuté stvoření si v sobě uvědomuje vyšší míru zla, čili stupeň své odlišnosti vůči Stvořiteli (což se nazývá zlo). Je to jediný způsob poměření sebe sama vzhledem k absolutnímu vzoru – Stvořiteli.

Na základě míry odhalení zla proto rozeznáváme a odstrkujeme od sebe zlo stále ve větším stupni, větší silou. Nerozvinutá bytost pociťuje a odstrkuje zlo jen v nepatrném stupni, ponechává ho v sobě, protože ho vůbec jako takové nevnímá.

Dejme tomu, kdybych věděl, že kvůli osvobození od smrti, od vážné nemoci nebo od strašného trestu potřebuji vyvinout obrovské úsilí, zajisté bych to udělal. Jestliže to však necítím, nehovoří-li moje okolí, moje zvyky, můj vnitřní řád o nebezpečí, tak nic neučiním. Vše je určeno nevyhnutelností. Nebo naopak – je-li nevyhnutelnost konat diktována nejasnými utrpeními, přejeme si získat potěšení.

Kdybych věděl, že mohu vydělat milion dolarů, nebylo by mi zatěžko vynaložit jakékoliv úsilí, protože výsledkem toho bude získání většího potěšení, než mám ze svojí prázdnoty. Všechno tudíž závisí na významu toho, nakolik je moje spojení se Stvořitelem důležitější než potěšení, které si dnes umím představit vně kontaktu s Ním. V tom také spočívá problém uvědomění si zla.

Zlo je absence spojení se Stvořitelem v honbě za zdánlivým potěšením. Proto se také říká, že je podstata všeho zla – láska k sobě, egoismus. Je to vlastnost protikladná k Vyšší síle, jejíž jediná kvalita je – přání dávat. V čem tedy spočívá dosažení jednoty? Dosažení jednoty, neboli docílení vlastnosti odevzdávat, připojení se k ní, splynutí s ní – je zároveň dosažením pociťování Stvořitele, což znamená vzestup, vchod do Vyššího světa.

Ti, kdož si představují duchovní *svět* jinak než jako docílení větších altruistických vlastností, odevzdávání, jednoty Stvořitele a stvoření, nerozumí mu prostě správně. *Vyšší svět* – to je náš stav na altruistické úrovni.

V duchovním není násilí. To je nejdůležitější princip, který musíme ovládat a na jeho základě budovat vztah k sobě i k druhým. Vlastnosti odevzdávání jsou protikladem násilí. Odhalení jednoty, dosažení Stvořitele, vlastnosti odevzdávání – je totéž navzdory našim představám.

Vnímání světa

Proč nemohu snadno dát do souvislosti projevování okolního *světa* s tím, že mi chybí vlastnosti odevzdávání? Vůbec mi to nepřipadá jako zákonitost. Vidím ohromný *svět*, ale Stvořitele tam nepozoruji. Odkud mám vědět, že bude všechno dobré, když budu odevzdávat? Vnímám zobrazení *světa* v souladu se svým egoistickým *Kli*. Na podkladě sebelásky si vykresluji obraz *světa*, ve kterém schází Stvořitel. Podle mojí představy je tento svět řízen politiky, finančními magnáty nebo vojáky, neboť já sám se nacházím v egoistické vlastnosti, která je odlišná od Stvořitele. Vnímám své okolí podle pravidla: „Každý obviňuje úměrně svému defektu."

Jakmile měním egoistické vlastnosti na altruistické, připodobňuji se Stvořiteli. Stvořitel vchází do *mého světa*, začíná se za ním projevovat a odhaluje Sebe Sama ve všem, co mne obklopuje i co se nachází uvnitř mne. Vzniká moje spojení s Ním skrze okolní *svět*.

Nejdůležitější je počáteční stav, kterým procházíme a který se nazývá *uvědomění si zla*. Začínáme jasně chápat, že na základě síly svého egoismu – vnitřní opozici vůči Stvořiteli, vnímáme okolní *svět* a Jeho Samotného nesprávně.

Nekřičím ke Stvořiteli: „Proč se ukrýváš?!" Nevidím Ho a nehledám v sobě správné vnímání okolí. Řekli mi však, že Stvořitel existuje. Postupně si začínám uvědomovat, v čem spočívá příčina toho, že se nenacházím v nejlepší situaci. Děje se to, protože jsem protikladný k Němu. Existuji ve stavu absolutního egoismu.

V souladu s tím je nezbytná **moje** změna, ale nikoliv změna vnějšího obrazu. Přeorientovávám se na příčinu, pramen toho, co nastává, na sebe. Tehdy se mění i moje vnímání přítomnosti.

Sama skutečnost se nemění, zůstává stále stejná: nacházím se v absolutně dobrém a napraveném stavu, ve světě Nekonečna. Pocítit správně svoji pozici mohu však pouze tehdy, když napravím sebe. Celý svět – absolutně všechno kromě mne je již napraveno.

Člověk, který začíná rozumět *světu*, odhaluje, že kolem něho není nic kromě Stvořitele, čili zcela napraveného stavu. Vychází najevo, že se všechno zredukovalo výlučně na jeho vlastní správné připojení do tohoto zobrazení *světa*.

Podmínka vzestupu do duchovního světa

Hodnocení egoismu různými *dušemi* je rozdílné. Duchovně nerozvinutý člověk nepokládá egoismus za špatnou vlastnost, a proto jej používá otevřeně a bez veškerého studu. Více rozvinutý člověk již pociťuje nějaký stupeň svého egoismu jako zlo, stydí se jej používat veřejně, stejně však pokračuje v jeho používání, ale pouze skrytě.

Míra egoismu v člověku určuje, *jak* jej bude používat. Ohromný egoismus zcela ovládá člověka – navzdory výchově a ostražitosti, a tehdy otevřeně vraždí, loupí, dospěje k nějakým zištným cílům.

Stupeň egoismu v člověku tudíž určuje úroveň duchovního rozvoje a zaměření jeho skutků.

Stupeň, kdy člověk začíná pociťovat egoismus *vzhledem ke Stvořiteli* (již ne jako v prvopočátečních stavech), je zcela nezbytný. Vlastním úsilím, svými činy na sebe člověk přivolává *Obklopující světlo*.

Obklopující světlo na nás působí a my odhalujeme, že jsou naše vlastnosti protikladné k jeho vlastnostem. Je to pocit protikladu k *nadřazenému stupni* (dokud necítíme Samotného Stvořitele, maximální *Světlo*). Náš nepatrný rozdíl od něho vnímáme jako uvědomění si zla, což také určuje náš výběr správného směru ke snížení rozdílu.

Nacházet se ve stádiu *přípravné duchovní nápravy* znamená dospět k uvědomění si zla a k pochopení, nakolik neodpovídáš *Světlu*, nakolik jsou tvoje vlastnosti protikladné k vlastnostem Stvořitele.

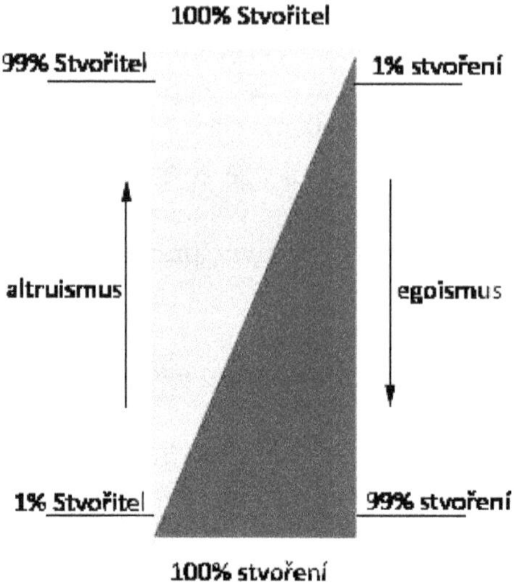

Obr. 20.9. *Vzájemný vztah vlastností Stvořitele a stvoření.*

Protikladnost, kterou si začínáš uvědomovat, musí zcela potlačit všechny ostatní nepříjemné pocity. Jsi znepokojený výlučně jedním a tvoje přání se v daném případě nazývá pozvednutí *modlitby*, prosby ke Stvořiteli (*MAN*[531]).

Stvořitel reaguje výhradně na prosbu o překonání nesouladu tebe s Ním. Ostatní problémy nejsou podstatné. Budou se v tobě hromadit, dokud nepochopíš, že jsou všechny vytvořeny jenom jedním jediným – tvým nesouladem se Stvořitelem. Kvůli tomu byl také stvořen náš svět se všemi jeho domnělými starostmi.

Když je člověk ve správném stavu: „Neexistuje nic kromě mě a Stvořitele a tuto skutečnost musím pochopit!", jeho vnitřní pocit se nazývá *pozvednutí MAN*. Jelikož je právě toto utrpení jím pociťováno jako vyšší stupeň, může být k němu připojeno právě toto přání.

Je to prosba o splynutí, o nápravu, o pozvednutí do vyššího stavu, kde se člověk spojuje se Stvořitelem. Prosí již o to, co mu je vyšší stupeň připraven poskytnout – nápravu a naplnění. V tomto případě náhle nastane pozvednutí člověka z *našeho světa* do Vyššího, na první duchovní stupeň.

---

[531] „*MAN*" – pozvednutí přání, pozvednutí modlitby, opravdové duchovní touhy.

To může nastat pouze tehdy, když bude jediným přáním člověka připodobnění se Stvořiteli v maximální míře, která se v něm odkrývá. Stává se to automaticky, bez nezbytnosti někam vystupovat ve fyzickém smyslu toho pojmu. Vzhůru – znamená k více altruistickému stavu. Nic jiného na vyšších místech není.

Všechno závisí na rozvoji. Více rozvinutý člověk pociťuje egoismus do takového stupně, že ho pokládá za ohavnost, se kterou se nemůže smířit, a proto ho v sobě úplně vyhlazuje, nadále si nepřeje získávat potěšení na úkor druhých.

Člověk začíná pociťovat, že mu jeho okolí dodává Stvořitel speciálně proto, aby navzdory spletitosti lidských vztahů pochopil, že za všemi těmito lidmi nakonec stojí Stvořitel a zaměřil se na jednotu s Ním.

V člověku se začínají probouzet jiskry lásky k bližnímu, které nazýváme altruismem, jenž je základem dobra. Vidíme, že duchovní stupně a dosažení rovnocennosti se Stvořitelem není nic jiného než etapy naší nápravy, stupně uvědomění si vlastního zla, docílení altruismu ve vztahu k okolí. Stále více rozšiřujícími se okruhy šíříme svoji lásku na celé lidstvo.

Porozumění tomu, že odhalení *Vyššího světa*, vzestup po jeho stupních, je vlastně stále větší osvojování si altruistických vlastností, správný výklad duchovního odhalení, okamžitě dá člověku odpověď na otázku nezbytnosti postupu po duchovní cestě.

Proto člověk musí pokaždé ihned uvnitř sebe určit, zda si představuje duchovní *svět* správně, nebo jestli je to jenom fiktivní obraz a on se jenom domnívá, že směřuje k více komfortnímu stavu. V posledním případě je jasné, že postupuje nepravdivým směrem a že ztratil orientaci.

Závěr

Nastupuje nová éra. Životní prostor získává třetí dimenzi, která mění obvyklý systém spojení. Z planárního se stává sférickým, což umožňuje vytvářet nové cesty k rychlejší a snadnější komunikaci mezi různými částmi zeměkoule. Území a vzdálenosti ztrácejí dřívější význam, prostor interakce začíná nabývat jiné obrysy a stále více se podobá jakémusi informačnímu poli. Tato navenek pozitivní technologická dokonalost však současně přináší civilizaci spoustu globálních problémů (ekologických, demografických, psychologických), z nichž nejpronikavější je zachování osobnosti jednotlivce. Nejrozvinutější západní země zachvátily hromadné deprese, drogová závislost a sebevraždy, což se stalo strategickým problémem technologické civilizace. Vědci z různých oborů jsou pod hrozbou globální katastrofy lidstva nuceni spojit své odborné znalosti, přehodnotit stávající paradigma civilizačního vývoje a hledat z globální krize cestu ven.

Pociťování krize – je rozšířené téma současné filozofie. Dnes prožívá duchovní krizi stále více lidí, kteří jsou zapojeni do procesu osobní transformace, růst a změny se stávají chaotickými. Lidé, kteří zažívají takové epizody, cítí, že se hroutí jejich obvyklý svět, dřívější hodnotové systémy ztrácejí svůj význam a samotný základ jejich osobní reality podstupuje radikální změny. V mnoha případech náhle proniká do lidského života nová mystická a duchovní zkušenost, která vytváří strach a zmatek.

Historie výmluvně svědčí o tom, že je krize nutnou a zákonitou etapou vývoje každé kultury, jež nedokáže získat vlastní identitu, překonat vnitřní konflikty, které vznikají na její cestě. Proto přelomové procesy v kultuře nesvědčí o korozi, rozpadu, kolapsu a jejím konečném zániku vždy. V tomto smyslu by měla být krize chápána ve významu, který má toto slovo v medicíně – jako těžký přechodný stav.

Podstatu krize tvoří přehodnocení a přeskupení duchovního a významového jádra kultury. To je schopno paralyzovat kulturní dynamiku, způsobit nadčasové, bolestivé a trýznivé jevy. Může to vést ke zhroucení kultury v její předchozí podobě. Krize však částosouvisí se sebepoznáním kultury, s odhalením jejího potenciálu, možnostmi vnitřního rozvoje.

Problém krize v kultuře rozebíral v knize „Zánik Západu" O. Spengler. Zánik Západu, stejně jako zánik starověku, se pro německého filozofa stal tématem, zahrnujícím všechny velké otázky existence. Podle Spenglera byl duch Západu prostě ztotožněn s účelem světa. Velcí myslitelé pozvedli duchovní chudobu do metafyzické ctnosti.

Příkladem krize v kultuře je pro Spenglera zkáza Západu. Není to nic jiného než problém civilizace. Spengler věřil, že krize kultury je prostým vstupem jejího rozkvětu do konečného civilizačního stádia. Pokud vezmeme v úvahu celou kulturní historii lidstva, je zřejmé, že krize v kultuře nejsou náhodným trestem, epizodou v jejím osudu nebo krutým ortelem. Světovou kulturu, jak vidíme, doprovázejí procesy tohoto druhu v celé historii. Současná krize má však systémový charakter. Zachvátila vědu, náboženství i umění.

Vědci uznávají, že je třeba brát v úvahu nejen roky, ale ve skutečnosti celý rozvoj. Hovoří o tom, že krize nejprve proběhla v jedné sféře společnosti – ať už ve vědě nebo v technologii, v průmyslu nebo v oblasti kultury či osvícení, anebo byla spjata s náboženstvím, vždycky jedno vystřídalo něco jiného. Když například ztratilo svoji pozici náboženství a bylo nahrazeno rozkvětem kultury a nových technologií nebo naopak kultura upadala do poklesu a byla nahrazena rozvojem průmyslu, bylo to nazýváno převratem nebo dokonce revolucí. Krize středověku zrodila renesanci, která byla opět nahrazena obdobím osvícenství. Jedno vždy bylo nahrazeno druhým.

Nyní jsme dospěli do stavu, kdy člověk dochází ve všech oblastech činnosti ve svém světě ke zcela podrobným výsledkům, které jsou negativní a označují úplné vyčerpání.

Na základě uvědomění nástupu celkové krize, která zachvacuje prakticky všechny oblasti a činnosti lidského života, akademik N. N. Moiseev říká: „Chci začít konstatováním, že podle mého hlubokého přesvědčení, jsou možnosti konzumní společnosti – civilizace, která vznikla v důsledku neolitické revoluce – vyčerpány nebo téměř vyčerpány. Všechny výhody, které tato společnost byla schopna lidem poskytnout, již získali, a lidstvo vstupuje do éry kvalitativní změny charakteru jejího vývoje. Pokud budeme používat jazyk teorie dynamických systémů, vstupuje do fáze bifurkace, kdy proběhne změna způsobu samotného procesu evoluce, samotného druhu evolučního vývoje společnosti (a možná i samotného charakteru antropogeneze)."[532]

Současná krize – to není stádium před zahájením dalšího skoku rozkvětu, ale dokončení cyklu, konečný zánik kultury. Krize je zákonitá, ale nikoliv v tom smyslu, že kultura nemůže zrealizovat souhrn svých možností.

Totéž se vztahuje i na vliv náboženství. Je patrný určitý návrat člověka k náboženství, ale není to návrat k původní formě, která existovala v minulosti, když se vzápětí za židovským náboženstvím vyvinulo křesťanství a islám a náboženství zaujímalo důležité místo v lidském životě. Na konci minulého století se objevil úkaz, který nepředpokládal žádný filozof nebo teolog: obroda náboženství.

Začátek sekularizace v období renesance udělil zelenou, kyvadlo se zhouplo na druhou stranu. Rozštěpený (podle Webera „ohrožený") svět se posouval směrem ke zbožnosti. Začala pomsta bohů – právě tak filozofové a náboženští učenci nazývají tento jev. Zesílila kritika racionalistické tradice, došlo ke vzniku vystupňovaného zájmu o víru.

---

[532] N. N. *Moiseev*. Universum, informace, společnost. – M.: Stabilní svět, 2001.

V dané situaci se ukázalo, že jsme v důsledku našeho rozvoje ve všech směrech – v oblasti společenských vztahů, vědě a kultuře – nic nezískali. Na základě celkového rozčarování se lidstvo jakoby obrátilo zpět k náboženství, a v celém světě se začíná projevovat zájem buď o tradiční vyznání, nebo o nejrozmanitější druhy mystických učení a takzvané „duchovní" metodiky. Na první pohled se zdá, že nastává návrat do minulosti.

To však není pravda. Ve skutečnosti může být taková situace přirovnána k poslednímu vzplanutí života před konečným odchodem. Návrat k náboženství nastává kvůli tomu, aby ho člověk znovu prověřil, přezkoumal a uvědomil si, že mu ani náboženství ve skutečnosti nepřináší kýžené výsledky, neospravedlňuje naděje, které do něho kdysi vkládal. Člověku se jen zdá, že se mu ve víře podaří pro sebe najít nějakou oporu. V důsledku toho se nepotvrzují nyní existující teorie o možnostech spojení mezi náboženstvím a vědou, a my, když vnášíme náboženství do našeho života, můžeme se zbavit pocitu své nemohoucnosti a bezmocnosti. Zvýšený zájem o víru v naší době – to je poslední exploze s cílem v ní odhalit existující prázdnotu, nepřítomnost odpovědi na vznikající nenaplněné touhy.

Staneme se svědky rozvoje náboženských válek, které budou vrcholem boje člověka v bitvě o to, aby zanechal své existence na úrovni *tohoto světa* a přešel do světa duchovního, k odevzdávání. To, co se s námi děje v naší době – je vstup do jakéhosi absolutního zakončení, konečného výsledku lidského rozvoje, který probíhal během tisíciletí na základě egoistické přirozenosti člověka.

Věda již více nebude existovat v podobě, v jaké existuje nyní. Veškeré chápání vědění se pozvedne na jinou úroveň, a vědci budou pracovat za používání šestého smyslového orgánu. Nebudou mít potřebu se nořit do hloubky molekul a atomů. Vždyť proč se tím zabýváme? Čeho v podstatě chceme dosáhnout? V čem tkví hnací síla, která nás motivuje? Jsme vedeni touhou pochopit Zdroj. Odhalit, kdo je On – jenž se nachází za touto hmotou. V čem spočívá příčina jejího stvoření a jakou má konečnou funkci? Člověk podvědomě touží odhalit Stvořitele – na toto hledání se zredukují veškeré vědy.

Proč právě po etapě touhy po poznání vzniká touha po duchovním dosažení, směřování ke Stvořiteli? Proč touha stoupá ve svém rozvoji právě po tomto řetězci: fyziologické potřeby, bohatství, čest, (moc), vědění a poté – žízeň po duchovním? Protože v důsledku svého hledání a studiem zákonů přírody vědci chápou: všechno, co se jim dosud podařilo objevit, – je jen následek nějaké prvotní příčiny, kterou není možné pochopit v rámci běžného vnímání prostřednictvím pěti smyslových orgánů. Vzniká touha odhalit celkový obraz *světa*.

Globalizace podkopává základy „ostrovního vědomí" ve všech oblastech lidské činnosti. V tomto ohledu kabala, která popisuje spojení příčin a následků a obecné zákony vesmíru, bezpochyby patří do sféry základních věd. Kabalistické znalosti poskytnou člověku možnost vnímat okolní *svět* jako celistvý systém, překonat omezenost své vlastní psychiky, získaných předsudků, časového a prostorového ohraničení. Kabala jako metodika pochopení toho, co je skryté před člověkem a co řídí všechny oblasti vesmíru, vysvětluje jeho celkovou strukturu, zákony fungování, místo a roli člověka v něm.

„Pro přežití lidstva je nutné se naučit přemýšlet nejen systematicky, ale i interdisciplinárně," tvrdí akademik S. P. Kapitsa, – „21. století přinese vážné změny v intelektuální tradici a bude vyžadovat syntézu historických, technologických a duchovních poznatků. Proto nevylučuji, že bude stát vedle sebe 10 svazků teoretické fyziky Landaua a 26 svazků klasické kabaly. Člověk, jak říkají nikoliv básníci, ale fyzici, je popel z vyhaslých hvězd. Všechny chemické složky našeho těla byly vytvořeny v důsledku jaderných reakcí během formování vesmíru. Ale vždyť se 95% hmoty vesmíru nachází ve stavu, který neznáme. V době globalizace se stává všeobecným jevem, že se věda již nemůže rozvíjet bez porozumění celistvosti světa."[533]

Při řešení problému globální krize jsou současní vědci stále více přesvědčeni, že cesta z ní a přesun na vyšší úroveň existence je v přímém vztahu s přebudováním duchovního světa člověka, změnou jeho žebříčku hodnot. Profesor V. I. Aršinov píše následující:

„Máme všechny důvody se domnívat, že dnes v mnohém závisí osud civilizace na tom, v jaké míře se lidstvu společnými silami podaří vytvořit systém hodnot, novou strukturu parametrů pořádku, stav, do kterého směřuje dynamický systém v čase, novou lidskou sebe organizující se třídu. Je podstatné, že v těchto dnech dochází stále k většímu uvědomění, že se toto hledání naprosto neomezuje na odhalení nových poznatků nebo na konstruování radikálně nového systému hodnot, k čemuž může

---

[533] *S. P. Kapitsa:* Ze zprávy Kulatého stolu vědců „Obohacení forem vědeckého poznání v době globalizace". M., 2004.

posloužit jako vzorový příklad starověký systém znalostí, jakým je moudrost kabaly.

Znovu odhalené dědictví kabaly v současném po-neklasickém filozoficko-vědeckém kontextu, jeho osvojení a opětovné začlenění do současné kultury by mělo být, podle mého názoru, součástí celkové přípravy současného člověka k životu v období rychlých kvalitativních změn, bifurkací a evolučních krizí. Je to součást vzdělávacího procesu, který předchází formování společenství lidí, kteří by mohli myslet historicky a globálně; konat konstruktivně a s vědomím všeobecných zákonů tvůrčí evoluce vesmíru jako celku, jehož jsme součástí."[534]

V době změn představ o světě mohou nové přístupy k výzkumu, včetně takových, jako je kabala, representovat nesporný zájem o odhalení zákonů, které určují směr současných globálních procesů, cesty vývoje lidské civilizace. Kabala není v tomto případě jen prostě věda: je to hluboká psychologie, velkolepá přírodní věda a matematika přírody; Je to věda, která disponuje vyšším stupněm morálky.

---

[534] *V. I. Aršinov:* Problém syntézy poznání a moudrosti v souvislosti s technogenní civilizací // Sborník materiálů Kulatého stolu „Obohacení forem vědeckého poznání v době globalizace." M., 2004.

PŘÍLOHY

Přehled

Slovníček pojmů – Seznam zkratek – Bibliografický seznam
Odpovědi k testům – Odkaz Ba'ala HaSulama
Doktor M. Laitman – zakladatel a vedoucí Mezinárodní akademie kabaly
Středověcí a současní vědci a myslitelé
Další knihy Michaela Laitmana v češtině – Připravujeme

Slovníček pojmů

Ve veškeré realitě není nic jiného kromě „Stvořitele" a „stvoření", „*Světla*" a „*nádoby*". Realita se tudíž skládá ze dvou komponent: vyšší a nižší. Četné názvy a označení, které obsahují kabalistická díla, zdůrazňují rozdílné stránky vzájemných vztahů těchto dvou faktorů. Další jsou základní termíny, které je definují.

Vyšší síla, Vyšší Světlo, Vyšší, Světlo, Stvořitel, Tvůrce, Božství, vlastnost odevzdávání, síla odevzdávání, přání odevzdávat, přání těšit, přání dávat, Vyšší podstata, podstata altruismu, duchovní podstata, vlastnosti Biny, Dávající, Řídící.

Kli, nádoba, stvoření, nižší, duše, vlastnost přijímání, přání přijímat, přání se těšit, nižší příroda, přirozenost egoismu, materiální příroda, vlastnosti Malchut, přijímající.

Kabalisté uvádějí rozdíly mezi různorodými projevy, okolnostmi a událostmi, které charakterizují vyšší i nižší. Každý z nich má svůj název. Těm, kteří odhalují *Vyšší svět*, kabalisté tímto způsobem pomáhají v jeho pochopení. Daná učebnice je napsána pro čtenáře, kteří ještě nedosáhli pociťování *Vyššího světa*, proto se zde není kladen důraz na soustředění se na tyto podrobnosti vnímání, ale zmiňují se pojmenování jako navzájem si odpovídající zákonitosti.

Každý kabalistický termín doprovází různá pojetí, která jsou zapříčiněna místem a činností zkoumaného objektu, a také jeho vzájemnými vztahy se všemi ostatními komponenty reality. Je nutné zdůraznit, že definice daného slovníku jsou určeny k porozumění především těm, které zaujala stávající kniha.

125 stupňů =125 úrovní vnímání – I nyní se nacházíme *ve světě Nekonečna* a pociťujeme ho, ale jenom ve zcela minimální úrovni, která se nazývá *„tento svět"*, *„náš svět"*, Kromě *světa Nekonečna* a nás ve skutečnosti nic jiného neexistuje. Úrovně odhalení reálné, jediné a nekonečné skutečnosti, ve které existujeme, se nazývají *světy*. Je pět *světů*, každý z nich se dále dělí na pět nevelkých částí a každá z nich – ještě na pět. Takže je 125 stupňů uvědomění, porozumění, pochopení a pociťování pravého stavu, ve kterém ve skutečnosti existujeme.

125 stupňů světů – od Stvořitele do *našeho světa* je 5 stupňů ukrytí, které se nazývají *světy, svět* (*„olam"*) ze slova *„alama"* – ukrytí. Každý z těchto *světů* se dělí ještě na pět nevelkých částí a každá z nich – ještě na pět. Takže existuje 125 stupňů ukrytí, a když po těchto stupních stoupáme – odhalujeme vlastnosti Stvořitele.

125 stupňů světů – systém sblížení se Stvořitelem, jenž se skládá ze 125 stupňů – *Sfirot*. Každých 25 *Sfirot* tvoří ukončenou etapu, která se nazývá *„svět"*. Každý *svět* má svoje podstupně, které se nazývají *Parcuf* (č. mn. *Parcufim*). Každý z podstupňů má svoje podstupně, které nazýváme *Sfira* (č. mn. *Sfirot*). Od nás ke Stvořiteli je dohromady: 5 *světů* x 5 *Parcufim* x 5 *Sfirot* = 125 stupňů – *Sfirot*.

125 stupňů vnímání – změna kvalit od egoismu k altruismu a v souladu s tím dosažení pociťování *Vyššího světa*, Vyšší řídící síly, jejíž jediná vlastnost je absolutní odevzdávání. Stupně se třídí na 5 základních, které se nazývají *„světy"*, každý z nich se skládá z 5 částí, které nazýváme *„Parcufim"*, a každý *Parcuf* se tím pádem skládá z 5 *Sfirot*, celkem je: 5 *světů* x 5 *Parcufim* x 5 *Sfirot* = 125 stupňů dosažení pociťování duchovního *světa*.

1. stádium – (hebrejsky **Bchina Alef**) – prvotní *Kli*, které je úplně *naplněné Světlem*, čili utlumené potěšením a tudíž nerozlišitelné.

2. stádium – (hebrejsky **Bchina Bet**) – druhé stádium projevení Stvořitele, přání odevzdávat, začátek zrození samostatné reakce *Kli na Světlo*.

3. stádium – (hebrejsky **Bchina Gimel**) – první činnost *Kli*, rozhodnutí přijmout trochu *Světla* v důsledku uvědomění si ve stádiu *Bet* (druhé stádium), že si Stvořitel přeje, aby obdrželo *Světlo* a potěšilo se jím.

4. stádium – (hebrejsky **Bchina Dalet – Malchut**) – samostatné, ukončené, nekonečné, neohraničené přání se potěšit samotným Stvořitelem, Jeho stavem, Jeho postavením v důsledku pocítění přirozenosti Stvořitele (ve třetím stádiu).

5 Sfirot = *Keter, Chochma, Bina, Ze'ir Anpin, Malchut* – části společného přání těšit se *Světlem* Stvořitele, které jsou rozdělené podle obrazu budoucího člověka (pět smyslových orgánů). Každá *Sfira* omezuje získávání *Světla* podle svého, v závislosti na svém „charakteru".

6 000 let – doba (posloupnost událostí) nápravy přijímajících *Kelim (nádob, přání)* ve jménu odevzdávání. Jsou to vzestupy ve třech světech: *Asija, Jecira* a *Bri'a* – každému *světu* odpovídá období 2 000 let.

600 000 částí (duší) – kvalitativní chápání vzájemného spojení *duší (Sfirot)* do společného dokonalého *Kli (nádoba)*.

AB – *Parcuf Chochma (světa Adam Kadmon)*, vytvořený následkem *Zivugu na Rešimo Světla – Dalet* (4), *Rešimo nádoby – Gimel* (3). Tento *Parcuf* pracuje s takovými přáními, se kterými předcházející *Parcuf (Galgalta)* pracovat nemohl.

Aba – (z hebrejštiny **otec**) – *Parcuf Chochma* ve *světě Acilut*.

Aba ve-Ima – (z hebrejštiny **otec a matka**) – *Parcuf Chochma* a *Bina světa Acilut*.

Aba ve-Ima světa Acilut – horní část *Biny světa Acilut*, která se nazývá *AVI (Aba ve-Ima)* a odpovídá mužské a ženské části, jak *ZA*, tak i *Malchut*. *AVI* se nacházejí v trvalém spojení mezi sebou, aby předávali dolů *Or Chasadim* pro udržování existence všech, kteří se nacházejí pod nimi.

ABJA – zkrácený název systému *světů Acilut, Bri'a, Jecira, Asija*, s pomocí kterého se napravujeme.

Acilut – *svět* úplného pociťování Stvořitele a splynutí s Ním.

Acilut – systém řízení, který působí na následující *světy: Bri'a, Jecira, Asija*. Viz také **svět Acilut**.

Acilut – systém řízení. Řízení proudem sestupujícího *Světla* od Stvořitele je působení *světa Acilut* na nás.

Acmuto – nepostihnutelná podstata Stvořitele. Naše vnímání je vždycky subjektivní, jelikož pociťujeme pouze působení Stvořitele na nás. Jeho samotného nemůžeme poznat (jako ve skutečnosti všechno, co se nachází za hranicemi našeho těla). Proto vše, co se vyskytuje za hranicí našich pocitů, nazýváme *Acmuto*.

Adam – (z hebrejštiny **člověk**) – znamená „podobný Stvořiteli" („*edome le Eljon*). Ten, který samostatně vytváří sám sebe kvůli tomu, aby se stal podobný Stvořiteli.

Adam – první člověk, který získal přání poznat *Vyšší svět* (před téměř 6 000 lety). Autor knihy „Raziel Malach" (Tajný anděl).

Adam = Adam HaRišon – souhrn všech stvořených *duší*, spojení mezi nimi na základě vzájemného odevzdávání.

Adam = ***Adam HaRišon*** – Stvořitelem stvořená jediná *duše*, která je složena s částí (dílčích *duší*) a obsahuje všechny ostatní části.

Adam HaRišon – Stvořitelem stvořená jediná *duše*, jediné přání, naplněné společným Světlem (potěšením).

Adam Kadmon – (z hebrejštiny „*adam*" – člověk, „*kadmon*" – prvotní) – *svět*, který předchází *člověku*. Úmysl, v důsledku jehož realizace se člověk může plně připodobnit Stvořiteli.

Adam Kadmon – (zkr. *AK*) – první a nejvyšší z duchovních *světů*, který vznikl po *CA*, získává *Světlo* ze *světa Nekonečna* a je prvním ukrytím *Vyššího světla*. Kořen, zdroj, zárodek stvoření člověka v *našem světě*.

AChaP – „*Ozen, Chotem, Pe*" – *Sfirot* nižší části Biny, *Ze'ir Anpin* a *Malchut*, ve kterých je přání přijímat. Přijímající *nádoby* (*Kelim*).

Aktivně = zapojení = využívá se.

Altruismus = (altruistická přání) – přání odevzdávat, činnosti se záměrem ve prospěch Stvořitele.

Altruistické (vlastnosti) – přání odevzdávat, *záměr* „ve prospěch odevzdávání".

Altruistické *Kelim* – vlastnosti Stvořitele, které nabývá člověk; přání odevzdávat.

ARI – plné jméno Jicchak Luria Aškenazi (1534-1572). Jeden z největších kabalistů v historii lidstva. Vytvořil základní systém pro studium kabaly. Jestliže člověk, který studuje kabalu, využívá jeho metodiku, může dosáhnout Cíle Stvoření. Základní dílo – kniha „Strom života".

Arich Anpin – kořen všech stvoření, je kořenem neboli *Keterem* událostí v celém *světě Acilut*. V *Arich Anpinu* se nachází kompletně všechno řízení Stvořitele, je to „mozkové centrum" vesmíru. *Arich Anpin* je vyšší stupeň, ve kterém všechno vzniká.

HaVaJaH – totéž co „*jod-he-vav-he*" – čtyřpísmenné jméno Stvořitele, odráží 4 stádia námi vytvářeného pociťování Stvořitele (*Kli*) a Jeho jména (naplnění).

Ba'al HaSulam – Jehuda Ašlag (1885-1954) je zakladatel současné kabalistické vědy. Základní dílo – „Učení Deseti Sfirot" Jméno „Ba'al HaSulam" obdržel poté, co byl vydán komentář „Knihy Zohar" pod jménem „Sulam" („žebřík" – z hebrejštiny). Autor komentáře ke spisům ARIho.

Bina – síla odevzdání – vlastnost *Světla*, ve které se pociťuje potěšení z odevzdávání, podobnosti s Vyšší silou (Stvořitelem). Toto potěšení se nazývá *Or Chasadim*.

Bližní – ten, jehož přání jsou nejbližší a podobné přáním člověka. Tudíž se blízkost a vzdálenost měří stupněm shody, podobnosti vlastností (vlastností nebo přání – to je totéž).

Bod v srdci – duchovní nádoba člověka, který ještě ve svých pocitech nedospěl ke vstupu do duchovního *světa*, zárodek budoucí *duše*, *clony* (síly odporu proti egoismu).

Bod v srdci – termín „*srdce*" se používá pro označení všech přání člověka. *Bod v srdci* – zárodek budoucí *duše*, který je umístěný do srdce člověka bezprostředně Samotným Stvořitelem.

Bod, stvořený = „Eš Mi Ajn" – (z hebrejštiny *existující z ničeho*) – vně Stvořitele vytvořené mikroskopické přání se potěšit. Na počátku byl tento bod, tento stav jenom o trochu temnější než *Světlo*.

Bohm David Joseph – (20. 12. 1917-27. 10. 1992) – jeden z vynikajících fyziků 20. století, originální myslitel, který se zasloužil o významný přínos v rozvoji a výkladu kvantové mechaniky. Byl žákem Einsteina a Oppenheimera.

BON (Elion) – poslední *Parcuf světa Adam Kadmon*, který se vytváří na *Rešimot* 1/0, opouští *MA Eljon*. Stejně jako *Parcuf MA Eljon*, tento *Parcuf* existuje pouze kvůli tomu, aby doplnil *svět Adam Kadmon*.

Cíl Stvoření – poznání Všeobecného Zákona vesmíru, dosažení podobnosti vlastností se Stvořitelem.

Cíl Stvoření = Myšlenka Stvoření – tkví ve spojení se Stvořitelem: v potěšení se Jeho (které se stává naším v důsledku nápravy a podobnosti s Ním) dokonalostí.

Cimcum – viz **Zkrácení**.

Cimcum Bet – (z hebrejštiny **Druhé zkrácení**) – *zkrácení* na *Kelim de-Kabbala* (přijímající *nádoby*, přání).

Clona – (hebrejsky **Masach**) – „*síla zkrácení*", která se ve stvoření probouzí vzhledem k *Vyššímu světlu*, s cílem předejít samopotěšení. Síla odporu k egoizmu (přání přijímat ve prospěch sebe sama) slouží k jeho překonávání.

Čas – je posloupnost činností v duchovním *světě*.

Čas, pohyb, prostor – kategorie (parametry), které existují vzhledem k našim pěti smyslovým orgánům v *našem světě*. Pohyb znamená, že se objekt přemístil z jednoho místa na druhé. Čas vnímáme jako pociťování pohybu. Ačkoliv jsou pojmy čas, pohyb a prostor naprosto rozdílné věci (*v našem světě*), jsou však spojeny navzájem: je-li čas „nula", je rychlost nekonečná a veškerý prostor se smrskne do bodu. Vždyť ho můžeme překonat v okamžiku vzhledem k nekonečné rychlosti.

Černá skříňka – kybernetika – systém, ve kterém je vědci dostupná pouze vstupní a výstupní informace tohoto systému a vnitřní mechanismus může být neznámý.

Člověk – (hebrejsky ***Adam***) – znamená „podobný Stvořiteli" (*Edome le-Eljon*), samostatně vytváří sám sebe, aby se stal podobný Jemu.

Člověk – viz ***Adam, Adam HaRišon***.

Čtvrté stádium (rozšiřování Světla) – (hebrejsky ***Bchina Dalet***) – poslední stádium rozbití nádoby, *Malchut*; samostatné, ukončené, nekonečné, neohraničené přání se těšit samotným Stvořitelem, Jeho stavem, Jeho postavením, v důsledku pocítění přítomnosti Stvořitele (ve třetím stádiu).

Čtyři *Bchinot* – (č. j. ***Bchina***): *Bchina Alef (1), Bchina Bet (2), Bchina Gimel (3), Bchina Dalet (4)*. – „*Bchina*" – ze slova „*avchaná*" – analýza nebo oddělení jednoho od druhého. Čtyři *Bchinot* zobrazují etapy vybudování duchovní *nádoby*, přání, je do nich vložen veškerý úmysl Stvořitele, čili vše, co vychází ze Stvořitele, prochází skrze tyto čtyři stádia rozvoje.

Čtyři stádia rozšiřování Přímého světla – etapy budování duchovní nádoby, přání. Při rozšiřování *Světla* Shora dolů se nejprve buduje stádium *Kerer* (posílané *Světlo*), poté *Chochma* (přání přijímat), dále *Bina* (přání odevzdat), ZA (realizace *Biny*, když se chce připodobnit Stvořiteli – odevzdávat co přijme), a nakonec *Malchut* (ta si nepřeje být podobná Stvořiteli, ale chce získat Jeho celý „stav", „postavení". Obvykle se stádium *Kerer* nepřipomíná, jelikož je v podstatě samotným Stvořitelem. Hovoří se tudíž o čtyřech stádiích budování *Kli* (*přání*).

Čtyřpísmenné jméno Stvořitele – (***HaVaJaH*** – stejné jako „*jod-he-vav-he*") – odráží čtyři stádia budování pociťování Stvořitele (*Kli*) v nás a Jeho jména (naplnění). Kostra, základ všech jmen stvoření.

De – každé stádium – *Keter, Chochma, Bina, Ze'ir Anpin* a *Malchut* – se každopádně skládá ze stejných dílčích stádií. Aby bylo možné pojmenovat určité dílčí stádium, využívá se částice „*de*", která ukazuje na příslušnost. Například, „*Kerer de-Keter*" znamená „*Kerer Keteru*" nebo že je „*Kerer v Keter*".

Deset *Sfirot* – části společného přání těšit se *Světlem* Stvořitele, rozdělené podle obrazu budoucího člověka.

Deset *Sfirot* – různé vlastnosti, které na sebe vzal Stvořitel ohledně stvoření.

Devět prvních *Sfirot* – (hebrejsky ***Tet Rišonot***) – vlastnosti Stvořitele, které se projevují vůči stvoření, vnitřní *Kli Parcufu*, předurčené pro *Vnitřní* *světlo (OP)*. Vlastnosti Stvořitele (přání dávat) vložené do stvoření (přání přijímat).

Duchovní – absolutní altruismus, který vůbec není spjatý s *živočišným* tělem. Jeho realizace je možná pouze do té míry, ve které je *duše* spojena se Stvořitelem (vlastnostmi dávání), pociťuje Ho, je Jím naplněna.

Duchovní dosažení – Jakékoliv duchovní poznání, které můžeme nazvat dosažením, musí odpovídat dvěma kritériím: 1. – musí být pravdivé a v žádném případě se nemůže jednat o výplod fantazie; 2. – nesmí vyvolávat ani nejmenší pochybnosti, jako v člověku nevyvolává pochybnost vlastní existence. Nezbytná úroveň poznání, kterou můžeme nazvat dosažením, tudíž odpovídá smyslovému pocitu, který můžeme přirovnat k reakci tělesných senzorů. Úrovně znalostí, které neodpovídají dané definici, se v kabale nazývají porozumění, naučení atd.

Duchovní dosažení – poznání, uvnitř kterého jasně pociťujeme zdroj toho, co postihujeme. V duchovním dosažení *Světlo* kromě potěšení obsahuje přesné odhalení pramene potěšení (hloubka tohoto poznání závisí na stupni, ve kterém se nacházíme) se všemi jeho úmysly a plány. Zakládá se na postihnutí prapříčiny duchovní podstaty.

Duchovní svět – *svět*, který existuje podle zákonů vlastností odevzdání. Jsou a působí zde pouze síly bez materiálního odění. Skutečnost, která je pociťována v dodatečném (šestém) smyslovém orgánu.

Duchovní světy (Vyšší světy) – nejrozmanitější dílčí úrovně pociťování Stvořitele. Stupně odhalení se nazývají *Asija, Jecira, Bri'a, Acilut, Adam Kadmon*. Když člověk zcela dokončí nápravu, jeho stav (stupeň) se nazývá *svět Nekonečna*.

Duše – „Já", které vnímá každý člověk, se rozděluje na naše tělo, *sílu*, jež ho oživuje *(„životní" duši)*, a *sílu* sklonu k duchovnímu *(„duchovní" duši)*, která prakticky chybí duchovně nerozvinutému člověku. Rozvoj *duše* znamená vznik postupného pociťování duchovních sil v *člověku*, které ho ovlivňují, vznik nových altruistických přání, minimálního pociťování Vyšší řídící síly (Stvořitele).

Duše (č. mn.) – na začátku Myšlenky Stvoření byla stvořena jediná *duše* (přání), která se nazývá *Adam HaRišon (První Člověk)*. Rozbila se na 600 tisíc částí. Nyní má každá dílčí část možnost uskutečňovat činnost, vedoucí k vlastní nápravě a stát se podobnou Stvořiteli.

Duše (č. mn.) – části (600 tisíc) společné *duše Adama*.

Duše = clona = Odražené světlo – přání, úsilí, *záměr* poskytnout radost, potěšení Stvořiteli (stejně jako On ho poskytuje mně), navzdory svému původnímu přání přijímat.

Duše člověka (stvoření) – se skládá ze dvou komponent – *Světla* (potěšení) a *nádoby* (touha po tomto potěšení). Nádoba je základ *duše*, ale *Světlo*, které ji naplňuje – potěšení, je připravené Stvořitelem. *Duše* se postupně rozvíjí v člověku, který se nachází v *našem světě*, jestliže studuje a uskutečňuje duchovní zákony.

Egoistické (vlastnosti) – přání se potěšit ve svůj prospěch.

Egoistický (oděv duše) – síly, které působí proti sblížení stvoření se Stvořitelem.

Ejnsof (*Olam*) – viz **svět Nekonečna**.

Gadlut – (z hebrejštiny **Velký stav**) – stav *Parcufu*, který obsahuje *clonu* – sílu odporu ke své egoistické přirozenosti, možnost nepřijímat výlučně ve svůj prospěch, nýbrž ve prospěch odevzdávání. V tomto případě naplňuje *Parcuf* všechny svoje přání – všech 10 *Sfirot* – *Or Chasadim* a *Or Chochma*.

Galgalta – první *Parcuf* prvního *světa (Adam Kadmon)*, vytváří se po *Cimcum Alef (První zkrácení)* na Rešimot Dalet de-Ovijut (4) a Dalet de-Hitlabšut (4). *Parcuf Galgalta* vzhledem ke *světu Nekonečna*, kde byl zaplněn celý Vesmír, representuje jenom tenký paprsek *Světla*.

Galgalta ve-Ejnajim – Kerer, Chochma a vrchní část Biny (GAR de-Bina) se společně nazývají „Galgalta ve-Ejnajim" (GE) nebo odevzdávající, altruistické nádoby (*Kelim*).

GAR – *Gimel Rišonot* – tři první *(Sfiry)*: Keter, Chochma, Bina.

Gematrie – číselné označení písmen ve slově. Matematický zápis duchovních stavů.

Gmar Tikun – (z hebrejštiny – **Konečná náprava**) – konečný stav celého vesmíru, kdy nejnižší bod stvoření dosáhne stejného stavu jako nejvyšší. *Úplná náprava* svých vlastností a v souladu s tím úplné splynutí se Stvořitelem.

Guf – (z hebrejštiny **tělo**) – ztělesnění v *Roš (hlavě)* přijatého rozhodnutí v činech. Skládá se z „*Toch*" (vnitřní část, *trup*) a „*Sof*" (*konečná* část), takže z části, která přijímá *Světlo* a z části, ve které stvoření vytvoří omezení pro přijímání Světla.

Hřích Stromu Poznání – (hebrejsky ***Ec Da'at***) – využívání nádob přijímání (které se nacházejí níže *Taburu*) bez dostatečného *záměru* kvůli Stvořiteli (navzdory zákazu jejich využívání).

ChaBaD – Chochma – Bina – Da'at – velký stav (*Gadlut*), stupeň (úroveň) *Mochin* (*rozum*). Hlava (*Roš*) *Parcufu*.

ChaGaT – *Chesed – Gvura – Tif'eret – Sfirot* těla (*Guf*), které odpovídají *Sfirot hlavy (Roš)*: *Chesed* podobné *Keter, Gvura – Chochma, Tif'eret – Bina*. Nazývají se *Galgalta ve-Ejnajim (GE) těla*.

Chaja – (dosl. z hebrejštiny **Světlo života**) – *Or Chochma*.

Chaze – (z hebrejštiny **hruď**) – hranice mezi *Keter, Chochma* a polovinou *Biny (GAR de-Bina)* – z jedné strany a druhou polovinou *Biny, ZA* a *Malchut* – z druhé. Rozděluje odevzdávající a přijímající *Kelim*.

Chisaron – ze srdce vycházející potřeba naplnění nedostatku (nepřítomnosti) žádaného.

Chochma – viz **Or Chochma**.

Chotem – (z hebrejštiny **nos**) – *Malchut*, která se pozvedla do *Bchiny Gimel de-Roš*, se nazývá *Chotem*. *Ze'ir Anpin* v *Roš Parcufu*.

Ima – (z hebrejštiny **matka**) – *Parcuf Bina* ve *světě Acilut*.

Jazyk větví – jazyk příčiny a následku, když následek v *našem světě* (určitý materiální objekt) dává název síle, která ho stvořila a drží.

Jeans Jams Hopvud (1877-1946) – anglický fyzik a astrofyzik. Základní díla v oblasti kinetické teorie plynů, teorie tepelného záření, figur rovnováhy rotačních kapalných těles, struktury a vývoje hvězdných systémů a mlhovin. Odvodil (1905-09, nezávisle na Georgi W. Rayleighovi) zákon záření Rayleigh – Jeanse. Předložil hypotézu vzniku dvojitých hvězd z jediného oblaku. Autor kosmogonické hypotézy (hypotéza Jeanse). Autor vědecko-populárních astronomických knih.

Jednoduché světlo – **Jednoduché Vyšší světlo** – nesložené, nerozložené na části, nerozlišené, jelikož pouze přijímající vyděluje z tohoto homogenního *Světla* určení kvality (v souladu se svými vlastnostmi).

Jehuda Ašlag – viz **Ba'al HaSulam**.

Jechida – *Světlo*, jež je oděné do *Sfiry Keter*, se nazývá *Jechida*. Největší *Světlo* ve stvoření.

Kabalista – vědec, který disponuje dodatečným duchovním orgánem vnímání – „*clonou*", což mu umožňuje zkoumání vlivu *Vyššího světa* na sobě samém.

Katnut – (z hebrejštiny **Malý stav**) – stav *Parcufu*, který nepoužívá *Roš* (hlavu), čili v něm jsou *Sfirot* od *Chesed* do *Malchut*, ale ve Velkém *Parcufu*, který doplňuje Malý, jsou ještě *Keter, Chochma* a *Bina*, čili *Roš* nebo Velký stav (*Gadlut*).

Kav – (z hebrejštiny, **linie**) – paprsek *Světla* – znamená přítomnost rozdílu nahoře – dole, který dříve neexistoval (ve *světě Nekonečna*), ale znamená také to, že je jeho záře velmi malá ve srovnání s předcházejícím neohraničeným zářením.

Kav dochází do Sijum – *Světlo* se šíří do třech stádií kromě čtvrté, kde se vytváří **Sijum** (hranice rozšiřování *Světla*).

Kavua – (z hebrejštiny, **neměnné**) – stav, níže nebo výše kterého již nemůže být.

Kelim – (z hebrejštiny **nádoby**, č. jed. **Kli**) – složené části **Kli** = přání = nástroje vnímání, které vznikají na základě získané zkušenosti.

Keter – vlastnost Stvořitele, *Světla* – přání odevzdávat jak v úmyslu, tak i v činnosti. *Keter* je zdrojem všeho, co je nezbytné pro následující stupně, ale prakticky se námi (stvořením) nepostihuje.

Keter, Chochma, Bina, ZA, a Malchut – pět částí přání, ve kterých stvoření pociťuje Stvořitele. *Keter* – přání Stvořitele potěšit stvoření. *Chochma* – nevědomé, nesamostatné přání se potěšit, ve kterém dominuje *Světlo*, jež ho stvořilo (Stvořitel). *Bina* – přání odevzdávat, *Ze'ir Anpin (ZA)* – úroveň, ve které stvoření již začíná uplatňovat princip „přijímání kvůli odevzdávání", čili využívat přání přijímat, těšit se kvůli Stvořiteli. *Malchut* – ukončené samostatné stvoření, které si samo přeje přijímat a pociťuje sebe sama jako přijímajícího.

Kli – (z hebrejštiny, **nádoba**) – přání přijímat ve stvoření. Egoistická přání a úsilí se nenazývají *Kli*. *Kli* je napravené, pro získání *Světla* připravené přání, čili disponující *clonou* (silou odporu k egoismu), která přeměňuje egoismus na altruismus.

Kli – (z hebrejštiny, **nádoba**) – samostatné (záměrné, uvědomělé) přání získat potěšení ze *Světla*.

Klipot – přání se potěšit „ve svůj prospěch" navzdory zákazu *Cimcum Alef (Prvního zkrácení)*.

Kniha Zohar – široce známá kabalistická kniha, která byla napsána přibližně ve120. roce n. l. Autor: Šimon bar Jochaj (zkr. RAŠBI). Je v ní poprvé popsána závislost a vliv našich činností na různé jevy, výměna informací, vlastností, úrovní mezi dvěma světy. Zahrnuje prakticky úplný rozvoj událostí v průběhu celé historie lidstva. Kniha je však velmi utajená a zkrácená. Kromě toho se mnohé z této knihy ztratilo.

Konečná náprava – viz **Gmar Tikun.**

Lev HaEven – (dosl. z hebrejštiny, **kamenné srdce**) – část v *Malchut*, která naprosto není schopná pocítit vlastnosti *Světla*, a proto se změnit. Tato část se nazývá našim „Já" a zůstane navždy, *do konce nápravy*, egoistická.

MA (Eljon) – *Parcuf*, který se dostal na *Rešimot* 2/1 (po oslabení *clony Parcufu SAG*). Tento *Parcuf* nemá žádný vztah k nám, to znamená k současnému stvoření, ale existuje pouze kvůli tomu, aby doplnil *svět Adam Kadmon* do pěti *Parcufim*.

Mador klipot – (z hebrejštiny, *oddíl nečistých přání*) – část *světů BJA* od *Chaze Jecira* do „*Sijum*" *(ukončení)*. *Mador klipot* se skládá ze 4 *Sfirot* světa *Jecira* a 10 *Sfirot* světa *Asija*. Je to naprosto prázdné (bez *Světla*) místo.

Machsom – hranice mezi duchovním a materiálním *světem*.

Machsom – hranice mezi pociťováním, které vzniká pouze prostřednictvím pěti smyslových orgánů, pociťováním „*tohoto světa*" a pociťováním v „šestém smyslu", pociťováním „*Vyššího světa*".

Makom kavua (z hebrejštiny, **neměnné místo**) – stav, kdy *světy BJA* zaujímají místo od *Parsy* do bodu *našeho světa*, se nazývá neměnným, čili se v nich nikdy nevyskytne žádné zmenšení. V tomto stavu je ve všech *Parcufim* a *světech* pouze úroveň *VAK (malá)* bez *Roš (hlavy)*.

Malchut – čtvrté stádium rozšiřování *Světla (Bchina Dalet)*. Poslední stádium stupně.

Malchut – ukončené, samostatné stvoření, které cítí, co a od koho přijímá. Centrální bod, kořen, základ veškerého stvoření.

Malchut de-Malchut – poslední *Bchina* (nejnižší stupeň) *Vyššího světa* se nazývá *Malchut de-Malchut*, která sestupuje a vytváří ze sebe *Kerer* v nižším *světě*. Tato část je hranicí *clony* vyššího stupně.

Malchut světa Nekonečna – čtvrté stádium rozšiřování *Světla*, ve kterém Stvořitelem stvořené přání se potěšit v předcházejících stádiích získává samostatnost, vytvoří *zkrácení* a rozhodne se přijímat *Světlo* pouze kvůli odevzdávání Stvořiteli.

Malchut světa Nekonečna – stav *Malchut* (přání přijímat, stvoření) je naplňování sebe sama bezmezně, bez veškerých hranic. Tato „*Malchut světa Nekonečna*" *(Malchut de-Ejnsof)* je také samotným „*světem Nekonečna*", neboli „*Nekonečno*".

MAN (zkr. z „*Majim Nukvin*") – prosba nižšího *Parcufu* k vyššímu o možnost získat *Or Chochma*. Opravdové, hluboké přání se napravit a přiblížit ke Stvořiteli.

Materiál stvoření – přání získat potěšení.

Materiální oděv duše – vnímání, pocit v nejnižší úrovni přání (prakticky bez touhy po *Světle*, Stvořiteli), které je vnímáno jako materie *tohoto světa*.

Mentální – (z pozdně latinského mentalis – rozumový) – určitý druh myšlenek, souhrn rozumových návyků a duchovních zaměření, které náleží jednotlivému člověku nebo společenské skupině.

Míra clony = síla clony – určuje se v souladu se silou, hloubkou přání, potřeby (ve škále od 0 do 4).

Místo – přání se potěšit je místo, ve kterém pociťujeme naše vnímání: radost – hoře, sladké – hořké, lásku – nenávist, zlost – radost, jinak řečeno, utrpení nebo potěšení.

Místo světů – studujeme-li kabalu, je nezbytné stále pamatovat na to, že v duchovním neexistuje místo, čas ani prostor v našem obvyklém pojetí. Pojem místo vznikl výhradně po *CB (Druhém zkrácení)*. *Nekudot de-SAG* pod *Parsou* po *CB* zůstávají prázdné a vytvářejí místo pro světy *Acilut, Bri'a, Jecira* a *Asija*.

Modlitba – vyjasnění, kontrola nezaplněných (nenapravených) přání.

Myšlenka Stvoření = úmysl Stvořitele – stvořit stvoření s cílem poskytnout těmto stvořením maximální potěšení.

Naplnění – člověk je stvořen jako cítící element *("Kli", "nádoba")* s přáním se těšit. Naplněním se nazývají zážitky, dojmy z odhalující se reality v našem přání se těšit.

Náprava – změna *záměru* těšit se kvůli sobě samému na *záměr* mít potěšení z toho, že si to přeje Stvořitel (Vyšší síla), což vede k získávání naplnění kvůli Stvořiteli. Následkem toho se stvoření stává stejné jako Stvořitel, podobá se Mu.

NaRaN – Or *Nefeš*, Or *Ruach*, Or *Nešama*. *Nešama* – největší *Světlo*, které může stvoření odhalit do *Gmar Tikun*, proto se samotná nádoba nazývá „*Nešama*"(„*duše*").

NaRaNChaJ – pět druhů *Světla*, které jsou vnímány v souladu s pěti stupni *Clony*. Stvoření si v míře závislosti na své cloně (to znamená, že je v určité míře podobné *Světlu*, vlastnosti odevzdávání) přeje přijímat *Světlo*. Tyto dílčí míry se nazývají *Nefeš, Ruach, Nešama, Chaja, Jechida* – zkráceně *NaRaNChaJ*.

Náš svět (hebrejsky **Olam HaZe**) – zobrazení, které se námi pociťuje prostřednictvím pěti smyslových orgánů (zrak, čich, hmat, chuť a sluch). Toto zobrazení je odraz vlastností absolutního egoismu, který není schopen do sebe získat *Světlo* (potěšení), proto se námi vnímá jako prázdnota (utrpení).

Něco z ničeho – (hebrejsky **eš mi ain**) – přání se potěšit zrozené (bylo stvořeno) vně Stvořitele, které dříve, do Myšlenky stvoření, neexistovalo; kvalita absolutně protikladná Jeho vlastnosti odevzdávat.

Nečistý systém – systém *světů*, který využívá všechny dávající vlastnosti Stvořitele pro blaho přání přijímat.

Nefeš – *Světlo*, které je přijímáno se *clonou* na nejmenší egoismus (*Ovijut de-Šoreš*); minimální pociťování Stvořitele. Název „*Nefeš*" poukazuje na absenci vlastního pohybu u tohoto druhu *Světla*.

NeHI de-Galgalta – *Sfirot Necach, Hod, Jesod Parcufu Galgalta*.

Nekonečno – viz **svět Nekonečna**.

Nekudim (*Parcuf*) – viz **svět Nekudim**.

Nekudot – (z hebrejštiny **body**) – *Světlo*, které vychází z *Parcufu*.

Nekudot de-SAG – přechodný *Parcuf*, který má *Bet de-Ovijut* (2) a *Bet de-Hitlabšut* (2) – (čistá *Bina*), vznikl v důsledku vzestupu *clony* a vyhnání *Světla* do *SAG*.

Nešama – (z hebrejštiny **duše**) – *Světlo*, které se odívá do *Kli Bina*.

Nešama le-Nešama – *Or Chaja*, které je schopno se odít do stvoření do *Konečné nápravy* (*VAK de-Chaja*). K nám plné *Or de-Chaja* nepřichází, protože do *Konečné nápravy* využíváme pouze *AChaP de-Alija* (nádoby přijímání zařazené do nádob odevzdávání). Jenom ta jeho část, která září člověku a kterou postihuje nádobami, jež se vztahují k *AChaP de-Alija* – se odívá do nádoby *Nešama* a do *Světla Nešama*. Aby se zdůraznilo, že se jedná o neúplné *Světlo*, je nazýváno „*Nešama le-Nešama*".

Neživá úroveň – (hebrejsky **domem**) – úroveň, která má jedinou vlastnost – chránit svoje stabilní postavení: přijímat a těšit se, plní ta přání, ten program stvoření, který je v ní založený.

Nukva – *Malchut světa Acilut*, ze slova „*nekev*" – otvor pro procházení *Světla*. *Malchut světa Acilut* – souhrn všech stvoření, všech *lidských duší*.

Obkopující světlo – (hebrejsky **Or Makif**) – *Světlo* předurčené pro odění se do stupně, které se dosud nachází vně *Kli*, ale svým tlakem, cílevědomým vlivem nutí *Kli* ke změně, ke zdokonalení.

Obrácená strana Světla – (hebrejsky **Achorajim**) – nenapravená část *Kli*, která ještě není připravena k otevření se duchovnímu dosažení.

Oddělený – v duchovních *světech* – vzdálení, přiblížení, splynutí – všechny tyto procesy nastávají pouze v souladu s rozdílem nebo shodou vnitřních vlastností duchovních objektů. Rozdíl ve vlastnostech je vzájemně odděluje, shoda – sbližuje a vede ke splynutí. Přání přijímat (stvoření) a přání dávat (Stvořitel) jsou protikladná ve vlastnostech, tudíž jsou si navzájem absolutně vzdáleny a odděleny.

Odražené světlo – viz **Or Chozer**.

Or Chaja (z hebrejštiny **Světlo života**) – *Světlo Sfiry Chochma (Ovijut 3)*.

Or Chasadim – *Světlo*, které si stvoření přeje dát, vrátit Stvořiteli. Reprezentuje ohromné potěšení z podobnosti ke Stvořiteli, z toho, že se nacházíš pohromadě s Ním, že je v tobě stejná informace jako ve Stvořiteli. Znáš Jeho myšlenky, pocity, poznáváš to, co je v Něm, nacházíš se na stejném stupni s Ním.

Or Chochma – veškeré *Světlo* vycházející ze Stvořitele, čili *Světlo*, které obsahuje všechno, co si nám Stvořitel přeje dát. Určuje se jako existence a život stvoření.

Or Chozer – (z hebrejštiny **Odražené světlo**) – „*Or*" - *Světlo*, potěšení, „*Chozer*" – vracející se, čili *Odražené světlo* – je to přání dát potěšení Stvořiteli, stejně jako On dává mně.

Or Jechida – *Světlo*, které se odívá do *Sfiry Keter*. Největší *Světlo* ve stvoření *(Ovijut 4)*.

Or Kerer – *Světlo* nejvyššího stupně, *Or Jechida*.

Or Makif – viz **Obklopující světlo.**

Or Nefeš – *Světlo*, které je přijímáno se clonou na nejmenší egoismus *(Ovijut 0)*; označuje *Světlo* přijímání pro sebe bez možnosti odevzdávání druhým.

Or Nešama – viz **Nešama.**

Or Pnimi – viz **Vnitřní světlo.**

Or Ruach – (dosl. z hebrejštiny **duch, vítr**) – pohyb, přemístění. Činnost odevzdávání, kterou uskutečňuje stvoření, vychází-li z napravených egoistických vlastností *(Ovijut 1)*. *Světlo*, které se odívá do *Kli ZA*.

Osobně jím – závislé na nápravě samotným stvořením (*Malchut*) a nikoliv na Stvořiteli, jak tomu bylo ve třech předcházejících stádiích.

Osvětlení clony – invaze *Světla* v důsledku tlaku Vnitřního *(OP)* a *Obklopujícího (OM) světla*; zmenšení síly odporu k přání se potěšit ve prospěch sebe samého.

Ovijut – síla, hloubka přání, potřeby (měří se ve škále od 0 do 4).

Ovijut 0 – (hebrejsky **Šoreš**) – zárodek přání, když se člověk naprosto anuluje a rozplývá se ve Stvořiteli.

Ovijut 1 – (hebrejsky **Alef**) – neuvědomělá a nerozvinutá touha po *Světle* (Stvořiteli).

Ovijut 2 a 4 – *Ovijut 2* (hebrejsky **Bet**) přání odevzdávat Stvořiteli (podobat se Jemu). *Ovijut 4* (hebrejsky **Dalet**) – přání být stejný jako Stvořitel, být na Jeho místě a netěšit se *Světlem*, které z Něho vychází.

Ozen – (z hebrejštiny **ucho**) – *Malchut*, která se pozvedla do *Bchiny Bet de-Roš*, se nazývá „*Ozen*". *Bina* v *Roš Parcufu*.

Ozen, Chotem, Pe – (z hebrejštiny ***ucho, nos, ústa***) – ***Ozen*** – *Malchut*, která se pozvedla do *Bchiny Bet de-Roš*. ***Chotem*** – *Malchut*, která se pozvedla do *Bchiny Gimel de-Roš*. ***Pe*** – *Malchut de-Roš*.

Pád – vzdálení od Stvořitele, což znamená, že se *Kelim*, přání člověka stávají hrubšími, materiálními.

Pád do hříchu (Adama) – *rozbíjení nádob (Švirat Kelim)*, v důsledku kterého se smíchali altruistické (odevzdávající) a egoistické (přijímající) nádoby, přání.

Parcuf – (č. mn. ***Parcufim***) – „duchovní tělo" – přání se potěšit Stvořitelem, které je vybavené *clonou* (čili schopné obdržet *Světlo*).

Parcuf – duchovní tělo, které se skládá z hlavy (část, jež činí řešení), těla (přijímající část) a končetin (části, které vytvářejí ohraničení, konec přijímání *Světla*).

Parcuf – přání, ale podle velikosti *clony*.

Parcuf AB – (*Parcuf Chochma*) – druhý po *Parcufu Galgalta*. Čerpá svá přání ze *Sof* (ukončení) *Galgalty*, tudíž pracuje s takovými přáními, se kterými předcházející *Parcuf* pracovat nemohl.

Parcuf Galgalta – (*Parcuf Keter*) – první obdržené *Světlo* od Stvořitele v té míře, ve které může stvoření odevzdávat a připodobňovat se tím ke Stvořiteli (*Ovijut* 0). Viz také ***Galgalta***.

Parcuf SAG – (***Parcuf Bina***) – *Parcuf* světa *Adam Kadmon* s *Rešimot Gimel* (3) *de-Hitlabšut* a *Bet* (2) *de-Ovijut*. Znamená to, že *SAG* pracuje pouze na odevzdání (*Rešimo Bet, Bina*), *SAG* má však také *Hitlabšut Gimel* – rozvzpomínání se na předcházející stav (*Parcufu AB, Parcufu Chochma*). Proto je uvnitř *Parcufu SAG* malá záře *Světla Chochma*.

Parsa – reprezentuje druh *Masachu* (*clony*), který nedovoluje *Světlu* přejít hranici, jež rozděluje *Parcuf* na *GE* (*Sfirot Kerer Chochma* a vrchní část *Biny*; odevzdávající *Kelim*) a *AChaP* (nižší část *Biny, ZA* a *Malchut*; přijímající *Kelim*).

Pe – (z hebrejštiny ***ústa***) – část, ve které probíhá interakce *Vyššího Světla* se *clonou* – *Malchut de-Roš*.

Pentateuch – (překlad z řeckého Pentateuco V, použitý Origenem) – obecný název pro prvních pět knih Bible: Genesis, Exodus, Levitikus, Numeri a Deuteronomium.

Pět *Parcufim* světa *Adam Kadmon* – *Galgalta, AB, SAG, MA, BON*.

Pět smyslových orgánů – zrak, sluch, čich, hmat a chuť.

Pět stupňů clony – *clona* (síla odporu proti egoismu) se měří v souladu se silou (*Ovijutem*) přání. Poněvadž má přání pět úrovní *Ovijutu* – 0,1,2,3,4, dělí se také *clona* na pět stupňů.

Pět úrovní – *světy Asija, Jecira, Bri'a, Acilut, Adam Kadmon.*

Podstata – viz **Acmuto**.

Posun – (*pohyb*) – změna přání, která vede ke vzniku, zrodu nových *Kelim (nádob)*.

Pracuje = zkoumá = rozvíjí = mění vnímání.

Proces oddálení stvoření – proces Stvoření *duchovních světů*, které postupně ukrývají *Světlo* a zároveň tím oddalují stvoření od Stvořitele až do ztráty spojení s Ním (stav „*náš svět*").

První zkrácení – (hebrejsky **Cimcum Alef**) – rozhodnutí se nikdy více netěšit *Světlem* kvůli sobě samému.

Přání – nedostatek potěšení a snaha o určitý druh naplnění (představy, jež pravděpodobně přinesou systém potěšení) vytvářejí přání. Například, hlad jako nedostatek naplnění v přítomné představě jídla (myšlenky na jídlo) se formuje do přání se najíst.

Přání (č. mn.) – pociťování nedostatku (chybění) „*Světla*", které se popisuje jako utrpení.

Přání přijímat – nezaplněný prostor, pusté místo, které se snaží naplnit, získat potěšení. Materiál veškerého stvoření, který se skládá z několika úrovní: *neživé, rostlinné, živočišné* a *člověka*.

Přijímající Kelim – nádoby vnímání, ve kterých je člověk schopen učinit ocenění stavů, jež pocházejí pouze z jejich „sladkosti" nebo „hořkosti". Je to „*tělesná*", „*živočišná*" analýza. Pozvednout se nad „*živočišné*" – znamená postupovat na základě kontroly po škále: pravda-lež, blíže ke Stvořiteli nebo dále od Něho.

Přímé světlo – (hebrejsky **Or Jašar, OJ**) – *Světlo*, které se rozšiřuje od *Nekonečna* ke stvořením; přání Stvořitele potěšit stvoření.

Rabaš – rav Baruch Ašlag (1906-1991), syn a žák Ba'al HaSulama, autora knihy „Stupně žebříku", která poprvé popisuje všechny etapy vnitřní duchovní práce člověka.

RAMBAM – zkr. Rabiho Moše ben Maimon, rusky Moisej Majmonid (1135-1204) – velký učenec: kabalista, filosof, lékař. Autor díla „ Průvodce zbloudilých" (1190 r.).

Rešimo – (č. mn. **Rešimot**) – „duchovní gen", „záznam" duchovní informace. *Rešimo* reprezentuje čistou podstatu, sílu – to, co zbyde po zániku předcházející formy. Je to energie, která není oděná do žádného vnějšího oděvu.

Rešimot 4/4, 4/3, 3/2, 2/1, 1/0 – každý předešlý stav nádoby (*Kli*), jež zadržuje Světlo, po sobě zanechává dva druhy *Rešimot* (záznamů, vzpomínek) – *Rešimo* na *Světlo*, které bylo uvnitř nádoby, a *Rešimo* na *clonu* (sílu odporu proti egoismu), kterou má v současné době. Tato informace je nezbytná pro uskutečnění duchovního jednání, zapisuje se krátce v podobě čísel – „4/4" – *Rešimo Světla: Dalet* (4), *Rešimo clony: Dalet* (4); „4/3" – *Rešimo Světla: Dalet* (4), *Rešimo clony: Gimel* (3) atd.

Rostlinná (úroveň) – (hebrejsky **comeach**) – počátek vzniku samostatného přání, zásluhou čehož se objevují síly k překonání touhy po potěšení sebe sama a jednání podle přání odevzdávat. Ten, který se nachází na této úrovni, však ještě není ve stavu jít proti přání svého okolí.

Rozbíjení přání – nádob (hebrejsky **Švirat Kelim**) – zánik spojující *clony* (*záměru „ve prospěch odevzdávání"*) mezi různými vlastnostmi, přáními, zánik altruistické interakce mezi nimi.

Rozbíjení přání – změna *záměru* uvnitř přání: z *„ve prospěch odevzdávání"* k záměru *„ve prospěch přijímání"*. Úsilí o naplnění radostí a potěšením sebe sama, využívání k tomuto účelu všech ostatních, ztráta snahy o spojení kvůli tomu, aby byla poskytnuta radost Stvořiteli. Ve skutečnosti to znamená, že se nerozbíjí přání, ale *clona*, síla odporu proti egoismu; mizí spojovací článek mezi přáními, altruistická součinnost se mění na egoistickou. Rozbití celistvého přání na oddělené části, *Sfirot* (vlastnosti) je nezbytné kvůli tomu, aby bylo možné tato přání přenést na člověka, do jeho egoismu, a přivést ho z velmi vzdáleného stavu *„tohoto světa"* do *„světa Nekonečna"*.

Ruach – viz **Or Ruach**.

Řídí – cílevědomě rozvíjí.

SAG (Parcuf Bina) – *Parcuf světa Adam Kadmon* s *Rešimot Gimel* (3) *de-Hitlapšut* a *Bet* (2) *de-Ovijut*. Znamená to, že *SAG* pracuje pouze pro odevzdávání (*Rešimo Bet, Bina*), *SAG* však má také *Hitlapšut Gimel* (3) – vzpomínku na předcházející stav (*Parcufu AB, Parcufu Chochma*). Proto je uvnitř *Parcufu SAG* malá záře *Or Chochma*.

Sea (z hebrejštiny **plná míra**) – součet potřebných úsilí (proti své přirozenosti) dostatečných k tomu, aby byla modlitba (*MAN*, potřeba nápravy) opravdová, dokonalá a maximální.

Sedmé tisíciletí – prvních šest tisíc let se napravujeme, jde o tak zvané *Kelim AChaP de-Alija*. V sedmém tisíciletí tuto nápravu ukončujeme. To, co nastane potom, není popsáno v žádném kabalistickém díle.

Sfira (č. mn. **Sfirot**) – různé vlastnosti, které na sebe vzal Stvořitel ohledně stvoření. Celkem je jich 10 – *Keter, Chochma, Bina, Ze'ir Anpin* (který se skládá z *Chesed, Gvura, Tif'eret, Necach, Hod, Jesod*), *Malchut*.

Sfira Bina – *Sfira* reprezentuje samostatné přání, část společného, celkového přání *světa Nekonečna*. Každá *Sfira* (celkem je jich deset) vymezuje přijímání *Světla* podle svého, v jenom pro ni příznačné podobě co se týče množství a kvality *Světla*, v závislosti na svém „charakteru". *Bina* – vlastnost *Světla*, ve které je pociťováno potěšení z prožitku odevzdávání Stvořiteli, podobnosti s Ním. Toto potěšení se nazývá *Or Chasadim*.

Sfira Bina – stav, kdy si *duše* nepřeje přijímat ve svůj prospěch.

Sfira Gvura – vlastnosti, které se projevují jako síla překonání egoismu. Včlenění vlastností *Chochma* do ZA.

Sfira Hod – včlenění vlastností *Malchut* do *Ze'ir Anpinu*.

Sfira Chesed – přání se připodobnit Stvořiteli v *Ze'ir Anpin* (třetí stádium *Bchina Gimel*), jeho Kerer (6 *Sfirot* – *Chesed, Gvura, Tif'eret, Necach, Hod, Jesod* – jsou dílčími vlastnostmi *Sfiry Ze'ir Anpin*).

Sfira Jesod – souhrn všech předcházejících pěti *Sfirot Ze'ir Anpin*, to, co poté již od *Jesod* jako výsledek přijímá *Malchut*.

Sfira Keter – první *Sfira* z 10 *Sfirot*, vlastnosti Stvořitele (*Světla*, přání odevzdávat), objevuje se jako zástupce Stvořitele ohledně všeho ostatního a prakticky se námi (stvořeními) nepostihuje.

Sfira Malchut – ukončené, samostatné stvoření, které si samostatně přeje přijímat a pociťuje sebe sama přijímajícím.

Sfira Necach – vlastnost *Ze'ir Anpin* v *Ze'ir Anpinu*.

Sfira Tif'eret – (neboli **Ze'ir Anpin**) – vlastnost *Biny* v *Ze'ir Anpin*, jsou složené ze tří částí: vrchní dvě třetiny *Tif'eret* je *GAR de-Bina*, vlastnosti čistého odevzdávání, ale spodní třetina *Tif'eret* se nazývá *ZAT de-Bina*. Získává *Světlo* Shora a předává ho nižším na základě prosby *ZAT de-Bina*.

Sestupování – vzdalování od prvopočátečního stavu.

Sestupování světů Shora dolů – jejich postupné vzdalování od *Světla* Stvořitele, zeslabení *Světla* v nich. Stalo se to kvůli tomu, aby bylo možné stvořit člověka, který se zpočátku nachází v plném odtržení od Stvořitele, aby měl možnost dospět k úplnému splynutí s Ním.

Sestupovat – rodí se, vzniká následkem.

Sestupovat = vzdalovat se – Základní zákon, který platí ve *světě* – zákon podobnosti vlastností. Hlásá, že se dva objekty sbližují až do splynutí v míře podobnosti, shody vlastností a vzdalují kvůli rozdílným vlastnostem. Tento princip blízkosti v míře podobnosti vlastností existuje také v *našem* *světě*: čím více se lidé shodují ve sklonech a v názorech, tím jsou si navzájem bližší a nenávidí se navzájem, jestliže jsou jeden od druhého vzdáleni.

Síla – míní se síla *Světla*, potěšení, odevzdávání.

Sijum – spodní hranice *Sof* (poslední část, která zůstává nezaplněná kvůli nepřítomnosti odpovídající *clony*) se nazývá *Sijum (ukončení)*.

Sof Galgalty – část stvoření, která zůstává prázdná, se nazývá *Sof (ukončení)*. Tam stvoření vytváří omezení pro přijímání *Světla* kvůli nepřítomnosti odpovídající *clony*. *Sof Galgalty* je *Malchut*, která není sto něco přijmout.

Společná duše – viz **Adam HaRišon**.

Stádium *Chochma* – ještě nevědomé, nesamostatné přání se potěšit.

Stádium *Keter* – přání Stvořitele potěšit stvoření.

Strom poznání dobra a zla – *Sfirot Ze'ir Anpin* (napravená přání) a bod Malchut (egoistická nenapravená přání). „Jíst plody" tohoto „stromu" a získat potěšení z poznání je možné pouze tehdy, když budou přání *Malchut* napravena.

Stud – (hebrejsky **Buša**) – ponižující pociťování egoismu jednotlivého stvoření ve srovnání s altruismem, Stvořitelem, vlastnostmi absolutního odevzdávání. Bolest, odpor ke svému stavu. Egoismus a pocítění studu jsou dva projevy stejné vlastnosti.

Stupně – úrovně přání odevzdávat, které nabývá člověk, se nazývají stupně duchovních *světů* (celkem existuje 125 stupňů).

Stupně žebříku – úrovně přání odevzdávat, které nabývá člověk. Od Stvořitele do *našeho světa* existuje 5 stupňů, které se nazývají *světy*. Každý z nich má dílčí stupně, které se nazývají *Parcufim* a každý z dílčích stupňů má svoje podstupně, pojmenované *Sfirot*. Tudíž je celkem od nás ke Stvořiteli: $5 \times 5 \times 5 = 125$ stupňů.

Stvoření – *nádoba, duše*; z ničeho (heb, **eš mi ain**) stvořené přání (pociťováním Stvořitele, *Světlem*) přijímat, je materiálem veškeré existující reality.

Stvořitel – prapříčina – Zdroj *Světla* (potěšení)

Stvořitel – síla dávání, přání odevzdávat, těšit.

Stvořitel – všeobecný úmysl a podstata vesmíru, globální zákon, který na nás sestupuje, vytváří nás, Stvořil náš vesmír, vše řídí a vede k původnímu cíli – pozvednout stvoření v růstu na Svou úroveň.

Svět *Acilut* – systém řízení všech světů, které jsou umístěny níže, včetně našeho světa. Svět Acilut ovlivňuje náš svět řízením toku sestupujícího Světla.

Svět *Adam Kadmon* – předobraz, úmysl, v důsledku kterého se člověk může zcela připodobnit Stvořiteli.

Svět *Asija* – *svět* dvojnásobného a jednoduchého ukrytí, ve kterém člověk buď nepociťuje Stvořitele (Jeho řízení) vůbec, nebo vnímá jeho řízení jako zlé, přinášející strádání. Nejvzdálenější *svět* od Stvořitele, čili nejvíce egoistický.

Svět *Bri'a* – *svět*, v jehož základu se nachází přání stvoření odevzdávat, těšit. Takové přání (*Kli*) se pokládá za velmi zářivé, neegoistické, proto se *svět Bri'a* zcela počítá k duchovním.

Svět *Bri'a* – *svět*, ve kterém člověk ohledně sebe sama pociťuje řízení Stvořitele jako absolutně dobré, ale nemá dostatek poznání o působení, vztahu Stvořitele ke všem ostatním stvořením.

Svět *Jecira* – první odhalení „tváře Stvořitele" (uvědomění si Jeho dobrého řízení).

Svět *Jecira* – *svět*, v jehož základu se nachází přání odevzdávat, ale je zde již přítomno přání přijímat. Ačkoliv jsou *záměry Kli* v jakési úrovni egoistické, přesto převažují altruistická úsilí, takže se *Kli* ve *světě Jecira* ještě počítá k duchovním.

Svět *Nekonečna* (hebrejsky *Olam Ejnsof*) – stav dosažení nekonečné dokonalosti *duší* a potěšení z jednoty se Stvořitelem (podobnost se Stvořitelem). V tomto stavu stvoření (souhrn *duší*) neohraničuje šíření *Světla* (potěšení), čili jsou všechna přání uspokojena úplně a bez ohraničení.

Svět *Nekudim* – zvláštní *svět*, který se vytváří (*ve světě Adam Kadmon*) na základě *Rešimo* (informace, záznam, vzpomínka) 2/1 – o tom, že je možné využívat výlučně altruistická (odevzdávající) přání. Je to první svět, který je vytvořen na principu *Druhého zkrácení (CB)*.

Svět, světy – (hebrejsky ***olam*** ze slova „ukrytí") – každý *svět* se skládá z množství stádií oslabení (ukrytí) *Světla* Stvořitele.

Světlo – (hebrejsky ***Or Ejnsof***) – *Světlo* (potěšení), které vychází z podstaty Stvořitele, je námi vnímáno jako Stvořitel. Toto *Světlo*, Vyšší myšlenka, úmysl v sobě zahrnuje veškeré stvoření – od počátku do jeho konečného stavu (člověkem pociťovaná dokonalost v podobě úplného splynutí se Stvořitelem).

Světlo – přenos informace, vnímání, potěšení (analogicky ke *Světlu* v našem světě, které umožňuje život, teplo atd., nebo *Světlu* myšlenek, porozumění, pochopení).

Světlo – síla, která tvoří, napravuje a naplňuje stvoření; zdroj potěšení.

Světlo – vliv Stvořitele, který je pociťován jako potěšení, přání potěšit.

Světlo *HaRaNChaJ* – viz ***NaRaNChaJ***.

Světlo *Chasadim* (*Or Chasadim*) – *Světlo*, které si stvoření přeje odevzdat, vrátit Stvořiteli; *záměr* poskytnout radost Stvořiteli; potěšení z podobnosti vlastností s Ním, z odevzdávání.

Světlo Chochma – viz ***Or Chochma***.

Světlo nápravy – *Světlo*, které v nás vytváří přání odevzdávat. Odhaluje se nám nikoliv jako silnější potěšení ale jako „majestát Vyššího" a to v nás probouzí touhu odevzdávat Stvořiteli.

Světlo Nekonečna = ***Světlo světa Nekonečna*** – přání potěšit stvoření aniž by mělo nějaké odění, ohraničení, rozlišení a jenom přijímající vybírá z tohoto stejnorodého *Světla* určení kvality (v souladu se svými vlastnostmi).

Světlo *Or Chochma* – viz ***Or Chochma***.

Světy – (heb ***Olam*** ze slova ***alama***, „zkrácení") – úrovně, stupně ukrytí Stvořitele.

Světy – nejrozmanitější dílčí míry pocitění Stvořitele. Existuje pět *světů* (úrovní ukrytí): *Asija, Jecira, Bri'a, Acilut, Adam Kadmon (AK)*.

Světy – veškerý souhrn našich pocitů (reakcí na vnější vlivy) v nás vytváří čistě subjektivní vnitřní obraz, který se nazývá „*náš svět*". Pomocí kabalistické metodiky člověk svoje pociťování rozvíjí a začíná vidět *svět* v jeho skutečné podobě. Stav, ve kterém se nacházíme nyní, se nazývá **svět Nekonečna** (úplné uspokojení potřeb). Z celé této úrovně Nekonečna může člověk pocítit různé stupně přijímání, vnímání a pochopení. Jsou to úrovně odhalení reálné, jediné, nekonečné skutečnosti, ve které se nacházejí stvoření, a nazývají se ***světy***.

Světy *BJA* – systém *světů Bri'a, Jecira, Asija*, který je vytvořen z odevzdávajících nádob, jež se nacházejí uvnitř přijímajících nádob (*GE* v *AChaP*). S jejich pomocí jsou *duše* postupně schopné vytvořit *clonu* (motivaci, *záměr*) pro transformaci egoistických vlastností na altruistické.

Šestý smyslový orgán – orgán, ve kterém člověk pociťuje vliv *Vyššího Světla* (Stvořitele) na sebe sama, a proto je schopen na Něho reagovat.

Tabur – linie, která vymezuje přijímání *Světla* v „*Guf*" (*tělo*) a vytváří rozdělení mezi „*Toch*" (vnitřní část *Kli*, která je naplněná *Světlem*) a „*Sof*"(poslední, nezaplněná, prázdná část těla).

Tělo – tělem se v kabale nazývá přání (-í), které je rozdělené pomocí *clony* na *Roš* (*hlava* – část, která činí rozhodnutí), *Toch* (*trup* – vnitřní část, která je naplněna *Světlem*) a *Sof* (*zakončení* – nezaplněná, prázdná část). Tímto způsobem se vytváří *duchovní tělo*, duchovně živý objekt.

Tento svět – celkový souhrn pocitů (reakcí na vnější vlivy), který vstupuje do pěti smyslových orgánů (zrak, čich, hmat, chuť, sluch), vytváří v nás čistě subjektivní vnitřní zobrazení, které nazýváme „*tento svět*".

Tento svět – absolutní egoismus, který do sebe není schopen získat *Světlo* (potěšení), proto se námi pociťuje jako prázdnota (utrpení). Tento stav je následek vnímání odtržení od společné *duše (Adama)*.

TES „*Talmut Eser Sfirot*" – (z hebrejštiny „***Učení Deseti Sfirot***") – základní kabalistická učebnice naší doby (6 dílů, více než 2 000 stran). Hlavní odkaz Ba'ala HaSulama. Ačkoliv je Ba'al HaSulam proslulý jako autor komentáře „Žebřík" ke „Knize Zoar", těm, kdož se snaží vstoupit do *Vyššího světa*, dává dílo „Učení Deseti Sfirot" sílu, která je nezbytná pro překonání hranice, jež rozděluje *náš* a *Vyšší* duchovní *světy*. Obsahuje otázky a odpovědi, materiály pro opakování a zapamatování, vysvětlení, diagramy, náčrty a tak dále. V knize se nachází zdařilé popsání zákonů a sil, které řídí náš vesmír.

Tif'eret (*ZA, Ze'ir Anpin*) – vlastnost, *Sfira*, která již začíná uplatňovat princip „přijímání ve prospěch odevzdávání", využívat přání přijímat, těšit se ve prospěch odevzdávání Stvořiteli.

Tři linie – systém, který umožňuje dospět k podobnosti se Stvořitelem: levá linie – přání přijímat (vlastnosti stvoření), pravá linie – přání odevzdávat (vlastnosti Stvořitele), střední linii samostatně vytváří člověk vlastním úsilím o shodu, podobnost se Stvořitelem.

Učení Deseti *Sfirot* – viz **TES**.

Úderné spojení protikladných vlastností – (hebrejsky ***Zivug de-Haka'a***) – spojení egoistických a altruistických přání prostřednictvím nárazu, „výbuchu", v důsledku čehož čistá altruistická přání klesla do nitra egoistických. V důsledku toho se v člověku vytvořila možnost svobodné vůle, sebenápravy.

Úderný vliv Světla – úder (hebrejsky ***Haka'a***) – určitý proces interakce mezi *Vyšším světlem* a *clonou*, střet protikladných přání, cílů.

Ukrytí – znamená nedostupnost pro vnímání smyslových orgánů kvůli odlišnosti vlastností. Je to buď úplné ukrytí, tudíž nepřítomnost pociťování, že Stvořitel vše řídí, nebo částečné ukrytí, čili nepřítomnost pociťování řízení Stvořitele jako dobrého.

Úlná náprava – viz *Gmar Tikun.*

Úroveň „mluvící" – (hebrejsky ***Medubar***) – čtvrtý stupeň rozvoje přání se těšit, který rodí možnost pocítit někoho, jenž se nachází vně něho (bližního), v důsledku čehož se „člověk" stává vlastníkem svobodné volby, tudíž má příležitost se pozvednout nad svojí přirozenost, poznat přítomnost Stvořitele a připodobnit se Mu.

Úsilí – (hebrejsky ***igija***) – práce, která je zaměřena na změnu své přirozenosti: přání přijímat – na přání odevzdávat.

Uvědomění si zla – (hebrejsky ***akarat ara***) – uvědomění si toho, nakolik jsou moje vlastnosti protikladné k vlastnostem Stvořitele (síle *Biny*, odevzdávání).

Ve prospěch odevzdávání – (heb, ***al menat leašpia***) – *záměr* (úsilí) odevzdat, potěšit Stvořitele. Využívání své přirozenosti, svých vlastností s cílem poskytnout potěšení Stvořiteli.

Větší *Ovijut* – větší přání přijímat s větší touhou po potěšení se nazývá větší *Ovijut*, ale nevýznamné – malý *Ovijut*.

Více vysoký, vyšší – nacházející se ve vlastnosti odevzdání více než nižší; příčina, která vyvolala nižší. Nižší vzniká derivací vyššího.

Vlastnost *Biny* – vlastnost *Světla*, ve které se pociťuje potěšení z vnímání odevzdávání, podobnosti se Stvořitelem. Toto potěšení se nazývá *Or Chasadim*.

Vlastnost *Chasadim* – vlastnost *Světla Chasadim*, zásluhou kterého v sobě člověk rozvíjí schopnost k odevzdávání, altruismu.

Vlastnosti dávání (Stvořitel) – úroveň, ve které se Vyšší síla (Stvořitel) projevuje vůči stvořením. Vyšší síla stvořila stvoření kvůli tomu, aby jim mohla dát potěšení, a proto se její vlastnosti nazývají dávání.

Vnitřní Světlo – (hebrejsky *Or Pnimi*) – *Světlo* (potěšení), které vchází dovnitř napraveného těla (přání).

Vycházejí = objevují se, vznikají v důsledku vzájemného vztahu *clony* a *Vyššího světla.*

Vyšší – můj budoucí, dokonalejší stav, Stvořitel.

Vyšší objekty – každá síla, objekt duchovního *světa* reprezentuje přání (hebrejsky „*racon*"), které je částí společného přání potěšit stvoření.

Vyšší síla = Stvořitel – společná myšlenka a podstata vesmíru, globální zákon, který na nás sestupuje, vytváří nás, stvořil náš Vesmír, vše řídí a vede směrem k prvotnímu cíli – rozvinout stvoření do své úrovně.

Vyšší svět – *svět* pociťování Stvořitele (přání odevzdávat, vlastnosti odevzdávání); *svět* příčin, ve kterém se nacházejí a působí pouze síly a pocity bez materiálních oděvů.

Vyšší svět = Duchovní svět – existuje podle zákonů vlastnosti dávání. „*Vyšší*" se nazývá proto, že je vlastnost dávání příčinou, kořenem *našeho světa* a on sám je následkem, jenž je plně řízen z duchovního *světa*.

Vyšší světlo – (hebrejsky **Or Eljon**) – skládá se ze dvou složek: poznávající a poznávané. Všechno, co říkáme o *Vyšším světle*, jsou pouze jenom dojmy poznávajícího z poznávaného.

Vyšší světlo – pocit přítomnosti Stvořitele – *Světlo*, které v nás stvořilo přání odevzdávat, správný *záměr*, všechno, co je nezbytné získat pro odhalení Stvořitele uvnitř sebe.

Vyšší světlo – určitý druh záření Shora, základní vnější duchovní oblast; to, co sestupuje z Podstaty Stvořitele a pociťuje se stvořením jako „Myšlenka Stvoření": potěšit stvoření.

Vzestup – v duchovních *světech* se vše nazývá velké spojení se Stvořitelem.

Vznik duší – proces „narození" *Adama HaRišona (prvního člověka)*, jediné *duše*, poté její rozbíjení na dílčí *duše*, sestupování do *tohoto světa*. Když se *duše* již nachází v *tomto světě*, je rozbitá na malinké části. Existuje možnost ji prostřednictvím práce pozvednout nazpět do stavu *Adam HaRišon*.

Záměr – propočet, motivace stvoření ve vztahu k získávanému *Světlu* (potěšení).

Záměr pro Stvořitele = záměr „ve prospěch odevzdávání" – využívání své přirozenosti, vlastních vlastností s cílem poskytnout potěšení Stvořiteli. Pomocí *záměru* „ve prospěch odevzdávání" se stvoření stává stejné jako Stvořitel, připodobňuje se Mu.

Záře Šchiny – pociťování přítomnosti Vyšší síly ve všem, co člověka obklopuje. Je to pole, které proniká vším, vše prostupuje, dýchá kolem tebe, je připravené se v tobě a pro tebe projevit, abys ho pocítil jako všemu diktujícího stanovené zákony a pocítil napětí tohoto pole vůči sobě. Je v něm uloženo veškeré myšlení Stvořitele a samo o sobě také je Stvořitel.

Ze'ir Anpin – stádium, *Sfira*, vlastnosti, jež vznikají na základě výsledku rozhodnutí přijímat pouze množství *Or Chochma*, které je nezbytné pro život a ostatní odevzdávat. Skládá se ze šesti *Sfirot*: *Chesed, Gvura, Tif'eret, Necach, Hod, Jesod*.

Zivug de-Haka'a – (z hebrejštiny **úderný pohlavní akt**) – interakce *Světla* s *Masachem (clonou)*, když *Kli* (člověk, stvoření) ve snaze o jednotu se Stvořitelem vyvíjí ohromné úsilí, přemáhá vlastní přirozenost a odstrkuje *Světlo* (potěšení) kvůli spojení (podobnosti) s tímto *Světlem*.

Zivug de-Haka'a – (z hebrejštiny **úderný pohlavní akt**) – úderná interakce *Světla* se *clonou*, ve které *clona* brání v rozšíření *Světla* ve stádiu *Dalet* (přání potěšit sebe sama), odstrkuje *Světlo* zpět k jeho kořenu (zdroji). V tomto jevu existují dvě protikladné činnosti: odstrkování *Světla* a následující součinnost s ním, která vede k obdržení *Světla* do *Kli*, protože je *Světlo* zbavené *Bchiny Dalet*, přeměňuje se na *Odražené světlo*, čili na jiné *Kli*, které se odívá do *Světla* a odhaluje *Světlo* v *Parcufu*.

Zkrácení – (hebrejsky ***Cimcum***) – odmítnutí přijímat *Světlo* z altruistických příčin. O člověku, který ovládá svá přání, drží sám sebe a nepřijímá, ačkoliv si velmi přeje přijmout, se říká, že zkrátil sebe sama.

Zkvalitnění (vnímání) – změna sebe sama v souladu se vzorem, s vlastnostmi *světa Nekonečna*.

ZON – *Ze'ir Anpin* a *Nukva (Malchut)* předobraz muže a ženy v *našem světě*, duchovní počátek – mužský a ženský, systém, který se zabývá nápravou *duší*, jež se nacházejí ve *světech BJA*.

Živočišný – (úroveň, stupeň) – existují čtyři úrovně rozvoje přání přijímat: *neživá, rostlinná, živočišná* a *člověk*. *Živočišná* úroveň přání dostávat vytváří v každém dílčím elementu individuální pocity – zvláštní život každého, jenž se od ostatních liší. Na tomto stupni však ještě chybí empatie k bližnímu, čili nezbytný soucit nebo radost kvůli sobě podobným.

Seznam zkratek

AA – Arich Anpin
ABJA – Acilut, Bri'a, Jecira, Asija
AChaP – Ozen, Chotem, Pe
AK – Adam Kadmon
AVI – Aba ve-Ima
BJA – Bri'a, Jecira, Asija
CA – Cimcum Alef
CB – Cimcum Bet
GAR – Gimel Rišonot
GE – Galgalta ve-Ejnajim
ChaBaD – Chochma, Bina, Da'at
ChaGaT – Chesed, Gvura, Tif'eret
KaChaB – Keter, Chochma, Bina
KaChaBTuM – Keter, Chochma, Bina, Tif'eret, Malchut
MAD – Mej Dhurin
MAN – Majim Nukvin
NaRaN – Nefeš, Ruach, Nešama
NaRaNChaJ – Nefeš, Ruach, Nešama, Chaja, Jechida
NeHI – Necach, Hod, Jesod
OCh – Or Chozer
OJ – Or Jašar
OM – Or Makif
OP – Or Pnimi
ZA – Ze'ir Anpin
ZAT – Zain Tahtonot
ZON – Ze'ir Anpin a Nukva

Seznam bibliografie

ARI (p. jm. Jicchak Luria Aškenazi): // Strom života // Věda kabala. Mezinárodní akademie kabaly: Elektronický zdroj: http://www.kabbalah.info/rus (2006).

ARI: Strom života // Sebrané spisy ARI. Jeruzalém, 1927 (hebrejsky).

Aršinov, V. I.: Problém syntézy poznání a moudrosti v souvislosti s průmyslovou civilizací // Sborník materiálů Kulatého stolu „Obohacení forem vědeckého poznání v epoše globalizace." M., 2004.

Ašlag, B.: Není nikdo jiný kromě Něho // Ašlag, B.: Šamati. Články. – Věda kabala. Mezinárodní akademie kabaly: Elektronický zdroj: http://www.kabbalah.info/rus (2006).

Ašlag, B.: Neživé, rostlinné, živočišné, člověk // Ašlag, B.: Šamati. Články. – Věda kabala. Mezinárodní akademie kabaly: Elektronický zdroj: http://www.kabbalah.info/rus (2006).

Ašlag, B.: Podstata duchovního dosažení // Ašlag, B.: Šamati. Články. – Věda kabala. Mezinárodní akademie kabaly: Elektronický zdroj: http://www.kabbalah.info/rus (2006).

Ašlag, B.: Předmluva ke knize „Plody moudrosti. Dopisy" // Věda kabala. Mezinárodní akademie kabaly: Elektronický zdroj: http://www.kabbalah.info/rus (2006).

Ašlag, J.: Čas jednat // Ašlag, J.: Darování Tóry. – Věda kabala. Mezinárodní akademie kabaly: Elektronický zdroj: http://www.kabbalah.info/rus (2006).

Ašlag, J.: O duchovním dosažení // Ašlag, J.: Šamati. Články. – Jeruzalém, 1998 (hebrejsky).

Ašlag, J.: Plody moudrosti. Dopisy. Jeruzalém, 1999 (hebrejsky).

Ašlag, J.: Podstata vědy kabaly // Ašlag, J.: Darování Tóry. – Věda kabala. Mezinárodní akademie kabaly: Elektronický zdroj: http://www.kabbalah.info/rus (2006).

Ašlag, J.: Podstata vědy kabaly // Laitman, M.: Poslední pokolení. – M.: NPF Strom života, vyd. skupina kabbalah.info, 2004 – str. 301-311. – (Kabala. Tajné učení).

Ašlag, J.: Poslední pokolení // Laitman, M.: Poslední pokolení. – M.: NPF Strom života, vyd. skupina kabbalah.info, 2004 – str. 229-265. – (Kabbala. Tajné učení).

Ašlag, J.: Poslední pokolení // Laitman, M.: Stupně pozvednutí. – Jeruzalém, 1999. (Kabala. Tajné učení. Kn. 13).

Ašlag, J.: Předmluva k Učení Deseti Sfirot // Laitman, M.: Základy kabaly. – M.: ID Sofia, 2006. – str. 74-78.

Ašlag, J.: Předmluva k Učení Deseti Sfirot // Věda kabala. Mezinárodní akademie kabaly: Elektronický zdroj: http://www.kabbalah.info/rus (2006).

Ašlag, J.: Předmluva ke „Knize Zohar" // Ašlag, J.: Dílo. Věda kabala. Mezinárodní akademie kabaly: Elektronický zdroj: http://www.kabbalah.info/rus (2006).

Ašlag, J.: Předmluva ke knize „Panim Meirot" // Ašlag, J.: Dílo. – Věda kabala. Mezinárodní akademie kabaly: Elektronický zdroj: http://www.kabalah.info/rus (2006).

Ašlag, J.: Předmluva ke knize „Ústa moudrého" // Ašlag, J.: Dílo. – Věda kabala. Mezinárodní akademie kabaly: Elektronický zdroj: http://www.kabbalah.info/rus (2006).

Ašlag, J.: Přímé a nepřímé vlivy // Ašlag, J.: Plody moudrosti. Články. – Věda kabala. Mezinárodní akademie kabaly: Elektronický zdroj: http://www.kabbalah.info/rus (2006).

Ašlag, J.: Učení deseti Sfirot // Věda kabala. Mezinárodní akademie kabaly: Elektronický zdroj: http://www.kabbalah.info/rus (2006).

Ašlag, J.: Úvod do kabaly (Pticha) // Ašlag, J.: Díla. – Věda kabala. Mezinárodní akademie kabaly: Elektronický zdroj: http://www.kabbalah.info/rus (2006).

Ašlag, J.: Úvod do vědy kabaly // Laitman, M.: Věda kabala. Ve 2 d. – M.: NPF Strom života, ed. skupina kabbalah.info, 2004. (Kabala. Tajné učení).

Ašlag, J.: Úvod ke „Knize Zohar." Č. 34. // Laitman, M.: Základy kabaly. - M.: ID Sofia, 2006.

Ašlag, J.: Vnitřní rozjímání // Laitman, M.: Učení Deseti Sfirot. – Věda kabala. Mezinárodní akademie kabaly: Elektronický zdroj: http://www.kabbalah.info/rus (2006).

Ašlag, J.: Vnitřní vnímání // Laitman, M.: Učení Deseti Sfirot. – Moskva, 2003 – str. 377-389. – (Kabala. Tajné učení. Kniha 17).

Ašlag, J.: Z úvodu ke „Knize Zohar" // Laitman, M.: Úvod do kabaly. – M.: ID Sofia, 2006. – str. 47-54.

Baigent, M.: Zakázaná archeologie. – M., Eksmo 2004.

Berdyaev, N. A.: Význam tvořivosti // Filosofie svobody. Význam kreativity. – M., 1989.

Bulgakov, S. N.: „Světlo, které nehasne." – M., 1994.

Burmistrov, K.: „Kabbala Denudata", nově objevená: křesťanská kabala barona Knorra von Rosenrotha a její zdroje // Věstník Židovské university. – M., 2000. № 3 (21).

Darwin, Ch.: Spisy. D. 5 / Překlad z angličtiny – M.: Vyd. v SSSR akademie věd, 1953.

Efron, I. A. – Brockhaus, F. A.: Encyklopedický slovník. – M.: EKSMO, 2006.

Flavius, J.: O starobylosti Židů. Dílo v 2. d. M.: Ladomir : AST, 2003.

Goethe, I. V.: Materiály pro historii učení o barvách. 1805-1810.

Gribbin, J.: Velký třesk // Courier Unesco. 1984, №10.

Hawking, S.: „Od velkého třesku do černých děr. Stručná historie času." – M.: Nauka., 1990.

Kapitsa, S. P.: Ze zprávy Kulatého stolu vědců: „Obohacení forem vědeckého poznání v epoše globalizace." M., 2004.

Kehoe, D.: Podvědomí může dělat cokoli! // – M.: vyd. Popurri 2003.

Laitman, M. – Rozin V. M.: Kabala v kontextu historie a současnosti. – M.: Red. URSS, 2005. – (Teoretické diskuse kulturologie).

Laitman, M.: Dosažení jednoty vesmíru // Laitman, M.: Články. – Věda kabala. Mezinárodní akademie kabaly: Elektronický zdroj: http://www.kabbalah.info/rus (2006).

Laitman, M.: Kniha Zohar. Překlad a komentář. – M.: NPF Strom života, vyd. skupina kabbala.org.ru, 2002. – (Kabala. Tajné učení).

Laitman, M.: Materie a forma ve vědě kabale // Laitman, M.: Články. – Věda kabala. Mezinárodní akademie kabaly: Elektronický zdroj: http://www.kabbalah.info/rus (2006).

Laitman, M.: Podmínky zpřístupnění kabalistických znalostí // Laitman, M.: Články. – Věda kabala. Mezinárodní akademie kabaly: Elektronický zdroj: http://www.kabbalah.info/rus (2006).

Laitman, M.: Podmínky zpřístupnění kabalistických znalostí: Lekce 17. června 2004, Moskva.

Laitman, M.: Podstata vědy kabaly // Laitman, M.: Články. – Věda kabala. Mezinárodní akademie kabaly: Elektronický zdroj: http://www.kabbalah.info/rus (2006).

Laitman, M.: Podstata vědy kabaly. Ve 2 d. D. 1. – M.: ID Sofia, 2005, str. 133-167.

Laitman, M.: Rozvoj duše. – M.: NPF Strom života, vyd. skupina kabbalah.info, 2004. – (Kabala. Tajné učení).

Laitman, M.: Schéma vesmíru // Laitman, M.: Základy kabaly. – M.: NPF Strom života, vyd. skupina kabalah.info, 2003. – str. 85-217. – (Kabbala. Tajné učení).

Laitman, M.: Skrytí a odhalení Stvořitele // Laitman, M.: Články. – Věda kabala. Mezinárodní akademie kabaly: Elektronický zdroj: http://www.kabbalah.info/rus (2006).

Laitman, M.: Věda kabala. Ve 2 d. – M.: NPF Strom života, vyd. skupina kabbalah.info, 2004 – (Kabala. Tajné učení).

Laitman, M.: Vnímání reality // TV „Karma" 17. prosince 2003. – Mezinárodní akademie kabaly: Elektronický zdroj: http://www.kabbalahmedia.info (2003)

Laitman, M.: Vnitřní rozjímání // Laitman, M.: Plody moudrosti. – M.: NPF Strom života, vyd. skupina kabbala.org.ru, 2002. – (Kabbala. Tajné učení).

Laitman, M.: Základy kabaly. – M.: NPF Strom života, vyd. skupina kabbalah.info, 2003 – (Kabala. Tajné učení).

Lenin, V. I.: Materialismus a empiriokriticismus. Úplné sebrané spisy. D. 18., – M., 1983.

Listy Maimonida: Vyd. arabského textu, překlad do hebrejštiny, kom. I. Shilata, dd. 1-2. Jeruzalém, 1987-1988.

Moiseev, N. N.: Universum, informace, společnost. – M.: Stabilní svět, 2001.

Morris, G.: Biblické základy moderní vědy / Překlad z angličtiny. – SPB: Bible pro všechny, 1995.

Nudelman, R.: Cambrian paradox // Vědění – moc. – 1998. № 8-9.

Paracelsus, T.: Spisy. D. 5. // Úplné sebrané spisy. Č. 1. XIV.

Pentateuch Mojžíšův nebo Tóra / Red. Prof. G. Branover. Překlad z hebrejštiny.: Levin, Z. – Haskelevich, B. – Wechsler, J., Jeruzalém: „Shamir", 1990.

Perach, M.: Rozumný úmysl nebo slepá náhoda? Spor dvou světonázorů // Kontinent. – 2001. № 107

Pisarev, A.: Bahenní plyny zabijejí Zemi // Ytro.ru: 12. srpna 2005 – elektronický zdroj: http://www.utro.ru/articles/2005/08/12/467203.shtml

Projekt, jehož cílem je vyřešit spor mezi církví a Darwinem // Izvestija. Ru: 23. srpna 2005. – elektronický zdroj: http://www.izvestia.ru/news/news98173/index.html

Sefer Jecira – Kniha Stvoření // Věda kabala. Mezinárodní akademie kabaly: Elektronický zdroj: http://www.kabbalah.info/rus (2006).

Sefer Jecira // Laitman, M.: Rozvoj duše. – M.: NPF Strom života, vyd. skupina kabbalah.info, 2004 – str. 343-357. – (Kabala. Tajné učení).

Solovjov, V. S.: Sofia // Logos. 1991. № 2.

Současný encyklopedický slovník. Vyd. „Velká Ruská Encyklopedie», OCR Palek, 1998 r.

ARI (Rabi Jicchak Luria Ashkenazi): Etz haim // ARI. Collected works. – Jerusalem, 1927 (Hebrew).

Ašlag, B.: Akdama le Sefer „Pri Chacham Igrot Kodesh" // Ašlag, B.: Pri Chacham Igrot Kodesh. – Bnei Brak, 1999. str. 5-10 (Hebrew).

Ašlag, B.: Dargot HaSulam. Jeruzalém, 1996 (Hebrew).

Ašlag, B.: Ein Od Milvado // Ašlag, B.: Shamati: Maamarim. Igrot. – Bnei Brak, 1998. – P. 1-3 (Hebrew).

Ašlag, B.: Inyan domem, zomeah, hai, medaber // Ašlag, B.: Shamati: Maamarim. Igrot. – Bnei Brak, 1998. – P. 142 (Hebrew).

Ašlag, B.: Inyan HaAsaga HaRuchanit // Ašlag, B.: Shamati: Maamarim. Igrot. - Bnei Brak, 1998. - P. 6-9 (Hebrew).

Ašlag, B.: Shamati: Maamarim. Igrot. Bnei Brak, 1998 (Hebrew).

Ašlag, Y.: Ahor ve kedem tzartani // Ašlag, Y.: Pri Chacham Maamarim. – Bnei Brak, 1999. – P. 91-113 (Hebrew).

Ašlag, Y.: Akdama le sefer „Panim Meirot u-Masbirot" // Kabbala le mathil / Collection / Ed. G. Shadmon – Thornhill, 2004 – P. 236-261 (Hebrew).

Ašlag, Y.: Akdama le Sefer „Pi Chacham" // Kabbala le mathil / Collection / Ed. G. Shadmon – Thornhill, 2004 – P. 266-272 (Hebrew).

Ašlag, Y.: Akdama le Talmud Eser HaSfirot // Kabbala le mathil / Collection / Ed. G. Shadmon – Thornhill, 2004 – P. 159-199 (Hebrew).

Ašlag, Y.: Et laasot // Ašlag, Y.: Matan Tora. – Jerusalem, 1995 - P. 3-9 (Hebrew).

Ašlag, Y.: Istaklut pnimit // Ašlag, Y.: Talmud Eser HaSfirot. 6 vols. Vol 3. Part 8, 9. – Jerusalem, 1998 (Hebrew).

Ašlag, Y.: Kitvei HaDor HaAharon // Laitman, M.: HaDor HaAharon. – Thornhill, 2006. – P. 281-397 (Hebrew)

Ašlag, Y.: Matan Tora. Jerusalem, 1995. (Hebrew).

Ašlag, Y.: Maut Chachmat HaKabbala // Ašlag, Y.: Matan Tora. – Jeruzalém, 1995 – P. 61-75 (Hebrew).

Ašlag, Y.: Mavo le Sefer HaZohar // Kabbala le mathil / Collection / Ed. G. Shadmon – Thornhill, 2004 – P. 219-236 (Hebrew).

Ašlag, Y.: Pri Chacham Igrot. Bnei Brak, 1999. (Hebrew).

Ašlag, Y.: Pri Chacham Maamarim. Bnei Brak, 1999 (Hebrew).

Ašlag, Y.: Pticha le Chochmat HaKabbala // Kabbala le mathil / Collection / Ed. G. Shadmon – Thornhill, 2004 – P. 327-384 (Hebrew).

Ašlag, Y.: Pticha le Chochmat HaKabbala // Nauka Kabbala. 2 vols. – Moscow: NPF Tree of life, Publishing Group Kabbalah.info, 2004 (Hebrew).

Ašlag, Y.: Sefer Hakdamot. Jerusalem 1976. (Hebrew).

Ašlag, Y.: Talmud Eser HaSfirot. 6 vols. Jerusalem, 1998 (Hebrew).

Bruno: Le opere Italiane, II.

Gould, S. J.: „Evolution's Erratic Pace", Natural History, May 1977.

Laitman, M.: Introduction to the book of Zohar. 2 vols., edited by Talib Din. Toronto, 2005. (English).

Laitman, M.: The future generation. Thornhill, 2006 (English).

Laitman, M.: The sciense of Kabbalah. Pticha. Toronto, 2005 (English).

Odenheimer, M.: Derech HaKabbalah el HaKommunizm // HaAretz. Israel. 2004.

Paracelsus, T.: Das Buch Paragramum. Ed. Franz Strunz. Leipzig, 1903.

Pascal: Oeuvres completes. Paris, 1954.

Pico della Mirandolla: Oratio de hominis dignitate // Conclusiones.

RASHBI (Rabbi Šimon ben Jochaj): Sefer HaZohar. Im Perush HaSulam / Comment „Sulam" by Rav Yehuda Ašlag. Jeruzalém, 1955. (Hebrew).

Raymundi, L.: Opera. Ed. Tsettsnera.

Reuchlin, J.: De Arte Cabalistica, Hagenau, Thomas Anshelm, 1517.

Ricius, P.: Introductoria theoremata cabalae. De coelesti agricultura // Johannes Pistorius. Ars Cabalistica.

Scientific American Magazine.

Sefer HaJecira // Bnei Baruch World Centrum for Kabbalah Studies: URL: http://www.kabbalah.info/heb (2006).

Sholem, G.: Bibliojgraphia Kabbalistica. Leipzig 1927.

Sholem, G.: Kabbalah. Jerusalem, 1974.

Sholem, G.: On the Mystical Shape of Godhead N. Y., 1991.

Schindel, D. E.: (Curator of Invertebrate Fossils, Peabody Museum of Natural History), „The Gaps in the Fossil Record" Nature, Vol. 297.

Sprengel, Ch. K.: Versuch einer pragmatischen Geschichte der Arzneykunde (v 5 dílech). Halle, 1792-1803.

Stanley, S. M.: The New Evolutionary Timetable: Fossils, Genes and the Origins of Species (New York: Basic Books, 1981).

Odpovědi k testům

Kapitola 1: 1-c; 2-d; 3-b; 4-d; 5-a;
Kapitola 2: 1-d; 2-b; 3-b; 4-a; 5-b;
Kapitoly 3 a 4: 1-b; 2-d; 3-d; 4-a; 5-d;
Kapitola 5: 1-a; 2-a; 3-d; 4-b; 5-b;
Kapitola 6: 1-d; 2-d; 3-c; 4-c; 5-d; 6-c; 7-a; 8-a;
Kapitola 7: 1-d; 2-b; 3-a; 4-b; 5-c;
Kapitola 8: 1-b; 2-b; 3-b; 4-c; 5 d;
Kapitola 9: 1-a; 2-c; 3-b; 4-b; 5 d;
Kapitola 10: 1-b; 2-a; 3-a; 4-b; 5-c;
Kapitola 11: 1-a; 2-d; 3-d; 4-c; 5-b;
Kapitola 12: 1-d; 2-a; 3-b; 4-c; 5-b;
Kapitola 13: 1-c; 2-b; 3-c; 4-b; 5-c;
Kapitola 14: 1-c; 2-d; 3-b; 4-c; 5-b;
Kapitola 15: 1-d; 2-c; 3-d; 4-a; 5-a;
Kapitola 17: 1-c; 2-a; 3-a; 4-a; 5-a; 6-c;
Kapitola 18: 1-b; 2-a; 3-b; 4-c; 5-b; 6-c;
Kapitola 19: 1-a; 2-b; 3-c; 4-b; 5-b; 6-c;
Kapitola 20: 1-a; 2-c; 3-a; 4-c;

Odkaz Ba'ala HaSulama

20. století je nejrozsáhlejší období vzniku nového přístupu ve výkladu kabaly. Metodiku dosažení duchovní reality dokázal pro současného člověka vytvořit veliký kabalista 20. stol., ve skutečnosti náš současník, rav Jehuda Ašlag, který dostal jméno Ba'al Sulam podle názvu svého komentáře „Sulam" (*Peruš HaSulam*) ke „Knize Zohar". Jeho díla, kromě zachycení hluboké duchovní zkušenosti, vynikají skutečně unikátní šířkou spektra diskutovaných témat a působí silným dojmem sadou vědeckých faktů o složení vesmíru, kde je kladen důraz na roli a poslání člověka. Ba'al HaSulam je pokládán za zakladatele současné kabaly, jelikož je tvůrcem nového přístupu k dílu ARIho. Napsal více než deset knih.

Rav Jehuda Ašlag (Ba'al HaSulam) se narodil ve Varšavě v roce 1884 a již v mládí byl učileli označen za člověka, který se neustále snaží odhalit tajemství vesmíru. Ohromoval své vychovatele znalostí všech stěžejních knih judaismu a také byl znalcem tvorby publikujících západních filosofů v originále, mezi které patřil Kant, Hegel, Schopenhauer, Nietzsche a Marx. Později ve svých článcích porovnával jejich názory z pozice kabaly.

Po skončení První světové války (v roce 1921) Ba'al HaSulam opustil Polsko a převzal svoji rodinu do Izraele (Palestiny). Jakmile přijel do Jeruzaléma, vypravil se do starobylé kabalistické školy „Bejt El", která byla v půběhu 200 let centrem studia kabaly, ale poměrně brzy se v jeruzalémských kabalistech zklamal, jak z úrovně jejich znalostí, tak i z přístupu ke studiu této vědy. Když viděl složitou situaci duchovního poklesu mas, přál si změnit *průběh* historického vývoje, jenž předpovídal nástup nové katastrofy, období těžkých utrpení a strádání. Ba'al HaSulam shromáždil skupinu studentů a začal psát knihy, aby lidi naučil metodiku správného vnímání reality a racionálního bytí v ní. Již v Polsku byl známý jako veliký znalec kabaly, žák nejmoudřejších kabalistů, kteří pokračovali v řetězci předávání znalostí po Ba'alu Šem-Tovu.

V roce 1926 odjíždí Ba'al HaSulam do Londýna, kde v průběhu dvou let pracuje nad vytvořením komentáře „Zářivá tvář" (*Sefer Panim Meirot u-Masbirot*) ke knize ARIho „Strom života". Po celou tuto dobu vede se svými žáky četnou korespondenci, ve které jim objasňuje základní principy duchovní práce člověka.[535]

Po návratu do Jeruzaléma Ba'al HaSulam nepřestává přednášet kabalu a psát. O několik let později spatřilo světlo světa jeho monumentální dílo – pojednání pod názvem „Učení Deseti Sfirot" (*Talmud Eser HaSfirot*). Deset *Sfirot* – je vnitřní struktura vesmíru, která definuje jeho celou stavbu a zahrnuje jak duchovní svět, tak i náš.

Dílo „Učení Deseti Sfirot" se skládá ze šesti dílů, což je více než 2 000 stran a obsahuje vše, co bylo kabalisty vytvořeno v průběhu historie kabaly. Na rozdíl od svých předchůdců ho Ba'al HaSulam sestavil tak, aby vyhovovalo všem základním zákonům akademické učebnice: obsahuje seznam kontrolních otázek a odpovědí pro samostatné prověřování, slovník objasňující význam slov a základních pojmů, abecední rejstřík, odkazy na literární zdroje. V první části svého díla Ba'al HaSulam píše o úkolu, který je třeba sledovat: „V této své analýze jsem vynaložil úsilí na objasnění deseti *Sfirot*, jak nás tomu naučil božský mudrc ARI, v souladu s jejich duchovní čistotou, která je osvobozena od veškerých materiálních konceptů, aby mohl přikročit ke studiu kabaly každý začátečník a neselhal příčinou materializace významu slov nebo jiných chyb, jelikož pochopení těchto deseti *Sfirot* také otevírá příležitost prozkoumat a zjistit, jak porozumět ostatním otázkám této vědy."[536]

Ve svých pracích se Ba'al HaSulam snažil vyjádřit vnitřní podstatu kabaly. Jeho úkolem se stalo její očištění od primitivních, občas vulgárních středověkých představ. Nebyl spokojen se žádaným všeobecným postojem k této vědě, jako byla mystika nebo magie, plná zázraků a

---

[535] Starší syn Ba'ala HaSulama, rav Baruch Ašlag, publikoval tyto dopisy v sebraném spisu „Plody Moudrosti. Dopisy" (*Pri Chacham Igrot*) v roce 1985.

[536] *J. Ašlag:* Histaklut Pnimit // *Talmud Eser HaSfirot.* Jeruzalém, 1956. Vol. 1. Part 1. P. 13-14 (hebrejsky). Rus překl.: J. Ašlag. Vnitřní Rozjímání // Učení Deseti Sfirot. D. 1. Č. 1. Mezinárodní akademie kabaly (elektronický zdroj): www.kabbalah.info. 2004.

absolutních přeludů; viděl v kabale mocný nástroj pro změnu a zdokonalování člověka.

V roce 1940 Ba'al HaSulam začal vytvářet komentář ke „Knize Zohar" pod názvem „*Peruš HaSulam*" (z hebrejštiny – dosl. „*komentář žebříku*"). Nehledě na špatný zdravotní stav, neustále pracoval osmnáct hodin ve dne i v noci po dobu třinácti let. O cíli vytvoření tohoto základního díla sám Ba'al HaSulam píše v „Úvodu do knihy Zohar" takto:

„Z výše uvedeného můžeme pochopit příčinu duchovní temnoty a nevědomosti, která se projevuje v naší generaci, a která ve všech předchozích generacích nebyla pozorována. A to proto, že lidé přestali studovat vědu kabalu...

Avšak vím, že důvod toho se skrývá v tom, že klesla víra, zejména víra ve velké mudrce pokolení, a knihy o kabale a „Kniha Zohar," jsou plné příkladů, vycházejících z *našeho světa*. V každém vzniká strach, že bude více škody než užitku, poněvadž je snadno možné si začít představovat ztělesněné obrazy.

To mne zavázalo napsat podrobný komentář k pracem Velikého ARIho, a nyní ke „Knize Zohar", a tím jsem zcela odstranil strach, protože když jsem osvělil všechny duchovní pojmy, oddělil je od jakékoliv materiální představy, vyvedl je nad rámec pojetí času a prostoru, jak se přesvědčí studenti, abych umožnil každému člověku studovat „Knihu Zohar" a znásobit si rozum jejím *Světlem*.

Nazval jsem tento komentář „Sulam" (Žebřík), s cílem ukázat, že je jeho předurčení stejné jako stoupání po žebříku, poněvadž, když je před tebou překrásný vrchol, postrádáš pouze žebřík, abys na něj mohl vyšplhat, a pak se ve tvých rukou ocitnou všechny poklady světa. Nicméně, žebřík není cílem sám o sobě, protože pokud by ses zastavil na jeho stupních a nestoupal vzhůru, nesplníš, co je potřebné a zamýšlené.

Tak je to i s mým komentářem ke „Knize Zohar": mým cílem nebylo vysvětlit veškerou její hloubku tak, aby nebylo možné vyjádřit více, ale ukázat cestu a vytvořit z tohoto komentáře návod k jednání pro každého člověka, aby se mohl s jeho pomocí pozvednout, proniknout do hloubky

www.ingramcontent.com/pod-product-compliance
Lightning Source LLC
Chambersburg PA
CBHW051707160426
43209CB00004B/1048